暴力

一种微观社会学理论

Randall Collins
［美］兰德尔·柯林斯 著
刘冉 译

著作权合同登记号　图字：01-2014-6235

图书在版编目（CIP）数据

暴力：一种微观社会学理论/（美）柯林斯（Collins, R.）著；刘冉译. —北京：北京大学出版社，2016.6
（培文书系·社会科学译丛）
ISBN 978-7-301-27103-2

Ⅰ.①暴… Ⅱ.①柯… ②刘… Ⅲ.①暴力行为–研究 Ⅳ.① C912.68

中国版本图书馆 CIP 数据核字（2016）第 099452 号

Violence: A Micro-Sociological Theory by Randall Collins
Copyright © 2008 by Princeton University Press
All rights reserved. No part of this book may be reproduced or transmitted in any form or by any means, electronic or mechanical, including photocopying, recording or by any information storage and retrieval system, without permission in writing from the Publisher.

书　　名	暴力：一种微观社会学理论 Baoli
著作责任者	［美］兰德尔·柯林斯（Randall Collins） 著　刘冉 译
责任编辑	徐文宁　于海冰
标准书号	ISBN 978-7-301-27103-2
出版发行	北京大学出版社
地　　址	北京市海淀区成府路 205 号　100871
网　　址	http://www.pup.cn　新浪微博:@北京大学出版社 @阅读培文
电子邮箱	编辑部 pkupw@pup.cn　总编室 zpup@pup.cn
电　　话	邮购部 010-62752015　发行部 010-62750672　编辑部 010-62750883
印 刷 者	河北吉祥印务有限公司
经 销 者	新华书店
	720 毫米 ×1020 毫米　16 开本　37.25 印张　540 千字 2016 年 6 月第 1 版　2024 年 11 月第 7 次印刷
定　　价	88.00 元

未经许可，不得以任何方式复制或抄袭本书之部分或全部内容。
版权所有，侵权必究
举报电话：010-62752024　电子邮箱：fd@pup.cn
图书如有印装质量问题，请与出版部联系，电话：010-62756370

中文版序

我开始研究暴力，是因为我意识到社会学中的冲突理论无法解释它，而微观方法则可以带给我们崭新的发现。最初的头绪来自二战中马歇尔的资料：他在战斗结束后立刻访问士兵，发现其中只有很少一部分人真正向敌人开了火。之后，随军心理学家格罗斯曼发现，士兵们并不是因为害怕受伤而畏缩不前（因为在某些情境下他们也会奋不顾身，如医护人员和那些未佩戴武器的军官）；他们之所以无力进攻，是因为心中深植着对杀死他人的恐惧。这听起来似乎有些自相矛盾，但在社会学上，我们却能将其与一些更加普适的规律联系起来。

在各种各样的暴力冲突中（如街头斗殴和骚乱等），有很大一部分都是无疾而终。在这些情境中，大部分人都会表现得像马歇尔研究的士兵一样，只是让群体中的极少部分人去实施全部的暴力行为。现在，有了暴力情境中的照片与录像，我们能够清晰地看到，在这些时刻，大部分暴力参与者脸上的表情都是恐惧。民间普遍相信暴力中的情绪应该是愤怒，但事实上，愤怒大都只存在于暴力发生之前，而且大都是在受到控制的情境中，敌对个体彼此保持一段距离互相虚张声势。我将愤怒中的情绪称为冲突性紧张/恐惧；是冲突本身制造了紧张，而不是因为担心自己身上可能会发生什么而恐惧。冲突性紧张会让人变得虚弱；我们观察到（资料主要来自警方在开枪事件后的报告），它能扭曲人的感知，让人心跳加快，促进肾上腺素大量分泌，导致人们无法控制自己的身体。

这也解释了另外一个罕为人知的规律：当暴力真正发生时，它通常都是软弱无力的。当人们瞄准他人开枪时，大部分时候都无法命中目标；子弹会偏差很远，有时甚至会击中错误的对象，如旁观者乃至友军。这正是冲突的产物。我们得知这一点，是因为士兵与警察在靶场上的命中率比直面人类目标时要高得多。我们可以进一步得出推论：与敌人的距离越远，阻止人们开火的力量就越弱；所以炮兵部队要比携带小型武器的步兵更可靠，战斗机和轰炸机组及海军也是如此。近距离作战的士兵之所以表现不佳，并不是因为他们害怕自己可能会在敌人的攻击中受伤或死亡。在这一光谱的另一端，面对面的近距离冲突会令射击的准头变得更加糟糕；两米之内的射击是非常不准的。这是一个悖论吗？恰恰是正常的社交距离让一切变得如此困难。看到敌人的面孔，同时也被对方看到，正是这一点制造了最大的紧张感。使用望远镜瞄准器的狙击手可以做到百发百中，哪怕他们能够看到目标的面孔也没关系；这是因为目标并不会看到他们，也就是说，双方并不是互相注意到彼此。黑手党杀手喜欢装出一副若无其事的样子，出其不意地对目标发动攻击，并且大多是从背后出手，主要也是为了避免发生正面冲突。这也是为什么刽子手曾经会佩戴面罩，以及为什么蒙面者会比其他人作出更多的暴力行为。

冲突性紧张/恐惧是互动仪式论的延伸。双方的互相关注——意识到彼此的意识——形成了一种高度的双向浸润。通常情况下，双方共享的情绪都会水涨船高，形成一种集体性的兴奋与团结。但是，冲突却是一种自相矛盾的行为。面对面冲突激发了我们内在的一种倾向，即建构双方共享的节奏；但与此同时，它却又恰恰与这种倾向相悖，因为一方会试图支配和控制另一方。这也就无怪乎面对面冲突会如此让人紧张。人们之所以会感到紧张，主要并不是因为害怕受伤；但要说是害怕伤害对方，可能也不尽准确。事实上，正是双方互相关注之下所产生的紧张感，才导致这种内在的矛盾。

面对面冲突会激发肾上腺素的分泌，并制造出紧张感；对此，我们能够从人们的面部表情与身体姿态中看出端倪。随着心跳上升到每分钟140次以上，人们在举枪瞄准等精细动作上的协调性会出现下降；当上升到每分钟170次以上，人们的感知会变得一片模糊；当上升到每分钟200次以上，人们就可能会动弹不得。尤其是当面对面冲突与其他行为（如奔跑、飞车追逐、激烈争吵或紧急电话等）产生的紧张与兴奋感结合在一起时，就会导致我们在暴力情境中看到的几种模式。如果双方都进入了高度紧张和兴奋的状态，争斗就可能会无疾而终；哪怕他们真的发生冲突，也并不会造成多大伤害。除了枪之外，使用其他武器时也遵循同样的规律，包括刀、剑、棍棒和拳头等。由于这些武器都需要近距离使用，所以它们能够造成伤害的可能性也就很低；这与那些充满刀光剑影的电影给我们造成的印象不同，哪怕电影中可能出现的是武士或是犹如施了魔法的超能英雄。

为什么暴力有时也能成功地造成伤害呢？关键在于出现了**不对称的**（**asymmetrical**）冲突性紧张。如果一方能让其受害者进入高度紧张和无力的状态，同时让自己不至于紧张到无法控制身体，他就能赢得上风。与其说暴力是身体上的冲突，不如说是情绪上的冲突；只要能够获得情绪上的支配权，就能获得身体上的支配权。这也就是为什么大部分现实中的打斗看上去都十分肮脏，例如其中一方在对方毫无还手之力时仍然对其大打出手。在极端情况下，这很可能就会是军事战斗中的一场大胜：一方因其心跳超过每分钟200次而动弹不得，另一方则将其心跳维持在每分钟140次以下，因此能够展开屠杀。这种不对称极其危险，因为支配者一方仍有可能处于兴奋状态；如果心跳在每分钟160次左右，他们就无法完全清醒地控制自己的身体。肾上腺素是一种"要么逃跑，要么进攻"的荷尔蒙；如果敌人看上去软弱可欺，流露出恐惧、无力的姿态，或是转过身去暴露出其自身弱点，那么这就很可能会引发我所谓的"恐慌进攻"。

那么，我们能否预测出究竟哪种模式会出现呢？事实上，只要存在以下一个或多个条件，人们就能绕过冲突性紧张这一障碍：

第一个条件是攻击弱者。成功的攻击者懂得如何挑选软弱的敌人，有时这指的是身体上的软弱，但更重要的还是情境中的软弱。

第二个条件是一群高度团结的暴力行动者从彼此身上获得社会支持；只要他们将注意力集中在自己的节奏上，与敌人之间的冲突性紧张就会成为一种微不足道的体验。

第三个条件是有一群观众围观打斗。这种情境下会产生最持久和伤害最大的打斗。此时的冲突性紧张降低了，因为打斗参与者会关注自己在围观者眼中的表现；冲突双方形成了一种策略性合作，因为他们在该情境中都有着精英的身份，他们是在共同为观众进行一场表演。

此外还有一些技术也能让人们无须发生正面冲突就能实施暴力。像自杀式炸弹袭击等隐秘的攻击行为就避开了冲突性紧张，因为直到炸弹爆炸的那一刻，它都在避免发生冲突。

暴力的冲突论也有乐观的一面。最具威胁性的冲突并不会导致暴力。我们之所以一直未能认识到这一点，是因为直到最近，关于暴力的大部分证据都存在选择因变量这一问题。暴力很难发生，这有着深植于互动之中的原因。大部分时候，双方都能保持对等；他们同样会怒发冲冠，也同样会虚张声势地互相威胁。这些冲突都会无疾而终，因为它们无法绕过冲突性紧张这一障碍。

与关于阶级或种族不平等的传统宏观理论，以及关于男性霸权与荣耀的文化理论相比，暴力的微观社会学理论要乐观得多。那些宏观因素往往长期不会变化，但是它们必须先要克服当时当下的情境条件，才能让冲突发展为暴力。微观互动理论指出了需要克服的情境条件，并为普通人提供了在生活中受到威胁时该如何脱身的微观行动指南。

目 录

001 中文版序

001 第一章　暴力冲突的微观社会学

[第一部分　暴力的肮脏秘密]

041 第二章　冲突性紧张和无能的暴力
088 第三章　恐慌进攻
138 第四章　攻击弱者（一）：家庭暴力
162 第五章　攻击弱者（二）：霸凌、拦路抢劫、持械抢劫

[第二部分　净化后的舞台暴力]

201 第六章　公平搏斗表演
253 第七章　作为娱乐的暴力
298 第八章　运动暴力

[第三部分　暴力情境的动力与结构]

- *355*　第九章　打斗能否开始及如何开始
- *389*　第十章　少数暴力人士
- *433*　第十一章　情绪注意力空间中的暴力主导
- *477*　第十二章　尾声：实用的结论

- *482*　注　释
- *552*　参考文献
- *584*　译后记

第一章

暴力冲突的微观社会学

　　暴力分为许多种。有些短促而偶然,如一记耳光;有些大型且计划周详,如一场战争。有些激动而怒气冲冲,如一场争吵;有些冷漠而不近人情,如毒气室的官僚管理系统。有些令人愉悦,如喧闹的酒会;有些令人恐惧,如沙场上的战斗。有些鬼鬼祟祟,如强奸和谋杀;有些光明正大,如公开处决。暴力是对抗性体育比赛中预先计划好的娱乐,是戏剧中的张力,是动作片中的情节,是耸人听闻的新闻报道。它既恐怖又充满英雄气概,既令人厌恶又激动人心,是最可耻也是最光荣的人类行为。

　　形形色色的暴力可以用一个相对简洁的理论来解释。若干主要过程,加以不同强度,便达成了不同形式的暴力在特定时间和情境下发生的条件。

　　本书的分析将会从两个层面展开。首先,本书将以互动为核心,而非个体、社会背景、文化及动机;也就是说,我所关注的是暴力情境的特点。这意味着我所分析的材料会尽可能地靠近暴力互动情境。其次,本书将会比较不同种类的暴力。我们需要打破既有的分类方式——例如将谋杀视为一种特殊的研究领域,战争则是第二种,虐待儿童是第三种,警察暴力是第四种——转而去关注这些事件发生的情境。并非所有情境都一模一样;我们希望能够比较不同情境变化的范围,这一范围将会影响随之而来的暴力的种类与强度。使用这一方法,暴力的诸多种类将会成为一种方法论上的优势,帮助我们去理解暴力展开的时机与方式。

暴力情境

没有暴力的个体,只有暴力的情境——这就是微观社会学要讨论的问题。我们寻找情境的框架,正是这些情境塑造了身处其中的个体的情绪和行为。若要寻找不同类别的暴力个体,并认为这些类别在不同情境中都稳定存在,那是一种误导。在这一方面,大量研究都未能得出有力的结果。没错,年轻男性最有可能成为各种暴力行为的施加者,但却并非所有年轻男性都是暴力的。在合适的情境下,中年男性、儿童和女性也可能是暴力的。背景变量也一样:贫困、种族以及出身于离异或单身家庭,都无法解释暴力问题。尽管这些变量与某些种类的暴力之间具有统计学上的关联性,但在用它们来预测暴力上却有至少三个方面的缺陷:

第一,绝大部分年轻男性、穷人、黑人或单亲家庭的儿童都不会杀人、强奸、虐待家人和持枪抢劫;同时,却有一大批富人、白人以及传统家庭出身的人犯下以上罪行。与其类似,人们通常都会认为暴力者有童年受虐阴影,但事实上这种解释仅适用于一小部分案例[1]。

第二,这种分析看似解决了暴力的病因,但这只是因为它将因变量限制在了非法或高度污名化的暴力种类之中;因此,一旦扩及全部暴力种类,它就不能很好地给出解释。贫穷、家庭关系紧张、童年虐待阴影等既无法用于解释警察暴力,也无法预测哪种士兵会在战场上杀人最多,更无法解释哪种人会负责毒气室的运行或执行种族清洗。没有证据表明，童年时受到虐待，会导致长大后成为暴力警察、宴会醉汉或是战场英雄。毫无疑问，有些读者会对这一说法嗤之以鼻；对他们来说，暴力自然而然成为一个封闭的独立范畴，"坏"的社会条件会导致"坏"的暴力；相反，只要是由国家官方机构所执行的行为，那么这种"好"的暴力根本就不是暴力，也不在讨论范围之内，因为它只不过是正常社会秩序的一部分罢了。如此想来，还有一种暴力居于二者之间，它无伤大雅，或者可以说是"淘气的"暴力（例如无法控制自己的醉鬼）；此外，还有"好"人实施的暴力；这些暴力只能由另外一套道德分类来解释。这种区分很好地展示了传统的社会分类思维如何阻碍了社会学的分析。如果我们聚焦在互动情境之上——愤怒的男朋友面对大哭不止的婴儿，持枪抢劫犯冲受害者扣动扳机，警察暴打嫌疑人——我们就能看到冲突、紧张以及情绪变化的不同类型，而这些才是暴力情境的核心。因此，我们能够看到，背景条件——贫困、种族、童年经历——距离解释暴力情境的核心动机还很遥远。

第三，即使那些真正暴力的人，也只是在很少一部分时间里是暴力的。当我们说一个人很暴力的时候，究竟是什么意思？我们想到的是一个已被定罪的杀人犯——也许是连环杀人犯；是一个经常打架、用刀捅人或用拳头揍人的家伙。但是如果我们考虑一下日常生活中的每一分每一秒，我们就会发现，大部分时间里暴力是很少出现的。这在民族志观察中体现得很明显，哪怕是在那些从统计上来说非常暴力的街区也是如此。每十万人中发生十起谋杀案（即美国1990年的最高凶杀率）已经相当高了，但这意味着十万人中有9.999万人在一年中并不会遭遇谋杀，还有9.7万人（同样以最高数值计算）不会遭遇哪怕最轻微的袭击。这些暴力行为是在一年时间里发生的，因此，在这一年里，一起谋杀或袭击事件在某一特定日期的特定时刻发生在某个特定的人身上的概率是非常非常小的。这一点对那些在一年里真正犯下一起或多起凶杀、袭击、抢劫或强奸案的人（或者是暴打嫌疑人的警察）来说也同样成立。即便是那些在统计学上而言犯下许多罪行的人，也很少会连续在一周内多次犯案；在学校、单位或公共场所发生的由个人实施的最臭名昭著的杀人案件，即使死难者在 25 人以上，也往往只是个案罢了（Hickey 2002；Newman et al. 2004）。最顽固的暴力分子是连环杀人狂，他们平均在一年内会杀害 6—13 名受害者；但这种案例十分罕见（平均 500 万人口中才会有一个受害者），而且即使是这种连环杀人狂，在两次作案之间也会间隔数月，等待最合适的情境出现后才会发动攻击（Hickey 2002: 12—13, 241—42）。另外一种极其罕见的暴力行为是持续数日的连续犯罪，即一系列由情绪和情境紧密联系起来的事件，组成了一条"暴力隧道"（tunnel of violence）。将这些系列暴力事件暂且搁置一旁，我想强调以下结论：即使我们认为非常暴力的人群——因为他们在不止一种情境下表现出暴力行为，或在某些场合下格外暴力——也仅仅在特定的情境中才是暴力的[2]。就连最顽固的暴徒也会休息。大部分时间里，最危险、最暴力的人并没有实施任何暴力行为。即使对这些人来说，要想解释他们所作出的暴力行为，情境互动也是非常重要的。

微证据：情境的记录、重建与观察

针对个体的调查会让理论倾向于关注个体特质，并加以诸多标准社会学变量作为解释。要想发展一种以暴力情境而非暴力个体为核心的社会学理论，我们必须使用不同的数据收集与分析方法。我们需要直接观察暴力互动，从而捕捉暴力的实施过程。我们的理论之所以受限，是因为它建立在目前收集的事实与数据之上，这些材料或取自刑事司法体系，或是依赖于对已获罪的囚犯或其他暴力参与者的采访。受害者调查是一个正确的方向，但却仍然受到限制，不仅仅因为我们不知道受害者究竟在多大程度上讲了实话，还因为人们往往不善于观察戏剧性事件的具体细节与来龙去脉。普通的话语无法用来很好地描述微互动；相反，它只能提供一套老生常谈和迷思，预先决定了人们能得出的结论。这对军事暴力、骚乱、运动暴力乃至日常争吵同样适用；当参与者们谈论暴力情境时，他们往往倾向于在自己的理解下给出粗略简短的理想化描述。

近年来，随着暴力行为被保安系统、警方录像、媒体及业余摄影师记录下来，对暴力的研究也进入了一个新的时代。普通观察者在看到这些录像时往往十分震惊。1991年在洛杉矶，罗德尼·金①被逮捕时的场景被一位普通人用一台新便携式录影机记录下来；录像公开后最终引发了一场暴乱。人们往往倾向于用现有的意识形态类别来解释事件；因此针对此事，手头最适用的概念就是种族歧视性的殴打。然而在罗德尼·金事件的录像中，最令人震惊的部分并不是其种族成分，而是这场殴打本身看上去与我们想象中的暴力完全不同。录像证据让我们看到了暴力出人意料的一面。许多事件中都存在同样的情况，其中双方所属种族可能相同也可能不同（我们会在第二章和第三章继续探讨这一点）。种族主义可能有助于建立某种暴力情境，但它仅仅是诸多诱发条件之一，而且既非充分条件也非必要条件；暴力情境本身存在一种比种族主义更普遍的动力。

暴力在真实生活情境中表现为人类恐惧、愤怒、激动等情感的交织，其方式往往与正常情境中的传统道德背道而驰。正是暴力如此令人震惊和出人意料的特质，就像冰冷的摄像头所捕捉的那样，能够为暴力的微情境理论核心的情绪动力提供一些线索。

我们生活的时代，能够比以往更好地看到真实生活中的情境。这一新视野要归功于科技与社会学方法的发展。1960年代和1970年代，随着磁带

---

① 罗德尼·金（Rodney King），非裔美国人，1991年3月3日因超速驾驶被洛杉矶警方追逐，被截停后拒捕袭警，遭到警方用警棍暴力制伏。该过程被附近公寓内一名爱好摄影的经理人乔治·霍利迪（George Holliday）用录像机拍摄下来，后被送往各大电视台播放，引发警方暴力是否在合理范围之内以及是否属于种族歧视的争论。1992年，加州地方法院的十二人陪审团判决逮捕罗德尼·金的四名白人警察无罪，从而引发了1992年洛杉矶暴动。——译注

式录音机的发明，民族志方法学作为一种崭新的学术运动开始崛起；我们至少可以记录下真实生活中的社会互动的音频部分，反复重播、慢放，并用崭新的方法进行分析，这是真实生活中转瞬即逝的观察所力不能及的；由此，会话分析领域也发展起来（Sacks, Schegloff, and Jefferson 1974; Schegloff 1992）。随着录像设备变得愈来愈便携和普遍，观察微行为的其他方面也成为可能，这包括身体韵律、姿态、表情和情绪等。因此，毫不意外地，从1980年代起，情感社会学进入了黄金时代（Katz 1999）。

一图胜千言，此话并不一定准确。大部分人都看不到一幅图像中的真实内涵，也看不穿视觉上最容易获得的老生常谈。只有经过训练，掌握分析性语汇，才能真正讨论一幅图像的内容，才能知道该寻找什么。当我们需要训练对微观细节的观察力时更是如此：通过面部特定肌肉的动作来判断究竟是真笑还是假笑；通过动作判断恐惧、紧张和其他情感；通过身体韵律的流畅与紧张来判断不协调与冲突；此外还要观察人们如何把握主动、将某种节奏强加他人。录音与录像技术挖掘出强大的潜力，让我们得以看到人类互动的崭新面貌；但我们发现和分析这些材料的能力，则取决于我们的理论能够在多大程度上解释那些可见的过程。

在暴力的微观社会学中也是如此。录像革命让我们能够前所未有地得到暴力情境信息。但实时录影的条件与好莱坞电影摄影棚不可同日而语：光线和设备并不理想，摄像角度与距离也许并不符合微观社会学的期待。传统上具有戏剧性的、令人满足的影视节目（包括电视广告在内）每隔几秒摄像机就会变换一次机位，剪辑者也付出很大努力保证成果引人入胜、妙趣横生；然而我们需要从这种思维中抽离出来。微观社会学家往往能在几秒内分辨出原始的观察性录像与经过艺术加工或剪辑的影片。基于许多原因，原生态的冲突往往并不引人入胜；作为微观社会学家，我们并不是来享受娱乐的。

除了实时摄像之外，还有其他技术能够帮助记录暴力发生时的方方面面。在过去一个半世纪里，摄影技术愈发进步；照相机变得更加便携，过去只能在静止和室内条件下才能拍摄的场景，如今随着镜头和打光设备的进步也变得易于捕捉。专业摄影师愈来愈勇敢,特别是在暴乱、游行及战争地带;过去十年里,死于非命的摄影师数量以前所未有的幅度急剧上升[3]。对于微观社会学家而言,这同样是一个机会。当然,之前提到过的警告仍然适用。照片比录像能更好地捕捉暴力冲突中的情感细节。当我们分析一场冲突的录像(或者任何一种互动场景的录像)时,我们也许会将其分割为几秒钟的片段(在旧式摄影中则可以一帧一帧地观察),来寻找身体姿势、面部表情及微动作序列等细节。我在本书中常会描述到暴乱,在这些情境中,静止的照片能够戏剧性地展现出活跃在最前方的少数人与后方支持者们之间的分野。然而危险之处在于假定人们能够不靠社会学的识别力去观察静止图像。高度艺术化或意识形态化的摄影师不如日常新闻摄影师更有用;有些示威或冲突照片会传达出艺术性或政治性的讯息,以至于主导了整个构图;我们需要从截然不同的角度去观察冲突,才能获得微观社会学的理解。

随着技术进步,学术层面需要寻找的信息也随之改变,有时甚至会比技术更为超前。军事历史学家约翰·基根(John Keegan, 1976)率先开始重构战斗叙事,研究战斗的每一个阶段——当军队冲刺或倒下,当马匹、士兵和车辆陷入堵塞,当人们有技巧或纯粹意外地使用武器,或是完全没有使用武器时——究竟发生了什么。从战场上的士兵身上所学到的东西,能帮助我们理解日常生活中的暴力情境。士兵与战友之间、士兵与同样作为人类的敌人之间的情感羁绊,为暴力情境究竟如何展开提供了最初的线索[4]。

以普通的分类视角来看,从军事历史到警察暴力之间似乎差距很大,但其方法论和理论却很接近。通过录像技术和事件重建(例如弹道分析)等方法,我们能够理解警察暴力的产生情境——例如多少发子弹打中目标或非目标,以及多少发子弹完全打偏等。旧式民族志也能有所帮助:从1960年代开始就有社会学家随警出行,在技术进步发生前就提供了许多重要的理论依据。技术本身很少能提供真正的见解;技术加上分析方法才是最关键的。

总而言之,至少有三种方法能够获得暴力互动的情境细节:录像、重建和观察。将这三者结合起来将[会对我们]更有助益。

用录像技术来记录真实生活中的冲突是非常有用的：它能提供我们注意不到、未及寻找或不知在哪里的细节；能为我们提供分析性更强的角度，从日常感性视角和关于暴力的老生常谈中跳出来；能让我们反复观察同一情境，超越最初的震惊（或是厌倦以及出于情色的欲望等），从理论入手展开分析，从而发现或检验理论。

重建是重要的，因为暴力情境相对少见；对我们最希望理解的事件而言，也许当时还没有录像设备。但我们并不像曾经以为的那样毫无头绪：我们在情境分析方面有所发展，新技术也（从另一个角度）不断进步，帮助我们分析现场遗留的物理线索，使得许多暴力场景的重建成为可能。许多情况下，历史事件的重建对我们非常有用，因为它们将会带给我们理论层面的资料，帮助我们寻找不同暴力情境的相似之处及不同之处。

最后一种方法是人类的观察。这既可以是传统民族志方法，特别是参与式观察——社会学家（或人类学家、心理学家乃至深度调查记者）深入时间场景，以敏锐的触觉寻找生动的细节；也可以是同样传统的自我观察，即报告自己作为参与者的经历。在暴力领域，我们所学到的很多信息都来自于曾经的士兵和罪犯，有时他们甚至仍然保持着这些身份；他们具有足够的反思能力，可以谈论自己目睹或参与的争斗。同时，暴力受害者的报告也同样极有价值，尽管社会学家在这一点上利用不多，仅仅局限于统计某种受害者出现的几率。此外，随着我们对暴力冲突的重要微观细节有更好的理论理解，也就能更好地反思自身经历，乃至更好地询问观察者、要求他们回忆遭遇暴力之时的某种特定细节。通过提供一种语汇，我们就能让这些信息提供者成为出色的报告者，提供他们原本可能忽略的细节。

这三种情境证据彼此契合，在方法和实质内容上互相补充，共同揭示了普遍存在的情境互动。这就是本书的内容。

不同暴力类型的跨情境比较

发展关于暴力的互动理论，需要另一种转变：跨越研究领域，而非被其所限。这一方法的核心就是在统一的理论框架内比较不同的暴力。这是不是将风马牛不相及的东西摆在一起，抑或只是做个分类而已呢？我们无法预先给出答案。一旦深入观察，我们就会发现：暴力是一系列过程，与暴力冲突的特定情境特点息息相关。

在这里，我将大致强调这一点：暴力是围绕在冲突性紧张和恐惧周围的一系列路径。尽管气势汹汹，有时甚至带着无法抑制的愤怒，人们在面对暴力（包括他们自身实施的暴力）的直接威胁时，依然是紧张且通常是恐惧的。这种情绪互动会决定当冲突爆发时他们会怎么做。暴力究竟是否会发生，取决于一系列条件或曰转折点将会往哪种方向塑造这种紧张和恐惧，并如何重新将在场所有人的情绪组织为一个互动过程，包括敌对双方、观众乃至表面上完全不相干的路人。

我们如何得知这些？通过积累关于不同暴力情境的信息，理论已经得到了发展。第一个突破来自对军事战斗的研究。从19世纪法国军官阿尔当·迪比克（Ardant du Picq）对前线军官进行问卷调查开始，在分析前线军队战斗行为时，研究者们就注意到了恐惧、无目标地射击、误伤队友、临阵惊慌等特征。马歇尔（S. L. A. Marshall）在二战中对士兵们进行了战斗后访问，得以更加近距离地了解战争现场的行为。1970年代，通过基根等人的历史重建工作，战斗行为被进一步系统化。到了1990年代，军事心理学家戴夫·格罗斯曼（Dave Grossman）发展出一套以恐惧控制为核心的战斗理论。在1960年代拍摄的关于部落战争的民族志影片中，恐惧与攻击性行为的交替出现表现得更为显著。通过比较不同种类的军事暴力，我们得到一种理论解读：军队之所以战斗力不同，是因为其内部控制恐惧的组织方式不同。基于这一点，我们可以得出这样一个结论：所有种类的暴力都符合寥寥几种模式，那就是当人们面对敌对暴力时,如何控制紧张和恐惧的边界。

军事模型也适用于警察在逮捕和处置囚犯时的暴力。警察与军事冲突通过同样的路径导致暴行:在第三章中,我将这一系列情绪发展称为"恐慌进攻"(forward panic)。群体暴力或骚乱在某些核心机制上与军事暴力类似,大部分时候,冲突本身都只是虚张声势,很少产生实质伤害;真正可以起到决定性作用的是某一方的团结突然被打破,产生数个小团体,这样一来占据数量优势的另一方就能隔离并暴打落单的一两个人。当我们真正检视这些暴力细节时,就会发现它们都很丑陋;事实上,这种理想化的自我形象与凶残的现实之间的区别,正是暴力情境所共有的特质之一。

这些不同形式的暴力,正是人们在面对冲突性紧张和恐惧之时所采取的主要路径之一:寻找并攻击较弱的受害者。旁观者要想直接研究家庭暴力是很困难的,在这一方面,录像也几乎不存在;我们不得不依赖访问来进行重建,而这些访问几乎从来都是一面之词。不管怎样,通过研究大量证据,我得出如下结论:家庭暴力的主要形式与军事和警察暴力的情境类似,都属于"攻击弱者"的范畴。最肮脏的情况是这样发生的:当即将爆发冲突的紧张上升到一定程度,而其中原本看似具有威胁性的一方突然变得无助,另一方便会将恐惧与紧张转变为残忍的攻击。攻击弱者也有更加制度化的形式,其中一方或双方在情境化戏剧中习惯性地重复表演着强者或弱者的戏码。这既包括霸凌,也包括专业罪犯的罪行:抢劫犯和敲诈犯等都能娴熟地在最合适的情境中找到最合适的受害者,他们的成功取决于如何利用冲突带来的紧张。因此,通过比较不同形式的暴力,我们能够发现相似的情感互动机制。

在另外一系列情境中,存在一种十分不同的应对紧张与恐惧的路径。在这里,情感注意力的核心不是寻找软弱的受害者,而是聚焦于观看争斗的观众。这种争斗与攻击弱者的路径不同,因为在这里,争斗双方注意观众胜过注意对手;从第六章展示的证据中我们能够看到,在这里观众对暴力是否会发生及如何发生起到决定性的作用。这种争斗通常是程序化的,也比较受限,但发生在种种限制之内的暴力却可能是血腥的乃至致命的。其中一种重要的形式就是将暴力组织为公平的打斗，局限在某些特定的实力相当的对手之间。在这里，通过比较不同的情境，我们才能揭示推动和控制这种打斗的社会结构。这包括发生在街上或娱乐场所的私人斗殴，醉鬼之间纯属娱乐的打斗，儿童之间普通的扭打或模仿的暴力，决斗，武术或其他打斗项目，以及运动员之间和球迷之间的运动暴力。这一系列情境也许会被视为娱乐型或荣誉型暴力，而有别于我们之前提到的真正肮脏的、寻找软弱受害者的暴力。然而，当我们仔细观察娱乐型或荣誉型暴力的微观事实，就会发现它们同样是由情境化的紧张与恐惧塑造的；观众会为参与者提供情感上的支持，帮助他们压倒对手；绝大部分参与者都并不擅长暴力，他们的行为取决于在多大程度上受到观众的影响。

争斗的迷思

围绕在冲突性紧张和恐惧周围的诸多路径中，最常见的反倒是很短的一条；它无法通往更远，只能局限在冲突带来的紧张情绪之内，要么爆发，要么寻找不那么丢脸或者有时也很丢脸的方法撤退。当暴力最终爆发时，通常也是无力的，因为紧张与恐惧始终存在着。

暴力之所以如此丑陋，原因之一是我们曾见过太多暴力迷思。我们总是在影视节目中看到暴力情节，以至于相信这就是暴力的真实面目。当代电影追求用血腥场景和残酷攻击来攫取观众注意力的风格，可能会让许多人误认为娱乐暴力是很真实的。然而，事实却并非如此。传统表现暴力的方法几乎总是忽略了暴力最重要的互动过程：由冲突性紧张和恐惧开始，大部分情况下都是虚张声势；一旦克服这种紧张，往往就会导致比娱乐节目更丑陋的暴力。娱乐媒体并不是唯一成功地扭曲暴力现实的渠道；自吹自擂、口头威胁和事后讲述我们亲眼目睹的暴力，都会让暴力成为当今社会的一大迷思。

其中一个特别愚蠢的迷思是：打斗是有传染性的。这是传统喜剧电影和音乐剧常用的桥段。在拥挤的酒吧和餐厅里，一个人出手揍了另一个人；侍应生被托盘绊倒，惹恼了一位顾客，结果在下一帧画面里，所有人都已打成一团。这种所有人揍所有人的打斗，我敢肯定在真实生活中从未发生过。在拥挤的地方一旦发生打斗，旁观者通常会立刻后退到安全距离之外观看。礼貌的中产阶级群体会更加恐惧和紧张，在不暴露恐慌的情况下尽可能后退得越远越好。例如，我曾在市中心的剧场外亲眼目睹如下场景：中场休息时，观众聚集在门外，而几个流浪汉恰好在人行道上打了起来；不过，真正的打斗很短暂，大部分时间都是在挥舞拳头和咒骂；衣着整齐的中产阶级们沉默而不安地保持着谨慎的距离。打斗若是发生在白领阶层或年轻人中间，人们往往会给斗殴者让出一片空地，有时也会在安全距离之外喝彩加油。但是如果斗殴者非常愤怒，旁观者就会倾向于尽可能后退，也不太愿意开口掺和[5]。如果是在不那么拥挤的公共空间，这一点就更加明显：旁观者会保持距离。

我们并不会看到好斗性蔓延开来，导致所有人都开始揍其他人。人们的攻击性并非那么容易激发，并不是只要一点微弱的催化剂就能释放出来。从最常见的证据来看，霍布斯式的①人类形象在现实中是错误的。斗殴及外显的冲突行为最可能引发的是恐惧，至少也是谨慎。

这种非传染性也有例外，那就是当群体已经被划分出敌对身份时。如果斗殴在属于敌对群体的个体之间爆发，其他群体成员就可能会加入其中，使得斗殴扩散。这方面一个典型的场景就是发生在互相敌视的足球队球迷（所谓的足球流氓，尤其是英国足球流氓）之间的暴力事件；同时这也会诱发典型的种族暴力，以及其他被蒂利（Tilly，2003）称为群体身份的"边界激活"（boundary activation）现象。这并不是所有人对所有人的战争；"群殴"（free-

---

① 指英国政治哲学家托马斯·霍布斯（Thomas Hobbes）的思想。在霍布斯所描述的"自然状态"（state of nature）下，每个人都需要世界上的每样东西，但由于世界上的东西都是不足的，所以所有人都是所有人的敌人，这种争斗永无休止。——译注

for-all）这种叫法在外人眼里看来似乎太过混乱且毫无章法，因此并不适合；事实上，这种斗殴具有很高的组织性。正是这种组织性使得个体战胜了普遍存在的、使得他们远离斗殴的恐惧。如果不是具有强大的组织性，大规模斗殴根本不会发生。

即使在这些例子中，我们也应该十分谨慎，不应假设所有由敌对群体的个体参与的冲突都会发展为群体性斗殴。足球流氓在进入客场城市之后，如果遇到当地的支持者，可能会叫嚣、威胁甚至发生小规模冲突，可能会冲上前去随即又退回到安全的己方阵营。但在大部分情况下，他们并不会全体卷入暴力行为。导火索不一定总会被点燃，双方成员总是乐于寻找借口，特别是当己方处于弱势时，甚或是势均力敌也同样如此；他们总认为自己所期望的冲突应该在未来发生。这种小型冲突构成了群体内部传说故事的重要部分；这是他们喜欢谈论的话题，是他们在酒桌上对过去几个小时或几天里发生的事情进行仪式性诠释的核心。僵局往往被吹嘘成一场恶战，或被视为懦弱的对方因己方的强大而退缩的标志（King 2001；Eric Dunning，2001 年 3 月私人通信）。曾参与某场斗殴的群体会建构关于自身的迷思，夸大斗殴的规模和己方表现，并掩饰自己其实在大部分斗殴中都想要退缩的倾向。①

另外一种不具备非传染性的打斗形式是友好的群体性打斗活动，例如"枕头大战"（pillow fights）或"食物大战"（food fights）。"枕头大战"往往发生在节日氛围中，例如小孩在朋友家过夜的活动；它往往具备"所有人对战所有人"的特点，能推动和加强欢乐的气氛，并暗示当下的情况是非常特别的，从而建构出一个独特的娱乐场景。"枕头大战"的这种多面性更像是参与者的蔓延，能将每一个人都卷入群体娱乐中来。从这个角度来看，友好

---

① 书中图片因未获授权而无法使用，为了尽可能不影响阅读，特保留图注。读者若想查阅图片，可以按照图注中标明的时间和出处，在以下网站上找到。出自 AP 的图片，可以查找 APImages.com；出自 Reuters 的图片，可以查找 pictures.Reuters.com；出自 Gettys 的图片，可以查找 GettyImages.com；未标出处的图片，可以查找 procorbis.com。图 1.1：旁观者远离斗殴者（New York City, 1950）。图 1.2：土耳其议员打架时，其他议员拉住双方（2001）。

的"枕头大战"就像是新年或其他节日的庆典，人们会到处喷射彩色纸带，并无差别地冲他人吹响喇叭发出噪音。同样的场景也会发生在游泳池中，人们会愉快地向其他人泼水——根据我的观察，这往往发生在一群熟人刚刚进入泳池的时候，也就是刚刚进入"假日空间"(festive space)之时。无论如何，一旦场面变得粗野，就会陷入两方对战。例如，在监狱中作为娱乐活动的"枕头大战"，往往会升级为在枕头中夹着书本或其他硬物对掷，最后变成一群人群殴最弱小、最可能崩溃的受害者（O'Donnel and Edgar 1998a：271）。在单位食堂里发生的"食物大战"中，人们往往会漫无目标地随机投掷食物，通常会冲着坐在远处的其他人或桌子丢过去。在这种场景中，"食物大战"既有自娱自乐的特点，同时也是一种对机构权威的反抗。"食物大战"也经常发生在美国高中午餐时受欢迎的群体之间，不过这时并非人人皆可参加，而更像是某种男女生之间调情的方式，或者是朋友之间互相逗趣的游戏；参与其中者往往也正是将分享食物作为亲密关系象征的那些人（Milner 2004，第3章）。结果就是，当我们看到"所有人对所有人"的打斗模式时，可以肯定那只是玩乐性质的打闹，并不严重。此处的情绪并不是冲突性紧张与恐惧，在场的所有人也都能感觉到何时如此、何时并非如此。

　　第二个迷思是斗殴会持续很长时间。在好莱坞电影（更不用提香港功夫片和世界各地类似的动作冒险片了）中，肉搏战与枪战都能持续上数分钟。打斗者极有韧性，被打中许多次后仍能反击对方；有时他们会撞上桌子，撞翻满架瓶子，从墙壁上弹下来，跌落阳台、阶梯和山坡，在车里车外及其他飞速行驶的交通工具上打个不停。枪战则包含许多不依不饶的追踪，从一个掩蔽处跑到另一个掩蔽处；有时主角还会大胆地迂回包抄敌人，但却绝不会后退。而在另一边，邪恶的一方则在不停地回撤，要么鬼鬼祟祟、偷偷摸摸，要么穷凶极恶。在1981年上映的影片《夺宝奇兵》(Raiders of the Lost Ark)中，英雄主角与健壮如牛的反派搏斗了四分钟，接着迅速跳上马背，追赶并爬上一辆飞驰的卡车，立刻进入下一个打斗场景并持续了八分半。在这一系列过程中，英雄打死和打倒了15个敌人，另外还有七个无辜的旁观者。当然，戏剧中的时间并不等于真实时间；但是电影和戏剧会将真实生活进行压缩，略过无聊和重复的部分，将打斗场景扩展许多倍。娱乐性质的打斗更是进一步在人们心中加深了这一印象。拳击比赛通常都会安排为一系列持续三分钟的回合，最多可持续30—45分钟（在19世纪有时比这还要长得多）；但比赛是精心控制的，由社会及身体上的支持和限制来保证比赛连续不断地进行。即使在这种场合，裁判也需要强迫选手停止拖延或抱住对方不撒手的行为。要想让一场打斗不断进行下去，就需要有持续不断的社会压力。这种打斗完全是人工建构的。它之所以被称为"娱乐奇观"（entertaining spectacle），正是因为它与现实生活相去甚远。

在现实生活中，个体或小团体之间的斗殴往往非常短暂。如果抛去羞辱、叫嚷、挥舞拳头等前奏与后续，仅仅观察暴力本身，就会发现它令人惊讶地迅速。1881年发生在亚利桑那州汤姆斯通镇 O.K. 牧场上的枪战，事实上只持续了不到30秒 [参见《汤姆斯通碑文报》（*Tombstone Epitaph*）1881年10月重印版]，但在1957年的电影里却持续了七分钟。持枪进行的犯罪几乎从来都不是持枪双方相互射击的形式。绝大部分使用杀伤性武器的杀人或攻击行为都是一名或多名持有武器者迅速攻击另一名手无寸铁者。从20世纪下半叶起，发生在有暴力倾向区域（例如城中心种族隔离的贫民窟内）的黑帮火并、毒枭斗殴和名誉冲突等案件，往往都会使用枪支。但它们通常并不是长时间的枪战，而是十分短暂，往往只有其中一方开火。

肉搏通常也很短暂。许多酒吧和街头斗殴事件都是一拳了事。这里面的学问在于，先动手的一般都能赢。为什么会这样？想想其他情况吧。相对而言，势均力敌的斗殴也许能持续一段时间，但在这种情况下，双方往往都不满足，因为谁也无法给对方造成严重伤害，也无法用戏剧性的一击取得优势。这时，打斗者往往会大声宣告自己愿意好好打上一架，然后用虚张声势和叫嚣辱骂来代替真正的打斗。另一种常见的情况则是其中一名打斗者伤害了自己，例如在挥拳时伤到了拳头[6]。此类伤害往往被认为是结束打斗的公平理由。因此，关键因素之一是打斗何时被认为结束。与长时间的、势必要击倒对方的好莱坞或拳击场式打斗不同,普通斗殴往往喜欢短暂而具有戏剧性的过程,并将实际打斗场景尽可能缩短。双方都会乐于在这一过程中造成或承受伤害,然后将其作为结束打斗的理由,至少也是暂时休战的借口。

这种打斗也可能会是一系列暴力冲突的一部分。例如,一次短暂的酒吧斗殴可能导致其中一名参与者离开酒吧、弄到一支枪,然后回来打死肉搏战的胜者。但这只是一次微型冲突的两个短暂章节罢了。个人的愤怒和对一场冲突的参与感,并不一定就会导致其拥有真正实施暴力的能力。

使用刀具或其他锋利武器的斗殴往往也很短暂。大部分时候,双方只是互相挥舞亮闪闪的刀子,冲突本身却陷入僵局;当一刀扎下、已经造成严重的伤害,打斗本身就被视为已经结束了。由此可见,更早时候的另外一种娱乐型打斗——电影与戏剧中设计得如同舞蹈般的长时间斗剑——可能大部分都是迷思而已。在早期现代欧洲,如果真有人成功杀死对手,或是给对方造成严重伤害(这种案子也会引起官方注意),通常都是通过伏击或者多人攻击一人所致(Spierenburg 1994)。这跟酒吧斗殴中的一拳制胜是一码事。

这里有两类重要的例外。例外情况是有价值的,因为它们能够帮助我们完善解释。如果个体或小团体斗殴的时间比较长,通常有两种原因:第一,打斗受到严格限制,因此并不算"认真",或者双方都清楚地知道会有保护措施来限制打斗后果;第二,其中一方"落井下石",即对方已经倒下后仍在不断攻击对方,这实际上已不是真正的打斗,而是一种屠杀或惩罚。

第一种例外情况类似拳击比赛,或者更像是为此类比赛而进行的对打训练。17—18世纪的欧洲贵族,将许多时间都花在剑术课程上;19世纪的德国大学生会参加决斗兄弟会,比赛结果往往不是胜利,而是在脸上添一道代表荣耀的伤疤。这些都是受到控制的打斗形式,可以长达15分钟(Twain 1880/1997: 29—31);不仅受伤程度通常很轻微,而且冲突情绪本身也受到抑制;这些并非怒火燃起的冲突,有时甚至还是一种表示团结的形式。

只要将决斗训练与决斗本身做一下对比,我们就能看出这种例外情况有多么鲜见(详见第六章)。大部分手枪决斗都是一枪定胜负——也就是说,双方都只计划开一枪。危险的时刻虽然真实却也极其短暂,如果双方都生还,也就都保全了荣誉。决斗与现代打斗具有相同的结构:通常十分短暂,真正的暴力仅持续数秒;暴力之前往往会有一段仪式性的相互羞辱;最终双方会对打斗的结果或公开或私下达成共识,就此结束打斗。

同样的模式也出现在德川幕府时期的日本(17—18世纪)。在理想状态下,武士阶级会为捍卫荣誉而奋战至死,他们对公开羞辱十分敏感(Ikegami 1995,私人通信)。事实上,在武士阶层眼中,很多事情都可以被视为羞辱,从剑鞘不小心互碰到走路被挡道,都可能被当成挑衅。一个副作用——也许是主要的作用——是武士阶层习惯紧握两侧剑柄,因为武士阶层的标志和特权就是佩戴双剑。这让他们时刻注意自己身为斗士的社会身份,不过这一动作同时也防止了许多冲突的发生。一旦争斗爆发,就会立刻原地解决,并没有欧洲决斗中的挑战、应战和约定时间等程序。因此,武士阶层往往一直处于被威胁和虚张声势的状态,而较少参与真正的打斗。根据剑术师的专业说法,致命的打斗应该十分简短,依靠突如其来的具有欺骗性的一击而取胜。在现实生活中,大部分斗士都没有这么高的水平,但这一传说令实际打斗也合理地趋于短暂。人们把绝大部分时间都花在武士学校里,练习严格控制下的打斗方式,尽量避免造成伤害和挑起怒火;事实上,这种学校往往教授的是面对想象中的对手该如何行动,例如空手道武术学校里大部分时间都在教授"形"(*Katas*)。

最著名的武士面对羞辱的复仇故事,是发生在1702年的所谓"四十七浪人"事件。^①一位高阶武士遭到另一位高阶武士在礼节上的羞辱,因而在

---

① 又称元禄赤穗事件,发生于日本江户时代中期元禄年间。赤穗藩藩主浅野长矩在奉命接待朝廷敕使时受到总指导高家旗本吉良义央的刁难与侮辱,愤而在将军居城江户城的大廊上拔刀刺伤吉良义央。将军德川纲吉怒不可遏,当日便命令浅野长矩切腹谢罪并将赤穗废藩,而对吉良义央却没有任何处分。以首席家老大石内藏助为首的赤穗家臣们虽然试图向幕府请愿,以图复藩再兴,但一年过后确定复藩无望,于是大石内藏助率领赤穗家臣共47人夜袭吉良宅邸,斩杀吉良义央为主君复仇。事发后虽然舆论皆谓之为忠臣义士,但幕府最后仍命令与事的赤穗家臣切腹自尽,吉良家则遭到没收领地及流放的处分。——译注

将军居所拔剑刺伤对方，旋即被其他侍卫解除武装。这并不是一场决斗，因为羞辱者并未拔出武器；攻击也不算有效，因为对方并未丧命。事件的发生显然很短暂，只是挥舞了几剑。攻击者因在将军居所拔剑而受到责骂，并被命令切腹。他的47名家臣（浪人）最终为主人的死而实现了复仇；并不是通过决斗，而是对羞辱者的居所发动了攻击，刺杀了数名卫兵及这位未加反抗的武士。在攻击中，47名浪人无人死亡，说明他们的力量占据绝对上风，是典型的以强胜弱型争斗。就连事件的结局也并不符合英雄主义。幕府判决，复仇并不能成为这次事件的借口，但这47名浪人被允许以符合荣耀的切腹方式自尽。理想状态下，切腹意味着跪坐的武士首先用一把短刀切开自己的腹腔，另一个人站在他身后斩下他的头颅以终结他的痛苦。在现实中，47名浪人实施了"扇切"，即用扇子而非短刀来象征性地划过腹部，随即由介错人斩下头颅（Ikegami 1995）。这实际上就是砍头处决，只不过是用仪式性自杀来加以缓和，并以此昭告世间，而民间也是如此接受的。日本的武士电影延续了早年传说的特性，与西方的好莱坞电影一样充满迷思。

延续较久、具有保护的打斗还有另外一种形式，那就是儿童的打闹。家庭中最常见的暴力形式就是儿童间的打闹，这比配偶暴力或虐待儿童要常见得多（见第四章）。但在这些打闹中，儿童很少会受伤，这部分是因为儿童（特别是幼年时期）几乎没有伤害对方的能力，但更重要的是儿童会挑选这些打闹的场合。通常都会有父母或监护人在场，这样即使打闹升级，他们也能叫人帮忙来结束打闹。我的民族志笔记中就有这样一个例子：

> 马萨诸塞州萨莫维尔市，1994年12月。生活在蓝领区的一户人家，在周日早晨准备开车出行。父亲坐在驾驶座上发动了汽车；两名男孩（分别约8岁和10岁）和一名女孩（约三四岁）在车后打闹（在屋外车子停放的小巷里）；母亲（约30岁）最后从屋里出来。小女孩从四门汽车的左侧进入了后座；小男孩用车门撞了她，她开始哭泣，这时大男孩打了小男孩一下，"瞧你干的好事！"恰在这时母亲走了出

来,而父亲则未加理睬。母亲匆匆忙忙试图将男孩们赶进车里。男孩们躲到车后,开始在四周跑来跑去并互相追打。大男孩将一杯汽水放在后车盖上,小男孩把它打翻了。大男孩开始用力打弟弟并把他弄哭了。母亲开始干涉,骂了大男孩;他跑开了。母亲转身将小男孩从车左侧塞进车里。大男孩跑过来想把弟弟拽出来:"那是我的座位!"父亲从驾驶座上转过身,漫不经心地想把男孩们扯开。母亲原本虽然匆忙但还算冷静,现在则开始怒吼,并将大男孩拖出车外。大男孩开始对父亲说自己把什么东西忘在家里了。他走进了屋子。现在,母亲开始让小男孩挪到另一边的座位上去;他拒绝了,但母亲将他拖出车子,强迫他挪到另一边。小男孩抗议说自己被哥哥欺负了。大男孩回来了,两个人又对后座的所有权进行了一番厮打,但这次为时要短得多。最后,所有人都进了车子(大男孩坐在左后方),车子开走了。

在这个场景中,儿童表现得如同成人一般,但成人懂得如何自己结束争斗,儿童则需要依赖外人来帮他们做到这一点。[7] 与此相似的是,学校中的争斗往往是发生在老师在场或老师可以迅速赶来的场所;在监狱里,大部分争斗都是发生在狱警在场时(Edgar and O'Donnell 1998)。这也是打斗之所以短暂的机制之一。

第二种可能导致较长时间暴力争斗的例外情况,通常发生在双方实力差距较大时:或是一群人围殴某个落单的敌人,或是一个壮汉痛打一个弱者。从这里我们可以看出,难以延续较长时间的并不是暴力本身,而是争斗与冲突。一对一或者一群人对一群人的斗殴,若是势均力敌、你来我往,便会带来紧张感;一旦其中一方被打倒,或是陷入无防护的境地,这种紧张感就会油然消散,而暴力也就能持续下去。

真正的打斗通常都是短暂的;参与者似乎都没有动力跟对方陷入苦斗。打斗之所以短暂,是因为参与者善于寻找双方都认为适当的结束点。打斗也可能会持续较长时间,前提是有意设置在不太严肃的场合,不作为真实世界的一部分。如果能够得到控制、降低受伤的可能性、稀释敌意氛围，那么暴力场景也可能会被拉长。因此，打斗训练比真正的打斗持续时间要久得多。就连怒火中烧的斗殴，往往也是发生在容易被拉架的场所。

另外一个娱乐方面的迷思是那些微笑的、玩世不恭的杀人犯或坏人。事实上，杀人犯、抢劫犯或斗殴者在动手时很少会心情愉快，甚至很少会用冷笑来表现自己的智慧[8]。"狂笑的恶徒"（laughing villain）形象之所以会深入人心，正是因为它并不现实，从而暗示着其邪恶的目标是虚假的，只存在于娱乐的框架之中；因此，它也就成为动画片、动漫/奇幻音乐剧等作品中最受欢迎的角色类型。这一形象让观众能用娱乐的心态去看戏，而不会陷入面对真正的暴力时可能会产生的恐惧中。再一次，娱乐型暴力成功地掩盖了暴力的关键特性：冲突性紧张和恐惧。

暴力情境由紧张和恐惧的情感塑造而成

我希望能够建立一种将暴力视为情境过程的普适理论。暴力情境由紧张与恐惧的情绪塑造而成。方式之一是将情感紧张转变为情绪能量；通常只有冲突里的一方能做到这一点，这时另一方便会倒霉。成功的暴力会利用冲突带来的紧张与恐惧：其中一方会将这种情感加以挪用并产生压倒性能量，而对方往往就会成为受害者。但在现实生活中，只有一小部分人能够做到这一点。这是情境的结构性特质，而不是个人特质。

我在之前出版的《互动仪式链》（*Interaction Ritual Chains*, 2004）一书中曾指出，情绪能量（emotional energy，我将其缩写为 EE）是一种产生于所有互动情境的变量，而大部分互动情境都是非暴力的。情绪能量的变化取决于人们在多大程度上沉浸于彼此的情感和整体韵律之中，以及注意力在多大程度上集中在同一目标上。当所有的参与者都感觉到归属感与团结感，就会产生良好的体验。在这种成功的互动仪式中，个人会从中获得力量、信心及对团体行动的热情；这种感觉就是我所谓的情绪能量。相反，如果这种互动无法为某些个人创造愉悦（或者如果他们遭到他人的排挤和压制），他们就会失去情绪能量，并会感到抑郁、消沉，对团体目标不再感兴趣。

暴力互动是困难的，因为它与普通的互动仪式机制恰恰相反。若想沉浸在彼此的情感与韵律之中，就意味着当互动双方目标相反、抱有敌意之时，双方都会体会到持久的紧张感。这就是我所谓的冲突性紧张；随着强度升高，这种紧张会转化为恐惧。因此，实施暴力是困难的。那些善于使用暴力的人必定发现了克服冲突性紧张或恐惧的方法，能够将这种情感情境转化为自身的优势和对手的劣势。

正是情境的特点决定了暴力是否发生、会发生何种暴力、暴力发生的时间与方式。这也就意味着，在双方进入冲突情境之前发生的事情并不能决定他们是否会发生暴力争斗，以及争斗一旦发生将会如何进行，更无法决定谁会胜利，又会造成何种损害。

其他理论方向

目前，大部分对于暴力的解释都可以归为背景解释，即分析有哪些情境之外的因素引发和导致了暴力的发生。有些背景条件也许是必要条件，或者至少有着强烈的诱发性，但它们显然不是充分条件。情境条件则总是必要条件，有时也同时是充分条件，这为暴力赋予了人类所有行为中最紧迫的特质。正如之前提到的，贫困、种族歧视、家庭解体、虐待和压力等条件，远不足以决定暴力是否会发生。对于脆弱的心理学假设来说也是如此，例如"挫败感可能会引发攻击性倾向"，但挫败感既可能是遥远的背景条件，也可能近在咫尺。

对于这些解释，我主要的反对理由是：它们假设只要动机存在，暴力就很容易发生。事实恰恰相反，微观情境下的证据证明了暴力是罕见的。无论一个人具备多么强烈的动机，如果情境本身的展开不足以克服冲突性紧张和恐惧，那么暴力就不会发生。冲突——哪怕是明确表现出来的冲突——与暴力不同；迈出最后一步绝不是自然而然的。情境中突然涌现的挫败感同样如此；也许有人会因挫败而感到愤怒并泄愤于导致挫败的人，但这仍然不足以引发暴力。许多（也许是绝大部分）遭受挫败的人都只是默默咽下怒火，或只是虚张声势一番罢了。

看起来最自然的方法就是建立一种多层次理论（multi-lever theory），将背景条件与情境条件结合起来。这也许最终会成为一种不错的方法。不过，在走出这一步之前，我们还需要了解许多东西。大部分关于暴力的背景理论关注的都是暴力犯罪这一范畴。但我们对许多其他形式的暴力在背景条件方面理解有限。例如士兵中有一小部分是能力出众的战士，他们执行的暴力该如何理解？还有骚乱者与警察、运动员与球迷、决斗者与其他精英阶层、狂欢者与娱乐活动的观众等等人群所卷入的暴力又该如何解释？通常来说，这种暴力实施者的背景往往与那些据称容易导致暴力犯罪的背景完全相反；同时，这些形式的暴力有着情境涌现的特质，其中群体的情感互动格外明显。我偏好的策略是将情境解释推到极致；最终我们也可能会回溯和纳入部分背景条件，但我认为背景条件并没有我们通常相信的那么重要。也许更有效的方法是彻底反转这一格式，将精力集中在"前景"而非背景上，并排除其他因素。

机会与社会控制理论（opportunity and social control theories）十分强调情境，这显然是走在了正确的方向上。这些理论对背景动机不太关注；通常来说，它们假定暴力动机无所不在，或是假定暴力犯罪动机取决于具体情境。日常活动理论（routine activities theory）（Cohen and Felson 1979；Felson 1994；Meier and Miethe 1993；Osgood et al. 1996）是机会理论中最重要的一支，总体来说是一种关于犯罪的理论，与暴力未必相关。举个经典的例子：一群青少年偷车的原因可能只是他们发现有人忘了拔车钥匙。面对暴力犯罪时，这种机会解释就留下了一道未填的沟壑。如果犯罪是一道公式，它需要时间、空间、怀有动机的犯罪者、能够接近的受害者同时出现，以及有能力阻止犯罪的社会控制者恰好缺席。日常活动理论关注的是后面两个条件的变化，再加上动机条件的变化（例如之前讨论过的背景条件）来解释犯罪率的变化。此类研究证明，特定的工作与娱乐模式（例如深夜外出的模式）加上特定人群在特定社区的集中分布，共同影响了成为犯罪受害者的几率。这是一个包含了若干变量的互动模型，因此犯罪率的变化并不一定需要动机条件发生变化。事实上，如果机会格外合适的话，犯罪动机也不需要很强烈。尽管这一理论是情境化的，但其分析依然集中在宏观层面的比较上。因此，它并未深入观察暴力发生的过程。机会理论的不完善之处在于，它仍然假设暴力轻易就会发生；如果机会出现而四周没有阻止暴力的权威机构，暴力便会自动发生。但事实上，暴力的发生决没有那么容易，而且这种理论也无法解释最初在紧张和恐惧的威胁下发生的暴力情境模式。我们仍然需要应用微观情境机制。

　　唐纳德·布莱克（Donald Black 1998）的法律行为理论（theory of the behavior of law）也有类似的局限。该理论在其范畴内是正确的，但这一范畴是一旦暴力爆发之后如何控制冲突。不同程度的正式法律干预是由社会结构中持续存在的跨情境特质决定的，如冲突相关者的层级距离及亲密程度等。认识到暴力道德化这一变量能够用参与者和社会控制者在社会空间中的位置来解释，这是一个重大的理论进步。但这一理论依然假设暴力很容易发生；它所关注的是暴力爆发之后的社会反应。许多暴力确实是自发产生的，例如彼此熟识的人们之间发生的冲突持续升级所引发的暴力；在这种情况下，正是因为双方关系的亲密性而阻止了警方和法律机关的正式干预。然而自发产生的暴力仍然需要情境建构，需要克服冲突性紧张和恐惧。能够做到这一点并不容易；此外，虽然有许多人怀有动机来对熟人产生敌意，但这种自发产生的暴力远没有预料中那么频繁 [例如就像加州大学洛杉矶分校的罗伯特·埃默森（Robert Emerson）在其尚未发表的关于室友争吵的研究中所描述的那样]。

　　更加宏观的理论解释也面临同样的问题，例如将暴力理论化为一种抵抗。

抵抗理论（resistance theories）将暴力理解为对大型社会结构下的次级位置的个体反应；通常情况下是资本主义经济中的阶级位置，有时则更加一般化地抽象为包括种族和性别在内的支配结构[9]。微观分析主题再次适用于此：抵抗理论假设暴力发生得轻而易举，所需要的仅仅是动机而已。但事实上，抵抗型暴力与其他暴力一样不容易发生。当抵抗型暴力（或者因其发生在种族贫民窟或下层社会而至少能够大概理解成抵抗型暴力的行为）发生时，它通常与情境化的互动和限制如影随形。同样的模式在其他暴力种类中也似曾相识：极少数暴力专家会从群体中的非暴力者那里汲取能量，要求观众支持，并打击情绪脆弱者。微观情境条件倾向于攻击受压迫群体内部的受害者，而不是表面上的压迫阶级。抵抗理论往往具有一种扭曲的特性：它是一种由利他主义的旁观者提出的解释，他们竭尽全力想要同情暴力的实施者，因此将其英雄化和正当化；而事实上，这些暴力大都施加在了与其同属于受压迫群体的成员身上。

即使在明显的抵抗型暴力——例如高举反抗种族歧视大旗的贫民窟起义（ghetto uprisings）中，暴力也大多是局限于本地的，因此大部分破坏都发生在暴力行为者自身的社区之中。起义的修辞是一回事，实际的暴力则是另一回事；破坏之所以会本地化，是因为这在情境上来说是最容易的。当一个在意识形态上被唤起的群体入侵了其他人的社区，这往往不太可能是对支配一切的社会秩序自下而上的反抗，而更可能是对其他种族群体的平行攻击。因此，对来自更高社会阶层的利他主义旁观者来说，这种暴力便丧失了作为抵抗的道德合法性。

暴力的文化解释（cultural explanations）几乎总是宏观解释；用一种宽泛的、跨情境的文化（作为必要条件，有时甚至暗示为充分条件）去解释暴力发生的原因。从微观情境分析角度来看，即使这一解释有时与抵抗理论思路相反，但却犯了同样的错误。有些理论认为暴力不是一种抵抗，而是自上而下施加的力量，借维护文化秩序的名义来规训和阻止抵抗者。因此，种族主义、恐同或男权主义的文化就被用来解释针对少数群体、女性及其他受害者的暴力攻击。这种阐释至少比抵抗理论具有更加坚实的现实基础，因为这些攻击者往往会在攻击中公开声明他们的偏见，而那些所谓的抵抗者则不会如此。但这种解释却没能深入分析微观情境中的互动；绝大部分微观情境都涉及虚张声势、用口头羞辱来取代身体暴力，有时（加以额外条件）也会借用虚张声势的能量来实施真正的暴力。我们完全不清楚这些情境中使用的羞辱性表达究竟是否代表了长期信仰和内心深处的暴力动机。我会在第八章中通过体育运动粉丝和足球流氓们的仪式性羞辱来深入探讨这一问题。微观社会学证据表明，种族主义和恐同主义也是情境建构的。由于这些"主义"都是名词，我们可能会将其误认为是具体化的概念，而它们原本都是流动的、暂时性的过程。

犯罪学中的"暴力文化"（culture of violence）解释也有着类似的论调。这种解释更多建基于民族志研究之上，而较少对数据进行政治化的阐释。但是，即使我们能够观察到某些特定群体中的个体（例如贫民窟的年轻人）总是对暴力津津乐道，却也无法证明这些言论就会自然而然地演化为暴力行为。暴力是很难发生的，绝非轻而易举。几乎没有哪种文化话语肯承认这一点，更不用提暴力的实施者、爱好者、受害者、利他主义者和衣冠楚楚的遥遥观望者了。所有人都觉得暴力很容易实施，无论是那些吹嘘、恐惧还是希望消除暴力的人。但是，谈论暴力的微观情境现实，又一次变成了仪式性的虚张声势，而这些仪式则提供了一种意识形态，用来隐藏暴力的真正本质：它其实很难实施，大部分人都不擅此道，包括那些自吹自擂的人在内。在不同的社会网络中的确流传着关于暴力的言论，从这个意义上来说，确实存在暴力文化；但我们决不能就此信以为真。

一旦触及"象征性暴力"（symbolic violence）这一概念，宏观文化理论就变得空洞起来。这根本无助于解释真正的暴力，却让分析方法变得更加模糊不清。身体暴力有明确的核心指示物，我们可以通过微观情境观察来进行研究。布迪厄（Bourdieu）将校规视为象征性暴力，并将整个象征性事物的范畴定义为"温和而不可见的暴力形式，从不被承认为暴力，也并非有意选择，如信用、信任、责任、忠诚、好客、礼物、感激、孝顺……当暴力无法公开实施时，象征性暴力便是其更加温和而隐秘的形式"（Bourdieu 1972/1977：192, 195）。然而当他写下这些话语时，我们身处非常不同的概念体系之中。这只是一种修辞手法，用来更有力地论证学业成就、文化品位和仪式行为是阶层化结构自我再生产的一部分；布迪厄想以此向读者证明，这在道德上是不正当的。然而，学校规定和文化分层的互动情况，与身体暴力冲突的互动情况毫不相似。后者是一种微观情境过程，牵萦着恐惧与紧张等情绪，具有强烈的即时性；相反，布迪厄的"象征性暴力"平和、无冲突、毫无紧张感，往往反复出现，而且不具备情境化的偶然性[10]。

当然，任何核心概念都有其边缘区域。一味坚持暴力必须符合某种先决的定义并无济于事。当人们互相挥舞着拳头或武器时，总有一个调动气氛和期望的阶段；哪怕这一阶段并未最终引发暴力，也是值得研究的。我们知道，拳头和武器都可能错失目标；有时可能故意打不中对手，有时则可能无意间伤到旁人。界线该画在哪里？威胁是一种暴力形式吗？显然，威胁已经足够接近暴力，我们必须将其纳入情境互动模型中，哪怕在很多情况下威胁咒骂并不会引发暴力。同样，我们也需要研究争吵时的情境互动，并更一般化地研究恐惧、紧张和敌意等情绪。在这里，方法论的原则应该是在研究过程中找到其自身边界。在这一原则的指引下，我们就可以将装模作样的修辞解释抛诸脑后了，因为它们并不相关。

"象征性暴力"仅仅是一种理论上的文字游戏；如果将其当真，我们就会严重地误解真正的暴力实质。"象征性暴力"轻而易举，真正的暴力却十分困难。前者跟随情境互动的形势而动，利用互动仪式中的正常特点；后者则与互动模式南辕北辙，因为威胁使用真正的暴力与情绪浸润和互动团结的基本机制相悖，从而导致暴力情境很难发生。正是这种紧张产生了冲突性紧张和恐惧，这是微观情境互动的主要特征；当暴力真正发生时，这种紧张与恐惧也将位于其所有特征的中心。

控制冲突性紧张：社会技术的历史演化

最后我们再来稍微讨论一下进化心理学（evolutionary psychology），这一重要学科对暴力有着十分明确的理论解释。它从基因进化的一般理论出发，用于推断包括谋杀、斗殴和强奸等在内的特定人类行为（Daly and Wilson 1988；Thornhill and Palmer 2000）。这一理论极为重视现实生活中的常见模式：育龄高峰期的青年男子是大部分暴力行为的实施者；暴力的导火索往往是关于性嫉妒或是为了表现男子气概。暴力被解释为一种进化过程中自然选择的特点，令男性能够获得生育支配权。

我们不能排除这种可能：人类行为会受基因影响。然而，广泛的实证比较已经得出结论：即使基因的确有作用，这种作用也非常微小，并且往往受制于社会条件。首先，暴力并不仅限于育龄青年男子。例如，家庭中最常见的暴力形式并非发生在成人性伴侣之间；父母对儿童施加的暴力远胜于此，并往往以体罚形式出现，而体罚又远少于儿童之间的暴力行为（见第四章）。儿童之间的暴力往往并不严重，原因显而易见，例如暴力倾向往往被外来者（在这种情况下是成年人）限制和规管，因此变得温和而不严重。这就成为进化理论无法解答的谜团：儿童在幼年时便会开始互相扭打（这往往也包括小女孩的攻击行为），但随着年龄增长却逐渐学会自我控制（Tremblay 2004）。单从数量上来说，暴力事件最常发生在非生育期，也并不仅限于男性之间。进化心理学家可能会忽视此类暴力，因为它们并不严重，也不会进入官方犯罪数据库；然而，无论如何，一个全面的理论应该能够解释所有种类和所有程度的暴力。微观情境理论能够很好地解释关于儿童的数据；我们将会看到，幼儿间的扭打表现出与成年人的暴力相同的两种模式：在情境中处于上风者联手欺压弱者和胆小鬼，或是表演出受到限制的斗殴行为。这一模式是结构化的而非个人化的；如果将儿童从这一群体中剥离，并加入新的成员，那么支配模式便会发生改变，霸凌者和受害者的角色也会发生变化

(Montagner et al.1988)。

即使在其适用范围之内——青年男子容易卷入的严重暴力行为——进化心理学也有其漏洞。我们很容易就能想到其他基于社会条件的理论来解释青年男性的暴力倾向。在所有年龄层中,他们在社会上最具野心;他们在身体条件上具备优势,在经济条件和组织权力上处于下层,也不受人尊重。这里我想再次强调我的微观社会学理论:进化心理学假设暴力很容易发生,只要具备诱发暴力的基因就够了;而事实上暴力的发生是困难的,即使对青年男性来说也同样如此。事实上,我们的微观证据中的绝大部分都是关于青年男性之间未曾发生的暴力。

如今,学术圈中许多领域都不太欢迎进化理论:一方面是因为它对文化和互动模式似乎太不敏感,另一方面也是出于学术界诠释主义(interpretive)与实证主义(positivistic)、人文科学(Geisteswissenschaft)与自然科学(Naturwissenschaft)之间长久以来的对立。尽管我的学术界同盟大都站在诠释主义阵营中,但我仍想踏入进化心理学领域,用其自身概念来指出它所犯的两个严重错误。

第一个错误是,究竟什么在基因上获得了进化。今天的正统进化心理学认为,人类已经进化成为以自我为中心的基因传播者,男性更是已经进化为一种生物机器;他们之所以具备攻击性,是为了让自己的基因比其他男性的基因得到更好的传播。但是我对生物层面的进化产物有不同的理解。我在其他作品中曾提到(Collins 2004:227—28,对于人类色情的解释),进化使人类对他人发出的微观互动信号具有格外高的敏感性。人类被设计成了这样一种生物:互相之间保持关注,并以相同的韵律对他人的情绪作出反馈。这是一种不断进化的生物学倾向;人类会时常陷入互动情境之中,觉察到彼此的神经与内分泌的微妙变化,并倾向于创造互动仪式以保持面对面沟通时的团结一致。我想说的远不止人类进化出了庞大的大脑和学习文化的能力。更重要的是,我们在进化中变得格外容易理解彼此的情感,因此也就格外容易受到互动情境中所发生情况的影响。

人类以自我为中心的进化模式并不是首要的；它仅见于特殊情况，而且大部分时候都是发生在人类历史晚期 [参见 Collins（2004）第九章 "作为社会产物的个体主义与内倾性"]。这一切都对人类暴力有着直接影响，但却与进化心理学的假设恰好相反。人类被设计成追求互动与团结的生物，这令暴力格外难以发生。冲突性紧张与恐惧并不仅仅出自个体对身体受到伤害的自私性恐惧，后面我会对此有详细阐述。当双方的注意力集中在同一点上时，这种紧张与彼此之间情绪互相浸润的倾向直接相悖。在心理学层面上，进化令打斗遭遇深层次的互动性障碍，因为我们的神经系统在他人近距离在场时并不愿作出这样的反应。冲突性紧张与恐惧正是我们为文明所付出的进化代价。

人类有能力变得愤怒并调动身体能量来让自己变得强硬和具有攻击性。这同样具有心理学基础，在所有社会中都是如此（Ekman and Friesen 1975），并且在大部分幼童身上都能看到 [11]。进化心理学将愤怒的能力解释为一种调动身体能量来克服障碍的方式（Frijda 1986：19）。但当障碍是另一个活生生的人时，这种愤怒和攻击的能力演化就会遭遇到另一种更强的演化：我们会倾向于将注意力集中到同一处，并时刻注意对方的情感变化。我们由何得知这种交互式浸润的倾向比动员攻击的倾向更加强烈？因为本书中回顾的微观情境证据显示，最常见的倾向是杜绝公开暴力的发生；即使暴力发生，也会呈现为一种互动过程，并致力于克服冲突性紧张，尽管冲突性紧张依然如影随形。

这并不是说人类之间就不可能发生冲突。事实上，人们往往有着不同的利益，并常会向对手显露敌意。但是，这种敌意往往是针对遥远的、在人们视野之外的个体（乃至身份模糊的群体）。正是直接接触的情境性冲突带来了压倒性的紧张感，所以想要激发面对面的暴力，就必须有一种情境性的方法来绕过这一情感领域。

在此，我将介绍进化与人类暴力相关的第二个特点。现在，我们关注的不是人类身体的生物学进化，而是人类的社会机构；社会机构同样在随时间进化，有些机构被选中留存，有些则消失在社会中。如果人类在心理层面的进化使得彼此在遇到怀有敌意的对手时会产生冲突性紧张，那么人类历史中之所以会发展出暴力，一定是因为社会进化出了一些克服冲突性紧张或恐惧的技术。

通过比较历史我们得知，社会组织在决定发生多大程度的暴力方面至关重要。军队的历史就是通过组织技术来令人们坚持战斗（至少不逃跑）的历史，尽管他们可能心怀恐惧。部落社会中的战斗往往都很短暂，大都是不到几百人之间的小规模冲突，断断续续地进行几个小时，通常以某人被杀或受重伤而结束。没有社会组织来给士兵排出等级并让他们保持战斗；他们会在交火线上时而冲刺时而后撤，每次只出动几个人，踏上敌人地盘不出几秒就会撒腿逃离。这种结构与当今的黑帮类似：互为世仇的两个帮派常会在飞驰而过的车里向对方射击；如果两伙人当真互相碰到，往往会破口大骂，但却同时又会想办法避免当真打起来。这一对比显示，推崇暴力的社会技术并非只是时间进化的产物；如果没有组织机构迫使士兵保持战斗状态，现代社会群体仍会与小型原始部落身处同样的结构条件之下[12]。

在古希腊、罗马和中国，更复杂的社会组织能让更大规模（有时甚至是数以万计）且纪律严明的部队投入战斗，并能让他们保持战斗一整天。中世纪欧洲的战斗通常也会长达一天。到拿破仑战争时期，军队有时已经达到数十万规模，战斗也能持续三天之久。到了20世纪世界大战时，战役常常会长达六个月甚至更久（例如凡尔登战役和斯大林格勒战役），背后有巨型的科层机构支援。在所有历史阶段，大部分军人都是生育高峰期的青年男性，然而决定伤亡数量的却是社会组织的种类。为繁衍后代而进行的斗争对解释这一变量毫无帮助。发生进化的是令士兵在能够造成破坏之处保持战斗（或者面对可能造成自身伤害的远距离武器不会畏缩）的组织技术。这些技术通过一系列设计得到进化，例如：密集方阵；地面部队四周伴随军官团，负责让士兵保持队形；现代大型军队中的政治化诉求和道德建设技术；用科层制技术将个体困在无法逃离的组织中；此外还有军事警察等强制性执法专员，专门负责对付逃兵[可以参阅Keegan（1976）来对比不同历史时期的此类技术；此外也可参见McNeil（1982，1995）]。

想要追踪研究社会技术如何克服非暴力的生物倾向，军队组织是最容易入手的。在其他暴力领域，此类技术也得到了进化，例如决斗、武术和其他格斗学校的发展，以及体育运动粉丝们的集体例行活动。例如，20世纪英国产生的足球流氓可被视为此类技术的进化：从参与到激动人心的对抗性体育运动表演中开始，而后将这种兴奋从运动本身中剥离出来；由此，一群顶级球迷能够借此推动他们自己的"按需暴动"（riot on demand）。这些主题将会出现在之后的章节中。

我们过去常用"进化"来表示进步，但这与暴力的历史演变并不符合。如果说真的存在一种历史演变模式，那就是暴力的等级会随着社会组织的等级而提高。暴力并不是原始的，文明也并未驯服暴力；真相恰恰与之相反。不过，进化论的其中一个方面在技术上与此相关，只是其结论并不令人放心。用诺伯特·埃利亚斯（Norbert Elias）的话来说，这一历史模式的"去文明化"（decivilizing）程度与其"文明化"（civilizing）程度不相上下[13]。我并不喜欢进化论的概念词库；我更倾向于用韦伯的理论来描述这一历史过程，即社会权力组织的多维度变化[关于这一点，最清楚的阐释来自于Mann（1986，1993，2005）]。实施暴力的技术必须能够完成克服冲突性紧张和恐惧的任务；无论这些组织在宏观层面和中间层面多么完善，其效果总是要经过微观层面的检验。在这里，进化心理学的作用只是简要地提醒我们应该采用一种长期视角；人类的生物进化设计使我们在面对面实施暴力时会产生严重的情感障碍，而社会技术的发展正是为了解决这一问题。对人类福祉来说，幸运的是，这一问题在很大程度上仍然没有得到解决。

数据来源

本书根据理论划分结构，不过重点依然在于阐释数据。我会尽可能近距离地深入描述暴力。我穷尽了一切可能的信息来源，使用了一切可能的视觉记录资料。警察暴力、运动暴力和群体暴力中的许多事例都有录像资料。在当代战争中有时候也会有录像资料；不过，更发人深省的还是部落战争中的人类学纪录片。此外，照片往往比录像更有用，因为它们能够捕捉情绪，并展现身体在空间中的细节。我也会尽可能地在条件允许的情况下往文字中插入图片。有些结论来源于我对某一类暴力的照片收藏。

此外，还有一种重要的信息来源是观察。我利用了我自己的观察来收集可能的信息。有些信息是有意收集的，例如当我身处危险时期的暴力地带时（我曾住在东海岸城市的某些地区，这些经验对我的研究有所助益），或是跟随并观察警方执行任务①时；有些则是由于我时刻保持警醒，随时可以进入社会学家的状态，当身边发生相关事态时能认真观察并详细记录。这其实并没有想象中的那么戏剧化；我对从低到高各种程度的冲突情境都很感兴趣，其中大部分都不会升级为暴力，更不用说极端的暴力了[14]。

在本书的部分话题上，我充分利用了学生报告，包括我的学生们对曾观察到的情境的回溯性阐释。我指导他们应该注意些什么：情绪、身体姿态、时间把握等细节。我让他们形容他们曾近距离观察到的一次冲突；这些冲突并不一定需要是暴力的，而是也可以包括争吵和失败的打斗，这些都是情境互动中的重要组成部分。由于这些学生大都来自中产阶级家庭（尽管他们在国籍和种族方面很多元），他们报告的暴力通常仅限于狂欢、娱乐和体育领域，也包括不少家庭冲突；还有人则描述了示威游行和骚乱等。显然，这些

---

① 在包括美国在内的许多国家，普通市民可以申请坐在警车里跟随和观察警方的日常巡逻工作。——译注

数据并不能用来计算不同暴力的统计频率，但却有助于揭示这些情境的不同特点之间的关联，而这正是我所关注的。

我还访问了许多曾以不同方式观察或卷入暴力的人：不同国家的警察、退伍士兵、青年乐手、保镖、法官和罪犯。我重点关注的是他们的观察，而不是他们对自己观察到的东西如何阐释（尽管这一部分很难排除）。这些访问有些经过精心设计（但问题大多是开放式的），有些则是非正式的讨论；当成果显著时，我还进行了长时间的多次讨论。向其他民族志学者询问观察性细节格外有用，他们告诉了我许多在已出版的报告中没收录的内容——不是因为他们隐瞒了什么，而是因为我从崭新的角度入手，问出了新的资料。我还从法院那里得到了一些对于不同种类暴力的详细解释。多年来我还参加了许多武术学校，这也是信息来源之一。

新闻报道在某些话题上很有帮助。虽然它们在提供的情境细节上并不统一，但因暴力（尤其是那些更加公开形式的暴力）相对罕见，所以通常也没有什么资料能够代替新闻报道。它们在报道警方提供的后续信息方面格外有用，例如弹道报告等。网上也能找到一些（例如关于骚乱等的）长篇报道，它们能比经过删减的新闻报道提供更多细节。电视新闻往往更加模糊，承载较多评论，因此用处不大，除非它们提供有录像。最主要的例外是体育暴力。我用自己对体育赛事转播的观察来分析运动员和粉丝引发的暴力。美国对体育运动的记录非常完善，我们往往能从关于一场斗殴的简短新闻报道出发，重建当时的场景：例如运动员和队伍在那场导致斗殴的赛事中都做了些什么。我还能够检验某些特定的特点，例如运动员被击中的次数及其与最终是否会爆发斗殴之间的联系。

本书在分析中还穿插了过去出版的材料。有些来自于其他研究者；那些研究暴力的民族志学者（Elijah Anderson、Anthony King、Bill Buford、Curtis Jackson-Jacobs、Nikki Jones 等人）和那些研究特定暴力发生环境的学者（David Grazian 研究了娱乐场所的暴力；Murray Milner 研究了高中的等级系统），提供了格外宝贵的资料。我特别感谢杰克·卡茨（Jack Katz）等研究者，他们最先将不同角度的近距离数据汇总起来。这些学者中有些人（Katz、Milner、Grazian）使用了集体民族志，也就是多名观察者提供的观察报告；其中有些是回溯性的，有些则是特地派遣去观察特定场景的。虽然这一方法在方法论文献中并未得到充分讨论，但它有许多优势值得学界重视。

我还使用了公开发表的访问（例如对狱内或狱外罪犯的访问），以及暴力（尤其是军事暴力）参与者的传记或自传资料。历史学家提供的微观观察细节也对我的研究大有助益。

图书馆资源有时也是有用的。不过我们需要十分谨慎，因为文学艺术对暴力的解释正是阻碍我们去理解暴力迷思的主要来源。尤其是电影：绝大部分电影对暴力的描述都十分不可靠，仅有寥寥几部例外。有些文学作品（主要是20世纪早期采用自然主义风格的那些）也有助于我们去了解战争和斗殴的细节，以及究竟是怎样的微观互动或狂欢场景引发了斗殴。在微观社会学家成为一种职业之前，少数作家已经成为微观社会学家，例如托尔斯泰、海明威和菲茨杰拉德。更加古老的文学作品，例如荷马和莎士比亚的作品，虽然会传播关于暴力的迷思，但有时也有助于我们去理解特定历史时期与暴力相关的宗教仪式。

本书也使用了有关的定量数据。这些数据（虽然很难获得）有助于我们理解警察暴力的特定方面；军队数据已经成为学术界关注的暴力发生机制的核心，包括士兵射击和命中的数目、弹药消耗量和伤亡数目等。一部分示威游行及其伤亡也得到了详尽的记录（例如1970年发生在肯特州立大学的国民警卫队枪击案[①]）；此外，我也参考了骚乱蔓延和加剧过程中的抢劫行为、逮捕人数及时间演变方面的数据。

整本书中，我的首要原则是对数据作出自己的解释。这通常意味着将数

---

① 1970年5月，美国俄亥俄州肯特城肯特州立大学的部分学生举行反战抗议示威，引发镇上小型骚乱。5月4日，国民警卫队向抗议者开枪，在13秒内发射67发子弹，造成四名学生死亡，九名学生受伤，其中一人终身残疾。——译注

据从原报告者的视角、过往研究者关注的重点，以及他们的理解框架中剥离出来。可以说，**社会学很大程度上是一种重新阐述他人观察的艺术**。当这些观察来自于之前的社会学家，而他们的重新阐释又在很大程度上相互重叠时，我们就达到了累积性的理论进步。

我的数据十分多元，原本也应如此。我们需要从尽可能多的视角来理解暴力这一现象。单一的方法论将会严重阻碍理解，尤其是在理解像暴力这种格外难以理解的现象上。显然，将来对于暴力的微观社会学研究将会比我在这里做得更好；而就此时此刻而言，重要的是这一发展的方向。

全书概述

第二章展现了基本模型：暴力情境充满冲突性紧张和恐惧。因此，大部分暴力都只是虚张声势，并不会真的发生什么；即使发生暴力行为，也大都能力有限：破坏不大，而且大多数破坏都出自无心。想要对敌人造成真正的伤害，必须有方法绕过冲突性紧张和恐惧；接下来的章节将会详细阐释这些方法。

第三章描述了一系列互动过程，它们让冲突性紧张突然转变为对其中一方有利的局面，并让其获得压倒性优势。我将其结果称为"恐慌进攻"。许多暴行（包括不少头条新闻中报道的那些）都是这么发生的。

第四章和第五章研究了克服冲突性紧张和恐惧的一种方法：攻击弱小的受害者。在这里我们将会检视家庭暴力、霸凌、拦路抢劫和持枪抢劫等行为中的情境互动。其中一些行为相对更加制度化并会反复发生。前一章中提到的恐慌进攻也是攻击弱者的一个变种，只不过是位于光谱的另一端：弱者是突然产生的，而攻击之所以残忍，其关键在于突发的情绪转移。所有攻击弱者的行为，都体现了成功发生的暴力行为的关键特性：选择情绪上处于下风的受害者，这比体能上处于下风更为关键。

到目前为止，这些章节所描述的暴力都是细看起来无比丑陋且在道德上令人不齿的。本书的第二部分涵盖了另外一系列克服冲突性紧张和恐惧的方法。在这里，暴力是可敬的、欢乐的、热情的，至少也是能被社会原谅的，甚至可能会被公开鼓励，或是介于二者之间。第六章研究了特地为观众表演的打斗；那些限制和保护打斗的特性，同时也将参与者抬高到了受尊重的精英地位。然而，即使在这里，冲突性紧张和恐惧也依然存在，并塑造着暴力，就像"受压抑情感的回归"[①]一般。

第七章研究了庆祝、狂欢和娱乐情境下产生暴力的不同方式，以及为何原本并不欢乐的暴力形式（如骚乱）会采取一种狂欢的风格。

第八章解释了体育运动作为一种戏剧性的类暴力形式如何在可以预见的情况下导致运动员中与球迷中发生真正的暴力。我也考虑到了在何种条件下球迷的暴力会溢出体育场，甚至自发产生：此时，"B队"会鼓吹自己在体育运动的情感冲击上与"A队"不相上下甚至略胜一筹。

第九章研究了何时会发生打斗，何时又不会。我关注的是虚张声势中的微观互动，并研究了这些互动如何被制度化，成为"街头做派"。

第十章和第十一章研究的是在微观情境支配的过程中，谁是打斗的赢家。暴力会在情绪能量上分层，这与学术界和艺术界中创造力分配的"少数法则"类似；胜利者都需要在注意力空间中有限的机会里攫取情绪上的主动。那些成为暴力精英的人——当然，这种"精英"在结构上既可能被人鄙视也可能受人景仰——从同一领域的其他所有人身上获得了情绪支配的能力。他们感情冲动地对受害者落井下石，在他们获得胜利的同时，对手则遭遇了失败；同时他们也会从不那么重要的支持者和旁观者的身上汲取情绪动力。

至少在社会学上还有一线希望：暴力具有强烈的结构性限制，其本质是

---

① "受压抑情感的回归"（return of the repressed）是精神分析理论中的一个概念，指的是被压抑的情感隐藏在潜意识中，并倾向于在意识或行为中重新出现。——译注

一种情绪场域的产物。那些令一小部分人成功实施暴力的特质，恰恰令绝大部分其他人都成为非暴力者。至于这一模式究竟能有何建设性发现，还有待未来进一步探索。

微观理论与宏观理论的补充

由于社会科学家总是喜欢争辩，仿佛我们自己的理论才是唯一正确的，因此我想特地声明：微观社会学理论并不是社会学的全部。研究者们早已在未分析微观细节的情况下成功地研究过大规模结构，例如网络、市场、组织、国家，以及它们在世界舞台上的互动等。对于这些中层结构和宏观结构，我们已经积累了一些有用的理论，我并不是在建议社会学家们将这些理论抛诸脑后，而只关注面对面的情境。这一问题并不是本体论的：什么是真实的，什么又不是；而是实用主义的：什么好用，什么不好用。在暴力研究这一领域，我们可能比在其他领域都更加严重地误解了最基本的微观互动模式。我们认为暴力很容易由个人实施，进而认为微观层面不存在问题，而转向中层背景、宏观组织乃至无所不在的文化中去寻找条件。

结果，这犯了一个实用主义的错误。暴力绝不容易实施，其最大阻碍和转折点恰恰在于微观层面。这并不是说中层和宏观条件就不存在；一旦我们弄清楚正确的微观机制，我们也许就可以将它们有效地融入一个更加全面的理论中去。

本书可能在许多读者看来都太过微观了。它既省略了之前的动机、背景条件和暴力的长期后果，也省略了大型社会结构（如军队或政治）产生暴力的过程，而只关注最直接的情境。我也同意这一批评。不过，为了将注意力集中在暴力的微观互动层面，我们有必要省略其他部分。本书是两卷本中的上卷。下卷将会拓展这一框架，涵盖第一卷所省略的内容。它会讨论到我们对制度性暴力的理解，即那些反复出现的结构化的暴力；它们体现在中层和大型机构中，而这些结构则提供了源源不断的资源去培养暴力专家。它还将讨论到战争和地缘政治、虐待，以及不同情境和种类的强奸。

这一对暴力话题的拓展，跨越了若干概念上和实际中的边界。产生暴力的大型和长期结构与冲突论大致相交；冲突论是一个更加宽泛的话题，因为冲突往往并不是暴力的。二者通过一系列升级与反升级过程相连接，我将会进一步拓展这一方面，引入至关重要但却甚少被提及的降级理论（theory of de-escalation）。下卷将会关注冲突，无论它们是暴力的还是非暴力的，将其视为一个随着时间而潮起潮落的过程。它将尝试描绘冲突究竟何时会发生，又为何会发生在特定时刻。这意味着把时间过程而非背景条件作为暴力本身的关键特质；暴力事件的发生取决于其相对于其他事件的时机，以及微观事件内部的时机流转。这也许能让我们进一步理解相对罕见的暴力事件，毕竟单用背景条件去理解是远远不够的。

微观社会学与宏观社会学之间的正确关系并不是此消彼长，而是相辅相成，共同得出一些有用的结论。在暴力研究领域，做到这一点是至关重要的。尽管上下两卷跨越了宏观与微观，但却始终由一条主线联系着，那就是情绪场域中的互动过程理论（theory of the interactional processes）。上卷将会呈现时空中的微观切片，下卷则会呈现更加宏观的部分。

在接下来的章节中，我将会用男性代词"他"和"他们"来特指男性。男性与女性在暴力情境中的行为有类似之处，但就这一话题而言，约定俗成的用"他"来指代所有人的用法会引发很大误解。所以我将会分别且明确地讨论女性对女性的暴力（female-on-female violence）和男性/女性暴力（male/female violence）。

第一部分

暴力的肮脏秘密

第二章

冲突性紧张和无能的暴力

下述引文摘自我的民族志笔记:

马萨诸塞州萨默维尔市(波士顿的一个工薪阶级区),1994年10月,一个工作日的晚上11:30。我走在街上,看到一辆车闪着灯停在商业区的路边,刚好停在一家店铺门口。一名身穿短夹克的20多岁的白人男子下了车,砰的一声摔上车门。我继续走着。街道远处(另一侧的人行道上,即当我转身回头望去时的右手边)有另外一名年轻白人男子,他从垃圾(路旁等待翌日回收的垃圾堆)中拣出瓶子,扔在人行道上。他很愤怒,四处踱步。他看到了路对面36米处的那个人,于是便冲其喊起"乔伊![省略脏话]""我马上过去收拾你,乔伊!"之类的话。他冲到马路中央(一条很宽阔的主干道,此时空空荡荡),另一个人则从左侧向他跑过来。(显然他们约好了见面。)与此同时,又有一个人从街道远方45米处跑了过来,我猜大概是从右侧跑出来的。两个战友(乔伊和他的朋友)一起攻击了那个摔瓶子的家伙。他们彼此挥动了几下拳头,但却好像并没有人真正打中对方。摔瓶子的家伙开始嚷嚷:"嘿,公平点,公平点!不能两个打一个!单挑!"他们向远处退了几步。叫喊声持续了几分钟,然后平静下来,但很快又再次爆发。最后,我离开了(大概过了五分钟,我一直在45米开外的地方旁观;另一位女性行人也在我身旁驻足旁观,打架者完全没有注意我们)。我不清楚他们最后到底打起来没有。

打架者一开始表现得愤怒、强横、好斗——摔瓶子、摔车门、叫嚷污言秽语。他们互相挥舞拳头,却没打中。很快,他们就找到了停止打架的借口;双方都接受了这一借口,不止是以少敌多的那位,也包括人数占优的一方。最后,他们只是再次制造出一些愤怒的噪音罢了。

勇敢、能力和势均力敌?

关于打架斗殴,盛行的迷思包括打架者都是勇敢的、能干的,而且势均力敌。在娱乐行业及日常生活的修辞中,"好斗"这一特质一般会用道德词汇加以区分,例如英雄和恶棍,值得景仰和应受谴责的人;然而,坏人往往在打架方面强壮而优秀,否则剧情就没有了悬念,主角的地位也无法突出。运动本身是一种娱乐方式,其组织形式具有令人满足的戏剧性冲突,通常都会设计成势均力敌的竞争形式。在假想的冲突中,只有当英雄挫败拥有超人之力的对手时,实力不对等的交锋才是可以接受的。当然,这在虚构中要比在真实生活中容易做到多了。

真实生活中的情形几乎完全相反。打架者大都心怀恐惧,在实施暴力时也往往能力不足;当他们势均力敌时,就会显得格外不济。大部分暴力都是发生在强者攻击弱者时。

有一部人类学电影很好地描绘了这一模式:《死鸟》(Dead Birds)展现了新几内亚高地的部落战争(Garner 1962)。参与者包括两个相邻部落的所有成年男子,两边各有数百人。他们在双方领土交界处的传统战争场地见面。影片显示,数十名战士站在前列,其中一两人冲到最前方,向对方阵营射出一支箭;这一幕一旦发生,另一方立刻就会后退。战斗有一种波浪般的节奏感,前前后后,仿佛有一种力量阻止着哪怕最勇敢的战士踏过那条界线;仿佛一旦有人踏入敌方阵营,哪怕只有几米,攻击的勇气便会立刻泄尽;而一旦开始后退,敌人便会获得前进的勇气。大部分箭都没有射中。大部分伤员都是在逃跑时屁股和后背受了伤。结果,经过一天的战斗,伤员也只有寥寥几位,大约仅占总人数的1%—2%。战斗持续了几天,直到最后有人死亡或重伤濒死为止。

只要有一个人死亡,战斗就会停止;尸体会被带回村庄安葬,另一方则会举行庆祝仪式。这段用于庆祝的时间其实是一种潜在的休战;前线无需有人把守,所有人都在参与双方各自的仪式。此外还有其他方法来限制战斗:倘若天气糟糕,或者雨水会破坏他们的战斗装饰,战士们便会同意暂停战斗;他们也会在战斗中暂停,用来进食和讨论各自的表现——通常都是自吹自擂,夸大其词。

此类部落战争带有家族血仇的结构特点:通常每次会杀死一个受害者,而每一个受害者都要有人为之复仇,从而引发更多冲突。对方阵营的每一个成员都可以成为下一个合适的受害者。在《死鸟》一片中,敌方阵营的突击队越过部落边界,在偏远地带杀害了一个小男孩。双方成年人之间的大规模冲突通常都会陷入僵持,仿佛跳芭蕾一般假装武力对峙,但其实谁也无力杀死对手;反倒是针对敌方阵营中弱小成员的孤立攻击更加有效。这一模式在部落战争中十分常见(Divale 1973;Keeley 1996)。除了大规模武装冲突,部落之间也会互相发起突击,试图直接袭击对方的村庄,特别是当战士们不在的时候;或者有时也会伏击对方的战士。当部落战士们面对手无缚鸡之力的敌方成员占有优势时,通常便会发起屠杀。从北美印第安部落对其他印第安部落和欧洲白人定居者发动的攻击中，基利（Keeley）提供了不计其数的例子。最严重的暴力事件发生在一方实力远逊于另一方时[1]。

既然对战士的戏剧化描摹如此不准确，那么这一形象又是如何流传下来的呢？这部分是因为娱乐型暴力本身，包括其体育运动形式在内，是一种人为制造的、戏剧化的、予人满足感的形象。日常生活对话也是如此：大都充斥着戏剧性情节，由人们讲述自己和他人的故事；日常对话的吸引力就在于引人注目和具有娱乐性，而不是忠于事实。这就是为什么人们往往缺乏词汇来准确地描述真实的暴力；对于他们亲身参与的暴力，他们有压倒性的动机将自己描述为勇敢善斗的形象，而且敌人必然是势均力敌地强大；他们绝不会说自己面对这样的敌人抱头鼠窜。当然，有一种修辞方法是将敌人称为懦夫，但这通常意味着敌人的攻击是成功的，因为它出乎意料，因而并不公平；或者这只是一种自吹自擂，意思是一旦狭路相逢自己必会取胜。真正经历过战斗、直面过敌人的战士，通常都会将敌人形容为勇敢的形象；只有远方的敌人才不值得尊重。战线后方的战士乃至待在家中的普通市民更倾向于轻视敌人（Stouffer et al. 1949：158—65）。事实上，人们在战斗中的表现与在其他冲突中一样，通常都是心怀恐惧；因此，前线的战士们也在塑造这一迷思——不管是关于敌人还是自己的迷思。这就是为什么我们需要用直接证据来展示人们在冲突情境中的表现，而不是依赖他们自己的描述。

核心现实：冲突性紧张

本章开头，我描述了波士顿街头硬汉们之间发生的一场没怎么打起来的架。最简单的阐释是，当冲突发展到暴力的关口，这些人进入了一种恐惧状态，或者至少也是一种高度紧张的状态。我将其称为紧张/恐惧（tension/fear）；这是一种群体性的互动情绪，它描绘了暴力冲突中所有参与者的情绪特点，并通过几种典型方式塑造了所有参与者的行为。

当我们亲眼看到战斗是什么样子并试图在口头表述之外对其进行分析时，情绪模式就会浮现出来。图 2.1、2.2 中展现了战火中的男人，他们的某些举动也许可以称得上勇敢。但即使如此，他们的姿势和面部表情也是蜷曲而充满恐惧；就连最活跃的枪手也显得十分紧张。在图 2.3 中，一支特种部队（SWAT，特殊武器和战略部队，即专门应对军事攻击的警方部门）正在逼近一个劫持了人质的枪手。他们在人数和武器上都远胜对方，但却依然动作谨慎而缓慢，仿佛是在极不情愿地迫使自己的身体前进。[①]

图 2.4 近距离展现了面部表情。在巴勒斯坦暴动中，一群男孩正在向一辆以色列坦克投掷石块。并没有人向他们射击，他们的行为只不过是虚张声势；但他们全都沉浸在对抗性的情绪中。最前面那个男孩的脸上表现出恐惧的典型特征：眉毛抬高并拧在一起，前额出现横向皱纹，上眼皮抬起，下眼皮绷紧；嘴唇张开，舌头微微绷直（Ekman and Friesen 1975：63）。正在扔石头的男孩脸上也有相似的表情；他虽然显得很勇敢，但却也同时心怀恐惧，而非无所畏惧。其他人则蜷缩着，流露出不同程度的紧张。

无论冲突情境中发生了什么，都是由紧张/恐惧塑造的：暴力如何实施（在绝大部分时候都是无法实施的）；打斗持续的时间；当打斗成为迫在眉睫的威胁时，人们如何倾向于逃避动手并试图结束冲突，或是避免让自己卷入其中。如何控制紧张/恐惧也同样决定着暴力在何时、在何种程度上、针对何人能成功实现。

---

① 图 2.1：军事战斗中的紧张/恐惧。1 人开枪，11 人掩护。巴勒斯坦警察在加沙附近对以色列人回击（October, 2000, Reuters）。图 2.2：面部表情和身体姿态中的紧张：巴勒斯坦枪手与以色列战士之间的枪战（2002, AP）。图 2.3：警方特种部队小心翼翼地接近一个在餐厅中劫持了人质的持枪匪徒（Berkeley, California, 1990, AP）。图 2.4：巴勒斯坦男孩们面部表情和身体姿态中流露出的恐惧（2002, Reuters）。

紧张/恐惧与军事战斗中的非表演性

关于恐惧及其影响，最详尽的例证来自于士兵在战斗中的表现。马歇尔（S. L. A. Marshall 1947）曾经担任过美国陆军首席战斗历史学家，1943年在中太平洋、1944—1945年在欧洲都于战斗后立即访问了士兵。马歇尔总结道，在战斗中，通常仅有15%的前线士兵开了枪；即使在效率最高的部队里，这个数字也不会超过25%。

> 当（一个步兵团的指挥官）遇到敌人，他手下的士兵最多有25%会真正与对方交火，除非他们面临被对方压倒性攻击的局面而不得不进攻，或者所有初级军官都在不断督促士兵们加强炮火。25%这个数字即使对训练有素、身经百战的军队也同样适用。我的意思是，75%的士兵**不会开火，或者不会坚持对敌人及其工事持续开火**。这些人也许会面临危险，但却并不会开火（Marshall 1947: 50，黑体为后加）。
>
> 我们发现，平均下来只有不超过15%的士兵真正对敌人开了火……这个数字在任何行动中都不曾超过20%—25%……大部分行动在发生时，其场地和战术条件都可以允许至少80%的士兵开枪；几乎所有人都曾在某个时刻进入足以命中敌人及其工事的射程范围之内。这些行动很少是随随便便发生的，大部分都是具有决定性的军事行动，其中某支步兵连的行为将会对更多士兵的命运具有至关重要的影响，而这支步兵连本身也因此承受着强大的压力。大部分情况下，这支队伍都会大获全胜。在某些情况下，它也会被迫撤退，在局部战场上败于敌人的炮火（Marshall 1947: 54）。

在战场上一个普通日子里的军事行动中，一支战斗经验处于平均水平的步兵连中，约有15%的士兵使用了任何种类的武器。在攻击性最强的部队中，在最紧张、压力最大的情况下，从行动开始到结束，这个数字也很少会超过25%……更有甚者，这些数字体现的仅仅是开过火的士兵，而他们并不需要坚持一直开火就会被算进去。哪怕他只是开了一两枪，也没有特别瞄准什么目标，或者只是冲着敌人大概的方向扔了一枚手榴弹，他就已经被计算到这个数字里了……地形、战术、敌人身份乃至命中率等，在这个开火/未开火比例中都不曾得到体现。哪怕是经历了三四场战役之后，经验也没有带来任何期望中的剧烈转变。结果显示，这个数字的最高值固定为某个常数，它植根于部队之中；或者也可能是由于我们无法正确理解其本质，因而无法提供合理的改进措施 (Marshall 1947: 56—57)。

如果一名军官直接站在士兵身旁命令他开枪，那么开火率就会上升；但正如马歇尔所记录的，大部分军官"都无法一直在前线东奔西跑地逼迫士兵使用武器"(Marshall, 1947: 57—58)。这不仅仅是因为不停地跑来跑去更可能招来子弹，更是因为军官更可能在尝试自己开火击退敌人，并且"支持和鼓励那些寥寥无几的、愿意开火来维系行动的士兵"。

在马歇尔描绘的画面中，双方部队中都只有一小部分士兵支撑着全部的交火。（我将此称为 SLAM 效应，取自马歇尔本人的外号，即他的姓名缩写。）但就连这些人也不是那么有效；事实上，大部分人都击不中目标。其他人在做什么？他们都在战斗情境中不同程度地丧失了行为能力。举个近距离观察的例子，这个例子来自 1900 年义和团起义时攻入北京的美军部队：

> 一名中国士兵从防线后冲了出来，向我们不停地开枪、换子弹、开枪。第十四步兵团的一个士兵指着他，对厄珀姆 (Upham) 喊道："他在那儿！开枪打他！打他！"我问他为什么他自己不开枪。他没有回答，却一直上蹿下跳地喊着："开枪打他！"(Preston 2000: 243—44)

厄珀姆开枪了，他的第三枪击中了那个中国士兵。

有时士兵会逃跑。这通常既很容易被注意到也很丢脸，除非整支部队都在惊慌中溃逃，这时个人行为就容易获得原谅。大规模恐慌性撤退在决定性战役中可能会造成重要影响，但却并不是战争中最常见的丧失行为能力的形式。只顾自己逃跑的士兵可能会被视为懦夫，但其他形式的胆怯却往往能够获得战友们的共鸣。逃跑——特别是在其他人没有一起逃跑的时候——被视为一种令人鄙视的胆怯；然而所有的耻辱都集中在这种行为之上，也就使得胆怯的其他表现形式能够保留尊严，至少不至于被贴上耻辱的标签。

括约肌失控导致大小便失禁的情况也不少见（Holmes 1985：205；Stouffer et al. 1949 vol.2；Dollard 1944；Grossman 1995：69—70）。二战期间美军士兵这方面的比例是5%—6%，在某些战斗中甚至高达20%。英军、德军和越战中的美军也有相关报告。这种情况并不仅仅是现代战争的专利；皮萨罗①的士兵们在抓获印加帝国国王之前也曾吓尿了裤子（Miller 2000：302）。战争是肮脏的，这句话可以从多个角度去理解。其他心理反应还包括心跳加剧（70%的士兵报告有此类反应）、发抖、冒冷汗、身体发软、呕吐等。

有些士兵试图在地上挖坑把自己的脑袋藏在里面，或是用毯子或睡袋把自己盖起来（Holmes 1985：266—68）。这种行为可以发生在光天化日之下、战斗最激烈的时刻，几乎不可能逃过敌人的眼睛。这是恐惧导致的一种近乎瘫痪的行为，有时处于这一状态的部队连投降的能力都丧失了，更不用提反击了，结果他们就死在自己躺下的地方。这似乎并不是现代西方士兵独有的软弱；德国、法国、日本、越共、美国、阿根廷和以色列士兵都有此类表现；中世纪和早期现代战争中也有此类记录（Holmes 1985：267）。

马歇尔提出的美军在二战中开火比例不超过15%—25%这一数据，一直饱受争议。最主要的批评针对的是他采用的方法：马歇尔并没有进行系统

---

① 弗朗西斯科·皮萨罗（Francisco Pizarro，1471/1476—1541），西班牙早期殖民者，他开启了西班牙征服南美洲的时代。1532年，皮萨罗率领不足200人的小军团在秘鲁北部的卡哈马卡战胜8000名印加士兵，并俘虏了印加国王阿塔瓦尔帕。——译注

性的访问，明确询问每一位士兵是否开火（Spiller 1988；Smoler 1989）。有些二战指挥官（通常是高级军官）对这一数字嗤之以鼻，认为其荒谬不堪；其他老兵则支持他的结论，证实战斗中开枪者的低比例（Moore 1945；Kelly 1946；Glenn 2000a：5—6；2000b：1—2，134—36）。一位德国军官写道，德国步兵团中有数不胜数的人没开过枪，但"其比例并不明确"（Kissel 1956）。一位澳大利亚军官用二战中的德军和驻韩英联邦军的例子支持马歇尔的总体立场，称在后者中有40%—50%的士兵在遭受攻击时可能不曾回击（Langtry 1958）。一项研究比较了英军中的训练演习和实际战斗结果，其发现与马歇尔所估计的15%开火率相一致（Rowland 1986）。

如果我们能够结合一些特定条件来看这个问题，这些不同的记录就可能会趋于一致：(1) 军队中不同位置的观察者各自心怀特定偏见，因而在描述和解释战斗表现时也就会有所差别；(2) 我们应该更好地区分士兵开火的频率和方式；(3) 高度活跃的开火者、未开火者和介于二者之间的群体比例，会随着历史阶段中军事组织结构的变化而变化。

我们应该可以预料到，高级军官最难感受到这一问题。在所有组织中，身处高层者最难获得底层实际操作中的准确信息；此外，等级越高，人们就越会认同组织前台所呈现的理想形象，因而也就更可能会使用官方语汇。前线作战的低阶士兵则会有不同的观点。此外，另一种偏差来自于不同的观察方式：对每个微观情境的细致观察，以及对理想表现的总结报告；后者会更加理想化地呈现出积极的形象，而可以预见到的是，这一偏差会随时间增大，因为关于战斗经历的实际记忆会渐渐消退。在这些方面，马歇尔在战斗之后立刻访问全部士兵、询问其有何行动和观察的方法（Marshall 1982：1），仍然是我们所能获得的数据中质量最好的[2]。更宝贵的是，马歇尔的方法是将所有士兵都聚集到一处，这有点类似焦点小组（focus group）的形式，不分军衔地进行询问，直到他们能够还原出一幅完整且一致的图景。

正如我们在此前引用的段落中所看到的，马歇尔使用了各种方法来捍卫这一数字；他指出，在某些情况下，这一数字也会短暂地高于25%。看上去很清楚，马歇尔并不是在呈现一个统计学上的论断，而是在总结他自己的判断——他是第一个深入研究这一问题的人，他在战区研究了两年多，访问了约400个步兵连——大部分参与战斗的士兵都极少或完全没有开火。

马歇尔提供的印象尽管有时不尽准确，却有他对特定战斗的细致描绘作为支持。其中一个例子是，1943年11月在吉尔伯特岛（Gilbert Island）上，美军的一个营（完整规模应有600—1000人）面对日军发起的彻夜攻击而进行的防卫战。日军的进攻失败了，并造成严重伤亡。"大部分杀戮都发生在一段不到十米的区间里……每寸土地上都躺满敌人的尸体。"在美军这边，"散兵坑里约有一半人受伤或死亡"。马歇尔总结道：

> 我们开始调查我方究竟有多少士兵使用了武器。这项调查耗费了巨大的精力，需要逐个士兵、逐个炮手地问过去，对每个人都要详细询问他究竟做了什么。然而，若不考虑死者，我们仅仅发现了36个士兵真正对敌人使用了武器，其中大都是持有重武器的士兵。最活跃的枪手往往是一同作战的小队。有些人所在的位置遭受了直接攻击，却根本不曾还击或尝试使用武器，哪怕自己的领地被炮火蹂躏也是如此。（Marshall 1947: 55—56）

这个比例小得惊人：在全部600多人里，所有炮火仅仅由（最终生还者中的）36人发出。即使考虑到前线散兵坑中只有两个连，其中大约一半死亡或丧失了行动能力，开火率也仅仅约为36/200，也就是18%[3]。

马歇尔主要是从定性而非定量的角度描述了战斗中普遍存在的能力不足现象，这一发现也得到了战斗领域主要学者的支持。最早研究战斗行为的阿尔当·迪比克上校（Charles Ardant du Picq 1903/1999）在1860年代向法国军官发放了问卷调查，结果发现士兵们倾向于向空中乱放枪。约翰·基根（John Keegan 1976）引领了现代历史学界重建实际战场行为的运动，他形容战场是充斥着恐怖的地方，而不见英雄主义进攻精神；这包括了中世纪的战斗、拿破仑战争和第一次世界大战。在18世纪和19世纪早期的大型枪炮编队中，士官们的位置通常就在火线后，往往需要拔剑横在士兵背上强迫他们保持战斗队列（Keegan 1976：179—85，282，330—31）。在世界大战中，所有主要军队都设有军警，他们往往挑选自体格最魁梧高大的士兵，任务是阻止其他士兵从前线逃跑。苏联军队使用哥萨克骑警来完成这一任务：当马匹面对现代炮火已经成为一种不合时宜的弱点时，它们却在此找到了其存在的意义。三十年战争中（1618—1648）的一位将军也将骑兵派上了类似用场，他同时切断了己方退路，令懦夫毫无选择，并下令军队射杀逃兵（Miller 2000：131）。格里菲斯（Griffith 1989）在美国内战中也发现了类似的情况：无处不在的恐惧和无法开火的现象。霍姆斯（Holmes 1985）和格罗斯曼（Grossman 1995）详细地记录了20世纪战争中的类似情形；他们审阅了那些批评马歇尔的证据，并认为马歇尔的论断是正确的。戴尔（Dyer 1985）估算了日军和德军的开火数量，认为他们与盟军的情况相似，也存在同样程度的不开火现象。

这种战斗恐惧在多大程度上是由于征募到的士兵不适应军旅生活，或者是由于第一次参战而受到了惊吓呢？尤利西斯·格兰特（Ulysses Grant 1885/1990：231—32，1005）描述了1862年4月西罗之役第一天的景象：刚刚抵达战区和拿到武器的士兵，面对南方邦联军的进攻而惊慌溃逃；四五千人（在联邦军最初参战的五个师中大约占了一整个师的人数）最后躲藏到了联邦一侧后方的河岸下。格兰特说道，有12名军官因懦弱而被捕。

然而，新兵与老兵之间的差别并不大。对二战同盟军士兵的研究显示，士兵在获得10—30天战斗经验时，战斗效率达到最高峰；如果他们此后继续战斗，很快就会变得紧张不安、草木皆兵，而50天后就会变得精疲力竭（Swank and Marchand 1946；Holmes 1985：214—22）。如果战斗中时有休息，最终失去战斗能力的时间就会推后到"累计200—240个战斗日"（Holmes 1985：215）。军官也会经历效率崩溃，特别是当他们压抑恐惧（也许正是因为这么做的压力）之时；这个时间大约是参与战斗一年之后。他们的表现包括消极、懒怠、冷漠、逃避等[4]。战斗经验的作用并不会简单地就让士兵变得坚强，而是也会同时通过心理和身体上的压力让他们变得软弱。作为佐证，在1944年诺曼底登陆战役中的英军部队里，老兵军团的表现就比新兵们要差得多（Holmes 1985：222）。

事实上，"身经百战"的部队在经历了长时间高强度的压力后，其对战斗的抗拒心理可能会达到一个极端。战斗后期的老兵中往往容易发生兵变。基根（Keegan 1976：275—77）提供了一个大致的解释：当一支部队的伤亡率达到100%——原队伍中的每一个士兵都已死亡或身受重伤，也就是说每个人都会被替代——士兵们就会认为自己已经与死人无异，从而拒绝继续作战。一战中，所有长期参战或累计伤亡惨重的部队中都发生了兵变：1917年5月和7月的法军，1917年7月和9月的俄军，1917年11月的意军，1917年9月和1918年3月的英军，1918年5月的奥匈联军，以及1918年10月最后发生兵变的德军——尽管他们在整场战争中常常凯歌高奏。美军是个例外，但他们的参战期最多也不超过六个月（Gilbert 1994：319，324—43，349，355，360，397，421—22，429，461—62，481—85，493—98）。

紧张和恐惧对战斗表现的影响在不同的历史阶段也会有所变化，这取决于军队有何措施控制这种恐惧。马歇尔的估算——仅有一小部分士兵（大约25%）会主动开火——对20世纪的世界大战和19世纪的类似战争同样适用。然而，美军在朝鲜战争中的开火率却提升到了55%（马歇尔本人的记录）；在越南战争中更是提高到了80%—95%，至少对最优秀的部队来说是如此（Grossman 1995：35；Glenn 2000a：4，212—13）。近半个世纪以来，军队在战场上的组织结构已经发生了变化，其招募和训练方式也与过去有所不同。从历史上来看，大型军团采用阅兵队列整齐划一地列队开火的形式往往有较高的开火率，但其问题恰恰相反：漫无目标的射击往往无法击中目标，而且还可能会对友军造成伤亡。20世纪战争中的小型编队，为了减少成为机关枪瞄准目标的风险，不再有严格的组织控制，因而士兵们在战场上很大程度上都要靠自己；失去了坚实的社会支持带来的抗衡作用，他们便格外容易受到冲突性紧张/恐惧的影响。朝鲜战争结束之后，美军从马歇尔的发现中认识到了这一点，于是就重新设计了训练和战斗时的组织结构，用来鼓励士兵开火，并维系战斗编队中的社会团结。这是一个罕见的例子：社会科学的研究发现被用来促进了社会变革。传统的射击练习由格外真实的战斗情境所取代：士兵们要练习向突然出现的目标自动射击（Grossman 1995：257—60）。招募方式也有其影响：在世界大战中，征募军比志愿军的开火率要低 [我们可以从格伦（Glenn 2000a）提供的证据中看到这一点]。因此，马歇尔在二战中观察到的士兵，从各个方面来看都可能是战斗表现最差的一批人。

格伦（Glenn 2000b：37—39, 159—61）对越战老兵的调查，显示了训练方式的变化所带来的影响及其局限。只有3%的士兵报告说他们曾在该开火时没能开火，也就是说，自我报告的开火率达到了97%。然而当询问他们是否观察到其他士兵在类似情况下没能开火时，50%的人说他们曾观察到一次或多次这种现象。80%的士兵认为其他人不开火的原因是恐惧。

我们得到了一个数字范围：自我报告的开火率是97%（自我中心导致的偏差）；他人观察中有50%的偶然未开火现象；此外他人观察中有83%的人在必要时会开火。这些数字是否太高了？这些调查可能带有一定的偏差：它们是回溯性调查，在士兵参战之后过了15—22年才进行，并将特定场景整合为一种概括性的记忆。军衔较高的样本，其估算的数字也会偏高，这导致对战争场景的描绘更加理想化。此外，样本还包含了更多具有雄心壮志的、渴望战斗的部队，这些人大都是最优秀的战士，而不是普通士兵[5]。

格伦的数据（Glenn 2000b：162—63）可以用来重新计算，通过士兵的自我报告来得出其开火行为的分布情况。相对来说，很少有人报告说他们"极少"开火（即当面对敌人且生命受到威胁时开火率依然低于15%）；但却分别有相当比例的士兵报告说他们几乎一定会开火（同等情况下开火概率达到85%—100%），或是介于二者之间（有时开火、有时不开火）。

开火率最高的一组人占到全部士兵的40%左右，这比马歇尔的二战数据要高；训练和组织方法的改进成功地提高了开火率。战斗军官（班长和副排长）开火率的数字要高一些（52%）；这与朝鲜战争中的调查一致：征募军中的开火率与其军衔相关（Glenn 2000b：140）。需要协同操作的武器使用者往往有着最高的开火率（76%—84%），这再一次与马歇尔的观察一致。最后，我们还注意到，作为对照组的非战斗人员（主要任务并非在战斗中使用武器的人员，包括行政人员和后勤人员等）面临炮火且手边有武器可以还击时，其开火率与马歇尔的预测更为接近：开火率最高的组别仅占23%。他们也能帮助我们了解马歇尔的估算中未开火的士兵如何分布：25%的士兵从未开火，只是在寻找办法来逃避战斗；另有50%的士兵偶尔也会这样做。总体来看，除了那些特殊武器人员中绝大部分都是高开火率者之外，约有一半士兵位于中间位置，有时开火，有时不开火。考虑到马歇尔的研究结果公布之后军队特别改进了训练方式和战斗组织来提高开火率，我们应该注意到，在攻击性格外高的精英与绝大部分普通士兵之间依然存在一道鸿沟。在这一方面，他们就像工厂和其他体力劳动中的工人一样：大部分人付出的努力只是刚刚好可以让整体工作效率看上去还过得去罢了（Roy 1952）。

另外一种对士兵做调查的方法是利用照片并数出其中开火士兵的数量[6]。

照片作为证据很大程度上印证了相对较低的开火率。将所有战斗照片收集起来之后，我们发现开火率与马歇尔估算的较低范围相吻合——13%到18%（如果允许覆盖人数较多的照片拉低平均值的话，这个数字会低至7%—8%）。如果采用更加严格的标准——只考虑至少一人开枪的照片——那么最高的开火率也不过46%—50%。这些是美军在越战和伊拉克战争中的表现，此时他们已经采用了新的训练方法；在此之前，许多国家的军队以及近年来的准军事部队中的开火率都要更低一些，不过仍然在马歇尔估算范围的上限附近。总体来说，当我们以为士兵都应当开火的时候，最多也不过半数人真正这么做了。马歇尔的估计并没有错。此外，军事组织对提高开火率能起到的作用似乎也很有限。

无论何种形式的军事与打斗组织，都需要处理紧张/恐惧的问题。处理这一问题的方式决定了组织的性质和表现。其中一种方法就是将个人动机从士兵身上剥离，将军队排列成整齐划一的队伍。西方曾有两个时期流行这种

表 2.1　有生命危险的对敌冲突中的开火率

	开火率			
	极少	有时	几乎一定	人数
非武装人员 [a]	23%	54%	23%	43
战斗人员	12%	48%	40%	73
士官	4%	42%	52%	69
直升机人员	10%	14%	76%	28
机关枪人员	0	14%	86%	7
全部战斗人员	9%	45%	46%	181[b]

a 这里指的是那些主要任务并非直接使用武器的士兵,包括行政人员、炮兵、工程师等,但他们仍有可能直接面对敌人,并会携带能够使用的小型武器。

b 这一行是从格伦(Glenn 2000b:162)的资料中计算得来,并排除了炮兵、飞行员、行政人员等;因此,这一行并不是以上类别的总和。

大型队列:古地中海时期的士兵曾手执长矛排成方阵;中世纪晚期和现代欧洲早期,这种长矛方阵队列又再次复苏,直到17世纪火枪时代早期为止。过去,毫无章法的军队依赖的是士兵的个人勇气,是英雄主义的斗士在其他士兵的喝彩声中冲锋陷阵,如同《死鸟》中的游击战一般;相比之下,方阵的效果要优越得多。罗马军团一般总能打败高卢人和日耳曼人[7];这并不仅仅是因为方阵中严明的纪律有利于提高士气、加强防守,更因为敢于面对他们的狂暴勇士和个人英雄都只是原始部落中的一小部分而已。基于马歇尔估算的比例,部落军队中富有攻击性的战士在数量上肯定少于真正使用武器的罗马人。正如马歇尔和麦克尼尔等人所指出的,在纪律严明的队伍和小组团体操作的武器营中,武器的使用率是最高的。在罗马军队的方阵中,有效使用长矛或剑的士兵比例并不需要太高,就能完胜一支典型的部落队伍。

当方阵之间互相作战时(例如希腊城邦战争、罗马古迦太基战争和内战等),双方紧张/恐惧的程度似乎旗鼓相当。古代作家(Thucydides Book 5;

表 2.2　战斗照片中开火士兵的比例

	全部照片	照片中的士兵数量	只考虑至少有一人开火的照片	至少有一人开火的照片中的士兵数量
越战	18%	342	46%	133
其他 20 世纪战争	7%—13%[a]	338—640[a]	31%	146
伊拉克战争	8%—14%[b]	63—103[b]	28%—50%[b]	10—50[b]

a 其中一张照片记录了一战中一个俄军步兵团的进攻行动，在这支 300 人的部队中没有一个人在开枪。表格中较高的开火比例是基于将这张照片排除之后计算出来的。

b 其中一张照片显示了海军陆战队中一个 40 人的排正在密集交火中。对于究竟多少人在开火，我的估算可能未必准确。排除这张照片后，全部照片中约有 8% 的士兵开火，28% 是至少有一人开火的照片比例。

para.71）注意到，方阵通常会挤向右侧，因为士兵会愈来愈倾向于躲在右侧人的盾牌下面。方阵的初衷是令士兵各司其职、防止逃跑；战斗则往往是你推我搡，除非一方阵形遭到破坏，否则很少会造成伤害。即使在那时的希腊城邦战役中，人们通常也不会去追击一支溃逃的队伍，因此伤亡率最高也不过 15% 左右 (Keegan 1993: 248—51)。

　　从 17 世纪到 19 世纪中期，密集队形成为欧洲军队首选的阵形。这一方面是为了加快火药重装的速度，因为当时每发子弹射出之后都要重装火药；另一方面，这也是为了保证能够一声令下集体射击，以降低内部误伤；最后，由于当时命中率很低，密集队形同时射击也能集中火力。正如之前提到的，阅兵式队列有着同样的结构优势，能够防止士兵逃跑；作为一种纪律形式，它无疑也对军官有极大的吸引力，因为当时军队正在不断增长，从中世纪战场的数千人发展到拿破仑战争时期的数十万人。然而阅兵式阵形中的开火率与理想状态依然相距甚远。美国内战中的葛底斯堡战役之后，战场上收集到的前装式毛瑟枪中 90% 是上了膛的，其中半数装填了多发火药，子弹在枪管中摞在一起。这说明至少半数士兵在中弹或弃枪时，都经历了反复装填子弹但却并未开枪的过程。我们之后还会看到，这种大型队列造成的伤亡并不高，这可能一方面是由于低开火率，另一方面则是由于低命中率。

阅兵式队列在 19 世纪中期便过时了，因为后装式来复枪和再后来的机关枪使战场上的火力大大加强，也令大型队列成为极其显眼和容易遭受攻击的目标；值得注意的是，这些队形已经持续存在了超过 200 年，因为它们对彼此并不危险。如今，战斗以松散的队形展开，士兵沿着一条长线散开，在躲避子弹的同时也在各自寻找掩蔽。不过，密集队形行军操练依然是军事训练中的一部分，也常见于非战斗时期、大后方及和平时期的军队生活。它被认为是建立纪律意识不可缺少的一环；这种自动服从权威的意识能够令士兵在战斗的压力下表现出色。理论上来说，受到马歇尔对于战斗恐惧和低开火率复杂研究的启发，密集队形操练可能会被作为一种解决马歇尔及其他类似研究中提及的动机问题的方案。然而实际上，机械服从在战斗中并不会提高有效开火率。马歇尔（Marshall 1947: 60—61）指出，战斗中开火的少数士兵往往是纪律性不太强的那批人，他们在操练中表现并不好，还常常因为冒犯上级而被关禁闭。看起来，即使在大型队列时期，密集队列也并不能令士兵在战斗中表现更加积极；即使在当时，队列很大程度上也是一种和平时期的纪律仪式，是一种象征性的努力，用以向外人和自己展示军队的形象。行军和操练能够令士兵投入战斗，却不能令他们变成高效的斗士。它们继续作为训练新兵的仪式，并在无关战斗条件的时期标志着士兵与普通市民之间的区别。

较高的开火率（纵观历史则应称为更高的武器使用率），取决于一系列条件［格罗斯曼（Grossman 1995）总结了其中许多条件］：

1. 需要集体操作的武器：多人操作的机关枪、火箭炮、火箭筒、迫击炮等武器，需要队伍中一部分人来更换弹药或提供后勤服务。
2. 距离敌人较远：炮兵通常开火率较高；使用瞄准镜的远距离狙击手开火率很高；近距离作战的步兵团开火率较低；肉搏战中武器的

使用率更低。

  3. 较强的命令阶层：上级军官在作战现场直接命令士兵开火。这在大型队列和非常小的队伍中比较容易实现，而在现代战斗中分散的战场条件下就很难做到。

  4. 心理上贴近现实的训练：不使用阅兵式队列演习和目标训练，而是模拟战场条件中的混乱与紧张，并通过不断练习，使得士兵能够条件反射地向突然出现的威胁开枪。

  这些方法都可以用来克服暴力对抗场景中的紧张／恐惧。集体操作的武器在最微观层面上仰赖于团结的力量；在最有效的战斗编队中，相比敌人，士兵更需要关注战友的情况。集体操作的武器是重要的，并不是因为它们是某种特殊的技术，而是因为它们有利于培养一种团结的精神；有证据表明，开火本身是一种催化剂，这些武器编队中的士兵在战斗进行过程中会不断地更换武器[8]。集体操作的武器除了能够提供火力之外，还能帮助士兵进入一种彼此互动的仪式之中，令他们的身体成为一个集体，拥有共同的韵律；正如在非冲突性仪式中一样，情感浸润和相互关注能够创造一种团结与情绪能量，让士兵在其他人都屈服于战斗中产生的紧张感时仍能拥有开火的信心与热情。

  这种仪式能够经过精心设计并体现在训练中。进入21世纪的英国军队在训练中特别强调，士兵在战斗中应与其身旁战友通过声音或事先约定的手势保持沟通，从而产生一种能够提高开火率的社会凝聚力（King 2005）。步兵班则训练士兵交替移动和开火，这实际上将个体使用的武器转变成了团体操作的武器。

  离敌人越远，就越有助于减少那些产生对抗性恐惧的因素。单用指挥官的权威来克服对抗性恐惧和紧张，可能是这些方法里效果最差的。不过，指挥官的权威也许能够重建士兵对战友的关注。不计其数的案例表明，当指挥官坚定地下达指令时，落荒而逃的队伍就能迅速止步；相反，当指挥官摇摆不定或是自己都陷入恐慌时，撤退中的士兵就会失去控制（Holmes 1985）。最后，贴近现实的战斗训练，正是有意识地希望士兵能在对抗性情境中形成开火的自动反应。

然而，这些条件本身的效果也有差别：在一个团结度很高的集体里，士兵也许会受到鼓励去抗拒或无视上级命令，而不是提高开火率。因此，在解释开火率的不同时，我们还需要增加第五个原因：即使在所有这些条件之下，仍然只有一小部分士兵承担了大部分战斗任务。在此，理论问题就是去解释这些人员的分布；也就是说，在更深层次上去解释恐惧／紧张的情境如何衍生出一小部分能够驾驭恐惧的人，以及绝大部分被恐惧所压倒的人。

低战斗能力

无论士兵是否开火——或者说使用武器——他们似乎都不是特别善于使用武器。高开火率并不意味着高命中率。作战能力强的少数士兵也许远远低于15%—20%；事实上，越战中超过80%的开火率也已证实，战斗效果并不比之前更好。

在毛瑟枪时代，当时对命中率的估算从500发命中一次到2000—3000发命中一次；现代的回溯则显示最高不会超过5%。滑膛枪在远距离射击时并不精准。但18世纪晚期的普鲁士军队在向代表敌方军队阵形大小的目标射击时，成绩是"在135米外命中40%，68米外命中60%"；然而在战斗中，即使距离约为27米，命中率也不会超过3%（Grossman 1995：10；Keegan and Holmes 1985）。远距离射击的成绩会稍好一些；在拿破仑战争中，英国一支精英射手小队在一场战役中发射了1890发子弹，造成430人伤亡，命中率为23%；他们当时是在原地遭受法军攻击，发射距离约为104—117米（Holmes 1985：167—68）。然而这是超乎寻常的；在拿破仑战争和内战期间的大部分战役中,双方都是向明确的敌方阵形射击,通常距离约27米,而一支200—1000人组成的军队"每分钟只能射中一两个人"。格里菲斯(Griffith 1989)评论道:"之所以伤亡惨重,是因为战争进行得太久了,而不是因为炮火的伤害真的有多么大。"

19世纪晚期的后装式来复枪从技术上来说的确更好,但其主要作用却是提高固定时间内开火次数,而不是提高命中率。在1870年普法战争期间的一场战役里,日耳曼人用了8万发子弹击中了400个法国人,法国人用了4.8万发子弹击中了404个日耳曼人;他们的命中率分别只有5‰和8‰。在1876年美国西部平原的一场战役里,美军平均每252发子弹才能击中一个印第安人。如果在短距离内有大量容易击中的目标,命中率就会上升,但可靠度仍然不高。1879年在南美,英军一支140人的队伍被3000祖鲁人攻击;他们为击退进攻发射了两万多发子弹,但命中率最高也不超过8%[9]。第一次世界大战中,来复枪是主流,命中率通常在4%左右。越战中的美国士兵配备了自动化武器,据估计大约五万发子弹能够杀死一名敌人(Grossman 1995:9—12;Holmes 1985:167—72)。一支军队刚刚抵达战场时,往往会进行一项几乎是仪式性的程序,那就是所谓的"疯狂时刻"(mad moment)——士兵们会向四周疯狂扫射,用尽所有弹药(Daugherty and Mattson 2001:116—17)。简单来说,尽管武器升级,总体效率却依然很低;更好的武器只是允许士兵进行更多疯狂和不准确的射击罢了[10]。二战期间,超过半数士兵相信他们从未杀死过一个敌人(Holmes 1985:376)。这毫无疑问是真实的;事实上,大部分声称自己杀过人的士兵都是在吹牛。

仅有少数人在战斗中拥有较高的射击命中率。其中最主要的是狙击手,但他们在军队中只是极少数,更何况战争中的大部分伤亡也并不是这些神射手造成的。现代战争中的伤亡主要是由远距离攻击性武器带来的。在使用毛瑟枪的阅兵式队列时期,接近前线的加农炮差不多造成了50%的伤亡。最成功的将军,包括17世纪的古斯塔夫·阿道夫(Gustavus Adolphus)和19世纪初的拿破仑在内,都强调小型机动野战炮的作用;它们遍布整个军队系统,能够近距离射击，特别是能够发出霰弹，造成机关枪一样的效果（Grossman 1995：11；154）。第一次世界大战期间，英国军队中60%的伤亡都是由敌方炮兵造成的，只有不到10%是子弹造成的。在朝鲜战争中，美军60%的伤亡都是迫击炮造成的，只有3%的死亡和27%的受伤是小型武器所致（Holmes 1985：210）。这并不是说炮弹在给对方造成伤亡上就特别划算。例如，在1916年的一天里，英军发射了22.4万枚炮弹，杀死了6000名德军（平均每37枚炮弹杀死一名敌军）；一战期间的西方战线的确消耗了大量炮弹，但在二战和20世纪的小型战争中，炮火造成的伤亡率也与此近似（Holmes 1985：170—71）。

我们该如何解读这一模式？正如格罗斯曼所记录的，炮兵的开火率总体来说比枪手和前线军队都要高；他们距离敌人较远，更重要的是看不到自己尝试杀死的人，因此表现水平得到提升。此外，大炮是团体操作的武器；小组团结与情绪浸润可以确保士兵做到尽忠职守，保持相对平稳的开火率。因此，炮兵能够克服马歇尔提出的低开火率问题。即使如此，高开火率也并不意味着高命中率；在战争的迷雾中，炮火通常都会错失目标。即使击中目标，敌方士兵也往往事先会有所防护。无论从哪方面来看，战斗从本质上来说都是低效率的。远距离武器之所以能够造成更多伤害，主要是因为战争中的后勤补给得到提升，使得大量弹药能被带到战场上，并保证在很长一段时间内不断开火；如此一来，即使效率很低，也能令伤亡数字上升。战斗的紧张／恐惧在个人持有小型武器近距离相遇时几乎能令人失去行动能力；而在相距较远时，紧张／恐惧就会得以克服，但相似的情绪依然在某种程度上存在着。只要双方都保持战斗，那么伤害就主要是长时间而低效率的开火造成的，而不是因为在某一个瞬间全面击溃了敌人[11]。

误伤友军和旁观者

所有证据都表明,战斗发生在紧张和恐惧的条件之下。大部分战士在面对敌人时都很少会作出勇敢的举动;只有在受到强大的组织控制或受到小组内部关系支持时,士兵才会开火,而其中一小部分则会成为富有攻击性的参与者。然而大部分开火者无论是否情愿,都并不善于此道。他们通常会向四周漫无目的地扫射;结果,毫不奇怪,他们会射中己方战友。20 世纪晚期,这种现象被宣传为"误伤友军"(friendly fire),即由"盟友"而非敌人造成的伤亡。

误伤友军存在于所有历史时期的所有军队中,也存在于所有战斗情境中。在大型队列时期,当士兵面临更强大的组织压力,他们可能会在开赴战场的途中由于传染性的兴奋而不慎擦枪走火。一名 19 世纪的法国军官形容士兵"醉于枪声",迪比克和一些德国军官也曾描述过士兵将枪放在臀部、不瞄准就开枪,而且大都是向空中漫无目的地射击(Holmes 1985: 173)。19 世纪的军事作家称这种现象为"恐慌性开火"或"紧张性开火",它通常发生在距离敌人很远的敌方,纯属浪费弹药,而且与上司下达的开火命令直接抵触。军队进入战场时的集体情绪也许可以更准确地被形容为一种关于战斗的象征符号。它发生在从心理上来说相对安全的地带,开火强度远逊于真正的战场冲突,从本质上来说是一种虚张声势[12]。因此,这些士兵在某种程度上克服了马歇尔描述的低开火率问题,但却未能克服命中率问题;同时他们也带来了一个新的问题,那就是误伤战友。"据圣西尔将军①估计,拿破仑时期法国军队中 25% 的伤亡都是前线士兵被其后方战友误伤所致"(Holmes 1985: 173)。

军事演习时会特意训练使用密集阵形,设计这种阵形的原因之一就是防

---

① 指洛朗·古维翁·圣西尔侯爵(Laurent Gouvion Saint-Cyr, 1764—1830),法国革命和拿破仑战争期间的法国元帅、政治家。——译注

止误伤战友；然而，一旦战斗爆发，阵形通常都会四分五裂[13]。类似的问题显然也困扰着更早的方阵队列：当士兵手执长矛伸向前方时，还能将攻击方向集中在敌人的威胁之上，然而一旦他们进行近身搏斗，刀剑与棍棒四处挥舞，这时他们不仅很难伤到敌人，反而很可能会误伤战友。此类误伤事件中最广为人知的一桩，莫过于公元前522年波斯国王冈比西斯被自己的佩剑重伤致死（Holmes 1985：190）。这一情形在现代战争中也依然如此。1936年，西班牙内战中最受爱戴的领袖布维那文图拉·杜鲁提（Buenaventura Durruti）就是因为战友的自动手枪卡在车门上走火中弹而死（Beevor 1999：200）。

现代战争采用了不同的阵列，士兵往往沿着一条长长的火线散开，然而问题却依然存在。霍姆斯（Holmes 1985：189—92）提供了不计其数的例子：一战期间炮兵朝着自己的队伍开火（单是法军就因此死亡7.5万人）；二战期间轰炸机误炸己方据点；士兵因为未能认出友军而错误地发动进攻。法军、普军、英军及其他军队中都发生过许多起哨兵和警戒队向陌生人开枪结果误伤己方军官的事情。1863年美国内战中南方邦联的斯通维尔·杰克逊（Stonewall Jackson）将军在钱斯勒斯维尔（Chancellorsville）战役中大获全胜，最后却因未被己方哨兵认出而遭误杀，只不过是诸多此类事件中的一起罢了。

据基根（Keegan 1976：311—13）估算，战斗伤亡中有15%—25%都是事故。在机械战争时代，愈来愈多的事故由交通运输或重型设备引发，例如被坦克或卡车撞倒，或者在移动大炮或其他重型武器时惨遭碾压。在移动不便的地方，例如1942—1943年缅甸战役中的英军前线，非战斗伤亡人数是战斗伤亡人数的五倍（Holmes 1985：191）。空中支援也可能导致死亡：成箱的食物可能砸在地面部队的头上。巴顿将军以快速坦克行军而著称，却在二战结束后不久死于一场车祸；与其说这是一种讽刺，倒不如说恰如其分。军事飞机比民用飞机更容易发生事故；朝鲜战争期间，美军飞机有20%是在高于敌方炮火时因事故而坠毁的（Gurney 1958：273）。军队开始采用高度机动的直升机后，也带来了相应的事故伤亡。2001—2002年的阿富汗战争期间，很大一部分伤亡都是直升机事故所致。2003年3月到2005年8月的伊拉克战争期间，19%的美军死亡是由于事故（*Philadelphia Inquirer*, Aug. 11, 2005; from iCasualties.org）。紧张不仅影响了士兵使用武器的能力，令其可能误伤身旁的战友，更进一步影响了更大规模的组织环境；战争中常常需要移动大型且危险的物品，在高度紧张的情境下更容易与人类发生碰撞[14]。

到目前为止，我的分析主要考虑的是军事战斗的情境，但我们也可以将这些模式应用到所有的暴力冲突中。在小型平民冲突中，误伤友军和与之类似的所谓误伤旁观者现象（军队中称之为"连带伤害"）同样常见。

黑帮枪战中的一种主要类型是飞车射击（至少在西海岸是这样），也就是某一帮派的成员在行驶的车辆中向正在集会的敌对帮派开枪（Sanders 1994）。这些集会通常是婚礼、派对或其他节日庆典，因为黑帮知道能在这种场合找到目标。通常只需向对方射出一发子弹就够了，然后车会加速开走。由于这是帮派仇杀，所以聚会中的每个成员（无论男女）都有可能成为被攻击目标。通常来说，中枪的会是帮派成员的亲朋好友而非他们自己。这种飞车射击也可能会射中毫无关系的路人，包括孩童或其他特别脆弱的受害者。

黑帮仇杀中有很大比例会射中无关者而很少会射中敌对帮派的成员，这看起来实在有些不公平。然而这却十分符合另外一个领域中常见的模式：在灾难中，最容易死去的是孩童和老人，身体健壮的年轻男性最容易存活（Bourque et al. 2006）。枪战场景与灾难场景很相似：最敏捷和警觉的人最容易躲避危险，最脆弱的人则最容易手足无措——在枪战中，前者会想办法不引起注意，而后者则会在子弹横飞时吓得不敢动弹。

同样的模式也适用于小型群殴或单挑，无论是否使用武器。在高度紧张的打斗中，一方成员很可能会狂野地挥舞拳头或武器，从而打中自己的盟友，特别是当所有人都挤在一处的时候。

以下内容摘自一份学生报告：15个十多岁的男孩走进一所高中的更衣室，去找一个男孩的麻烦；那个男孩跟他们中的两个人发生过争吵。观察者注意到了双方都有的紧张情绪：被当作目标的男孩头上冒汗，浑身发抖，试图躲藏；攻击者则身体僵硬，呼吸沉重，持续互相鼓励，仿佛需要鼓起勇气。当他们发现了目标的恐惧，便一拥而上，对其拳打脚踢。由于这场殴打发生在更衣室狭小的空间里，有几拳打在了攻击者自己身上；其中一人跌倒在地，手指头被踩折了；还有一人胳膊擦伤了。围观者无法保持安全距离，其中一人被意外地打中脸部。最终的受伤者包括一个受害者、两个攻击者（都属于误伤友军）和一个旁观者。

另一份学生报告：17个青少年帮派成员搭乘四辆车去寻找敌对帮派一名成员的住所。从一开始就发生了各种问题：他们就谁该坐哪辆车讨论了很久，在路上又拐错了好多次弯。最终抵达目的地后，他们变得更加犹豫不决；没人肯去敲门。10分钟后，受害者的哥哥（一个28岁的男子）出来说他不在家。他们隔着车窗吵了30秒之后，帮派成员中最好斗的一个跳下车跟他扭打起来。当对方被打倒在地，其他帮派成员也纷纷下车，冲上前去对他拳打脚踢。此时，帮派成员还剩下14个，因为有三个人在争执一开始时就跳进其他两辆车开走了，只给其他人留下了两辆车。帮派中的大部分人都没注意到此，因为他们正挤成一团想要找机会往倒在地上的人身上再踩一脚。至少有两个人在混乱中互相打中了对方。两分钟后，从房子里走出来两男两女，他们年纪稍大，应该是那个28岁男子的家人；他们开始向车子投掷瓶子和石块。这一意料之外的抵抗让攻击者陷入惊慌，他们试图挤回剩下的两辆车里。这让扔瓶子的人更加有了底气，他们尽管面露恐惧，但却继续攻击准备逃跑的对手；帮派成员这边则互相推搡着想要钻进车里。其中一个司机不得不下车换位，因为他在殴打第一个受害者时手受了伤，没法开车。这场慌不择路的撤退最后只剩下一辆车，里面挤了八个帮派成员，车子在原地发动了三分钟；对方则继续在远处向他们扔东西并砸中一侧车窗。最后他们终于成功逃脱。观察者注意到，他们安全返回自己的地盘后，在描述这一事件时忽略了所有不光彩的细节，转而自吹自擂他们如何赢得了这场战斗。

赤手空拳打架时，人们通常会狂野地挥舞拳头，此时旁观者很容易被误伤，除非他们得到足够的警告，能够迅速后退到安全区域。但在拥挤的地方，要做到这一点并不一定总是可行。由于没有系统记录的数据，我们无法得知特定种类的打斗究竟多么经常地导致旁观者被误伤。从我收集到的所有对打斗的描述资料来看，似乎有相当比例的打斗会伤及无辜。例外情形是当打斗事先经过计划且被当成观赏性奇观予以组织时。这些情况被视为"公平打斗"，我们会在第六章讨论。也就是说，除非打斗经过特别组织，从而得到限制（特别是要注意避免误伤友军），否则，冲突带来的紧张就会导致参与者普遍找不准目标，从而有很大可能误伤无辜。

在这一方面以及其他大部分方面，警察暴力都与其他暴力一样。警察与犯罪嫌疑人之间的枪战常会导致误伤友军。例如下面这一事例：在追捕一名谋杀通缉犯时，对方跑进了一家汽车旅馆的房间（信息由州警局一名警官提供）。十名警察对旅馆房门形成了半包围；嫌疑人出来时，手中挥舞着一个电视遥控器，结果被警察射杀。嫌疑人显然想要被警察杀死，而不想被逮捕；这种行为被称为"警方协助自杀"。因此，在这个例子中，所有子弹都由警方射出。值得指出的是，十名警察打伤了一个自己人；弹道测试表明，许多子弹都射入了墙壁和天花板；28 发子弹中只有 8 发打中了嫌疑人。

1998 年，76 万名美国警察中有 60 人在执行任务时死亡，其中 10% 都是被自己人射杀，也就是友军误伤。2001 年，如果除去"9·11"时在世贸中心死去的 71 名警察，另外总共有 70 名警察在执行任务时被杀害（大部分是被枪杀），另有 78 人死于事故（大部分是车祸）；总共有 8 人被自己的武器或者战友射中，也就是 11% 的友军误伤率（*Los Angeles Times*, July 26, 1999; FBI report, Dec 3, 2002）。

警方的子弹也可能打中旁观者。这里的模式与黑帮枪战并无太大不同，尤其是当射击在飞驶的车中变得格外困难之时。

警方在开车追捕嫌疑人时也可能伤及无辜（Alpert and Dunham 1990；第三章对此有深入讨论）。在这里，社会学的观点并不是想要指责警方，而是想要指出这一模式：冲突情境在涉及车辆时往往类似军事情境——军事设备在高度紧张的情境中移动，致力于迅速消灭敌人，结果便容易造成事故。

在这里，对暴力的娱乐化描述再次带来了严重的扭曲。动作片中最常见的场景是汽车追逐战。这种场景通常描绘了事故带来的大量财产损失，最后以一场惊天动地的撞击作为高潮，常常带有一种轻松幽默的气氛。主角们很少受重伤或死亡，我们顶多能够看到反面角色驾驶的汽车消失在火焰之中。误伤旁观者之类的事情更是从未被提及过。

只要有平民在场，误伤旁观者就是军事战斗中不可避免的一大特征。这在都市巷战中格外常见——市民们往往无法撤离，因而会出现在传统与现代的围城战中。此外，这在游击战中也很常见——战士们故意隐藏在平民中。在人群高度密集的区域进行战斗，几乎必然会带来非战斗人员伤亡；无论采取何种措施，但凡开枪就很难避免。

理论上，技术进步会降低误伤旁观者的概率。到 21 世纪初叶，这些技术包括电脑控制开火、远程雷达和卫星感应、导弹与炮弹上应用的高度精确的导航系统，以及地面武器和小型武器上视野与感应系统的改进。然而，21世纪初叶的战争经验表明，误伤旁观者和友军的情况依然存在[15]。这些模式表明，根本原因不在于技术，而在于战斗带来的紧张情绪。武器无论在技术上多么可靠，最终都是被人类控制的；是人类在挑选目标，至少是人类设定了开火的必要条件——无论这一过程本身是否被自动化。考虑到战斗包含了自卫性躲避、欺骗和伪装，要想精确地锁定目标原本就是一件十分困难的事。因此，一场阿富汗婚礼可能会被误认为是基地组织的一次武装集会，特别是当感应装置远在外太空之时；又或者一座医院会被认为是武器库的伪装。压倒性的火力会促使敌人寻找一切可能的躲避地点，包括平民设施内部或附近；得知这一点后，持有高科技进攻性武器的士兵就会倾向于更宽泛地定义目标，而非缩窄打击范围。军事战斗创造了这样一种氛围：攻击目标是在一种战斗的阴霾中选择出来的。尽管科技进步已经发展了若干代，但却依然没有记录表明这些因素会丧失其重要性。

随着战斗伤亡在降低，友军误伤率却上升了。2001—2002 年间的阿富汗战争中，友军误伤及事故伤亡率达到了 63%[16]。如果在战争中只有一方占有科技上的优势，那么敌人对高科技队伍所造成的伤害往往很低。高科技部队通常能够远距离开火，具有高度的机动性，撤退能力很强，伤员很容易得到救治，因此死亡率偏低。死者中很大一部分都是由于友军误伤——特别是在两军毗邻处发生的误伤和交通事故。这既是因为敌军造成的伤亡比例下降，也是因为军队愈发依赖于高科技武器——特别是战斗直升机和其他更加危险的设备。军火设备在其杀伤力变得愈发强大的同时，也令其周围的人承担更多风险，特别是那些负责移动和储存它们的部队。2003-2005年间的伊拉克战争中，事故伤亡中有相当一部分都是军火设备导致的。

正是在1990年代美军军事行动的伤亡率不断下降的时候，新闻媒体发现了误伤友军这一现象。当每隔多周才会发生一起伤亡事件，其中仅涉及一名或几名士兵时，媒体的注意力就会更多地集中到一名飞行员被击落、或是一名中情局特工在审讯囚犯时被杀这种事情上来，这在过去伤亡频发的战争年代是不可能发生的，当时许多死者连姓名都不得而知。在如今这种曝光度下，误伤友军事件会遭到详细调查，而在二战期间的大规模伤亡中，此类事件大都会被掩盖。然而，对误伤友军进行调查和找到应该承担责任的人，并不能够降低此类事故发生的概率，因为它是结构性地建构在暴力冲突情境中的。就像政治丑闻一样，此类充满争议的事件不断发生，调查、谴责和惩罚都无法令其消失殆尽[17]。

误伤友军和旁观者都是战斗情境基本特征的分支：紧张/恐惧以及随之而来的力不能及。这是"欲速则不达"的一种体现，因为战斗的首要原则是在暴力进行过程中能够迅速行动。人们有时称之为"战斗迷雾"（fog of combat）的现象，其实也可以描述为一种被称为"管状视觉"（tunnel vision）的心理学情境。战斗意味着调动参与者全部的注意力，进而占用其全部的感官与焦点，从而使其对其他一切都视而不见。将注意力集中在敌人身上都是十分困难的，一时间忽视了位于战争地带中的其他人也就在所难免。当愤怒的双方势均力敌地骂骂咧咧、虚张声势时，就可能忽视惊慌失措的旁观者。当警方开着响亮的警笛和闪烁的警灯风驰电掣，将奔赴犯罪现场作为胜过一切正常人类活动的首要目标时，以及当战士们利用战场上的一切资源和条件争取胜利，无论是占用一座房屋还是将其炸毁时，都有可能发生这种事[18]。

这种战斗情境中的自我中心甚至能影响到战斗精英，包括那些在马歇尔的统计中算是精英射手的人，以及数量更少的能够保持开火准确度的人。这方面一个著名的例子就是1992年发生的"红宝崖事件"(Ruby Ridge)：一名配备了远程瞄准镜的警方狙击手，没有击中山间小屋中的监视对象，反而击中了那人抱着孩子走到窗边的妻子（Whitcomb 2001：241—311；Kopel and Blackman 1997：32—38）。这正是一起误伤旁观者的事例。其原因并不是技术不足；神枪手们在精准地击中人类目标这件事上恐怕无人能及。在这起事件中，命中率是一发一中。狙击手仅仅是错认了窗边的人——他以为站在那里的会是目标。战斗情境会限制注意力；在冲突性紧张的"隧道"中，伤害常常会发生，而这些情况与"隧道"之外有意为之的情况并不相似。

在什么条件下能够感受到战斗的乐趣？

战斗离不开紧张与恐惧。但有些人在某些情境下却也会享受战斗。我们该如何解释这一小部分人呢？更重要的是，思考这一疑问，对我们理解产生暴力行为的种种过程又会有何助益呢？

许多研究者采取的极端立场是：男人通常是热爱战斗的。这一论点显然是建立于性别之上；男性——无论是因为大男子主义文化还是基因——被视为斗士和杀手，并被认为能从这些行为中获得快感。最极端的一种阐释就是认为杀戮是出于一种性愉悦的动力（Bourke 1999）。

这一论点的证据需要区分在何种情境下男性（某些情况下也包括女性）会表达其对战斗的愉悦感。其中一种情境是战前动员中的兴奋。伯克（Bourke 1999：274）引用一名一战英军牧师的形容，说他自己及其军队"终于能够'真正'上阵杀敌时,心怀古怪而令人恐惧的愉悦"。这种感觉来源于这些人初次上阵之前,并且仍然停留在修辞层面。与其类似,格兰特(Grant 1885/1990:178)曾形容,1861年11月,当他在内战中第一次担任指挥时,军队十分渴望战斗,以至于如果他不能为士兵们找到一场交火的机会,就几乎无法维持部队纪律。

与此类情况相近的,是距离前线很远时表现出的嗜血修辞。考虑到20世纪和21世纪军队中大规模的后勤部队和补给列车,军队中相当一部分人所处的位置都不具备真正向敌人开火的条件,也相对不太容易受到敌人炮火的攻击;但他们也大多携带武器,并接受过使用武器的训练,因此会自我认同为战士[19]。与前线士兵相比,后方士兵会对敌人表现出更多恨意,态度也更残忍(Stouffer et al. 1949:158—65)。参与战斗的士兵对囚犯的态度往往更好——一旦危险时机已过、敌人束手就擒,他们就会乐意与其分享食物和饮水;后方部队对待囚犯则常常更不近人情,甚至可以称得上是残暴(Holmes 1985:368—78,382)。以此类推,待在家里的平民更容易对敌人表现出充满暴力修辞的仇恨,以及从嗜血的杀戮中获得愉悦感(Bourke 1999:144—53)。考虑到大后方女性所占比例相对较高,因此我们有理由怀疑,究竟是性别还是情境的不同能够解释残暴程度上的区别。

距离前线越远,人们在修辞上表现出的残暴就会越明显,也会对参与战斗表现出越高的热情。在任何种类的战斗中都是如此:真正的打斗发生之前总是充斥着虚张声势,打斗一旦真正发生又会立刻被紧张和恐惧所取代(Holmes 1985:75—8,引用自许多观察者)。愈是接近后方,空洞修辞的比例就会愈高;战争修辞会愈发理想化,敌人会愈发非人化,对杀戮的态度会愈发残忍,对战争的整体态度也会愈发类似运动场上观众的喝彩。

在真正的战斗中,愉悦感更加罕见。对于士兵们究竟经历了什么,我们需要描绘得非常精确。考虑到马歇尔估算的低开火率,战斗经验也许并不一定包括使用武器;再考虑到低命中率,战斗经验自然也不一定包括击中敌人。因此,伯克(Bourke 1999:21)曾引用二战时一位英国飞行员的话来表明他热爱呼啸而过的子弹声:"多让人兴奋啊!"正如马歇尔和其他人曾指出的,士兵们通常都会认为军事训练中最有趣的部分在于向远方射击,但这与击中敌人的感受可不是一回事。

最后我们来看一下对于杀死敌人,士兵们是否表现出正面的情绪。伯克(Bourke 1999)引用了两次世界大战、朝鲜战争和越战中以英语为母语的士兵(英国人、加拿大人、澳大利亚人和美国人)的信件、日记和回忆,给出了28个例子。其中,只有四例在杀戮中表现出类似性愉悦的情绪;另外九例形容了在能够亲眼看到敌人的近距离杀戮中体会到的狂怒和兴奋感。后者看起来更像是我将在第三章中谈到的"恐慌进攻"。剩余的所有例子(超过一半)都是远距离杀戮,要么是曾经的猎手命中敌人,要么是飞行员的空中袭击。但正如我们将在第十一章中所看到的,狙击手和王牌飞行员是所有战士中最特别的,他们比其他人的战斗能力更强,因为他们有特殊的情绪控制技巧来克服冲突性紧张。如果仔细分析伯克所举出的杀戮愉悦感,就会发现它们其实是一种自豪感,或是对于成功完成任务的轻松感——大部分飞行员都没有击落敌机,那些真正击落敌机的则被视为精英。

在战斗中真正杀死敌人的士兵相对较少,他们表现出多种不同情绪:冷漠和例行公事者有之;自豪者有之;因胜利完成任务而兴奋者有之;也有人感到愤怒、仇恨和为战友复仇的快感,以及正面的愉悦感。很难分辨究竟有多大比例的士兵体会到了上述每一种情绪;对理论解释来说,更重要的是要分辨在哪些情境下他们会体会到这些不同的情感。我们在谈及关于杀戮的正面情绪时,也同样应当顾及相应的负面情绪,就像下面这个取自义和团运动中的例子:

> [一名英军士兵]此前在围攻时刺中和击中了一名敌人。他将刺刀深深刺入对方胸腔,而后打空了弹匣。现在他的心理受到了严重创伤。他躺在那里辗转反侧,不停地哀号:"都溅出来了!都溅出来了!"(Preston 2000: 213)

紧张/恐惧与战斗表现的连续光谱

士兵们在战斗中的行为有很多种。我们最好是将其视为不同程度和种类的紧张与恐惧,以及相应的战斗表现中体现出的不同程度的战斗能力。其中一个极端是呆若木鸡、趴在地上动弹不得或是像小孩子一样试图躲开敌人的视线。接下来是慌不择路地逃跑。再接下来是吓得尿了裤子、手忙脚乱但不一定到彻底无法战斗的地步;这一部分也包括从前线逃离,寻找借口拒绝前进,或是游荡到其他地方去(Holmes 1985: 229)。接着是仍能前进但却无法开火;然后是虽然自己无法开火但却能帮战友开火,例如帮忙运送和装填弹药;再接下来是自己能够开火但因准头不够而无法命中敌人。最后,在另一个极端,则有一群人百发百中、冲锋陷阵。我们仍然没有证据证实这一部分人究竟体会到了怎样的情绪。他们仅仅是没有表面上的恐惧感吗?抑或是更罕见的、彻底未能体会到自身或隐藏的恐惧感?相对来说,仅有很少人报告说在战斗中没有恐惧感(Holmes 1985: 204)。尽管有些传说中提到过这一点,但我们仍然需要证据来证实:战斗能力爆表的暴力,究竟是热血还是冷血?

让我们再次审视照片上的证据吧。通过分析本章注释 6 提及的资料中的战斗照片,我们能够从可见的面部表情和身体姿态中来判断 290 名士兵的情绪[20]。他们的情绪分布如下:

强烈的恐惧:18%

中度恐惧和担忧:12%

震惊、疲倦、悲痛:7%

叫喊、呼喊命令、求助:2%

紧张、谨慎:21%

警惕、专注、严肃、努力:11%

冷静、放松、无动于衷：26%

愤怒：6%

愉悦、微笑：0.3%

大约三分之一的士兵（30%）表现出重度或轻度恐惧，另外三分之一（32%）则处于紧张和专注之间。大约四分之一（26%）表现得平静和麻木。也许有人会推断最后这组人在战斗中能力最强，但事实上，他们开火和不开火的几率与其他士兵并没有区别。

处于震惊到丧失行动能力状态中的人很少（7%）。这些主要是重伤或濒死者，以及囚犯和遭受虐待的士兵。那些即将被处刑的囚犯也会表现出恐惧，但恐惧更常见于未受伤的士兵之中。在一张著名的照片中（Howe 2002：26），一名西贡警察用一把手枪处决一名被抓获的越共分子；受害者脸上表现出恐惧与震惊混合的情感，但最强烈的恐惧却是出现在一名旁观的警察脸上。行刑者的表情冷酷而麻木，正是审讯者照片中常见的神情。

战斗中的愉悦几乎是不存在的。只有一张照片中有一名炮兵在微笑——他使用的是远距离而非直接对抗型武器。全部照片中还包括了另外15张有士兵微笑的照片，不过他们都不在战斗场景中。大部分都处于胜利的时刻（炫耀从敌人那里缴获的武器），或是在宣布和平的时刻。最常露出微笑的是那些胜利完成任务后回到基地的飞行员，他们为自己赢取王牌飞行员的声望又添了一把火；其中有些是站在自己的飞机前露出微笑（亦见于 Tolver and Constable 1997）。在其中一张照片中，越战中美军首位王牌飞行员正在向一圈微笑的同僚讲述自己的战斗功勋，但飞行员本人脸上却流露出愤怒和攻击性的表情（Daugherty and Mattson 2001：508）。

也许最令人惊讶的是愤怒在战斗中有多罕见。只有6%的士兵表现出了愤怒。大部分愤怒都不是体现为痛击敌人，虽然也有几张照片体现了机枪手咬着嘴唇愤怒开枪的场景。愤怒更常见于俘虏（特别是在越南）和受到残酷虐待的士兵脸上（如果他们并未处于不知所措的状态下）；有时，他们的愤怒中也会夹杂着恐惧。受伤的士兵是最不知所措的，有时也会表现出中度恐惧；愤怒更常见于他们的战友和照料者脸上，特别是那些呼喊求助的人，通常也会夹杂着悲痛和恐惧。施虐者本人看起来并不愤怒，尽管也有几张照片显示一些愤怒的士兵将俘虏拖向战俘营——在这里，愤怒还夹杂着肌肉用力压制反抗的表情。事实上，愤怒最常见于紧张和努力的时刻。我们可以从在白热化的战斗中大声下达命令的军官脸上看到这一点。两张最为愤怒的脸是美军警卫队队员，他们在西贡陷入敌手时与试图登上撤离飞机的恐慌人群扭打在一起；警卫队队员肌肉绷紧，试图清理机舱门前的人好让飞机起飞，其中一人挥拳打在一名市民脸上（Daugherty and Mattson 2001：556）。在那本包含850张越战照片的书里，最强烈的愤怒表情根本不是出现在战场上，而是出现在美国的和平示威中（Daugherty and Mattson 2001：184）。

这给了我们一些证据来探讨愤怒与暴力之间似有似无的关联。使用武器的能力很大程度上并非建立在愤怒之上。愤怒仅在肉搏战中有效，更常见于制伏而非伤害敌人之时。愤怒通常产生于对抗性恐惧较少或不存在的时候：对手已经告负、局势得到控制，或是出现在不涉及打斗而仅仅是表达观点的纯粹象征性冲突中[21]。具有讽刺意味的是，日常生活中的愤怒，恐怕要比实际战场中的更多。

要想解释暴力，询问人类对杀戮的基本反应究竟是恐惧、愉悦还是其他感受恐怕是走错了路。更好的办法是基于这一前提：所有人在本质上都是相似的，特定时刻中的情境互动，决定了士兵的情绪会处于连续光谱的何处。同一名士兵可能几分钟前还在怒火中烧地杀死无助的敌军，或是因战斗胜利而兴高采烈，但却接下来就会开始与身旁的战俘一同分享口粮（Holmes 1985：370—71）。也许在这之前一个小时，他们还处于高度紧张中，以至于进入了无法开火的半瘫痪状态。没有暴力的个体，只有暴力的情境；同理，没有恐惧的个体，只有情境中令人恐惧的位置。这一点同样适用于其他情绪。

警方与非军事战斗中的冲突性紧张

军事战斗中的这些模式显示了紧张／恐惧的重要性；同样的模式也发生在几乎所有形式的打斗中。主要的例外情形是暴力被包装和限制成显而易见的表演情境，例如决斗和娱乐型暴力等，我们将会在第六、七、八章中详细探讨。除了这些情形之外，"严肃"的暴力在各处都是一样的。在警察暴力中，我们也能看到同样的情况：相对较少的警察会真正开枪或是对嫌疑人动粗；开枪的警察往往乱打一气，错失目标、误伤同事和旁观者的情况都很常见；此外，过度杀伤和恐慌进攻的情形也有所存在。

黑帮火并中的情况也是一样：十分常见的是驱车枪战和其他形式的"打一枪就跑"式攻击，此外则是以多欺少的暴力，特别是那些独自一人或寥寥几人落单在敌人领地之中的情形。与此相对的则是双方势均力敌之时常见的虚张声势、口头威胁和对峙。

暴乱中的情况也是如此，特别是在种族暴乱中。我们将会看到，群体性暴力事件几乎总是由一小部分冲在最前面的人所引发的，他们会投掷石块，挑衅敌人，对敌人的财产打砸抢烧。暴乱中，大部分人的行为都会流露出紧张和恐惧，体现为高度谨慎、发现对方出现反击迹象便频繁逃离至安全地带。那些站在前面的"精英"同影像纪录中的部落战争一模一样。群体性斗殴者（或曰暴乱参与者）会小心地挑选目标，攻击少数落单或是武力反抗的敌人。当敌人显得颇有实力时，或者当警方或其他权威机构看上去会动用武力时，暴乱者几乎总是会选择撤退，至少在当下的情形中是如此[22]。图2.5① 显示了这种情景：一名美军士兵装备了盔甲和枪支，但却是手无寸铁的伊拉克群众在向他气势汹汹地走来，而他在这一冲突中则是步步后退。在这种冲突性情景的集体情绪中，撤退与攻击的势头是可以互相转换的。

---

① 图2.5：士兵在后退，手无寸铁的群众在前进（Baghdad, October 2004, AP）。

正如我们所看到的，个人打斗的结构中充斥着紧张与恐惧。在相对公平的大部分打斗情形中，存在大量的虚张声势和极少的行动，而那些偶尔出现的行动也往往显示出双方对暴力的无能。当暴力发生时，往往是强者欺凌弱者——多人攻击落单的受害者，全副武装者攻击手无寸铁者，或是壮汉攻击手无缚鸡之力者。就连此类打斗也常会显现暴力实施者的无能，诸如错失目标和普通市民版的误伤队友及旁观者都很常见。哪怕赤手空拳或是使用其他原始武器时也是如此。

比起军事战斗中的开火率和命中率，对于非军事打斗中的低效率，我们并没有系统性的证据。关于警方开枪的一些数据可能与其最接近，这些数据与军事行动中的模式也很相近。我们没有数据表明有多少飞驰而过的枪击事件错失了目标，又有多少击中了他人。桑德斯（Sanders 1994：67，75）指出，并不是所有黑帮成员都喜欢狩猎敌对黑帮成员，那些在飞驰而过的车里开枪的人往往也是只发一弹；因此，飞车枪击事件中的开火率大概不会超过25%。既然飞车枪击的目的在于让冲突时间越短越好，持续枪战的可能性也就变得很低。关于黑帮枪战最详尽的数据来自威尔金森（Wilkinson 2003）对纽约黑人和拉美贫民窟的暴力罪犯的研究。他让那些人形容他们曾卷入其中的各种暴力事件；在151起涉枪事件中，71%的情况下有人开枪；而当有人开枪时，67%的情况下有人受伤（计算自 Wilkinson 2003：128—30，216）。当有人中弹时，36%的情况下伤者是一名旁观者而非相关人员，这显示了相当高比例的误伤[23]。

平民暴力与军事暴力之间的对比指出了另一个问题。士兵中的低开火率和在命中敌人方面相对较差的战斗表现，可以用紧张／恐惧来作为一种解释。但这其中可能还包含了其他原因：其中之一是在现代战场上，士兵较为分散，各自寻找隐蔽之处，因而整个战场看起来空空荡荡[24]；因此，缺乏可见目标可能也是低开火率和命中率的原因之一。但马歇尔本人则否认了这一点，他指出，在近身作战中，低开火率依然存在；从历史上来看，前现代战场上的密集射击阵列中也存在类似的模式。更重要的是，在旷日持久的战争中，士兵往往被剥夺了睡眠；他们有时缺粮少水，有时长期受到敌军炮火带来的噪音和情绪滋扰，因而精疲力竭（Holmes 1985：115—25；Grossman 1995：67—73）。在这些条件下，士兵可能会陷入一种麻木如同僵尸的状态，他们根本无法开枪，更不用说瞄准敌人了。但是暴力情境中的平民也与士兵的举动类似——较低比例的主动参与，相当高的无效暴力——甚至在他们的目标很清晰时也是如此。他们本人并不缺乏睡眠，也没有经受体能上的压力或者是长期处于衰弱乏力中。这说明是暴力冲突中的紧张／恐惧本身决定了暴力中的行为表现，这与军事战斗中的特殊困难无关。

毫无疑问，也有一部分平民处于战斗表现光谱的顶端：有些人毫不畏惧暴力冲突；有些人会将紧张转化为猛烈的攻击；有些人则很享受暴力，无论能否成功实施。有些人是所谓的"牛仔警察"（cowboy cops），他们会以极高的比例展现出枪击或攻击嫌疑人的行为；有些警卫是习惯性的施虐狂；有些小孩也喜欢欺负别人。但是他们都只占人群的极少数。对情境行动理论来说，更重要的是这些情况也仅占所有情境中的极少数。与其类似，士兵们报告的对军事战斗的感受也是一样；这些报告中提到的感受涉及不同距离的战斗，我们必须谨慎地将其区分开来，并分辨出他们的话语中有多大程度是在虚张声势、装模作样，借以掩盖自己在打斗中真正的表现。在大城市黑帮聚集的贫民窟，斗殴有时被视为"演出时间"（show time）（Anderson 1999），但这很可能是旁观者而非斗殴参与者的感受。无论如何，在极少数情况下，有效的暴力确实会发生；想要理解这一点，我们就需要理解为何情境中的某些位置会允许个体利用紧张和恐惧，并将其转化为针对他人的暴力。

恐惧"什么"?

大部分人在暴力情境中体会到的是怎样的恐惧呢？最明显的猜测是他们害怕被杀或受伤。士兵会亲眼目睹战友和敌人被炮弹炸得四分五裂，或是因血淋淋的伤口而痛苦不堪；自然而然地，他们不想要这种事发生在自己身上。这与人们趋利避害的天性是一致的：士兵从前线退缩，骚乱参与者保持在安全距离之外，黑帮分子边开枪边飞驰而去。这也符合一个常见的模式：在双方受到保护、伤害降到最低时，打斗最可能变成长期或周期性的。在第八章中我们将会看到，在运动员的护具最结实的运动中，暴力也最常见。在社会领域，暴力最常发生在儿童之间，而他们对彼此造成伤害的可能性则是微乎其微[25]。

但这一解释也面临若干悖论。首先，在某些社会情境下，人们会心甘情愿地去冒极大的危险，甚至乐意承受伤痛。许多成年礼和入会仪式都包含有某种程度的折磨乃至羞辱，有时也会充满痛苦。北美部落中的战士成年礼不仅包含严酷的考验，还会令人在身体上饱受折磨；只有在痛苦之中面不改色的人才会受到尊重，进而被部落接纳。有些帮派的入会仪式要求参与者与更强壮的对手打斗，并要承受相当程度的殴打 (Anderson 1999: 86—87)。日本黑帮（有组织的犯罪团伙）的入会仪式甚至要求入会者切断自己一根手指 (Whiting 1999: 131—32)。对于暴力运动的运动员和大部分年轻男性来说，伤疤、黑眼圈和绷带可能会成为骄傲的标志。当然，这些都是受到控制的情境，暴力有明确的边界；在许多情况下，身体上受的伤还不如打一架来得厉害。但在仪式化的情境中，痛苦与伤害也可能会达到十分严重的程度，例如日本的切腹自杀仪式。

当痛苦与伤害发生在众目睽睽之下时，就可能会被成功地仪式化，传达出一种对排外团体的强烈归属感。这就成为涂尔干 (Durkheim 1912/1964) 所说的"消极崇拜"(negative cult)：自愿承担大部分普通人不愿意承受的痛苦，以跻身某个精英团体。但这一仪式的关键在于自己承受折磨,而非把痛苦强加给他人。因此,在战争中许多士兵都会情愿冒着受伤致残乃至死亡的危险,尽管很多人在战场上其实什么也没做;承受伤亡要比引发伤亡容易得多。人们常说,在战争中,士兵可能会因害怕令自己蒙羞或令战友失望而克服对受伤的恐惧。不过,这种社会恐惧似乎克服了对伤亡的恐惧,但却没能克服紧张,结果士兵仍然无法出色地战斗。事实上,士兵们最初进入战场时,对伤亡的恐惧占据上风(Shalit 1988);然而,一旦士兵们见惯了遍地伤残和尸体,就会变得无动于衷。可是,正如我们已经看到的,他们的战斗表现却并没有提高多少,这说明紧张感依然存在。

与此相关的另一个问题是,最令人恐惧的情境客观上来看却并不一定是最危险的。我们已经看到,远程炮弹造成了最严重的伤亡,士兵们通常也都了解这一点(Holmes 1985:209—10)。但是,战斗表现中最困难的是在战场前线对抗小型武器。一些调查表明,士兵们对死于刺刀和匕首有着相当高的恐惧;尽管这种情况罕见到近乎幻想,但它却说明了士兵们对前方的想象。那些处于高度危险境地中的人,也并不一定会表现出前线部队所经受的令人丧失行动能力的恐惧(Grossman 1995:55—64):海军与陆军一样随时可能会被敌军炮火轰上天(这是地面作战最主要的伤亡来源),同时还面临沉没的危险,但因战斗压力而崩溃(测量战斗恐惧的一种方式)的长期数据表明,战争地带的海军的崩溃率要低得多。同样,在遭受空袭的平民区(如德军对英国的长期闪电战,盟军对德国城市的轰炸),受害者可能会被活活烧死,或因烧伤而造成严重的肢体残疾。尽管如此,这些平民区的精神疾病发病率依然比军队中要低得多。

若干精确的对比解释了紧张／恐惧的真正来源。遭受轰炸和空袭的战俘并没有表现出更多的精神问题,而他们的看守却愈发紧张,精神疾病发病率有所上升(Grossman 1995:57—58;Gabriel 1986,1987)。也就是说,这些看守仍然处于战争模式,也许这是因为他们每天都要与敌人面对面,并要尽可能控制住对方;与此同时,战俘们只需要逆来顺受就可以了。格罗斯曼

(Grossman 1995：60—61)也指出，在敌后工作的侦察兵尽管处境极度危险，但却并不会导致更高的精神伤害。格罗斯曼认为，这是因为这些侦察兵是在秘密行动，最重要的是他们要尽可能避免攻击敌人。此外，在大多数战争中，前线军官的伤亡率都比普通士兵要高，但其精神疾病发病率却要低得多（Grossman 1995：64）。在这里我们看到，压力的来源并不是对伤亡的恐惧，也不是对杀戮的厌恶，因为军官恰恰是下达攻击命令的人，他们要负责迫使自己的手下克服恐惧和低效。真正令他们免于紧张/恐惧的，是他们不需要去亲手杀死敌人。同样的情形也适用于不直接负责开火的士兵，他们在战场上承担其他任务，例如帮助机枪手装填弹药等（Grossman 1995：15）。这说明他们与机枪手面临同样的危险；而且他们也并非反对杀戮，只是自己不能亲手去做而已。

地面战斗中的医务人员与战士们面临的危险是一样的，但他们身上表现出的战争疲惫程度却要轻得多（Grossman 1995：62—64, 335）。他们也更常处于顶峰状态：医务人员在 20 世纪美国参与的战争中获得了相当高比例的荣誉勋章，并且这一比例还在不断上升；这证明了他们的勇敢（Miller 2000：121—24）。他们的日常表现也更稳定；我们从未听说过医务人员会有类似普通士兵那样的低开火率情况，要知道，如果医务人员消极怠工，其他士兵肯定会怨声载道。然而医务人员却最常目睹敌人炮火带来的伤亡与痛苦。这印证了他们拥有一种社会机制，能够让自己远离对身体受伤的恐惧，更重要的是能够摆脱战斗中造成紧张/恐惧的源头。他们关注的不是与敌人的冲突——不是杀戮，而是拯救。他们扭转了对伤痛的看法，从一种截然不同的框架去看待它们：这就是他们能够不断行动的原因所在[26]。

此外，那些处于上风的人仍然会表现出恐惧，尽管他们受伤的可能性微乎其微；这进一步证明了对伤亡的恐惧并不是战斗紧张产生的唯一来源。对持枪歹徒及其受害者的访谈证明，胶着对峙的局面是最为紧张的；在犯罪高发街区，具有"街头智慧"（street-wise）的人都懂得，要想在胶着对峙局面中活命，就千万不能刺激持枪者，令他们在高度紧张中崩溃开枪。格外重要的一点是要避免直视持枪者的眼睛：不仅仅是为了避免让他怀疑自己会被认出，更重要的是为了避免出现对抗性的、带有敌意与挑衅的对视（Anderson 1999：127）[27]。因此，在暴力犯罪多发街区，即使在非胶着对峙局面中，直视对方的挑衅行为仍然可能激发一场恶战。

这意味着冲突性紧张本身才是关键。格罗斯曼（Grossman 1995）声称那是对杀戮的恐惧。在解释军事行动中的证据时，马歇尔曾指出，深植于文明社会与生活体验的行为标准令人们很难大开杀戒，哪怕敌方想要杀死自己也一样。但这种文化抑制模型并不能充分解释为何在各种文化背景下紧张／恐惧都能够阻碍战斗表现。部落战争中的前线同样表现出低效率和很高程度的恐惧；士兵的表现在历史上各个时期都十分近似，包括那些认同应对敌人残酷无情的文化和社会。此外，在同一社会和军队中，恐惧阻碍暴力的程度是高度情境化的：那些放弃使用武器或在高度紧张的冲突中表现糟糕的人，换成在埋伏战或是在围歼战中屠杀敌人也能毫不留情。紧张／恐惧在不同文化中都是一致的，无论是号称好战的文化还是爱好和平的文化；那些能够让人们克服紧张／恐惧去实施暴力的情境也是一致的。尽管现代西方文化中的确存在反对暴力的文化社会化过程，但是人们仍然可能会去围观和鼓噪残忍和伤害的发生（我们将会在第六章中看到细节）。同一个人在做观众时可能对暴力充满热忱，而在真正与敌方面对面发生冲突时却可能畏首畏尾。

那么，它是某种原生的对杀戮的厌恶吗？这种解释认为，人类从基因上就厌恶彼此杀戮。这种抑制机制并不是很强烈，因此能够被其他社会动力所克服；但每当这种情况发生，人们就会心怀不适，并在生理与心理层面上表现出症状。格罗斯曼（Grossman 1995）指出，那些身负人命的士兵，在战斗结束后会不同程度地表现出压力与崩溃症状。

但是，这种解释未免太过天马行空了。毕竟，人类一直都在各种各样的情境中彼此杀戮和伤害。这些社会场景往往令杀戮正当化，因此施害方并不会体会到精神上的压力。之后的章节中将会描述一些将杀戮和伤害他人道德中性化甚至正面化的社会场景。在电影《死鸟》中，我们也目睹了在杀害一名敌人后举行的庆祝仪式；其中体现的并非负罪感，而是欢愉与热情。

所有潜在的暴力情境中都存在冲突性紧张。这并不仅仅是对杀戮的恐惧，因为这种紧张也存在于攻击者只是想暴揍对方一顿时，甚至只是在愤怒的争吵中彼此威胁时。威胁杀害对方，或者与威胁杀害或重伤自己的对方产生冲突，都只是这一更大的冲突性紧张中的一部分。人类对彼此实施暴力的能力，不仅仅取决于将他们迫入这一情境的社会压力和背景，以及这一情境结束之后他们能够获得的回报，更取决于冲突本身的社会特性。格罗斯曼（Grossman 1995：97—110）指出，是否愿意对敌人开枪，取决于与对方的物理距离。投弹手、远距离武器操作员和炮兵队的开火率最高，对敌人开火的意愿也最高；对他们来说，目标被非人化的程度最高，即使他们心中对自己可能导致的人身伤害一清二楚。这与战斗区域后方和非战区表现出的修辞上的残酷无情是类似的。我认为，紧张之所以未能阻止冲突行为的发生，并不是因为他们未能意识到自己的敌人也是人，而是因为他们与敌人并未处于面对面的直接对抗情境中。

当社会情境愈发专注，实施暴力行为也就越发困难。隔着几百米的距离发射子弹或其他武器，比近距离开火要容易得多。当后者发生时，子弹往往会打偏；我们从警方射击的照片中看到了这一证据，警官们在距离目标十尺之内往往会打偏，尽管他们在更远的距离上可能百发百中（Klinger 2004；Artwohl and Christensen 1997）。使用近身类兵器（长矛、剑、刺刀、匕首或棍棒等钝器）更是如此。在古代和中世纪战争中，从战场伤亡比例来看，在使用此类兵器时士兵们的表现更加不济：大部分杀戮都发生在恐慌进攻中，这种情况往往发生在紧张消失的时候，具体情况我们将会在下一章进行研究。人们在使用刀剑时大部分时候都是在乱划，但其实直接刺入敌人身体能够产生更加致命的伤口（Grossman 1995：110—32）。现代的证据更加细致：刺刀造成的死亡极其罕见，其在滑铁卢和索姆河战役中造成的伤害不超过1%（Keegan 1977：268—69）。在战壕战中（主要是一战），成功攻下战壕的军队往往会选择先投掷手榴弹，士兵们会保持较远的距离，并且看不到自己杀死的人；带有刺刀的部队往往会将枪柄倒转过来当棍棒使用（Holmes 1985：379）。特别是当敌对双方面对面时，用刀刃刺伤对方似乎格外困难。当刀剑派上用场时（例如在突击队中），目前最受偏爱的方法是从背后发起袭击，仿佛攻击者有意想要避免直视受害者的眼睛（Grossman 1995：129）。历史记录中的持刀攻击也显示了这一点：在阿姆斯特丹现代史早期，大部分持刀攻击行为都是从背后或侧面发生的，极少出现正面袭击（Spierenburg 1994）。这也符合死刑执行程序：行刑人（无论是仪式化的用斧头或剑来砍掉罪人的首级，还是黑社会或凶案侦察员从脑后射击受害者）几乎总是站在受害人后方，避免产生面对面的对抗。与其类似，绑架案的受害者如果被蒙住了头，就更有可能被杀害（Grossman 1995：128）。正因如此，面对火枪队的受刑者才应被蒙住眼睛，这对行刑者和受刑者来说同样重要。

面对面地杀死受害者格外困难，这一点在德国军警对犹太人进行大屠杀时的影像中有所展现（Browning 1992）。他们的受害者逆来顺受，毫无还击之力，士兵们也接受了纳粹反犹太主义和战争宣传的意识形态灌输，此外还被训练成要严守军队等级命令。然而，绝大部分士兵仍然对屠杀表现出反感之情，甚至在反复训练之后仍然会表现出沮丧之态。当士兵与受害者有密切接触时，在心理上会表现出更加强烈的对杀戮的反感；大部分时候，他们会向被迫俯卧在地上的受害者的后脑开枪。然而，即使在这种射程内，士兵也常会错失目标。一名忠诚的纳粹军官发展出了一种身心失调的病症（结肠炎），以至于无法跟随他的队伍去执行屠杀任务，这便是一起典型的身体对无处不在的意识形态的厌恶性反应。当他转移到普通的前线队伍时，病情便恢复了；在那里，士兵都是隔着一段距离开火，他的表现很出色。

大小便失禁经常出现在高度紧张和恐惧的情境中，例如士兵在搏斗中拉了裤子，或是小偷因为失禁散发的气味而被警察发现[28]。英文中用"肠道结实"（intestinal fortitude）这一俗语来表示"有勇气"，也常形容人"有肠子"或者"有胃"去参与打架，这并不仅仅是一种比喻，而是指出了这一事实——身体面对暴力时会产生深层的反应，只有克服它才能成功地实施暴力。

敌对冲突本身虽然与暴力不同，但也有着自身的紧张。人们倾向于逃避冲突，哪怕仅仅是口头冲突而已；相比起正在对话的人，我们更可能对不在场者发表负面和敌对的评论。对自然状态下的录音进行对话分析之后我们会发现，人们有一种强烈的互相赞同的倾向（Boden 1990；Heritage 1984）[29]。因此，冲突大部分都是在一定距离之外、对不在场者展现出来的。也正因如此，在直面相对的微情境中，发生冲突是很困难的，更遑论暴力了。

让我们比较一下人类互动的另一面：正常互动而非暴力。人们最基本的倾向是很快注意到彼此，并沉浸在对方的身体韵律和情绪语调中（我在2004年出的书中总结了这一模式的证据）。这些过程都是在无意识的情况下自行发生的。同时，它们也令人沉迷：人类活动中最令人愉悦的部分，就是当人们沉浸在显而易见的微观互动韵律之中时发生的一切。流畅的对话、富有节奏的语调和短句；不约而同的笑声；共享的热情；双方同时产生的性欲等。通常情况下，这些过程形成了一种互动仪式，至少在当时当下带来了主体间性与道德团结。面对面的冲突之所以很难发生，正是因为它违背了这种集体意识和身体-情绪的共频。暴力互动更加困难，因为赢得一场打斗意味着要打乱敌人的韵律，通过践踏对方的频率来展开自己的行动。

有一个明显的障碍在阻挠人们陷入暴力冲突：暴力违背了人类的心理设定，与人类陷入微观互动仪式性团结的倾向格格不入。一个人需要切断自己的所有感知，才能无视人与人之间体现仪式性团结的点滴，集中精力去利用对方的弱点。当士兵进入战争地带时，他们的身体会感受到敌人近在咫尺，冲突迫在眉睫。直到此时，他们几乎完全只在与战友或其他的普通回应者交流，他们彼此之间的对话、心中和表现出的感受，都带有大量对敌人的负面印象——然而那时敌人并不在场。己方前线或后方地带全都是**自己人**，即使提到敌人，也只是作为一种象征物，用来定义团体的界线。愈到前线，士兵的注意力就愈是会向敌人一方转移，并会开始将对方视为真实的社会存在。随着这一过程的进行，开火变得愈来愈困难，甚至连摆正姿势向着敌人继续前进都变得困难起来。当一战中的士兵超乎预期地进入无主之地，所有照片都显示他们会身体前倾,仿佛逆风前行;这并不是一种物理上的风,而是从远处逐渐接近敌人时所特有的步态。一战中士兵的勇气并不是体现在开火上,而是体现在冒着枪林弹雨前进之中。与其说那是杀戮的勇气,不如说是赴死的勇气。

我们已经看到,军官在战斗中通常会比其手下流露出更少的恐惧。从微观互动层面来看,军官并不会面对如此多的互动沉浸。军官的注意力集中在与自己手下的互动上,在己方阵地形成积极的合作沉浸;他们并不太关注敌人,而他们的手下则正在用自己的武器首当其冲地承受着冲突性紧张。

这就是为什么说在暴力冲突中目光是十分重要的。因恐惧而瘫痪的士兵会避开目光,好像这样就能避免被人发现一样。战斗的胜利者不愿意看到自己即将杀死的敌人的眼睛。在日常生活中,人们很难互相瞪视数秒以上,甚至连一秒都可能达不到(Mazur et al. 1980)。在抢劫案中,劫匪无法忍受与受害者之间目光对视,无论这一对视多么短暂。

这一障碍虽然不可见,但却能够被感知到。只有极少数人(在极少数情况下)能够越过这一障碍。这通常是一时冲动,仿佛穿过一道玻璃墙;而后他们会疯狂地陷入另一面:恐慌进攻,所有的紧张感此刻都释放到了进攻中。对有些战士来说,可以持久地克服这一障碍,或者至少也能持续上一段时间;他们进入了积极的战斗领域,能够主动开火,有时准头还不错。这些人就是暴力精英。我们会在第八章中仔细探讨他们,但在这里我们可以说,他们也被战斗情境中的情绪结构下的紧张/恐惧这一障碍所影响,而这正是当下所处空间内弥漫的情绪。比较冷静的人能够隔着一段距离体会到其他人的紧张与恐惧,他们之所以能够保持冷静,是因为他们能与紧张和恐惧脱离关系。而那些疯狂的人则被其他人的恐惧所驱使,在不对称的沉浸之下丧失意志;一方的恐惧造成了另一方的疯狂攻击。

战场常被形容为"战斗迷雾"。四处蔓延的困惑、慌张和合作的困难在多个层面上起效,包括组织、沟通、后勤和视觉等。我曾指出,这其中最重要的部分就是打破正常的互动团结之时产生的紧张。除此之外,也有其他的恐惧：既害怕杀死别人，也害怕自己受伤、致残或致死。这些恐惧串联成为更广泛的紧张感。这些恐惧中有一部分可以沉淀下来，或者降低到不太影响表现的程度；其中，在社会支持或压力之下，对自己受伤或死亡的恐惧是最容易克服的。对杀死别人的恐惧也可以被克服，尤其是可以将战斗中的集体紧张转化为进攻中的情绪沉浸。这就是为什么我坚持认为最深层的情绪是冲突中的紧张，是它塑造了战士们的行为，哪怕他们能够克服恐惧、不逃之夭夭，也无法克服这种紧张。

"战斗迷雾"是情绪的迷雾。有时它很沉闷无趣，有些士兵形容自己仿佛在梦中前进。有些士兵感到时间变得很慢，有些士兵则感到时间加快了，而这两者都意味着日常生活的正常节奏被打破了（Holmes 1985：156—57；Bourke 1999：208—9；警察开枪的事例中也有类似模式，参见 Klinger 2004；Artwohl and Christensen 1997）。由于我们的情绪与思绪都是由外在的互动所塑造的，而在战场上注意力的相互沉浸又被严重打乱，因此身处其中，我们会感受到不同的节奏与语调，其中最明显的就是被打乱的节奏。有时，情绪迷雾十分浓厚，以至于达到了情绪上的混乱乃至麻木；有时它则只是浅浅一层，士兵们可以在某种程度上有效地穿越其中。

"战斗迷雾"是一种比喻，用来代表冲突性紧张。这种紧张能够盖过各种各样的恐惧，因为恐惧有具体的对象：有时是担心自己的人身安全；有时是不愿意去看到或杀死敌人；有时是害怕被嘲笑，害怕被自己的军官惩罚，害怕令战友失望，害怕被人看成懦夫；军官则害怕犯错，害怕牺牲自己人。在非军事战斗中，恐惧的对象会少一些。但是，所有的暴力冲突中都存在紧张；身处这些情境中的人们会对紧张作出相似的反应，其行为也被紧张所影响。最深层的紧张并不是对外在对象的恐惧，而是对自己内心倾向的压抑。

这种最基本的紧张感可被称为"非团结沉浸"（non-solidarity entrainment）。当人们试图对抗他人，也就是对抗自己内心与他人和睦相处、享受同样的节奏和认知的倾向时，就会产生这种紧张。暴力情境有自己的焦点：对战斗本身的关注，对暴力情境的关注；有时也具有自己的情绪沉浸——双方的敌意、愤怒和兴奋都会令对方更加愤怒和兴奋。但是，这些共享的意识与情绪沉浸，令人们在这些情境中很难作出暴力行为：对抗双方陷入了涂尔干式的集体团结与兴奋之中。然而与此同时，他们却又必须改变方向，将对方视为敌人，并试图支配对方，令对方陷入恐惧。

这就是冲突区域中的紧张。大部分时候，这种紧张都会太过强烈：人们无法靠近冲突区域，只是隔着一段距离互相叫骂或是使用远距离攻击武器就感到心满意足了；有时他们也能短暂地靠近，而后立刻在自己的身体、情绪和神经系统的驱使下逃之夭夭。如果战士们被迫留在冲突区域，他们的攻击大多数时候都不会很有效，并有可能会导致战斗疲惫或崩溃。

还有另外一种方法可以克服这种紧张。如果在高度紧张的情境中停留很长时间，人们的身体和情绪都会被扭曲，此时人们有时就会有机会克服紧张——其方法并不是逃离敌人，而是冲向敌人。这就是恐慌进攻，所有社会情境中最危险的一种。

第三章

恐 慌 进 攻

  1996年4月里的一天,两位南加州地方警长正在驱车追赶一辆挤满了墨西哥非法移民的卡车。卡车驶近国界北部的一处检查站,非但没有停车,反而在巡逻车的追赶下开到了每小时160公里以上。这场追逐在高速公路上的车流中穿来穿去,卡车上的非法移民们朝警车投掷垃圾,并试图撞击其他车辆来转移警车的注意。经过了近一个小时,狂奔了128公里之后,卡车冲出了路基,里面的21名乘客大都爬了出来,躲进了一家植物园。警长们只抓到了两个人:一个女人因为打不开卡车前门而没能跑掉,还有一个男人留下来帮忙,结果也束手就擒。愤怒的警长们用警棍打了他们。其中一名警长击打了那个男人的背部和肩部六次,当对方倒地不起后仍未停手。那个女人从车里爬出来时,一名警长打了她的背部两下,拽着她的头发一把将她拖到地上;另一名警长则用警棍敲了她两下。殴打持续了约15秒(*Los Angeles Times*, April 2, 1996)。一架电视新闻直升机跟上了追逐战的最后一部分,并录下了殴打的全过程。当这些录像在电视上播出之后,公众愤怒了;两位警官接受了审判，联邦展开了调查来分析这起事件中的种族因素；包括司机在内的 21 名非法移民全部获得政治避难许可，并被获准进入美国。①

这起事件带有"恐慌进攻"的特质。在警察实施的残忍行为或是一般的警察暴力中，最常见的类型也是这种。此类互动结构（一系列事件持续涌现）在平民与军旅生活中都十分常见。海军中尉菲利普·卡普托（Phillip Caputo）举了一个发生在越战中的例子：

> 直升机对战区的攻击能带来比普通地面攻击更加强烈的紧张情绪。导致这一切的是闭塞的空间、噪音、速度，以及最重要的——彻底的无助感。第一次经历时也许还会感到兴奋，但在那之后，这就会成为现代战争所带来的最令人不快的经历之一。地面作战中的步兵还能对自己的命运有所掌控，至少是拥有这种错觉。然而在战火中的直升机上，士兵连这种错觉也失去了。在冷冰冰的重力、炮弹和机械面前，士兵被彼此冲突的极端情绪撕扯着。狭小的空间令人产生幽闭恐惧：被无助地困在机械之中，这种感觉令人难以忍受，却又不得不承受下来。在这一过程中，面对那些令人产生无力感的因素，士兵心中油然而生一种盲目的愤怒；但他必须抑制怒火，直到重新踏上地面。他渴望回归陆地，但因深知陆地上的危险而犹疑；然而他也被这种危险所吸引，因为他深知，只有直面危险才能克服自己的恐惧。他那盲目的怒火开始集中到恐惧和危险的源头——敌人身上。怒火在心中燃烧，经过某种化学反应而诉诸暴力，直到危险消逝。这种暴力有时也被称为勇气；它与其背后的恐惧密不可分，程度也彼此相映。事实上，这种强大的推动力让人渴望不再恐惧，而方法便是抹消恐惧的源头。这种内心的情绪搏斗产生了一种紧张，其强度几乎类似于性欲。士兵

---

① 图 3.1：经过一场时速 160 公里的追逐，巡警终于抓住了卡车上最后一名非法移民（他因身体太弱而无力逃开）并对他拳打脚踢（California, April 1996, AP）。

> 在这种情况下能够想到的唯有逃脱这一禁闭的环境、释放紧张心情的那一刻。其他一切思绪,无论是此刻所做的一切是对是错,还是在战争中胜败的可能,以及战斗究竟是为了什么,都变得荒谬而无关紧要。除了最后投入战斗的那一瞬间,一切都不再有意义;他既渴望又恐惧那暴力。(Caputo,1977:277—78)

恐慌进攻(forward panic)是由于冲突情境中的紧张和恐惧而产生的。紧张与恐惧本是暴力冲突中的常见因素,但在特殊情况下,紧张的情绪也会愈发滋生蔓延,最终攀升至高潮。警车试图追上飞驰的卡车;直升机在烈火中盘旋,寻找降落地点。这其间都经历了一种转变:从相对消极的等待,到其中一方终于准备好全面激发冲突。当机会终于到来时,紧张/恐惧便喷涌而出。迪比克在军事战斗中反复观察到这一模式,于是称之为"势如破竹的进攻"(flight to the front)(du Picq 1903/1999:88—89)。这种情绪类似于恐慌,事实上其在心理学上的构成也很相似;战士们在陷入这种情绪之后,并没有转身逃跑,而是像詹姆斯-兰格(James-Lange)情绪理论[①]所描述的那样,让恐惧的情绪与奔跑的冲动互相滋生,最终冲向敌人。无论是向前冲锋还是向后逃跑,他们都被一种强烈的情绪节奏所支配,进而就会作出平时能够冷静思考时绝不会采取的行动。

卡普托在形容另一起事件时,深入地描述了这种情绪的变化:一开始,他干劲十足地带领着一支小分队。当他手下的三名侦察员在河对岸的村庄里发现了敌人的踪影,而敌人则尚未意识到他们的存在时,他的情绪开始发生变化。此刻,卡普托开始兴奋起来:"我的心跳听起来就像隧道里敲响的铜鼓。"某种程度上来说,这是由于即将到来的进攻;他试着保持冷静好爬回丛

[①] 由美国心理学家威廉·詹姆斯(William James)和丹麦心理学家卡尔·兰格(Carl Lange)在1880年代分别提出的理论,主张情绪的变化是由于身体生理状态的改变而引发的。——译注

林中呼叫后援。当战火终于爆发，他一时间匍匐在地上无法动弹："处于炮火攻击下的感觉令人窒息，空气突然间变得如同毒气一般致命。"

接下来发生了一种情绪上的转变：

>一种诡异的平静感笼罩了我。如果我有时间思考，就会发现自己头脑运转的速度和清晰度都令人惊异。电光火石之间，我的脑海中便闪过了整个进攻计划。同时，我全身绷紧，准备冲锋。我的身体仿佛不受大脑控制一般，准备冲向敌人。这种身体能量的集中是由于恐惧而产生的。我无法在空地上多待片刻；很快越共就会向我们发起攻击，他们很容易就能在这一马平川的空地上发现静止的目标。我必须行动起来，去直面和克服危险……我已经无法作出冷静的判断，只能立刻冲进树林，连滚带爬地沿着山路跑回去 [呼叫增援]。

一俟援兵来到，卡普托便兴奋起来。整支队伍由 30 名左右的精锐组成，他们的火力立刻压制住了敌人。卡普托此刻"喊哑了嗓子去控制手下的火力。士兵们陷入了狂热状态，炮弹向着村子倾泻；有些人不知在吼些什么，有些人大声骂着脏话……一颗子弹击中了我们身边的地面，我们立刻俯身滚到一旁，然后重又滚回原处起身，我歇斯底里地狂笑起来。"随着敌人的炮火渐渐停止，无线电中传来越共撤退的消息，卡普托开始想办法让士兵渡过前方深深的河流去消灭敌人。"士兵们兴奋不已，就像看到猎物背影的捕食者……我能够感觉到整支队伍都在渴望渡过那条河。"（Caputo 1977：249—53）然而，他们发现自己没有办法渡过那条河；卡普托感到很难平息自己高昂的情绪。"我无法从这次行动带来的高亢情绪中平复下来。战火已经落幕，只是偶尔还有零星枪声响起；但我并不想让它结束。"随后，他故意让自己暴露在敌人的炮火下，好确定对方狙击手的位置——"我前后踱步，感觉自己像穿着铁布衫的原始人一样无畏无惧。"结果什么也没发生，他开始大声吼叫，漫无目的地向四周开枪；当他的战友们开始嘲笑他时，他自己也不受控制地大笑起来。最后，他终于平静了下来 (Caputo 1977: 254—55)。

这起事件正是恐慌进攻的一种形式，只是最后由于敌人的消失而结束得略快了一些。紧张与恐惧贯穿始终，有时则会转化为一种无动于衷的冷静和一闪而过的恐慌或窒息，而当某种行动起效时，也会穿插一些兴奋之情。当恐惧最终消失，他陷入了一种狂热之中，试图找到最后一名受害者。

卡普托描述的第三起事件说明了陷入这种情绪的士兵们能走多远。当时，卡普托手下的士兵们刚吃了一场败仗；随后，他们准备穿过一座村庄，那里被认为是敌人的一个基地：

> 战斗的声响持续不断，令人疯狂，正如身后围栏的尖刺与炮火的热浪一样。
>
> 就在此时，这件事爆发了：士兵们骚动起来。这是一种群体性的情绪爆发，因为所有人都已经抵达忍耐的极限。我无法控制他们，甚至也无法控制我自己。我们绝望地想要抵达山脚，于是狂暴地穿过剩下的大半个村子；我们像野人一样尖叫，纵火烧毁茅草屋，将手榴弹扔到烧不起来的瓦房上。在这种狂热之中，我们穿过了灌木丛，丝毫没有感觉到尖刺带来的疼痛。我们什么也感觉不到了。我们已经失去了感觉自身的能力，更不用说感觉他人了。我们听不到村民的哭喊和哀求。一个老人跑到我面前，抓住我衣服的前摆，问："Tai Sao？（为什么？）Tai Sao？（为什么？）"
>
> "滚开！"我喊道，一把将他的手甩开。我抓住他的上衣，将他推倒在地，感到自己就像在看自己演一场电影……大部分士兵都不知道自己在做些什么。其中一个士兵跑到一座小屋前将它点燃，向前跑了一段后又转身穿过火焰，救出了里面的一名平民；接下来他又跑去点燃了下一座小屋。我们如同一阵风一般穿过了这座村子；等我们来到52号山脚，哈那村已被夷为平地，只剩下遍地灰烬、烧焦的树干和断壁残垣。我在越南见到过许多丑陋的景象，这是其中最丑陋的

一幕：我的手下从一群纪律严明的士兵突然变成一群纵火暴徒。

队伍几乎是在瞬间就摆脱了疯狂状态。当我们从村子里逃到山顶上，呼吸着新鲜的空气时，我们的头脑也冷静下来……从纪律严明的士兵变成不受控制的野蛮人，又再度变回士兵，这一变化是如此迅速和深刻，以至于在战斗的最后一段时间里我们就像是做了一场梦。尽管事实不容否认，但我们之中确实有些人无法相信这些破坏是我们自己造成的。（Caputo，1977：287—89）

士兵们陷入了暴力攻击的情感隧道，最后又回复正常。他们原本以为会在村庄中遭遇抵抗，谁知那里却只有一群手无寸铁的村民；而他们则残暴地对待了那些人。士兵们仿佛与自己相脱离——与自己认识中的自我形象相脱离。一切结束之后，他们将自己的行为当成另外一层不相关的现实。

卡普托对烧毁村庄的描述，非常类似于1968年3月16日在美莱村发生的更为臭名昭著的大屠杀。那正是越战最激烈的时期，在六周前开始的春节攻势中，越共和北越军队暂时攻下了几座大城市，逼迫美军陷入防守战。随后的反攻试图将敌人从这些城市中赶出去，美莱大屠杀就发生在这一时期。一支小分队乘坐直升机降落在长期以来被认为是越共掌控的区域，以为会遇到激烈的抵抗。率领这场进攻的前锋小队之前从未真正与敌人交过火，但却曾因地雷和陷阱而有过伤亡。结果，美莱并没有敌军驻扎。前锋小队便开始屠村：他们烧毁房屋，杀害了三四百名越南平民，其中大都是妇女和儿童，因为参军年龄的男子早已逃离了村子（Summers 1995：140—41）。这支小分队的指挥官卡利中尉（Lt. Calley）热情高涨地带领其手下制造了这场屠杀。一年之后，这场屠杀终于被官方注意到，最终成为一桩大丑闻。

尽管官方调查并不承认，但此类事件在越战中并不鲜见，其区别只在于屠杀平民的程度，以及其中涉及多么严重的虐待和强奸事件（Gibson 1986：133—51, 202—3; Turse and Nelson 2006; www.latimes.com/vietnam）。这些事件无一例外都造成了巨大的破坏。考虑到游击战的特点，恐慌进攻的条件很常见：延续一段时间的紧张/恐惧；不知藏身何处的敌人；对身旁的正常环境与普通平民中可能掩盖着一场突袭的强烈怀疑；在危险区域实施进攻行动，期待能最终抓获敌人，而后又面对失望；敌人似乎终于被发现的瞬间；狂热的破坏渴望。在游击战中，正规军队的伤亡一般都发生在防备不足时；当他们终于发现游击队的身影时，其在武器装备上的优势往往能为他们带来轻而易举的胜利。捕获搜索已久的敌人，这种卸下巨石的轻松感令紧张/恐惧转化为狂热的恐慌进攻。更严重的情况则发生在他们眼前根本没有敌人而只有与敌人站在同一阵线的手无寸铁的受害者时，例如美莱的老弱妇孺，以及洛杉矶超速卡车中的偷渡妇女。

大部分成为公众丑闻的警察暴力事件都带有恐慌进攻的特质。1991年洛杉矶发生的罗德尼·金事件正是这方面一个典型事例（www.law.umke.edu/faculty/projects/ftrial/lapd）。警察在高速公路和城市街道上飞驰了13公里，追捕一辆超速到每小时184公里的车辆；他们通过无线电呼叫支援，最后当金被围困在一间公寓楼的后面时，现场已经赶来21名警察。一位业余者拍摄的一段著名视频影像，记录下了这场追捕行动的最后三分半钟。经历了高速追捕的巡警正处于兴奋和紧张的情绪中，又被对方听到警笛后仍然拒绝停车的行动所激怒，决心打赢这场仗让他们乖乖听话。最后，车里出来了两名黑人青年：其中一名是乘客，他乖乖地接受了逮捕；另一名就是金，他是个壮实的大块头，在警察看来体格很像监狱中常见的犯罪分子，因此推断他可能有案底；他们还认为金可能服用了迷幻药。追捕并未结束。金并不服从逮捕，他冲向其中一名警察，进行了短暂的反击；随即，他被四名警察用警棍和电击枪（一种能够产生强电流的设备）击倒。① 警察们继续用警棍殴打了他80秒，直到金昏迷不醒，而警察则准备开车撤离。其中殴打最积极的警察正是被金打倒的那一位，他用警棍击打了金超过45次[1]。

---

① 图3.2：罗德尼·金在因其超速驾车而被捕后遭到四名警察围殴（Los Angeles, March 1991, Getty）。

令这起事件格外臭名昭著并且吸引了大众视线的是警察在殴打发生前后的情绪表现。现场有 21 名警察,但却只有四人参与了殴打;其他人则围成一圈,鼓励和支持施暴者。殴打发生后,警察无线电的录音也体现了一种兴奋:"咱们可真是把他揍得不轻……就像雾里的大猩猩一样。"——这指的是当时流行的一部关于非洲大猩猩的影片①。当金在医院中接受治疗时,负责照看他的警官满怀幽默感地跟他开玩笑,询问他在道奇棒球场的工作:"我们今晚可是打出了不少本垒打吧?"这种兴奋就像卡普托所描述的战斗形势一片大好之时或是一场热情高涨的战斗结束之后的感受一样。

冲突性紧张与释放:奔涌累积的情绪与超乎需求的暴力

让我们详细分析一下这其中的情绪变化吧。首先是紧张感的累积;当条件允许时,这些紧张就会随着狂热的攻击动作被释放出来。前一章总结道,这种紧张和恐惧是与他人发生直接冲突时所特有的情绪。当冲突双方彼此接近时,这种冲突性紧张便愈发强烈;不仅是因为其中一方可能受伤,还因为其中一方将不得不亲眼看到对方倒下,并用暴力控制住对方的反抗。

这种紧张可以由多种成分组合而成。追捕超速者的警察能够感觉到飞驰的车辆带来的危险,特别是要不断躲避其他车辆和障碍物;他们的紧张一部分是兴奋,一部分是尚未成功逮捕目标的沮丧。对警察来说,这种情况比日常工作中与市民(包括嫌疑人)打交道更加危险,因此他们会更加努力地控制互动局面(Rubinstein 1973)。市民的抵抗带来了冲突性紧张,进而使得警察可能同时采用正式权威和非正式压力来获得控制权。正如乔纳森·鲁宾斯

---

① 这里指的是 1988 年上映的电影《雾锁危情》,影片讲述了毕生致力于保育黑猩猩的美国女生态学家黛安·福西的故事。此处警察的评论带有种族歧视的意味。——译注

坦（Jonathan Rubinstein）的人类学观察研究所示，当警察拦下路人询问时，他们会摆出控制对方的身体姿态；在非正式的搜身中，警察会随时准备缴下对方的武器，或是彻底压制住对方。即使没有这么做，警察们至少也会用更加微妙的方式获得控制权，例如咄咄逼人地盯着对方不放，其目光与平日里市民之间的目光交流大不相同。因此，处于追捕行动中的警察会持续不断地体会到失落感，因为他们无法使用日常行动中常用的互动模式。

能够导致恐慌进攻的紧张感，在私人打斗中也会时常出现。泰·柯布（Ty Cobb）的传记材料是一个不错的资源：他曾卷入多起斗殴事件，作为一位声名远扬的顶级棒球选手，这些事件都被详细记录下来。1912年5月，柯布跳过围栏袭击了一名嘲笑他的球迷。这起事件发生在纽约，柯布所在的底特律队正客场作战。在此之前，柯布还曾与一名纽约队球员在三垒发生冲突，当时柯布正在进行他典型的富于攻击性的本垒跑；两名球员猛推对方，球迷们则在围栏后投掷杂物。四天后，一名坐在休息区旁边的球迷对柯布发出连续不断的咒骂。第四局中（也就是开场约一个小时之后），柯布终于行动了。"[柯布]跃过栏杆，踏过十几排观众冲到那个口出恶言的人面前。他冲对方脸上连出十几记重拳，将对方打翻在地之后，又用脚上的钉鞋猛踩对方下身……[那人]因为一场工厂事故一只手没有手指，另一只手只有两根手指……球迷们零散地呼喊着：'他没有手！'目击者称，他们听到柯布说：'就算他没有腿我也不在乎！'"（Stump 1994：206—7）

柯布愤怒时常常作出这种暴力行为：只要一开始就停不住手，哪怕对方已被击倒也不例外。他一动手，对方就输了，但他仍然会对倒在地上的对手拳打脚踢。在这种情况下，双方之间实力上的不对等显而易见，何况对方还是个残疾人[2]。然而怒火之中的柯布根本不在乎这一点；身处恐慌进攻之中，哪怕受害者再弱势、哪怕加害者再明确地意识到这一点，也都无济于事。

这起事件中的紧张感由几部分组成：最显而易见的是柯布与纽约队及其球迷之间在那四天里一直高昂的敌对情绪。这起事件也有更多背景因素：柯布作为一名球员之所以成功，正是因为他极端富有攻击性的打球方式；在过去一年里，他创下了盗垒成功次数纪录，安打率高达 0.420（现代棒球史上的最高纪录之一）。当时正是 1912 年的赛季中，那一年结束时，他最终获得了前所未有的连续两年安打率超过 0.400（1912 年是 0.410）的成绩 [3]。有些人能够制造高强度的紧张情绪以压制他人。然而一旦情绪爆发，他们连自己也无法控制。因此，柯布才会在胜券在握的情况下依然痛打对方，换作其他与他类似的人也会如此。

不同种类的紧张 / 恐惧所产生的喷涌而出的暴力，常被认为是肾上腺素分泌过高所致。战斗中和战斗刚结束时的士兵，就像追捕行动尾声中的警察，都无法控制自己的肾上腺素分泌（Artwohl and Christensen 1997；Klinger 2004；Grossman 2004）。但恐慌进攻并不仅仅是一个简单的生理过程；在肾上腺素水平较高的情况下，一个人的行动依然可以有不同的选择和方向，具体情况如何则取决于当时的情境条件。例如，与交通事故擦身而过的司机可能会出现不受控制的身体颤抖；只有当整个事件彻底结束，再也没有什么能做时，这种激动情绪才能渐渐平复。危机结束后，有些人会大哭一场。完成困难目标时的情绪（例如攀上高山顶峰时那种从紧张情绪中得到解脱的感受 [4]），一般来说并不是暴力的。只有在某些特殊的情境序列中，才会产生愤怒或是对无力反抗的受害者展开暴力袭击这种反应 [5]。

在恐慌进攻中，究竟浮现出了怎样的情绪？显然是最极端形式的愤怒，即"怒火中烧"，乃至"怒不可遏"。这背后的潜台词（特别是"怒火"一词）说明这种愤怒是压倒性的，足以主导一切。不过，在这种无法控制的暴力情境中，我们也能看到其他情绪，例如卡普托对若干越战情境的描述中所出现的那种歇斯底里的大笑。这些情况发生在战况最激烈的时候，并且具有强烈的传染性：卡普托与一名战友一起为了躲避子弹而趴在地上翻滚；之后，当他狂野地站出来挑衅狙击手时，这种莽撞让他的手下大笑起来，也让他自己陷入了更加难以抑制的狂笑。无独有偶，1999 年 4 月，科罗拉多州利托尔顿市哥伦拜高中的两名学生制造了一起校园枪击事件；其后留下的录音显示，两名杀手在开枪过程中一直在歇斯底里地狂笑。在恐慌进攻结束后的一段时间里，这种大笑和幽默感也还会延续下去。例如，在罗德尼·金被围殴之后，负责逮捕他的警察们兴致高昂；他们的行为之所以令人震惊，其中一个原因是他们无法抑制自己的情绪，结果在无线电和医院里还在说着笑话。

通常情况下，在暴力进行中及结束后，都会洋溢着一种兴奋的情绪。卡普托的情绪在紧张、恐惧、愤怒和极端的快乐之间转换。这些情绪混杂一处，无法用传统标签定义。恐慌进攻中的混杂情绪来自于从紧张/恐惧向攻击性狂怒的转换。历史上，近身作战的士兵总是会发出各种噪声，包括嘲讽、咒骂、怒吼与叫嚷等（Keegan 1976；Holmes 1985；卡普托在其书中的每一个事件中都提到了这一点；参见第九章关于恐吓的一节中提到的非军事例子）。在胜利的一刻，这些噪声便化作兴奋的音符，有时是歇斯底里的狂笑，有时则半是自嘲半是为自己进攻中的动作宣泄能量。恐慌进攻几乎不可能是安静的，它总是噪声与暴力的高峰。冲突过后，情境中往往洋溢着充满攻击性的能量、愤怒与欢呼。毕竟，恐慌进攻是一种彻底的胜利（至少在此时此刻的身体与精神层面皆是如此），因此需要庆祝[6]。

恐慌进攻的情绪无论包含什么，都具有两种特质。首先，这是一种炽热而高昂的情感。它的产生具有爆发性，也需要一段时间才能平静下来。这种情绪与另一种不太常见的暴力不同：那种冷漠的、事不关己的暴力，常常发生在狙击手和杀手身上，我们会在第十章和第十一章进行讨论。此外，这种暴力也不同于我们在第二章中讨论过的那种因恐惧而无法集中精神的暴力。其次，这种情绪具有节奏感和强烈的吸引力，能令人沉浸其中。处于恐慌进攻中的人们会不断重复攻击性的动作；高速公路巡警不停地殴打非法移民；警察反复殴打罗德尼·金；卡普托手下的士兵烧毁一座又一座房屋，即使他们心知肚明里面什么也没有；柯布不停地殴打已经倒在地上的对手。这种情绪流动成为一种自我强化的波浪。人们被困在自己的节奏中[7]；尽管柯布是独自行动，事件背景是一场棒球比赛，球迷反复（从而也是富有节奏感地）嘲笑他，他则对此作出反应，但他的行动本身也具有一种自发的节奏。

更常见的情况是集体娱乐情绪。士兵们在开火时彼此起哄、咒骂，有时则是歇斯底里地大笑；我们知道他们的命中率并不高，但那种"砰！砰！砰！"的枪声也成为困住他们的节奏之一。正如此前所提到的，哥伦拜高中的两名枪手在整个屠杀过程中都在歇斯底里地狂笑；他们似乎一直待在一起，尽管从纯粹功利的角度来看，如果分头行动的话恐怕会杀掉更多人。两人待在一起，让他们能够彼此支持对方的情绪，让他们可以将彼此闭锁在歇斯底里的兴奋和狂热中。当然，我们可以质问这种情绪究竟是不是兴奋的一种；这其中可能混合着死期将至的感受，因为他们之后不久就自杀了；也可能混合着一旦自杀失败将会面临何种惩罚的恐惧。但这正是恐慌进攻中的情绪关键所在：一次未受阻挡的成功攻击所产生的所有情绪都会互相加强：愤怒，从紧张/恐惧中突然放松，兴奋，歇斯底里的狂笑，作为一种攻击形式的噪声——这一切都在制造一种社会氛围，让人们继续重复手头的动作，反反复复，尽管这些动作就算作为攻击来说也不再有任何意义[8]。

恐慌进攻是一种无法阻止的暴力。它对暴力的使用是过度的，远远超出了胜利所必须的条件。当人们从紧张进入恐慌进攻的情绪，他们就已进入了一条无法回头的隧道，无力停止自己在当时当下的行动。他们会发射远超所需的子弹；尽管并不需要杀戮，他们却会破坏视野中的一切；他们会疯狂地拳打脚踢，甚至连尸体也不放过。他们会制造出大量不必要的暴力，当然，具体情形也要看究竟是何种冲突——毕竟柯布并未杀死对方。如果卷入事件的是一群人，通常就会出现拉帮结派的情况；所有人都想在已经倒在地上的受害者身上再踩上一脚；如果是在运动比赛中，这种情形就叫故意压人。

恐慌进攻往往看起来带有几分残忍，因为那种情形很明显是不公平的：恃强凌弱；以多欺少；全副武装者对付手无寸铁者（或是已被解除武装者）。哪怕受害者并没有遭到严重伤害，恐慌进攻也是丑陋的。当真的有人因此而致死或致残，正是暴力的实施过程才是真正残忍的部分。

战争的残酷

恐慌进攻在战争中很常见。最明显的例子就是军队会试图杀掉所有试图投降的敌方士兵。这在一战的堑壕战中有格外详细的记录。当双方士兵抵达敌方战壕并占据压倒性优势,他们很可能会射杀从战壕中现身准备投降的敌人。德军士兵恩斯特·荣格尔(Ernst Jünger)将这视为一种情绪能量:"在血雨腥风之中,人们很难控制和改变自己的感受;他们不想要俘虏,只想要杀戮。"(引自 Holmes 1985: 381)霍姆斯总结道:"在任何战争中,对拼命作战直到敌人杀到面前的士兵来说,没人有超过 50% 的机会被活捉。"(Holmes 1985: 382, 381—88; Keegan 1976: 48—51, 277—78, 322)这种模式在二战中也得到广泛记录:美国、英国、俄国、日本、中国和其他任何国家的军队对待任何敌军都是如此。

有时杀掉降军可能是故意的,因为将俘虏带回后方安置会造成负担;有时是由于怀疑对方诈降;有时则是为了报复之前敌人给己方造成的损失。然而,这种杀戮中有很大一部分都是产生于当时当下的情境本身。我们知道,投降者一旦安全度过这一危险时刻就会得到优待,甚至比敌人后方军队的待遇还要好(Holmes 1985: 382)。在有些事例中,军队可能会陷入短时间内无法控制的愤怒。马歇尔给出了一个美军在 1944 年 6 月诺曼底战役中发生的例子:当时美军连续三天遭到德军炮火压制,无法疏散伤员,军营缺乏饮水。米尔萨普斯中尉(Lt. Millsaps)手下的一支小分队在敌人的机关枪火线下崩溃了,他们在恐慌中溃逃,直到军官用暴力迫使他们重新清醒:

> 最后他们冲向敌人,直到对方近在咫尺。他们使用手榴弹、刺刀和枪去攻击敌人;有些士兵丢了性命,有些受了重伤,但他们仿佛完全无视眼前的危险。屠杀一旦开始便无法停止,米尔萨普斯试图控制住手下,但却毫无成效。在杀死了眼前所有的德国士兵后,他们又冲

进一间法国农场，杀死了那里所有的猪、牛、羊。直到最后一头牲畜也倒在血泊中，这种狂乱才平息下来。(Marshall 1947：183)

这些士兵背负着巨大的压力，那些压力不仅来自敌人，也来自他们自己的上级军官。字面上来看，他们首先陷入了恐慌撤退，随后又转变为恐慌进攻。最后，他们在情绪的控制下无法停止，甚至开始屠杀牲畜——正如卡普托中尉在越战中曾四处寻找更多敌人来杀戮一样。恐慌进攻蔓延到动物身上，尽管这看上去很古怪，但却并不罕见[9]。一名目击者曾如此形容："1953年在卡诺发生的骚乱中，尼日利亚北部（伊博与豪萨部落之间）……发生了诸多虐待、阉割、损毁尸体的事例。警察偶尔能控制住争斗双方；在这期间，全副武装的伊博部落成员曾多次排成'鳄鱼'或其他阵形跳起战舞，并同时用斧子屠杀附近的马匹、猴子和山羊。"(Horowitz 2001：116)

古代战争中也发生过类似情况。公元前46年，恺撒与其对手在争夺罗马控制权的内战中于萨普瑟斯（Thapsus，今突尼斯地区）进行了一场决定性的战斗，被打败的军队试图投降；按照当时的军事政治规则，这些军团将会被收编入恺撒军中，因此对恺撒来说接受投降才是理性的决定。然而恺撒手下的"老兵满怀愤怒和憎恨……西庇阿（Scipio）的士兵尽管已经无条件投降，却在恺撒眼前无一例外惨遭屠杀，就连恺撒恳求手下赦免他们也无济于事"(Caesar, *Civil War*, 234—35)。这支满怀怨毒的军队在半沙漠地带行军超过三个月，忍受着敌人的挑衅与嘲笑；当终于等到决一死战的机会时，被胜利冲昏头脑的他们甚至开始屠杀起自己军队中不受欢迎的军官，就连恺撒本人出面求情也无力保护他们。

古代及中世纪战争中常见的一个变种便是在围城战胜利之后的屠城行为。有时这是故意为之，为了震慑其他城镇的居民，从而不费一枪一弹就能拿下城池。中世纪欧洲的传统是在攻破城墙之时暂时停止进攻，呼吁敌军投降；如果对方拒绝，那么在战斗结束后他们就会惨遭屠杀，毫无得到赦免的机会(Holmes 1985：388；Wagner-Pacifici 2005)。然而这种屠杀一旦开始，就很难控制在敌方军队之内。1649 年，克伦威尔的议会军在爱尔兰德罗赫达进攻保皇党时，不仅屠杀了守城军队，还同时杀害了约 4000 名平民。公元前 337 年，亚历山大的马其顿军队攻下了希腊忒拜城；当时在城外的战斗中，忒拜人恐慌溃逃，结果没能关上身后的城门。有些忒拜人是和平派，他们愿意向马其顿人投降；但是恶毒的敌军并未将他们区分开来，无论士兵还是平民一律格杀勿论，甚至在对方逃入周围农村时仍然对其穷追不舍（Keegan 1987：73）。①

当代最臭名昭著的例子就是 1937 年 12 月发生的南京大屠杀（Chang 1997）。自从 1937 年 7 月战争爆发以来，日军长驱直入，直到在上海遭遇顽强抵抗，从当年 8 月一直苦攻至 11 月。最后，日军终于打赢了这场战斗，随后沿河而上 150 里，打败已经溃不成军的中国军队，攻下了中国当时的首都南京。12 月 13 日，他们进入了南京城。从日军角度来看，这是一场决定性的胜利，让他们控制了整个中国，因此兴高采烈。然而，城内有 9 万名已经投降的中国士兵，以及从上海撤退至此的另外 20 万军队。当时日军仅有 5 万人，但他们装备精良，精神上也占据了压倒性优势；中国军队尽管人数占优，但已人心涣散。指挥官考虑到物流问题，以及要看管 2—6 倍于自己手下人数的俘虏有多么困难，于是下令屠杀降军。屠杀一旦开始就无法停止。日军认为许多中国士兵丢下了武器和军装，藏身于平民之中。于是，日军就开始屠杀起所有有战斗能力的男子。

情况很快便失去了控制。最后约 30 万人惨遭屠杀，占到未及逃离南京城的居民人数的一半。如此大规模的屠杀实际上并不容易执行，处理尸体也很困难。最初，有些日本士兵并不愿意屠杀手无寸铁的居民，然而他们受到低级军官的唆使，后者是在屠杀中表现最积极的一部分人；同时，他们也感受到来自已经参与屠杀的身旁战友的压力。最后，大部分日本士兵都陷入了

---

① 图 3.3：屠杀降军：南非白人抵抗军战士尽管已经身负重伤，但却依然在进攻失败后惨遭屠杀（South Africa, 1994, Reuters）。

屠杀的狂热情绪[10]。他们一开始还试图采用日本传统的处决方式——用剑来处决对方，但后来就发现这样效率太低了。随后，他们开始在万人坑或是河边直接烧死受害者，并将对方当作刺刀的活靶子。屠杀持续了多日，日军开始发展出杀人游戏来完成任务：年轻军官开始竞赛看谁能杀死更多人；他们虐待受害者，并将他们的尸体摆弄成奇特的姿势；他们肆意处理受害者的身体，甚至收集遭到损毁的身体部位。

当杀害俘虏的命令下达后，日军的指挥官便失去了对手下的控制。当时并不存在什么军事威胁来转移他们的注意力，因此，他们进入了被研究群体行为的社会学家称为"道德假期"（moral holiday）的情境，如同骚乱之中趁火打劫的人群——道德限制被暂时解除了，没有人再去阻止其他人破坏文明准则的行为[11]。一旦中国人成为无差别杀戮的对象，所有禁忌便不复存在。日军开始强奸中国年轻女性，之后甚至开始强奸老年女性。从历史上来看，胜利的军队时常会发生强奸暴行，直到近代，这种行为才因军队加强纪律要求而变得不太常见。此外，日本官方政策中允许将被俘敌方女性强制收为慰安妇或性奴。但是，这些制度化的实践大都会让那些女性活下来，而日军的强暴却不止于此。强暴与杀戮的情绪合二为一，并被虐待和杀人游戏的气氛所沉浸。张纯如（Chang 1997）提供的资料显示，中国女性被日军杀害时常被摆出色情的姿势，或是阴道内被插入刺刀。这些照片与其他照片中显示的中国士兵被损毁的首级相类似：他们口中被插入香烟，显示出日军充满狂虐、暴力与戏谑感的情绪。

抢劫也是如此。在所有的战争中，抢劫在某种程度上来说都很常见（Holmes 1985：353—55）。在南京，抢劫行为已经失去了控制，变成一种对财产的有意破坏。最后，这座城市的大部分区域都被焚烧殆尽。与杀戮和强暴一样，抢劫与破坏可能也带有一部分现实考虑，但随着这些行为的蔓延与失控，它们已不再具有现实意义，甚至无法满足日军自私的目的，因为他们甚至开始破坏起他们自己的战利品。"道德假期"一旦刺穿了日常社会生活（乃至日常军旅生活）的那层纸，就会变成一场奇异的破坏性狂欢。这种情绪可以延续很久：南京大屠杀最残忍的时刻是 12 月 13 日到 19 日的第一周，但它直到 1938 年 1 月初才渐渐冷却下来，而到那时屠杀已经持续了三周之久。

日军在南京犯下的暴行尽管是一个高度情绪化的过程，但却并不是一种无法控制的狂热——事实上，狂热的情绪从来都不会与社会脱离或仅与个人相关。日军士兵并没有变成野蛮人，毫无计划地横冲直撞；他们也没有彼此残杀，而是依然尊重等级制度，尽管他们并未服从要求他们停止杀戮的上级。他们大体上也尊重"国际区域"的边界，也就是欧洲人在南京城里的殖民区租界；当时许多中国人都躲进了那里。有些士兵会不时冲进租界去找女人出来强奸，但这些行为也会因为欧洲居民的抗议而中止。一个身穿带有纳粹标志制服的德国当地官员在阻止日军和保护中国百姓方面做得非常有效[12]。这些例外表明，日军士兵尽管道德感暂时缺失，但也有隐藏的边界；尽管这是一种充满破坏感的狂热，但却也是有目标和边界的狂热。这一模式也十分常见。恐慌进攻以及汹涌而出、不受控制的暴力情绪，就像进入一个洞穴；但这个洞穴在社会空间中却有一个位置，在时间中有其开始和结束，并有明确的边界，对这个边界的定义便是道德感缺失的空间。[13]

警告：残忍的多种成因

并非所有的残忍行为都是恐慌进攻的产物。如果说恐慌进攻是原因一，那么原因二就是高层军事或政治权威所下达的屠杀指令（可能是出于种族、宗教或意识形态的不一致，也可能是为了处置战俘）；原因三则是试图摧毁敌人资源的焦土政策，或是让军队洗劫城池，从而断绝平民的生活所需；通常来说，在掠夺平民的食物和安身之所的同时，也会制造对平民的直接暴力；原因四是对所控制区域反抗者的刻意惩罚，用以震慑其他潜在的反抗。

原因二的例子可见于 16—17 世纪欧洲宗教战争中的屠杀（Cameron 1991: 372—85），纳粹对犹太人、共产主义者和其他二战中东方前线被认定为敌对意识形态者的屠杀（Bartov 1991; Fein 1979），1994 年卢旺达的胡图族对图西族的大屠杀等（Human Rights Watch 1999）。原因三体现在一系列前现代战争、殖民扩张战争、布尔战争中英军的反游击战术中，此外在德国入侵苏联时也有所体现（Keeley 1996; Mann 2005; Bartov 1991）。原因四则体现在纳粹军占领敌方领地后进行的报复性大屠杀（Bartov 1991; Browning 1992）和西班牙内战里双方军队的表现中（Beevor 1999）。

这些不同的因果联系，意味着并不是所有的残暴行为都能用同一个理由来解释；我们的分析也必须从事发之前的条件和事态进行的过程开始，一路分析到事情的结果，而不是反过来，先看结果再假设只有一种可能的原因。在恐慌进攻中，事态发展的路径是飞速改变的情绪涌动，体现为断裂的情感状态：从一开始对于冲突的紧张，突然转变为在歇斯底里的娱乐心态下的杀戮渴望。这就像是一种意识遭到扭曲的状态；最后，加害者往往像是从另一种完全不同的状态回归本人一般。相比之下，另外三种路径并不像恐慌进攻一般取决于个体和情境，而是更多受到持续存在的制度化情境和宏观层面的影响。这些种类的暴行往往来自刻意的决定，是预先作出并层层转达下来的。因此，这种情况下的情绪更加平稳和冷酷；加害者的意识中更多地充斥着自我正当化的意识形态和理据，因此也并不具备恐慌进攻中所特有的不同于正常状态的情感爆发。所有这些变体都是理想型，在某些情况下可能会彼此重叠。在南京大屠杀中，最初是日本军官下令屠杀中国俘虏，原因是无法看守多于己方军队人数的降军，这是一种出于实际情况的考量；但很快，事态就转变为一种"道德假期"的状态，日本士兵的情绪中充斥着从之前的战斗中带来的紧张感，如今又面对敌人的溃败。破坏的狂热超出了任何焦土政策或杀鸡儆猴的考量，成为一种延续多日的恐慌进攻。

日本战败之后的东京战犯审判认定，日军在中国的指挥官及当时的首相对南京大屠杀负有责任，并判处他们死刑。而发出杀害俘虏命令的指挥官和遵从命令的下级军官却并没有遭到指控（Chang 1997：40，172—76）。发生在越南的美莱大屠杀被曝光后，相关师长被降职，并因未能尽力调查这一暴行而遭到处分；旅长梅迪纳上尉（Capt. Medina）、连长卡利中尉及其他20余名军官和军士遭到审判，只有卡利最后被判有罪（Anderson 1998；Bilton and Sim 1992）。通常来说，针对军队暴行的法律和政治处理，都是针对高阶军官和政府官员，其前提假设是，认为关键因素在于命令的链条：或是直接发出命令，或是营造一种鼓励或默许的氛围，或是没有实施足够的控制，或是在事情发生后试图加以掩盖。被忽视的是卷入事件中的个体的情绪涌动，这些加害者自身（几乎都是低阶士兵）仅仅是在被动服从上面的指令。这并不是说在上面列出的事例中就不存在组织上的复杂性，而是说那并不足以解释所发生的事情。在南京大屠杀中，日军指挥官下达的屠杀战俘的命令是一种催化剂，但恐慌进攻的条件却是早已齐备。对梅迪纳上尉来说也是如此：他的命令下达到卡利中尉的团里，而卡利中尉此前一晚刚刚在士兵面前发表了一番鼓动言论。无论如何，那只是参与屠杀的三个军团中的一个（约有25—30人），也是最早进入村庄的一个——当时其他人仍在戒备，或是被派去处理附近的目标。个体的情绪传染成为最关键的因素，也是残忍暴行之所以会发生所不可缺少的因素[14]。

强调加害者自身的一些长期特点也无法解释一切。谢夫（Scheff 2006：161—82）曾指出，最简单的解释就是卡利中尉自身的过度男性化特质：他在求学和事业中曾反复遭受失败，包括被自己的上级训斥等。从谢夫的理论来看，隐藏的羞耻会转化为愤怒；面对被压抑的情绪，卡利并没有任何社会纽带，于是他的愤怒就爆发为杀戮的渴望，开始下令让部下屠杀手无寸铁的平民，并亲手杀死了许多人。但是我们应当注意到，卡利的手下在之前的巡逻中也曾对平民犯下许多暴行（美军的其他小分队也是如此），但却从未发生过如此规模的集体屠杀；当时当下建立起的紧张感，以及因发现村子里并没有越共士兵而产生的突如其来的失望感，共同塑造了暂时性的情境，让这一屠杀与其他相似事件具有了相似的条件。

在关于军队暴行的解释中,有些分析会强调针对敌方的文化嘲讽、歧视和种族主义。这种态度十分常见,在战争时期更是会得到强化;但只有在非常特殊的情境中大屠杀才会发生。张纯如(Chang 1997)和巴托夫(Bartov 1991)将军队暴行归因于加害者的意识形态;但是,恐慌进攻发生在许多情境中,其中很多情境都没有长期以来存在的意识形态;此外,意识形态本身若是缺乏情境条件,也无法产生恐慌进攻。恐慌进攻的机制也可以与其他原因相结合,进而使暴行在事件或暴力的种类上得到扩展[15]。如果没有更多条件,恐慌进攻本身很可能是简短和克制的;士兵们也许会杀害敌人,但却不一定会损毁尸体;他们也许会强奸女性,但却不一定会杀害她们;警察也许会痛揍犯罪嫌疑人,但也许并不会打得那么狠。面对特定的残暴行为,这些区别对大众来说也许不是那么重要,毕竟暴行本身就已经够可怕了;但在造成的损失上,它们却可能会有很大不同。

恐慌进攻与无力反抗的受害者:不对等的情绪沉浸

仔细分析南京大屠杀的事例就会发现,此类屠杀事件具有另一种特点。中国军队从数量上来说远远超过日本军队;既然如此,当他们明知自己即将遭到屠杀时,他们为什么不奋起反抗呢?尽管他们大都缺少武器,但却至少可以发起一定程度的集体反抗,从而也有可能压制住某些日军小分队。事实上,日军士兵很快就对中国士兵如此懦弱地赴死表示了鄙夷。这种态度进而强化了他们对敌人的非人化认知,令杀戮变得更加容易。

恐慌进攻通常产生于一方获得绝对控制权的气氛中。这最初有军事上的原因:一方乘胜追击,一方溃不成军。在认识到这一境况之后,杀戮的情绪隧道便打开了;这种情绪并不是理性的,而是一种集体性的非理性表现。这种情绪被双方所共享,具有互动性。控制权更多也体现在精神上;胜利一方兴奋不已,精神百倍;失败一方绝望无助,完全无能为力。这些情绪循环往复彼此加强,在双方阵营内部各自形成回路:胜利者为彼此的破坏欲打气,失败者则令彼此的士气更加低落。此外,还有第三个回路连接这两个回路:胜利者会打击失败者的士气,失败者则在胜利者面前愈发低落。这是一个不对等的沉浸过程:胜利者沉浸在自己的攻击节奏中,其动作被失败者的动作所鼓励。这一过程体现在更低层级的暴力行为中,例如运动赛事中胜利者与失败者的微观互动,以及日常生活中更微妙的支配关系(Collins 2004:121—25)。胜利者轻蔑地挑衅对手,讲出残忍的笑话,并因受害者的绝望哀求和束手就擒而愈发得意。因此,恐慌进攻者会因对方的无力反抗而对其变本加厉。这就像一个孩子在虐待一只猫,猫越是哀叫,孩子就越是兴奋。

许多事例中都记下了受害者的无力反抗现象。公元前334年的格拉尼卡斯(Granicus)之战中,马其顿军队对失败溃逃的波斯军队进行了踩踏。基根引用一名历史学家的描述:"'他们站在原地,'阿利安说,'与其说是勇敢坚决,倒不如说是因意料之外的惨败而呆若木鸡。'"基根继续总结道:"战场上时常会发生这种情况:面对意料之外的胜利者的大屠杀,失败者像兔子一样瑟瑟发抖一动不动。他们很快便被包围起来就地解决了。"(Keegan 1987:80—81)两千多年后的1944年,当南斯拉夫游击队员杀死手无寸铁的德国战俘时,这一模式依然在持续:"就像大部分战俘一样,德国人如同瘫痪般一动不动,完全没有考虑自卫或者逃跑的可能。"(Keegan 1993:54)

几乎所有种类的残暴行为中都存在被动性这一因素。人们常常询问,为何在纳粹大屠杀中犹太人没有反抗,至少在最后一刻不应该如此机械听话地走进毒气室里。同样的事情也发生在南京大屠杀中的中国人身上;在印度和其他地方的种族骚乱中,我们一再看到受害者毫无反抗的现象,他们陷入了情绪的瘫痪,无法作出任何有效反抗。在那一刻,受害者失去了反抗的能力(尽管在此之前的其他互动情境中他们可能曾经反抗过),因为他们陷入了一种群体情绪氛围中[16]。

在体育赛事中,我们常说一支队伍控制了局面、另一支队伍失去了形势云云。这与更广泛意义上的暴力控制和残暴行为情境非常相似：胜利者在局面上压制住落败者。在这些情境中，冲突更加极端，但其中涉及的情绪和非对等的情绪沉浸机制却都是相似的。在残暴行为中，这一机制并不是体育赛事中的胜利和失败，而是得意洋洋的凶手在无力反抗的受害者面前汲取能量，而受害者则陷入无能为力的震惊与沮丧中，彻底被对方的情绪所压制。这看起来似乎是非理性的，并不符合受害者的个体利益，然而这却是几乎存在于任何残暴行为中的事实。在此，社会科学中所说的"责备受害者"(blaming the victim)①现象并不能帮助我们理解这一切。当然我并不是说受害者就能理性地作出不同的选择，从而给加害者制造麻烦。冲突的本质并不是作出独立的、理性的决定，例如在脑海中清晰地预演自己的行动。在双方正式接触之前，这种决定还是可能的。然而一旦陷入冲突，双方便进入了共通的情绪场域。这种情绪是具有传染性的，不仅会传染同阵营的伙伴，也能跨越阵营。正是这种具有传染性的情绪决定了双方究竟是否会发生冲突、程度会有多激烈、是否会发生和局，以及哪方会赢。在最极端的情况下，情绪场域会转变成为一方对另一方在精神和肉体上的绝对支配，进而导致残暴行为。狂热的胜利者那不必要的杀戮与受害者的软弱无力，是同一种互动情绪的一体两面，两者相辅相成。这一点无法用个体特质来解释，而是需要应用到暴力互动理论。

到目前为止，我们依然在拼凑这一模式的点滴证据。在随后的章节中，我们将会探究微观互动机制，我们的分析也将会逐步深化。

---

① 指人们有时会倾向于责备犯罪或其他行为中的受害者，认为他们之所以会有此遭遇，是因为他们自己做错了某些事。例如，有些人可能会责备强奸案的受害者，认为是她们自己不够检点。——译注

恐慌进攻和决定性战斗中的单方伤亡

在此类残暴事件中,情绪能够在一段时间内累积起来,因此也就显得格外恐怖。但实际上,战斗中常会表现出不同程度的残暴情绪,因为当恐慌进攻的条件达成时,一方也往往取得了决定性战斗的胜利。

1415年的阿金库尔战役就是一个很好的例子。当时英军约有六七千人,其中大部分都是弓箭手;他们击败了2.5万名全副武装的法国骑士,其中有些骑着马。法军约有6000人死亡,英军仅有数百人受伤,死亡人数很少(Keegan 1976:82—114)。这一切怎么可能呢?为何英军能够以少胜多,而且伤亡居然还远少于对方?秘诀在于,在面对面作战的年代,军队人数多少只有在能够近身肉搏时才有影响。英军驻扎在一片宽约几百米的草原上,两侧都是树林。庞大的法军在进攻时进入了这一漏斗阵形,其前线人数最多与英军前线人数相当,就算他们身后有数目庞大的战友也无济于事。第一批法军骑兵几乎已经冲破了英军的防线,但是由于英军在战场上安插了削尖的木棍,法军马匹直接撞了上去,结果其进攻也因此而失败。

> 这次冲锋一时间令英军恐惧起来,毕竟法军装备精良,骑兵有他们两倍高,战马还有华丽的装饰,以每小时16—24公里的速度踏着铁蹄冲来,直到近在咫尺的地方才停下……就在法军停止冲锋的同时,英军的弓箭手却因危险的突然解除而燃起了熊熊怒火,他们弯弓怒射,一部分马匹应声而倒,剩下的也因受惊而不受控制地乱蹄起来。
> (Keegan 1976:96)

法军骑士几乎全身铁甲,但马匹不及骑士的装备精良,此时大多已经受伤且惊恐万分。正如基根(Keegan 1976:93)指出的,箭矢撞上盔甲的声响一定十分刺耳,它产生的效果更多是在心理上而非身体上;与此同时,受伤马匹的哀鸣也加剧了紧张气氛。当法军骑兵被障碍所阻，他们便跌跌撞撞地退回到身后的队伍之中，结果导致整支队伍都发生了冲撞踩踏。全副武装的士兵跌倒在地之后，因为重达五六十斤的盔甲而无法起身，此外又有其他士兵接二连三地跌倒在其他人身上。伤马四处狂奔，踏伤了更多士兵，也令局面变得愈发混乱。

就在此刻，英军却又开始进攻。这是一次字面意义上的恐慌进攻：就在几分钟前，法军骑士冲过来的时候，英军的弓箭手还懦弱地躲在削尖的木棍之后。片刻之前，他们还因气势汹汹地来袭的法军骑士而惊恐万分；转瞬之间，敌人已经无助地彼此践踏、横七竖八地躺在地上。在敌人倒下的时候，弓箭手冲了出来，用匕首捅进敌人盔甲的缝隙，用斧头、棍棒和木槌狠狠地击打他们。法军的前线士兵调转方向陷入混战，尚能自由行动的士兵则撤退到了安全距离之外，惊慌不已地待了几个小时都没能重新加入战斗。

对于胜者和负者究竟为何在伤亡率上会有如此大的差距，我们最先想到的是在决定性的战斗中，胜者会倾向于夸大数字用于宣传。但是，这种差距普遍存在，现实主义的现代历史学家在通过物资需求方面的资料尽力核算军队人数之后也普遍接受了这一点。伤亡人数的差距可以从两个方面来解释：第一，大部分战斗中的伤亡数量都很少；这是因为在强大的压力和恐惧下，士兵无法造成太多伤害。在野战炮兵出现之前的年代，一场普通战事中如果没有发生决定性的进展，那么伤亡率通常在5%左右[17]。第二，在决定性的战斗中，最大的伤亡发生在战斗的尾声；此时一方溃败，另一方则在恐慌进攻中乘胜追击无力反抗的受害者。因此，在阿金库尔战役中，英军与法军的伤亡比例约为1∶20，绝大部分法军的伤亡都发生在那场混乱的踩踏中。值得注意的是，在这场战斗中生还下来的法军人数依然远多于英军，然而他们已经丧失了士气和反击的能力。这说明，在战斗中，胜利与失败并不仅仅是人数问题，而更是一种基于情绪的感知。如果一般情况下的伤亡率在5%左右，那么在短时间内对一支2.5万人的军队造成6000人伤亡（25%），的确会让人震惊不已。对那些生还的人来说，这无疑是一场大灾难，足以令他们呆若木鸡,甚至瘫倒在地。

类似的例子不计其数。古罗马军队最惨重的一次撤退发生在公元前216年的坎尼。汉尼拔指挥下的迦太基军队打得罗马人溃不成军、士气涣散,最后7.5万人的罗马军队中约有5万到7万人惨遭屠杀。迦太基军队的伤亡则介于4500人到3.6万人之间,并且大多发生在战斗早期;显然,在这次战斗中,绝大部分伤亡都发生在败者已经无力反抗时(Keegan 1993:271)。迪比克(du Picq 1903/1999:19—29)以坎尼战役为基础建构起他的理论:大部分伤亡都发生在其中一方溃败且在士气上彻底被压倒的时候。

亚历山大对波斯人的决定性胜利也是同样的形式:波斯人拥有庞大的军队(在格拉尼卡斯之战中,波斯军队有4万人,希腊人有4.5万人,但前者的骑兵数目为2万,后者仅有5000;在伊苏斯,波斯军队有16万人,对手却只有4万;在高加米拉则是15万对5万),他们形成防守阵形,对方则是人数相对较少、阵形密集的马其顿军队。波斯人的前线铺得很长,并不是所有士兵都能直接与敌人战斗;此外,相对静止的防守策略也阻碍了他们的进一步行动,让他们无法包抄袭击希腊人的后翼。在每一个例子中,亚历山大攻击力最强的部队(他的私人骑兵队)都在他的率领下排成楔子阵形,瞄准敌人的薄弱部位(通常是波斯军队指挥官的附近)发起攻击。尽管防守一方整体来说人数占优,但直接交锋的人数却势均力敌,而局势则倾向于攻击者一方。基根(Keegan 1987:78—79)推测,马其顿人在一系列心理战之后已经赢得了战斗的一半;波斯人之所以选择防守,是因为他们畏惧对手。亚历山大尽可能地加剧对方的恐惧,他鼓励自己的部队摆出极具攻击性的姿态,让敌人战战兢兢地等待攻击的发生。他很可能在等待波斯人的防线动摇的瞬间——马也有情绪,可以通过它们的颤抖来判断这一点——等到最合适的时机来临,他就会发动攻击[18]。在三次重要战役中(格拉尼卡斯靠近波斯在小亚细亚地区的领土边界;在伊苏斯,波斯人试图将亚历山大阻挡在肥沃新月地带之外;在高加米拉,大流士必须守护他在巴比伦的首都),希腊人都击溃了波斯人的防线,迫使对方指挥官逃走,导致敌军毫无秩序地四散溃逃。

三次战役中的伤亡率都是一边倒：在格拉尼卡斯，波斯军队伤亡将近一半，可能比其他两次战役更高；而马其顿军队最严重的伤亡也不过130人，不到整支军队的1%（Keegan 1987：25—27，79—87）。

这些战役的一个关键特点在于它们都是决定性的战斗。既然这一点只有在事后才能知道，我们需要考虑的便是在这一过程中究竟有哪些不同决定了一场战斗是否是决定性的。恺撒对这一区别十分清楚，他在内战中的长期策略就是策划一场决定性的战斗。那么，什么是非决定性的战斗呢？密集方阵之间的战斗往往是互相推挤的角力，除非一方溃败，否则伤亡很少；因此，古希腊城邦时期的许多战斗都是非决定性的（那些小城邦很少会拓展疆土，因此它们可能对这一点也很满意）。另一种非决定性战役往往发生在骑兵之间或装备较少且行动迅捷的部队之间，或是发生在这种军队与装备更精良但更笨重的密集队列部队之间。除非行动迅捷的军队能打乱敌方阵形，或者发起突袭，或者在对方行军中发起攻击，结果通常都是骑兵或行动迅捷一方快速撤退，双方都没有发生什么伤亡。公元前46年，恺撒试图在北非发起一场大规模战役，当时他的军团常在行军中遭到努米底亚部落骑兵和轻型步兵的袭击；但是"只要恺撒手下经验丰富的士兵里有三四个向着努米底亚人投出长矛，他们两千多人的军队就会如同合为一体一般迅速撤退；然后，他们会在某个时刻勒马回头重新排成阵形，保持一定距离跟随着敌人，并冲后者投出长矛"（Caesar, *Civil War*, 226—27）。经过一整天的行军，恺撒军中有10人受伤，敌方则有300人伤亡。努米底亚人采用的战斗方法来自部落战争，他们反复冲上前去然后故意撤退，从而避免发生正面的大规模冲突。

一场决定性战役往往意味着双方主力要彼此严阵以待，全面开战。恺撒和他的敌人经常试图挑起这种战斗，但却很少会如愿以偿：一方可能占据山顶有利地形居高临下，也可能虚张声势、炫耀兵力，等待敌方弹尽粮绝。因此，要想制造一场决定性的战斗，就必须让双方都同意参战才行。亚历山大在对波斯人作战时特意不采用夜袭和突袭战术，就是为了不让敌人有理由宣称自己是猝不及防；他的目的在于宣传一场名正言顺的大胜，从而终结敌人的抵抗（Keegan 1987：85—86）。同样，恺撒在每一次征战中（即一年中的出征时节里针对某一特定地理区域的战争）所采取的战略，也都是试图以一场大战终结争斗，获得对该地区的政治控制权。

一旦挑起战斗，目的就在于迫使对方军队中的某一部分发生恐慌撤退；这将随之扩散到整支军队，从而制造出恐慌进攻的情境。公元前48年，在希腊和巴尔干半岛南部征战了七个月之后，恺撒与宿敌庞培在法萨罗展开全面对决（Caesar, *Civil War*, 123—30）。恺撒有2.2万人，其中1200人死亡（5%）；庞培有4.5万人，却有1.5万人（33%）死于这场战斗，另外2.4万人（3万名生还者中的大部分）选择投降。庞培在人数上的优势毫无作用，因为他们并不能同时与敌人作战；就像此类战争中最典型的情况一样，战场上某一区域的某一个决定性动作，奠定了整场战斗的情绪基调和接下来的发展方向。战斗一打响，恺撒带领的小分队就会冲上前去；最开始并没有什么作用，这在密集方阵对战中很常见，因此战场上只有一小块区域瘀结起来。转折点发生在庞培的骑兵攻击恺撒军左翼的时刻；庞培的骑兵在这一块区域获得了暂时上风，于是己方的轻型装甲兵、弓箭手和远距离投石兵都向这一侧赶来。此时，恺撒派出了一支保留军发起反攻；这一策略很成功——阵形严密的长矛方阵可以克制骑兵，何况庞培的骑兵此刻已经因为自己的冲锋而失去了阵形——于是，庞培的骑兵就开始慌张四散，在战场上四处奔逃。更糟的是，数千名弓箭手和投石兵被暴露在敌人面前，全部遭到杀害。因此，发生在左翼的情况是一种典型的恐慌进攻：在一段时间的紧张和短暂的挫败之后，恺撒的手下带着狂热的杀气冲向已经丧失反抗能力的目标，并在庞培的军队中继续搜寻下一个受害者。此刻，庞培的军队已因己方骑兵的溃散而失去阵形，并被恺撒从后方包抄。结果庞培的军队发生了恐慌撤退；被击败的士兵丢弃了武器，其中有相当一部分都陷入了无力反抗的境地。公元前46年，萨普瑟斯之战终结了北非战争；这场战斗发生得更简单。恺撒率军一直在突尼斯附近行军，试图引诱西庇阿的军队离开营地和堡垒，陷入一场经过精心计划的战斗。最后，恺撒围困了一座重要城市，西庇阿的军队出营试图解围，终于令恺撒如愿以偿。西庇阿的一支部队显然十分恐惧,他们不停地在营地门前跑进跑出,犹豫不决该不该投身战斗;发现这一点后,早已准备就绪的恺撒军队无法继续按兵不动,就发动了进攻。恐慌撤退蔓延开来,最后变成我之前形容过的失控的大屠杀。西庇阿 3 万—4 万人的军队中有 5000 人死亡;恺撒 3.5 万人的军队中则只有大约 50 人死亡(Caesar, *Civil War*, 231—35)。这一伤亡数字上的巨大差距,加上西庇阿军士气的彻底涣散,足以终结整场战争。

并不仅仅只有人类才会恐慌;西庇阿的战象也被箭鸣和投石所惊吓,开始在己方阵营中横冲直撞踩踏士兵。一起战象事故的描写,令这次遥远的战斗栩栩如生:"左翼的一头战象受了伤,在疼痛中疯狂地袭击了一名手无寸铁的随营平民;战象一脚踩在他身上,而后跪了下来,将整个身体的重量都压在他身上;就在快要将他压死的时候,它仰头舞动鼻子发出响亮的叫声。一名士兵(来自恺撒的某个军团)看不下去了,他觉得自己必须阻止这头畜生。当大象发现他拔剑准备攻击时,它丢下了身下的尸体,用鼻子卷起那名士兵将其举向空中。那名士兵相信在这种危险情形中必须要有决心,于是他继续努力挥舞手中的剑砍向象鼻。那头野兽痛得将他丢到一旁,发出可怕的噪声,而后惊慌地跑回其他战象身旁。"(Caesar, *Civil War*, 234)战象的行为与人类非常相似:被攻击者惊吓之后,它找到了一名弱小的目标发起攻击,而且情绪高昂。那名士兵的表现则令人钦佩,因为随营者的身份不可能比奴隶或受人鄙夷的少数族裔更高,但是战象的攻击如此残忍,那名士兵认为自己不能袖手旁观,就算其受害者已经死去也一样。当战象被人类强大的武器或精神所击败,它便撤回到与其他战象一同组成的集体中。

恺撒自己的优势军队偶尔也会遭遇对方的恐慌进攻。在公元前 48 年的古希腊,就在法萨罗大捷之前,恺撒曾想在平原上开展堑壕战,在庞培的军队四周建造工事来击垮他。庞培的军队则反过来建造了反包围工事,结果双方就像下围棋一样。就在其中一个工事建造点,爆发了一场战斗:恺撒的骑兵冲锋队被困在敌人的工事中而惊慌失措,他们试图逃离时在附近的步兵营中激起了一阵恐慌，许多人彼此推搡踩踏，跳入战壕摔到其他人身上，导致诸多伤亡——这正是阿金库尔战役的另一个版本。"人们陷入了困惑、惊慌和溃逃，尽管恺撒试图挥舞旗帜阻止逃兵，但却有更多人在惊恐中丢掉了旗帜，没有一个人停步。"(Caesar, *Civil War* 113—14) 恺撒失去了 1000 名士兵，约占军中总人数的 5%，更严重的是，他的军官中有 15% 死亡；大部分军官都是在试图阻止逃兵时被踩踏致死。这场恐慌之所以没有毁掉恺撒的整支队伍，是因为他的大军分散驻扎在一道很长的工事防线上，因此小范围内的事件能够得到控制。此外，他的敌人也没有乘胜追击，这让恺撒得到了重整旗鼓的机会。然而，这起事件被所有人都视为一场败仗，也让恺撒决定撤离这片战场。

恐慌进攻的一个变种是胜利后的放松。如果敌人不堪一击，或未遭遇有效抵抗就顺利拿下某座城池，士兵们就会陷入一种狂欢庆祝状态。"我们的头脑通常处于高度紧张之中，身体则处于战斗状态，"马歇尔 (Marshall 1947：194) 说，"当获得第一场胜利时，这种紧张突然解除，士兵们就会陷入一种极端的兴奋和放松状态。这可能表现为各种形式，也可能蕴含着各种危险。一个相对无害的例子是 1861 年 11 月美国内战中格兰特将军的第一场战斗，它发生在密苏里州贝尔蒙特。当时，他的部队轻易地将南军逼退，接下来几个小时里都在攻陷的地方营地中狂欢庆祝。当南军带来了增援并发起反攻，格兰特花了很大力气才让部队集合起来安全撤退。"(Grant 1885/1990：178—85) 一场战斗能够成为决定性战斗，有时是经过了两个阶段：第一个阶段是一方获得暂时胜利，而后立刻秩序涣散；第二个阶段则是敌人开始发起反击，此时前者已无力应对。

1645 年英国革命战争中的纳斯比战役也有同样的模式。当时，议会军取得了对保皇党的最大胜利。双方都将步兵团放在阵形中间，侧翼则由火枪手、长矛手和骑兵团组成。在议会军看来，鲁伯特王子的皇家骑兵团袭击了他们的左翼，在一定区域内控制了局面，并击溃了议会军骑兵。与此同时，在战线中间位置，皇家步兵团则沿着一道缓坡向山上攻来，为了保持队列，他们前进得很慢。议会军的子弹并没起什么用（这是战斗中常见的现象，尤其是在火枪时代），双方开始短兵相接。在激烈的战斗中，保皇党开始将议会军的防线慢慢往后推。议会军仅在右翼占有一定优势，克伦威尔率领的骑兵击败了那一侧的皇家骑兵。到此刻为止，战斗看起来似乎不分胜负：保皇党在左翼占优，并向后方挺进；在中间，保皇党被阻挡；议会军则在右翼占优，同时也在向后方挺进（从纳斯比战场留下的历史遗迹中可以看出这一点）。

转折点出现在左翼的皇家骑兵因为胜利而陷入混乱的那一刻：在庆祝的狂喜中，骑兵冲向后方，试图袭击辎重车。他们离开了战场，失去了联络，也不再起到任何作用，尽管战斗仍在持续并已进入关键的第二阶段。相反，克伦威尔在右翼的骑兵并未沾沾自喜，而是以更加严明的军纪维持住了秩序，在取得短暂胜利后顺利地重新整合起来，并反过来包围了中间的皇家骑兵，迫使他们陷入无助的境地。结果是保皇党投降了；随后，议会军杀死了许多俘虏，在附近小山包上观战的国王则灰溜溜地逃跑了。从某个角度来说，此次胜利印证了战争向现代组织结构的转型。尽管军队人数相对较少，双方都大约只有一万人，但议会军的组织非常出色，因此在第一阶段战斗过后能够迅速开展第二阶段行动；相比之下，保皇党一开始因为恐慌进攻而获得暂时胜利，但他们只有这一次交锋的计划，所以在面对敌人的第二次进攻时也就毫无还手之力。

恐慌进攻在火器出现之前的战场上更加具有决定性。与现代军队相比，那时的士兵人数相对较少；战斗阵形往往将士兵和动物紧紧排列在一起，双方需要近到手持武器的攻击距离内才能造成伤害。除了恐慌进攻，还有其他方式可以造成严重伤亡，尤其是炮火和远距离攻击武器。关键在于，尽管现代战争中无需恐慌进攻也能发生大规模屠杀，但这种战斗往往并不是决定性的[19]。它们不是一锤定音型的事件，不会被双方认为足以终结一场战争或战役。大部分时候，这些战斗都会成为血腥的和局，就像一战期间西方前线大部分延续数月的战斗一样。

在大规模的现代战争中，恐慌进攻往往成为不太引人注目的局部事件。

但这一模式在今天仍然十分重要。平民之间的争斗往往与古代战争甚至部落战争相似,就像我们在黑帮斗殴、种族骚乱和警察暴力中看到的那样。如果这些事件中用到了枪,那么几乎总是近距离在恐慌进攻或杀戮狂热中使用的,而且任何事件中发生的伤亡往往都集中在一方。在最乐观的情境中,大型军队可能不太容易发生恐慌进攻,但种族、部落、人群和警察之间发生的暴力,小规模的平民斗殴,以及反游击战争等,都依然符合恐慌进攻发生的条件。

和平生活中的残忍行径

在现代国家的日常生活中,国家宣称对暴力拥有垄断性的权力,其他人则应当"保持和平"(keep the peace)。国家机构工作人员也需要将获得授权的暴力保持在最低限度。但是这一理想情况常会被恐慌进攻中的微观情境互动所打破。随之而来的是自警察机构建立以来就一直存在于历史中的残暴行为;自1990年以来,这些行为开始被关注揭发,成为臭名昭著的丑闻。随着弹道测试和录像技术的发展,以及对警察暴力的媒体关注和政治反应愈发强烈,此类事件的细节也开始为人们所知。

在1999年2月纽约发生的一起著名案例中,四名便衣警察跟踪一名黑人街头小贩阿马杜·迪亚洛(Amadou Diallo)进入一座公寓楼的大厅。这些警察属于一支特别小分队,也是全市范围内一个特殊项目的组成成员,任务是搜寻街头犯罪者。事实上,他们就像反游击战中的巡逻兵,对每一个平民都心存怀疑。在这起事件中,警察正在寻找一个在附近作案的强奸犯,其形貌与迪亚洛十分相似。警察出现时,迪亚洛显然被吓坏了,他突然跑向建筑后部,警察将这一行为理解为他做贼心虚;也许他们只是陷入了一种追捕任何逃跑者的情绪中。他们冲上前去,并将迪亚洛的下一个动作理解为掏枪——事实上他只是在找钱包,因为里面有身份证件。四名警察全部开了枪,总共射出了 41 发子弹,其中 19 发击中了目标。这一可怕的过度杀伤成为之后媒体报道的焦点,并成为激发大众抗议的导火索。但此处我们要考虑的是另一点:警察在不到两米的近距离内开火,却有一半子弹错失了目标[20]。这一情境具有恐慌进攻的所有特点:警察一方的紧张/恐惧,疑似敌人的对方突然撤退并作出疑似反抗的动作,结果诱发了一种残忍但却准头不高的攻击狂热。警察被他们自己开火时的情绪所控制,以致无法停止。

下面我们来看另一个事例,虽然具体发生过程不尽相同,但结果却如出一辙。1998 年 12 月,在加州的里弗赛德市,一名年轻黑人女性从一场派对上回家,车子却在凌晨 2:00 坏在了路边(*Los Angeles Times*, Jan. 2, 1999; *San Diego Union*, Dec. 30, 1998; *USA Today*, Jan. 21, 1999)。她认为(确实也有一定根据)自己正身处一个危险街区,于是就把车停在一家加油站,将自己锁在车里,打手机给家人求助。她的家人来了,但她在酒精和毒品的作用下已经陷入沉睡,他们叫不醒她,于是就报了警。由于害怕危险,她在车子副驾驶座上放了一把手枪。警察在接近她时也拔出了枪;由于叫不醒她,警察打破了车窗。在接下来的数秒内,四名警察射出了 27 发子弹(由现场发现的弹壳可以确认),其中 12 发射中了她。这起事件听起来荒谬不堪——本该救人的却杀了人;然而令其家人和公众更加震惊的是警察居然射出了如此之多的子弹。当地黑人社群对这一新闻感到十分愤怒,他们对警察发起示威抗议,警察机关也展开了调查。在这里,恐慌进攻的特点同样十分清晰:紧张/恐惧,突如其来的导火索,疯狂开枪,过度杀伤。

不计其数的事例都有着相同的模式。1998 年 3 月在洛杉矶,一名 39 岁的白人醉汉被警方射出的子弹击中了 106 次。他在高速公路的匝道上停了一小时,而后在警车的追赶下以 32 公里的低时速驶到另一处。他从车里出来时手中挥舞着什么东西,后来发现是一把气枪;他还把气枪指着自己脑袋,好像要自杀(*Los Angeles Times*, July 26, 1999)。警方之所以用掉这么多子弹,是因为在漫长的追捕中聚集起很多辆警车。在这段时间里,警方无线电台发出了错误的消息,称此人向警用直升机和当时执行任务的警官开了枪。

从不同管辖区内调来的大批警察毫无疑问陷入了困惑，也让整个局势显得更具威胁性。有些警察射出的子弹甚至击中了两个街区之外的公寓楼。在这起事例中，我们看到了狂热且准头很低的开火行为，并对无辜者造成了威胁；此外，随着通讯链条变长，流言也愈来愈具有煽动性。

1970 年 5 月，肯特州立大学的反战示威持续进行两天之后，国民自卫队开枪杀死了四名学生，另有九名学生受伤。当时，示威者纵火焚烧了校园中的军队后备役训练教学楼，对士兵发起挑衅；部分学生还向他们投掷石头。事情在突如其来的 13 秒里爆发，士兵总共开了 61 枪。其中一名死者并不在示威人群中，她只是路过去上课而已。士兵的命中率是 13/61，大约 20%，这在疯狂且失去准头的射击中是一个很典型的数字（Hensley and Lewis 1978）。

并非只在警察身上才会发生这种毫无准头的射击。1997 年 2 月，在洛杉矶的一次银行抢劫案中，两名劫匪全副武装，显然认为自己无懈可击；他们与警方发生了长达 56 分钟的枪战。劫匪用机关枪发射了 1100 发子弹，200 名警察也发射了相同数量的子弹。有 11 名警官和 6 名旁观者受伤，其中有些是被己方子弹射中。两名劫匪都死于枪战，其中一人被击中 29 次。据报道，警察赶走了医护人员，用枪指着伤重流血的劫匪的脑袋，直到他死去（*Los Angeles Times,* March 1, 1997；*San Diego Union*, Feb. 20, 2000）。双方都发生了过度开火的现象，大部分子弹都没有射中目标；只有 1% 的子弹击中了人。

还有更多此类例子。然而我想强调的并不是统计频率，而是此类事例中体现的模式。最著名的事例无疑都存在恐慌进攻的残忍特点，因此我们往往倾向于挑选因变量，结果也就放过了那些没有升级为恐慌进攻的警方逮捕和冲突事件。我将会在接下来的章节（特别是第九章）中讨论这一问题；在那些章节中，我们将会讨论没有升级为暴力的互动情境。

1990 年代及之后对此类事件的强烈政治反应，往往视其为种族主义的表现。那些令人难以置信的恶行（通常是过度杀伤和反复而无意义的暴力行为）正是引起公众关注的原因。如果只是一发子弹或者挥一次拳头的话，这些事件并不会引起太大关注。一旦我们将这些事例定义为恶行,就会很容易认为警方和受害者的肤色是引发事件的原因。但是,恐慌进攻的互动过程才是事件的核心。这其中有时也许涉及种族主义,但那只是一个偶然因素,有时则可能是诱发事件的最初导火索。在迪亚洛枪击事件中,警方正在黑人区执行任务,他们认为这里属于危险区域;正是因为他们对迪亚洛存在刻板印象,才会产生紧张感,进而在公寓门厅突然发生追捕。但那毫无准头的过度射击完全是恐慌进攻的机制,它存在于许多事件中,并不局限于种族边界。与其类似,在里弗赛德事件中,导致警方爆发的因素是他们认为黑人区存在危险(受害者本人也这么认为),而受害者则被认为是这种危险的一部分。当我们比较柯布一生中的多次暴力时,就会再一次发现这一点(Stump 1994)。柯布无疑是一个种族主义者,但在现今已经很少有人还会持有像他这种程度的种族主义观念。作为1910年代生活在美国北方的一个南方人,每当有黑人拒绝服从他,他就深感冒犯。他有几次严重的攻击行为是针对宾馆、理发店或运动场的黑人工作人员。但柯布也会打白人,甚至比打黑人更频繁,而且具有同样的模式:对已倒地的对手依然拳打脚踢个不停。在警方的枪击事件中,我们也会看到白人对白人作出的恐慌进攻,例如洛杉矶那名疑似要自杀的白人男子、肯特州立大学的学生,以及全副武装的银行劫匪。

　　在许多种族内部及彼此之间,都能观察到恐慌进攻的互动情境,这在照片中也有所体现。1992年,在肯尼亚,一个年纪很小的街头男孩(大概只有9—12岁)在一家露天市场偷盗时被人抓到,两名成年男子对他拳打脚踢,而至少有15个人站在一旁袖手旁观。① 1996年8月在希腊塞浦路斯发生的一起事件中,参与者全部是白人:一名塞浦路斯人在参与抗议土耳其移民时进入了土耳其人聚集区,跟其他抗议者分开了;他独自一人被四名男子包围,对方挥舞长棍将他打翻在地,另外还有九个人急忙跑来参与围殴。② 群体暴

---

① 图3.4:两名男子暴打肯尼亚市场中的小偷,多人围观(Nairobi 1996, AP)。
② 图3.5:群体攻击已经倒下的受害者:土耳其人对希腊塞浦路斯人(1996, Reuters)。

力的照片显示，在不同种族参与的不同情境中都有着大体相同的模式，之后我将会更加系统地分析这一点。

种族歧视也许是最初制造紧张氛围并诱发恐慌进攻的罪魁祸首，因此它也被认为是残忍的源头。但恐慌进攻有其特有的互动模式，与种族主义未必相关。正如之前提到的，恐慌进攻可能具有多种原因。结论并不令人欣慰：假如没有种族主义，警察暴力和类似的残忍行径依然会发生。种族仇恨并不是引发冲突的唯一原因；当存在种族仇恨时，它往往只是叠加在恐惧／紧张这一更加普遍的原因之上。

群体暴力

恐慌进攻常常出现在群体参与的暴力中（但在群体狂欢中却并非如此），表现出群体与受害者之间极端不对等的实力、暴力行为中的韵律沉浸、情绪的酝酿、过度杀伤等种种迹象。但我们不能仅仅从结果推断出恐慌进攻的存在；我们需要证据来显示这一模式的渐进发展：紧张／恐惧逐渐累积，随着受害者突然展示出的弱点而打开了一条漆黑的隧道，人们集体跌落进去。

种族骚乱恰好能展示出这一模式。当然，种族骚乱有其结构性成因，即更为本质和长期的因素，这决定了种族群体之间是否会发展出敌对关系[21]。但是种族仇恨并不一定就会引发置人于死地的骚乱——大部分时候都不会。即使在时常发生骚乱的族群中，也不是每天都会发生这种事情，而是只有在十分特殊的场合才会发生。

种族骚乱包括一系列事件，随之酝酿出不断增长的戏剧性张力，从而吸引众人注意、迫使群众参与。剧本在大部分时候都是一样的：以长期存在的敌对关系为背景（可以将其理解为第一幕的序幕），发生了一起关键事件，其中一个族群将此视为另一方的挑衅（第一幕）。接下来则是暴风雨之前的平静，充斥着不祥的沉默。随后是种族暴力的爆发；骚乱会出现受害者，并且几乎总是体现为一边倒的残忍（第三幕）。这部剧可能还会有更多幕，但通常都是在重复第三幕的内容，偶尔也会发生受压迫方的反击和当局时而成功时而失败的干涉。我想强调的是第二幕和第三幕的开始，因为恐慌进攻的模式正是在这里浮现出来。

在暴风雨前的平静中，其中一方会聚集起来思考对眼前事件的回应，有时会将其认定为挑衅。这一平静期通常持续不到两天，不过有时也会长达一周（Horowitz 2001: 89—93）。这是一种不祥的平静，因为此时到处都充斥着紧张的情绪。回头来看，我们可以认为这种紧张源出于可能发生的事情，亦即对即将发生的打斗所产生的情绪。但是，这种紧张也正是出于对敌人的恐惧。在当前的背景下，即将发生的事情会令人恐惧：例如敌人可能刚刚赢得一场选举，这可能导致我方族群被永远剥夺权力；也许敌人刚刚气势汹汹地进军我方领地（也可能是宣布了进军的计划）；也许敌人已经击败了我们中的一部分成员，很快就要来袭击剩下的人（Horowitz 2001: 268—323）。这一平静期也充斥着流言：之所以平静，是因为流言正在暗地里传播，远离公众视线，也远离敌人和权威机构的视线。但这种平静是不正常的：人们不敢上街，放弃了平时的娱乐活动。这种情绪也是有传染性的：公众视线中的不正常之处让所有人都变得紧张兮兮、忐忑不安、小心翼翼，就算他们对即将到来的暴力并无兴趣也无济于事。一种大规模的公众情绪已经建立起来：就算处于边缘的人也意识到了这一点，而对处于中心的人来说就更加重要。这是一种具有传染性的兴奋情绪，它没有表现为喧哗和叫嚷，因此并不热闹，而是充满恐惧和紧张。

流言有若干效果。它会回溯时间，将焦点集中在敌人身上，更加卖力地将他们描述为邪恶和狡诈的一方。流言会进一步加剧恐惧和紧张，部分是因为它夸大了事实。如果目标群体已经聚集起来发起示威抗议，那么在流言中暴力就已经发生了；如果他们还没有聚集起来，流言就会危言耸听地形容可能到来的暴行（Horowitz 2001: 79—80）。流言可能包括对宗教的亵渎，对圣地的袭击，关于性侵犯的故事（例如阉割男人和割掉女人的乳房等）[22]。随着这些故事的流传，其可信度也越来越高；官方辟谣也无济于事；任何辟谣的努力都不被认可。因此，这种认知更像是其行为的结果而非原因；传播流言也是传染性情绪自我加强的一种机制。流言的内容就像涂尔干所说的"符号"，是已被动员起来的群体的一种身份象征。认可流言，就意味着承认自己是群体的一员；质疑流言，就是质疑自己的群体身份；拒绝相信流言，则是将自己置于群体的对立面。因此，之所以存在一段平静期，还有另外一个原因：在这段时间里会发生真正的互动，双方都会对敌人发出或隐晦或公开的威胁。在日益激化的残暴行径中，最开始遭到攻击的往往是和平主义者和多种族世界主义者（Kaldor 1999；Coward 2004；Horowitz 2001）。这也是紧张感不断累积的平静期的另一个特点。

流言也会向前看，首先它会出于对敌人的恐惧而考虑接下来将会发生什么，接下来它会转向防患于未然的角度，在敌人作出邪恶行径之前便先发制人。传播流言之后是计划反击，从传播对方的残忍行为，到防患于未然地决定先发制人；人们聚集起来，其中有些人可能互相认识，他们会告诉对方即将发生的事情。流言并不仅仅是一种认知，它也是一种行动；它意味着在人们之间建立起联系，将他们的注意力集中到同一处，并在这一过程中形成一个群体。流言让人们感觉到他们在参与一件大事、一件了不起的事，一旦采取行动就可能大获成功。流言传播如果成功，就会吸引大量人员参与其中，从而成为一个动员过程。

紧张感的建立正是恐慌进攻的第一个阶段。比起小规模斗殴、警察暴力乃至战斗中的军队行动，种族骚乱是一个更大规模的紧张感建立与释放的过程。它需要更长时间，也会波及更多人。之所以需要更长时间，是因为这是一个群体行动过程，人们会尽可能地试图找到更多同盟。它可以被认为是处于紧张与释放之间；其传播过程更多是在紧张感建立的过程之中，但有时也会延伸到紧张感释放的时刻。这一转化发生的时刻，正是我们之前所形容的"跌入隧道"的时刻。

累积的紧张感释放之后往往会形成一面倒的群体暴力。据霍洛维茨（Horowitz 2001：385—86）估算，种族骚乱中 85%—95% 的伤亡都出于同一群体。这意味着受害者同样无力反抗，尽管情境与地点可能大不相同[23]。这一模式再次证明与恐慌进攻十分相似：暴力向着毫无反击能力的受害者倾泻而出；受害者不仅在当时当下不具备反抗能力，而且在情绪上处于被动状态，无法策划反击[24]。攻击发生的时刻充满兴奋甚至欢乐。残忍的虐待行为可能伴随着欢愉的情绪，成为一种"恶毒的轻浮"（Horowitz 2001：114）。在骚乱刚刚结束时，会有一段时间无人后悔，使得事件成为霍洛维茨（Horowitz 2001：366）所谓的"道德屠杀"（the moral mass murder）。这两个特点（对残暴行为的诡异愉悦感，以及事后缺乏道德责任感的表现），对旁观者来说格外惹人痛恨。但这两个特点却共同展示了潜在的过程。正如卡普托中尉曾如此描述越战中的恐慌进攻和残暴行为之余波："在战斗的最后一段时间里我们就像是做了一场梦……我们之中确实有些人无法相信这些破坏是我们自己造成的。"（Caputo，1977：289）

此类暴力行为的实施者被封闭在一种共通的情绪之中，这种特殊的现实抑制了当时当下的一切道德情感，甚至在回溯时也无法被记忆或外界的道德评判所改变。我曾将这一封闭的情绪洞穴形容为"跌入隧道"；它也解释了身处其中时所体会到的诡异的欣喜感。在最极端的残忍之中体会到的欣喜与轻浮，正是身处与日常道德感断裂的特殊现实之中所体会到的感觉。这种与之前发生的事情无涉的感觉，正是之所以会产生恶魔般的幽默感的原因之一。这种情绪不一定会持续，暴力的实施者日后回忆起来也未必会怀有同样的欣喜；正如做梦一样，这些情绪会被封存起来，日后无法回溯。

此类群体暴力也塑造了短时间内弱小的受害者。此处强调的是"短时间内"。种族仇恨的起因，以及对即将到来的事件的预感，通常都是因为敌人力量强大；这也正是导致恐惧和紧张的原因。霍洛维茨（Horowitz 2001：135—93）举出的证据显示，种族骚乱挑选目标群体时并不关注对方是否弱小；他们并不会将自己在经济和其他方面遇到麻烦时产生的沮丧感，方便地发泄到弱小的替罪羊身上。恰恰相反，是否成为目标群体，与他们在经济上的表现并无关系——无论是因为经济情况太好而被嫉妒，还是因为太差而被鄙视[25]。种族暴力的目标往往被认为是强大的、具有攻击性和威胁性的。但之所以可以去攻击他们，是因为在某一个时间地点下，攻击他们是安全的 (Horowitz 2001：220—21，384—94)。这意味着要挑选一个敌人未被动员起来的社区或商业区——往往是挑衅者的那些无辜的、和平的伙伴。这片区域往往临近攻击者的大本营，很容易进攻，也很容易在遭遇反抗或政府干涉时撤退。最合适的区域就是多种族群居的区域，攻击者能够在其中占到绝对多数[26]。同时，攻击者也很善于观察当局，以确认他们的行为是否会得到默许，或者是判断这些机构过去在镇压骚乱时是否能力不济。攻击者会寻找合适的时机和地点并充分利用。从这一角度来看，他们就像军队一样试图控制某一区域的局势；在这两种情境下，成功的进攻行动通常都带有恐慌进攻的特点。

　　寻找弱小的受害者也正是发生在平静期的活动之一。随着流言的传播，人们被动员起来；分成小组的参与者因为逐渐聚集起来的群体和即将到来的行动而感受到更多力量，他们开始侦查和寻找适合攻击的对象。敌人居住的房屋和经营的商店都被纳入注意并被做上标记。这一活动加上攻击者对警察和受害者一方行为的精心考量，通常会被用来说明暴力是实现利益的理性方式，而不是情绪化的表现。但人们的行为几乎总是同时包含了理性计算和基于社会关系的情绪表现。恐慌进攻是情绪化冲突占上风的时间，因为这时情绪由攻击者及其支持者共享，而攻击者与无力反抗的受害者之间也互相强化了对方的情绪。恐慌进攻就像跌入隧道的过程，但是在寻找隧道入口的过程中却可以包含精心的计算[27]。正如军队和警察的恐慌进攻一样，在酝酿紧张情绪的过程中，其实存在许多理性计算，将一切引导至冲突的边缘。恐慌进攻发生时看上去无法控制，至少会因其与日常行为相差太远而显得非理性。然而，恰恰是正常的计算和行为逻辑，导致隧道入口被打开。

抗议者及控制人群的力量

有组织的示威游行中发生的暴力同样具有恐慌进攻的特点,这对示威者和被派来控制局势的警方或军方而言都是如此。示威游行通常会聚集起大量人群。但当暴力爆发时,绝大部分情况下伤害并不是在两大群人正面冲突的时候发生的。就像势均力敌的军队一样,示威者及其反对者通常会陷入僵持,彼此挑衅(在现代情境中则由警察来控制人群,挑衅通常只发生在一边),随后当局便会介入进来维持秩序(图 3.6、3.7[①])。

抗议者与控制人群的警察力量都十分类似密集方阵时代的军队;他们之间的冲突一旦爆发,也很像大部分方阵战斗中常见的推挤角力。因此,在某些照片中,我们会看到抗议者和镇压者都保持密集阵形,彼此推撞。在这种时候,警察会用警棍随机敲打冲进警方防线的抗议者(也许那些人是被推进去的,甚至是不小心跌倒才与警方冲撞的);这就像方阵冲撞的一种版本,往往不会产生什么伤害;基于同样原因,只要大家都保持阵形,也不太容易引发严重的打斗。这种冲突发生的一个原因是,警察将示威者赶进封闭的区域,例如切断一个路口或广场的出口。这会迫使示威者挤成一团,而且警察还会用警棍殴打周围试图逃离的人。伦敦的劳动节示威就是这样一个例子(《每日邮报》和《泰晤士报》上刊登的照片均对此有所描绘,见 *Daily Mail and the [London] Times*, May 2, 2001)。大部分示威者看上去都惊慌不已、挤成一团;少数几人试图对警察防线祭出拳脚,警察则回以警棍。媒体并没有将警察的行为描绘为一种暴行。这种群体暴力尽管对那些挨揍的人来说可能刻骨铭心地疼痛,对其他人来说可能是一次很不愉快乃至恐怖的经历,但在记者和观察者眼里却并不算很特别的事件,通常也不会得到太多公众关注。

---

① 图 3.6:警察与前排具有攻击倾向的抗议者之间的对峙(Serbia, 2000, AP)。图 3.7:两个人站在一群抗议者前面扔石头,后方人群正转身离开(Genoa, July 2001, AP)。

这部分是因为只要双方群体都老老实实地待在自己的地盘里，恐慌进攻就不会发生；不过，这种情境并不适合由情绪迸发而导致的那种丑陋的暴力。

另外一种相对比较少见但却能够造成惊人伤亡的情况，则是全副武装的权威机构向相对力量薄弱的群众开枪或使用其他武器。这方面一个著名的历史事例是 1917 年 7 月俄国革命中的圣彼得堡，共产党领导下的群众举行大规模示威，反对俄国重新参与世界大战。图 3.8[①] 显示了军队突然向示威者开枪的一刻：我们可以看到，人群向四面八方奔逃以躲避子弹，有些人跌倒在地，大部分人都缩成一团躲在建筑物旁边。全副武装的军队陷入了恐慌进攻：示威抗议中的紧张突然被一声枪响打破；这可能仅仅是一个士兵引发的，但却迅速发展为一波枪声，横扫了抗议者。与那些保持阵形的示威抗议不同，这是一种高度戏剧化的事件，有时甚至会成为历史的转折点。正是这种恐慌中的崩溃导致这一印象，因为这种情境既可以被建构为一场盛大的胜利，又可以体现出极端的残忍。

在圣彼得堡的"七月危机"（July days）里，革命爆发了，接下来政府成功地实施了对异议分子的镇压，迫使共产主义者躲藏起来（Trotsky 1930：chapter 25）。不过，媒体和公众也可以将这种一面倒的镇压诠释为一种暴行，从而进行大规模反抗动员。1965 年 3 月 7 日，在阿拉巴马州塞尔玛市，民权运动的转折点发生在警察用警棍和警犬攻击示威者的时刻：600 名示威者中，有 67 人因此受伤（Gilbert 2000：323）。这起事件的曝光令议院和总统作出反应，最终通过了《投票权法案》，作为对示威者的支持和对种族隔离主义者无可挽回的一击。

然而，这一戏剧性的结果，并不仅仅是因为伤亡者众多而导致的。在彼得堡，伤亡人数并不很多：大约六七人死亡，20 人受伤；如果示威人数超过一万人，那么伤亡率不到 0.3%。在塞尔玛，无人死亡，受伤人数约是示威者的 10%—11%。用军事术语来说，这只是轻度伤亡，从敌方实力来看并不算

---

① 图 3.8：士兵使用机关枪时，人群四散而逃（Petrograd, July 1917）。

高。然而对于局势的变化，最重要的地方在于一种戏剧性的画面：其中一方被另一方在情绪上加以碾压。在示威抗议中，暴力提供了令人大吃一惊的戏码。但是，这种暴力必须直截了当，可以从两个角度来解释：士兵开枪驱散了混乱的人群，从而维护了社会秩序；或是当局攻击了和平示威者，导致一场无差别的大屠杀。无论是哪种情况，最终为公众所知的都是人群四散奔逃的画面，而不是实际上的伤亡数字[28]。

但是，最常见的群体暴力具有另外一种模式，即双方都作出反英雄化的行为。肮脏的细节让整个事件见不得人，因此无法得出直截了当的政治解读。最典型的让任何一方产生严重伤害的方式是，人群分散成了小组，整体冲突化为一系列小型冲突。这通常有两个阶段。首先，示威者分散成了小群体。有时会出现四处游走的暴力分子小队，到处投掷石头或其他物品。例如，图3.9①展示了2002年9月发生在布宜诺斯艾利斯的一次反总统示威，其中六名男子正沿着一条扔满了鹅卵石的街道向前跑去。其中三个看上去最激进的家伙裸着上身正在投掷石头，他们身后的两个人在给他们提供支援，另外一个人则稍稍靠边（也许与其他人并无干系），姿态像是在退缩。他们身后18米开外，十几名戴着头盔的警察正在追过来；此外远处还分散着几名旁观者，也许是最初示威游行队伍中不太激进的成员。

一开始，这些小型群体很可能会实施一些常见的、破坏力较低的暴力以显示自己的勇敢，但绝大多数人都会错失目标或是意外击中什么人（不一定是最初瞄准的人）。当这些小型群体在某一区域获得压倒性优势时，事态才真正变得危险起来。这时，要么是一群警察开始痛殴某一个示威者，要么就是一群示威者痛殴一个警察或士兵。示威者通常只有在发现少数几名警察或士兵与大部队隔离开来时才会实施严重的暴力行为，在这种情况下，人数比例可能为4∶1甚至8∶1。那些代表当局权威的个体也许仍旧有所武装，但他们已无力使用武器；他们成为受害者，面前是陷入恐慌进攻的气势汹汹的

---

① 图3.9：阿根廷示威中一小群投掷石头的人（2002，AP）。

人群。当这些小型群体发现了被包围在脆弱境况中孤立无援的敌人时,他们就会变得活跃起来;此时,面前的敌人甚至无法决定该面朝哪个方向,只能抱着脑袋蜷缩在地上,任由他们拳打脚踢;有时他们甚至会使用铁棍或其他武器。有一张拍摄于2002年10月贝尔格莱德的照片(未收入本书),显示了在推翻塞尔维亚独裁者米洛舍维奇的过程中,四名男子攻击一名落单的警察;那名警察试图用手臂遮挡头部,但却并未尝试拔出配备的手枪;两名攻击者试图将他扭倒在地,另外几人则冲他挥舞木棍或铁棍(*Daily Telegraph*, Oct. 6, 2000)。

警察对示威者的暴力则是这一情况的镜像:示威者的阵形或其警戒线被打乱为零散的小组,通常都发生在他们躲避警察攻击时;随后,一小群警察包围了一名落单的示威者,用警棍痛殴他或她。2002年7月拍摄于布宜诺斯艾利斯一次反失业游行中的照片(*The Australian*, June 28, 2002;未收入本书)描绘了这一刻:警察发起攻击,示威者四散奔逃,许多人蜷缩在人行道旁的墙角,街上不少人在逃跑时跌倒在地,被手握警棍的警察痛殴。

这些小型冲突之所以具有破坏性,是因为每一次小型冲突都会以恐慌进攻收场:首先是在大规模冲突中酝酿起来的紧张情绪——一开始只是预感到有什么事情即将发生,对警察来说则是因权威受到反抗而产生愤怒;这些情绪与恐惧混合在一起,随着暴力的爆发(哪怕只是零星的暴力)和身体冲撞的加剧,恐惧感也愈发强烈。随后,突如其来的停顿刺激双方迅速行动起来,导致严重暴力事件的发生。产生暴力的区域除了洋溢着紧张感之外,还会感受到此前强大的敌人突然暴露出软弱的一面。通常来说,这发生在人群迅速移动时,往往会打破人群原有的秩序;有时当示威者或警察跌倒在地,就会形成真正的"交通堵塞",正如阿金库尔战役中发生的一样。而也正是那些跌倒的人(那些不够敏捷、没能立刻躲开或是与同伴一同摆出防御姿态的人),会成为攻击的目标[29]。

这些过程体现在1990年代末期在柏林发生的一次由激进劳工组织参与的劳动节游行中(Stefan Klusemann, unpublished paper, Univ. of Pennsylvania, 2002）。大约 700 名示威者在由 2500 名警察严防死守的街道上前行；双方都在高声叫嚷，从听觉上攻击对方：示威者用车上装载的扬声器播放口号和音乐，同时还在大声唱歌和敲鼓；警察则拉响警笛，并反复通过扩音器下达指令。当示威者游行抵达传统上的游行终点——一个小型广场，四周环绕着狭窄的街道——严阵以待的警察收拢了包围圈，迫使示威者分散开来，肩并肩抵挡面前的盾牌和警棍。当其中一名示威者飞快地冲过广场，紧张终于爆发，人群开始慌张四散。也就是说，其中一些示威者陷入了恐慌撤退。就在那一刻，警察开始追逐攻击他们。警察挥舞着棍棒，分成三四人组成的小组去袭击和威胁那些被抓到的人，并对倒地不起的人反复殴打。

有些示威者在抵达隐蔽角落的庇护所之后，就会停下来开始冲警察投掷鹅卵石。这时恰恰是警察自己的攻击打破了警戒线：他们开始跟在一小群示威者身后穷追不舍，而不是去维持整体秩序。在发生冲突的某些区域，有一两个警察落了单，导致示威者占了多数；于是四人以上的示威者就会开始殴打他们。陷入这一境地的警察会摆出防御性姿势，躲在盾牌后面。当更多的警察来到 30 米之内时，刚刚还在大着胆子袭击落单警察的示威者立刻作鸟兽散；其中有些人也会落单，随后反过来被三四个警察追打；警察在逮捕势单力薄的示威者时会将他按倒在地，坐在他身上用警棍狠揍一顿（这正是一系列罗德尼·金类型的事件）。这一切反反复复，无论是示威者还是警察取得短暂的优势，他们都会去袭击弱小的受害者。总体来说，警察有更好的内聚力和装备，因此他们会实施更多暴力；而施加在他们身上的暴力，反而会诱使他们在抓到机会后更加疯狂地予以反击。

恐慌进攻最典型的情境，是在有组织的群体之间发生冲突并建立紧张感之后，其中某一群体在某些区域内获得了数量和力量上的决定性优势。大规模对峙塑造了紧张情绪，人群分散成小组之后导致情绪突然释放。这是产生严重伤害事件的最典型情境。关于此类群体事件的照片中，很多都表现了一群人围殴一个人的场景，受害者往往倒在地上无力自卫。1992 年，当罗德尼·金事件中的警察被判无罪之后，洛杉矶及许多地方随之发生骚乱；这段时间内有不计其数的照片都是这种例子,其中势单力薄的白人或亚裔受害者被一群年轻黑人男子围殴(May 1, 1992, Reuters)。世界各地都存在这种模式,无论其种族组成如何[30]。恒定不变的只有人数比例:通常是三四个人对一个人。

这似乎是一个典型比例。在人群中,大部分成员(就像战争中的大部分士兵一样)都只是背景中的参与者,而那一小群"战斗精英"在势均力敌的冲突中也没有太大的破坏力。因此,有效暴力仅仅发生在他们能够找到落单的受害者并以大约4∶1的比例以多欺少之时。

群体放大效应

类似恐慌进攻的模式也会发生在一对一的冲突中,这通常发生在攻击者在体格和力量上具有压倒性优势的时候,例如成年人对孩童;我们将会在下一章讨论这些情况。然而,最为人所知的恐慌进攻事例都发生在群体之间,往往是一群人殴打落单的个体,或是武装力量攻击手无寸铁或暂时失去武装的人。在场群体的规模越大(即人数越多),就越有可能发生恐慌进攻。因此,警察暴行的绝大多数例子(过度杀伤或长时间殴打),都发生在多名警察在场的情况下。罗德尼·金被殴打时,现场有21名警察;如果当时只有寥寥数人,那么很可能这桩暴行并不会发生,或者暴力程度不会如此严重。

罗德尼·金事件实际上是由一系列因素决定的,这些因素都与警察暴力有关。警察暴力更常见于嫌疑人进行反抗,尤其是试图逃跑的时候(Worden 1996;Geller and Toch 1996;Alpert and Dunham 2004)。除了反抗之外,在汽车追逐战之后也更容易发生警察暴力(本章开篇提到的非法移民车辆追逐战也证实了这一模式)。阿尔珀特和邓纳姆(Alpert and Dunham 1990:28—39, 97;以及我本人的计算)发现,在不同的警方管辖区内,都有18%—30%的车辆能在警方追逐中逃脱；因此，除了高速驾驶的紧张感和对嫌疑人反抗权威的愤怒之外，警察对事情的结果还抱有一种不确定感。在 23%—30% 的汽车追逐战中都会发生财产损害。在 10%—17% 的案例中会发生人身伤害，尽管通常都是轻伤（如果被追逐的车辆没能逃脱，那么这一数字会上升到 12%—24%）。在 33% 的案例中，伤害发生在追逐停止之后；也就是说，人身伤害不是出于车辆事故，而是出于暴力。另外一项研究发现，在 46%—53% 的车辆追逐案中，警察最后使用了暴力，大约 11%—14% 使用了过度暴力（Alpert and Dunham 2004：24）。

从因果关系上来看，罗德尼·金案例有着三重危险模式：拘捕，高速追车，以及旁观者效应。第三个模式指的是参与追捕的警察越多（事实上是旁观者越多，无论其身份如何），越有可能发生警察暴力（Worden 1996；Mastrofski, Snipes, and Supina, 1996）。人群数量会有这一效应，并不是因为有更多人参与攻击，因为人群中通常只有极少数的暴力精英和活跃分子，无论这一群体的总人数有多少；在那 21 名警察中，只有四人全程参与了对罗德尼·金的殴打[31]。人群的作用是放大情绪：让紧张感变得愈发强烈，让行动迸发之后变得更加激烈。这一放大效应记录在一系列族群暴力和其他政治群体的暴力事件之中，此外在其他种类的群体暴行中也有所体现；这些例子和下面的例子都由霍洛维茨（Horowitz 2001：116—17）总结和引用。"实验证明，群体攻击要比个体攻击更加严重、激烈而迅速……大规模的暴徒群体所犯下的残忍行径，比小型团体要多得多。"（Mullen 1986）

心理学家倾向于用"去个体化"（deindividuation）一词来解释这些效应，也就是个体在群体中丧失了自己的身份，进而丧失了个体责任感。这一点实际上被过分夸大了，因为个体通常是被熟人网络招募进入运动群体的；大部分个体在人群中都是作为某一小团体的成员而参与其中，因此能够清醒地保持自己的身份感（McPhail 1991）。我会更多地强调情绪的建构过程，即人们的情绪韵律如何互相沉浸；社会互动最重要的吸引力和愉悦感都来自于身体与情绪韵律模式的相互沉浸。人类面对这种沉浸是很难逃开的；在建立紧张感的阶段，共享这种紧张感是感受群体团结所必须付出的代价，尽管这种将所有人都卷入群体情绪的过程反而会使紧张感水涨船高。而紧张感爆发所产生的群体暴力——特别是在过度杀伤和残暴行为中常见的具有韵律感和重复性的模式——对参与者具有强大的吸引力，因为它能给他们提供一种极其强烈的团结感。

这种变形夸大的现实反而更有吸引力，因为暴力正是与日常现实的脱节；暴力是进入这一特殊体验的场合。这也发生在严格来说并不算恐慌进攻的案例中，例如之前可能并没有建立紧张感的过程，至少没有建立在恐惧之上的紧张。这种情境通常带有一种庆祝的情绪，从外部来看可能会认为不符合道德。例如，在有人威胁要自杀的时候，"在场的人越多，他们就越可能会取笑他并催促他赶快跳下来"（Horowitz 2001：117，转引自 Mann 1981）。

下面这个例子发生在1993年8月加州的奥克兰市，它同时体现了纯粹的旁观者效应和打斗升级的过程。一名19岁的黑人女性史黛丝·李（Stacey Lee）怒气冲冲地试图赶走另一名31岁的黑人女子黛博拉·威廉斯（Deborah Williams），因为她发现威廉斯在她的公寓大厅里抽大麻：

> 威廉斯拒绝了，于是一场打斗爆发了。李很快便占据了优势，用拳头和一块铁制床架痛打威廉斯。邻居们最后将她俩拉开，威廉斯逃走了。李随后回到公寓，从水池里拿出一把厨刀，然后开始去追威廉斯……威廉斯流着血一瘸一拐地逃开，试图躲进一家卖酒的商店。但据目击者称，商店老板当着她的面把门关上并上了锁……几分钟后，威廉斯被一群青年（大约15人）包围了，他们大都是男性，一直聚集在街角。他们将她打翻在地并咒骂她。她像婴儿一样蜷缩在下水道的格栅上被人拳打脚踢，还有人用酒瓶猛敲她的脑袋……
>
> 警探称，如果不是那群人，威廉斯可能并不会死……那群人将她绊倒在地，困住了她，而后大声叫嚷着"杀了她！""打死她！"来鼓励李。李告诉警探，一开始围观者的起哄并没有影响她的行为，因

为她"已经疯了"。后来她则辩称,正是那些人的叫嚷让她骑在威廉斯身上,将刀子刺进了其身体一侧。(*Los Angeles Times*, Aug. 30, 1993)

旁观者参加斗殴,很可能是想通过围观两个女人打架找找乐子,毕竟比起男人打架,女人打架并不那么常见;因此,他们带有一种看热闹心理,也许还有某种满足色情欲望的心态。一开始,旁观者也许只是想阻挡其中一方逃离,从而让事件不至于结束得那么快;当商店老板向她关上大门时,这一切就开始了——人们开始围观一场漫画般的追赶。但很快他们的行为就升级为自己版本的恐慌进攻,或者至少是一种情绪沉浸;他们已经将那个女人打翻在地,但却依然没有停止殴打。最开始的打斗也有恐慌进攻的因素,其中的胜利者李一开始心情沮丧,是因为打斗就发生在她的领地门口。这两种恐慌进攻(年轻女人和街头群众)互相沉浸,最终导致暴行发生。

2002年10月发生在威斯康星密尔沃基的一起事件,具有同样的机制。当时一名36岁的黑人男子被一群10—18岁的青少年围殴致死。受害者衣衫褴褛,无家可归,还常常酩酊大醉,显然是一个软弱可欺的目标:

> 大约16—20名年轻男子撺掇一名10岁男孩向杨丢出一个鸡蛋。鸡蛋打中了他的肩膀,他开始追赶男孩[短暂的威胁]。但一名14岁的男孩挡在了他们中间,杨打掉了他一颗牙[威胁成真,原本以为不堪一击的人作出了反抗]。其他几个年轻人开始一起袭击杨。他们将他围在一栋房子的门廊上拳打脚踢,地板和天花板上都溅上了血滴[持续很久的殴打]。杨一度逃进了屋子里面,但那群人重又将他拖出来继续殴打,直到警察因一名邻居拨打报警电话而赶到。(AP News report, October 1, 2002)

此处的模式包括:挑衅对方,以获得攻击性的乐趣;短暂的反击,加剧紧张氛围；软弱的受害者惊慌逃跑，导致众人沉浸在追逐模式中，进而受到人群放大效应的影响。

此类互动过程也可能发生在"好人"身上。在南加州一个海滩社区里，一名58岁的老年妇女在停车场将购买的东西装进车里时，被两名十几岁的男孩偷了钱包。"她大声叫喊求助，开始追赶那两个男孩。一名商店员工和一名路人跟了上来，后来一名送水工和其他人也加入了追逐。"最后追逐者达到大约50人，大部分都是男性，有的开车，有的骑自行车，有的步行；他们地毯式地搜索了周边社区，最终在某户人家后院的树丛里找到了那两名男孩。参与者的行为很有团队精神，他们为自己给社区作出贡献而深感自豪。但也有令人不快的事情发生："一名骑自行车的不明身份男子在搜寻中太过激动，最后在逮捕过程中，警察不得不先按住他。"(San Diego Union Tribune, March 23, 1994) 简而言之，好心人为保护一名妇女而产生的热情，转变为一种情绪涌动，当目标终于束手就擒后，至少有一名参与者仍不愿意停止攻击[32]。

在这里，我们很容易给人们贴上"英雄"和"恶徒"的标签；然而这种塑造团结的互动过程与任何冲突群体中的互动过程并无二致，在参与者看来似乎充满英雄气概的行为，在旁观者眼中却可能是一种残忍暴行。

恐慌进攻之外的路径

恐慌进攻是许多引人注意的暴力形式的基础，既包括道德上无可厚非的盛大胜利（例如战争），也包括我们必须清清楚楚地看到的残忍暴行（无论是因为现代文明的诚实还是因为现代录像技术的进步），还包括不带道德倾向的情况。从理论上来说，恐慌进攻也是极为关键的，因为它与我们对冲突的理论分析基础密切相关。冲突情境首先充斥着紧张与恐惧；正是这种紧张／

恐惧在释放时制造了恐慌进攻，将积攒已久的情绪转化为暂时失控的、重复不停的、针对无力反抗者的攻击。这种爆发与过度杀伤在外部旁观者看来令人震惊，因而被认为是残忍暴行。恐慌进攻的惊人特点让它几乎无处不在。但是从冲突性情境中的紧张与恐惧出发，恐慌进攻只是其中一条路径而已。只有在明显的威胁突然解除，强大的敌人突然露出软肋，从而使得紧张突然释放时，恐慌进攻才会发生。此外，情境中还必须有前进而非转身逃跑的空间，才能让冲突得以发生。如果这个空间不存在，这一情境就会朝着不同的方向发展。

在很多情况下，紧张都不会得到释放，因为对方并不会轻易就展示出超乎寻常的软弱；许多冲突性情境（事实上，如果考虑到所有轻微冲突的话，那就是绝大多数）都会形成对峙，双方虚张声势一番过后，局势慢慢缓和，基本不会造成什么伤害。有时在很罕见的情况下，暴力不是狂热的，而是冰冷的；不是体现为情绪的涌动（或是狂热却无害的虚张声势），而是冷静地实施经过精心计划的暴力行径。这种冷酷暴力之罕见，足以让它登上暴力等级的顶端，因为它体现了一种实现暴力的能力，我们将会在第十一章讨论这种情况。还有一种发展路径是冲突被置于社会舞台之上，成为公平的打斗。这种情境模式与常见的冲突相反：由于冲突中普遍存在紧张，以及人们普遍渴望不公平的打斗和软弱的受害者，所以为了保证这种人为制造的公平性得到维持，我们就需要寻找特殊的场景来将它隔离。除了恐慌进攻，还有其他形式的不公平打斗：有些模式中并不存在从紧张到软弱受害者的突然转向，但却存在制度化的暴力控制、欺凌或寻找替罪羊等情境。有些模式中则存在着社会飞地，那里非但没有紧张感，反而洋溢着欢愉感；在这种狂欢庆祝的气氛中制造出的暴力，在情绪与政治上都会受到保护。我们将会在之后的章节中详细讨论这些路径。

第四章

攻击弱者（一）：家庭暴力

以下是对法院证词的重述：

> 一名保姆给一个1岁的小孩洗澡，孩子的父母不在家。小孩拒绝洗澡，身子不停地扭来扭去，并哭了起来。保姆试图努力控制住小孩；两人角力之时，保姆打开了浴缸的热水龙头，并将小孩的一只手搜到下面。小孩尖叫的声音更大了，而这则让保姆更加坚定地将小孩压在水里。小孩最后被诊断为二级烫伤（来自加州法院文件）。

这是一个恐慌进攻的例子。保姆原本并不想伤害孩子；这是一次在争夺控制权的过程中不断升级的争斗。小孩拒绝洗澡，因此感受到愤怒和疼痛；大人也在努力控制局面。就在保姆通过纯粹的身体暴力强迫小孩留在水中、从而赢得这场冲突的同时，她也因受害者的尖叫、愤怒和绷紧的肌肉而被浸润进了对方的情绪。冲突双方都是失控的；由于其中一方比另一方软弱得多，争斗的紧张感转变为恐慌进攻中常见的特点：情绪的狂热涌动和恶意的过度杀伤。与第三章中提到的那些烧毁越南村庄的士兵一样，虐童者在从暴力情境中清醒过来时也往往像是大梦一场，对自己所做的事情大为震惊。

情境中对情绪的定义

如果说在迫在眉睫的暴力冲突中，紧张／恐惧是最主要的情绪，那么破坏又是怎么发生的呢？大部分时候，人们并不会造成破坏；他们会逃避打斗，寻找避免暴力冲突的理由，或是用虚张声势来满足自己。要想让暴力发生，人们必须找到一条路径来绕过冲突性紧张／恐惧。这种路径中最常见的一条就是袭击弱小的受害者。

弱者之所以为弱者，并不是因为他们无力反击，因此无法伤害攻击者；之所以会产生冲突性紧张／恐惧，并不是由于人们害怕死亡或受伤，而是由于微观互动过程中可能产生的冲突和压力。在这一过程中，人们恐惧的是破坏社会基本的群体仪式，也就是彼此以情绪互相浸润的倾向。暴力冲突在一方获得控制权之前，是一种吸引了双方注意力的互动仪式，但双方尝试的韵律是非常不和谐的。冲突性紧张的微观互动核心就是，双方拼命试图将韵律调整为自己的模式并强加于对方，同时阻止对方建立起这种韵律并强加于己方的过程。

在这种情况下，"恐惧"可能有些用词不当；它无法概括这一情境中的全部情感。受害者的"软弱"是情境性的，是一种互动的姿态；受害者无法自卫，这一点非常重要，因为它允许攻击者先发制人，并控制双方互相浸润的过程与方向。成功的攻击使得行动本身不再具有二重目标，而是将双方目标统合起来；攻击者与受害者进入了一种特殊的浸润状态，其中一方带领着另一方。在霸凌和持枪抢劫的互动细节中，我们将会清楚地看到这一点；攻击者试图控制局面，让情境变成一面倒的态势，同时尽可能避免产生直接冲突；这时，受害者扭转局面或攻击者自我伤害的可能性都是很低的。在家庭暴力中，我们也可以看到这一塑造受害者角色的微观情境。家庭暴力通常被形容为一种强调控制权的行为；女权主义理论强调男性对女性施加的控制，但即使从更加宽泛的层面来说，这种理解也没有错。施虐者登上了一辆满载情绪的列车，飞驰向残忍暴行；而这之所以会发生，则是因为克服冲突性紧张时的努力，转化成了暂时互相对抗的二者之间恶意的浸润过程，使得其中一方成为弱小的受害者，而之前曾经有过挣扎的施虐者，此刻已经取得了彻底的支配权。支配意味着控制情境中对情绪的定义。

背景与前景解释

背景条件与暴力多少也会有些关系，例如贫穷和社会歧视会与某些种类的暴力共生，但这种关联通常都很微弱。首先，这是因为许多种类的暴力并不局限于（或特别常见于）下层阶级或被歧视的少数群体之中，比如霸凌、醉酒暴力、娱乐暴力、决斗等表演型公平打斗，军队与警察暴力，社会运动暴力，恐怖主义等。其次，就弱势群体中常见的暴力而言，并不是这些群体中的所有成员都是暴力的；绝大部分穷人和受歧视者都不是抢劫犯、街头斗殴者或家暴者。暴力与背景条件之间的微弱关系，让人难以确定暴力究竟是否会发生。第三点则更是加强了这种不确定性：即使暴力者也并不总是暴力的。他们究竟会在何时何地变得暴力，取决于情境中的条件，特别是那些能够克服冲突性紧张/恐惧并将其引向支配力的条件。穷人和受歧视者需要绕过这些阻碍，其他人也一样。

曾经有过受虐经历，则是另外一种背景条件；尽管人们常常认为这是暴力的一种成因，但它同样有不能解释的地方。许多证据都表明，童年时受过虐待的人后来可能会成为暴力施加者——并不仅仅是施虐者，也包括其他种类的暴力犯罪（和其他形式的社会偏常行为）。但这一模式也是不确定的。大部分受虐者并不会去犯罪。童年时遭受过虐待或忽视（这在背景条件中又添加了一个更加广泛的非暴力种类），后因青少年时期或成年后犯罪而被逮捕的人约占18%，但这仅比条件相似的控制组高一点——后者的数据是14%，二者之比约为1.3∶1[1]。反过来看，在那些实施了各种犯罪的人中，我们并没有发现较高比例的人（更不用说大多数了）曾遭受虐待。

当然，这并不能解释暴力光谱上的所有种类：没有证据表明（也不太可能有证据表明）士兵是否会成为战斗力较强的15%与他们过去是否遭受过虐待有关；那些逞英雄的警察、扔石头的示威者，以及参与兄弟会欺辱活动、决斗和其他表演型公平打斗、醉酒和娱乐型暴力的人也是如此。也许在家暴这一特殊领域，暴力实施者可能过去曾遭受过类似虐待。但家暴者中的绝大部分并没有受害者的经历[2]。除了遭受虐待之外，还有其他通往成为家暴者的路径[3]。遥远的背景条件仅仅是微弱的相关因素。无论这些长期因素对最后事件的爆发有何作用——也许仅仅是童年时在不愉快的经历中学会的某种技能——如果不是当时当下存在情境性条件来克服紧张／恐惧，这些都派不上用场。要成为施虐者，最后也必须走过所有暴力实施者都会走过的道路。

虐待格外弱小者：从常态到残暴的时间变化模式

家庭暴力中涉及许多种类的关系。可能是夫妻中的一方虐待另一方；可能是父母虐待孩子；施暴者也可能是继父母或单亲妈妈的男友，还可能是保姆。也有成年子女对老年父母的虐待，或是类似的由照看老年人的护工实施的虐待。最后，最常见的家庭暴力往往发生在兄弟姐妹之间（Gelles 1977）。当讨论一个通用的理论是否适用时，我们应当考虑到家庭暴力的不同种类。

通常人们怀疑可能导致家暴的因素包括贫困、压力、生活状态的改变和社会隔离等（Straus, Gelles, and Steinmetz 1988；Gelles and Straus 1988；Starr 1988；Straus 1990；Giles-Sim 1983；Stets 1992；Cazenave and Straus 1979；Gelles and Cornell 1990；Bishop and Leadbeater 1999）。但身处这些情境中的人大都并不暴力；必须有进一步的情境过程，才会促成真正的暴力事件。

从一些最可怕的情境中，我们能够看出这一点。受虐者很可能是残疾人或有慢性疾病（Lau and Kosberg 1979；Pillemer and Finkelhor 1988；Sprey and Mathews 1989；Garbarino and Gilliam 1980），无论是虐待儿童、老人还是其他成年人的案例都是如此。对这些格外无助的受害者施加虐待，看似特别狠毒，然而那些施虐者却也不过是普通人；他们只是陷入了一种独特的暂时性互动中。残疾与疾病都会唤起人们的同情心，而同情心又是一种为社会所认可的特质。所以人们很容易在短时间内假装出利他主义的做派；疾病和其他紧急情况在一开始都会唤起情绪的涌动，从而带来一种仪式性的高度团结感。如果这些发生在关系亲密的人们之间，这种团结感就会体现为对需要照料的对象作出承诺。

然而，随着时间流逝，照料对方变成日常之举。与此同时，照料者从扮演利他主义的角色中所获得的情绪能量也渐渐减少了（这种精神消耗在护工行业很常见），这时二者之间就会开始体会到权力斗争的感受。照料者承诺要作出利他主义的行为，这一事实让病人获得了针对他或她的武器。就像在其他形式的爱情关系中一样，"兴趣最少原则"在这里也是成立的：爱得更深的人往往处于弱势地位。因此，尽管健康的成年人照料者在肉体上有更强的力量，无助的儿童或老人却有精神上的武器来分辨和利用照料者作出的承诺，无论这一承诺是来自宗教信仰、利他主义信仰、责任感还是私人关系[4]。冲突的一般模式依然适用：不对等的资源会导致冲突，特别是当存在两种不同资源、且这种不对等并未被公开认识到的时候。当然，这只是一种充满利他主义和爱意的理想情形，因为它没有认识到本质上的不平等，同时也没有认识到彼此是在资源分配不平等的前提下行动。

结果就可能是双方都产生了愤怒与憎恨。照料者开始感受到压力，这部分是因为减少了参加其他活动的时间与精力；但更可能导致他们成为施虐者的，是那种自己受到控制的感觉。病人也许仅仅是出于无聊而在这种斗争中投入精力，因为他们无法行动，因而没有其他事好做。哪怕是痛苦和烦躁地打发时间，也比百无聊赖地打发时间要好。与照料者进行斗争从而获得注意，正是他们获取平时缺少的社会交往的一种方法。

这种照料者与被照料者之间的关系会变得越来越糟。照料者也许会尝试暂时逃离，通过不满足或不立刻回应对方的要求来获得一些小小的胜利；病人则会愈来愈多地发出哀鸣、呼叫帮助，或是戏剧化地表现出烦躁。通过情绪和心理上的反馈效应，这样的病人会因情绪压力或仅仅是表现出情绪压力而使自己病情加重。如果一再反复，这些情境就会带来愈发严重的不信任，双方都会开始怀疑对方的动机和诚意：当照料者显得不耐烦甚至流露出敌意，病人就会怀疑照料者曾立下的利他主义誓言；而照料者则会宣称"瞧瞧我都为你做了什么"，尽管这种自豪感合情合理，但其带来的厌恶感也同样合情合理；结果，双方也就陷入了负面情绪的恶性循环。双方可能都会尝试用罪恶感控制对方；他们有时会成功地暂时驯服对方，但这种权力斗争和控制手段的结果却是会制造出更多的怨恨及相应的反击。

这些模式在对老年人的虐待案例中得到了详细的记录，特别是那些发生在家中的案例；不过养老院中可能也有类似模式。大部分此类研究都集中在照料者体会到的压力上，尤其是当她（大部分照料者都是女性）需要全权负责、无人可以分担的时候（Steinmetz 1993；Philips 1983）。如果照料的责任能够分担到不同人身上，从病人角度来看就可以增加人际关系，从而减轻他们的社会隔离感；因此，病人的弱势感就会有所减轻，而照料者的压力也会降低。许多证据都表明，老人的依赖感会提高虐待发生的机会（Fulmer and O'Malley 1987；Fulmer and Ashley 1989）。但是，并不是病人的身体情况让他们成为受害者；皮勒莫（Pillemer 1993）总结的证据表明，老年人是否会遭受虐待，与他们的身体健康情况无关。关键在于是否会建立起一种冲突模式，导致双方发生攻击与反击。皮勒莫（Pillemer 1993）注意到，实施虐待的照料者更可能在财务上依赖于老人；因此，双方都占有某些资源，老人通过金钱来实施控制，年轻人则因被迫长期照料对方而产生压力，并因金钱上受到控制而感到格外沮丧。

大部分照料者都不会变成施虐者，至少不会作出特别严重的虐待行为。许多照料者都会担心自己的感受，害怕自己会变得暴力起来，但大部分人都不会真正施暴；他们与施虐者之间，似乎在背景条件上并不存在能够分辨的区别（Pillemer and Suitor 1992）。情境过程似乎才是一切的关键。

这一短暂的过程可谓至关重要。一个典型的场景可能会有如下形式：一名病人与照料者陷入了权力争斗，他们开始因照料者回应病人要求是否及时、是否认真满足病人要求等问题发生小的争吵。随着时间流逝，照料者愈发烦躁，愈发感到不公；病人则愈发不配合，要求也愈来愈多。这让照料者的工作从身体到情绪上都愈发艰难；病人主要的武器在于表现得更加病弱，或者在身体机能和进食方面搞得一塌糊涂。如果从不具有同情心的角度来看，病人变得愈来愈丑陋，愈来愈不值得成为利他主义的对象。同样的行为，一开始或在紧急情况中还是利他主义者愿意接受的挑战，但在矛盾加剧后就会导致观点走向极端化，最后则会变得令人厌恶。

在这种心理斗争下，照料者就会故意不认真提供服务，不去解决病人制造的问题和不断升级的要求；在这种情境下，就可能进而发生身体上的虐待。在这里，残疾的程度本身有可能会随着冲突升级而加剧，同时也能加剧心理的极化，进而使得身体虐待成为在心理上能够接受的行为。通常我们还需要其他条件配合才能让这一切发生，特别是要有一个封闭的场所，好让照料者能够逃避惩罚。这种情境对受虐者来说可谓生不如死；但从心理上来说，它可能令施虐者同样痛苦。

虐待哭泣的婴儿也具有类似的互动模式。最开始的先兆往往是婴儿开始哭个不停。这可能是因为婴儿病了或腹痛；也许是因为它与照料者在不停地争夺控制权；也许是想吸引注意，这可能会导致多方争斗，例如兄弟姐妹之间争取父母的注意力；也许是成年人之间在争夺注意力，结果忽视了婴儿。这些因素互相作用和累积，并能与其他条件相结合，例如父母可能正因眼前的其他事件而心烦气躁。因此，医院文献中记录了许多情境（例如 Stith, Williams, and Rosen 1990; Hutchings 1988; Thorman 1980），包括父母失业或工作艰苦，或母亲因同时照料多个孩子而筋疲力尽；结果，在婴儿号啕大哭时，他们或是出手打了孩子，或是拼命摇晃它，最后导致孩子死亡或受伤。

虐待并不会在孩子刚开始哭时就发生；我们可以观察到一个时间模式：首先是孩子号啕大哭一段时间，而后是试图让它平静下来的努力都不奏效。这其中包含两个过程：先是一个长期过程，其中婴儿多次反复不停地哭泣，而且完全无法安抚下来，因此进入了"又来了"的阶段，即可以预见到的沮丧感；接下来是一个短期过程，即婴儿持续哭泣的时间，以及它在哭泣或尖叫中浸润得有多深。我们没有证据表明这两个过程究竟要多长才能让虐待更可能发生，据推测，大概在六七次反复哭泣之后，并且在最近一次哭泣持续15分钟以上且安抚无济于事时，就会进入最危险的时刻。

这些时间阶段模式也可能会随父母的背景因素（例如社会压力、孤立、能否得到各种控制资源等）而变化；但似乎无论背景条件如何，某种长期的积累过程和短期的爆发过程都是必备的。更严重的压力、孤立和资源缺乏也许会缩短这些阶段，但并不可能缩得太短。例如，一个经常观察到的模式是，当单亲母亲的男友来访（通常是为了性）而孩子在一旁乱动、哭泣或生病时，就相对容易发生暴力。这很可能是一种争夺注意力的斗争（尽管只是暗中进行，并不会公开表现出来）；因此，这场斗争会进行至少数分钟，长则可能数小时。这名男友最后可能会暴打孩子，导致严重伤害；或是将孩子扔到墙上。这并不只是一时沮丧烦躁的行径，也并不仅仅是在长期压力之后无法应对而表现出的行为。这是冲突的一系列阶段，而这一冲突早已经历了多个升级过程。也许来访男友比孩子的生父更缺乏耐心，也许是吸毒降低了他的忍耐力；但此处依然存在一系列时间阶段模式，人们必须经过这些阶段才能让冲突不断升级，最后对弱小者实施压倒性的暴力[5]。

哭泣是一种冲突性的情境。它是弱者的一种武器，也是一种危险的武器，但归根结底仍是一件武器。身体条件上的极端弱小与成为受害者之间，需要通过一个冲突的时间阶段联系起来；在这一过程中，其中一方的行动是纯粹情绪化的。我们很难忽视这些，因为它们在所有形式的情感表达中最强调相互之间的情感浸润。哭泣带来了不对称的浸润（不同于对称的情感浸润，如愉悦、欢笑、悲伤、恐惧和愤怒等）。哭泣是一个塑造紧张的过程：在制造声响的同时，身体陷入了自己的韵律之中。卡茨（Katz 1999：229—73）对视频和音频的微观细节分析显示，哭泣的儿童会陷入一个反复制造悲鸣声的阶段；就像唱歌一样，它将所有的注意力都紧锁在自己身体中的一个茧里，仅能大致感觉到照料者在这个硬壳外的冲击。照料者（在该案例中是一名护士学校的助手）也陷入了同样的身体运动韵律；尽管她试图分散孩子的注意力好让她停止哭泣，但她本人的行动却与婴儿那高低反复、仿佛歌声一样的哭声同步了。两个人的身体互相浸润；在这一案例（及许多其他案例）中，照料者赋予这一浸润以善意，其中并没有混杂因安抚孩子太困难而带来的沮丧感。在这种情况下，相对而言并没有什么冲突，因为孩子与大人同步了，而大人很大程度上则是妥协了。然而，对于这些周期性韵律的争夺若是建立在双方的恼怒之上，再加上恐惧、愤怒、负罪感等情绪，就可能导致照料者对哭声作出冲突性的反应，进而引发暴力。

所有不同种类的虐待，无论是虐待儿童、配偶还是老人，都包含一个时间阶段模式，其中冲突带来了情绪的互相浸润。了解这一时间阶段模式，既有助于我们在培训中建立实用的方法来防止暴力，同时也有助于我们清醒地认识到最危险的地带。

三条路径：
日常的有限冲突、严重的恐慌进攻和恐怖主义式的制度化虐待

有人曾经提出，家庭暴力有两种。其中一种被约翰逊（Johnson 1995）称为"普通的配偶暴力"，它相对常见，不太严重，通常（在现代美国）是在男性和女性之间相对平等地发生。第二种暴力则被用于获得控制权，约翰逊称之为"亲密恐怖主义"，其中包括严重的身体伤害或持续的威胁氛围；加害者主要是男性，受害者主要是女性。我们将会发现，这种严重暴力可以进一步区分成两种因果路径：其一是恐慌进攻，其二是恐怖主义式的制度化虐待。

在配偶暴力和其他伴侣暴力中，较为温和的版本都有着相似的模式：规律性的争吵、提高的嗓门、白热化的表达，最后升级到打耳光、推撞和抓挠等。根据对家庭冲突的统计，女性与男性使用这些暴力形式的频率相差不大（Sugarman and Hotaling 1989；Johnson and Ferraro 2000；Kimmel 2002）。在这里，暴力的升级得到了控制，因此很有限；这种冲突几乎是一种受到保护的公平打斗。之所以说是受到保护的，是因为它们能够保持在一个可以理解的升级范围内。受伤的概率很低（约3%，见 Stets and Straus 1990）；其严重程度并不会随时间而加剧。这意味着这种暴力是规律性的，虽然会反复发生，但却并不会毁掉一段关系。

这种暴力也隐含着伴侣之间的权力平衡。双方都不是软弱的受害者；考虑到暴力冲突中普遍存在的紧张/恐惧，以及通常情况下人们难以实施暴力，因而双方都无法作出太大破坏。这里并不存在能够产生恐慌进攻的严重不平衡，因此也并没有产生不顾一切的暴力狂热。身处这些争吵之中的人们也不一定会愤怒，因为他们能够通过吵闹、叫嚷和哭泣得到宣泄。这表明，情绪既会遵从社会限制，也会被互动模式所引导。情绪宣泄可以通过扇耳光和摔东西来完成，对伴侣造成的伤害仍然限制在一定程度之内。在此类争吵中，参与者（特别是女性）一般并不会声称自己感到恐惧（O'Leary 2000）。这种

打斗并没有释放出严重伤害他人的可能，也没有制造过于强烈的挑战；它就像是受到了某种保护，也许早就成了一种双方彼此都能接受的日常事件，甚至在某种程度上还会令人感到兴奋和愉悦。

这种有限的暴力在年轻恋人之间很常见，特别是在约会和追求阶段（Stets 1992；Stets and Pirog-Good 1990；O'Leary 2000；Kimmel 2002）。此类事件通常比较温和，只包含推搡、抓挠、耳光等动作，一般来说在性别上也比较平衡。这其中的一个原因是双方在测试彼此之间的权力关系（Blood and Wolfe 1960）。他们在有争议的小事上试探支配权（其中一方有多大权力告诉另一方该做些什么，谁来控制对话，谁来设定情境中的情绪，谁来选择社交活动等），从而导致较为高涨而温和的情绪。追求与承诺阶段的约会暴力，被许多女性认为是爱的表现（Henton et al. 1983），仿佛这种彼此协商控制权的方式意味着更严肃的承诺。在追求阶段，双方的性吸引力很可能都达到了顶峰；由于这往往是在双方事业初期，男性在收入上的优势还不是很明显；女性在性方面的筹码让双方在权力上相对平衡。这也是为何在这个年龄，日常争吵中的暴力往往并不严重，且在性别上较为平衡的原因之一。

无论是短期的性别平衡的暴力，还是长期的男性主导下的严重暴力，都需要经过一个在情境中发展的过程。就像任何种类的暴力一样，它们只有在找到克服冲突性紧张／恐惧的方法之后才能爆发出来。普通的恋人暴力与严重的暴力情形相比，其区别在于前者将冲突引导成为一种受到保护和限制的暴力，而后者则将冲突发展为一种情境性紧张，并在紧张突然释放时转化为带有过度杀伤特点的恐慌进攻，或是发展为持久的虐待行为。

普通的恋人冲突会经过几个双方都能接受的阶段，并会在升级到某个程度之后就不再加剧。这些矛盾往往都有一个照本宣科的结局。暴力的最初爆发往往就能终结整个事件；一旦暴力达到高潮（亦即双方心照不宣的最大限度），打斗就会停止。这种爆发能够清除矛盾；参与者会认识到，一旦走得更远，就会危及这段关系，并破坏他们已经建立起来的权力平衡。于是暴力场景就此结束，其间往往会带有某些标准化的戏剧性姿态，例如某一方可能会气势汹汹地转身离开并摔上门。随后，双方会冷战一段时间，最后要么是假装忘记之前的冲突，要么就是会道歉与和解。

我们可以将这种暴力与父母对儿童施加的暴力相比较，因为后者同样可以区分为普通且有限的暴力和类似恐慌进攻的严重虐待行为。这一比较显示，之所以会出现两种程度不同的暴力，其原因并不在于性别，而在于情境性的时间动态能否限制暴力升级。

针对儿童的不太严重的暴力是很常见的。美国家长常会打小孩屁股或是打耳光等；有些研究显示，2—3岁的儿童中有85%、4—5岁的儿童中有95%在过去一年里都曾挨过打，平均每周发生2.5次（Dietz 2000；Straus 1994；Holden et al.1995）。这种现象是如此普遍，以至于即使育儿原则不同也不会造成什么差别——声称自己反对体罚和认为体罚可以作为控制手段的父母，在体罚频率上不相上下（Straus and Donnelly 1994：208）。这就表明是眼前的情境动态带来了针对儿童的暴力。这很容易理解，因为物质上的控制（例如零花钱）并不适用于太小的孩子，而更复杂的仪式性／情绪性控制方法也不适用于还没学会说话、或者还没内化思考能力的孩子[6]。这让强制成为一种最立竿见影的控制手段。

针对儿童的温和暴力与普通且有限的配偶暴力常常产生于同样的情境之中。它同样在性别上是平衡的，无论是父亲还是母亲，抑或是男性或女性的照料者，都可能对儿童作出暴力行为，而在最常见的针对低龄儿童的案例中，受害者是男孩或女孩的比例也大致相同（考虑到某些案例中有85%—95%的男性比例）。不过有些证据显示，女生比男生遭受的体罚要轻微一些（Jouriles and Norwood 1995）。大部分情况下，女性比男性更常对幼童使用日常暴力；当然，这一点很自然，因为女性与幼童相处的时间比男性要多得多（Dietz 2000：1531；Straus and Donnelly 1999）。

在更加严重的暴力事件中，通常男性虐待少年的情况更多，而女性则更常见于虐待幼童的案件中（Garbarino and Gilliam 1980；Gelles 1977）。这与强者袭击弱者的模式是一致的；年纪稍大些的儿童（特别是少年）对女性来说通常难以掌控（除非少年本人已经在精神上习惯于忍耐）。在最严重的虐童类型——杀婴案例中，母亲的男友或其他非亲生父母总是会被公众认为是常见的犯人。但实际上，女性杀死自己亲生婴儿的情况比其他任何人作为犯人的比例都要高；她们通常都是为了处理掉不想要的孩子[7]。此处我并不想分析动机，而是想指出，这种模式是很常见的，因为双方在力量和脆弱性方面存在巨大的差别。

表面来看，这并不是男性支配的模式；男性在体罚儿童（或其他严重虐待行为）时，并不会更多地针对女孩；面对青少年，父亲通常不会体罚女儿（但母亲有时会）(Straus and Donnelly 2001)[8]。结果便是，常见的儿童体罚或虐待案例并不符合男性使用暴力来控制女性的模式。女性也会使用暴力，有时是为了控制男性，有时也是为了控制女性[9]；有些证据表明，成年男性对女童使用暴力的案例较为少见。这种情况倒是符合配偶之间的有限暴力的模式；两种案例都显示，当暴力成为一种水到渠成的资源时，男性与女性都会视情况使用暴力，也都可能成为暴力的受害者；在虐童案例中，实际上男童遭受的暴力更多。在针对儿童的严重暴力案例中，如果考虑到比例，其实也同样存在性别的平衡性。

普通的纪律性体罚与严重虐童案例之间的区别，并不在于是否存在权力争夺问题；二者中都存在。其区别在于后者升级到了更加严重的阶段，且各个事件之间存在更加紧密的联系，就像配偶之间的暴力一样。普通的纪律性体罚就像普通的伴侣争吵一样，多次事件之间并无联系，很快就会被忘记；而两种情境中的严重虐待行为则都具有一种持续性的戏剧发展过程。前者就像一本短篇小说集，后者则像一本卡夫卡的小说或是一部莎士比亚悲剧。

接下来我们考虑三种类型的家庭暴力。第一种在本章开头已经提到过，那就是保姆烫伤幼童的案件。这起案件发生得很快，就像一段插曲，是没有背景而突然发生的恐慌进攻。

第二种则是以下这位10岁女孩回忆的场景：

两个月前的一天，妈妈和爸爸吵了一架。一开始，妈妈和我从商场回到家里；我们逛得很开心，但等我们到家后事情就变得很糟糕。我知道他们会吵架，所以我回到自己的卧室开始做作业。我知道爸爸会跟妈妈谈些事情，但我不知道他们要谈什么。然后我听到妈妈开始尖叫，我走到门口问他们怎么了。爸爸说："没事没事，回去做你的作业。"但我知道肯定出了什么事，于是我开始向上帝祈祷。那天爸爸脾气很不好……然后我听到妈妈在尖叫什么，但我听不懂，因为爸爸用手堵住了她的嘴。事后她告诉我她报了警。然后，我走到卧室门口，告诉妈妈说我的作业需要人辅导，其实我并不需要。然后他们都出来了。于是我抱了抱妈妈，就去睡觉了。然后，爸爸开始勒住妈妈的脖子。我走出去让爸爸住手。他让我赶快回去睡觉。于是我就回去了……然后我听到妈妈尖叫起来。于是我来到客厅，看到爸爸正在踢妈妈。他不停地踢妈妈的胳膊和腿。我让他住手。他让我回去睡觉，但我说，不！然后他举起吉他，想要砸妈妈的脑袋。但我护在了妈妈身前。他让我闪开。但我说：不！于是他把吉他放下了。后来他拿出冰块敷在妈妈胳膊上。然后我哭着睡觉去了。第二天我没去学校，妈妈也没去上班。然后他打电话来，跟她说了几句话。他威胁要杀了她。于是我们就离开家，去了收容所。(Stith et al. 1990: 38—39)

这次冲突经历了一系列阶段：(1) 情绪紧张：女孩知道父母会发生争吵（说明之前曾发生过类似事情），但不清楚为什么。(2) 争吵开始了，妈妈尖叫起来。(3) 妈妈尖叫着说要报警，父亲用手捂住她的嘴——显然是第一次肢体接触。(4) 女孩试图打断争吵或分散父母的注意力，干扰父亲的动作；父亲试图勒住母亲的脖子，而母亲仍在尖叫——从用手捂嘴到勒住脖子，这是一个逐渐发展的过程。(5) 接下来，父亲开始反复踢母亲的胳膊和腿（显然她已被打倒在地）。(6) 最后，父亲举起吉他，想要砸母亲的脑袋。这时，女孩试图制止父亲，并用身体护住了母亲；父亲则拿来冰块给母亲敷在伤口上，用这微不足道的行为来作为一种补偿，于是情境中的紧张感也得以解除。（7）第二天，父亲的电话让争吵重新开始，甚至升级为死亡威胁。

争吵持续了几个小时：从当天下午母亲和女儿回到家开始，一直到晚上睡觉时间，甚至持续到更晚。紧张感是一步一步建立起来的，其中包括一系列新的策略和不同级别的强制手段，最后父亲甚至拿出了武器。我们很难分辨母亲的行为与语调经过了怎样的变化，只知道从阶段（1）到（3），她的尖叫声显得更加紧张；在整个过程中，她的尖叫也让对方一直浸润在争斗情绪中。与正常的争吵不同，这一升级过程并未停止在有限的暴力之上，甚至连严重的暴力都未能使它停下。于是，父亲开始搜寻新的动作，试图用戏剧化的方式表现他有多严肃：用手堵住对方的嘴，掐她的脖子，在她倒地不起之后仍然不依不饶地踢她（但踢的只是四肢而不是致命部位），甚至试图用武器去砸她的脑袋（尽管只是比较轻型的武器：一把吉他），表明他已经不在乎破坏自己的财产。不管怎样，他的愤怒是十分集中的：尽管女儿反复干涉，但他并未去打女儿，也没有威胁她；女儿用身体护住母亲时，成功地阻止了整个事件，因为父亲若要砸到母亲就必须伤害女儿。他被浸润在自己的愤怒和妻子的反抗中，但这是一个隧道，而他自己并未意识到隧道的界线，也并未尝试去打破这道界线。事实上，女儿的干涉打破了将他浸润在暴力中的情绪，从而改变了他的情绪。

这起事件展示出了一种短时间内升级与浸润的微观互动模式。这是一种恐慌进攻：在一段强烈的冲突性紧张之后，转化为一边倒的控制，后期更是出现狂热的过度杀伤倾向。在第三个案例中，我们可以看到另外一种情境；在恐慌进攻中炽热的情绪涌动之外，还有一种更加冷酷、反复发生的暴力控制手段，它如同恐怖主义一般，却又在日常生活中例行出现。

芭芭拉与男友比尔同居了12年，其争吵模式总是有着同样的阶段：

> 当比尔喝酒时，虐待行为就会反复发生，因为比尔总是声称芭芭拉并不爱他并准备离开他。芭芭拉的解决方法则是向他保证自己的爱和忠

诚。等她愈发动了感情,比尔就会开始打击她。他会先骂他,然后从言语侮辱升级到身体上的推搡和制伏,以显示自己的力量更强。接下来,芭芭拉会表示自己很难过,然后再次尝试向他作出保证……最近,比尔在发出虐待威胁时开始挥舞一把猎刀。他甚至曾将猎刀横在芭芭拉的脖子上,也曾在不止一个场合刺痛她的胸口。(Stith et al. 1990: 62)

这是一种袭击弱者的模式,特别是在她展示出自己软弱的时刻;攻击者被浸润在她的妥协中。当她在身体和精神上让步的时候,对方便会得寸进尺。这并不是简简单单的男性保证自己拥有控制权的问题。并没有证据表明在这个案例中(在所报告的材料中毫无此类线索)他是在寻回一开始失去的控制权。他们的情境互动(似乎持续了至少半个小时,也可能长达数小时)让他们在虐待的模式中陷得更深。这就像是一场拉长的恐慌进攻的最后阶段,但却既没有明显的冲突性紧张作为开始,也没有突如其来的崩溃;这是态度恭敬的受害者(在这一案例中,受害者因这种态度而陷入从属地位)与反复的攻击行为之间的双向浸润,就像军人向陷入无助的敌人作出残忍行为一样。这就像一张损坏的唱片——唱针陷在唱片中,导致同一段音乐反复播放。在这里,情感基调是低沉和伤感,而不是炽热和喧闹。暴力并没有对两人的关系造成太大压力,而是成为一种已经制度化的游戏和仪式,由攻击者来设定整个韵律节奏。

这名女性"出色"地扮演了受害者的角色,并提供了一种微观互动反馈,让支配者始终浸润在攻击的情绪中。在这一案例中,此类证据是十分明显的。当芭芭拉的心理治疗师告诉她这种模式未来不会改变时,她便采取了行动。

下一次疗程开始时,芭芭拉一脸灿烂的微笑。她告诉治疗师,当比尔再次指责她不爱他时,她辨认出了这是又一次虐待的开始。当时她正与比尔坐在同一辆车里,怀里抱着一大瓶可乐。芭芭拉说,她拿起可乐倒在了比尔的大腿上。"如果我再跟他这么玩下去就完蛋了,我告诉他。"芭芭拉报告说。比尔大惊失色,接下来,他们的谈话焦点集中在了芭芭拉的行为上,而没有继续沿用之前的虐待模式。(Stith et al. 1990: 62)

对处于这种关系中的女性来说,只是建议她们不要再扮演受害者的角色,未免太过简单。有时这可能奏效,有时则可能无济于事。采取反击行动的女性,是在冒险让情境升级到更加危险的暴力;如果女性离开这段关系,就可能会导致另一种升级,例如被迷恋她的男性跟踪等,有时甚至可能会让冲突升级到谋杀的地步(Tjaden and Thoennes 2000;Kimmel 2002: 1350—53)。这与抢劫案中的两难处境很相似:我们之后将会看到,反抗比乖乖就范更可能让抢劫失败,但反抗同时也会增加受害者受伤的可能。

受害者与攻击者之间的相互浸润是一种关键的微观互动过程,让虐待行为获得了情境性的能量。最关键的环节存在于升级过程中,也就是那些反复出现的行为得以固化的时刻。我们仍然不知道这一系列行为是如何开始的,在案例分析中,我们选择的都是能够揭示互动模式的例子,也因此而错失了互动开始的环节。若有研究能够揭示这一点,无疑将会具有重大的实践价值。

施暴者与受害者之间的互动谈判技巧

我的论点中似乎有相当一部分不确定因素。背景条件(压力、生活状态的转变、与社会隔离)并不一定会导致严重暴力,甚至不一定会导致暴力。我之前形容的情境阶段也是如此:在案例研究文献中,某些种类的情境阶段得到了很好的记录,但这些都是在因变量上做了选择,因此只包括那些结果特别残忍的暴力情境。在这些情境中,可能会有弱者(例如哭泣的婴儿)卷入极端化的冲突中,攻击者陷入非人性的情绪,随着时间累积而发展为残暴行为；但绝大部分哭泣的婴儿、弱者和老人都不会遭到严重虐待，因为一般来说事情并不会发展到这种地步。体罚儿童是很常见的，但绝大部分都不会很极端；大部分普通人之间发生的争吵也是如此。

我们无法避免这一方法问题，只是简单地进行大规模比较研究来避免出现选择因变量的情况是不够的；因为这样会受到很多限制，不仅是标准变量的范围受限，也无法找出过程中的互动模式。温和的冲突事件与最终升级为暴力和严重虐待事件的案例之间的主要区别在于过程中的转折点。如果我们能够将以下过程加以比较，就能将其转变为分析上的优势：非暴力的家庭冲突；有限且公平的打斗；两种严重暴力——热血上涌的恐慌进攻，以及冷酷的恐怖主义般的折磨。

这些过程中的微观机制有何不同？不同之处正是双方的情绪与注意力互相浸润过程中压倒一切互动的变量。我们再次讨论一下最有争议性的一点。我曾提出过，人类是不善于运用暴力的，暴力最大的障碍是冲突性紧张/恐惧。这才是人们最害怕的东西，而并不是害怕受伤，也不是害怕被社会惩罚。

这听起来似乎有些不可思议。恃强凌弱、以大欺小、有武器者欺负手无寸铁者，这听起来简直再容易不过。但请扪心自问：你能做到吗？更具体地说，你愿意去打（或者其他形式的暴力）什么人吗？或者说，你愿意跟什么人提高声音说话，或者陷入其他形式的冲突吗？在你的一生中，你在什么时间会这么做？也许这些特殊情境中会牵涉伴侣、兄弟姐妹、熟人、孩子，或者在某些特定情境中也可能会牵涉陌生人。在你能够具体想象的案例中，会发生一个沟通谈判的过程，最终决定了可能会发生哪种暴力；这一谈判过程主要是关于如何控制情境中的冲突性暴力，而不是对惩罚或报复的恐惧。

进入暴力关系的沟通过程是这样发生的：

> 詹妮大学毕业后不久就结婚了。她的丈夫拉尔夫前一年毕业于法学院，正要成为一名前途无量的律师。婚后第二年，拉尔夫开始对詹妮指手画脚。在公共场合，他毫无顾忌地羞辱她智商不够高。当他们

拜访友人归来后，他会批评她的行为举止，说她太爱出风头，不够有女人味。在这些情况下，詹妮始终都是一言不发。她从不反抗丈夫，只是接受他的批评，并且同意改变自己的行为来取悦他。

婚后第二年，拉尔夫对詹妮的心理和口头攻击愈发严重。詹妮再次选择退缩。拉尔夫对詹妮的口头攻击愈来愈频繁，最后终于发展到对其进行身体攻击。这种事情通常发生在深夜里；最后，拉尔夫会坚持用性爱来作为解决问题的手段。(Thorman 1980：139)

看起来，丈夫的职业发展比妻子要好得多；他们的社交活动也更多是与丈夫的同事来往(Kanter 1977)。因此，他是在自己的同事面前羞辱她，同时也是因对她在此类场合的表现不满而开始在家里动粗。他在社会上的地位越来越强势，而她则接受了这种关系。此后，他一再提升自己的权力优势，直至由口头攻击转变为身体暴力。

对这一整体模式的社会学诠释是，在婚姻的前两年里，丈夫发现他在互动市场上的位置相对妻子上升了。他显然并不想离开自己的妻子，或是寻找新的对象；于是他便利用自己在市场上的优势，要求妻子在两人的私人关系和性关系中采取更加服从的态度。布劳(Blau 1964)的原则在这里同样适用：在交换关系中处于下风的人，可以用服从的态度来弥补。他最开始对她的指责暗含着她配不上他的意味，并表明他希望能跟更加门当户对的人在一起；这种指责强化了她的被动和弱势地位。实际上，两人是在探索各自的交易筹码能够转化成为怎样的角色身份。他在学习建立作为支配者的情绪能量，她则在学习如何做一名受害者。

我曾指出过，所有的暴力都必须找到一种克服冲突性紧张/恐惧的路径。这里我将提出我的第二个论点：暴力的特性恰恰在于冲突性紧张/恐惧如何转变。这是一种情境过程，随着时间发展，参与双方（至少在家庭暴力案例中是如此）会共同找到一种路径来克服紧张/恐惧，并将其转化为某种特定的暴力场景。通过同一种路径，参与者发展出了冲突的技术，能够利用自身手头资源去控制对方；这既包括实施暴力的技术，也包括作为暴力受害者的技术。显然，其中某些"技术"并不符合受害者的利益，但它们依然是双方在互动中共同完成的。它们是双方共同学习扮演并且同时扮演的角色。

在恐慌进攻的情况下，这一过程既包含攻击者与受害者之间互相强化的浸润循环，也包括攻击者的自我浸润。不对称的相互浸润发生在军队恐慌进攻的高潮中：被击败的一方陷入了绝望、无助、被动的境地，攻击者则陷入了狂热的杀戮状态，并对无力反抗的受害者感到厌恶。家庭暴力中也存在同样的情况：被动无助的受害者因其流露出来的无力感或失败的反抗而进一步刺激攻击者陷入更加疯狂的过度杀伤中（在之前形容过的案例里，丈夫一直试图寻找新的方式来伤害妻子，最后终于举起吉他试图砸向她的脑袋）。在这里，我们再一次发现了两条岔路：其中一条是受害者的低声下气令攻击者感到厌恶，进而愈发愤怒；这是一个自我强化的循环，攻击者只是因为对方的低声下气让其怒火中烧，因而无法停止攻击。其效果是攻击者与受害者在暴力发生的时刻被捆绑在了一起，这两个有机体互相发送身体与情绪信号，从而进一步强化了他们当下的行为：其中一方愈发低声下气，另一方则愈发愤怒地攻击对方。

下一个例子提供了攻击者的主观视角，虽然它并不是家庭暴力案例，但在这一论点上却与其很相似。两名年轻黑人男子从一辆野营车里绑架了一名老年白人女性：

> 当她回到野营车上时，我们掏出刀子顶着她，命令她开车。她说："我全都听你们的，请不要伤害我。"……她停好车后就开始涕泪横流。"求求你们了，别伤害我，别伤害我。对不起，求求你们了……"我知道那个臭烘烘的老家伙在说谎。看到她眼泪鼻涕一把抓，只能让我更生气，也更厌恶她。
>
> 我跳出野营车，抓住她的肩膀把她一把扔出。她脸朝下摔在泥里。她趴在地上开始嚷嚷："救命！警察！救命啊！警察！快救救我！"

> 我说:"闭嘴你这个臭老太婆!"然后我用最大的力气踢她肚子,踢得她都快喘不过气来。她滚倒在地,缩成一团,呼吸困难;我又踢了她一脚,她像一根棍子一样挺直了身子。我想抓着她的领子把她扯起来,但她身上泥太多,从我手里滑了出去,于是我扯住了她的头发。詹姆斯说:"你瞧瞧她那张老丑脸。"我看了一眼,立刻怒不可遏,打了她二十几个耳光。然后我把她摔到车身上,她滑到了地上。詹姆斯打开一罐汽水,问她:"你想喝汽水吗?"她说:"不,我只求你们放我走。"我说:"我才不会放你走,你这个臭老太婆。我要杀了你。"我再次抓住她的头发,把她的脑袋往车身上猛撞,直到血从她的头发里流出来,沾满了耳朵。然后我把她丢在地上,再次把她踢进了泥坑,让她留在那儿等死。我们开走了她的野营车。(Athens 1989:3)

我们从中不仅看到了攻击者和受害者的互相浸润,也看到了攻击者如何浸润在自己的行动与情绪中[10]。情绪高扬的行为有其独特的身体韵律和张力;就像一名跑步者会陷入跑步的韵律一样,攻击者也会陷入自己的模式。他已经势不可挡,获得了自己的动量。这也是一种情绪恍惚,一种荷尔蒙的大量分泌;就像吃盐渍坚果一样,食欲会自我维持下去,让人感觉良好,无法停止;仿佛坐上了一辆火车,既下不来,也不想下来。这就是自我浸润,它不取决于受害者的反应,而是依赖于攻击者自己的韵律和情绪能量,能够自我维持攻击动作,不断循环下去。

现在我们来考虑恐慌进攻和对受害者冷酷刻意的折磨之间的区别。后者通常会涉及心理上的压力,例如威胁受害者长达数小时,让她抱有取悦攻击者的希望;但攻击者却并不会因她的低声下气而满足,而是将其作为踏脚石走向最终的暴力(例如那名男子最后拿起了猎刀)。在这里,节奏比突如其来的冲突要慢得多;攻击者的情绪基调相对冷静,而不是丧心病狂的状态。恐慌进攻具有戏剧化的特点,能够建立起高度的紧张感,包括对峙的紧张与冲突的紧张,随后又会突然崩溃,转化为过度杀伤的冲动。恐怖主义性质的折磨则更像是悬疑恐怖片：它并不建立在突如其来的冲突事件之上，而是经过攻击者的精心谋划；就算不是有意识的精心计算，至少也已成为一种日常习惯，攻击者反复叱责受害者，在鸡毛蒜皮的小事上和各种场合中找茬，甚至毫无理由地挑起争端。

与恐慌进攻相比，这里缺少的是整个第一阶段，也就是紧张感建立起来并释放成为恐慌进攻冲动的阶段。不过，伴侣之间的虐待有着恐慌进攻后半部分的特点，也就是攻击者和受害者在暴力过程中的相互浸润循环，以及攻击者的自我浸润循环。也许我们可以将这种虐待关系形容为一种截断的恐慌进攻，也就是虐待者找到了一种不同的路径，这一路径同样能够引向恐慌进攻的结果。驱动恐慌进攻的紧张与能量并不是来自于之前的冲突，例如军事战斗、警察追捕行动或一场白热化的家庭争吵，而是来自于支配受害者的过程。这一拖长的心理阶段，正是一方将自己的意愿强加于另一方的战斗过程，体现为攻击者诱使对方摆出低声下气的姿态，而后却又拒绝这种态度，认为其还不足以取悦自己；这成为一种无止境的逗弄，完全处于虐待者的控制之下。虐待者能够从中获得冲突性紧张，并用来驱动自己的暴力行为；这是一种刻意而为的方法（至少在未公开表明的层面上），让自己进入一种愉悦的与受害者之间的相互浸润情境，以及随之而来的自我浸润。虐待者学到了一种复杂的互动技巧，能够通过自己的行动和对方的反应来创造一种情绪回馈的最终状态，而不是进入嗑药般的癫狂。无论多么可怕，这都是一种知识，一种在经常虐待对方时还能让自己感到舒畅的方式，就像瘾君子在吸毒时仍能感到畅快一样。

我们对这种虐待性质的暴力进行了不厌其烦的微观分析，目的在于寻找让这一切发生的某个转折点，或是某些情境性的事件。我们想知道为什么有些人会进入那条隧道，而其他有着同样背景乃至前景特质的人却并不会。我的论点是，这种虐待性质的暴力包括若干种不同的浸润，而双方均会在学习和交涉中进一步发展这种浸润的循环。这是一种心照不宣的谈判过程，也是双方互相试探彼此的长处与短处的过程；在这期间，双方需要利用自己在眼前这一情境中的资源（强制性的力量，物质资源，情绪仪式，互动市场机会等）。这里重要的并不只是资源本身；这些资源会被带入行动，用来控制对方。这其中还会涉及一些技巧；双方也许能够习得这些技巧，也许不能。

从攻击者这一方来看，这些技巧包括了解如何从受害者的浸润中获得力量；与此类似，也要了解如何从自我浸润中获得动力——例如源源不断产生的怒气。通常来说，这些都要视具体关系而定，在特定的伴侣、家庭或群体中都会有所不同；因为如果一个人想要在自己的怒火中越陷越深，他身旁的人就应当早已习惯和默许了他这么做。这其中包括一系列过程，需要一小步一小步地积累起来，就像一支军队在发起总攻前会先慢慢攻城略地。

这些技巧中既有短期的（例如在暴力行动中攻击者自身与受害者的相互浸润），也有长期的（如何一步一步地达到目的）。相应地，也必然会有一些技巧（尽管可能是暗含且不经意的）能够让某些人（显然是大部分人）拒绝走得更远。这包括所谓夫妻共同暴力案例中发展出的技巧；在这些情况中，双方的资源达致平衡，冲突停止，无法进一步发展下去。

从受害者这一方来看，也同时存在一种类似的学习过程，只是这些过程最终会产生可怕的结果。一个人需要学习如何成为受害者。这既发生在暴力进行的短期过程中，也发生在暴力发生之前的长期酝酿中。一个人会学习如何陷入冲突并让自己扮演防御一方的角色，并会愈来愈被动，眼睁睁地看着冲突性紧张/恐惧将能量从自己身上转移给攻击者。人类在情感上倾向于仪式性团结，乐于对彼此保持关注和情绪浸润；如果有其他人在设定这种关注的模式、语调和韵律，人们就会倾向于接受这种设定，从而避免争吵所带来的紧张。这种情况通常仅仅是为了避免片刻的不快而已。但这是一桩赔本买卖，因为当下的团结仪式虽然符合戈夫曼式的表面互动，但最终却可能导致付出更大的代价。无论如何，我们都有理由认为，这是在学习一种让目前的情境尽量少受干涉的技巧。受害者会在特定的情境中学习扮演成为攻击者的附庸；有些人是在偶然爆发的恐慌进攻中习得了受害者的角色，有些人则是在长期反复的折磨中学会了取悦他人。攻击者将这种取悦视为一种游戏，用来制造焦虑感和背叛感。

　　从这一角度来看，用背景因素来预测家庭暴力是具有不确定性的，采用哪种特定路径来走向暴力也是具有不确定性的；这并不是一个方法论或哲学问题，而是一个现实问题。这是存在于人世间的不确定性，因为这关乎人们究竟如何实现一条互动仪式链。究竟会发生什么，取决于在某一特定关系中的双方习得了哪些技巧。要想让虐待与暴力得以发生，两条习得技巧的链条必须同时存在：攻击者必须习得如何对待特定受害者的技巧；这其中可能包括高度的自我浸润，以推动攻击者陷入冲突与暴力；此外，他们还必须习得如何将自己的能量浸润在他人对暴力的反应中。

　　另一方面，受害者则必须习得如何与攻击者相处，让关系得以存续，并不自觉地鼓励攻击者发展他的技巧。在暴力发生时，可能存在两条路径：受害者可能也学到了一些反抗的方法，但却并不足以将冲突限制在普通的、双方力量均衡的范围之内；这一路径会导致紧张感进一步加强，最终导致恐慌进攻。另一条路径则是采取慢性而隐匿的姑息态度，从而导致恐怖主义式的折磨。在这种情况下，受害者可能会获得一些微不足道的仪式性补偿，但最终却会被动地陷入被折磨的角色之中。

　　也许还存在其他一些路径。但是，所有路径都必须依赖于两种习得过程共同发生：攻击者习得虐待的技巧，受害者则习得扮演自己的角色，或者至少也是未能习得如何阻止暴力。这两种角色在霸凌中体现得尤其明显，因为霸凌案例中存在富有技巧的攻击者和受害者——尽管后者的技巧可能体现为社交上的毫无技巧。

　　这既令人沮丧，却也予人希望。背景资源并不是唯一重要的事情，情境性的管理技巧能够弥补资源的不足。情境技巧也许能够阻止打斗，或者平衡双方的能量，从而迅速解决争斗。此外，即使缺乏资源，人们也有可能习得支配技巧。从这一角度来看，也许动用暴力的并不一定是那些失去经济地位或其他资源的男性；暴力并不仅仅是一种粗暴的武力，它也有可能成为一种技巧，让攻击者学会挑选和操控受害者，并令其扮演好受害者的角色。

第五章

攻击弱者（二）：霸凌、拦路抢劫、持械抢劫

最常见的袭击弱者的案例大概是霸凌。这在儿童中很常见，并会随年龄增长而减少，除非是在将成员视为婴儿的全控机构（total institution）中。我也会讨论抢劫案件，因为这是一种生活中常见的犯罪，具有典型的发展序列。这些案例构成了从简单到困难的暴力形式；在每个案例中，攻击者都必须要习得如何容易地实施暴力。

蒙塔涅等人（Montagner et al. 1988）对霸凌事件的社会背景进行了少见的全面而微观的描述。那是一项关于法国托儿所（里面孩子的年龄从3个月到3岁不等）和幼儿园（从2岁到6岁）的研究，研究者们还对儿童的行为进行了录像。这些孩子可以分为五个类型（见表5.1）：

1. 人缘好的支配者：这些孩子社交能力很强，但也令人有威胁感和压迫感。他们总是在跟其他孩子互动，看上去兴高采烈，但也总在跟其他孩子竞争。他们会把其他孩子的玩具拿走，但随后又会还回来；

第五章 攻击弱者(二):霸凌、拦路抢劫、持械抢劫 163

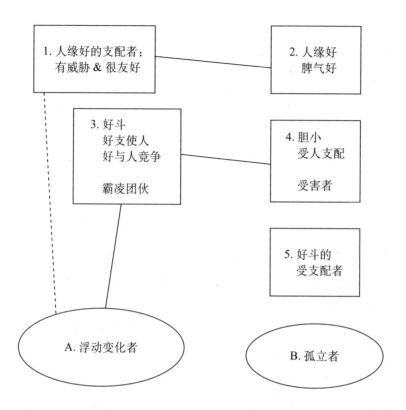

表 5.1 学龄前儿童的霸凌网络

就好像只是想显示他们有能力这么做,好像只是为了好玩而故意挑起小的争斗。一旦让他们获胜,他们就会表现得很友好。

2.人缘好且脾气好的孩子:这些孩子很友好,但没有竞争性;如果其他孩子试图抢走他们的玩具,他们就会拱手相让。这些孩子会与那些受欢迎的支配者(1)建立关系。

3.好斗者:这些孩子总是在与其他孩子竞争,试图支配他人;他们会抢走别人的玩具把人弄哭,然后留着玩具不还,仅仅是为了炫耀自己有能力占有它们;如果其他孩子不再试图拿回这些玩具,他们就会把玩具丢掉。这些年轻的霸凌者彼此之间会有简单的联系,形成小型的霸凌团伙。他们并不会攻击那些受欢迎的支配者(1)，或是他们那些顺从的伙伴(2)；如果支配者与霸凌者之间发生争执，通常都是支配者获胜。

4.**胆怯的受害者**：这些孩子十分胆小，很容易哭。他们是霸凌者们(3)最喜欢的靶子。当他们与其他孩子玩耍或待在一起时，同时也会扮演霸凌者的随从。

5.**好斗的受支配者**：这些孩子通常是被支配的，但他们偶尔也会富于攻击性。他们通常是网络中的孤岛。

除了这五个稳定的类型之外，还有两种例外：(1)浮动变化者，他们会在以上提及的类型中变化；他们通常会与霸凌者(3)建立联系。(2)孤立者：这些孩子不爱社交，不具有攻击性，人缘也不好；他们跟其他人毫无干系。通常来说，这是年纪最小的那些孩子，但他们也可能一直如此，直到三四岁时才会形成某种稳定的性格类型。

霸凌者与支配者很相像，因为他们都具有竞争性和支配力，也都试图与其他人建立联系；他们的不同之处在于支配者更加友好，他们的攻击仅仅是作为一种仪式，与自己的玩伴建立主从关系。霸凌者则处于这一系统的中间位置。他们并不是支配者及其随从网络的一部分；他们创造了自己的网络，既联系着他们自己，也联系着那些系统底层的胆怯的受害者。也许有人会问：为什么胆怯的受害者不与那些支配者明星来往而是与霸凌者建立联系；答案也许在于那些与支配者来往的人并不会如此胆怯，而那些最容易成为靶子的人则会被留给霸凌者。另外一种可能是支配者作为社交明星身边已经聚集了许多孩子，因此要接近他们需要经过竞争；结果，那些没能通过这一隐藏的社交竞争而挤入圈子的人也就不得不与折磨他们的人留在一起，这也是一种退而求其次的选择。最后，我们也许会对(5)的地位产生疑问：那些受支配但偶尔也会显露出攻击性的孩子，在社会阶层中处于下层，社交关系很弱，但是他们也会拒绝一直扮演受害者的角色。这就像高中里那些拒绝承认整个阶层系统从而成为反抗者和怪胎、在学术与文化上标新立异的人。

要理解霸凌，最有用的方式就是将其视为一种充斥着支配与服从的社会关系。它并不是一个孤立的事件，而是一种意料之中、在当时当下被制度化的模式。这种持续的关系包括：以开玩笑的习惯来嘲讽和挑剔对方；在社交生活中孤立对方；偷盗（包括抢夺小孩子的玩具，长大后则抢夺他们的衣服、食物和金钱等）；殴打等。霸凌通常发生在学校和监狱里；在后者的情况下，制度化的支配与服从关系可能还包括强制肛交等单方同性恋关系。

霸凌与长久折磨型的家庭暴力很相似，其微观互动机制同样包括霸凌者在恐吓和羞辱受害者令其忐忑不安时感受到的愉悦，这种心态甚至胜过真正的暴力。霸凌与家庭暴力的不同之处在于，它处于一个更加复杂的社会阶层中。霸凌者在这一社群的阶层中占据了受人承认的位置：他们并不属于精英的一部分，但却处于中间或某个模糊不清的位置上。

在关于英国寄宿制学校的经典小说《汤姆求学记》（*Tom Brown's School Days*，Hughes 1857/1994）中，霸凌者弗拉斯曼并不是学校精英的一部分：他并不是校队中的一员——那些人如蒙塔涅所描述一般，勇敢且属于支配者，同时又对学校理想和群体福祉满怀关切。弗拉斯曼人高马大，强壮粗野，总是大摇大摆地闯入各种寻欢作乐的场合；他和其他霸凌者总是一起喝酒赌博，但他们最喜欢的乐子还是去找年轻男孩的麻烦。他们在宵禁后的宿舍里恐吓小男生，开玩笑般地将他们裹在毯子里抛向空中，并在他们撞上天花板或是跌落到地板上时哈哈大笑。霸凌者也会抢夺小男生的食物、零花钱和他们家里寄来的礼物，并会对他们拳打脚踢、辱骂不止。

这是对1830年代的描述，但在1960年代晚期到1990年代早期的英国寄宿制学校里也能观察到相似的情形。男孩们的仪式包括将受害者头朝下挂在窗外；女孩们的霸凌则更多体现在心理方面。

> 最常见的霸凌形式是"语言攻击"；也有一定程度的身体攻击，不过像"洗澡"（将男生的脑袋按在洗手池里）或"磨砂"（用鞋油将男

生的脸涂黑)等入会仪式已经成为过去的传说。大部分家长对学校都十分满意,不少人都相信"霸凌和挑衅有助于为将来的人生做好准备"。一名曾经的学生说,他的宿舍是"'打新人'[殴打新生或低年级学生]情况最严重的宿舍,几乎每晚都会发生,以至于我[在离开宿舍之后]每晚9:00还会恐慌发作……"似乎一旦社会等级建立起来便再难改变。也许你很熟悉这些事情:自己的东西被"借走",说什么都被嘲笑,几乎被孤立在所有活动之外。(Duffell 2000: 186, 188)

更极端的霸凌形式——偷盗和身体暴力——在男生中比在女生中要更常见。女生中相应的霸凌形式是言语攻击,冷嘲热讽,而不是公开挑衅和羞辱;后者是男生的专利。尽管男女生都会使用某些类似的语言(例如羞辱性的绰号和流言等),但女生很少会当面羞辱受害者,而是更喜欢背地里传播流言蜚语。男女生都会用人际关系作为攻击武器:告诉对方他们不是朋友,将他们孤立在团体之外,无视他们的存在(Prinstein and Cillessen 2003)。女生主要欺负女生(用口头上的、背地里的方式),男生则欺负男生(通常会用更加公开的方式;但低年级男生也会欺负女生)(Pellegrini and Long 2002;Olweus 1993: 15)。随着他们长大,霸凌也就会自然地转变为一种带有性别区隔的阶层系统。女生会在口头上欺负其他女生,大部分时候都是讽刺对方性吸引力不足、在约会市场上不受欢迎;男生则会在肉体上霸凌其他男生,受害者大都被认为身体攻击性不强,这实际上意味着霸凌者对自己充满信心。

许多证据都表明,无论是在学前班、小学、中学、监狱还是军队中,霸凌的受害者都是那些不擅交际、不受欢迎、害羞和缺乏自信的人(Olweus 1993;Farrington 1993;Ostvik and Rudmin 2001;Nansel et al. 2001)。遭受霸凌的儿童也更可能在精神和身体上遭到父母的虐待(Duncan 1999b);这并不是受虐者变成虐待者、从底层爬到上层的故事,而是受害者从一个场合到另一个场合都身处底层。在家里没有地位的儿童,在学校里也会成为受害者。霸凌者在某些方面与其受害者类似。霸凌者与受害者都身处最受欢迎的群体之外，往往会被其他孩子排挤；他们都高度焦虑和抑郁，不过受害者的程度比霸凌者还要高（Connolly and O'Moore 2003；Boulton and Smith 1994；Rican 1995；Kaltiala-Heino et al. 2000）。通过观察学龄前儿童在家里和学前班的行为，我们发现，有弟弟妹妹的儿童在学校和家里都比其他人有更强的支配力（Berndt and Bulleit 1985）。我们也再次发现，在一个场合中具有较高的攻击性，往往会延伸到另一个场合；相反，如果在家里缺乏成为支配者的锻炼机会，那么当儿童（特别是独生子女）进入学校这一更加广阔的场合时，往往也会处于不利地位，更有可能被当成靶子。

有些研究展现了从受害者到霸凌者的转变过程；海尼等（Haynie et al. 2001）发现，中学里的霸凌者中有一半都曾是受害者[1]；这些同时作为霸凌者和受害者的学生，在社会心理和行为测试中得分最低。适应不良者中也分若干阶层：底层是同时作为霸凌者和受害者的学生；其上是纯粹的受害者；再上则是纯粹的霸凌者；在各个方面都适应得最好的，是那些完全没有卷入霸凌事件的孩子。这一结果可能证明了"霸凌者"这一分类同时包括了蒙塔涅的网络中那些支配他人者和不时反抗但并不成功的人（表5.1中的第5类：好斗的受支配者，以及A：浮动变化者）。因此，有些研究（Espelage and Holt 2001）发现，霸凌者与非霸凌者的朋友人数相当；这些可能是真正的霸凌者，也就是在系统中处于中间位置的人。霸凌者比受害者有更广的人际网络（在青春期早期的少年中有证据表明这一点），但更深入的分析表明，他们的人际网络中大部分都是霸凌的辅助者，以及霸凌行为的"强化者"——那些讥讽和悲悯地围观的人（Salmivalli et al. 1997）。另一项研究显示，75%的霸凌者会将其他霸凌者视为朋友（Espelage and Holt 2001）。这些与蒙塔涅的网络模式是一致的。受害者独处的时间更多（Salmivalli et al. 1997）。霸凌者有较高的社会和心理自我认知，尽管在其他方面（例如智力）的自我认知比较低；在社会和心理方面（或者在所有方面）的自我认知得分较低的青少年，最容易成为受害者（Salmivalli 1998）。霸凌者是比较善于社交的孩子；越善于交朋友，成为霸凌受害者的可能性就越低，而成为霸凌者的可能性就会越高（Nansel et al. 2001）。霸凌者具有一定的社交技巧，并会用这些技巧来支配他人（Smith and Brain 2000）。

霸凌者几乎总是出现在中层。作为个体，霸凌者处于社会阶层的中间位置，支配身处底层者，但却并不被高层所接受。从整个系统来看，霸凌最常发生在初中；一项长期研究跟踪儿童从五年级到七年级，发现霸凌在升入中学后增多了，因为儿童尝试在一个新的社会环境中确立自己的位置（Pellegrini and Long 2002）——实际上，这些孩子们从小学一到六年级里年龄最大的，变成中学七到九年级里年龄最小、地位最低的。关于高中的研究（Milner 2004）显示，霸凌在高一达到顶峰。

好斗的孩子往往被认为更受欢迎，但却并不太受人喜爱——十年级学生知道他们社交能力强、人际关系广，但却并不愿意待在他们身边（Prinstein and Cillessen 2003；Eder, Evans, and Parker 1995）。当孩子们认为有人出于实用主义原因而公开表现出攻击性（例如直接威胁、殴打、推搡、挑衅、辱骂等）——"为了得到他们想要的东西"，他们往往会认为这些人很受欢迎。而当他们认为有些人表现出攻击性仅仅是因为情绪不好，他们就会认为这些人特别不受欢迎，并且不希望跟他们打交道。这两者都与蒙塔涅的类型相符：顶层是那些掌握了攻击性技巧并会用其来控制他人的大师，他们抓住了主动权，不会因为他人的行动而影响自己的心情。那些因为自己地位太低而进行反抗的人，只会进一步巩固这种地位。好斗者的风格有很多种类型，我们提到的这两种分别处于顶层和底层；霸凌者再次处于中层。

霸凌与当代美国高中里建构地位的正常过程有诸多重叠之处。这些在米尔纳（Milner 2004）和默滕（Merten 1997）的研究中有详细的记录，也是以下描述的基础。处于顶层阶级的是那些"人缘好"的精英，他们具有支配性的社交能力。要想成为他们中的一员，既要保证衣着跟得上潮流，又要外表出众，从而在性吸引力市场上位于前列；家庭背景好的话自然有助于跟上潮流；此外运动员也被视为精英群体的一部分，因为他们能够广泛地吸引注意力（精英有时又被分为"风云人物"和"运动员"两部分）。最重要的是，这部分网络集中了最多的情绪能量、行动、欢乐和群体兴奋。精英群体中善于言辞的成员会否认成为群体一员主要取决于衣着、金钱或性感程度（下层群体在这方面也许更加大胆）。精英们能够主导人们的注意力，因为他们身边总有有趣的事情发生；他们在学校之外举办和参加最棒的派对；他们在学校里控制了最常见的集会地点，特别是食堂——在那里，社会地位通过谁跟谁坐在一起、哪张桌子最热闹和笑得最多体现出来。被排挤也就意味着远离所有社交活动的中心，这会使人们跌入最低阶层。在一个封闭的系统里，受到排挤并不只是会被晾在一旁，而是同时会吸引负面的注意力。

此外还有若干处于中层的群体，在大型而多元的学校中，这些群体可能差别很大。有些人处于顶层阶级边缘，他们社交能力中等，也可能与风云人物有一些交集（朋友、兄弟姐妹或其他亲戚关系），因此可能会出现在他们的聚会中。有些群体则有着与众不同的文化，如乐队或合唱团中的音乐家；身着黑衣表演先锋话剧的剧团；一系列反文化群体，主要体现为奇怪的穿着，其仪式性的共同点为某种特殊的流行音乐等。好学生和勤奋的孩子往往被贬称为"书呆子"（更加老派的称呼是"书虫"等）。工薪阶层和农村学生通常都是孤立的一群，他们被最受欢迎的学生和中上阶层所轻视，其中有些人可能会组织起自己的团体（也许是暴力或半暴力的）。少数种族可能会形成独立的团体，也许会与其中若干群体形成交集。此外还有一大群普通的孩子，在各个方面都没有特别引人注意之处。

地位低会体现在若干方面，例如衣着不入时（这既可能是有意为之的某种服装风格，也可能只是缺乏时尚意识）；这是最为明显的特征，也常会被人评头论足。但是，最重要的特点是社交能力不强；也就是说他们不够有趣，常常独来独往。社交能力（能够愉快地与他人生活在一起），正是社会阶层系统建立的标准。那些最缺乏此类技能的人也会成为边缘人物，他们代表着两类人的差别所在。用涂尔干的话来说，他们是"消极神圣物"（negative sacred objects）；在宗教和政治系统中，他们会唤起代表正义的惩罚；在一个以社交和娱乐为主的阶层系统中，他们则会唤起代表正义的（也就是完全缺乏同情心的）嘲笑，通常表现为一种欢乐的讽刺氛围。

  这一阶层系统中的许多事情看起来都像是不同形式的霸凌，但若套用霸凌的严格定义（专业的霸凌者与受害者之间具有持续性和剥削性的支配与服从关系），那么这些都不符合。更加极端的霸凌形式，如威胁、身体暴力、偷盗等，并不属于这一系统的一部分。另一方面，在从顶层到中层再到底层的阶层分布中，始终存在着霸凌中常见的行为：排挤；恶毒的流言和背地里的嘲讽；当面的拒绝、嘲笑与羞辱。如果将整个高中阶层系统视为不同等级的霸凌系统，那就未免太过含糊；但是这些较为温和的霸凌也是阶层主体的组成部分：

  1. 个人的等级取决于他们与谁来往，因此也取决于他们不与谁来往。学生们会被分为许多类别，拥有各自的标签和名声，特别是在新生刚刚入学的时候（高中的九年级和十年级，初中的七年级）。因此，如果小学时或邻居的朋友被归进了不受欢迎的类别，那么某些孩子就有充分的动机来与他们切断关系。想要向上爬的孩子通常会有动机来通过指责和拒绝这些曾经的朋友，从而展示自己与他们之间的距离和自己比他们优越；这导致他们可能会将负面的刻板印象套在对方身上。因此，友谊中可能会掺杂两面三刀、虚荣和机会主义。

  2. 有一种主要的娱乐形式就是用令人不悦的方式来议论他人。既然阶层地位是建立在娱乐、幽默和活跃的基础上，那么最方便的娱乐性谈资就是取笑其他学生：讲述关于他们的尴尬故事，对他们的衣着品味、性吸引力和社交中的失态评头论足。在这个自我意识强烈的社区中，集体狂欢主要建立在追随者中那些下层者的行为之上。不过，这并不是单纯的自上而下的行为，因为学生也可以制造关于自己群体成员和上层精英的流言蜚语。这样一来也就进一步引发了关于背后戳朋友刀子的埋怨。

  3. 当下层成员闯入上层成员聚集的领地时，上层成员往往会集体公开嘲弄他们；那些闯入他们在食堂中的特定角落，或是他们在放学后的聚集场所的人，很可能会引起注意并受到不友好的对待。

不过这些并不算是霸凌，因为这是在中上层的受欢迎者中不断进行的互相嘲讽，许多人都可能既是嘲讽者又是被嘲讽者。但这一系统中依然有可能发生全面的霸凌事件，事实上霸凌正是由这种气氛所引发的。霸凌有两种形式：对替罪羊的长期集体霸凌，以及专业霸凌者对格外软弱的受害者进行的霸凌。集体霸凌由对替罪羊的群体嘲讽组成；并不仅仅是在背后嘲笑他们，还会在大庭广众之下羞辱他们。这种群体行为有可能升级为恶作剧和身体暴力；例如将一名不受欢迎的男孩锁在柜子里，或是拿走他的裤子，或是偷走他的衣服或午餐。通常来说，这些行为都是在沸腾的幽默感中作出的，被视为恶作剧和找乐子；受害者当然不会这么看，但是阶层系统的边界让那些处于上层的人无法感受到他的视角。最过分的霸凌通常都是针对男生。①

这种情境中也可能产生专业的霸凌者。他们一开始也许是暴力恶作剧或群体嘲讽中的领头者（我们也许可以称之为"嘲讽者领袖"）。从这一角度来看，他们类似于群体中作出大部分暴力行为的少数暴力精英（第十章中对此有所描述）。但在这些霸凌行为中，有5%—10%并不属于阶层系统中的精英，而是只发生在中下阶层中；这些人是上层阶级的"捕头"或"卫兵"，用来跟最底层的人打交道。这些专业霸凌者逐渐认可了这一角色；他们培养出了特定的技巧，并与受害者之间建立起特定的共生关系，结果特别擅长折磨

---

① 图5.1：霸凌者玩弄受害者时的表情。我们可以用该图代替学校及监狱中霸凌行为的微观情境来作出说明：菲律宾游击队领袖与两名美国传教士合影，后者被其手下绑架来索取赎金。请注意图中有两种假笑：霸凌者盛气凌人的笑容，受害者被迫露出的笑容——用埃克曼（Ekman 1978）的话来说就是"悲惨的微笑"（miserable smiles）。另外还有一名美国俘虏被砍了头。被绑架一年之后，在军队与游击队的一场枪战中，男传教士被杀，女传教士则受了伤（2002，Reuters）。

对方。从这一角度来看，他们与那些同时对受害者施行心理和身体折磨并将其困在长期关系中的家庭暴力施虐者十分相似。霸凌关系一旦建立起来，就可能会延续数年（Olweus 1993：28）。

全控机构的光谱

在一个特殊的环境中，霸凌会出现得格外频繁，那就是全控机构。它们都是封闭的社区，与周围的世界相隔离，其中大部分或全部生活都要集体进行（Goffman 1961）。因此，这是一种封闭的声誉系统，所有人的社会身份和声誉等级都为其他人所知晓，并渗透在日常生活中，无可逃避。从这一角度来看，机构根据其全控程度存在于一个光谱之上；最严重的霸凌往往发生在全控程度最高的机构中，较轻的霸凌则发生在部分控制的机构中，这就像寄宿学校与走读高中的区别。在有些学校，社交程度最高的行动都发生在校园里（例如运动赛事和舞蹈表演）；有些学校则存在更加特殊化的休闲活动网络。相比之下，前者的全控程度高于后者。更有甚者，学生可能会将学校打造为胜于全控机构的场所，因为他们能将父母和家庭排除在这一网络之外：他们拒绝告诉父母身边发生的事情，也羞于被同学看到自己与父母在一起；此外，他们还会切断与邻居家朋友的联系（至少在学校中时如此）（Milner 2004）。这些行为都让高中成为一个金鱼缸，亦即一个人造的全控机构[2]。

全控机构可以通过若干方式导致霸凌。这里没有逃脱之路；弱者无法从折磨他们的人手中逃离，施虐者很容易接触到受害者。这是一种信息丰富的环境，因此弱者一旦被发现，就会人尽皆知。此外，这里既存在丰富的仪式，可以加强团体成员的归属感，也存在精神上的仪式性惩罚，用来惩罚违反群体规则的人。最后这里还存在有限的注意力，这会导致强烈的对"行为发生场所"的关注，并隐含着对注意力的激烈竞争；结果，那些没能进入注意力中心的人就会体到更加强烈的排挤，其情绪能量也会逐渐干涸。

全控机构的另外一个关键特征是职员与居民的分野：教师与学生，军官与受训士兵，警卫与囚犯，夏令营的管理者与营员。尽管居民内部也存在不同等级即支配关系，但他们的身份依然有一个共同点：他们都是学生或囚犯；这一群体身份会通过若干行为得到巩固，例如呼叫职员请求帮助，或是对其他居民的行为打小报告等。监狱中最残忍的惩罚就是留给告密者的。在全控机构中建立地位的一种方法就是表忠心，也就是不去告发其他人的越轨行为。这使得其居民倾向于自我管理和自我分层，且其标准往往与职员不同。

居民中的阶层通常都是强者与弱者的区分，也就是社会中心与边缘的区分。通常都是机构中年纪较长和更有经验的成员来支配新人。这里我们需要区分霸凌（作为一种长期过程）和欺侮（仅仅作为一种入会仪式，一旦通过就可以成为群体一员）。欺侮通常是机构中传统的一部分，是群体吸纳新成员的惯常方式，尤其是在资格最老的群体毕业或离开时；因此，欺侮也是为了保证一定的向上流动性。欺侮的另外一个结构特点是群体中有强烈的仪式强度，因此存在明确的界线，内部人士与外部人士之间也存在一种象征性的道德区别。因而，在兄弟会等半全控机构中，成员几乎生活在封闭环境里，其日常生活、社交和娱乐都是集体进行（通常只有在上课时才会离开群体环境），他们也会发展出包括羞辱和体罚在内的欺侮仪式。这种群体中进行的欺侮通常会在娱乐和狂欢的气氛中进行，至少在暴力实施者一方看来是如此；这也可以令整个行为合理化。导致欺侮的结构环境，恰恰也会刺激仪式性的狂欢与破坏。20世纪早期，美国大学与日常生活之间的隔离更加明显，学生通常全部是男性，从周一到周六都要上课，还要接受宿舍规章、食堂时间表等限制。他们也有涉及仪式性暴力的传统，例如大一与大二学生要在一年中的某一天（通常是学期开始或结束时）进行打斗（Horowitz 1987）。这再次体现了欺侮的一种典型模式：曾经受到欺侮的群体会带头对下一个新生群体进行欺侮。从这一角度来看，欺侮与霸凌很相似；霸凌者通常是中层群体，而不是精英。至少在学校中（而非在监狱中），新生的入会仪式可以代替霸凌；

由于这是一种群体实施的行为，受害者也是作为群体而非个体而存在，因此受害者群体中存在一定的团结，而不会让个体对霸凌者产生长久的服从。群体霸凌既可以代替个体霸凌，也可以成为一种结构上的障碍。然而，如果学校中还存在其他群体，那么在这一框架内，拥有不同特权的群体依然有可能实施针对个体的霸凌。

全控机构中的职员有时也会鼓励居民中形成阶层，官方甚至会认可并支持这一阶层 (Lloyd-Smith and Davies 1995)。英国贵族寄宿学校传统上来说会将宿舍纪律管理和仪式性的领导权交给年纪较大的男生；新生会被指定为某个上层学生（美国人称为高年级）的仆人，为他拿书、跑腿、打扫书房等，这些行为被称为"fagging"（后来也被用来形容同性恋行为）。这一官方认可的阶层制度导致程度不一的霸凌行为 (Hughes 1857/1994)。尽管只有高年级男生和学校指定的学生首领有权指定新生为自己的"跑腿者"，但是位于中层的大男生通常也会滥用这一阶层制度，非正式地要求新生为自己跑腿。教师和位于上层的男生都了解这一点，但他们认为这些男生应该管理好自己的事务，而不应通过官方渠道去解决问题。学校官方将权威委托给上层男生，这一模式又进一步传递下去，其中也存在滥用的情况。

官方实行的仪式性体罚也鼓励了霸凌暴力：学生可能会因在背诵和翻译拉丁文（当时教育的主要形式）时表现不佳而被校长揪耳朵；也可能会因严重破坏校规而在全校或全宿舍面前被公开杖打，而这些惩罚都可能会被下放给学生领袖来执行。

学校同时也创造了一种气氛，让残忍的游戏被当成正常的娱乐。休斯所描述的拉格比公学正是拉格比橄榄球的发源之地，学校非常鼓励将运动作为学校传统的一部分。各个阶层都存在玩笑式的打斗：年轻的男孩不仅是受害者，也会参与一些群体游戏，例如在睡前或刚起床时互相扔拖鞋等。霸凌者则更可能会以能伤害到对方的方式去投掷鞋子，而保护受害者的人也会采用同样的武器。这并不仅仅意味着霸凌可以转向新的受害者，同时也表明有些暴力可以被当成一种庆贺方式，因为双方是对等的，并且其中存在乐趣。

在学校中，在最上层的男生之下，还存在其他阶层分野。休斯（Hughes 1857/1994）指出了三种恩庇关系：有些男孩会谄媚霸凌者，主动为他们提供服务、曲意逢迎，通过充当中间人而跻身阶层之中，寻找能够为之跑腿的目标，并传播关于受害者与反抗者的故事。从这种拍马屁的路线开始，往往是最后成为霸凌者的一种路径。其他男孩则被形容为"宠物"，他们往往相貌清秀（也许是同性恋情的开始），会得到高层男生的保护；这些保护者并非霸凌者，而是社交精英群体中的成员，他们可能会选中这些男生为自己跑腿，但只交给他们一些轻松的杂活，以确保他们不被其他人呼来唤去。学校里道德感最强的那些男孩则会去保护最弱小、害羞或具有艺术气质的年轻男孩，有时也会在权威机构的鼓励下或是出于家庭关系而去这么做。在现实生活中，这三种情况可能会混杂在一起；休斯在他的书中描述了一名英雄，他是一个好心肠的恩庇者，与朋友一起暴打了一名拍马屁者，因为后者擅自闯入他的保护圈；在这场殴打中，他使用的方法与霸凌者对受害者所做的并无太大区别。建立在暴力和保护之上的社会阶层，在圈内人看来可能一清二楚，但在圈外人看来也许就很难分辨。

监狱中的情况更加复杂。尽管囚犯中存在相当程度的暴力和其他形式的剥削，但其中大都不是霸凌，或者是情况太过模糊而难以被定义为霸凌（O'Donnell and Edgar 1998b）。监狱中通常都会有一种地下经济：购买或交易非法偷运进来的商品，包括毒品；也包括合法商品的交易（例如电话卡、个人用品和香烟等），既可能是借来的，也可能是偷来的；此外，游离于边缘的行为还有强迫借款等。作为一种无规管的经济，囚犯会用暴力来解决争端和收回欠款，同时也会彼此偷盗。囚犯中卷入暴力的比例（无论是作为受害者还是虐待者）比卷入长期一对一剥削和霸凌关系的比例要高。更有甚者，也许正是因为监狱生活中的匮乏经济，那些严格意义上来说的霸凌者才会受到物质和功利主义的驱动。相比之下，学校中的霸凌大都是在封闭的情绪气氛中，出于争夺特权和支配权而进行的。监狱霸凌确实也会涉及类似的技术——排挤、嘲讽、偷盗、殴打。嘲讽也会用在其他地方，作为囚犯的一种娱乐形式；这种互相羞辱往往会导致斗殴，但却并不总是会产生霸凌的等级，因为殴斗会阻止进一步的羞辱。在所有其他类型的暴力和斗争中，同样存在霸凌；它也有着欺负弱者的典型形式。

无论是在监狱还是其他地方，受害者的性格和行为也与其成为受害者有关；但导致他们受人霸凌的弱点，应与监狱生活中的其他方面区别开来（Edgar and O'Donnell 1998）。参与实用主义的活动，例如在黑市中交易商品，或者仅仅是借与还，都可能导致斗殴。日常时间与空间中的活动生态都可能导致危险（Cohen and Felsen 1979），例如在浴室或厕所中，或是在访客区域等，攻击者很容易接触到受害者，受害者也不在权威的保护范围之内。有些斗殴是受害者挑起的：输的一方恰恰是挑起斗殴的人；而预测会否遭到袭击的关键因素，就在于他们是否曾经袭击过他人。不过，最准确的预测霸凌的方法，并不是看是否发生过袭击、威胁或羞辱（这些通常都是双向的），而是看受害者是否在公共区域遭过抢劫，或是手机被偷、被迫借钱等情况，抑或是遭受过排挤，例如不被允许使用公用电话、电视或游戏设备。支配者从来都不会经历这些情境，虽然他们有可能会遭受羞辱和袭击（O'Donnell and Edgar 1999）[3]。

在某一个方面软弱，就可能导致在另一个方面同样软弱（O'Donnell and Edgar 1999）。容易遭受霸凌，不仅仅是外表或体能不济的问题。除了个子小、体力弱，弱者还可能意味着智能不足或教育水平低下，或是财产较少，或是此前并无入狱经验。其他弱点则可能包括性格和行为，例如表现得沉默、胆怯或是焦虑；试图逃避与其他囚犯的接触；与狱卒太过接近等。简而言之，那些令人在监狱中（或是在任何阶层系统中）沦入底层的行为，都会让人显得软弱。

底层的地位并不足以引发霸凌关系；霸凌是在互动过程中发展起来的。羞辱往往只是第一个阶段。某种意义上来说，这是一种测试，用来看对方会如何反应。羞辱也能伤害一个人的声誉，像流言蜚语一样传播开来，导致排挤和隔离，进而导致社交上的软弱；结果便是，既缺乏可能的后援和第三方的干涉，又缺乏情绪能量，致使打斗的能力和精神都不足。另一方面，在监狱中，羞辱是一种日常活动[4]。如果羞辱没有得到回应——无论是仪式性的反击还是其他升级行动——就会传出软弱的名声。如果表现出恐惧或是缺乏自卫意识，那么依照监狱的标准，就会引来更多攻击。

最无药可救的是哭泣：

> 我们的囚室里有四个人。其中一个见了访客后，带回来一些印度大麻。他分给了我们。我们开始打枕头仗。他显示出他是最弱的一个。我们三个开始集体攻击他。我们把书塞在枕头里。最后情况变得很不好看，我们开始揍他。一开始还像是开玩笑，后来就认起真来。我的朋友把他按在床上，我把枕头压在他脸上。他开始哭起来，我们则开始打他。我说："你要再哭，我们可就当真了。"我又把枕头按在他脸上更长时间。我的朋友把扫帚捅进他的短裤里。如果他反抗了，一切就会在这里结束。如果他站出来维护自己，一切都会不同。但他却只是一动不动地躺着，结果另一个男孩将扫帚捅进了他的肛门。我不知道我们为什么会这么做。在囚室里，我们常会觉得无聊，然后就会想办法找乐子。不幸的是，我们往往是在弱者身上找乐子。（O'Donnell and Edgar, 1998a: 271）

这一事件具有群体狂欢的特点，潜在的受害者一开始只是想与同屋人分享自己的毒品；等他逐渐表现出弱点，针对他的攻击就开始升级；其他人开始觉得有趣，就像恐慌进攻的最后阶段，但更多却是出于一种对不符合群体成员标准者的反感，因为他未能表现出男性气质应有的姿态。

对羞辱和挑战有所反应，往往能转变事情的方向。软弱的个体可以通过一种仪式来提升自己的地位：

> 我正在会见室里等待访客。我们都在读报。一个街头的朋友在报纸上看到了一个女孩，他说她看起来像是我的老婆。另一个家伙抢过

>报纸说:"我认识你老婆。所有人都上过她。"我让他闭嘴滚开。结果他冲我一顿猛踢。我坐在那里,他就扑过来拳打脚踢。我被打得全身是伤。后来过了几周,我正在等着上庭,这个家伙又找上了我。他冲我要烟。我说:"滚开,我才不会给你。要是你想跟我单挑,那就试试吧。"那家伙说:"要是单挑,你知道你肯定会输的。"我说:"我知道,但我什么都不会给你。"他说:"你还不错。"后来他跟他的手下一起出现,问我开庭情况怎么样。他又说了一遍:"你还不错。"然后他就走开了。(Edgar and O'Donnell 1998: 644)

在英国的监狱文化中,对付告密者和性侵者,哪怕使用激烈的攻击或嘲讽,也往往会被认为是合理的。囚犯常会被错误地标示为性侵者,这种谣言往往是霸凌的开始,因为它相当于将目标流放,从而将其与可能进行反抗的同盟切断联系。在监狱里针对性侵者的霸凌,显示了更普遍的其他机构中的霸凌形式。为了让霸凌弱者显得更合理,人们会创造出一种文化自卑的意识形态。在英国的监狱中,那就是指责对方为性侵者;在美国的公立学校中,则往往是指责对方为同性恋者(大部分情况下都是不准确的)[5]。在寄宿学校里(包括那些同性恋较为普遍的英国学校),这种意识形态会体现为不同的形式。在所有的案例中都存在一种文化阶层,它又反过来制造了借口去攻击弱小者;如若不然,这种攻击就会显得不那么光明正大。

群体中是否存在暴力文化,并不是霸凌行为发生与否的决定因素(尽管它可能会影响霸凌的形式)。因此,霸凌并不是社会阶层的产物。寄宿学校存在最多的霸凌现象,是因为它们的全控程度更高。日本的公立学校被认为很容易发生霸凌现象;其管理结构高度官僚化、阶层化、标准化;与此同时,其活动也是以集体为中心(Yoneyama and Naito 2003)。它们有丰富的仪式,高度关注内部团结和外部界线;加上内部阶层化制度,进一步强化了服从的必要性。针对新来的转校生的霸凌攻击格外严重;我们并不清楚这是否是一种入会仪式、受霸凌者最后是否会获得接纳。日本总体来说暴力犯罪率很低,集体控制和群体归属感非常强。因此，暴力的发生是结构性的，人们能够预料到其发生的时间地点，也就是新成员进入高度仪式化群体的时刻。

当美国儿童从小学进入中学时，霸凌变得更加集体化，也更加集中于一小部分底层受害者身上，并会从身体上的霸凌更多地转移到心理和语言上。十一二岁的儿童进入更大的学校和阶层结构；性吸引力市场会带来一个名誉系统，其中每个人都会被公开评分，从而也会在意识形态上将霸凌合理化。这是群体霸凌的巅峰。年纪稍长的少年，尤其是高三学生，一般都在考虑将来的教育或职业，所以会有更多学校之外的社交网络，这可以让他们摆脱学校中的阶层系统，而那种阶层系统正是孕育霸凌的土壤。大学中的活动和网络则更加开放和多元，这也减少了霸凌现象的发生——一方面用制度化的同学关系和欺侮新生仪式取代了霸凌，另一方面也分散了群体注意力。霸凌的程度与学校的全控程度相关。

在美国的公立学校中，霸凌（至少是群体排挤和嘲讽形式的霸凌）在小城镇或郊区社群中要比在大城市中更加普遍。这些学校之所以会有更多的霸凌现象，是因为它们在光谱上比都市机构的全控程度更强。都市学校中的学生往往上学要走很远的路，在学校之外也会参加更多文化活动。这一点与我们的直觉相违背，因为我们往往认为学校暴力更常发生在城市中的少数族裔学校里。但是，霸凌和黑帮（贫民窟和少数族裔聚集区最典型的暴力组织形式）在结构上是反族裔的。黑帮将暴力分流成为横向的冲突，通常发生于两个黑帮之间；它们内部缺乏分层，外部则只通过成员和非成员来区分。非成员也许会成为攻击和剥削的目标（例如抢走他们的午餐、衣服和钱），但这并不是行动的主要形式。霸凌多发的场所，如英国的寄宿制学校，通常结构是垂直的，内部和外部都有明确的阶级意识；然而学生却并不会形成帮派，在霸凌关系之外也不会形成暴力文化。帮派会在其内部产生暴力循环，但帮派所在的学校和社区却并不是霸凌多发的场所，也不会发生大规模的针对霸凌的报复。就算发生了帮派成员对非成员的霸凌，受害者也能清楚地将帮派成员认定为罪犯，因此并不会在学校中针对他人展开报复[6]。

暴力帮派团伙中那些凶神恶煞的大块头，在外人眼中看来也许像是霸凌者，但在帮派内部，霸凌者与受害者之间并不存在规范化的关系 (Jankowski 1991; Anderson 1999)。帮派中的暴力精英特质将霸凌受害者事先排除在了群体之外。帮派经常会进行欺侮新人的仪式；与大块头进行一场打斗，或是被众人群殴，往往是加入群体的条件。但是欺侮仪式往往是进入精英群体的过程，因此一旦获得承认，也就不会再遭到霸凌。同样，我们也应当分清帮派对弱者的攻击和长期的霸凌关系。因此，在美国少数族裔街区，从另一个街区过来的年轻人（也许是因为他们在这里有亲戚）也许会遭到一个大帮派的暴力袭击，但这种事情既不会反复发生，也不会成为剥削性的支配与服从关系，或是产生众人皆知的霸凌者和受害者。

我们应当怀疑下面这种常见的说法：霸凌的受害者往往会变成霸凌者。霸凌的受害者有时也会进行报复，但我们所知的报复形式（例如大规模校园枪击事件），与最初的霸凌从形式到程度上都大不相同。霸凌是一种持续的关系，正因其长期持续和难以改变而变成一种折磨；校园枪击则是短暂的事件，并不存在支配性的个人关系。据估算，学校中有 5%—15% 的孩子会成为霸凌的受害者，7%—17% 会成为霸凌者 (Olweus 1993; Duffell 2000; Nansel et al. 2001)；对霸凌的报复则比例很低；绝大部分学校中（超过 99%）都不会发生枪击和屠杀，也不会发生严重的暴力 (Kimmel and Mahler 2003)；这意味着绝大部分霸凌受害者对报复最多只是想一想罢了。霸凌受害者的确可能翻身成为霸凌者，对特定的他人进行嘲讽、排挤、偷盗和攻击；但这意味着对学校中的阶层系统进行大规模的反转。关于初中与高中的阶层的研究表明，这些系统中从下往上和从上往下的流动性都非常低，只有中层可能发生一些变动 (Milner 2004; Franzoi et al. 1994) [7]。调查表明，霸凌者中只有 2%—3% 同时也是霸凌的受害者 (Haynie et al. 2001)；这些调查可能对"霸凌"一词的使用不够准确，也许包括了所有形式的语言攻击、排挤和暴力，而没有考虑到持续性的、反复性的关系才是霸凌的社会与心理核心。

霸凌的受害者通常并不会成为霸凌者，这部分是因为他们选择了其他路径:这也可能成为自由意志的来源。最厌恶全控机构的人,往往在释放前(或毕业前)会成为经验丰富的反权威主义者。至少在美国学校中,这些学生大都是专注学术或艺术的人,他们与那些热爱派对的社交狂人和运动员并无来往(Milner 2004);这两个群体又会分别倾向于接受反权威和权威主义的成人观念。在个人层面,霸凌并不会通过报复持续下去;其决定因素在制度层面。

拦路抢劫和持械抢劫

抢劫是攻击弱者最常见也是最直接的情境,因为攻击者与受害者之间往往过去并没有过互动,也没有时间来形成互相接受的角色关系。这种攻击与之前讨论的那些也不同,因为它并非发生在家庭或全控机构等制度形式中,而是发生在由陌生人组成的公共空间里。它所在的领域正是戈夫曼所谓的"公共空间行为"(behavior in public places)。这些特点使得这种情境能够充分体现出暴力冲突中的群体情感能量控制过程。

这包括一系列动作,较温和的包括涕泪横流的乞求和用接近暴力边缘的非暴力动作抢夺钱包等,最激烈的则包括拦路抢劫和使用武器等可能升级为严重暴力事件的行为。这些攻击可以大致分为若干类,有些仅包括最低限度的当面冲突,有些则以正面冲突为主要形式。

冲突程度最低的抢劫行为是抢包,尤其是在飞驰而过的交通工具(例如摩托车)上实行的抢包。如果是洗劫醉汉或吸毒后的人,基本上不会发生什么冲突;这些"翻外套的人"(Jack-roller,20 世纪初流行的一个词语,Shaw 1930/1966)会挑选那些彻底不省人事的家伙作为目标,而不是仍有精神蹒跚行路的醉汉。因此,攻击者所逃避的并不仅仅是身体上的反抗,而是与另一个神志清醒的人发生任何沟通和互动。抢劫中一个稍高等级的类型是"背后袭击",即从受害者的视觉盲区出其不意地出现,从背后抓住受害者的胳膊,使得他们无从反抗，并避免与他们面对面。也许有人会认为这是为了避免被人认出，但同时，这也是为了避免冲突性紧张/恐惧；就像我们在近身军事战斗和处决中所看到的那样，直视受害者的眼睛会阻碍攻击的发生[8]。

抢劫者一般都很年轻；大部分在21岁以下，而那些最逃避冲突的抢劫行为往往是最年轻的抢劫者（通常只有十几岁）作出的（Pratt 1980；Shaw 1930/1966）。年轻的抢劫者可以一路向上爬，转而采取包含更多正面冲突的抢劫形式；这里存在一个抢劫界中的阶层。通常来说，抢劫都是两人一组，但在约20%的案例中（英国和美国），抢劫者是四人或四人以上一同行动。当受害者多于一人时（例如一小群人），抢劫者往往人数更多。其中一个案例发生在一个周日夜晚的10：30，在一所城市大学的宿舍附近，六名十几岁的男孩袭击了两名大学男生，但当一名便衣警卫出现并开始追赶他们时，他们便四散而逃了（*Daily Pennsylvanian*, Feb. 2, 2004）。那些大学生受害者的被动和恐惧姿态令他们显得格外软弱，但警卫的攻击性姿态很快就将恐惧的情绪转移到了抢劫者身上。

对抢劫者的访谈显示，他们主要关注的是如何选择软弱的受害者，以及如何控制自己的恐惧（Lejeune 1977；Lejeune and Alex 1973）。在冲突发生之前，抢劫者会反复回想过去成功的抢劫经验来安抚自己；他们同时也会通过在同伙面前自我吹嘘来虚张声势，进而在同伙的支援下建立一种兴奋情绪，从而在开始行动之前驱散恐惧。在实际冲突阶段，抢劫者会通过挑选软弱的受害者来驱散恐惧，尤其会挑选那些看起来受人尊重的、行为端庄的上层阶级；在抢劫者看来，他们基本不会反抗[9]。当一切都进展顺利，抢劫者会感受到力量，同时顺利抢到财物；通常他们会将自己的行为形容为关乎种族或阶层正义，从而将其进一步合理化（Lejeune 1977；Jankowski 1991）。

持械抢劫涉及更高程度的冲突（Katz 1988：169—94；Luckenbill 1981）。一方面，受害者必须得看到武器，明确知道武器的存在，并且明白如果自己不服从，对方就会使用武器。因此，这在本质上是一个更加具有互动性的沟通场景。此外，持械抢劫者会试图放大自己的优势，而不仅仅是依赖手中强大的武器。街头抢劫者喜欢挑选老人、体能不济者或是比自己个头小的家伙。持械抢劫者（及攻击性特别强的非持械抢劫者）则会摆出特别具有威胁性的姿态，例如展示肌肉等；他们也可能会通过衣着风格来进一步强调自己的身份。抢劫者的目标在于震住受害者，从而获得情境中的支配权。

抢劫者会进一步寻找能让受害者变得更加弱小的情境。街头抢劫主要发生在深夜10：00到凌晨5：00之间（Katz 1988：170；Pratt 1980），部分因为这正是醉汉出现在街头的时间，但同时也是因为这段时间街头大多空无一人，孤身一人的受害者或一小群人很容易被发现。在这里，实用主义的考虑（目击者较少）可能并不是那么重要；相比之下，更重要的是抢劫者有一种在自己地盘上行动的感觉——在这种情况下，是在属于自己的"时间"里行动。抢劫者拥有整个深夜，而受害者则往往不太习惯在这个时间段外出活动。相反，大白天在热闹街头出现的抢劫很少见，部分是因为气氛完全不同；路人的心态更加轻松，看起来不太像软弱的受害者，而抢劫者的冲突性紧张/恐惧程度则更高，因为他们失去了自己的能量。另一方面，如果想要抢劫银行或商业目标（如珠宝店等），抢劫者通常会挑选只有较少顾客在场的时间（因此他们会避免在中午行动）（Morrison and O'Donnell 1994）。

街头抢劫者会利用更多的技巧来支配受害者。他们可能会玩"墨菲游戏"（Murphy game，一种广为流传的犯罪技巧，以至于已经在美国犯罪史上占有一席之地），在这种情况下，受害者往往正在进行某种非法活动，例如寻找妓女或购买毒品（Katz 1988：170）。因此，受害者不太可能报警寻求帮助；更有甚者，他们陷入了一种不利的境地。受害者从一开始就鬼鬼祟祟，不得不相信自身处于下层社会的角色，并在某种程度上依赖他们；他们则会威胁要去告发受害者，同时让受害者相信他们必须合作来避免被发现[10]。

另外一种情况是受害者看起来有着较高的社会地位，这时抢劫者就会利用他们乐善好施的性格（Katz 1988：174）。一个看起来穷得叮当响的人和（或）受到歧视的少数族裔主动接触一名陌生人并索取钱财，或仅仅是为了问路或搭话；在这一情境中，主动进攻者与被动地进入这一场景的对方共同陷入了孤立的情境中。一旦进入这一情境，就可能随之发生持械抢劫；有时，如果受害者浸润得足够深入，不做反抗地接受了对方索取越来越多金钱的请求，那么抢劫者甚至不需要拥有或声称拥有武器。中产阶级白人可能会察觉到被人强迫的危险，但情境不利于他们，因为他们心里很清楚：如果自己行为不当，就很可能会被认为是势利眼或种族主义；他们被迫维持一种舞台表演性的礼貌，但同时也很容易被认为是伪善[11]。①

能否支配受害者，往往要看能否抓住好的互动时机。当商店老板打烊关店时，抢劫者会出其不意地拔枪指着他；这并不是出于一种实用主义的考虑（这时商店老板手中有更多钱），而是因为时机非常合适：商店老板转身去锁门，或在未能观察附近情况时踏出店外[12]，或是从一个场景转移到另一个场景；抢劫者恰恰瞄准了这一时刻。支配受害者的关键是占据微观情境中的优势，建立一种有利于抢劫者的节奏，并从受害者手中夺过控制权；这要比展示武器更重要，有时甚至能够取代武器的地位（只要暗示存在武器就好了）。支配受害者意味着控制情绪动量，掌握主动权，让整个情境倒向攻击者，并让受害者陷入一种无力控制局面的感觉。

抢劫者会时刻观察受害者是否流露出恐惧，并试图利用这一点。他会从恐惧和其他类似的情绪中汲取能量。有时这甚至会不利于警方：

> 朋友和我正在砸保险柜，这时一个货真价实的年轻警察出现了，他拔出枪来说："你们被捕了，举起手来！"我想到的第一件事就是十年徒刑，我可不想再进监狱了。我决定绝不束手就擒。警察走近我们，我想把他的枪打飞，但我不知道他的搭档在哪里。他看起来很紧张和恐慌。我暗想他可能不会开枪，但我也不在乎这一点。然后我发现他并没有搭档在场，于是我便打算对他动手，因为我必须逃走。当他走向我们，我一锤击中他的脑袋[事实上杀了他]。(Athens 1980: 24)

---

① 图 5.2：街头冲突中的情境支配 (New York, 1997)。

在这里，经验丰富的前囚犯与紧张的新手警察之间经历了情境支配权的交换：抢劫者认为警察之所以恐惧是因为他独自一人，在发现了这一点之后，抢劫者便毫不犹豫地发动了攻击；现场有两名抢劫者，在这一社会情境中，两人之间产生了更深的团结感。

下一个案例是短暂地伪装成抢劫的强奸案，以便让受害女性放松警惕。一名年轻黑人男子进入一个白人中产阶级都市社区寻找目标：

> 我看中了一个中年白人女的，她正走过几栋公寓，我对自己说："我要弄到这个妞儿好好乐一乐。"
>
> 我跟着她走向公寓大楼入口。她掏出一把钥匙打开大门，我不得不趁门没关上快步走了过去。我又等了几秒才走进去，因为不想让她看到我。一进门，我就听到她已经走上了楼梯，于是我便跟在她后面。上楼之后，我听到她走向走廊，于是我就偷偷跟过去。当她打开自己房门，我用手捂住她的嘴巴，将她推进门里，说："别出声。"然后我关上门，说："要是你敢出声，我就杀了你。"
>
> 我并不想让她这么快就慌起来，于是为了让她放松警惕我就对她说："你有钱吗？"她说："我只有教堂捐款信封里的十块钱。"我说："好吧，拿过来。"她从钱包里拿出信封递给我。然后我说："脱掉外套。"我好好打量了她一番，心想："这货我能玩一整晚。"
>
> 我抓住她肩膀，把她推倒在地。她开始尖叫："你在做什么，你在做什么？"我想我最好让她明白我是来真的，于是我跳到她身上开始扇她耳光，说："闭嘴！闭嘴！"她一闭嘴，我就不再打她了。然后我把她的裙子提到腰间，开始摸她的身子，她开始尖叫："住手，住手，住手！"然后开始蹬地板。我心想："我得在别人听见之前让她闭嘴。"于是我左右开弓边打她边说："闭嘴，闭嘴，要不然我揍死你！"她终于闭上了嘴，然后我再次把她裙子掀起来，把她内裤脱掉，开始……"(Athens 1980: 23—24)

强奸犯的目的是保持隐秘和出其不意。他一开始其实并不需要向受害者索取钱财，因为他之后迟早会把她打到乖乖闭嘴。但他将这作为一种能让对方"放松警惕"的办法，从而在对方意识到即将发生强奸之前先占据有利局面。

暴力犯罪者使用的技术，其实是军队战术的微缩情境版。一支部队能够赢得一场战役，并不只是通过粉碎敌人的强力进攻，而是通过发现薄弱环节，亦即对方力量不够集中的位置；或是出其不意地攻击敌人阵形中容易陷入混乱的部位；抑或是在敌人正在进行其他活动、未及准备好开始战斗之时发起攻击。抢劫的策略也是一样的，只是目的并不在于打乱对方阵形，而是让对方丧失对自己身体的控制，从而无法作出反应。

持械抢劫者的目标是通过威胁来获取控制权，但一旦受害者进行反抗，这种威胁就可能会升级为暴力和谋杀。这让争夺控制权的竞赛成为关键：正如卡茨所认为的，抢劫者相信自己的身份是"强者"或"坏家伙"，此刻他正在为自己的人生做一场豪赌。在杀死反抗的受害者后，他甚至可能并不会拿走对方身上所有的钱财（Katz 1988：186—87）。同样的情况也适用于比受害者强壮且用肌肉作为主要工具来争取控制权的非持械抢劫者；如果发生反抗，他并不能退缩，因为那会让他的基本能力受到怀疑。这种抢劫者有时会故意激怒受害者，好让自己能够合理地伤害对方，因为他可以指责是对方先挑起暴力（Lejeune 1977）。这种案例意味着，抢劫者对自己的能力和支配技巧都很自信，并能从实施这些能力中得到乐趣。

比较一下那些反抗成功、并未升级为严重伤害事件的案例，也可以增进我们的理解。在以下案例中，一名男子需要钱来购买毒品，他考虑了若干个可能实施抢劫的地点：

> 最后，一道灵光闪过脑海。我想到了一个理想的地方，那里有足够的钱，而且只有一些老太太在那里工作。我戴上太阳镜，抓起我的0.45口径手枪，关上保险栓，走向洗衣店。我走进那里，掏出手枪，指着柜台后的老女人。我说："抢劫！我不想开枪打你，赶快把收银

台里所有钱都拿出来给我。"她走向收银台,但又停下脚步,说:"我不想给你钱。"然后她踩了地板上的一个按钮。

我告诉自己,我得拿到钱。我探过柜台,拿枪口指着她的脸,说:"女士,现在我要杀了你。"但就在我准备扣动扳机的时候,她打开了收银台抽屉,说:"你自己拿钱吧。"我让她走开,她照做了。然后我抓起了所有纸币,她笑了,说:"我想我对现在的黑帮年轻人真是不了解啊。"我看了她一会儿,心想,她只是一个好脾气的老奶奶罢了。然后我就迅速跑掉了。(Athens 1980: 33)

事实上,老妇人通过勇敢地拒绝抢劫犯的要求来测试对方;当他提高威胁等级的时候,她作出了妥协;但她口头上却并未让步——她没有直接给他钱,而是让他自己去拿。她的下一句评论"我想我对现在的黑帮年轻人真是不了解啊",表明她很清楚他们在彼此测试对方。他们甚至表现出了惺惺相惜:她对他露出了微笑,他则认为她像一个好脾气的老奶奶。

最后一个案例又是一起强奸案,发生在一个购物中心的停车场里,当时人们正在进行圣诞采购:

我想找一个屁股好看的小妞,最好是一个人。我计划跟她一起钻进车里,然后强迫她把车开到附近我知道的一片没人的荒地里去。我盯着人们走向自己的车子,然后发现了一个脸蛋不错的大屁股小妞一个人走过来。她看起来很容易对付,所以我就跟在她后面。她把钥匙插进车门之后,我抓住了她的胳膊,把刀子抵在她脸上,说:"钻进车子,别出声。"可她却只是站在那里,仿佛彻底惊呆了。于是我松开她的胳膊,抓过她的车钥匙,自己打开了车门。我让她进去,因为我们要一起去兜兜风,但她却开始拼命尖叫。一开始我还想强迫她进到车里去,于是我再次抓住了她,但她却只是拼命叫个不停,还开始挣脱我。我想其他人可能已经看到这边发生的事了,于是心想我最好

还是趁没人过来赶紧跑掉。于是我松开了手，她则一边尖叫一边跑向商场。(Athens 1980: 35—36)

最关键的时刻是那名女子一开始的反应，也就是"彻底惊呆"。她既没有反抗也没有服从；由于强奸犯必须让她进到车里去，所以她暂时性在心理上的彻底抽离反而让强奸犯丧失了主导权。然后，她的震惊变成了不受控制的尖叫，她通过这一反应控制了局势，虽然无疑并不是精心设计的。与之前案例中涉及的女性受害者不同，她并没有作出任何清晰的宣言，而只是一刻不停地尖叫；她看上去仿佛沉浸在了自己的尖叫中，因此无法感受到任何威胁。强奸犯无法控制这一情境中的主体，只好在心理上被迫撤退。

许多抢劫都因受害者的反抗而没有成功。有些迹象表明，当抢劫者遭到身体上的反抗或是对方拒绝服从，大约半数抢劫犯会放弃行动 (Luckenbill 1981)。但是被抢者受伤的可能性也会提高：在一项关于芝加哥发生的持枪抢劫的研究中，78% 作出反抗的受害者都受伤了，而未反抗者中只有 7% 受伤 (Block 1977)。抢劫犯放弃行动也可能有其他原因，尤其是那些发生在办公场所的抢劫；这些地方可能有安全玻璃或较高的柜台，收银员可以后退或蹲下从而躲开抢劫者的视野 (Morrison and O'Donnell 1994)。然而，这些"难啃的硬骨头"在抢劫案中也并非一定不会遭到伤害；一切都取决于当抢劫者试图控制局面时那一瞬间里发生了什么。

也许有人会认为，用枪指着手无寸铁的受害者，本身就是一种压倒性的威胁。不过，抢劫者即使有枪，也并不一定总是会使用，此外也不一定能有效地射击；枪可能只是用于威胁或是虚张声势。一项研究分析了伦敦发生的 11000 余起持械抢劫案，并采访了 200 多名已入狱的抢劫犯 (Morrison & O'Donnell 19994)，其发现很好地证明了这一点。只有 45% 的抢劫案中会发生开枪的情况。更有甚者，在这些发生开火的案件中，约三分之一的情况下子弹射向了空中或地面，这通常发生在抢劫刚开始、受害者不够服从的时候。这些案件中有 13 起（少于 30%）发生了对着受害者、警卫或路人开枪的情况，但只有五人被射中——命中率为38%。这些与军队中的表现都很类似，就像我们在第二章中讨论过的（事实上，与警察的表现也很类似；抢劫犯与警察在这方面很平等）。

当然，这并不是说抢劫案的受害者受到伤害的可能性很低：在英国，持械抢劫中约有7%的受害者会受伤，但在这些案例中，绝大部分（94%）都不是枪伤。最常见的还是用枪来吓唬受害者——用手枪或是切短的猎枪枪柄打人（28%）。差不多同样多的受害者（24%）是被拳头打伤或被踢伤的。另外一种常见的伤害来源是其他武器，例如棍棒、锤子或刀子；许多抢劫犯在带枪的同时也会携带其他武器。考虑到在这一样本中，所有抢劫犯都带了枪（或是假装自己带了枪——我们很快就会看到这一点），我们更要注意枪在大多数情况下都不会用到，更少会严重到威胁要开枪的地步；它们只是被用来定义一个场景——这是一次抢劫，而我手里有一把枪。通过冲对方挥舞枪，或是用枪来敲打对方（但并不真正开枪），抢劫犯使用了一种符号化的暴力，令对方服从枪的权威。与其类似，在卢肯比尔（Lukenbill 1981）的数据中，22%的持械抢劫都以殴打受害者开始，用伤害对方来制造威胁；这再次说明，暴力是控制情境定义权的一种方式。

此外，在伦敦的抢劫案中，受伤的概率与抢劫犯的人数成正比。单枪匹马的抢劫犯很少会导致伤害，但在三人以上的团伙抢劫运钞车时，伤害概率就上升到了25%，而在四人以上的团伙抢劫珠宝店的案例中，伤害率更是上升到了50%。澳大利亚的数据中也存在类似模式（Kapardis 1988）：抢劫团伙人数越多，就越可能导致伤害（正如我们在第三章中看到的，对警察一方来说也是如此）。这与我们即将在第六章中讨论的观众效应很相似：团伙人数较多时会创造自己的情绪空间，彼此鼓劲，从而制造出比一对一打斗中更加严重的暴力。

在关于伦敦抢劫案的那项研究中，有一个值得注意的特点是，抢劫犯可以分成三类：携带真枪的人；携带复制品（无法开火的假枪，外表十分类似真枪）的人；用包里或口袋里的某个东西来虚张声势，声称（或写在纸条上）

自己带了枪的人。我们已经看到，带真枪的抢劫犯中大都不会开枪，也很少会射中什么人。但采访显示，他们都很重视自己的枪，认为枪能显示他们是认真的。在持械抢劫者中，带枪的抢劫者是最职业化和最认真的；他们认为自己是职业的犯罪者，并希望出狱之后继续走这条路。他们的确悉心计划了抢劫，仔细挑选并观察目标，衣着注意伪装，并设计了详尽的逃跑计划。这些抢劫者几乎总是团伙行动（82%），相比之下，携带假枪的抢劫者中只有46%有同伙，而虚张声势者中则只有16%有同伙。这意味着，在某种程度上来说，带真枪的抢劫者有更好的犯罪网络，同时也意味着他们在抢劫者这一身份上有着更好的社会支持。这种社会支持与群体情绪氛围会一直蔓延到抢劫中；因此，这些抢劫犯会很容易被情境所激发，时刻准备好建立支配权。正因如此，这类人也更可能会实施暴力：硬汉在另一群硬汉面前作出表演。他们带的枪主要被视为群体身份认同的标志；当然这并不是说其他人就不能用枪，而是说枪的主要作用是为其携带者确立信心和攻击性。

使用假枪的抢劫者在犯罪者的身份认同上就不那么认真，有些人明确表示，假枪使得整个行动就像是一场戏："我只是一个小毛贼——我可不是黑帮成员……对我来说，因为枪不是真的，所以整件事一点也不严肃。"另一个人说："我只是在演20分钟戏……假装一个不属于自己的身份。"还有一个人说："一旦你走进去，你就变成一个机器人。你知道自己该做什么，于是就这么做了。"（Morrison and O'Donnell 1994：72—73）这些带假枪的抢劫者对每次抢劫时能够获得的钱财期待也较少，对成功的自信心也更低——许多人都觉得自己很快就会被抓，这一点与带真枪的职业罪犯不同。就像带真枪的抢劫者能从枪中获得信心或情绪能量一样，这些仿冒者并不能从明知是假货的武器中获得什么能量。他们一定希望自己这场戈夫曼式的戏会被身为受害者的观众深信不疑（大部分时候也的确如此），但对表演者来说却并非如此。因此，与职业罪犯不同，他们很少会形容自己从抢劫中获得了情绪上的愉悦；其中一半人表示，他们会感到身体不舒服、想晕倒。其中一人表示："我想我比柜台后的姑娘还害怕。"另一个人说："我避免视线接触，因为我对自己正

在做的事感到尴尬。"（Morrison and O'Donnell 1994：73）[13]

　　位于这一光谱上更远处的是虚张声势者。这些人也将犯罪视为事业，之前也大都有过一系列被捕记录（尽管通常并不是因为抢劫）；但他们是在犯罪世界中较为松散的一角，大多是互无干系、缺乏技巧的个体。他们实施的抢劫，通常是一时兴起，例如迫切需要钱财用于赌博或毒品；他们一般不会事先计划，也不会仔细伪装或做好逃跑方案。虚张声势者绝大部分（95%）都认为自己的犯罪生涯是失败的。"我做贼不是很成功，也没什么好炫耀的。我干得一塌糊涂。"（Morrison and O'Donnell 1994：77）他们通常会挑选最容易的目标下手，尤其是在室内环境中（例如存款和借款办公室），那里的职员大多是女性，很容易威慑。

　　虚张声势者会降低抢劫行为中的冲突性，通常会将要求写在纸条上（三分之二会用纸条，而其他抢劫者中则只有10%会这么做）。抢劫者对这一点并不十分自信："我觉得事情不会那么顺利。我以为收银员会笑起来，那我就得两手空空地离开了。"（Morrison and O'Donnell 1994：78）事实上，他们之所以会用纸条，就是因为其情绪能量太低，他们不相信自己的声音能够发出令人信服的宣言；就连他们的口头威慑也是虚假的。相反，带有真枪的抢劫者通常都会把枪摆出来。如果枪的存在还不足以表明威胁的严重程度（无论对受害者还是抢劫者来说），那么把枪展示出来就会成为一个至关重要的仪式；这个动作赋予了抢劫者情绪能量。一旦缺乏情绪能量，抢劫者就会缺乏真实感："我觉得这事儿没什么大不了的，跟偷钱包没什么不同。"（Morrison and O'Donnell 1994：78）

　　身为持械抢劫者，关键在于要有能够建立情境支配权的互动技巧。想要继续犯罪生涯的人，会从相对冲突性较低的抢劫形式向冲突性较高的抢劫形式过渡；这并不仅仅是一种职业上的进展（例如能够抢到更多钱财），因为这一点并不一定正确（尤其是考虑到年轻人和成年人所需要的钱财金额不同）。这种进展更多是关于如何控制对弱者的攻击，尤其是如何通过利用正常的社会互动来让对方变得软弱，让其他人的冲突性紧张/恐惧为己所用[14]。发展出这些技巧的人通常都会很为自己自豪，也觉得这些技能对自己非常重要；这一点应该并不令人惊讶。

卡茨（Katz 1988：195—236）指出，如果只是考虑物质回报，那么长期拦路抢劫并不是一个理性的选择。这并不仅仅是因为职业化的持械抢劫者最后大都会被捕或被杀，更是因为即使他们偶尔能抢到大额钱财，通常也会在铺张浪费的生活中很快挥霍掉。卡茨将这视为一种对"行动"场景的归属感，他们沉浸于赌博、毒品、嫖娼的世界，并不断炫耀自己的犯罪所得；继续从事抢劫很大程度上也是为了继续挥霍犯罪所得。他们在与受害者发生冲突时，也像是一种游戏：压倒受害者，在抢劫开始之前控制对方；从控制情境现实中获得一种乐趣，让受害者相信某件事情正在发生，而后令他们震惊地发现自己受到了误导，并且需要在情境中遭受羞辱，付出另外一种代价。

这种游戏有可能非常危险，部分是因为可能会有人发起反击，这样一来抢劫者就需要升级行动；也有可能是因为抢劫者无法控制局面，或者是因为他的技巧有可能失败——这种情况对心理上的挑战甚至更为严重。毫无疑问，这里也存在着与所有暴力威胁情境中一样的冲突性紧张/恐惧；尽管成熟的持械抢劫者与无经验的抢劫者，在控制恐惧的技巧上有所差别，但在银行和自动取款机等处的监控摄像中拍到的抢劫者的脸上，却是存在同样的恐惧。

经验丰富的抢劫者会将这一切都考虑在内，他已经学会了如何将情境中的恐惧（包括自己的恐惧）为己所用，转化成额外的兴奋。这既类似于某些人喜欢在可能被人发现的地方进行色情活动从而增强其性兴奋[15]，也类似于卡茨（Katz 1988）描述的女孩和少女在商店里的顺手牵羊行为。这是在搞乱戈夫曼所形容的日常生活中的呈现；一旦失败就可能被抓住，这种危险正是情绪上的代价。相比之下，物质上的回报并不算什么。

塑造日常互动的仪式性机制是一种情绪上的转换，它会强化最初的情绪，以及让双方彼此注意和相互浸润的情境条件，并将它们转换为情绪能量。抢劫者的技术在于，他已经学会了如何制造一面倒的支配性仪式，在这一仪式中，他能让其他人感到恐惧、虚弱和被动，而他自己则能从中获得情绪能量。

故意招致危险并处理自己的恐惧,这也是提高兴奋度的一种方式;它在现场原本混杂的情绪中再次增加了一笔,随后又将其转变为更加强烈的情绪能量。如果一切都像我所指出的那样,人类会在互动时机中寻找最丰富的情绪能量来源,那么持械抢劫者正是在这里找到了十分丰富的情绪能量储藏。他学会了在一种极端的支配情境中如何让自己的情绪高涨起来。一名英国持械抢劫者这样总结自己的行动:"我很享受抢劫,那种感觉比吸食毒品还棒,爽极了。"(Morrison and O'Donnell 1994:55)这种技巧与霍华德·贝克尔(Howard Becker 1953)所形容的成为大麻使用者的关键步骤一样。持械抢劫者位于冲突性犯罪者的职业阶层顶端,他们对支配性情境上了瘾,成了自己的互动技术的傀儡。

榨取互动中产生的软弱

家庭暴力、霸凌与抢劫并不会自然发生。它们并不只是面对压力、被剥夺感或是过去曾遭受暴力的沮丧反应。它们是个体学到的技术;更准确地说,它们是通过一系列冲突和沟通所形成的互动风格。如果互动总是面对同样的对象,那么这会很容易做到,因为双方都会学习自己的角色;这就是为什么虐待很常见于家庭之中——双方之间的亲密与熟悉让他们能够互相磨合调整(也包括正面的调整);这也是为什么霸凌作为一种特殊的攻击弱者的形式,常常发生于无法逃离的、具有严格阶层系统的全控机构中。抢劫是最困难的,因为受害者不断改变;要想成功,就要学会强迫他人轻易接受受害者的角色而无需彩排。就连这么说也是将这个过程简化了,因为攻击者可能需要先花上几秒钟时间来推动受害者进入陷阱,彻底接受受害者的角色(就像在之前提到的案例中,强奸犯会先假装自己只是为了钱)。这既是抢劫犯比家暴者和霸凌者要罕见的原因之一,也是持械抢劫者最为少见的原因之一。

不同类型的犯罪受害者的频率排名如下（以下数字来自 1972—2000 年间司法统计局的数据；www.ojp.usdoj.gov/bjs，更新于 2003 年 8 月）：

盗窃：12 岁以上人口中，每 1000 人中最高 110 人，最低 35 人。

轻微人身攻击（没有使用武器，没有造成伤害或伤害较小）：每 1000 人中最高 30 人，最低 15 人。

重度人身攻击（使用武器，无论是否造成伤害；或未使用武器但却造成严重伤害）：每 1000 人中最高 12 人，最低 6 人。

抢劫：每 1000 人中最高 8 人，最低 2 人。（这里所说的"抢劫"包括非持械和持械抢劫，并未区分是否使用武器和是否存在正面冲突）

谋杀：每 10 万人中最高 10 人，最低 5 人（也就是每 1000 人中最高 0.001 人，最低 0.0005 人）

从中我们可以看到，最常见的是不涉及任何社会互动的犯罪：盗窃（包括非劫车类的偷车）；越是需要使用强制性暴力，冲突性犯罪就越少见；谋杀则最为罕见。

家庭暴力和霸凌的受害者比例比几乎所有形式的犯罪都要高，除了那些匿名程度最高的财产犯罪：

重度虐待的发生率在儿童中为 2%—4%（也就是每 1000 人中 20—40 起）（Straus and Gelles 1986）。

严重霸凌在英国寄宿学校学生中的发生率为 5%—6%（Duffell 2000: 186），在公立中学中为 5%—9%（Olweus 1993）——每 1000 人中 50—90 人；在美国则可能高达 15%（Nansel et al. 2001）——每 1000 人中 150 人，有些特例中可能高达 25% 乃至 50%，尽管这些研究中对霸凌的定义可能太过宽松。

重度伴侣暴力在夫妻之间的发生率为每年 6%——每 1000 人中

60人。

轻度伴侣暴力的发生率为16%（Straus and Gelles 1986；Kimmel 2002）——每1000人中160人。这个数字比最常见的非暴力犯罪还要高。

虐待老年人的发生率，在与家人同住的老年人中为10%（Lau and Kosberg 1979）。

发生率最高的是父母对青少年使用暴力，发生率高达50%；80%的儿童曾攻击过他们的兄弟姐妹；父母对年幼儿童的体罚发生率为85%—95%（Dietz 2000；Gelles 1977；Straus and Donnelly 1994）。这些数字相当于每1000人中500人、800人和850—950人——比持械抢劫的受害者发生率（每1000人中2—8人）要高得多。

随之而来的问题就是，无论有哪些基因或心理因素可以决定某个特定的个体能否实施暴力犯罪，他们都必须通过学习互动技巧才能成为一个成功的抢劫者，甚至就连霸凌者和家暴者也是如此。虽然对这些还没有进行过深入研究，但是如果能够知道一个暴脾气的人（基因决定了他很容易发怒和打人）在第一次实施暴力时究竟经历了什么，将会很有助于我们去理解这一切。他（暂时假定为男性）是否会成为一个成功的霸凌者？他必须学会去寻找霸凌受害者；毕竟，他不可能在蒙塔涅的娱乐室里那些人缘很好的领袖类型的孩子中找到霸凌的目标。如果自己缺乏社交技巧，他也不可能进入娱乐室的阶层系统中，而大部分霸凌者都来自那里；他会变成孤身一人，无法参与集体攻击他人的行动。如此一来，他有可能成为一个孤单的连环杀手，但却不会成为其他暴力的实施者——事实上，他将无法学会大部分连环杀手都具有的隐秘特质和将自己假扮成正常人的技巧（Hickey 2002）。如果他的暴脾气没有其他社交技巧来配合，他将很难找到性伴侣，也就很难进入家庭暴力的情境；如果没有更加微妙和狡猾的技巧来通过虐待性的互动培养出时刻扮演受害者角色的对象，他能找到的女性也许很快就会厌恶他的暴力。由于抢劫的技巧大都是在小型团伙中学到的，而且冲突程度较高的抢劫往往要先以最容易的抢劫形式练手，因此这个天生暴脾气的家伙，很可能无法成为这种犯罪的实施者。

也许（一些研究者则认为毫无疑问）确实存在这种个体；如果事情确实如此，那么他们已经带着暴脾气生活了许多年，也许已经实施过一些暴力行为并被记录在案。但是对于这些暴力行动，我们知道它们是在社会情境中而不是由暴脾气的孤立个体所实施的；我们应该去仔细观察和分析情境过程，而不是单纯去看数据报告。无论他们的脾气多么糟糕，都会在我们所形容过的社会情境和关系中体现出来。此外，他们也必定符合普遍存在的冲突性紧张/恐惧、怯懦和对暴力的无能，因此哪怕他们能够成功地攻击什么人，也必定需要选择软弱的受害者。基因决定的暴脾气（无论有多少这种人）并不是会行走的定时炸弹，他们与其他人一样需要学习互动技术。吊诡的是，如果他们脾气太爆，他们可能永远都无法学到足够的技术来成功实施暴力。这可能意味着那些脾气更加正常的人反而更善于学习实施暴力的技术。

那些成功做到攻击弱者的人，如家暴者、霸凌者和暴力抢劫者，都明白：软弱并不仅仅取决于身体条件。这不仅仅是一个某些人个头小、缺乏肌肉的问题。受害者的软弱体现在社会情境中：他们可能一直地位较低，在社会中处于孤立地位，忍耐和适应了他人的折磨和羞辱；也许他们曾用无效的方式进行过反抗，但结果却非但未能阻止霸凌，反而可能刺激对方升级行动。有时他们的软弱仅仅体现在特定情境中，其他人可能获得了对他们的控制权，进而操纵了他们对现实的感知，剥夺了他们的主动性，令他们浸润在外部的情绪中。

所有受害者的一个共同特点就是失去了他们的情绪能量。眼前的情境将他们放在缺乏情绪能量的位置上，也令他们成为显而易见的目标，被那些拥有强大暴力情绪能量并在寻找受害者的人所捕获。在即时情境中，受害者同样是突然失去情绪能量的一方；可能并不存在一个长期模式，他们只是在错误的时间出现在错误的地点，面对着已经学会暴力技术、能够在情境中掌握主动权的对手。无论如何，暴力实施者都在榨取恐惧，榨取那些缺乏情绪能量的受害者。这也有点像传说中的吸血鬼,要靠受害者的血液来维持自己的能量;但这却并不是因为他们是健康的生物,可以为吸血鬼提供维持生命所需的血液,而是因为他们在社会上处于弱者地位,让吸血鬼能够切开他们的血管。这一比喻既阴森又不够准确。事实上,暴力是一种互动共生关系;暴力的专业实施者发现了一个有利可图的生态位,让他们能够榨取互动中产生的软弱。

第二部分

净化后的舞台暴力

第六章

公平搏斗表演

周五下午，某所高中里有传言说即将有人打架。时间：3:00，地点：附近一个公园，两位声名远扬的高三学生道森和拉沙德想要证明谁更强。2:45，这里就聚起了100多名兴致勃勃的旁观者。2:50，道森率先出现。他四处踱步，旁观者也兴奋地窃窃私语。一名旁观者回忆说，自己的手一直在抖，因为他意识到自己马上就要看到一场真正的打斗。

随后，拉沙德出现在公园另一端，与两名手下一起快步走来。拉沙德看上去比道森要冷静得多：他并不愤怒，但却目标明确，姿态坚定。道森则兴奋地跳来跳去。拉沙德走进旁观者围成的马蹄形空间，步伐节奏始终不变，也不曾移开目光。当两人视线相交时，旁观者发现道森的眼中闪过一丝恐惧，他似乎怔住了。拉沙德直直地走向道森，毫不犹豫地冲着他的下巴就是一拳。

原本安静的人群突然爆发了。大部分观众都比两名打架者年轻，个头也小；他们推搡着试图靠得更近一些。有些人一言不发，有些人在尖叫；所有人都双眼圆睁。拉沙德一拳接一拳地打下去，道森则跌跌撞撞地向后退去。道森跌倒在地，拉沙德骑在他身上，有条不紊地打他的脸。人群紧密围绕在他们四周，随着他们的动作点头；旁观者形容说，他们进入了一种恍惚状态。

最后，圈子外面的人闯进来，将拉沙德从道森身上拖了下来。人群从恍惚状态中清醒过来；有些人捂住了脸，有些人开始呕吐，有些人则痛哭失声。道森躺在血泊中，早已被打得鼻青脸肿。最后，他站了起来，两人握了握手；道森在拉沙德背上拍了拍，表示认输。（改编自 Phillips 2002）

拉沙德全方位地控制了情绪能量。他的出场方式更精彩：比对手后到现场，让对手等待；对手孤身前来，他则带了帮手，尽管帮手并没有参与打斗。他从远处走来时建立了一种韵律，并将其强加到兴奋不已、难以自抑的对手身上。从他们视线相交的那一刻开始，他就掌握了支配权。他的对手一拳也没出，也没能躲开他的拳头。道森的光荣就在于参与了这场打斗；最后他也很乐意宣告自己败在拉沙德手下，毕竟他是与之过招的人。旁观者被浸润其中，首先是被道森，而后是被拉沙德；一开始，道森的出现激发了众人的期待，而随后，拉沙德入场时的步伐和紧接着的出拳更是令人兴奋不已。

这场打斗尽管有些残忍，但却也自有其规则和限制。除了拳头，什么也不能用；不能用武器，不能动脚，不能戳眼，也不能扯头发。拳头都落在上半身和脸上，受害者与攻击者正面相对。围观者也表现"良好"，沉浸在情境情绪中，没有人试图干涉打斗（旁观者后来对此表示有罪恶感）。只有在打斗的最后阶段才出现了例外，但干涉者并不在打斗者周围形成的小圈子里。此外，干涉之所以能够被所有人接受，是因为这种富有节奏的打斗总要有个结束。这一结束有赖于传统的团结仪式：仇恨消失了，打斗者彼此握手以示尊重，并确立双方的胜负地位。

这两个人都是英雄，也即他们都有着令人尊敬的地位。他们通过这场打斗重新确立了彼此的位次，也确立了他们两人都属于众人瞩目的精英小圈子。

理论上，最值得关注的是其中一方如何用自己的韵律浸润对方，这种微观细节又如何决定了胜负。但在这里我想集中精力讨论一个更加基本的论点：这种公平搏斗表演如何克服普遍的冲突性紧张／恐惧并允许暴力持续下去。

英雄对英雄

"英雄"（hero）最初指的是参加暴力对抗并遵守社会规则的个体。这些规则事先得到广泛承认，有时呈现为一种英雄必须通过的测试，例如神话故事中的英雄必须经历某些历练才能获得财宝、娶到公主或是找到某个王国。这种历练也可能是被幻想化和浪漫化的真实生活。在这里，更有趣的是两名英雄之间的单挑。无论经过怎样的文学化描写，这种打斗无疑都曾发生过，而且还曾是某些历史阶段中较为受欢迎的暴力形式。

欧洲最古老的史诗《伊利亚特》中描述了发生在公元前750年的一个例子。在这部史诗所描述的战争中，第一天发生的第一件事情就是决斗。特洛伊王子帕里斯站在己方军队前，要求希腊军队派人来跟他单挑。站出来应声的是墨涅拉俄斯。这很合适，因为战争正是由于帕里斯诱拐墨涅拉俄斯的妻子海伦而引发的。帕里斯和墨涅拉俄斯同意，赢得决斗的人就能赢得海伦，从而平息争斗；战争会就此结束，两边也发誓今后友好相处。不止决斗双方，两边的军队也发下了誓言。在祭祀中，特洛伊的老国王普里阿摩斯出面认可了决斗，并祈求神来保证誓言实现。仪式并没有就此结束：墨涅拉俄斯和帕里斯还抽签决定了谁先出手向对方投掷长矛。

决斗开始了，帕里斯处于下风。当他险些被杀时，一位站在特洛伊这一边的女神将他推开了。史诗中的每一个关键时刻，都会有一位神灵来干涉和帮助一名英雄，或是保护他不受伤害。我们可以将此类事例阐释为逃离决斗；

不管怎样，这都意味着在决斗中的失败。双方军队都卸下了装备，以旁观者的模式坐在地上。此时，一名特洛伊人受到邪恶女神的怂恿，向墨涅拉俄斯投出长矛并伤到了他。叙事者称他为傻瓜，因为他违背了仪式性的休战协定；神灵经常会怂恿人类作出不理性的行为，这也可以理解为失败一方的情绪爆发。希腊人将他的行为视为违背誓言，结果爆发了全面战争。

《伊利亚特》的整个叙事都围绕着一场战争展开，其间也有若干小高潮，最后积蓄到整场戏剧的最高点。这些高潮穿插在关于战斗的情节之中，但这些情节讲述的既不是战略操控，也不是军队之间的交锋，而是某一个英雄发起冲锋并杀死大量敌人的故事。英雄杀死的敌人也是受人尊重的英雄；荷马给出了每个人的姓名和身世，对特别重要的人还描述了他曾取得的成就。正因被杀死的英雄很重要，获胜的英雄才能因此大大加分[1]。

所以：战斗的第一天，希腊英雄狄俄墨德斯首先对特洛伊人发动了攻击。最后，特洛伊一方的主要英雄埃涅阿斯站出来挑战他。他们的单挑战斗并没有经过正式立誓；双方互相怒吼挑衅了一阵子，并互相发起若干次攻击，直到埃涅阿斯被一名保护他的女神所救。胜利者欢欣鼓舞，至少他们俘获了埃涅阿斯的名马，足以当作光荣的战利品。后来在同一场战斗中，狄俄墨德斯在两军之间与一名英俊的特洛伊英雄格劳科斯狭路相逢；他们互相询问了姓名与家世，发现双方在血统上属于"宾客朋友"，因为他们的父亲曾经有过宾客关系并交换过仪式性的礼物。因此，他们没有打起来，而是结交为朋友；两人击掌并交换了价值不菲的盔甲零件作为信物。

最后，由于战斗持续到了傍晚，神灵决定为双方制造休息的机会，也就是让两军坐下来观看另外一场单挑。特洛伊最强壮的英雄赫克托要求希腊人派最强大的英雄来与他单挑；双方同意，胜者可以得到负者的盔甲，但尸体要还给对方的军队，好举行一场体面的葬礼。希腊一方有九位著名英雄愿意接受挑战[2]，经过抽签，埃阿斯被选中了[3]。这场战斗并不是一锤定音型的；与其他战斗不同，他们互相攻击了若干次，都没有造成严重伤害。夜幕降临时，他们停止了打斗，两方的传令官作为裁判让两人分开了。赫克托和埃阿斯随后交换了衣物和武器，用这种"著名的礼物"（famous gifts）来表示他们曾经战斗过并以恰当的方式和解了。希腊人则认为这次平手是一场胜利，因为赫克托被认为是一位更加出色的斗士。

战斗第二天，局势发生了变化，赫克托率领军队对希腊军队发起冲锋。阿喀琉斯怒发冲冠，让他的朋友普特洛克勒斯借用他的盔甲加入战斗；直到这一刻，赫克托的冲锋才受到了一定程度的阻挡。阿喀琉斯的盛名使得战斗形势再次逆转，普特洛克勒斯长驱直入特洛伊军中。最后，赫克托找到了普特洛克勒斯。赫克托无视正在进行的战斗，在神明的帮助下杀死了对方。但这并不是一场仪式化的单打独斗；两人并没有事先作出约定，而如今，战斗破坏了普特洛克勒斯的尸体。赫克托带走了阿喀琉斯的盔甲，后来自己穿上了；希腊人最后找到了普特洛克勒斯的尸体。

战斗第三天也是最后一天（至少《伊利亚特》中描述的战斗持续了三天），阿喀琉斯从神手中得到一副新盔甲，他回到战场，冲入特洛伊军中大肆杀戮。赫克托知道自己力不能敌，就从阿喀琉斯身边逃开；其他战士后退到一旁，围观他们绕着城墙追逐。这并不是一场正式的单打独斗，但阿喀琉斯禁止其同盟向赫克托放箭，夺走他杀死对手的荣耀。赫克托（在神的帮助下）转身面对阿喀琉斯，并提出了惯常的约定：胜者得到盔甲，但要将败者的尸体归还下葬。然而阿喀琉斯因失去挚友而狂怒不已，因此拒绝达成协定。阿喀琉斯杀死了赫克托，并将他的尸体拖在战车后面带回了营地。故事中的战斗在这里结束了，但后面还有一个章节：老国王普里阿摩斯忧伤地来到希腊军营，乞求赎回他儿子的尸体。阿喀琉斯感到羞愧，同意归还尸体。于是故事结束了：伟大的英雄、最强壮的斗士最终学会了遵守仪式性的协定。

此类战役会分解成一系列战斗，这在特定的社会结构中很常见。古罗马征服欧洲时，凯尔特战士会在敌人中寻找某个特定对象；他们会把敌人血迹斑斑的头颅挂在腰带上以纪念胜利。这些都是战利品和荣耀的标志。北美印第安部落的战士也有类似传统，例如剥下敌人的头皮或斩下其身体的一部分；他们相信，如果能吃下敌方著名英雄的心脏或其他内脏，就能获得他的力量。一个普遍存在的模式是拿走敌人的纹章并公开展示,用来传播自己的名声,建立起战斗中的信心和支配地位。在荷马时代的古希腊,英雄们总是会炫耀他们在单挑中获得的战利品,并作为礼物互相交还;如果这些战利品格外有名,他们还会将其视为超自然的产物,当成圣物来对待。中世纪早期的欧洲有一个类似的名誉系统,例如魔法剑的传说——只有最强壮、最勇敢的英雄才能获得这些兵器;还有龙和怪兽看守的财宝——只有英雄才能杀死它们。中国历史上,在君权软弱、时局动乱之时,英雄人物总是会被描写为擅长单枪匹马与敌人作战。他们能够轻而易举地解决小人物,并通过与其他著名英雄对战来获取声名;有时,他们也会彼此和解,并结拜兄弟(Ross 1970;Finley 1973;Brondsted 196.5;Shi and Luo 1988)。

众人景仰的英雄们之间如果发生单挑,则其背后的社会结构就是当时的军队缺乏纪律严明的等级制度。凯尔特战士显然不在乎纪律,一个广为流传的习俗是在战斗中脱掉衣服,以显示自己毫不在乎面前的危险。一个类似的例子是"狂战士"(berserkers,得名于挪威传说),常见于铜器时代和铁器时代从美索不达米亚到斯堪的纳维亚所发生的战斗中(Speidel 2002)。"狂战士"指的是那些在战斗中情绪高涨、陷入狂热的个体,常存在于松散的军队联盟中——这些社会形态已不仅仅是部落联盟,但却仍未形成基于亲属关系、贵族统治或市民军队的稳固结构(Searle 1988)。这种情绪的酝酿是为了加强战斗表现,在格外关注个人名誉的社会中尤为常见;就像我们在荷马史诗中看到的,通过小规模战争和冲突双方的名誉传播系统,这种结构才得以实现。

另一个条件是战场上缺乏能够占据绝对支配性的社会暴力组织。一对一的战斗形式,无论是极端的"狂战士"变种,还是更加文明的方式,面对一支有组织的队伍都是无效的。罗马军团能够轻而易举地打败凯尔特之类的战士;只要保持队伍阵形,他们就能抵御任何个人攻击,无论对方多么狂暴;他们能够聚集起更多人,并击败一个个孤立的个体。罗马人在战斗中严禁破坏阵形,他们关注的并不是炫耀个人的勇猛,而是保持团体纪律[4]。

个体"英雄"在现实中有助于恐吓敌人,因此在打胜仗上也有不可小觑的作用。我们可以在荷马史诗中看到这一点：赫克托是最勇猛最出色的特洛伊战士，但其名声却逊于阿喀琉斯[5]；在当代的高中斗殴事件中，两人视线相交的一瞬间，拉沙德就在情绪上压过了道森。但是，一旦敌人有组织地保存己方的情绪能量，并在策略上不那么重视个体的声名，而是用足够的人数来战胜敌方的弱点，依靠英雄作战的一方也就失去了最重要的武器，即情绪上的支配力。进入英雄或"狂战士"状态的人，面对纪律严明的部队或现代警察力量，只不过是一个病态的个体，一个等待被解决的输家；而同样一种行为，如果出现在缺少阶层系统的无序组织里，就会变成英雄行为。

观众声援与暴力边界

一场打斗如果被搬上舞台且受到限制，双方的冲突性紧张／恐惧就会得到控制，但这却并不仅仅是因为双方不再那么担心受到伤害。事实上，这种打斗的规则可能允许造成严重的伤害，只有某些特定种类的伤害会被排除在外。正如我一直以来所论证的，最重要的紧张和恐惧感并非来自对身体疼痛的恐惧；对于身体疼痛，人们其实有着惊人的忍受力（也许是因为很多时候我们都别无选择，例如生病和事故），大部分人都能想出办法勇敢面对。

在一场搏斗赛事中，双方同意的边界被视为共同的方向，也是一种双方之间或明或暗的沟通方式。就算双方的目的是将对方揍得人事不省乃至杀死对方，他们也会在某种程度上对彼此的约定保持清醒。他们都清楚对方不会作出某些行为，例如只能打脸而不能挖眼。每一回合，他们都会在某个信号之后开始行动，并在某个应当结束的节点停止行动；他们确信，在所有彼此敌对的行动之下，双方始终保持着沟通。当然，打斗破坏了日常的互动浸润；但与此同时，一场通过仪式和规则来加以限制的公平打斗，能够在另一个层面上令双方陷入强烈的主体间相互浸润。这是一场明显的双层互动：公平打斗的仪式建立了一种强烈的团结感，令双方的对立情绪得到控制，不再作为注意力的焦点。正是这种结构克服了紧张／恐惧，允许打斗进行下去，并让打斗双方都满怀热情。

在表演型的打斗中，观众是至关重要的；他们会提供声援，协助控制冲突性紧张／恐惧；他们也有助于维持边界，践行规则，保证公平。打斗双方的注意力集中在以下几处：首先当然是关注对手，从技术层面来判断如何攻击和防守；与此同时，他们也会注意观众，因为他们必须为观众上演一出好戏。因此，他们也会注意自己与对手如何呈现在观众眼中；这也令双方在另一个层面上建立了一种共同意识，决定了他们如何作为一个整体来行动。某种程度上，可以说他们是在合作演出这场戏。打斗双方的注意力从冲突性紧张／恐惧上转移开来，集中在那些鼓励他们打斗的社会声援和压力之上。

观众不仅很配合打斗的边界，甚至还会带头践行，例如发出开始与结束的信号，监督双方是否遵守共同默认的公平规则。他们也可能在某种程度上决定了谁来参加打斗；他们会挑选势均力敌的对手，让强者相遇，避免出现以强凌弱的局面。大家都把注意力集中在这些限制上，这也是另外一种克服紧张／恐惧的方法。礼俗本身也可能成为强制双方进行打斗的理由。面对羞辱，人们被迫以决斗回应。一旦这一机制开始运转，就会产生强大的社会压力，使双方都无法退缩；因为稍有犹疑，就可能被视为耻辱，或是被贬低为微不足道的蝼蚁，甚至可能更糟。人们经常批评这种社会压力，仿佛它们应该为打斗负责；但我们在分析中更应该注意的一点是，观众提供了足以克服紧张／恐惧的社会能量和团结感，使得打斗能够发生。那些心甘情愿参与打斗的人，正是通过社会声援和礼俗强制来抑制了自己的不情愿；这两者实际上是一回事。打斗当然可能始于个人不满，但这种不满往往很容易就会被呈现于观众面前的互动过程给吸收了（有时被强化，有时被弱化）。个人不满也可能仅仅是一种借口，用来在观众面前占据有利位置，那些找麻烦的家伙往往会如此。有时很难判断究竟是哪种情况，但从多个方面来看，如果观众是关键决定因素，那么具体情况往往并不重要。

这里我想提出一个能够验证的假设：如果观众注意力集中，就能降低打斗参与者的紧张／恐惧感，并影响他们参与打斗的意愿、时间和强度。如果周围只有少数漫不经心的观众，双方打斗的意愿就会较低。这可能是所谓名誉冲突的关键因素，但这往往很难判断，因为新闻报道和官方报告很少会告诉我们旁观群众的规模和注意力[6]。名誉冲突升级为暴力的情况几乎总是发生在娱乐场所和狂欢情境中（例如周末夜晚），这意味着周围有大群围观者，而他们则十分热衷于围观打斗。可以推测，如果是非周末夜晚空荡荡的酒吧里，或是周围人都漠不关心的情况下，打斗发生的可能性就会低得多[7]。

从我的亲身观察和学生报告中，我们能看到一些清楚的证据。在其中一个例子里，打斗并未发生：一个女孩放学后等人载她回家，她注意到两名少年正冲对方大叫大嚷，但周围没有人群聚集。其他学生三三两两地分散在四周；他们只是各自在等父母接自己回家，并没有主动进入围观模式。几分钟后，两名男孩各自走开，仿佛他们厌倦了这一局面。第二个例子是我自己在马萨诸塞州萨默维尔市观察到的一起轻微的街头冲突（第二章中有所描述）：寥寥几个旁观者都距离很远，几乎看不到身影，也并不十分感兴趣；打斗很快就偃旗息鼓。

第三起事件是我亲眼所见，发生在 2003 年 1 月的费城。最开始，一名 20 岁出头的白人男子在晚高峰的车流中骑车穿行，结果被一辆出租车撞倒。人没事，车也没有损坏（因为事件最后，他骑上车离开了）；但是他很生气，显然因为自己在车流中摔下车子而感到尴尬，或许同时也吓了一跳。他严厉地叱责了出租车司机：一个跟他差不多年纪和体型的黑人男子（显然是位非洲移民），而司机则拒绝从车里出来。由于司机逃避冲突，反而使得骑车人更加愤怒（可能同时也让他更加大胆）。他一边骂骂咧咧，一边将自行车横在前面挡住出租车的去路；他自己则站在另一条车道上，阻挡了所有相向而来的车辆。这样一来，他便聚集起了不少观众，大都是其他司机。那些司机愤怒地按着喇叭，但大部分人都离得太远，不知道究竟发生了什么。六七个路人（包括我自己）站在人行道上，在安全距离之外围观，不过并没有聚集到一起谈论什么。只有一个送货的卡车司机出面干涉，他的车停在出租车后面，要求骑车人将自行车挪到人行道上去，但对方却充耳不闻。卡车司机（一个相当壮实的工人）悻悻地走开了，没有再多说什么。最后，骑车人告诉出租车司机，他记下了对方的车牌号码，并会向警方报告；事情似乎就这么告一段落了。

骑车人将自行车搬到人行道上，车流开始移动。然而，几辆车通过最近的路口之后，信号灯就变成了红色。刚好停在白线前的司机是一个肌肉结实的美国黑人，他刚才离事故现场只有几辆车的距离；他摇下车窗，愤怒地责骂骑车人阻碍了交通。骑车人回骂了几句，然后抡起沉重的钢制车锁，不怀好意地走向对方的车。司机打开车门钻了出来。这时，信号灯变绿了。就在此刻，似乎有什么东西迅速消失了。也许只是双方都微微犹豫了片刻；黑人男子回到车里，开车离去。骑车人也重新骑上车子，挑衅般地穿过缓慢移动的车辆。整个事件大约持续了四分钟。冲突从头到尾都只是虚张声势。这与一直以来的模式相一致：如果缺乏观众来提供注意力和声援，冲突就很难升级。

1864 年在日本也发生了一起类似的打斗未遂事件。不过，由于当时的社会缺乏法律管制，冲突双方也更可能给对方造成致命威胁。一名武士（Fukuzawa 1981：236—37）回忆道：一天晚上，他穿过江户城（后来的东京）那些荒凉的街道回家，街道两旁低矮的木制房屋全都房门紧闭：

> 那是一个清冷的冬夜，夜半子时，皓月当空。静谧而惨白的月光令我毫无缘由地浑身发抖。我沿着宽阔而空旷的街道前行，四下无人，鸦雀无声。然而我知道，四处流窜的匪徒每晚都会在此出现，在黑暗的角落里斩杀倒霉的受害者。我撩起长袍一角，准备一有异动就落荒而逃……
>
> 我看到一个男人向我走来。他在月光下显得身形高大，尽管此刻我已经无法确认他的体型。这个巨汉冲我走来。如今，我们可以去找警察，或是冲进别人的房子寻求保护，但在当时却没人能帮得上忙。

人们只会大门紧闭，绝不会想到出来回应一个陌生人的求助。

"这下可糟了，"我心想，"我可不能掉头逃跑，否则这个流氓只会恃强凌弱，肯定会追上我不放。也许我最好往前走。而且，如果这么做的话，我还得假装自己不害怕，甚至还得反过来威胁他。"

我从路左侧斜着走到了路中间，没想到对方也随之往外挪动。这让我大吃一惊，但事到如今，后退已经来不及了。如果他要拔剑，我也必须拔剑；我曾练过剑术，因此还是比较在行的。

"我该怎样才能杀了他？嗯，我应该从下方猛刺一剑。"

我已经下定决心，只要他露出一点点威胁，我就立刻拔剑战斗。他走得更近了……

现在似乎别无选择了。如果对方对我有任何冒犯，我就必须杀了他。当时还没有警察和刑事法庭。如果我杀了一个无名氏，我只要跑回家就行了。我们即将狭路相逢。

每一步都让我们彼此更接近一分；最后，我们已经近在咫尺。他没有拔剑。当然，我也没有。我们就这么擦肩而过。而后，我拔腿狂奔。我不记得自己跑得有多快了。跑出一段距离之后，我才开始回头看，结果发现对方也在往相反方向狂奔。我松了一口气，开始发现整件事有多可笑……我们两人都没有想过杀死对方，但却因恐惧对方而不得不硬作出勇猛的姿态。然后，我们同时落荒而逃……他一定吓坏了，我当然也是。[8]

反过来看，观众也可能是打斗的中心元素。福克斯（Fox 1977）描述了西爱尔兰小型社区里发生的打斗中反复出现的模式：在社区舞会上，醉酒的男人们之间爆发了争吵。冲突双方的亲朋好友聚集起来为其声援，同时也阻止他们作出太过分的伤害对方之举；大部分时间里，冲突者都是与其支持者扭做一团，不停地嚷嚷着"让我收拾他，我要杀了他！"亲友们则竭力阻止他们去这么做。虽然冲突双方此刻都威胁着要杀了对方，但在接下来的日子里，当无人在场时，他们就会无视对方的存在。这个极端的例子表明，如果没有围观者的支持和控制，冲突双方根本无法进行任何打斗。

我收集了 89 个暴力威胁冲突的一手观察案例，这些案例均包含充分的信息（74 个是学生报告，15 个是我自己的观察），结果充分证实了这一模式。在围观者欢呼鼓励打斗者的 17 个案例中，有 15 个最终升级为严重打斗 (**88%**)，在 8 起案例中有部分旁观者也加入了打斗。在 12 个案例中，旁观者反应不一（兴奋程度一般，一部分人很开心地笑着），其中**一起升级为严重的打斗 (8%)**，8 起变成时间持续较久但却较为温和的扭打、恫吓和其他形式的有限暴力 (67%)；3 起以短暂的打斗终结 (25%)。在 21 起案例中，围观者显得安静、尴尬、紧张、恐慌和不知所措；其中只有一起升级为严重的打斗 (5%)，4 起成为持续很久但程度轻微的扭打 (19%)，4 起为短暂而轻微的暴力形式（例如只打了一拳或扇了一耳光）且很快就结束了 (19%)，12 起案例中打斗并未发生 (57%)。在 11 起案例中，围观者干涉、调解或终止了打斗；**其中一起案例发展为较长时间的扭打 (9%)**，5 起涉及短暂而轻微的暴力 (45%)，4 起中打斗并未发生 (46%)。总体来看，围观者的态度与最终发生的暴力程度之间有着强烈的关联。

表 6.1　打斗严重程度如何受到观众行为影响

观众行为	暴力程度				
	严重打斗	持续较久 / 温和	温和 / 中断	未能发生	总计
欢呼	15 (88%)	2 (12%)			17
混合	1 (8%)	8 (67%)	3 (25%)		12
中立	9 (32%)	3 (11%)	10 (36%)	6 (21%)	28
焦虑 / 恐惧	1 (5%)	4 (19%)	4 (19%)	12 (57%)	21
干涉		1 (9%)	5 (45%)	5 (46%)	11
总计	26	18	22	23	89

最后一种围观者类型也是后果最多元的。在 28 个案例中，围观者的态度是中性的，也就是漠不关心、事不关己；抑或是相比冲突双方，围观者人数较少。其中 9 起 (32%) 发展为严重打斗；3 起成为长时间的扭打或互相恐吓的争吵 (11%)；10 起发展为轻微而短暂的打斗，很快就停止了 (36%)；6 起没有引发任何暴力 (21%)。究竟是什么导致这些区别？毫无疑问，冲突双方的人数是重要因素：在 9 起严重打斗中，**除了一起之外**，冲突双方人数都较多（通常是一方 10—15 人，最少也是 5 对 5）；在两起案例中，参与者有数百人。在几乎所有的案例中，如果围观者漠不关心，而最后发生的暴力也很轻微或根本没有发生暴力，那么参与者通常都会很少（大部分是一对一，有时防卫一方会有 2—3 人；唯一人数较多的案例是 6 对 6）。

表 6.2 受到双方人数影响的打斗激烈程度（观众中立）

	暴力程度				
	严重打斗	持续较久/温和	温和/中断	未能发生	总计
双方人数					
1—3	1 (6%)	1 (6%)	10 (59%)	5 (29%)	17
5—100s	8 (73%)	2 (18%)		1 (9%)	11
总计	**9**	**3**	**10**	**6**	**28**

如果冲突双方的人数已经很多，这一效应就会盖过围观者效应；事实上，这些冲突者带来了自己的支持者（因为只有一小部分人会真正积极地参与打斗）。这也解释了之前几段中出现的偏差，我已用黑体标注出来。在其中一个案例中，围观者很恐惧，但仍然发生了严重打斗；那是一场流行音乐会，两个青少年团伙侵入了对方跳舞的领地，引发了常见的冲突。两边各有二三十人，他们对周围数百名吓坏了的观众视而不见。当冲突双方人数众多时，观众的人数就不重要了。

因此，在 89 起案例中，只有两起显得较为异常。在一个案例中（之前已用黑体标明），观众的干涉失败了；那就是第一章中所描述的事件：一家人准备出门时，两名男孩在汽车旁边扭打起来。另外一起则是在观众漠不关心的情况下发生了严重暴力，而且冲突双方的人数并不多：三名白人男青年晚上在一个西部小镇的荒凉街头上游荡，他们截停了一辆车，其中两人把司机揍了一顿，并指责对方向警方告密毒品交易信息。此外，家庭暴力也不取决于观众效应；持续多年的私仇也是如此[9]。

观众不仅会影响到一场打斗能否发生，以及打斗的激烈程度，同时也会影响到打斗能否公平进行。为了证明这一点，我之前已经提出过一个问题：为什么观众会采取不同的态度？目前我们还无法给出答案，但我们之后会回到这个问题上。

打斗有一系列社会限制，不仅包括冲突双方能对对方做什么，也包括观众能对打斗者做什么，以及打斗者能对观众做什么。在一场表演型的公平打斗中，观众实际上已经同意了不去干预打斗，至少不会干预到某种程度；打斗者也不会攻击观众。有时观众会有一定的干预，但这通常是一种传统；尽管边界并不明晰，但群体内部会自动分辨。观众对公平打斗的干预形式通常是为一方鼓劲而冲另一方喝倒彩。随着打斗升级，围观者也许会被浸润其中，代入其中一方的立场而敌视另一方；这可能会导致观众的行为越过边界。单是这种破坏如何发生、又如何处理，本身也能给予我们一些启迪。通常来说，最糟糕的破坏发生在打斗的关键时刻；但即使在那时，围观者也是分化的——一小部分围观者可能会向他们所支持队伍的对手投掷杂物，但通常都不足以影响局势；绝大部分围观者总是希望打斗能够以自己的步调进行[10]。

当然，礼节并不是一定会被遵守，公认的限制有时也会被破坏。对社会学家来说，研究这类案例是一个不错的方法，因为破坏规矩的情形总是能够揭示那些维持日常运转的机制。首先要考虑观众与打斗者之间的界线被严重破坏的过程。轻微的破坏会被容忍，或是通过细微的调整来解决，只要能够传达出边界仍在的含义即可；也就是说，打斗者虽已让边界发生了变动，但却传达出了边界仍然存在的信号，或是明确表示这种变动只是暂时的。然而，严重破坏则会导致打斗的整个框架都不复存在，这就会引发强烈反应。

我的学生报告中有这样一个案例，描述了1997年发生的一起事件：

> 这场打斗发生在两名高中女生之间，一名亚裔，一名拉丁裔；事件发生在学校前的草坪上。150—200名围观者聚集四周，两个女孩的男性朋友聚集在圈子中心为她们加油打气。而后，附近街区一名体型魁梧的黑人男子闯进了围观者的圈子，打了亚裔女孩的朋友——一名身高1.8米、体重108斤的瘦小男孩。他的体重大概只有袭击者的一半。
>
> 两名女孩之间的打斗立刻停止了，众人涌向黑人男子，开始推搡和殴打他。他奋力挤出人群，跑到街上，众人则在他身后紧追不舍。五分钟后，几辆警车停在路旁，抓住了那名黑人男子。亚洲男孩被叫过来指认攻击他的人，学生们则围在旁边试图一窥究竟。众人发出欢呼、叫嚷和庆祝声："没错，就是他！""抓到他了！"他们对被逮捕的男子指指点点，几名学生还试图冲破警察的封锁去揍他几拳（毫无疑问，在这种情况下他们觉得自己相当安全，因为警察已经控制住了局势；随后，警察带着嫌疑人开车走了）。

在最初的打斗中，观众默认了不会干涉，同时会帮忙加油鼓劲；当打斗被外来者打断后，便开启了一种不同的模式：现在不再是表演型公平打斗，而是一群富有道德感的人围攻一名行事不端的外来者。[11]

一个更加复杂的例子是1997年迈克·泰森（Mike Tyson）和伊万德·霍利菲尔德（Evander Holyfield）之间进行的一场重量级拳击比赛。当时，若干限制同时被违反了：首先是打斗双方之间的正常程序，其次是打斗者与观众之间的界线。泰森早就恶名在外，他肌肉发达，但头脑不太灵光；他一度被认为是不可战胜的，但近年来事业开始走下坡路。他已经输给过面前的对手一次，此刻即将输掉第二次。在第三回合，两人抱在一起时，泰森咬掉了霍利菲尔德的一块耳朵。霍利菲尔德狂怒不已。当一名获奖无数的拳击手怒发冲冠时，他做了什么？他在拳击台上狂乱地跑来跑去，胡乱挥动双臂，愤怒地咆哮。他没有靠近泰森，让暴力通过拳头发泄出来；他根本没有尝试在肉体上惩罚泰森。他对泰森的惩罚在另一个更加强烈的层面：他拒绝与泰森继续比赛。他使用了公平打斗中的终极惩罚，即剥夺了破坏规矩者的参与资格。霍利菲尔德原本在比赛中已经占了上风，此刻他并没有表现出逃避对手的姿态，而是反复向对方挥舞双臂，同时愤怒地咆哮，但同时又与对方保持距离，仿佛拒绝接触某种遭到污染的东西。观众和工作人员也全都愤愤不平（*Los Angeles Times*, June 29—30, 1997; *San Diego Union Tribune*, June 29—30, 1997）。这一事件立刻被解读为一起阴谋，也被认为是泰森恶名累累的事业中最臭名昭著的一桩（甚至比他的强奸罪名还要严重）。

破坏公平打斗的规矩，并不仅仅是造成破坏或引发伤害的问题。一场完全公平的打斗也有可能击中面部或眼睛，导致失明、脑损伤、骨折甚至死亡。打斗双方都将这种后果视为一种正常的风险。相比这些，耳朵被咬掉一块可能是一种微不足道的伤痛；但它是意料之外的，既不合比赛规矩，也违反了基本道德；相比之下，其他伤害倒并没有破坏规矩。正是这一点导致愤怒。隐藏在愤怒之下的情感互动也许正是冲突性紧张／恐惧；这些情绪之前由于双方默认的仪式和规则而受到压制，如今则得到了释放。因此，1997年的泰森－霍利菲尔德之战所导致的后果也就不同寻常：观众从位于拉斯维加斯赌场中的舞台里涌出，变得歇斯底里；他们互相扭打，还有谣言说有人开了枪（后来发现并无证据），结果在大厅和赌场里引发了恐慌；桌子被推翻，40人因伤入院。警察一度拔枪命令人们卧倒，而后又封闭了赌场和四周的街道，直到数小时后才重新开放。正常秩序一旦崩溃，就可能具有传染性。

观众也会惩罚中途放弃的打斗者。例如，当一方表现出明显的懦弱或者最后未能接受适当的惩罚时，观众干预打斗会被视为是合理的。在这里，他们并不是在打斗的框架内进行干涉，而是干涉破坏框架的行为。值得注意的是，相比观众而言，退出打斗的一方仍然可能更加强壮和危险；但在这种情况下，我们从未听说过打斗者会反击那些攻击他的观众。他通常太过垂头丧气而无力反击；在这种情况下，情绪能量会从他身上溜走，让他成为被动的受害者。

打斗学校及打斗方式

英雄无论作为偶像还是真实的行动者，都是社会结构的产物。相关的微观情境条件包括观众、声誉排名系统，以及一系列用于安排打斗的仪式。正如我们在本章一开始的案例中所看到的，此类打斗会事先宣布，时间和地点都会提前确定，通常也会设定结束的时间。风险会事先声明，荣誉准则也会得到公认；武器和战略都需要明确提出并有所限制。当国家组织变得更加严密并渗入和控制了日常生活时，表演型打斗作为一种冲突形式就变得不再那么重要。但它依然以两种形式延续下来：在社会生活未被渗透的领域，非官方的社群会通过表演型打斗建立自己的阶层；同时也存在官方认可的、高度结构化的打斗，作为一种展示、训练或特殊的排名系统而存在。

当社会中明确存在韦伯所说的阶层，例如贵族或士绅与平民的分野，那么通常也会存在一种仅限于上层阶级的打斗形式。打斗仪式本身塑造了地位；仪式参与者会从对手和观众那里得到地位的认可；下层阶级则没有资格参与其中，由此被划清界限。当上层与下层阶级之间发生冲突，下层不会得到仪式性的打斗机会，而是会被上层阶级残酷地惩罚，或是被交给其下属处置。在《伊利亚特》第二卷中，一名无礼的平民打断了希腊议事会的争吵，结果他被其中一名英雄的下属揍了一顿，其他人都哈哈大笑。日本德川幕府时期，武士有权直接斩杀任何胆敢冒犯他的平民；然而当两名武士发生冲突时，他们则需要进行一场仪式性的决斗（Ikegami 1995）。在19世纪的法国，经过适当的挑战仪式，绅士们可以用剑或手枪决斗；但是如果一个人被认为不配参与决斗，他就会被人用棍棒或拳头殴打一顿，然后被绅士的手下丢出去（Nye

1993：179，209）。

决斗和其他形式的单挑都可能用到十八般武器和技能：矛、剑、刀、枪、拳头等。这些技能和武器通常也都需要经过训练——历史上最早的学校教育就是打斗训练[12]；在传统的教育形式之外，培训各种打斗与武术技能的学校一直延续至今。传授打斗技能的学校并非仅仅是作为决斗文化的附庸而存在，而经常是其主要组成部分。

武术与武器学校是传授决斗礼仪的主要场所。在如今的现代武术学校（主要遵从日本、韩国和其最初的发源地中国的传统）中也能看到这一点。学生穿着特殊的服装，用不同颜色的腰带或徽章来标记他们的等级；他们会尊重比自己等级高的人；在进入和离开打斗场地之前（例如进入练习大厅的前门时，以及踏上与离开练习毯时）他们会摆出姿势，然后仪式性地鞠躬；与其他学生开始和结束对练时，他们也会互相鞠躬[13]。这些仪式在每一个环节及其中的无数时机都要重复，其最重要的效果是将打斗舞台作为一种特殊而神圣的场所，与世俗世界相隔绝，从而将打斗限制在特定的程序内，设立明确的开始和结束时间。同时，这些仪式也被用来表现双方默认的荣耀感与参与感。打斗技巧可能会被标榜为足以致命：一拳或一脚就能劈裂木板、杀死敌人。在对练中，拳头总是会从近在咫尺的距离命中目标；有经验的武者则能成功躲避和阻挡这些致命的攻击。虽然招数致命，但也经过精心计算，有着精确的边界[14]。

其他武术学校也有着类似的礼仪和技巧模式（Nye 1993；McAleer 1994：119—58；Twain 1880/1977：26—50）。不同种类的剑术（如单刃军刀、双刃剑、重剑等）不仅包括如何防御和进攻，也包括如何在比赛前后向对方致礼，以及如何记录进攻和得分（例如被击中的一方出于体育精神应当主动说出"得分"），如何休息和重新开始打斗，如何衡量受伤，并决定流多少血才算是一个值得尊敬的结局。19世纪德国大学中盛行的决斗俱乐部里，学生们会在胸口做好防御，戴好护目镜，目标是给对方脸上或头上造成一道光荣的伤疤（自己也一样）。获得参与感的并不是胜利者，而是在仪式性的打斗中受伤的一方。与其类似,拳击等训练学校也会同时传授打斗技术和比赛开始及结束的规则。历史上,究竟多大程度的身体伤害才足以结束一场打斗的标准也在不断变化;但是无论何处的打斗学校,传授的都是有明确的时间表和规则的打斗,因此它们在社会上推广的打斗形式也是如此[15]。

当表演型打斗严肃地进行时,相关规则会被反复而明确地宣布出来。这类打斗几乎毫无例外都是在观众面前进行的。即使在过去,决斗处于半非法状态因而必须隐秘进行时,双方也都需要带上助手——起初被称为"见证人"(McAleer 1993:223)——有时还会扩展为人数不少的随从团。决斗开始时,或是一方发出挑战而另一方接受时,参与者通常会先声明双方将要遵守的规则。这并不意味着他们就一定会遵守这些规则,但无论冲突因何而起,破坏规则都会被认为是一种更加令人鄙夷的行为(Nye 1993)。武术学校最重要的作用就是反复强调打斗中恰当的礼仪;学校中的模拟对战无论在技巧上到达了哪一级别,几乎总是在着重强调开始、结束和向对方表示敬意的程序[16]。

决斗最流行的时期是19世纪晚期的欧洲。当时,法国一年会发生200—300起决斗,意大利也是如此;德国的决斗有这个数量的三分之一。但比起决斗学校、社团和会所的流行,这些数字几乎不算什么。在德国,每所学校都有会员多达数百人的决斗俱乐部,其中有人一周内数天都在参与表演型的较量。法国则有数十个剑术会所,成员多达数千人;此外还有射击俱乐部(Nye 1993:157—66)。巴黎的报纸和百货公司都为雇员设立了内部的剑术会所。会员有规律地参与健身,部分是为了在时尚的社交场合维持不凡的外表。公开的剑术表演——被称为"猛攻"(assaults)——每周都会举行;风度翩翩的绅士们则会在家里举办这些项目,作为晚间娱乐节目。在这些赛事中,并不会宣布赢家和输家;它们的目标仅在于展示正确的剑术和华丽的风格。总体来说,这种表演的数量一定远远超过了决斗的数量。

有些时候,除了打斗学校和表演,就不会再发生其他打斗了。德川幕府时期的日本,武士道(武士的行事准则)正是在武士塾中发展起来的。在这段和平时期之前的战国时期,武士道强调的是对家主的忠诚;而此时,武士已经成为一个优裕的阶级，武士道也转而强调个人荣誉（Ikegami 1995）。当中央政府禁止在军队中使用剑时，剑术就开始变得仪式化。剑术老师开始因关于武士道哲学的著作而出名；有些人将剑术与禅相结合，有些人则成为著名的哲学家，并以儒家《论语》为基础将武士道发展成了一种宗教（Collins 1998：350—58；Kammer 1969）。并不是所有武士都放弃了军人的身份；但是，他们此刻实行的武术已经不再适用于现实，而是一种学术上的应用。武士花在剑术研究上的时间，比真正参与决斗的时间要多得多。

欧洲的骑士竞技也是如此：全身盔甲的骑士进行一对一的打斗表演，他们手执长矛，沿着相邻的跑道冲向对方。骑士竞技在14—16世纪颇为流行，当时军队已经固定为大型的步兵军团，骑士也开始以群体而非个人为单位作战（McAleer 1994：16—18；Bloch 1961）。事实上，从希腊城邦时代开始，单打独斗在军事战争中就不再有什么作用；就连中世纪时的野蛮联盟也是群体而非个人作战。正如我们在第三章中所看到的，胜利大都发生在敌方阵形溃散的时候。所谓骑士精神，一直都是人为建构出来的；虽然从思想上来说颇为怀旧，但其社会功能却是新的：用来合法化社会关系中新近强化的贵族阶级的边界，而不是用在战场上。就连争夺地位的私人恩怨也不是通过单挑来解决，而是通过著名领主的私人军队或其追随者来进行（Stone 1967）。

这并不是说所有一对一的决斗形式都只存在于古代；它们也许是近代才发明出来的，也许并不存在阶级上的先例。拳击在19世纪晚期和20世纪早期的英国和美国（而非其他国家，因为在那些地方传统的决斗和打斗训练学校依然存在）成为中上阶层最喜爱的健身形式。那些士绅阶级并不是职业的、富有竞争力的拳击手；拳击手总被认为是下层职业[17]。就像德川幕府时期的武士一样，士绅阶级的拳击手会在练习而非公开互殴上花更多时间。20世纪以来，学习跆拳道、中国功夫及其他武术的学生也都是如此[18]。事实上，这些学校的历史并不太久。合气道是在20世纪早期的日本发明的；剑道也是如此——正是在日本军队用现代枪械取代了剑的时候，人们才开始练习使用木剑的武术（Draeger 1974）。随着打斗的实际意义越来越少，其仪式却在变得越来越繁复。

分析可知，打斗训练学校的一个主要成果是克服冲突性紧张／恐惧。它们提供了一种绕过暴力障碍的办法，让双方的注意力集中在冲突之外，包括礼仪、时间与地点的限制、开始与结束的时刻等。总而言之，注意力集中在双方通过仪式而共享的归属感上及制定仪式的精英所处的社会地位上。在微观互动方面，双方会格外关注如何在观众面前表现得体，同时又不受观众影响。

冲突性紧张／恐惧经由两种途径得以抑制：首先，观众的共鸣和鼓励使得参与者（包括双方）成为注意力的焦点；其次，打斗双方建立起了一种团结感，因为他们共同参与了同样的仪式。毫无疑问，紧张／恐惧某种程度上仍然存在；在拉沙德与道森的打斗中，以及文学作品里阿喀琉斯与赫克托的战斗中，其中一方都获得了压倒性的情绪能量，另一方则陷入了恐惧或瘫痪。但就连这种不对等的情绪分配也是从情绪能量的储备之中而来；正是这些能量使得双方跨过了冲突性紧张的最初障碍，从而成功实施暴力。哪怕在打斗过程中其中一方因对手独占了情境能量而输给了紧张／恐惧，打斗结束时的仪式也会让输家重新建立起与赢家的团结感，并帮助他获得观众的尊敬。

在打斗训练学校里，就连仅存的冲突性紧张／恐惧也被最小化了。这里强调的是成员感和仪式感，以及冲突本身的人为感（一种虚构的特质）。冲突变成了一种身为斗士的团结感和成员感的体验，一种英雄－精英的身份；通过置身于打斗训练学校中，人们与整个世界隔绝开来。

在剑与枪的决斗中展示风险和控制危机

决斗在其黄金时代到来之初就与剑术学校关系紧密。个人决斗与打群架或世仇不同，它起源于 16 世纪的意大利和法国。到 1590 年代，决斗在英国已蔚然成风（Kiernan 1988；Peltonen 2003；Nye 1993；McAleer 1994）。决斗是由士兵传播开来的，特别是雇佣兵；但它后来却成为一种侍臣中流行的行为，并进而获得了更高贵的礼仪。这与当时文化程度较高的王室集中权力并取代了乡下封建领主及其私有军队有关。

因此，莎士比亚戏剧中的决斗对当时的观众来说相当新鲜；观众中也包括不少刚刚开始采用决斗这种行为的皇室臣子。决斗并不仅仅是一种表演型打斗；首先，它是一种具有很高文化水平的表演。在《罗密欧与朱丽叶》中，有这样一个关键情节：提伯特杀死了罗密欧的堂兄茂丘西奥，于是罗密欧在击剑决斗中杀死了提伯特；而提伯特则是朱丽叶的堂兄，因此这件事让罗密欧的爱人朱丽叶十分忧伤。事实上，此时是一个过渡阶段：人们仍然将个人决斗与家族私仇混为一谈。一旦决斗的规则正式确立，决斗中出现的死亡就不应由任何人来复仇；事实上，无论是何种侮辱引发了决斗，决斗本身就已终结了这一冲突。《罗密欧与朱丽叶》最初上演于1593年，等到1601年《哈姆雷特》上演时，结尾的那场决斗已经与决斗的标准形式很接近了[19]。

决斗用的是轻剑，而非重型武器；当时流行的是细细的无刃剑，在军事战斗中毫无作用，但很轻便，适合作为上层阶级日常着装的一部分。无刃剑对盔甲毫无效果，但在平民生活中，它却有可能对人的内脏造成致命伤害。它释放出的信号说明，携带者一旦被人激怒就能随时进入战斗。这种随时准备好的姿态是一种礼貌的社交方式，其规则就是违反它的人会被认为是在邀人决斗。但是，当时的法律为了维持社会秩序而禁止决斗；因此，佩戴轻剑主要是一种自我呈现；人们很少会当场打起来，但却往往会安排一个决斗的地点，避开当局耳目[20]。于是，决斗就变成了击剑比赛，随之而来的是上流社会中剑术学校和私人剑术教师的流行，它们成为决斗文化最典型的特点。英国第一家剑术学校建立于1576年；1590年代，随着决斗的流行，出现了一些更时髦的学校（Peltonen 2003：62）。

1740—1750年代，手枪开始取代剑，并于1790年代在英格兰、爱尔兰和美国完全取而代之。在法国和意大利，轻剑和重剑（主要在19世纪使用）决斗则一直到第一次世界大战时都还颇为流行，手枪决斗也同时存在。在德国,有一种与众不同的决斗形式也很流行,那就是使用军刀(有刃军刀而非无刃尖剑);不过,在情节比较严重的情形下,人们往往还是会选择手枪。

决斗的正式性及其礼仪建立于轻剑时期,之后延续至手枪时期并发扬光大。恰当的礼仪包括挑战、口头羞辱和反驳,包括一句程序化的"你说谎!"(这一指控并不一定意味着对方说了假话),有时也包括将手套丢到对方脸上——手套是当时绅士得体着装的一部分。决斗双方会指定助手,由他们负责安排时间、地点、武器和程序。助手也会作为结局的见证人;在手枪决斗中,如果双方都错失了目标,他们一般都会宣称自己已经满意了;如果其中一方受了伤,则会有医生(通常是助手带来的)照料他。有时其中一方会死掉,但这并不是决斗唯一的结局。这场仪式只是一种终结争吵的方法,相对流血较少,更多是展现愤怒,并为自己遭受的羞辱讨一个令人满意的说法。从这一方面来看,手枪决斗比剑术决斗要更宽容,因为用剑决斗至少要造成一定的伤害,而且究竟何时停止也不像手枪决斗那么明确和戏剧化;不过到1830年代,剑术决斗已经开始以流出第一滴血为结束。

参加决斗仪式是精英身份的标志。你必须懂得正确的礼仪,并且(从18世纪末开始)有办法弄到一套决斗用的枪械。决斗的规矩符合社交中的各种礼貌行为:交换名片,好让助手能够联络到对方;戴手套;一丝不苟的演讲词(有时也可能语带嘲讽)。决斗场地本身被称为"荣耀之地"(the field of honor)。助手们必须同样是绅士,因此双方召唤助手也正是展示其精英网络成员身份的过程。助手们的作用是担保决斗者的精英地位,控制决斗中的暴力,并与下层阶级不合规矩的争吵划清界限。有时决斗挑战可能会失败,因为一方无法找到令人满意的助手。地位格外高的人在任何情况下都不能被挑战;伟大的领主不可能与普通的贵族决斗;将军不可能与下层军官决斗(但他也可以这么做,例如德国军队规定副官需要代替将军决斗);事实上,大部分决斗都发生在下层军官之间(Peltonen 2003:83,205;Kiernan 1988:103;McAleer 1994:114—17)。美国早年间,杰克逊(Andrew Jackson)将军拒绝了一名年轻平民的决斗挑战,却并未因此丢失脸面(Wyatt-Brown 1982:

335—36)。

决斗从理论上来说总是带有死亡风险。但数据上呈现的模式却带有相反的特点：总体来看，决斗越频繁，致死甚至致伤的机会就越小。19世纪末，决斗最危险的地方是德国；但就算在那里，致死率也不过20%。德国决斗有三分之二最后会流血。其中大都是军官之间的手枪决斗，频率约为最低每年10—15起，最多每年75起。同一时间法国决斗的致死率从未超过3%，有些年份里甚至低于0.5%；在决斗最频繁的1890年代，平均每年发生200—300起（大都是用剑）。在意大利，1880—1900年代有4000起决斗被记录下来（几乎都是用剑），其中20起有人死亡；也就是说，平均每年200起决斗，其中不到一起是致命的(0.5%)[21]。

在爱尔兰，决斗从18世纪早期开始流行起来，当时每十年有10—15起决斗，但到1770年代已经上升到十倍于这个数字，之后到1810年又开始回落。早期在决斗还很罕见且大多用剑时，63%—100%会以一方死亡告终，其余案例中也几乎总是会有人受伤。到18世纪下半叶，当手枪取代了剑后，致死率下降到36%，到世纪末更是下降至22%，受伤率也同时下降。当时的手枪瞄准能力很低，这是死亡率下降的原因之一。但同时我们也注意到，理论上来说不断开枪直到打中对方也是可行的，但决斗以一轮开枪就结束的比例却从40%上升到了70% (Kelly 1995: 80—83, 118—20, 213—14)。

我们在其他地方也能看到类似的历史模式。在英国，决斗在17世纪早期才开始制度化；当时每年平均发生20起公开决斗，致死率显然很高(Peltonen 2003: 82, 181—86; 202)。到1660年代，决斗已经形成了一套复杂的礼仪规则，决斗挑战也发生得更频繁；但与此同时，逃避决斗的方法也发展起来了。到1670年代，决斗者常被讥讽为华而不实的伪君子，许多人都认为他们在决斗中不过是装装样子。也就是说，当决斗（至少是发出决斗挑战）变得更加流行时，用来限制伤害的方法也随之发展起来。到18世纪中期手枪取代佩剑后，这一模式再次得到重复：1762—1821年间，死亡率为40%；随后一直到1840年决斗被废止，致死率下降到7%，受伤率则下降到

17%（Nye 1993：268，引自 Simpson 1988；Kiernan 1988：143）。

随着时间推移，决斗中的礼仪和公平变得越来越重要。18 世纪早期，在爱尔兰等半开化地区，助手也可以加入决斗；16 世纪的意大利和 17 世纪早期的英国与法国也有这种情况，当时私人决斗与群体世仇之间的界线才刚刚建立起来（Peltonen 2003：179，191，203—4）。到了 18 世纪晚期，助手们已经变成严格的仲裁者。在当时的军队战斗中，滑膛炮管步枪被膛线炮管取代，大大提升了射击准确度；但在决斗中使用这种步枪会被视为不公平，尤其是在英国更是如此。与其相似，新式手枪的微力扳机也被认为是一种不公平的优势（Kiernan 1988：143）。决斗者不得不使用过时的武器；拥有两支决斗用的手枪变成一种复古主义的时尚，就像在机械化的战争时代军官仍会用佩剑来作为荣耀勋章一样。由于武器总是古老的，这也就传达了一种信息：决斗很大程度上只不过是一种表演罢了。

同样的模式也出现在法国。1789 年革命期间，决斗数量飙升，因为中产阶级获得了原本属于贵族特权的决斗荣耀。到了 1830 年代，随着手枪机械的进步（撞击式火帽取代燧发枪），在每年约 80 起决斗中，致死率约为三分之一。与其相应，1837 年出版了一本决斗手册并得到广泛传播；其中明确记录了用剑与手枪决斗的礼仪，并提供了多种降低死亡率的方法；接下来几年，死亡率降低到平均每年 6 起，即决斗中的 8%—10%（Nye 1993：135；McAleer 1994：64，248）。在第三共和国时期（1875 年起），决斗变得格外流行，成为民主参与的一种标志。政客们在议会中辩论，记者们传播各种指控，他们都可能最终用决斗来解决争端。但这些人就算杀死对方也无助于自己的事业发展，事实上，他们的决斗是很温驯的：在 1880 年代的 108 起政治决斗中，并没有发生死亡，只有 11 起（10%）造成了严重伤害；在 200 起有记者参与的决斗中，仅有 2 起死亡（1%）和 12 起严重伤害（6%）。所谓的私人决斗（大都与性有关）更加危险，但即便如此，致死率也很低：在总共 85 起事件中，6% 有人死亡，34% 有人重伤（Nye 1993：187—215）。

这一切究竟是如何发生的？死亡的危险又是如何随着情境而调整的？需

要注意的是，助手可以挑选合适的条件。首先，他们可能会安排双方和解，或是承认彼此之间有误会，或是道歉，或是指出其他情有可原之处。在这种情况下，最好是选择年纪大、有经验的助手，避开头脑发热的年轻人。一名德国专家曾在 50 起决斗中做过助手，其中只有五起最后发展成真正的打斗，仅两起产生了严重伤害[22]。决斗也有可能因为程序上的原因而终止：人们应当在受到侮辱后 24 小时内发出决斗挑战，如果迟了，对方就可以不予接受且名誉不受影响；决斗本身应在 48 小时内发生（通常是第二天清晨），如果迟了，就可以取消。如果在约定好的时间内，其中一方迟到了 15 分钟以上，另一方就无须等待。此外，考虑到时间紧张，有时决斗会在大雨中进行，致使双方都很难瞄准。在决斗违法的地方，也可以通过贿赂警察来逃过决斗。此外，即使子弹错失了目标，也会被认为是一个回合，并可终止决斗，除非双方助手同意进行更多回合（McAleer 1994：49—56, 66, 84）。

除了这些临时变动，助手还可以设定决斗的程序，从而提高或降低危险。在手枪决斗中，可以设定开枪的次数与距离。当然，回合越多，危险就越高；标准程序是只进行一个回合。如果进行到四个回合，就会被认为太过残忍；不过，在 1886 年发生在德国军官之间的一起决斗中，双方发射了 27 发子弹，这既表明他们准头不好，也说明两人都很固执（McAleer 1994：68；Nye 1993：195, 207）。在距离方面，法国通常是 25 步，德国则是 15 步；10 步已经很可怕了，5 步简直就无需瞄准，哪怕用滑膛枪也一样。事实上，距离常被设定为 35 步以上，尤其是在法国——这也是法国决斗致死率如此之低的原因之一[23]。

距离也取决于决斗的程序（McAleer 1994：70—75；Nye 1993：195, 207, 269）。最流行的是所谓"障碍决斗"（barrier duel），即双方面对面拉开一段距离（例如 10 步或 20 步），站在一块长方形的障碍区域后（用木桩来标示，通常 5 步、10 步或 15 步宽）。决斗开始时，双方之间的距离约为 10—16 米，这一距离并不十分危险；但决斗双方可以提升危险程度。一旦发出开始的讯号，双方就会向障碍区域走去，并且随时可以开枪。首先开枪的人如果击中对方并让其失去反击能力，那么他就赢了；但如果未能解除对方的武装，他就需要站在原地，而对方则有一分钟时间走到障碍区域前，并且可以在仔细瞄准之后再开枪。

另外一个变体是"信号决斗"（signal duel），通常会从比较近的距离开始，但没有瞄准的时间；决斗开始时，双方枪口下垂，直到信号发出。数到3之后，双方必须举枪、瞄准、开枪；如果在此之后开枪，就会被认为不够光彩。更有甚者，德国（决斗并不合法，但受到容忍）和法国（只要遵守规则，决斗就是合法的）的法庭格外注重杀死对方的决斗者是否遵从了规则。"信号决斗"让双方更有可能生存下来，因为决斗者一开始都是侧身站立，因此目标较小；此外，他们还有较为先进的盔甲，也能给他们提供一些保护。相反，"障碍决斗"尽管在某些方面不那么危险，却要求双方面对面站着。另外一种降低瞄准率的方法则是双方背对背站着，在听到信号之后转身开枪。更危险的形式则是"瞄准决斗"（aimed duel），即给双方一定的时间（通常是60秒）来瞄准再开枪。这可能会变成双方彼此凝视很长一段时间，简直是对神经的考验；1893年发生在匈牙利议员之间的一场决斗中，双方瞄准对方30秒仍未射击，最后他们垂下枪口，互相拥抱并和解了（McAleer 1994：70）。

如果助手想要确保危险降到最低，就可能会对武器做手脚，因为是他们负责给枪上膛：他们可能会使用水银做的、在空中就会解体的子弹；或是使用非常小的子弹，抑或是降低火药的威力（McAleer 1994：66—67, 189）。双方都必须使用滑膛枪，这不仅仅是一种传统，也是因为滑膛枪比现代武器更容易做手脚。当然风险也依然存在：滑膛枪使用的圆球子弹比起膛线枪使用的圆柱形子弹来说，轨迹更加不规则；但由于初始速度较慢，它们即使击中也可能只是嵌入人体，而换作现代武器的话则有可能直接打穿。风险总是会存在的，但也有可能仅存在于决斗者的脑海里。助手作为舞台助理，有着戈夫曼式的对自我的集体呈现。决斗中存在劳动分工：决斗者应展示自己的荣耀和无所畏惧，助手（很可能不被决斗者觉察）则应尽可能使风险没有表面上看起来那么高。

用剑决斗也可以设置障碍和限制（McAleer 1994：59—62；185；Nye 1993：

197，201—2，291）。在德国，重剑会有比较钝的一侧；无论如何，弧形的剑刃都不可能造成长剑那样的穿透伤。双方只能挥砍，也许会造成伤口和流血，但通常都不会很严重。决斗中不能谈话和嘲讽对方；如果有人武器脱手，除非他能回到作战状态，否则对方不得继续攻击。与好莱坞式的剑斗不同，双方不能用脚去踢，也不能用另一只手挥拳。比较理想的方式是决斗双方近距离站在一起，让剑的动能受到限制（就像拳击比赛中双方抱在一起一样，这是现代拳击运动中的一种常见策略）。一定程度的保护也是有可能的，例如在脖子或腹部围上围巾。此外，决斗者也可以尽可能多地暴露皮肤，好让血迹格外显眼；根据规则，只要流出第一滴血，决斗就结束了。这在法国格外盛行，决斗者有时会在助手的安排下赤裸上身决斗，或是穿上能让血迹格外显眼的白色衣服。法国决斗者通常不会戴皮革手套，因为伤口最可能出现在手和手腕上，那里是通常瞄准的位置；如果瞄准下腹部，甚至瞄准腿部动脉，就会被认为是非常严重（甚至可能受到惩罚）的越轨行为。不过，在德国，双方通常都会佩戴臂铠，因为他们往往不愿以如此轻微的伤口来终止决斗；伤口愈是严重，就愈可能被视为荣耀的徽章。臂铠越厚重，决斗就越认真。决斗的程序可以根据希望造成的伤害来进行精密的调整。①

决斗的目的更多在于展示双方对所在社会群体的归属，而不是建立对对手的支配权。因此，赢得决斗并不那么重要，展示勇气才是目标所在。一场值得敬重的失败，比一场不择手段的胜利要好得多；在声誉方面，值得敬重的失败可能比正大光明的胜利效果还要好。最能体现勇气的方式（至少在英国和法国）就是让对方先开枪，然后自己朝空中开枪。在这种情况下，决斗也就变成某种赌博（赌博也是精英群体一种消磨时间的方式，尤其是在花花公子们中格外流行）。手枪决斗的某种形式特别像扑克牌游戏。决斗双方可

---

① 图6.1：法国人在围观者面前用剑决斗。高帽是当时上流社会的标志（1901年）。决斗双方互相保持一段距离，都没有穿上衣，以保证第一滴血能被清楚地看到。助手则站在一旁，近距离监督双方的一举一动。

能会抽签决定谁先开枪,让决斗成为对心理承受能力的测试。还有一种比较复杂的决斗形式,即"障碍决斗"的一个变体;双方之间的无人区域从10—15步缩短到一条线;如果首先开枪的人错失了目标,他的对手就能走到这条线前;如果首先开枪的人胆敢走上前来,他就得让对方有机会近距离开枪。似乎很少会有人利用这一优势;通过放空枪来展示勇气,已经足以结束一场决斗。还有一种更像赌博的决斗形式:助手会额外准备一对手枪,放在决斗者看不到的地方,其中只有一把手枪上了膛;决斗者需要通过抽签从中选择一把——双方都不知道自己拿到的是否是没有子弹的那把枪(McAleer 1994:229—30)。然而,愿意承担如此高风险的赌徒,往往会令人不齿;在决斗最为风靡的时期,人们还是更喜欢低风险的形式。

决斗成为传统后,也变得保守起来。武器技术进步了,但精英决斗者却并未采用新武器。1835年,柯尔特发明了左轮手枪;在1846—1848年间的墨西哥战争中美军采用了这一装备,这让它很快便声名远扬(Chambers 1984)。旧式手枪需要在每一发子弹射出之后都重新上膛,操作起来很繁琐。因此,如果决斗需要进行两轮以上,就需要经过同样的间隔,这让整个程序显得格外正式和令人紧张。左轮手枪让人们可以连续发射六发子弹,因此能够造成更高的伤害。但这种连续射击在绅士之间的决斗中从来不曾得到允许;如果在没有传统决斗手枪的情况下不得不使用左轮手枪,那么每一轮只能装填一发子弹。当然,牛仔之间的枪战就是另一回事;他们是左轮手枪时代著名的使用者,但却被欧洲决斗文化视为庶民(McAleer 1994:68, 79—80)。

手枪决斗渐渐退出历史舞台时,产生了一些混杂的传说。"俄罗斯轮盘赌"(Russian roulette)游戏就是决斗和赌博的混合体,通过以身涉险来展示勇气与荣耀。"俄罗斯轮盘赌"是一种没有对手的决斗方式。两者是类似的,因为决斗通常只会发射一到两发子弹,大部分时候都会错失目标,也不会致命;将一把装有一发子弹的左轮手枪顶在脑袋上开一枪的风险也与此类似。冒着死亡的危险是一种提高地位的方式,也能在贵族群体中成为注意力的中心[24]。但事实上，在20世纪早期之前，并没有可靠的资料表明有人真正实行过"俄罗斯轮盘赌"（www.fact-index.com/r/ru/russian_roulette）。类似情境中总是涉及俄罗斯军官，但其过程却不尽相同，而且细节也似乎经过了扭曲，成为一种用庶民的左轮手枪进行的游戏。"俄罗斯轮盘赌"的游戏与决斗背后是同样的结构：要克服的对手是自己的恐惧，谁能冒着生命危险作出这种行动，谁就能让自己跻身精英之列。

精英决斗的式微与枪战的取而代之

决斗一直遭到反对；反对不仅来自教会，也来自试图独霸暴力的国家。在17—18世纪，对决斗的反对几乎毫无效果，尤其是在贵族阶层控制了政府高层的国家。因此，同样一批人可能会公开反对决斗，但私下里却又默许甚至亲自参与决斗。19世纪中期，随着决斗逐渐转变为枪战，也变得不再那么精英化，最终甚至变成一种庶民化的行为，也就可以被法律明文禁止了。

最终使决斗消亡的是民主化的过程，尽管其在不同国家进展速率不同。直到19世纪决斗还是贵族绅士们的领域，军官们也依照军衔被视为贵族绅士的一员，尽管他们可能出生时并不属于这个阶层。然而随着19世纪军队规模的扩张，精英阶层受到了蚕食；决斗文化传播到了所有等级的军官，从而模糊了其阶级分野。军队之外的决斗同样如此，到19世纪晚期已经大为扩展，尤其是在法国第三共和国时期，以及统一后采用议会制的意大利。政治家——特别是在政治上活跃的市民们——如今认为自己获得了成为贵族绅士的权利，其中也包括通过决斗来捍卫自己名誉的权利。在德国，学生群体的扩张让决斗俱乐部蔓延到了中产阶级中。乍看起来，这似乎是将贵族和军队的价值观强加给了整个社会；但从长远来看，却是决斗变得不那么精英化了。

这一过程在美国内战期间的南方体现得格外明显。相比起欧洲精英阶层决斗的傲慢，美国南方的白人男性则强调民主与平等，这也包括为了维护自己名誉而向别人下达决斗挑战的权利。相应的，最富有和最文明的南方地主则开始拒绝决斗，将其视为未开化的庶民行为（Wyatt-Brown 1982：351）[25]。最后，决斗俱乐部的成员太多了，也就失去了吸引力。此时，上流社会礼仪的定义已从暴力转变为平和的行为[26]。

在美国，手枪决斗最后的辉煌是1865—1890年间所谓的野蛮西部时代（Kooistra 1989；Hollon 1974）。西部枪手组成了某种位于前线的精英阶层，在媒体中既被浪漫化也被描绘为恶徒。但他们既非上层社会的一员，也没有实行上流社会的生活方式。旧有的决斗文化存在于富有的精英阶层之间，但枪手们却并不是富有的农场主，尽管他们经常作为雇佣兵生活[27]。枪战中偶尔也会存在礼仪，也可能会在约定时间进行表演性质的枪战；但是正式的挑战、助手、对空开枪和礼貌的结束方式都已不复存在。枪手更关心的是自己和对方的性命，而非确认自己的精英身份。最成功的枪手显然并不是那些参与表演型枪战的人，而是在受到冒犯时立刻拔枪报复的人；记录在案的许多死亡都是由埋伏造成的。这些枪手是从精英决斗者到现代酒吧斗殴者之间的过渡形态。

西部枪战发生在国家权力渗透中的过渡时期。由于缺乏国家控制和保护，私人力量发展起来；事实上，农场主、地主和铁路资本家的私人武装队伍都开始参与暴力事务，并保护他们免遭暴力伤害；他们比个人枪手制造的暴力要多得多（Hollon 1974）。我们看到的图像是被扭曲的，因为个人枪手获得了更多的曝光度和浪漫名声；这是因为他们更符合单枪匹马的个人英雄形象。事实上，即使在名人中，最成功的也是那些曾经（在个人事业中的某一时刻）为政府工作的人，例如警长或美国警署等。西部枪战事件中，最著名的是1881年发生在亚利桑那州境内的O.K.牧场枪战。那并不是两个英雄之间的单打独斗，而是两个有组织的势力之间的冲突：一方是美国警署及三名警官，每人配有两把手枪和一把猎枪；另一方是一家扩张中的私人农场的五名成员，配有手枪和步枪。

枪从20世纪的决斗或单挑中消失了；虽然表演性质的打斗仍然存在，但通常都会使用其他武器，主要是拳头和刀子。当使用枪的时候，往往并不是公平打斗。表演型打斗的精神依然存在于人工制造的封闭社群中，那里通常有着较为稳定的地位阶层，例如美国高中和其他全控机构。同样的结构在底层制造了霸凌，在精英阶层则制造了表演型打斗。

这里我们可以总结出在怎样的条件下才会在精英中发生公平打斗。其中一个类型是国家军队之间松散的联盟；从历史上来看，这发生在基于血缘的部落武装被更大规模的志愿军或跨部落联盟所取代、但军队中还未形成清晰稳定的阶层时[28]。此类同盟中会产生特定种类的英雄，尤其是"狂战士"——残暴的个体斗士，靠不受控制的攻击性来震慑对方，并自吹自擂自己对危险毫不在乎。他们更喜欢单打独斗，因为这样可以最大限度地提升个人名誉。此外，这时的暴力组织形式是某位英雄的随从团，或是某些英雄及其随从临时组成同盟（就像特洛伊战争中的希腊军队一样），而不是氏族或帮派的复仇团体。因此，英雄之间会发生单打独斗，但却不会发生埋伏和报复性袭击。

此类结构的另一个特点是精英与平民之间的分野。英雄们会将他们之间的表演型打斗限制在二人之间，并从中获得至高的荣誉[29]。理想情况下，精英地位建立在打斗能力之上，但事实上也与财产有关。在现实中，拥有财产的上层社会并不完全是由此类斗士组成的；通过世袭的财产和爵位，以及更加稳定的条件，士绅阶层可以通过礼仪（包括打斗中的礼仪），而不是打斗中的残忍和效率，来加以区分。

狂斗士英雄变成礼貌的决斗绅士。由此，出现了第二种表演型公平决斗的背景条件：松散的联盟关系由强大的国家权力取代，但只要仍然存在位于普通民众之上的精英阶层，决斗就可以存在。在这些条件下，决斗的精神维系下来，尤其是通过训练决斗者的学校；这些学校类似上层阶级的俱乐部，在那里，决斗礼仪被反复练习。事实上，绝大部分表演型打斗都发生在此类学校中；就像在外部世界一样，这些打斗很少会造成致命或特别严重的伤害。表演型公平决斗随着精英/平民分野的消失而式微，尽管它在过渡时期可能曾经风靡一时。

精英武术学校或俱乐部对于维系表演型公平打斗的精神可谓至关重要；比较一下就会发现，20世纪的此类学校中，事关荣誉的决斗逐渐消失了。武术学校一直维系到20世纪之后，但却已变成一种新的形式：体育馆或健身房。武器被抛弃了，训练重点转移到了身体上；现代健身房会帮助人们塑造肌肉和持久力，有些也会教授打斗技巧，例如拳击和亚洲武术。当代美国人将这些武术视为和平和无害的。在1970年代以来的健身风潮中，健身房变成非暴力的中产阶级的爱好，出现了大量女性参与者；这些健身房既与政治无关，也没有黑帮背景。健身房不再是炫耀自我或是体现社会归属感的地方，而是变成提升自我的所在；人们将这里作为塑造体型的后台，而不是表现自我的前台。但在欧洲，健身房（通常是性别隔离的）往往是招募准军事部队和黑帮成员的地方。1920年代，德国准军事集团正是基于运动和健身风潮组建而成。1990年，健身中心被作为南斯拉夫种族清洗者的基地，同时也成为强奸案多发的地方。1990年代的俄国健身房是犯罪团伙聚集的地方；在印度，健身房成为当地犯罪团伙的基地，他们有时也会在种族争端中提供协助（Fritzsche 1998；Kaldor 1999；Tilly 2003：36—38；Katz 1988：272；Mann 2005）。这些平民的健身房并不存在荣誉准则，也不会发生个人之间的打斗，而是恰恰与之相反。

无关公平的荣誉：世仇——不公平的系列打斗

在现代条件下，枪支的使用逐渐变得不再公平。这可以分为两种类型，它们共同组成了现代枪支暴力（除了抢劫和其他犯罪组成的掠夺型暴力之外）。一方面是团体实行的复仇，另一方面则是升级为枪战的私人恩怨。后者往往被形容为名誉冲突，但它们存在独特的互动规律，我们可以称之为

"蛙跳升级"(leap-frog escalations)。

说起帮派枪战,我们应该很熟悉,例如互相敌对的帮派在飞驰而过的车里互相射击,以及更加广泛意义上的互相报复的帮派暴力(Sanders 1994；Jankowski 1991；Wilkinson 2003)。帮派会通过攻击闯入自己领地的年轻男性来保护其领地(也许只不过是几个街区);为了对之前遭受的攻击进行复仇,或是展现自己的力量,他们偶尔也会闯入对方的领地。帮派争斗并不是公平打斗;其形式不是一对一的较量,也没有观众在场可以帮助维持规则。相反,帮派争斗的目的在于当轮到自己进攻或反攻时向对方施加压倒性的力量。这一不公平的优势是很重要的,因为它能帮助人们克服冲突性紧张/恐惧,从而使得暴力得以发生。当使用枪的时候,通常会有若干黑帮成员参与突袭或埋伏,但其中只有一个人会开枪。其他人提供了支援,同时也代表着这场打斗的性质是群体暴力而非单打独斗——并不是某个人向另一个人寻求复仇或是维护自己的名誉,而是一个群体向另一个群体发出信息。具体受害者是谁并不重要;杀死另一个帮派中成员的女朋友或孩子,与杀死其中一个成员具有同样的含义。

帮派争斗通常也不是表演型的,亦即不会提前宣布,也不会约定好时间、地点和规则。帮派争斗的本质是趁对手不备时占据优势。因此,导致杀戮成功发生并使得群体复仇链条维系下去的,恰恰是双方轮流占据优势。如果不能趁人不备,或不能占据压倒性优势,帮派之间就会陷入对峙,如同旗鼓相当的两支军队一样;他们会虚张声势,发出各种噪声,但却不会给对方造成实质性伤害。

接下来的例子表明,枪有时只是被用来营造气氛,偶尔也会造成伤害。一群年轻黑人男性陪一名朋友前往敌对帮派领地去见一个女孩:

> 我们当时在抽大麻,想着自己那些乱七八糟的事儿。然后那边儿的黑鬼走了过来,问我们一些抽风的问题:"这谁?"你知道的,就像问"你他妈谁啊"一样。我就说:"你才他妈谁啊?"之类的。你他妈

有什么问题啊,我们只是在这儿吹吹风而已。然后我们就开始对骂。一件事赶着一件事,我们不知怎的就打了起来,所有人都推推搡搡的,然后我们开始咋咋呼呼,我觉得没人被打到。不过还是有布朗斯维尔这边的一个人被打了,因为我们这边有人打到了他的胸口。我自己没被打到。然后就开始开枪。我们并不是真的想要打中什么人……我觉得没人真的在瞄准别人,只不过摆个样子罢了。子弹乱飞。我很高兴我们最终平安脱身了。(Wilkinson 2003:153)

枪的使用也会限制打斗的规模:帮派争斗如果用了枪,其持续时间往往就会很短,两边并不会不停地开枪。这部分是因为正常的紧张/恐惧,部分则是因为缺乏用枪的训练,此外枪的质量也比较差。在当代黑帮中,买枪的人通常对枪都没有什么了解,因此常会买到质量不高或装配有问题的武器;他们通常是出于恋物的情绪才会带枪,而并不是将其作为一种有效的武器(Venkatesh 2006)。通常最多只会有一枪打中。这些特点使得帮派争斗中对枪的使用被限制在很小的范围之内。

与表演型打斗相比,帮派争斗在时间上会拖长:双方并不会在同一时间和地点聚集起对等的力量,但却有另外一个选择:理想状态下,其中一方会首先获得不公平的优势,然后会轮到对方。整个链条必须保持平衡,在任何一个时刻,其中一方通常都会感到自己受到了不公平对待。这种感觉并没有错;于是,他们就会尝试改变平衡,让自己获得支配权。尽管从抽象理论学家的角度来看,整个链条是平衡的,但从参与者观察到的现实来看,不公平也是实实在在可以感受到的。因此,帮派争斗有着臭名昭著的恶性循环特性,而表演型打斗则通常能给争端带来一个双方都能接受的结果。决斗会让双方都满意,而帮派争斗则不会。

我之前曾列出表演型公平打斗的一般条件;对帮派争斗来说,同样存在一定的条件。与个人英雄的打斗相似,帮派争斗也有两种可能:一种较为古老,另外一种则是其在现代的重现。首先,帮派争斗中的暴力发生在部落团体存在稳定边界和相对较少的内部层级之时；布莱克（Black 1998）称之为"稳定的集聚"（stable agglomerations）。这意味着个人身份稳定地镶嵌在群体身份中；与个体英雄打斗中不稳定的联盟相比，此处的每个个体都稳定地归属于其群体（尽管女性也许会通过婚姻而改变其所属群体），因此缺乏机会来获得个人名声（或者是通过与潜在盟友做交易而获得这种名声）。缺乏内部层级也有助于帮派世仇模式的建立，因为缺乏下达命令的结构来强迫个体去认真参与打斗。群体压力会让人们出现在打斗现场，但大部分人都缺乏打斗的勇气和热情；每当有一个受害者被俘或投降，人们就会非常乐意尽快结束打斗。这种一枪制胜的帮派斗争，会让人们的懦弱最大化而让人们的勇气最小化。

帮派争斗的结构起源于部落群体，在前国家社会中较为常见，尤其是在那些具有稳定边界的农业国家。在第二种类型中，帮派争斗也会发生在相对现代的情况下，此时官僚制国家系统的渗透尚未完成，或是处于过渡阶段。帮派争斗最典型的地带是17—19世纪或20世纪初的西西里、卡布拉利亚、科西嘉岛和西班牙。这些地方的关键特点在于，当时存在相对自治的农业村庄，或是主要靠亲缘关系组织起来的农民团体。这些团体倒不一定是土生土长的，也可能是从国家渗透程度较高的地区迁徙过来的。这方面一个著名的例子就是哈特菲尔德家族与麦考伊家族之间的血仇，他们生活在1863—1891年间西弗吉尼亚与肯塔基之间一个极度与世隔绝的地区（www.matewan.com/history/timeline.htm）。现代黑帮争斗中也存在类似结构：帮派领地就是城市中的街区；帮派本身并不像部落一样是世袭团体[尽管帮派成员也可以有家庭世代传递的传统（Horowitz 1983；Jankowski 1991）]，但它们却被人为塑造成以世仇争斗为目的的组织。[30]

转瞬即逝的情境荣誉和蛙跳升级的单枪战

另外一种非专业枪支暴力的类型，我称之为私人争斗的蛙跳升级。这些事件常被当作维护名誉的争吵或当面对质，但这样说并无法充分表现其互动过程。典型事例包括酒吧或其他公共场所爆发的争斗，它们会经历一系列越来越过分的挑战和羞辱而不断升级(Luckenbill 1977)。高潮往往是其中一个人用枪（在许多酒吧斗殴中，这个人往往会先离开酒吧，之后又带着枪回来）射中另一个人。表面上来看，这些事件与传统的荣誉争斗非常相似，也同样会采用一对一打斗的形式。卢肯比尔(Luckenbill)称之为戈夫曼式的"争角色"(character contests)或"争面子"(face contests)。但它们与决斗有重要区别：这些并不是公平打斗，因为其中一个人会采用蛙跳升级来抢先一步，并用枪来获得优势，因此双方并非势均力敌。与枪战相比，我们倒不如称之为"单枪战"(ong-gun fights)。这种争斗并不存在决斗式的规则，例如允许双方选择武器、轮流开枪且在自己的回合结束后就不能再动手。在"单枪战"中，持枪者开许多枪的情况并不罕见。对于打斗的时间和地点，也没有正式的决定。[31]并没有助手来安排这些事务，因此也就无法提供社会压力来帮助维持打斗的时间；没有延期举行的可能，也就无法提供让双方自愿且满意地结束争斗的冷静期。在这些事件中，只有单枪匹马的头脑发热和现场事态的不断升级，最后导致其中一方离开并带来更可怕的武器。

蛙跳升级中包含有名誉的元素，也就是双方都认为自己受到了侮辱；但这种名誉纯粹是以个人为中心的。这种名誉并不是通过参与公平打斗来表现自己身为上流精英阶层的一员；它并不会让双方产生一种联系，并将他们摆到高于常人的位置上。蛙跳升级是发生在民主平等设定之下的打斗，其中并不存在阶层高低和边界；与此同时，它也发生在匿名的公共情境下，参与者未必有既定社区网络中的名声。

我也将蛙跳升级称为"情境分层"(situational stratification)（Collins

2004，第7章）：在现代社会中，人们通常不会承认其他人属于一个更高的阶层。人们往往只能获得个人名声（例如作为明星，或是在某一个领域或网络中格外知名）；但在这一网络之外，唯一得到尊重或注意的方式就是获得情境支配权，其方式是作出格外吵闹、浮夸、莽撞和惊人的举动。我曾提出以下原则（Collins 2004：272—74）：正式确定时间、公开宣布且成文的仪式，能够用来生产和强化不同类别的身份；不正式的、未确认时间和未成文的互动仪式，则会导致双方注重暂时性的个人名声，并限制在当时当下的情境中。这能很好地描述决斗与蛙跳升级之间的区别。决斗之所以精英化并能得到很好的控制，是因为它能事先确定时间、遵守规则，并且扩展到了包括助手组成的网络在内的公共领域之内。能够实行这些规则，证明了参与者的贵族身份。蛙跳升级则是一时头脑发热的现场即兴行为；尽管事件可能相似，但却并不是因为存在正式的剧本；其结果并不能让参与者强化自己的精英身份，而只能让他们作为头脑发热的凶手来维护某种个人名誉。人们也许会争论说酒吧中的斗殴者至少是该情境中的精英，因为他（通常是男性）控制了当时当下的注意力。但即使如此，这种身份也不值得自豪；酒吧中的其他人仍然可以鄙视这些斗殴者，认为他们是低等生物[32]。这些情境的参与者会格外关注自己的主体身份，过度夸大自己的重要性，但却缺乏相应的社会支持；他们有可能制造出一种自己受人景仰的假象，但其他人却未必会认同。

匿名性更高的争斗是因交通产生的纷争。最臭名昭著的就是司机们的"路怒症"（road rage），不过步行者也可能发生类似争斗，例如行人（及其随身携带的行李和装备）挡了别人的路[33]。某种程度上，这些马路纷争就是匿名蛙跳升级的终极形式。他们并不局限于下层或劳工阶层的大男子主义文化，也不一定属于某个特定族裔，甚至也不一定是男性；女性和中产阶层也是常见的参与者。"路怒症"是名誉之争的终极民主化：每个司机（和行人）都是平等的，面对侮辱，他们会认为是自己的权利受到了侵害。

正如卡茨（Katz 1999）和他人（Tilly 2003：151—56）指出的，争斗升级后就会超出最初的冒犯级别，因为司机们通常都会无视对方发出的要求和解的信号。由于无法进行象征性的和解，争斗也就升级到了一个更高的等级。这些争斗也可能会以"单枪战"终结（有时交通工具本身也会被用作武器，用来碾压对方的交通工具或将其推到路肩下）。这些争斗也与名誉有关，但仅仅是车中司机和乘客的名誉；有时甚至只是司机的名誉，而乘客对究竟发生了什么则是一头雾水。这与决斗相差甚远：无计划、无组织、突如其来、缺乏作为观众和控制者的社会网络；它并不会产生任何个人身份归属感，除非其中有人被警方逮捕——卡茨注意到，从"路怒症"中清醒过来的司机往往就像是做了一场梦，不承认自己之前竟会作出那样的事情。并不是所有"路怒症"都会出现蛙跳升级；大部分人都会以比较平和的方式结束争斗，就像大部分打斗一样（如同本章注释 33 中的例子）。

我一直在强调的主题是：打斗很难发生。表演型公平打斗是用来克服冲突性紧张/恐惧的主要方法。决斗能做到这一点，是因为它能通过精英群体的支持来动员暴力；与此同时，决斗也将暴力正式化，让参与者能够展示自己以身涉险的意愿，同时很好地控制了风险。帮派冲突则通过袭击弱者来克服这种障碍，至少是通过以多欺少、趁人不备或在对手的领地之外发动突袭来获得情境支配权。帮派争斗通常每次只有一个受害者，而后参与者就会迅速逃离；这其中，人们面对暴力时的恐惧与无能是很明显的。

我称为蛙跳升级的个人争斗则选择了另外一条道路来克服这一障碍：由于缺乏社会支持，他们不再采用公平打斗，而是使用致命程度远超对手的武器。这里也有象征性的一面：当某人在酒吧争斗中处于下风之后落荒而逃，他很可能会认为自己如果不进一步升级争斗的话就会显得懦弱。如果他能弄到一把枪，毫无疑问就会将其视为某种神圣的物体。我将这种症状称为"枪支邪教"（gun cult）（Collins 2004：99—101），其仪式性特点来自于周边社群网络对武器的崇拜，这赋予了枪支一种情感上的共鸣，从而使持枪者获得了情感能量的替代来源；受到侮辱和轻视的人如今感到自己占了上风。这种优势建立在众人皆知他有枪而对手没有的基础之上。正是由于双方在象征性武器上的不对等，才令其中一方有勇气回来克服自己的紧张/恐惧，并使打斗得以发生。这里我要再次强调的是，枪并不仅仅是一种实用意义上的武器；当战斗双方的士兵都有枪的时候，他们往往会变得更加恐惧和无能。他们之所以能够克服障碍去实施暴力，是因为他们获得了象征性的优势。

在尊严和不敬的背后

男性之间的小型暴力事件很容易被认为事关尊严，或者说是与不敬相关，只是后者包含的范围要更为广泛——不仅包括个人争斗，也包括群体争斗，并且不仅仅是公平争斗。我的资料中有这样一个例子：一个黑人帮派攻击了两名黑人少年，他们穿着去教会的正式服装，不住在这个街区，是来探望他们祖父母的。攻击者后来这样为自己的行为进行辩解："他们觉得自己是什么东西，就这样大摇大摆地走进来，把我们放到哪里去了？"

这两种解释都是站在攻击者的角度去理解。尽管这两者可能有重合之处，但它们也有一些不同。荣誉准则被视为根深蒂固的传统，是一种秉持保守态度对过去的浪漫怀念。关于不敬的解释则带有一种利他主义的同理心，它认为攻击者背负着社会偏见和不公，因此是在"为尊严而拼搏"（in search of respect，出自布儒瓦 1995 年的同名著作）。

这种同情心尽管很符合道德伦理，但却扭曲了暴力的结构条件和情境现象。荣誉准则并非只是一个传统问题。它是一种文化意识形态，只有在特定社会条件下才会体现出来。

对于荣誉准则下的争斗，另外一种解释强调的是其理性主义元素。这一论点由古尔德（Gould 2003）和蒂利（Tilly 2003）提出，认为在缺乏国家法律系统和警察力量的情况下，唯一可以控制暴力的方法就是展示两件事：要么是别人不可能对自己占上风，要么是自己获得了某一群体的忠诚和支持，因而有能力复仇。因此，遵循荣耀准则对个人来说是有利的，这体现为他们愿意用暴力来解决问题；同时，他们也会严格遵守对某一组织的义务，帮助和支持其他成员进行报复。前者可以让人们知道不能轻易得罪此人，后者则可以让整个组织获得一种高度团结的名声，让人们知道其成员都有整个组织在背后支持，因而令人畏惧。

这种解释带有一种功能主义意味。它认为，当缺乏其他社会机制来保证安全时，荣誉准则就会出现，用来保证个人安全。这一论点有些奇怪，因为这一机制带来的结果恰恰与机制的目标相矛盾。个人荣誉和基于荣誉的帮派复仇原本应该带来安全，但实际上，带有这种荣誉文化的社会往往因其暴力程度而臭名昭著，威胁和不安的氛围也无处不在。其反面也很难量化；我们必须相信，若没有荣誉准则，就会出现更多的暴力和犯罪。然而在现实中，那些世仇风靡的社会也恰恰是暴力死亡率最高的（Keeley 1996）。如果这就是功能主义的选择，那么它也不是很成功。它所提供的安全感只是一种假象。我们可以进一步分析，具有荣誉准则的社会有着不正常的暴力程度，是因为它们倾向于将鸡毛蒜皮的小事升级为暴力争斗，并在不存在麻烦的时候制造麻烦。

认为荣誉准则在提供非正式的法律和秩序，这种理性主义解释还存在另外一个现实问题：20 世纪末，发生在美国等国家的许多打斗都被认为是与荣誉相关的冲突，包括酒吧斗殴和路怒导致的枪战等。这些事件并不是发生在国家权力未能渗透的地方；那些场所并不缺乏维护安全的正式机制，也不是无法无天的。更有甚者，这些通常都是匿名的公共场景，参与者并不需要维护个人名誉，也没有特定机制来将这些名誉传播出去。在圣地亚哥的跨州公路上曾有人因为争抢快车道而发生追尾，之后冲一辆卡车的驾驶室开枪，致使司机受伤，坐在他身旁的 17 岁女孩死亡（*San Diego Union*, March 8 and March 13, 2004）；这种事件也可以被解释为荣誉冲突。但它并不会为攻击者制造出"惹不得"的名声，也不会引发帮派复仇，因为这里不存在任何群体身份。荣誉准则暴力的结构条件并不存在，但却产生了这种行为。

我的论点是：所谓的荣誉准则暴力并不是一种因为恐惧和缺乏安全感而

产生的逃避过程，而是一种主动进攻的过程，其动力在于寻求建立精英地位。这并不是一种理性和平等的自卫策略，而是一种试图让自己凌驾于对方之上的不平等行动。下面我将提供两个方面的证据：

首先，即使存在荣誉准则，许多打斗也并不会发生；许多挑衅都被无视了，许多冒犯行为也并未被人当真。古尔德（Gould 2003）描述了19世纪的科西嘉岛等社会，当地的荣誉文化要求家庭成员互相支援，参与血腥的复仇行动；但事实上，他的证据（121—33）显示，大部分世仇都不会超出最直接的报复行动；大部分人都不会承担所有义务，卷入到不停发生的谋杀之中。这与我一直以来强调的主题相同：大部分人都不擅长暴力冲突，只有在很特殊的情况下才会实施暴力[34]。这也与以下模式相符合：只有极少数人负责实施全部的暴力。这就是现实，那些身处暴力情境中的人都很清楚这一点。同时，它也让人们之间产生了阶层分野，出现了暴力精英群体（至少是一群自吹自擂的、貌似暴力的精英群体），而大部分其他人都只是在幕后支持。我认为，这才是荣誉准则主导下的暴力情境中发生的事情：并不是所有人都在遵守准则，而是整个社群分成了两部分——强硬的精英群体（可以称为帮派、家庭、家族、贵族等），以及服从于它们的群体（可以称为平民、随从、受庇护者等）。威尔金森（Wilkinson 2003）在对纽约暴力精英的描述中称他们为"朋克"（punks）或"薄荷"（herbs）。这种阶层分野结构与荣誉准则的存在有着很强的联系[35]。

其次，在荣誉准则情境中，个人往往会去主动找麻烦。他们并不仅仅是在维护自己的名誉，在其他时候就会谨言慎行；恰恰相反，他们会变得过度敏感，不停地挑衅和激怒他人。当代民族志揭示了荣誉冲突的典型微观情境：其中一方采用羞辱性的词句或冒犯性的手势来激怒对方，从而引发争斗。这一过程中用到的词句都与荣誉有关，但在这里，荣誉准则被用来挑衅对方，而非自我防卫；它提供了挑起打斗的借口，并归罪于对方行为不当，从而将暴力的发生给正当化了[36]。

威尔金森（Wilkinson 2003：140）提供了一个例子：

> 我们去了这场派对,有时我觉得这事因我而起,当时我抽了大麻,所以我觉得都是我的问题。我像个傻瓜一样,走进派对,摇摇晃晃,撞到别人身上。派对结束后,我被人捅了两刀……不过我并不是一个人,跟我一起来的那些家伙都跑了。

这场打斗并不是一次面对面的冲突:这名 15 岁的少年得罪了别人,在派对结束后被人追上从背后捅了两刀;他的同伴则可耻地落荒而逃。

在另外一个例子中,受访者回忆起他的父亲曾在家里放了三把手枪,而他则曾在少年时拿出来并借给朋友(Wilkinson 2003:54):

> **访问者**:他们为什么要借这些枪?他们要杀人吗?
> **杰罗姆**:不是,他们只是想握一下看看罢了。
> **访问者**:然后发生了什么?他们出门做了蠢事,然后就脱不了身啦?
> **杰罗姆**:没错。那些就是我们一起长大的家伙,也是我们唯一的朋友。
> **访问者**:然后他们都死了。你是什么感觉?
> **杰罗姆**:糟透了。我们借给他们枪之前,情况还不错。然后,就在我们把枪借给他们之后,就像……他们的世界改变了。我们当时七年级,有时候会去找八年级和九年级的麻烦。好像所有人都怕我们,因为他们知道我们身上有枪。

几位受访者明确地表示,某一社区之所以危险,是因为有人找麻烦:

> **访问者**:你觉得你所在的街区安全性如何?
> **奥玛**:还行吧,还行吧,你可以走过去,没人会找你[他指的是访问者,一个看上去很强硬的拉美裔男性]麻烦。只要别有什么动作或者试图控制这条街就行了。

访问者：所以这里也有不少暴力？

奥玛：你要是自己去找麻烦，麻烦就会找上你。（Wilkinson 2003：50—51）

这种挑衅行为并没有威慑力，也不会考虑到未来的安全问题。它能够实现的是两件事。首先，它能够（或试图）让攻击者显得强硬，从而跻身精英群体；在这里，我们再次发现"荣誉"守则只不过是用来占据道德高地的工具罢了。其次，它提供了一种行动的情境——兴奋、集体狂热、情境浸润，黑道文化会将其称为"表演时间"（Anderson 1999）。街头精英既制造了情境，又控制了情境。

荣誉准则是一种关于阶级分层的意识形态，产生于特定的社会结构之中；它赋予阶层合法性和道德上的正当性，就像其他阶层系统一样。在这一事例中，暴力与非暴力之间毫不掩饰地出现了分层，强硬的组织与不那么强硬的组织之间出现了分野。用功能主义社会学的模式来解释这一点，并不比过去那些用来解释社会分层的功能主义理论更好；过去那些理论全盘照收了支配者的意识形态，并认为他们真正对社会公义有所贡献。

另外一种分析可以用来解释何为"不敬"和"寻求尊重"。在当代社会，在公共情境中袭击弱者时，"不敬"是人们最喜欢的借口。在社会学分析中将这种借口全盘照收实在太天真。它们是戈夫曼（Goffman 1967）和其他学者（Scott and Lyman 1968）称之为"理由"（accounts）的微观互动过程，是因破坏正常互动流程而进行的一种仪式性的修补，其中不仅包括借口，也包括解释、道歉、悔意和归咎于他人。有些理由显得不那么真诚，也更以自我为中心；但我们只需要注意到，为暴力行为寻找借口意味着这些行为确实需要借口。为自己找借口的人，也等于同时承认了罪行。

为"荣誉"而打斗可被视为"责备受害者"的一种情况，只是作出这一分析的是攻击者本人，而不是外在的研究者。利他主义的中产阶级旁观者身处争夺控制权的争斗之外；那些争斗发生在年轻人主导和帮派暴力泛滥的区域，但旁观者却是这些解释的主要受众。扬科夫斯基（Jankowski 1991：255，264—70）观察到，黑帮成员能够十分清楚地意识到大众媒体富有同情心的反应，以及法院工作人员和其他社会服务专业人员中的主流话语。因此，他们能够建构出一种解释，为自己争取最好的印象。下层阶级常说的"侮辱"（"他侮辱了我"），也许是社会科学中所谓的"涓滴效应"应用在了语言学上；相比之下，其他俗语常会从下层阶级扩散到上层阶级。

在一对一公平打斗的例子中，那些以"不敬"为由进行辩解的打斗，其目的都在于建立社会阶层。关于"尊重"的论述存在于所有帮派之中，这既包括入侵一个帮派的领地（不管是出于什么理由进入错误的街区），也包括传统的冲突，例如偶遇敌对帮派成员或疑似敌对帮派成员，又或者仅仅是某个路人。我们也许可以将黑帮文化形容为一种关于尊重的文化，更准确的说法则是一种寻求"不敬"并挑起争斗的文化。

这些帮派想要表现出精英的模样，至少在他们控制的地盘上是如此。卡茨（Katz 1988）将他们形容为"街头精英"（street elites），在他们的地盘上控制着那些不属于帮派成员的普通居民——或者只是宣称自己控制着"所有路过这里的人"。事实上，大部分情况下这都是一种虚张声势，而相应的街区居民也很少受他们控制。扬科夫斯基（Jankowski 1991）则形容帮派成员为"离经叛道的个体"（defiant individualists），也就是那些太任性而不愿接受正常社会控制的人；他们公然拒绝接受工薪阶层的工作前景，希望获得更多财物和权力，享受挥金如土的奢华生活，并将其作为成功的标志。他们的目标是跻身上层阶级，但却在贫民窟中以当地的标准实施出来。因此，他们的"奢华"生活大多表现为毒品和性爱；他们通过控制当地更加贫穷和软弱的人们来获得尊敬，并仪式性地挑衅其他帮派，从而强化彼此的位置。卡茨（Katz 1988：120—21）敏锐地观察到，下层阶级的少数族裔帮派会选择格外自吹自擂的绰号："国王""法老""总督""首领"等[37]。他们也是"离经叛道的个体"，因为他们格外自我中心，试图在不受惩罚的范围内尽可能地将自己的想法强加到他人身上。

个人与帮派之间都存在着以对方"不敬"为借口发起冲突的策略。卡茨将这些个体称为"坏骨头"（一系列类似的词汇都会突出"坏"的一面，亦即有意呈现出的邪恶；白人黑手党则称这些人为"伶俐鬼"）。我们可以对这些自我呈现作出理性主义的解释：凶神恶煞的目光，挑衅的身体姿态，突出威胁性的墨镜和衣着，惹不起的恶名——这一切都可以被视为避免麻烦的策略，只为显示自己不好惹。然而无论如何，正如卡茨所指出的，除了这些考虑之外，"坏骨头"们的首要目标是显示自己无论面对什么人都能占上风。暴力精英希望成为非法行动、赌博、嫖娼和派对的中心，也恰恰是因为这些是非主流社会的注意力中心。正如戈夫曼（Goffman 1967）所言，这些"行动所在之处"正是人们通过边缘行为来显示自己优于他人，并借此超越平庸的生活，泰然自若地冒着他人不愿意冒的风险，从而证明自己是世界的一员，而不仅仅是一个过客。"当人们日夜狂欢，他们并没有像在儿童派对上一样享受时光，而是在表演。"（Katz 1988：200）戈夫曼对于"表演世界"所举出的主要事例就是赌徒；街头流氓们那些戈夫曼式的面子争斗，并不仅仅是功利主义地寻求自我保护，而是为了建立自己的名声，就像赌船上的赌徒一样。

"不敬"引发的争斗与决斗等表演型公平打斗不同，因为它缩短了其中的礼仪部分：双方就时间和地点达成共识，确定打斗如何结束，并使用符合规则的礼貌词句；这一切让参与打斗变成贵族阶层的游戏。简而言之，区别在于某些打斗会着重强调公平——对公平和规则的尊重恰恰宣告了参与者的精英身份。帮派斗殴和硬汉策略也能宣告某种精英身份，但途径不同：并不是通过尊重自我设限的规则，而是通过违背规则上演一场好戏，从而炫耀自己能够冲破界线。硬汉可能是社群中的精英，但在制度化的系统中却并没有权力；他所缺乏的正是那些事先约定、白纸黑字写下并公开宣告的仪式和从中获得的支配权。他一直在即兴演出，这让他成为转瞬即逝的精英。

荣誉冲突发生的场所也透露出它所吸引的观众群体。就像字面所示，街头暴力几乎总是发生在街头。在威尔金森的记录中（Wilkinson 2003：180），72%的暴力事件发生在街头或街角、毒品交易场所或是派对和俱乐部里（频率按此排序)。对于涉及枪支的事件，87%发生在这些场所。枪几乎从不会出现在学校(4.3%)，出现在商场、家庭、运动场和公园里的情况也不太常见。与其类似，桑德斯(Sanders 1994：54)发现，西海岸黑帮暴力最常发生在街头，而很少发生在学校(1.1%)和娱乐场所(1.6%)。这一切都说明暴力冲突发生在容易进行表现的地点：或是帮派自己的地盘，或是人流密集的地段。在性质不同的场所(学校、运动场、家庭)，暴力很少发生。更有甚者，西海岸帮派还将暴力与自己的族裔联系起来。墨西哥裔美国人在不同的贫民区里挑起争端；当他们进行抢劫时，其目标通常都会是同一社群的非帮派成员(Sanders 1994：123，134)。在这种暴力的自我隔离中，存在一种族群精英意识；芝加哥帮派会表现得仿佛黑人、白人和亚裔都在他们的荣誉与报复范围之外，因而不屑于对他们发动攻击[38]。从这一角度来看，这些暴力与决斗文化相类似，只是它们是由不同族裔而非社会阶层发起。

表 6.3 事先约定与否和打斗的严重程度

	严重	温和	未发生	总计
事先约定	21(42%)	22(44%)	7(14%)	50
未事先约定	5(13%)	18(46%)	16(41%)	39
总计	**26**	**40**	**23**	**89**

我们终于能够回答之前提出的问题了：考虑到观众对打斗能否发生及其严重程度有巨大的影响，当观众采取不同态度时事情又会如何？如果观众为打斗欢呼喝彩并鼓励双方，打斗可能会变得严重[39]；如果观众态度温和，打斗可能会持续很久；如果观众表现得恐惧不安，打斗可能半途而废，或者进行得很温和；如果观众试图干涉，打斗也会中止或进行得很温和。与其类似，漠不关心的观众也更可能看到温和或半途而废的打斗；除非双方都有较多后援，从而自己提供了内部观众，在这种情况下外部观众就无关紧要了。

究竟是什么因素让观众集中精力在打斗上并支持其进行下去，又是什么因素让他们采取相反的态度？事先宣布的打斗会吸引支持的观众，毫无疑问也会排斥那些不支持的观众；其他类型的打斗既可能是即兴发生的，也可能会因狂欢或其他事先约定好的事件而聚集起来，我们在接下来的章节中将这种情形视为"道德假期"。日常生活中无计划无剧本的冲突不太可能召集到支持的观众，因此也不太可能发展为严重打斗[40]。马路上发生的冲突所涉及的观众通常更关心自己的道路是否通畅，并会将打斗视为交通堵塞的原因，故会尽可能避免（在那个骑车人与出租车司机的冲突中，他们由于身后的汽车不断按喇叭而中断了冲突）。临时聚集起来的观众各有各的计划，因此不太可能一直留在原地观看，也不太可能互相认识。反过来，当观众内部已经建立起社会网络，他们就更可能会希望打斗发生；同样，当观众具有相同的群体身份——无论是长期（例如高中生）或是短期（例如狂欢者）——或是具有更加稳固的群体网络，或是打斗参与者的身份为人所知且观众可以为他们加油喝彩时，观众也会更希望打斗发生。事先约定和公开宣告参与者的身份，都可能会提高发生严重暴力的可能；而在临时聚集起来的观众中，较高的匿名程度则降低了暴力持续发生的可能。尽管人们总是觉得乌合之众比较危险，但事实却证明并非如此。由于打斗参与者需要社会支持来克服冲突性紧张，因此更强的社会网络反而可能更加危险。

但这还不够。观众中也许存在有组织的网络，但它究竟会支持多高程度的暴力则取决于更多因素。在我的数据中，有些观众群体试图干涉或阻止打斗，这通常在小型冲突中都能取得部分成功；其他观众（例如19世纪法国决斗中的那些）则会控制表演型打斗，以尽可能降低伤害。有些观众只支持表演型公平打斗，有些观众却为所有类型的打斗喝彩，甚至可能支持不公平的打斗[41]。在这里，我们之前讨论过的因素就显得更重要了：精英群体会支持决斗，封闭和具有阶层分野的群体（例如高中）则会借此推广已建立起来的阶层系统。当然，在打斗学校中，与打斗相关的方方面面都被纳入了一个关于群体身份和个人名誉的网络，因此他们能够在很大程度上控制暴力的程度。

公平与不公平打斗的文化特权

我们自始至终都能看到，暴力中存在的根本事实是冲突性紧张/恐惧。绝大部分打斗都丝毫称不上勇敢、强大和势均力敌。那么，我们究竟为何会对打斗产生"这就是打斗"的印象呢？表演型打斗的确存在，但它们需要具备一定的条件。即使在那些情况下，大部分暴力也并不是公平的。先不考虑我在这几章中讨论的克服紧张/恐惧的路径，让我们想想究竟还有哪些其他种类的暴力。具有组织结构的权力所寻求的并不是公平，而是胜利，因此这种地方会发生不公平的打斗。警察所追求的不是公平，而是压倒性地制伏所有反抗力量。军队也是一样，尽管他们并不一定总能打赢敌军。父母并不会与孩子进行公平打斗，而只是想强迫他们服从。黑手党之类的组织犯罪也是一样：他们需要行使权力，因此追求的是最大限度的威吓。黑手党有自己的荣誉观，但那种荣誉与公平无关。

公平打斗篡夺了打斗的定义权，主要因为它们是最戏剧化的类型。大部分文学、戏剧、流行娱乐文化和真实打斗的传言中所体现的都是公平打斗。决斗之类的表演型公平打斗里充斥着戏剧化元素：它会建立起戏剧化的紧张感，通过延迟打斗来建立起一系列悬念；它会让观众的注意力集中在即将发生的事情之上，包括最戏剧化和最具悬念的情节即将揭幕的时刻，并通过对这种不确定性施加限制来制造紧张。它会制造英雄，包括悲剧性英雄；剧情既可以简简单单，例如英雄击败坏人，也可以具有很高的文学性，例如英雄表面上被击败但其实获得了内心的胜利。因此，公平打斗的故事承担了道德说教的功能，甚至带有宗教的弦外之音。它能体现勇气、能力和绅士风度，故能描绘出令人印象深刻的主角，他们从任何一个方面来看都堪称英雄[42]。

然而，曾经有助于产生公平打斗的背景条件则具有历史的局限性，因此目前几乎全部过时了。我已经指出，即使在当时，决斗也更多是用来表演，而大部分实践都发生在培训学校里。古代的"狂战士"和荷马风格的英雄毫无疑问都曾存在过，但即使在那时，那些至关重要的战斗也不是靠他们赢下来的，而是依靠相对来说组织更加严密的军队来打赢战争并建立国家。

在当代社会，公平打斗的修辞中有一个方面流传了下来，那就是为荣誉而战，以及因敌人的不敬而战。我也曾提到过，这在很大程度上是自我吹嘘和找借口。实行蛙跳升级的个体在社会层级中并没有受人认可的地位，他们也并没有参与表演型的公平打斗。黑帮和有组织的犯罪是独特的暴力形式，但这两者都不是表演型公平打斗。对黑帮来说，典型的暴力形式是帮派世仇。在现实中，这种以多欺少的行为看起来很懦弱，通常情况下也没什么效果，因为帮派成员通常打不中目标，而无辜的路人却可能会受到波及。不过，站在黑帮的立场上来看，这种无效倒也不一定是坏事；由于帮派成员参与到了集体复仇和集体名誉的构建中，所以究竟能否伤害到敌对帮派成员或其亲友也就不重要了。甚至连伤害到路人也没关系，因为这意味着他们对敌对帮派的社区造成了伤害，而对方则无力保护其领土。就算并非如此，这也能显示自己的帮派格外强硬和恶劣，从而令人恐惧[43]。

这并不是说帮派就不会参与表演型公平打斗，只是那种打斗主要发生在他们自己的成员之间，作为一种入会仪式，或是作为解决纷争的手段，包括内部阶层地位的争斗等（Jankowski 1991：141—48）[44]。在这些事例中，帮派会承担观众的角色，并控制暴力程度。因此，表演型公平打斗得到了充分利用，至少符合帮派的需求，能够保证其内部团结，并将对己方力量的伤害最小化。

另一方面，有组织的敌对者则不会参与表演型公平打斗。黑手党取缔了与暴力相关的大部分仪式。黑手党家族成员会试图独占某一领地，但他们之所以参与打斗，并不是为了像其他黑帮成员一样，仅仅在仪式上或心理上控制自己的社区；他们并不会参与"你这家伙是哪儿来的"这种挑衅，或是羞辱彼此的名誉。这部分是因为黑手党家族试图保持一种联盟结构来管理生意，他们并不在乎自己的名誉是否受到挑战（Gambetta 1993；Katz 1988：256—62；Bourgois 1995：70—76；也见第11章注释16）。另外，他们采用的是一种不同的打斗策略，所需的前提条件也不同。黑手党最喜欢的策略就是欺骗：

笑里藏刀，与潜在的敌人保持友好的社交关系[45]。

　　黑手党的杀戮行为有着精心的计划，他们知道敌方成员的路线，也知道在某一时刻某一成员具体在什么地方。正因如此，他们才能乘人不备。黑手党实施的暴力以欺骗为前提，表面上有着友好（至少是正常）的关系，借机接近敌人并趁其不备发动突然袭击。这是另外一种克服紧张／恐惧的方法：直到最后一刻还在避免发生冲突。对攻击者来说，冲突在社交关系中并不存在，因此他们能够怀着正常的信心发起行动。黑手党成员及其雇佣兵因此表现出对暴力很擅长，比起其他黑帮甚至警察，他们实施暴力的水平也要更高。

　　在克服紧张／恐惧和对既定目标实施暴力行为方面，普通帮派通常比不上黑手党。二者的社交风格和暴力风格都截然不同；帮派主要关心的是在社区中建立起自己精英和保护者的形象，因此会公然自吹自擂；黑手党则希望在公开场合欺骗他人，并在私下里建立起普通帮派所无法仿效的忠诚。帮派在攻击其他帮派时几乎是无差别的，他们只是在借此进行集体复仇或恐吓；黑手党则会瞄准对方阵营里特定的个体，有时则是己方阵营中的个体（例如当其内部出现纪律问题或权力斗争时）。黑手党的控制手段在使用暴力时会更精确。当展示暴力仪式时，黑手党会表现得残酷无情，精准有效，而普通帮派则显得头脑发热，不够成熟。

　　这可能也解释了为何在最近几十年里我们对黑手党有一种浪漫化倾向。流行娱乐文化对牛仔枪手乃至私人侦探的关注开始下降，他们都是较晚时期的个人英雄版本。这些主题的经典电影，如《正午》（*High Noon*）《马耳他之鹰》（*The Maltese Falcon*）和克林特·伊斯特伍德（Clint Eastwood）的西部片系列等，都是关于英雄主义的个人斗士如何不计代价地维护个人名誉。这些都是历史上的过渡角色，由日常生活中浪漫化而来。考虑到当代社会结构并不支持表演型公平打斗，这一点并不令人惊讶；在那些打斗中，英雄都是制造出来的。当然，现代社会的运动赛事也是某一个版本的表演型公平打斗，但其娱乐特点格外明显，因此显而易见是在人为设定之下进行的。

　　关于浪漫化的暴力行为，我们主要讨论的当代形式就是黑手党家族。当决斗式微之后，黑手党填补了这一空缺，因为它有着同样强烈的戏剧化形式。虽然结构不同，但它却提供了一场成功的戏剧所必需的元素：情节中的张力与悬念。黑手党会格外关注内部成员的忠诚度，并会考虑欺骗敌人和发动突然袭击；在这个世界里，所有成员都一直处于监控之下。甘贝塔（Gambetta 1993）在对西西里的观察中指出了这一点：在黑手党势力强大的社区里，所有人都以某种方式联系在一起，彼此观察对方的动作，并时刻准备好汇报其他人的位置。这让西西里的村庄有一种无处不在的警醒与沉默。除此之外，无伤大雅的活动也可能会获得格外的关注，因为他们无法分辨朋友或普通的路人是否会突然变身为杀手；某人自己也可能会扮演一个正常角色，但却只是为了接近他人和杀害对方。这是实施和防御暴力的一种方法，即在日常生活中作出戈夫曼式的表演，并赋予其生死攸关的重要性。

黑手党另一个方面的特点也有助于其被浪漫化：在组织化犯罪网络的欺骗表层之下，他们有着核心团队：那些人是真正的家人，或是由类似家人的团体建立起虚拟的亲属关系[46]。这些也很容易转化为娱乐，既可以是对当代美国社会中十分罕见的由亲属关系组成的团体的描绘，也可以对其真实家庭关系进行讽刺性或严肃性的处理。黑手党家族的故事既能制造成肥皂剧，也能拍成悬疑恐怖片。无论如何，它们都能将日常生活中的普通细节转化为某种重要事件，而在其背景中则时刻都有可能爆发暴力[47]。

公平打斗、欺骗策略乃至长期的世仇关系，都提供了将暴力用作戏剧化娱乐的方法，并会赋予成功实施暴力的人以与众不同的地位。也许正因如此，在娱乐文化中和真实生活中暴力都有其吸引力。在这一文化自觉的背景下，我们之前讨论过的丑陋暴力，包括恐慌进攻和攻击弱者，都为之黯然失色。

第七章

作为娱乐的暴力

　　冲突性紧张和恐惧让大部分人在大部分时候都会避免真正的暴力，即便陷入暴力情境也很难真正实施暴力。我们已经发现了一系列克服冲突性紧张/恐惧的方法，其中主要有两种途径。第一种是袭击弱者，这可以通过一系列方法完成，其中最惊人的就是恐慌进攻。第二种则是将暴力限制在受保护的领地里，转变为有组织的表演型暴力，从而使暴力得到控制，至少也能令人心中有数；在这里，冲突性紧张被整个群体的其他关注焦点所取代。第二种路径又有若干条岔路。前一章讨论了表演型公平打斗，在这里，参与者被自己和观众视为精英；精英群体的成员身份成为整个情境中最受人关注的焦点，它让参与者彼此产生联系，并减轻了紧张与恐惧。不管怎样，就像我们在决斗中所看到的，紧张和恐惧会持续下去，并导致暴力无法顺利实施。由于冲突对互动浸润产生了根本性的破坏，这种紧张并不会就此消失；尽管受到压抑，它依然能影响暴力的模式，即使在受到保护的领域也不例外。另外一条岔路则是帮派世仇，在这里，暴力冲突被限制为一系列旷日持久的报复行动。

如果表演型的公平打斗缺乏社会组织和支持，就可能会瓦解为一系列凭借暂时的武器优势而攻击弱者的行动。

本章和下一章将会分析另外一条岔路。它将暴力建构为一种庆祝行为，从而令其得到广泛认可。这种暴力中有一部分也可被视为表演，但那些并不一定是公平打斗。此处最重要的互动并不是暴力参与者在崇拜他们的观众面前炫耀自己的精英身份（这是双方之所以会关注公平的关键因素），而是群众的集体参与。集体抢劫和传统中的破坏行为（例如万圣节恶作剧）等"道德假期"都带有一种平等主义狂欢的意味；狂欢区内酝酿了一种群体共享的兴高采烈的气氛，而暴力则使得一切达到高潮。与其类似，与运动和娱乐事件相关的暴力都会随着人群浸润在表演氛围中而发展起来；在人为制造的冲突中，参与者会在某个适当时刻卷入受到限制的（也许是不合法的）暴力行为中。

这些集体建构的情境被当作与日常生活区隔开来的人造空间，带有某种虚假的意味；暴力就来自于这一情绪氛围中所有人的共同参与。用涂尔干的话来说，这是一种"集体欢腾"（collective effervescence）和"集体团结"（mass solidarity）所导致的暴力。那么，在这些人造空间中，暴力究竟会在什么时候发生，又会如何发生呢？哪怕是在一场狂野的派对或是在狂欢区域中，也并不是时时刻刻都会爆发暴力冲突。就算狂欢者都烂醉如泥，暴力的频率依然有一个明显的限度。要想知道暴力事件何时会发生，就需要从微观社会学视角去重点分析特定的情境。

"道德假期"

"道德假期"是研究集体行为时的一个经典概念。这是日常社会控制的暂时崩溃；警察等权威机构在此缺席，或是被群众主动无视。大部分时间里大部分人都会遵从公共行为的传统准则，戈夫曼将其形容为对社会传统保持风度和尊重。这使得警察的工作局限为解决破坏秩序的偶然事件。但在"道德假期"中，群众作为一个整体陷入了无视规则的意识中；权威机构即使在场也会被众人的力量所压倒。"道德假期"在时间与空间中建造了一个自由地带，让众人感觉到限制已经不复存在；个人认为自己在群体中会受到保护，从而得到鼓励去作出平日里的禁忌行为。通常现场都会出现一种庆祝（至少是欢愉）的气氛；这是进入特殊现实之时的兴奋。这种现实不同于日常生活并与之断裂，其中既不存在对未来的思考，也无需担心要为自己的行为负责[1]。

"道德假期"能够暂时令一系列日常生活中的限制失效，例如对暴力的限制和对财产的尊重——偷盗和破坏财物等行为得到了允许；与此同时，日常生活中的行为模式也被打破，出现了大叫大嚷、制造噪音等行为，甚至会在大庭广众之下出现与性有关的行为。有时人们只是在公共空间打破日常习俗，例如站在马路中央阻挡交通。并非所有习俗都会同时被打破，"道德假期"往往更倾向于鼓励特定种类的暴力。这些异常行为通常都会经过一系列阶段。

接下来的这个例子便展现了这些阶段：2002年2月，已成为传统的"忏悔星期二"①狂欢节在费城南街举行，那里聚集着许多非主流的商铺和酒吧。街头水泄不通；尽管警察设置了关卡来避免人群阻塞交通，行人还是涌下了人行道并在车辆中穿行。最后，警察放弃了，干脆禁止车辆进入这一区域。有些人带了狂欢节的彩珠链，要求女性露出胸部来交换；不过显然没有几个女孩愿意这么做 [可以参考新奥尔良的类似传统：Shrum and Kilburn (1996)]。傍晚时分，街头剩下的几乎全都是未到饮酒年龄的少年，因为成年人早就跑到酒吧里狂欢畅饮去了。等到人群占领街头，酒吧里出来的人重又加入队伍。观察者目睹了两起赤手空拳的打斗，一起发生在两名女孩之间，另一起发生在两个男人之间（这一描述来自一位大学生年纪的观察者，我也采用了他使用的词汇）。两起骚动都吸引了一批围观者，其中最活跃的人为之欢呼喝彩

---

① 原本是基督教中思罪忏悔的节日，在大斋节首日（即圣灰星期三）前的星期二举行。如今，许多地方的人们都会通过狂欢节、化妆舞会和游行等方式来进行庆祝。——译注

并叫嚷脏话，直到警察出面阻止了打斗。

很快，有人冲警车丢了一个瓶子，结果立刻发展成了丢瓶子大战。玻璃飞溅，许多围观者四处飞奔寻找掩护。有人爬到了停在附近的车顶上，有人打翻了垃圾桶，有人爬上了交通信号灯和路灯。仍在街头的年轻男性开始肆无忌惮地猥亵女性，要求她们拿肉体来交换珠串；被拒绝后，他们骂骂咧咧地作出威胁的动作。瓶子仍在飞来飞去，砸碎了许多车窗和后视镜，或是刮花了车身。午夜时分，一队骑警出现在街东头，将众人往西边赶去（大部分人都是从西边来的，因为这条街东头与高速公路和一条河相交）。大部分人都慌慌张张地奔向西边；一小部分人转身向警察投掷武器。15分钟之内，众人已被驱散，街上只剩下满地的碎玻璃、垃圾和被砸坏的车（改写自学生报告）。

整个过程持续了约六个小时。高度集中的人群（约四万人）渐渐取代了正常的交通秩序，并展现出警察的无能为力。人群变成观众，围观着数起相互独立的公平打斗事件，并在这种娱乐活动被制止时发出抗议。第一个丢瓶子的人充当了催化剂；这时，警察开始撤退，人群则开始攻击停在路边的车辆和商铺的窗户——但他们并未攻击酒吧，因为酒吧是舞台的一部分。此外，还有人头脑发热地作出了疯狂的举动，例如爬上交通灯和路灯。当人群建立起自由区域，"忏悔星期二"的"色情表演换彩珠"传统就蔓延开来，但身处这一暴力情境中的女性却并不配合。这导致更多人爆发了日常生活中不会作出的举动，但也只是有所节制的性骚扰而已。最后，警察带着后援重新出现，也激发了最后一次集中抵抗，然而人群在数分钟内便土崩瓦解。

在"道德假期"中，权威机构失去了控制，但这并非单纯的骚乱局面。在自由区域内，并不是霍布斯式的一切全部免费的社会；相反，人们的行动会被限定在特定几个方面。在费城的"忏悔星期二"中，人们只是在扔瓶子和砸车，并没有纵火或是洗劫店铺。有些人作出了新奥尔良"忏悔星期二"中的性骚扰传统，但也有所节制，例如只是要求女性露出胸部而不是下体；性暴力更是不在考虑之列。与其相对，2000年我在拉斯维加斯观察到的新年庆祝仪式是这样的：人们快活地向陌生人搭讪，彼此拥抱、亲吻和欢呼，花了几个小时来塑造兴奋的气氛。在这里,"道德假期"受到很大限制。群众的行为一部分是广为人知的传统,一部分则发生在狂欢区内。在拉斯维加斯,赌博为许多人提供了日常生活中所没有的体验。正如在费城的例子中所看到的,一小部分青年男性会作出莽撞的行为进行庆祝,例如爬上灯柱;在人群最密集的地方晃来晃去也令人无比兴奋。他们的行为可能会被视为莫名其妙乃至可怜,但从社会学视角来看,这揭示了"道德假期"的另一个特点:一小群人负责带领制造兴奋点,而冒一点小小的风险正是其中一种方式。

作为一种参与支持方式的洗劫和破坏

洗劫和破坏公物都是在权威瓦解的"道德假期"中发生的较为温和的暴力形式。更极端的暴力也时有发生,那时就会被视为骚乱状态。但我们将会看到,绝大部分平日里并不暴力的人,此时作出的都是针对财产的暴力,例如洗劫和破坏公物等;这一部分人决定了"道德假期"会持续多久,并维系着"道德假期"的框架,而在这其中就有可能发生更加严重的暴力。

在这里,我会集中讨论一群人在自己的社区或领地上反抗警察的情况;我会先将骚乱排除在外,即某一族裔或其他群体入侵敌对群体领地的情况。前者常被称为"贫民窟骚乱",我们也可称其为"社区抗议",那是1960年代以来美国的洗劫骚乱中最常见的形式。后者是领地入侵骚乱,这在世界各地的致命性种族冲突中更为常见(Horowitz 2001)。骚乱可能发生在更大的背景下,例如1960年代的民权运动冲突,或是1992年的罗德尼·金审判;此类背景为暴力提供了正当性,并促进了暴力最初的爆发。这些背景已经被细致地研究过了(Kerner Commission 1968;Baldassare 1994;Halle and Rafter 2003)。我在这里想着重分析的是,当"道德假期"情境建立起来之后,洗劫行为是如何一步一步发生的。

首先，人们必须反抗乃至攻击警察，暂时聚集起半军事化的群体，并成功地建立起区域之内的准则。在具有种族意味的情境中，人们在攻击警察的同时也会同时攻击恰好处于这一区域的敌对族裔群体（例如1992年洛杉矶骚乱刚开始时，一名身处黑人区的白人司机被从车里拖出来痛殴一顿）。无论如何，在"贫民窟骚乱"的参与者中，绝大部分都不会将攻击其他族裔或警察作为主要行动。这就是我们为什么要将此类骚乱与领地入侵骚乱区别开来，因为后者的目标更加明确，会直接寻找和攻击敌方人员（敌方的财物也可能遭受攻击，但那是次要的），而前者则以洗劫为主要特点。

攻击警察的形式包括向警车投掷物体（瓶子、水泥块、石头等），这既能动员一批人，又能拉开破坏财物的序幕。比起开枪或使用爆炸物，这种攻击敌人的方式是很容易参与的；它有着戏剧性的特质，充斥着爆裂的声响，并会留下可见的标志物——玻璃碎片、打破的锯齿形的窗户、砸扁的汽车——既能显示出对日常生活的背离，又不至于像血淋淋的人类躯体一样极端[2]。这些行动先是驱走了在场的权威机构，而后经由严重的破坏行为（对财物的破坏，而不是对人类的攻击）来建立起"道德假期"。它们共同塑造了一种行为模式，使得破坏延伸到所有可见的公共设施和财物之上。

洗劫行为可能一开始针对的是某一个特定的族裔，但一旦自由区建立起来并延续数小时甚至数天，人们就会倾向于将区域内所有的商店和市场都当成目标。所有遭受破坏的地方，其社会限制都已被打破；如果店门被砸坏，这家店就等于是在邀请人们进来，无论之前它的主人是谁。纵火会进一步推进这一过程，因为它会从特定目标（例如受憎恨的族裔）蔓延到相邻的建筑上，从而使得周围的一切都成为自由区的一部分（Tilly 2003：143—48）。

洗劫行动会自行发展出组织，就像其他形式的群体暴力一样：一小群精英冲在前面，身后是一大群支持者和半心半意的围观者。汉内斯（Hannerz 1969：173）观察到，有些人会担负起洗劫领导者的角色，他们会发起袭击商店的行动；在街头群众组成的临时社区里，他们甚至是无私的，因为他们并不亲自参与洗劫，而只是为众人开路，好让其他人能够跟上来。他们似乎很清楚，大部分人都不会参与到前线暴力中，甚至也不会破坏物品，而只是会在其他人建立起自由区和洗劫情境之后才会参与其中。洗劫领头人是推动者，就像临时集结的、不分阶层的志愿军队中非委任的军官一样。

纵火可被视为对敌人表达愤怒的方式，但也不止如此。当骚乱发生在自己的社区中，纵火是不合情理的，因为并不能将火势控制在被视为敌人财产的建筑上[3]。不过，在特定种类的群体事件中，破坏自己的财物也并不罕见，特别是在狂欢中（之后我会讨论这些"狂野派对"的情况）。在两个例子中，破坏行为都是吸引注意力和激发群体兴奋的方法；没有什么比火更能吸引人们的注意力了，尤其是当火焰近在身边的时候。1960年代黑人贫民窟骚乱中常常出现和被引用的一句话就是："烧吧，宝贝，烧吧！"（还有向军警发出"下一次就是大火"的威胁。）这在政治上具有煽动性，是将纵火作为一种比喻。"火"本身也是一种修辞，用来形容最严重的情况。它们的主要效果除了对敌人造成有限的破坏之外，仍是吸引注意力——吸引外部世界的注意，其中最重要的是吸引周边居民的注意。此时此刻，在已经建立起来的"道德假期"中，人们必须选一个立场站队[4]。

如果说纵火是为了集结人群见证"道德假期"，那么洗劫就是为了吸引群众参与。洗劫让大部分人都有事可做；这是一种反抗权威的行动，因此是"道德假期"的一部分。洗劫相对来说没有风险，甚至不存在冲突性紧张/恐惧，因为洗劫者（至少是那些跟在后面的人，而不是带头者）通常并不会与任何人发生冲突，而只是攻击已经遭受破坏的财物。骚乱者必须有事可做，否则骚乱就会平息；这一点看似平淡无奇，但却并未得到足够的重视。如果群众不再集结，那么维持"道德假期"的情绪氛围就会蒸发；警察会杀回来，秩序会重新建立；骚乱的能量就消失了。一旦停止，骚乱就无法再次开始。

能够持续很长时间的骚乱，一定会伴随着大量的洗劫和财物破坏，并会蔓延到相当广的区域中。时间特别久的骚乱——超过两天——发生在洗劫和破坏能够不断升级的区域，好让新的参与者不断被招募进来，这样新的洗劫与纵火行为（在某些例子中还可能会发生屠杀）才能不断发生。

例如1830年，英国农工因不满削减人员和工资而烧毁了谷仓和农舍，骚乱从8月下旬一直延续到12月中旬，其中大部分行动都发生在10月和11月间（Tilly 2003：178—87）。这被称为"斯温叛乱"（Swing rebellion），以传说中的复仇者斯温船长命名。这个名字隐含了将敌人绞死的威胁，但实际上，除了高潮时期与权威机构之间的冲突之外，大部分暴力行动都局限在纵火上。当受到有组织的压制时，骚乱就会转移到下一个地区，招募新的参与者，寻找新的破坏目标。这里并不存在集中化的组织形式；暴力每天都局限在相邻的几个区域。运动以秘密的纵火开始，到11月下旬达到高潮之后，抗议者已经被政府威慑住，运动渐渐平息并再次转移到纵火上来。这一过程显示，纵火比直接冲突更容易实施，并更容易广泛蔓延开来[5]。

在美国延续4—5天的大型骚乱中，洗劫是十分重要的一环，例如1967年6月的纽瓦克骚乱和1967年7月的底特律骚乱等（Kerner Commission 1968；Halle and Rafter 2003；Tilly 2003：145—49）。这些骚乱中都发生了不同寻常的大量暴力事件（分别有26人和43人死亡，1500人和2000人受伤），并且有人使用了狙击枪来对付警察和军事力量。在这里，洗劫起到了让骚乱蔓延和维持下去的作用。底特律骚乱的最初两天里几乎充斥着洗劫和焚烧，因为警察在军队抵达之前一直避免干涉；当军队开始行动之后，接下来的两天里开始发生枪战。随后，骚乱平息下来，军队在这一区域内又巡逻了六天。7200名被捕者中，三分之二被控告趁乱洗劫。纽瓦克骚乱的开端则更为政治化：一名黑人出租车司机因交通违章而被逮捕，随后，关于警察暴力的传言在出租车司机中间传播开来。纽瓦克骚乱传播到了附近的新泽西州城市，包括平原镇、泽西城、恩格尔伍德等（也就是在骚乱爆发地点方圆20里的地方）。这些城市并未发生单独的骚乱，而是成为骚乱的一部分；尽管比纽瓦克骚乱开始的时间晚了一到三天，但最后却是在同一天结束。在这些外围区域，骚乱活动主要是洗劫；在中心区域，则同时存在大规模的洗劫和与警察及军队交火的暴力。

1960年代的美国种族骚乱与1830年代的英国农场纵火事件具有同样的

地理传播模式。一座城市的骚乱会在一周之内触发附近小城市的骚乱，不过骚乱的程度则可能会随着距离的增加而降低（Myers 1997，2000）。对未能吸引全国范围内新闻报道的骚乱来说，这一点格外重要。骚乱会在最初的骚乱地点向周围扩散，尤其是如果最初的骚乱发生在有电视台的城市就更可能如此。在大众传播尚未发展起来的时期，这些都是通过人际网络完成的。骚乱之间相互交叠的关联，让骚乱能够传播到附近的区域，但却并不能传到更远的地方；这就是1830年代"斯温叛乱"的传播过程。行商将消息沿着运河和市场马路传播开来，农工则与附近区域的人们共同工作之后返回家里（Tilly 2003）。在这两个时期，骚乱之所以能够持续下去，是因为它们不断转移到新的区域，而不是反复在同一区域发生纵火和洗劫。

这说明一个被焚烧殆尽的区域在一段时间内无法再次发生骚乱——至少无法发生严重骚乱——直到它恢复过来。至少要等到有新的东西可以焚烧和洗劫的时候，才有再次发生骚乱的可能。骚乱就像山火一样，需要数年时间来恢复，好为下一次爆发重新准备燃料（既是字面意思上的燃料，也是指情感上的燃料）。短期来看，一场大骚乱会令同一区域无法再次发生大型骚乱；就算是有足够的外部条件，也只可能发生小型骚乱[6]。

人群参与到洗劫之中，是让骚乱得以持续的关键，也是让事件升级到引发敌对阵营和公众注意的关键。洗劫者自己通常缺乏政治上的意识形态；1960年代的黑人民权运动者大都十分厌恶洗劫行为和洗劫者的态度。蒂利（Tilly 2003）因此将这类骚乱归类为"边缘性的种族抗议"（marginally racial protests），在此类事件中，参与者会逐渐开始谋求私利[7]。不过，这种分类方法忽视了洗劫与纵火在骚乱中扮演的角色——招募更多参与者并维持骚乱进行。若没有洗劫，骚乱就只剩下与警察之间的暴力冲突，并很容易平息——只要等人群厌倦散去，之后警察撤离，或是投入压倒性的警力，因为主动与警察发生冲突的始终只是一小群人。洗劫者是骚乱中的步兵；换句话说，也就是那些不够投入的、85%从不开枪的士兵。洗劫是一种极其聪明的战略发明（虽然这么说，但却并不是什么人发明出来的），它将支持者和围观者中相对无用的那些人转变成了某种类型的参与者，进而保持活跃的情绪气氛，好让"道德假期"继续维持下去。

洗劫者会故意无视日常生活中的财产权；不过，一个值得注意的模式是，洗劫者通常并不会互相抢劫。每个人都在洗劫自己力所能及的东西，但却并不会彼此争抢，也不会抢别人手里的东西。例如，在1992年因罗德尼·金事件的无罪宣判而引发的洛杉矶骚乱的照片中，我们就能清楚地看到这一点。在此类洗劫事件中，洗劫者会表现出戈夫曼所谓的"非礼勿视"，互相不会阻挡，自动维持交通通畅，就连在相对拥挤和狂热的情境中也能做到。洗劫者中之所以鲜有冲突，一部分是因为他们洗劫的东西其实并不那么重要。在洛杉矶骚乱的照片中（*Los Angeles Times*, May 12, 1992）我们看到，一个男人走出超市，怀里抱着一大堆餐巾纸和卫生纸；一个年轻的拉丁裔男孩与他的父亲一同走出一间体育用品店，抱着几盒女性锻炼大腿肌肉的设备；一名黑人青年从一间玻璃被打破的美容用品店里走出来，抱着一堆吹风机。对1960年代贫民窟骚乱参与者的访谈通常发现，他们参与洗劫并不是功利主义的；有些洗劫者后来说，他们其实买得起自己抢到的物品，也并不真正需要它们；有些人则用过去与商店的过节将自己的行为合理化，说那是商店欠他们的（Dynes and Quarantelli 1968；Quarantelli and Dynes 1968, 1970；Tilly 2003：148）。洗劫者们参与到了一场集体团结的行动中。占有某种特定商品并不是他们的目的，因此洗劫者中存在一种"利他主义"，让他们并不会表现得太自私。洗劫很大程度上是一种涂尔干式的仪式，目的在于行动本身及其体现出的团体归属感。被抢劫的物品从各个角度来看几乎都是毫无价值，但它们却象征着洗劫者参与了破坏法律的行为。洗劫之后进行的访问显示，相当多的洗劫者在日常生活中都是受人尊重的 [已婚、有正当工作、定期去教堂，是安德森（Anderson 1999）所谓的"正经人"，而不是贫民窟中的街头混混]。他们之所以会参与这场集体狂欢，是因为广泛传播的情感与社会吸引力。在理性主义和功利主义理论中，"谁来监管监管者"这一问题在这里令人惊讶地不复存在；如果我们追问：当法律与秩序不复存在，"谁会洗劫洗者?"答案是几乎没人会这么干——"道德假期"自有其社会秩序。在"道德假期"中,外部权威的崩塌并不会导致一场毫无限制的暴力[8]。

要想研究洗劫事件的发生过程,最细致的记录并非来自抗议引发的骚乱,而是来自 1977 年 7 月的一个夜晚发生在纽约的停电事件(Curvin and Porter 1979)。这里发生的洗劫比其他情况下更具有功利主义色彩,因为它既不是起源于紧张的种族仇恨气氛,也不是在与警方逐渐升级的冲突中所发生的[9]。通过每小时的逮捕数据和访问资料,我们发现了三波洗劫者。第一波是职业罪犯,通常是 20 多岁的男性;在停电(发生在晚上 9:30)之后的一个小时之内,他们就闯进了珠宝店和电器店,寻找最值钱的货物。第二波出现在 11:00 左右,主要是年轻的帮派成员在寻找乐子和刺激,顺便收获战利品(不过,他们并没有彼此冲突,而是加入了自由区域内的道德共同体)。第三波则包括各个社会阶层的普通居民,大约从午夜时分开始,一直延续到第二天白天,直到下午才渐渐平息[10]。在这里,好奇心转化成了吸引力,让人们参与到洗劫中。第三波洗劫者与其他骚乱中的洗劫者非常相似,他们因头脑发热而参与其中,抢走的都是对自己来说一文不值的东西。例如,其中一名洗劫者从一家食品店抢走了一扇牛肉,而后却又将它丢在路旁。

受访者中有一位已婚男性,他是一名售货员,其女儿在教会学校读书。据他回忆,自己身处混乱之中时,也曾感受到参与洗劫的冲动:

"我不知道;当我在那儿的时候,我觉得自己想要抢点什么东西……他们刚开始闯进一家商店的时候,我刚好在场。货物飞了出来,我不知怎的手里就拿满了东西。我正站在街角说话,突然有辆警车停下,他们就抓到了我。"他当时拿着十条女装长裤和七件女装衬衫;后来他告诉访问者,他并没有打算把这些东西送给他的妻子,也不确定自己到底要拿它们来做什么。(Curvin and Porter 1979: 15)

这场洗劫骚乱是由功利主义者挑起的。然而,有计划的抢劫引发了一场

"道德假期"，其中带有暂时性的道德共同体的许多特质。人们形成了乌合之众，其中至少有一部分人互相并不认识，但他们却共同袭击了商店门口的铁栅栏。这种行动需要10—20个人一起推翻栅栏，有时需要经过十多分钟的努力，还需要协调休息来计划下一波袭击。

随后几波洗劫者借了前面这些人的东风，但他们却表现出非功利主义的情绪化参与者的通常特质。除了破坏财物，并没有发生多少暴力。洗劫者并不会与在场的店主发生冲突；只要店内人员表现出一点点反抗的意思，大部分洗劫者就会知难而退。这可能是因为洗劫者觉得不需要找反抗者的麻烦，因为还有许多别的地方可以洗劫（部分洗劫者表达了这一想法）；但这也同时显示，此处存在高度的冲突性紧张／恐惧。对某一"敌人"的对抗并不是主要动力（再次强调，这与侵入其他群体领地的骚乱不同），尽管大部分店主都是白人并居住在这一社区之外。骚乱者的人数远远超过警察，但他们却很少会去骚扰警察，在被警察逮捕时也几乎不会反抗。

这里的情绪氛围混合着兴奋与恐惧。此时天色几乎全黑，警车在街头拉着警笛呼啸而过，人群四处乱跑，有时大喊大叫；警察向空中开枪，试图阻吓洗劫者。然而这并不能起到阻吓作用，因为洗劫者很快就会发现警察并不会向他们开枪。人群有时会在一个小区域内狂热起来，而在其他地方则有着节日般的友善气氛。一名21岁的黑人男子当时正在外面打篮球，据他回忆：

> 灯光熄灭的时候，所有人都开始叫嚷，你知道的……一开始我也在叫嚷，嘿，嘿，嘿，嘿 [这时有人建议去抢劫一条商业街]。所有人都从四面八方涌了过来，所有人都在边走边聊。我们闯进了那家礼品店，他们开始抢东西，然后就把店门砸破了……人们都很兴奋，你知道的，我也很兴奋，就像充了电一样，被那时的兴奋感充满了电。那儿没开灯。我们只是想看看自己到底能做些什么。我浑身是劲儿，脑袋发热，就像他们说的那样，入乡随俗嘛。我们都疯了。(Curvin and Porter 1979：188)

在特定种类的洗劫情境中，与性有关的意味也受到了限制。也许有人会以为，如果所有的规矩都被破坏了，人们就会去自私地追求所有可能的娱乐；在混乱的人群中，互相不认识的人们之间也许会发生性骚扰事件而不会遭到惩罚。蒂利（Tilly 2003）认为，许多骚乱一开始之所以爆发，都是为了反抗权威或种族歧视；但是到了最后，它们却在权威崩塌后转变为机会主义的谋求私利。但在性方面事情却并非如此，至少在贫民窟抗议骚乱导致的"道德假期"中并非如此。洗劫者并不会卷入强奸事件，或是试图对人群中的女性进行性骚扰。在1960年代的美国种族骚乱和1992年的洛杉矶骚乱中，强奸案例都非常罕见。

然而，有些种类的骚乱却是具有完全相反的情境。在入侵其他族群地盘的骚乱中，可能会发生对敌方女性的系统性强暴；当人们闯入敌方族群的住处时，则可能会同时发生洗劫和强奸（Horowitz 2001；Kaldor 1999）。为何有些骚乱中会存在与日常生活中一样的性禁忌，有些骚乱中却伴随着性暴力？发生在自己地盘上的骚乱，如果没有敌方族裔成员在场，就会将所有能量都用于攻击无生命的目标；但在入侵敌方领土和攻击敌方成员时，却制造了强奸的机会。另外一个条件是，强奸往往发生在攻击者和洗劫者全都是男性的情况下。如果女性也参与了洗劫，她们往往可以借此摆脱性暴力[11]。"道德假期"将族群的边界限制在社区共同体内，或者说，正是"道德假期"为原本分崩离析的社区赋予了共同体的意涵。涂尔干式的"集体兴奋"为参与者提供了安全感，就算他们身处平日里犯罪高发的地带也无需害怕。只要他们参与到群体的仪式性活动中，就可以获得安全保障。在"道德假期"中，一部分道德标准消失了，但其他道德标准却被加强了。

精英式炫富的狂野派对

究竟怎样才能被称为"狂野派对"（wild party）？当然，这是一系列形容方式中的一个，其他形容还包括"爆炸聚会""豪华盛宴""骚乱派对"等。带头的人们会获得如下名声："狂野和疯狂的家伙""吵吵闹闹的家伙""傲慢的家伙""惹麻烦的家伙""派对动物"。这些名词背后所隐含的是一种高度的集体兴奋感，以及强烈的打破规矩的异常感。

要想将一场派对或节日升级为令人难忘的狂欢，最简单的方法就是破坏财物。这与在"道德假期"中进行洗劫十分相似。不同之处在于，洗劫（至少是发生在自己地盘上的骚乱中的洗劫）是一种自下而上反抗地方权力的方式。相反，在狂野派对上破坏的常都是自己的财物。因此，这种类型的狂野派对是一种精英式的炫富。

这种类型的派对起源于太平洋西北岸印第安部落的冬季赠礼节，那里的海岸与森林物产丰饶（Kan 1986；Ringel 1979），19世纪的毛皮交易让那些部落依当地标准来看变得十分富有。他们的节日是通过一个部落首领向另一个首领发送邀请而组织起来的。主人会向客人大方地赠送礼物来炫耀自己的财富；在这样的压力下，客人不得不举办同样豪华的盛宴作为回馈。战争中的部落可能会将盛宴作为一种和平仪式，因此，象征性地表现出好客往往至关重要。为了相互竞争，炫富行为会不断升级：他们不仅会肆意赠送毛毯、金属、西方商品（例如缝纫机）和其他财宝，甚至还会当着客人的面把这些东西砸坏或是干脆丢进海里，借以表示自己视金钱如粪土。部落中的精英与平民之间有着明显的界线：只有精英才能拥有奴隶和一种铜板。盛宴的高潮是仪式性地处决奴隶。奴隶与铜板都不具有功利主义用途；许多奴隶都是在盛宴之前才弄来的，只是为了在客人面前献祭而已。在一场互动式的盛宴中，最关键的测试是下一个主人是否能够献出同等或更高价值的财物。

除了对财物的暴力破坏（尤其是那些象征着主人地位的财物），盛宴中还有舞蹈表演和暴食比赛。主人会竭力营造出一种食物无穷无尽的印象，并将其强加到客人身上，期望客人暴饮暴食到呕吐为止。如果无人呕吐，那就意味着主人不够好客。

我们应当将这种盛宴视为一种大型的、喧闹的派对，其中充斥着自吹自擂的浮夸和自满。盛宴是精英式的，因为它只会由社区内最富有的成员发起；如果有人参与了盛宴却无力举办一场同等规模的派对，他们就会失去地位。因此，参与盛宴的客人也必定是精英，或者至少是渴望成为精英 [这一点在莫斯（Mauss 1925/1967）的经典分析中有所强调]。盛宴是竞争性的，因此有着暴力威胁的弦外之音。但是，客人与主人之间很少会发生打斗；对自己财物的竞争性破坏，占据了注意力的中心。

我们可以将此与 1900—1930 年间富有的牛津学生的行为进行对比[12]。这些学生的大学宿舍都是私人套房，有佣人服侍；受欢迎的学生中最高等的社交活动就是在自己的房间里举办午餐会和晚宴，有时还可能会租借一个宴会厅。在这种全男性的学校里，学生与年轻女性打交道的机会非常少，因此在异性环境中常见的"打分和约会"模式也就出现在了年轻男生中。这与上层阶级中年人之间轮流举办宴会的风俗很相近。学生们会为获得邀请而争破头；同时，他们也希望那些有贵族气质的、时尚的、渊博的、在运动方面出色的或者只是活泼有趣的客人能出现在自己的宴会上。宴会的气氛带有对权威的些许挑战，有时参加者会旷课、打破宵禁乃至饮酒。这种社会对抗感让那些获准进入最受欢迎的聚会的学生兴奋不已，他们的仪式性晚宴（其中会有一些饮酒游戏，目的在于把某些特定的人灌醉）有时会升级成为骚乱性的大破坏。酩酊大醉的学生可能会在学校中央燃起篝火，不仅会烧掉偷来的木材，甚至还会把学校的家具也一起烧掉；学校权威试图压制破坏规矩者，但却遭到嘲笑和攻击。学校的干涉往往只是事后罚款，这些钱会被放进学校金库，随后用来为学校教职人员（例如住在校园里的本科教员）的宴会买酒。这些宴会同样属于精英，但却更加私人化。因此，本科生那些浮夸的狂欢活动也就被回收重塑成了老师们的欢宴，只是在形式上要更有教养一些。

早些时候的大学学生更加狂野（Midgley 1996）。学生们跑到镇上的酒吧里去喝酒，有时会与当地居民发生大规模冲突。学生有时会躲开学监（学校雇来维持纪律的人员），有时也会与其大打出手。18 世纪的牛津学生可能会喝醉之后在街头呕吐，破坏公物，斗殴和性骚扰当地女性。漫不经心的学生也可能会在乡村引发骚乱，例如喝醉之后衣衫不整地追赶附近的女孩。为骚乱补充血液的人通常来自贵族阶层，他们享有特殊的待遇和豁免权。与挤在书房里的穷学生不同，他们主要的职业前景是成为牧师。富裕与贫穷之间、精英与平民之间的差距，在情境化的分层中被再次强化；不同阶层的人分别成为兴高采烈的狂欢者和背景中无聊的围观者。牛津的捣乱学生就像 20 世纪早期那些在校园里点火的学生一样，通过这些行为体现着他们的财富和地位，公然炫耀自己对花销、传统和严肃目标的漠不关心。年轻的"血液"常会花光自己的零用钱，由于奢华的生活方式和房间装饰而欠下外债，有时也会参与赌博；因此，他们可能会被学校开除。这些都是下层阶级的学生所无法承担的后果。然而下层阶级却是精英们在狂欢时不可或缺的背景，精英们需要去震撼他们、嘲笑他们、捉弄他们。相反，当贵族精英聚集在自己的私人领地，观众只有佣人、家仆和生意伙伴时，就不会发生这种骚乱性质的狂欢。必须要有在地位上足够接近的观众，以及竞争的氛围，才足以让狂欢成为一种有效的展示，来表现对凡夫俗子的不屑。高度制度化的社会阶层会让派对变得安静而无趣；正是在情境化的社会分层中，打破规矩的大嚷大叫才能获得短暂的注意，进而发展成为具有破坏性的狂欢。

一名学生的报告中提及一群美国大学本科男生合租一栋房子的事情。一名大块头运动员喝醉了，开始乱砸楼梯栏杆。他的一名室友被一块飞出来的木头砸中，于是愤怒地威胁要跟他干一架。众人聚集起来，让整个情境变成一场笑话，所有人都加入进来开始破坏栏杆。他们都得给房东赔偿，但这个事件却就此变成一个重要的回忆[13]。这就是炫富宴的模式，即破坏自己的生活环境[14]。

精英的炫富狂欢通常都会局限在破坏财物上。虽然其目的在于展示自己无视社会道德的精英地位，并且身处暂时的"道德假期"的保护下，但是他们的行为却依然是相对保守的。冲突性紧张/恐惧就是在这里也同样存在。通常来说，用破坏财物的行为来保持打破边界的兴奋情绪就已经足够了。既然如此，狂欢情境中的暴力又是如何发生的呢？

狂欢区域与边界排挤型暴力

虽然大部分温和的派对都不是暴力的，但是研究这些非暴力派对，可以让我们更好地理解暴力派对上发生的事情。最成功的派对会制造出它自己的阶层：精英处于注意力的中心，另外一部分人极力尝试参与其中，剩下的人则被边缘化。正是狂欢场合中的阶层界线制造了大部分暴力。

有三种方式可以让狂欢发展成为暴力：权威机构干涉导致的行动升级；闯入型暴力；终结反抗的暴力。

在派对上或是假日期间的街道上，相当多的暴力都是发生在警察到场试图降低噪音、驱走人群或是逮捕非法饮酒者的时候[15]。在这种暴力中，警方人数远远少于现场人群，其情绪兴奋度也不及后者。狂欢者们有资源来升级行动对抗警方，因此最初赶到的一小群警察可能会遭遇无法控制的暴力，或者至少是遭遇威胁。此时此刻，人群可能会作出投掷瓶子、推翻车辆和其他破坏公物的行为；这些反应很大程度上都是一种虚张声势，半真半假地用可能发生的暴力作为威胁，而并没有多少直接冲突。就像在其他类型的骚乱中和战场上一样，一小部分活跃者就足以开启行动升级的过程；随后，在混乱中四处奔走的人群（可能是在寻找掩护或是其他原因）将这一切扩散开来。这反过来会让警察一视同仁地对付狂欢区域内所有正在移动的人。这一过程燃起了双方的怒火，并令暴力愈演愈烈；不过，就像我们在所有形式的打斗中所看到的那样，其中大部分都是缺乏效果和准头的暴力。大部分人所经历的情境虽然充满兴奋，但却并不会造成太多个体伤害，因此他们才会在事情结束后继续渴望参与同样的狂欢。大部分人都会从狂欢中全身而退，并在接下来的派对中将其当作茶余饭后的谈资，用来营造自己的文化资本。

狂欢区域中占据主导地位的是一种不同于日常生活的兴奋气氛，这种气氛甚至可能会被制度化。这个区域既可能只包括派对所在的场所，也可能覆盖到狂欢者所至的整个区域，包括酒吧、俱乐部、色情娱乐和赌博场所等（尤其是在赌博仍是非法的年代）。狂欢区也有时间限制，例如只在周末或特殊假日的夜晚开放。当狂欢区变得活跃起来，就会充斥着群体情绪能量的高压；如果有人想干预狂欢仪式，或者如果有在狂欢者看来不合适的人想要闯入这一区域，就会对其边界产生压力。因此，狂欢区在情绪能量达到最高点时会为自己的存续而奋斗。然而狂欢区是集体创造的，就像其他仪式一样，热情总是会被时间耗尽（在我的观察中通常是四到六个小时）。因此，如果在情绪顶点时进行干涉，狂欢就可能会发展为暴力争斗；但若是在情绪已经开始下跌时再进行干涉，人们就可能会四散离去。

一个假设是：派对情绪越高，警察的干涉就越可能会引发暴力；相对来说，比较沉闷的派对则不太可能发展为暴力情境。

在一个极端的例子里，警方干涉引发了人命：一间路边酒馆被人投诉噪音太大，两名新泽西警官前来调查。谁知他们闯入的恰恰是两名持枪抢劫犯的庆祝派对：他们刚刚从布鲁克林的一个赛马下注点抢到一大笔钱。他们当时正喝得酩酊大醉，开始恶作剧般地开枪作乐。毫无疑问，对抢劫犯来说逃跑才是上策，但他们的第一反应却是羞辱闯入者：两名警官被他们拿枪指着强迫脱下内裤跪在地上，最后被爆头（*Philadelphia Inquirer*, Feb. 11, 2002）。狂欢的情绪在最高点被打断，其回应方式也是狂欢的延续：之前拿枪作乐的行为变成兴奋地用枪来虐待闯入者。当狂欢情绪消失之后，抢劫犯们的表现就不同了。两天之后，其中一人在与警方的枪战中被杀，另一人则举手投降。

第二种引发暴力的方式是有一个人或者一小群人试图强行闯入狂欢场所，但却被排除在外。与权威机构试图打断派对不同，在这种情形下是一群潜在的狂欢者试图加入派对：

　　一群中产阶级年轻男性在一间公寓里开派对，他们彼此都认识，正坐着聊天。三个人突然到访，要找派对主办者的室友；要找的人不在，但他们仍决定等他回来。派对无疑很沉闷，闯入者也并不想加入聊天。其中一个人是一名海军士兵，他问派对主办者要一根针，想给自己文身。主办者拒绝了，说他不允许在自己的公寓里做这种事情（这显示了社会阶层中的文化差异；闯入者可能也知道他的要求惹人反感，主人则直接拒绝了）。海军士兵坚持要一根针，主人则坚决不允许；随着争吵升级，闯入者站起身来高喊自己是海军，要求对方尊重他（这起事件发生在2002年1月，正是美国对阿富汗作战的时候）。主人则站起身回应道："听着，我才不管你是谁，这是我的公寓，你马上给我出去。我不想跟你打架，你赶快出去！"他的声音很大，但语调平稳，给人的感觉是立场坚定但又不希望事件再升级。

　　两人面对面站着，拱起背来，胸口起伏。接下来的几分钟里，他们各自重复自己的话，形成了典型的对峙局面。当主人转身坐到沙发上时，局面改变了；他打破了眼神的接触。海军士兵由于之前的沮丧和此刻暂时的优势而在主人肩上揍了一拳。压力的突然释放催化了暴力。主人的两位好友迅速加入战斗，海军士兵的两个同伴也一样；主人被推到了沙发上，其他人则开始陷入拳打脚踢的一片混战。他们并没有造成太大伤害，此外，双方也都误伤过自己的队友。

　　其他人开始将陷入打斗的朋友拉开。双方各有三个人，他们开始隔着沙发反复叫嚷：海军士兵那边拒绝离开，主人那边则坚称这是自己的公寓。最后，一名年轻女性介入了冲突，她告诉闯入者自己已经累了，想睡觉了。重复了许多遍之后，闯入者终于离开了。打斗刚一开始就有人报了警，但警察却并没有来（改编自学生报告）。

此类打斗带来了一个分析上的问题：派对是团结的区域，并且是表演型的高度团结。团结本身是一种友好的氛围，为何又会导致暴力呢？为什么要去一个自己不受欢迎的地方，却期望别人能欢迎自己呢？使用暴力当然也不可能让自己变得更受欢迎。关键在于狂欢中的团结是分阶层的；边界的存在意味着有人会遭受拒绝并被人蔑视。就算参与者来自上层阶级，平日里更礼貌更自制，相比下层阶级的闯入者更不太可能使用暴力，结果也是一样。从后者的视角来看，派对也许并不有趣，但他们作为外来者并不很清楚自己想要闯入的究竟是怎样的情境。边界排挤型暴力几乎总是由闯入者引发的，是因自己遭到羞辱而进行反击。

当然，被派对或狂欢排除在外是很常见的。那么，发生暴力的情境究竟有哪些不同？正如我们看到的，高中社交精英通常都有其地盘，例如午餐桌或是放学后的游玩圈子，他们可以很容易地维护边界，只要集体嘲讽那些不够受欢迎的孩子就行了。在这里，地位阶层众人皆知，情绪能量集中在精英这一边，闯入者很轻易地就会被他们羞辱；地位更低的孩子并不会尝试闯入，哪怕他们身体更健壮也不例外。当闯入者出现时，精英高中生们的派对就可能会发展为暴力冲突（Milner 2004：72—73）。闯入者暴力大都发生在匿名情境中：要么是大型派对，要么是闯入者来自社会网络中的一个偏远角落（在前一个事例中，闯入者是一名不在场的室友的朋友）。

在MTV电视台的一场真人秀的职员派对上，我们也能看到类似的模式。两名警察在为节目提供保安服务时听说了这场派对，于是他们下班后便带着一名朋友于晚上9：30出现在门口，开始砸门要求放他们进去。一名正在值班的警官要求他们离开；他们开始互相辱骂，警官脸上被人揍了一拳（*Philadelphia Inquirer*，May 10，2004）。

发生闯入暴力的条件之一是阶层并未明确制度化，或是并未广为人知；现场有一种表面上的平等气氛，仿佛不存在阶层分野或不同群体的名声差异。这就是为什么那些闯入者（例如周末夜晚的年轻人）会想要闯入他们听说的每一场派对并会在被拒绝后采用暴力。当然，仅仅欠缺制度化的阶层还不够。

情境中虽不存在重复性、制度化和正常化的阶层分野，但却存在派对上临时形成的情境化阶层分野，这使得身处这一令人兴奋的情境成为一种特权。

行为与外表上的平等（例如衣装的式样）自从 20 世纪末以来就是青少年文化的一部分，在这里却成为狂欢暴力的起因之一。虽然我们并没有对比性的数据，但有一个假设是：早年间闯入者暴力应该很少，因为闯入未受邀请的派对在当时来说更像是一种偷偷摸摸的尝试，一旦被发现就可能招致羞辱，也很容易被扔出门外，不至于引发暴力冲突。正是后来发展出的平等氛围激发了"人人平等"的想法，从而使人们在遭到排挤后正当地产生愤怒[16]。

拒绝结束的暴力

有些暴力的发生并不是为了闯入一场狂欢，而是为了阻止狂欢结束：

> 当时我在朋友家，正跟他和另一个家伙一起喝威士忌。后来又来了一个人，我们就开始玩色子，每次赌五毛钱。过了一个小时，我觉得威士忌的劲头上来了，便决定回家。我告诉他们我得走了，然后拿起我的骰子放进口袋。这时 X 跳起来说："你拿骰子做什么？"我说："因为我玩够了，要走了。"他说："你现在不能走，你得给我个机会赢回来。"我不理解他为什么要这样难为我，因为我根本就没赢多少。我说："嘿，哥们，我玩累了，现在得去别的地方。"
>
> 他站起来指着我的鼻子说："你现在不能走，狗娘养的！"我说："去你的吧，我告诉你了，我已经玩够了。"他恶狠狠地瞪着我，好像整个人已经疯了，他说："你他妈是个没用的恶心朋克！"我知道这个傻瓜喝多了，脑子不清醒，而且我知道他身上有一把枪，现在又不考虑后果，所以我害怕了。我曾听说他以前杀过一个人。

> 我说:"哥们,你能后退两步吗?"但这却更加激怒了他。他开始挥舞手臂,不停地骂我狗娘养的朋克,还往我脸上吐痰。我骂他脏东西、狗娘养的,他使劲推了我。当时我觉得他可能不会在我身上浪费更多时间了。当他把手伸进口袋时,我以为他一定是在掏枪。于是我就先掏出枪,在他动手之前先下手为强了。(Athens 1980: 30—31)

在另一个例子里,两个男人在酒吧里与另一个人熟络起来,酒吧打烊后,他们受邀前往对方公寓继续喝酒。他们买了几十瓶啤酒,打车去了他的公寓。喝完啤酒,公寓主人想要送客,没想到客人却被激怒了——部分是因为他们没有交通工具,但也是因为狂欢情绪突然被打断。他们争吵起来,后来升级到互相推搡;其中一名客人揍了主人一拳,然后用台灯砸了他的脑袋,把他打倒在地后又猛砸他的脸。后来,这名客人因重度攻击罪而被捕(Athens 1980: 37—38)。

拒绝结束型暴力不一定只发生在存心找麻烦的人中,也不一定只发生在匿名场合;它也可能发生在朋友之间。在这种情况下,暴力常会有所收敛:

在一起案例中(来自学生报告),一群高中生在毕业舞会后的周末来到山里的度假村,并在那里租下了六间相邻的房子。他们在那里演奏音乐,跳舞,泡澡,看电影,玩闹,氛围很是友好愉快。最后一个晚上,其中一群男孩搞了一个派对,大家都喝了不少酒,吵吵闹闹个不停。跟他们相隔四栋房子的一群女孩听到这群男孩走近,便锁上门窗想把他们关在外面。这激怒了那些男孩,他们隔着玻璃门大喊大叫,说她们是"坏朋友""不忠诚"。其中一名女孩此时正在外面自己的车里;男孩们便包围了她,开始砸车窗并前后摇晃车子。一个男孩则闯进房子,开始仪式性地砸家具;其中最显眼的是两个陶瓷大象,他直接把它们从壁炉台上摔到了地上。

随着吵闹升级,另外两名男孩出现了,他们开始反抗那群开派对的男生,并试图保护女生。这令事态进一步升级;五个派对男孩在两名身高 1.8 米的运动员的带领下袭击了对方两人(他们要瘦小得多),另外八九个人则在一旁加油助威。后来这群人闯入了房子,殴打也就告一段落;他们开始砸东西,把女孩们都吓哭了。最后,派对男孩们吵吵嚷嚷地离开了,想要上其他地方去继续找乐子。几个小时后,大约凌晨4:00,他们又回到这里砸了半个小时窗户。派对在欢乐和愤怒交织的气氛中结束了。

受阻的狂欢和激发的欢腾

一部分狂欢场景中发生的打斗,并不是因为人们玩得太开心,而是因为场景本身未能符合期待。节日的外部元素都已齐备:一大群人带着兴奋的情绪挤在一处,背景音乐发出吵闹的噪音,众人吵吵嚷嚷个不停。但整个气氛还不够高涨,拥挤的人群既兴奋不已,又略感厌烦。这种兴奋与厌烦夹杂的情绪很可能会转变为一场打斗,从而既能释放紧张情绪又能提高行动等级。

以下是来自学生报告中的一个实例:一个看起来普普通通的大学兄弟会正在举行一场派对。一大群大一新生站在那儿,也不太讲话,只是不停地喝酒。结果,一大帮人都围在啤酒桶旁边等着往杯子里灌酒。其中一个男生被人群挤了一下,撞到了一个大块头橄榄球选手身上;后者正在接啤酒,结果弄洒了。他使劲把兄弟会男生推回到人群中,而兄弟会男生则冲了回来,两个人倒在啤酒桶上大打出手。其他几个体格魁梧的兄弟会成员也都赶过来帮忙,把那个橄榄球选手拖了出去。

几分钟后,那个球员又带着自己的队友杀了回来。双方在门前发生了对峙,互相羞辱威胁达数分钟之久,最后,直到里面的人喊了一声他们已经报警了、警察很快就会到,事情才算结束(其实并没有真的报警)。威胁结束后,所有卷入其中的兄弟会成员都开始事无巨细地描述整个过程,中间则夹杂着自我吹嘘。所有人都在谈论这件事。这起意外为大家提供了酒后谈资,创造了众人共享的关注点,并将派对一开始的冷淡气氛炒热了。

这并不是说挑起争斗的人一开始就有明确目标，试图炒热派对气氛。事情的开端是随机的和不可预料的。很可能他们只是感觉到了派对中混合着期待的紧张气氛（无论这种模糊的期待究竟是什么），以及厌倦和人群的互相推搡而产生的沮丧感。这种混合气氛能够产生打斗中的愉悦——尽管普通的紧张／恐惧依然存在，但打斗本身短平快，后果也不严重，即使发生对峙也很容易解除，因此更像是虚张声势而非真正的暴力。打斗之后人群中兴高采烈的议论才是最重要的方面，因为正是它将打斗定义为一种愉悦的事件，虽然并不是直截了当地贴上标签，而是在回溯中赋予它一种情绪上的光环。

打斗常会发生在这种情形下，但其结果却不一定令人愉悦。几名学生的报告中都详细描述了公共节日中大批人群在街头拥挤推搡的场面。例如，在伦敦的一场街头嘉年华中，人群实在太过拥挤，几乎寸步难移。尽管人们都期待着度过快乐的时光，但眼前的现实却是所有人都只能被人群推搡前行，毫无办法。这时一名黑人和一名白人爆发了一场打斗，但他们距离对方实在太近，无法给对方造成什么伤害；警察也没法挤进来把他们分开，旁观者也因太拥挤而无法干预。看起来两人都是单枪匹马，既没有人帮忙，也没有朋友阻拦，而人群中大部分人都是跟朋友一起来的。因此，这两人可能原本有着格外高的期待，希望嘉年华能够带来一种兴高采烈的社交气氛，结果却遭到了无情的打击。我所收集的报告中有若干此类事例，在这种情况下，并没有人因为打斗的发生而变得开心起来。

此类打斗有时也会得到旁观者的喝彩，他们将其视为一种娱乐。在这种情形下，打斗者可能会心怀沮丧，但围观者却将其视为一场好戏，于是打斗也就成为一种众多观众共同享受的集体行为。打斗将各怀心事的人们所造成的交通堵塞转变为一种大规模的情绪浸润，从而打造出集体情绪。

在另一个例子中（来自学生报告），街头节日游行中的一大群参与者满心烦躁地等待乐队开始演奏，他们爆发出有节奏的击掌和喝倒彩，来表示自己的不耐烦。当一个喝醉的无家可归者开始在人群中间小便时，他们的注意力就被分散了；一部分人向后推搡，想要离他远一点，而他则一屁股坐在了自己的小便中。当人群的注意力集中到他身上时，空气中弥漫着可以察觉出的紧张；就在这时，有人丢出了一个瓶子，紧接着一大堆东西都飞了过来。醉鬼开始把东西扔回去，人群则对着他大喊大叫；三个大块头男人冲向他，开始对他拳打脚踢，最后把他拖到一旁。音乐终于开始了，人群又将注意力转回舞台上，突然间就变得兴高采烈起来。

期待狂欢但却未能如愿的人群想要通过一场打斗来制造兴奋的气氛，但其实并不存在这样一种自动的回馈机制。有时人群可能会陷入情绪浸润，有时他们只会感到更加烦躁和恐惧。关于这一点，我们并没有足够的细节来判断是什么导致前者与后者的差别。这有可能成为情境暴力理论的一个重要延伸：正如我们在第六章中看到的，观众的态度对暴力的升级至关重要。

悖论：为什么大部分醉酒者并不会实施暴力？

狂欢与暴力之间看上去有一个格外简单而明确的关联：醉酒[17]。有众多证据表明，醉酒会引发暴力（例如 Parker and Auerhahn 1998）。美国受害人调查显示，超过四分之一的暴力袭击受害者都指认他们的袭击者受到了酒精的影响，而对暴力犯罪嫌疑人的尿检也证明了这一点。在谋杀案和谋杀受害者的尸检中也发现了类似的酒精使用模式，这说明打斗双方都可能在酒精的作用下爆发冲突。但是这一模式中仍然存在难以解释的问题：正如我们将要看到的，大部分醉酒经历中并不包含暴力。我们需要用情境机制来解释究竟何时会发生暴力。

醉酒者究竟是如何陷入暴力的？帕克（Parketr 1993；Parker and Rebhun 1995）指出，适当的情境条件加上酒精的作用，能够选择性地诱发暴力[18]。这其中也包括争吵的发生和旁观者的鼓励。通常来说，个体都能清醒地决定不用暴力去解决争端，但酒精却会削弱个体的此类自我限制。

关于醉酒派对的民族志研究为我们提供了足够多的例子。一名学生（女性）的报告中描述道：在南部一所大学的一场兄弟会派对上，参与者们喝个不停；随着夜色渐深，他们的行为终于失去控制。女生们刚到场时，派对主人礼貌地为她们开门，殷勤地询问她们是否需要饮料和零食。然而随着兄弟会成员越喝越多，他们也变得愈发放肆起来。以下是一句典型的搭讪："嘿姑娘，你叫什么？琳达？琳达，琳达，林子挺大呀！我是戴夫。你开心吗？想喝点兄弟会啤酒吗？还不错吧？再多喝点？想多喝点就告诉我！"一名原本羞涩的男生在喝了六杯啤酒后把一名女生逼到了墙角，脱掉了她的毛衣并乱摸她的胸部。女生也逐渐放开了自我限制：报告撰写者的一名朋友一开始担当着保护者的角色（"嘿琳达，如果哪个蠢货骚扰你，就告诉我！"——尽管这可能也只是自我吹嘘，好显示自己对这里很熟），最后却爬上桌子跳舞，把毛衣从头上脱下，并大喊"哇喔！快看我！"结果桌子塌了，几盏落地灯也倒在地上，让整个派对有了炫富宴的气氛。

那天晚上，派对上发生了一场打斗。两名男生一开始互相并未在意，后来却发生了龃龉；显然，事情发生得很随机，只不过是互相骂了几句脏话。"你叫谁胆小鬼？你叫我胆小鬼？说什么鬼呢，你才是胆小鬼！"回复也是一样："你才是胆小鬼，你是！要不然你出来走两步给我瞧瞧，狗娘养的?！"一群观众聚集了起来，兴奋地等待着双方接下来的行动。两个人扭打成一团，无论谁占了优势，围观者都会欢呼喝彩。打斗持续了几分钟，没人获胜；双方陷入了对峙，躺在地上累得动弹不得。围观者失去了兴趣，逐渐散开了。"胆小鬼！"两个人低声咒骂着对方。最后，两个人都由朋友扶起来送回家，各自清理了血迹斑斑的鼻子和身上的擦伤。

派对上的事件有一种有规律的微观韵律。斗殴者互相模仿，重复自己和对方的咒骂。背景音乐很吵，夹杂着说唱歌曲的节奏和歌词，其内容并不如加重的感叹语气显得重要（"今晚谁会玩得嗨？"）。对话的实质内容也并不重要，更像是一种咒语（"琳达，琳达，林子好大"）。这一切都是醉酒行为的特点，将人们之间的互动仪式简化为最单纯的形式。

尽管醉酒与暴力之间的关系看似明确，但这只是冰山一角。暴力中的一大部分并不是酒精所引起的，酒精有时也并不利于暴力的实施。我们很快就会看到，在醉酒引发暴力的特定情境下，选择因变量的问题带来了许多误解。

想想本书中提及的多种暴力形式吧。军事暴力与醉酒并不一定相关；士兵有时会在战前喝酒，但这并无助于他们提高准头。整体来看，冷静和清醒的军队命中率更高。警察暴力与情绪中的陶醉有关，但与醉酒无关。在大部分政治抗议、族群示威、骚乱与屠杀中，参与者包括领头人在内都是清醒的。唯一的例外是节日游行人群中发生的骚乱，但他们的破坏力通常都很低[19]。最糟糕的群体暴力形式：恐慌进攻，也与酒精无关。

醉酒出现在许多家庭暴力的报告中，英国的数据表明约44%的家庭暴力涉及醉酒 (Richardson et al. 2003)。这些报告主要是关于醉酒者虐待配偶；对儿童、老人和残疾人的虐待似乎与酒精关系不大。这种选择性模式表明，狂欢情境与性有某种相似之处；这在某些事例中（如第四章所描述的）表现得格外明显，例如丈夫将虐待妻子作为私人饮酒场合下的一种娱乐活动。因此，有些配偶暴力也会采取受阻狂欢的形式。其他形式的攻击弱者大都与醉酒无关：霸凌几乎从来都与醉酒无关（考虑到其制度设定）；抢劫显然也很少与此有关——在这种情境下，重要之处在于实施有效的暴力和情绪控制，而醉酒则会不利于这一点。有些表演型公平打斗会发生在醉酒者之间；人们可能会在酒精的影响下发出决斗挑战，尽管决斗本身通常是在清醒的条件下进行的。家族世仇有着精密和谨慎的计划，因此也大都发生在清醒的场景下。成功的枪手大都是最清醒的；不过，我所称之为"蛙跳式升级"的涉枪打斗，倒是经常由狂欢场景下的醉酒者发起。

这与数据一致：75%的普通暴力犯罪与酒精无关（与之前引用的25%互补）。只有在特定的场景下，酒精与暴力之间才会有关联。

现在让我们考虑一下选择因变量的问题。很容易就可以看出，醉酒比暴力场景要多得多。1990年代末期，在12岁以上的人群中，每个月有1.05亿人喝酒（约占美国人口的47%）；4500万人卷入酗酒行为（每次喝五杯以上；占总人口的 20%）；1200 万人是重度酗酒者（一个月内有五天以上喝了五杯以上；占总人口的 5.5%）（数据来自《1999 年全国毒品使用家庭调查》，美国卫生与公共服务部、全国酒精使用与酗酒研究机构；www.niaa.gov/databases）。1999 年发生了 15500 起谋杀，其中 4000 起与酒精有关（联邦调查局《1999 年统一犯罪报告》；www.fbi.gov/ucr）。同年有 147.4 万名严重袭击事件的受害者，以及 462 万名轻微袭击事件的受害者（美国司法统计局《1999 年犯罪受害者报告》，www.ojp.usdog.gov/bjs）。

如果只考虑酗酒者，假设他们对所有与酒精相关的暴力事件负责，那么**他们在一年中杀死某人的概率约为 0.0009%。3.3% 的酗酒者会卷入严重袭击事件，10.3% 会卷入轻微袭击事件**（例如一起未造成伤害的打斗）。

考虑到这些酗酒者一年中会不止一次酗酒，因而**任何一次酗酒行为导致严重暴力袭击的可能性就会下降到 0.3%，轻微暴力袭击的可能性则会下降到 0.9%**。就算我们假设所有暴力都由重度酗酒者（一个月内多次酗酒的人）造成，他们在其大部分酗酒情形下也都不会造成伤害；**任何人在酗酒后卷入严重打斗的可能性是 0.2%，卷入轻微打斗的可能性是 0.6%**[20]。事实上，就连如此低的比例也已经是不切实际的高预测了，因此，我的计算忽略了那些由非醉酒者引发的暴力。

英格兰和威尔士也有类似模式。英国犯罪调查询问暴力犯罪受害者袭击他们的人是否醉酒，结果发现，1999 年有 28.6 万名受害者遭到醉酒者的袭击并导致伤害（等效于严重袭击），85.5 万名受害者遭到醉酒者的普通袭击（等效于轻微袭击）。只有 18—24 岁年龄段的人提供了酗酒行为的数据；这也是酗酒最严重的群体，其中 48% 的男性每个月至少大醉一次。这一年龄段的总人口中共有 216.9 万名男性，每年会发生 1249.3 万起酗酒事件。如果推到极致，假设所有严重和轻微袭击事件都是这个年龄段的酗酒者实施的，我们就会发现只有极少数暴力事件涉及醉酒者：**2.3% 的醉酒情境会引发伤害，6.8% 的醉酒会引发普通袭击**。这些比例比美国的数据要高，但分母是用极其保守的方法估算的。很可能醉酒人次比估算的要高得多，因为年轻男性中有许多人每个月不止会酗酒一次，而且 18 岁以下和 24 岁以上的男性同样也会酗酒。因此，酗酒总数可能数倍于我们估算的数字，从而酗酒者引发暴力的比例也就相应会降低（计算自 2000 年英国犯罪调查表格 A；Richardson et al. 2003；Budd 2003；www.homeoffice.gov.uk/rds/bcsl/html，www.statistics.gov.uk）。

如果我们去寻找醉酒暴力（也就是选择因变量），当然能够找到。在这些英国的研究中，22% 的青年酗酒男性声称在过去一年里他们曾参与过公众斗殴，而在普通饮酒者中这个数字则只有 6%（请注意，这一数据并不是说他们在 22% 的醉酒情形下会卷入斗殴，而是一年中至少有一次在醉酒时卷入斗殴的人数比例）。在酗酒者中，56% 说他们在饮酒时或饮酒后卷入了激烈的争吵，35% 则在这种情形下卷入了打斗（对普通饮酒者来说则是，30% 因此卷入争吵，12% 卷入打斗）（Richardson et al. 2003，表格 1 和表格 3）。但在这里我们也要注意，只有一小部分人会卷入打斗；正如我在其他地方指出的，卷入争执比实际上卷入打斗要容易得多。同时我们也要注意，对女性来说，尽管她们醉酒的可能性比男性低（31% 的年轻英国女性每个月会醉酒至少一次），在醉酒时卷入争斗的可能性也低（只有 2% 曾卷入过群体打斗事件，11% 曾卷入过某种打斗），但这些女性陷入争执的可能性却与男性几乎一样高（41%）。从争吵到打斗并不是自然而然的。

为什么只有在一小部分场合下醉酒才会引发暴力呢？至少有三个原因。

首先，争斗情形有时会半途而废。学生报告中描述了若干版本。一个周六的午夜，大约 20 名年轻男性正在一个大学兄弟会门前喝啤酒。两个体格魁梧似运动员的男性从兄弟会中出来，走向相反的方向，直到两人大约相距三米。他们背对背脱下了衬衫。众人兴奋地议论纷纷。据说，其中一个人指责对方冲他吐痰。两个人身旁各自聚集了一两名朋友，低声交谈着。围观者看到了其中一人的面孔：他咬着下唇，什么也没说。另一个人的面孔一开始看不到；当围观者渐渐靠拢，他们发现他正抱着双臂，眉头紧锁。围观者迫不及待地想要看到一场打斗，其中有些人兴奋地议论着他们之前看到过的打斗，并讨论这场打斗会不会像之前的一样激烈。但三四分钟之后，其中一人却穿上衣服回到了兄弟会；另一个人很快也跟了上去。众人不爽地议论了片刻，然后许多人也都回到了房子里。

另一种形式的半途而废的打斗案例发生在费城的一个夜间俱乐部，一些韩裔美国学生经常到访那家俱乐部。其中两人陷入了推搡争执；他们的朋友试图阻拦两人，但他们却仍在不停地咒骂和威胁对方。其中一人推开了朋友，挥出了一拳，但并未造成什么伤害；随后他便又被朋友抱住了。没过多久，与两群人都不相关的一个人打听了一句什么，结果惹恼了围在出拳者身旁的一伙人；跟着又是一轮咒骂和威胁，而两边的朋友都在竭力阻止。这与爱尔兰小镇上发生的威胁斗殴非常相似（Fox 1977，我们在第六章已描述过）：整个过程几乎全是虚张声势；打斗者试图挣脱朋友的束缚，但在朋友的阻拦下却是什么也没做成。

虽然我们很难知道究竟有多高比例的醉酒争执会半途而废，但我们可以肯定，这比实际发生的打斗要多得多。这里的边界很模糊；也许有人会挥出一拳，但通常打不中对方，或者无法造成伤害，因此也就算不上真正的打斗。酒吧斗殴的常态是只挥一拳（这是 1970 年代我所听到的版本）。我们可以推测，在这种勉强可称为打斗的事件中，许多都没有进行被受害者调查。更重要的但目前我们还所知甚少的是，导致打斗半途而废的条件与过程[21]。

醉酒未能导致暴力的第二个原因是，醉酒会让人变得行动迟缓和笨拙[22]。酩酊大醉的人通常会失去平衡瘫倒在地。这也是为什么在众人都烂醉如泥的派对上，打斗会变成胡乱挥舞拳头，然后双方抱成一团倒在地上；就像摔跤比赛（但参与者对摔跤技巧却是一无所知）一样，这限制了可能的伤害，因为双方都无法自由挥拳。这种混战也掩盖了可能的事实：斗殴者在醉酒的情况下都无法保持平衡，抓准时机，协调身体。他们通常会在几分钟内就失去观众的鼓励，因为这种打斗一般都不会太精彩，很快就会陷入无趣的胶着。因此，这是一种理想的"一对一公平打斗"，一般都不会造成什么伤害。如果打斗变成一群人有组织地殴打一个落单的个体，他们通常就会站得很稳，能够施展开拳脚，因此也就能够造成更多伤害。但我们并不清楚，这是由于他们人多势众所致,还是由于在这种情况下他们一般比较清醒,所以才不会互相绊倒。

相反,最认真和富有技巧的暴力实施者,通常都会避免在工作时使用酒精和毒品,这包括军事狙击手(Pegler 2004:216)、专业杀手(Fisher 2002)、持枪抢劫犯(Wilkinson 2003:202),以及盗贼等[23]。一个黑人少年暴徒这样描述他如何对付一名长期以来的对手:

> 过了几周我又遇上了他,没错……我带了好几个人一起,大概有三个人跟着我。接下来我们去了一个派对,他妈的……我那天什么也没喝。其他人都喝了不少。他喝得烂醉。接下来——我那天穿了一件带帽子的套头衫,他看不见我……我戴上了帽子、手套什么的。我跟其他三个人一起冲了过去,其中两个人抓住了他的胳膊。我跑上去冲着他的喉咙划了一刀。我不知道他现在是活着还是死了。他喝醉了。他以为我都忘了。他根本不知道自己会在睡梦里被死神亲吻。(Wilkinson 2003:213)[24]

在较轻微的暴力层面上,狂欢区中能够成功参与打斗的人往往也是那些相对清醒者;如果双方受到酒精影响的程度不同,较为清醒者就会占据相当大的优势[25]。这是一种较为复杂的计策,也许并非广为人知。朋克文化中有一种亚文化:一部分年轻男性强烈地反对酒精和毒品。除了朋克音乐和舞蹈,他们主要靠跟喝多了或者嗑了药的年轻人打架来获得刺激。反对酒精和毒品的理由在于保持身体的纯洁性,同时也是因为他们知道,清醒可以帮助自己成为更好的斗士[26]。

但是醉鬼通常会跟醉鬼打架,双方的醉酒程度往往不相上下。醉酒暴力的受害者也更可能是施害者——在英国的数据中,也就是经常造访酒吧和俱乐部的青年单身男性(Budd 2003)。整体来看,醉酒导致的笨拙可能阻止了许多打斗的发生,甚至就连进行温和的打斗也都不太可能。

醉酒并不能让人轻易克服平日里的冲突性紧张/恐惧。醉鬼在狂欢气氛和酒精的作用下也许会很容易挑起冲突，但其中很大一部分都会半途而废；之前提到的微观证据显示，醉鬼仍然会表现出焦虑，并不愿在暴力方面走得更远。在这里，即使在醉酒状态下，冲突性紧张/恐惧依然存在。在观众的情绪支持下，也许紧张/恐惧能够得到克服，打斗也许真的会爆发；但要想达到这一效果，参与者就要消耗更多酒精，而这同时又会让他们的能力降低，从而反过来又抑制了暴力。在这种情况下，紧张/恐惧的效应减弱了，但却达到了同样的效果：紧张/恐惧与醉酒同样能让打斗参与者无力造成伤害。这与受到紧张/恐惧影响的军队暴力、警察暴力和群体暴力相似；醉酒者的打斗（如果不是虚张声势的话），通常会表现为狂野地挥舞手臂胡乱出击（类似于四面开花、准头很低的射击），并会对己方支持者造成相当程度的伤害（类似于误伤友军），或是误伤旁观者。

"每次只打一场"的限制

醉酒暴力之所以并不常见，第三个原因也许是最重要的。这是一种情境模式，它通过激发注意力与情绪的群体机制而非个体动机来运行。这种模式就是：每次聚会中只能发生一起打斗。在我收藏的关于打斗的民族志中，通常每次派对上只会发生一次打斗[27]。这种打斗吸引了一段时间内的全部注意力，可以在群体内激发兴奋、紧张及热情。一旦群体失去兴趣，转移了注意力，魔咒就被打破了。在群体集会的情绪互动中，一场打斗（包括未能顺利进行的打斗）就足以让这个夜晚获得一种戏剧性；在这场好戏之后，大家的情绪也就不再高涨了。对半途而废的打斗来说，这也同样适用。此外，这也包括那些高喊"让我收拾他！"却被朋友拉住的事例。若是为了看场好戏，一点点暴力就已足够；人们的情绪很容易被简单的情节所俘虏。

但是，当在场的所有人都同样因醉酒而放纵和找茬的时候，为什么一场打斗就能阻止他们再次陷入打斗呢？我的观点是：一旦一场戏剧化的冲突发生，在场的其他人就会相对丧失能量，从而不会再次挑起打斗。他们也许会忙于议论那场打斗（或是未能爆发的打斗），但此时注意力已经转移，令参与者们调整为观众模式，心满意足地吹嘘自己与那场打斗或多或少有所关联。一场打斗会围绕其本身建构起与众不同的地位，如同部落英雄或巫师的神力；只要离一场打斗足够近，人们就可能会兴奋地谈论起自己与打斗的关系，并炫耀自己的内部消息。魔力从打斗者那里传播到第一目击者，并层层传播到八卦者和听到八卦的人那里；他们共享着身处注意力中心而产生的能量。这种能够产生共鸣的中心只要有一个，就足以将一场派对变为戏剧舞台；而这种事情只要发生一次，就能重组情绪氛围，使得同样的事情难以再次发生，直到第一起事件的影响彻底消散。

这是一种理想型概念。现在让我们来思考一下其变体和例外。我所收集的事例中，有些打斗引发了另一起打斗；在兄弟会啤酒桶附近发生了一场虚张声势的冲突之后，其中一方离开了，随后又带着帮手重新出现。这种二次打斗也许会发生，也许不会；我所收集的案例中，若干起此类打斗都是半途而废。无论如何，观众都会将其视为同一起事件，因为它们有着相同的背景故事。我们不会在同一个派对上发现两个故事同时占据注意力的中心。在其他情况下，一次扭打也许会引发一些余波，或是周边的骚动；在韩裔美国人的俱乐部里，当一次潜在的打斗被制止后，其中一名次要的参与者很快便开始威胁闯入的第三方，试图挑起另一场打斗——这是因为第三方距离第一波潜在打斗者所形成的炽热中心太近了。但是，这也是同一个连续的注意力中心；两起事件在事件上距离很近，在人员构成上也相互重叠。更有甚者，两起事件中的两个场景非常相似，也同样半途而废而未能全面展开。我们也许可以假设，半途而废的打斗可能特别容易产生这种溢出效应，因为在第一起事件之后会有紧张感萦绕不散。然而第二起事件也并无新意，从而令能量进一步下降。

一个学生在其提交的民族志报告中写道：一家酒吧里爆发了一起打斗，

一名试图阻止打斗的旁观者被保镖当成捣乱者，跟他的朋友一起被赶出酒吧。很快，他们又回到了酒吧，跟保镖和厨房工作人员打了起来。在这里，一起打斗与另一起打斗直接相关，这是同一个注意力中心，而打斗的原因则带有报复不公的意味。

这一切都与参与聚会的人数相关。在较多人参与的情境中（例如我收集的民族志案例：费城的"星期二忏悔节"狂欢，运动赛事后的胜利游行，街头的节日庆典等），有时会发生两起以上的打斗，涉及完全不同的人员。我所收集的事例中有五起属于这一类，它们都发生在较多人参与的情境中[28]。大致估算下来，可能每一千人中存在一个情绪与注意力的空间来容纳一起打斗。一名朋克摇滚音乐人在三年间曾在数百个音乐会和俱乐部中进行过表演，据她回忆，每个晚上在每个场地最多会发生一次打斗；除非观众人数特多（数千人），不是每个人都能看到在发生什么，从而让每一起打斗都创造了属于自己的舞台。因此，"场所"其实是注意力空间的简称；在这里，场所是分隔开的，由于人群中的结构和视线有所限制，从而导致物理空间也发生了变化。

另一方面，发生打斗的派对场所涉及的人数却并不太多，大都是50—200人挤在一个空间里（36—90平方米）。在这些情况下，每晚一次打斗足以发泄全部人共享的能量。但在这些派对参与者中，通常有许多人彼此并不认识（通常熟人圈子只会局限在10—30人，甚至可能更小）；观众整体而言并不能构成一个社群来传播八卦和对他人的名声评头论足；发生打斗时，旁观者因兴奋而产生的团结感也是转瞬即逝。在他们之中，目睹一起打斗也许能够提高在场者的联结感，因为他们共享同样的话题。有些机制决定了每一场派对中每晚只会发生一次打斗，尽管人群可能会不断流动。这需要更好的观察数据来证明；也许当人群的流动性足够高的时候，就能在同一个晚上发生两次打斗，但我并没有观察到这样的例子（即同一场派对上发生两起单独打斗，且它们之间并不像之前讨论过的那样紧密相关）。夜间俱乐部及其他娱乐场所中发生的打斗，似乎也有类似的分布规律[29]。

每个场所只能发生一起打斗的原则，也适用于狂欢之外其他类型的打斗。

黑人高中里的女生打斗似乎也符合这一规律（2003 年 11 月与 Nikki Jones 的私人通信；亦见于 Jones 2004）。每个学校每天最多发生一次打斗（无论是发生在两个女生之间还是两群人之间）。那里是相对封闭的名誉社群，有关打斗的消息传播得特别广泛；这种新闻传播网络，加上围观者在打斗发生时和结束后的活动，与打斗本身共同填补了注意力空间，令其成为同一个戏剧场景。值得研究的是，此类设定中的打斗是否能够占据更久的注意力，延续数日乃至一周之久；尤其是在存在指控、威胁和报复的时候，一系列打斗（或者仅仅是打斗所处的戏剧环境）就能排除其他打斗发生的可能。

具体来看，我们能够发现一起打斗如何阻止另一起打斗的发生。例如，一所洛杉矶高中的非裔与拉丁裔学生之间发生了一起打斗，全校 2400 名学生中有 100 人卷入其中。起初是两名黑人女生争抢午餐空间，随后一群拉丁裔学生攻击和辱骂了她们（*Los Angeles Times*, April 15, 2005）。同一族群中的打斗随即停下并被不同族裔之间的矛盾所取代。我们同时也能看到，此处的打斗一开始是表演型的，在观众面前进行，因而受到限制——两名黑人女生在她们自己的名誉社群中表演着自己的戏剧，却被外来者打断了。黑人高中社群（至少是其中比较暴力的一部分）作为一个整体受到了冒犯，因为其本身的象征性边界被人践踏了。有可能一开始卷入的拉丁族裔学生（占学生总数的 80%）之所以会嘲笑打斗的黑人学生，是因为她们占据了原本属于拉丁裔学生的注意力空间[30]。结果，这场打斗变成对午餐室注意力空间的争夺。

学生报告中的民族志细节展现了一个相反的例子，即一场大型冲突中的一方若能内部分裂并发生冲突，就能阻止不同族群之间的争斗。在这起事例中，一场十几岁少年们的派对持续到了深夜。一群年纪较长的学生试图破坏派对，五名年轻学生在草坪前挡住了他们，女生们则担心地站在后面。防守一方围在一起，决定使用其中一人随身携带的小刀，但那人却并不想把刀交出来。这群人里最魁梧的男生愤怒地与他争吵，随后卡住了他的脖子，直到他短暂失去意识。两群人随之四散，年纪较大的男生们离开了，年纪较小的男生们则转移到了后院，并没有带上那把刀子。防守一方的内部争斗占据了整个注意力空间，从而防止了更大规模的冲突。

总的来看，我认为狂欢场景中的打斗符合"少数定律"，也许这一规律也适用于更广泛的暴力场景。这与学术界注意力空间中的"少数定律"相似，也就是说，处于注意力中心的位置不会超过3—6个（换句话说，学术争论会将其核心网络分割为3—6个派别）(Collins 1998)。关于注意力空间，我们并未发展出较为统一的理论。对比学术注意力空间与狂欢型打斗的注意力空间，我们会发现它们在"少数定律"的准确形式上有一定差异；某一学术领域可以分隔为3—6个派别，但一个打斗区域内（通常是两个派别）只会发生一场打斗。我会在第11章更详细地分析这一类比。此处我想强调的是，场域的结构限制了其中的个体能够感受到的情绪能量。打斗能从观众虽然不多但却较为集中的注意力中获得能量，但这同时也意味着降低了其他潜在打斗的能量。

无论在场者喝了多少酒，这一切都不会改变。也许有人会认为：如果醉酒能够提高暴力的几率，那么在同一个地方聚集一大帮醉酒者，就有可能会同时或连续引发许多打斗。然而，这种人人参与的打斗场景虽然存在于传统想象中，却并不容易在真实生活中发生（我们在第一章中已经看到了这一点）。在接下来的一卷中我将会指出，在大多数暴力中（包括战争），"一次只打一场"都是典型状态，从而也限制了暴力发生的形式。醉酒并不能改变"少数定律"。事实上，如果醉酒者容易受到简单的情绪影响，那么他们应当更加符合"少数定律"模式[31]。

这就是醉酒很少会导致暴力的关键所在。甚至是在靠暴力获得非正常的兴奋情绪的群体中，这一点也同样适用。就连众人齐心协力想要将狂欢场所变为潜在的打斗场景之时——言行举止中传递的信息，由于鸡毛蒜皮的态度差异而引发的暴躁情绪，酗酒的文化习惯，谈论打斗的叙事文化——都不能让打斗变得更加频繁。狂欢文化，包括其醉酒版本在内，主要是塑造了一种令暴力发生的兴奋气氛，而并不是诱发暴力本身。当暴力真正发生时，每次一场打斗就足以满足现场观众对戏剧性的渴望。

作为一种行动和娱乐的打斗

到目前为止，我们已经发现，观众有时会将打斗作为娱乐观看；那么，打斗者本人在什么时候会从中获得乐趣呢？事实上，在狂欢场景的所有事例中，并不存在这样的情况；许多人参与打斗的动机都是因为缺乏乐趣，有时则是因为遭人排挤或满心沮丧。

杰克逊－雅各布斯的研究提供了一个不同寻常的民族志样本，令我们得以一窥那些挑起打斗的群体内部的观点（Jackson-Jacobs, 2003; Jackson-Jacobs and Garot 2003）。他研究的主体是一个松散的群体，包括85名20岁上下的年轻男性（以及一小部分女性）；他们在亚利桑那州一个大城市里参加周末派对或是去酒吧打发时间。其中许多人都来自市郊中上层家庭，有些正在上大学或职业学校；但也有许多人辍学在家，或是求学之路多有波折。这群人作为一个整体并不愿意享受中产阶级所享有的尊重，并以自己富有的白人家庭出身为耻；他们认为这样的家庭背景"不够嬉皮不够酷"。相反，进入不受尊敬的世界（如监狱、戒毒所和无业办公室），却令他们倍感自豪，仿佛逆转了社会奋斗的方向。他们选择居住在贫民区，避免传统的大学生活。这些房子大都是单层民居，铁丝网做成的篱笆后面是乱七八糟的院子，那里就是周末派对和打斗发生的场所。

这些派对相对匿名，大部分人都是通过不同的熟人网络听说的；派对高峰时期的人数从30人到100人以上不等。试图挑起打斗的群体会利用这些场景来寻衅滋事：

> 你知道，有时你在酒吧里会狠狠地撞到别人身上但你却会作出一副搞不清你是故意的还是不小心的样子来，对吧？我就这么干过。我撞了一个人，走开几步后回头看他，发现他正瞪着我。于是我便冲他笑笑，示意他"出去聊"。但他根本没出来。（Jackson-Jacobs and Garot 2003）

眼神挑衅、敌意的笑话、挑起争吵等，都是引发冲突的方法。打斗也可能是一对一的，但更常见的却是一群人一起上。在这种寻衅滋事的群体中，偶尔也会有人去寻找更强壮的对手，或是去挑拨更人多势众的群体。在一个例子中，一名男子及其两名同伴跟一个 12 人的帮派发生了打斗，对方把他和随后加入的朋友打得落花流水。人们寻找打斗的机会，却并不一定是为了赢得打斗；一场令人尊重的打斗足以令他们自吹自擂。为此他们会主动去寻找那些看上去更可怕和更引人注目的对手："大块头""黑人""黑帮""机车手""运动员"（Jackson-Jacobs 2003）。

在这里，我们看到了与黑帮冲突或下层社会街头冲突非常不同的模式：这些人挑起打斗是为了赢得尊重和吓阻他人。我们将会在第九章中看到，街头的打斗表演大都是虚张声势，目的在于阻止挑衅；打斗真正发生时，他们一般会挑选较弱的对手，至少也是势均力敌；他们的主要目的在于胜利。亚利桑那州的寻衅滋事群体有一种屈尊的姿态，保持着中上层阶级的自省与内倾性，因此更喜欢营造肉体上失败但精神上胜利的戏剧化场景。在所有的活动中，他们都会强调一种底层姿态；相对而言，帮派成员则喜欢将自己展现为无人能敌的精英（当然需要经过一定程度的伪装）。中上层阶级的寻衅滋事者会吹嘘自己的失败与身体上的伤痕，就像德国决斗俱乐部的成员一样；对后者来说，决斗的目的并不在于胜利，而是在于通过对手的剑来获得令人肃然起敬的伤疤。

这种群体中的寻衅滋事文化之所以能够得到维持，很大程度上是通过杰克逊－雅各布斯所谓的"叙事满足感"（narrative gratifications）。他们多数时间都在谈论打斗和讨论在即将到来的派对上是否会发生打斗；打斗确实发生后，他们会花很长时间去回忆。在一起事件中，一帮人在打斗后的第二天聚集起来（在那场打斗中，主要的挑事者被对手打得落花流水、浑身是血），并在接下来的 36 个小时内不住地谈论它。谈论打斗是派对本身的核心特点。在一场喧闹的派对中，当说唱或朋克音乐嗡嗡作响，人们会吹嘘着自己曾参与过的打斗并浮夸地哈哈大笑，有时还会表演出来，像哑剧一样挥舞拳头并露出一副苦相。我们可以说，他们之所以会去进行打斗，就是为了之后可以表演这个故事。事实上，关于打斗的叙事比打斗本身要常见得多。

叙事也是引发打斗的一系列微观机制中的一个环节。充斥着关于打斗故事的地方，往往也是容易发生打斗的地方。制造出打斗的，是半匿名的派对参加者，是醉酒，是关于打斗的故事，也是因提防陌生人而产生的紧张与兴奋；有时，这种兴奋也会通过挑衅陌生人并与之打斗而累积迸发。喧闹的说唱和朋克音乐也是营造这种舞台背景的一个环节；歌词、节奏、身体姿态，以及打斗所导致的重音，都是这一舞台事件的一部分。

但是，这是一种戈夫曼式的舞台设定，其目的在于表演和伪装。打斗并不容易引发，即使在这些设定中也不例外；事实上，很可能正是因为舞台化的叙事和无处不在且非个人化的自吹自擂占据了注意力中心，从而建立起了一种内在平衡。挑起打斗的方法很清楚，也很容易实施：撞到别人身上、挑衅式的目光接触或是口头挑战，拥挤的现场条件令潜在的冲突难以避免。然而，打斗仍然不会发生在每一个有人挑衅的夜晚；一段时间里，这会令人们沮丧不已，但也会令他们在成功地挑起打斗后更加欢欣鼓舞。既然所有派对看上去都很利于打斗，为什么打斗仍然如此罕见？一个原因是，打斗只会发生在双方都同意的情况下：另一方必须看到对方的挑衅，并以合适的方式作出回应。这些挑衅有时很隐秘，实施者会努力不要显得太过招摇；大部分时候，对方都没有意识到挑衅的存在，有时也会故意视而不见。仅仅摆出挑衅姿态并不够；还必须存在一种情绪上的互动，令有些人愿意走得更远。尽管派对上看似有许多机会，但大部分情况下的结果都是什么也没发生。

在所有的暴力团体中都存在一种模式，那就是寻衅滋事的群体是分层的。有些人特别具有攻击性；有些人跟随他们起哄；其他人则只存在于背景中。最后这一部分人在可能发生暴力的派对中跟着朋友走来走去，但他们本人却很少会参与打斗——也许一辈子只打过一两次。通常情况下，他们只是在打斗爆发时留在现场而已，因为在这些场景中，没能逃走的人通常都会被当作目标。这些团体整体来说（包括其中最能打的人）并不会带这类人去完成任务，也不会给他们施加任何义务去参加打斗（这就是杰克逊-雅各布斯所承担的角色：观察者）。他们是如何继续被接受为团体一员的呢？看上去，这是因为他们是叙事的一部分；他们是打斗故事中兴致盎然的观众，也正是他们将团体的文化资本流传出去，传诵着领袖人物的赫赫声名，为团体塑造出离经叛道的精神气质。打斗叙事是团体中的重要仪式；偶尔发生的打斗有助于为叙事仪式提供资料，但持续打斗却并无必要。太多打斗也许反而会模糊团体的叙事；在这一注意力空间中，可能也存在一种"少数定律"[32]。

19世纪的爱尔兰也存在为了娱乐而进行的打斗（Conley 1999）。在集市等节日场合下，常会爆发大规模的冲突，通常都是在两个家族之间。当时有一种公认的仪式来挑起一场打斗：一名男子会首先在人群中转来转去，有时会高喊名字："我们是康纳斯和德拉汉提，有没有麦登家的人愿意跟我们来？"脱下外套则是进一步暗示自己愿意参与打斗。只要遵守了合适的仪式，整个社区都会容许乃至支持打斗的发生。武器仅限于拳头、棍棒和石头；刀子被认为是不公平的，一旦使用就会受到家族权威的严惩。但若受害者曾通过手势或言语来挑衅对方，那么杀人通常不会受罚；就连旁观者（包括孩童）的死伤都只会得到轻微惩罚或是被容忍，因为大家公认，只要出现在打斗现场就不可避免地要承担风险。孩童自己也常会卷入打斗，这里并没有明确的年龄界线。爱尔兰的娱乐打斗是一种原始的运动模式，在那些地方，正式的团体体育运动还没有发展起来。这是一种表现兴奋的方式；在其他地方，这种情绪资源已经发展成为有组织的运动形式和不同类型的表演型打斗。

模拟打斗与观众狂舞

最明显的为娱乐而打斗的例子就是模拟打斗，也就是纯粹玩乐性质的打斗，就像孩童之间的嬉戏，或是兴高采烈地捶打胳膊，或是年轻男人在兴奋时模拟拳击。这些模拟打斗通常都会伴随着笑声、玩笑、愉悦的尖叫;尽管可能只有一方感到愉悦,但也可能一方比另一方更愉悦。通常来说,玩乐性质的打斗与严肃的打斗之间有着清晰的界线。这说明"真正的"打斗有着与众不同的特质,可以一眼辨明。毫无疑问,区别就在于冲突性紧张/恐惧的产生,这种情绪塑造了一种难以逾越的挑战,进而唤起了不同的情绪。

有时,玩乐性质的打斗也会伪装成严肃的打斗。这主要发生在无视道德的行为受人尊重、而打斗则成为一种娱乐的场景之中;与此同时,这些场景并不支持彻底的暴力。这方面一个较好的例子就是观众狂舞[33]。

这一区域尺寸不定,由观众在乐队前开辟出来,让一小群舞者使用——通常来说,如果有 300 名观众,那么这群舞者大约会有 20 人,具体数字则可能会有所增减。狂舞者(几乎都是男性)可能会撞上其他舞者,彼此推搡,像碰碰车一样彼此碰撞或是撞到观众身上。当两三个人开始随着音乐节奏彼此碰撞时,就形成了一个狂舞区;其他人则会给他们让出空间,并围在他们身边。这是一种伪装的打斗;参与者都作出一副强硬姿态和愤怒表情,不苟言笑。然而在这背后也有不成文的规矩:不能撞得太厉害,不能挥拳头,也不能动脚;如果有人跌倒,其他人就得赶快把他扶起来。周边的旁观者也以同样的方式参与其中,一片好心地缓冲身体上的碰撞,并将失去控制的舞者重新推回狂舞区。狂舞区周边的一圈观众也都是其组成部分,他们负责聚集注意力,鼓励舞者,并随着音乐节奏摆动身体。一名观察者注意到,狂舞区的维持有赖于周边人群,如果其中一侧打开了,狂舞区也就解体了。在一个例子中,当一群观众走开去拿啤酒时,狂舞也就自然地停止了[34]。

狂舞的主要特点是将半暴力与音乐节奏相结合。因此,在乐曲之间,狂舞也会停止。舞蹈通常都会发生在一首歌曲中最"狂乱"的部分,也就是音乐格外喧闹、嘹亮和带有暴力气质的时候。当狂舞者无法跟上节奏时,就容易转变为真正的打斗。狂舞区会集体防止发生这种转变。一名旁观者回忆,当一名"富家子弟"外来者(例如穿着高中精英制服的人)进入音乐会的狂舞区时,立刻就会被人发现,因为他通常跟不上节奏,看上去像是要伤害他人。其他狂舞者则会维持节奏，领头者则会过来将闯入者赶出去。在小型狂舞区，领头人或是规则执行人会自发出现；他既不是狂舞区的发起者，也不是最来劲的舞者，但通常却是块头最大的男性；他通常会比其他人跳得慢（不过仍然跟得上节奏），会自发地保护小个子的狂舞者不会被撞倒，并会帮助倒下的人重新站起来，或是把他们赶出狂舞区[35]。

当狂舞区解体时，维持它所必需的条件也就显而易见了。当狂舞区相对较小（直径7米）时比较容易维持；在较多的人群中直径可能达到14米以上，但在这种情况下就很容易发生真正的暴力。这可能是超大型音乐会中的大型狂舞区所导致的结果；但是维持狂舞区的重要因素是其与周边群众的紧密互动；当其范围较小时，成员能够彼此看到，可以跟随同样的节奏摆动身体，因此会形成更加牢固的团结感，对自己在狂舞区中的角色也格外清楚。狂舞区的解体还可能是因为外来者的闯入，包括警察或其他具有某种社会身份（因此被视为敌人）的外部团体，例如光头党等。这也符合我们之前形容的模式：狂欢情境中发生的边界排挤型暴力。然而整体来说，警卫通常会对狂舞区的存在听之任之（尽管偶尔也可能会抓走人群中的捣乱者）。最好的狂舞区是能够自我规管的，事实上，狂舞区必须如此才能存在。

狂舞是一种罕见的开放型活动，所有参与者都在向四周自由摆动；这本身也说明它只是一种娱乐性的打斗，就像泼水竞赛或打雪仗一样。当它升级为真正的打斗时，就会变成典型的双方对抗模式。参与者很清楚这一界线。狂舞区周边常会发生真正的打斗，学生报告中也提到了几起此类事件。在一个事例中，两个大型青年帮派参与了一个朋克音乐会；他们聚集在狂舞区的两端。狂舞者感受到了威胁的气氛，纷纷逃离这一区域。在另一个事例中，一小群寻衅滋事者参与了一场朋克音乐会；他们参与了狂舞，但姿态更加强硬，还动了拳头。但是狂舞者们拒绝与他们打斗；他们因此感到非常不爽，其中两人自己打了起来。此类打斗与狂舞区明显是无关的。在有些例子中，当打斗发生时，乐队会停止演奏。

事实上，狂舞是一种团结的仪式，具有所有互动仪式的特点：人们的身体聚集一处，注意力也聚焦在一起并互相浸润，从而建立起高度的集体兴奋感。在同样的节奏控制下，人们的身体互相碰撞，这种模式的暴力产生了一种高度的浸润——不仅仅是陷入同样的微观节奏，就像大部分互动仪式一样，而且还存在身体碰触。一名女性音乐人评论说，这是"一种让男人互相碰触的借口"。通常来说，较长时间的身体碰触都具有性意味；在狂舞中，任何性意味都会被有意识地通过暴力意味所消弭，就像运动员通过拍打手臂、击拳、拍屁股等方法来展示团结一样。

狂舞者也会受伤，许多人在离开狂舞区时身上都带有淤青、擦伤和划伤。他们会自豪地展示这些伤口——其中一人曾问他的女友，这是否让他看上去更像个硬汉了。有些网站会让狂舞者贴出自己的伤口，并与其他人攀比。对这些伤口更准确的形容也许是"成员徽章"。狂舞者将自己视为一个精英群体，有人曾将其他狂舞者形容为"家人"，尽管同一时刻存在于狂舞区中的大部分人彼此并不认识[36]。狂舞者们与其他年轻人明显不同；他们不是运动员，身材不是很强壮，尽管其中有些人可能块头很大；他们通常也不是帮派成员，不会在所有情境中都习惯炫耀暴力。他们的身份是围绕音乐而建立起来的，主要是朋克音乐，同时也包括了一种衣着风格；这个群体开启了身体穿环的风潮（在1970年代末期），开始把头发染成五颜六色，剪成奇形怪状的极端发型，并穿着带铁钉的皮衣和类似的衣物。这是一种属于叛逆的中产阶级年轻人的文化运动；它产生于20世纪末期，部分是作为一种反文化，对抗高中社交文化中占主导地位的运动员 - 拉拉队员 - 富家子弟群体（Milner 2004）。这种反抗是成功的，因为它创造了一个独立的空间，塑造了另外一种特权文化标准，并令聚集此处的成员们建立起属于自己的群体兴奋。这种青年文化渐渐拒绝了中产阶级"值得尊敬"的标准，但却并没有陷入下层阶级的帮派街头文化。因此，关键在于谨慎地控制这种"类暴力"（pseudo-violence），与受人尊敬的群体和暴力群体都保持距离。

最后，让我们从历史背景中来看待这一发展。周边观众的注意力集中在狂舞者身上，狂舞者则成为涂尔干所谓的"圣物"，亦即群体注意力空间的中心。这是公共娱乐中注意力中心的若干转变之一。1950—1960年代之前，乐队存在的意义是让男女可以随之起舞。舞者的注意力集中在彼此身上，其次会注意到其他舞者，最后才是乐队。直到1950年代的摇滚革命开启之前，舞蹈礼仪中最重要的是地位上的差异，亦即谁能跳舞、谁不能跳舞（较低阶层的人被视为"壁花"），以及谁能抢走谁的舞伴（这表明了最受欢迎的舞伴是谁）。就连摇摆乐时期的著名乐队也被视为雇来的帮手，他们只是为舞蹈提供伴奏，只会在每一曲结束时获得礼貌性的掌声[37]。

随着1960年代乐队的地位不断提高，双人舞渐渐消失了。观众开始聚集在舞台周围，尽可能地接近著名的乐队；或是参与大型室外音乐会，大部分人都是坐在地上或是距离舞台较远的座位上。大部分时候，一小群人会站起来在属于自己的空间里起舞，主要动作是摇摆身体和挥舞手臂，但他们并不会在场地中移动（因为这将要求舞者必须注意到彼此，从而避免碰撞）。这些独自起舞的人并不是观众注意力的中心，而且他们跳舞时都是面朝乐队。（相比之下，1940年代的吉特巴交谊舞时期，特别优秀的舞伴们会获得整个舞池，观众则会聚集在周边为他们鼓掌。）尽管从1920年代起流行的乐队就开始卖唱片了，但直到1960年代之后，乐队及其明星乐手才开始成为令人瞩目的媒体形象，开始获得观众的金钱、尊重和情境中的注意力空间。

狂舞者和狂舞区出现于1980年左右，令音乐会中的舞蹈重新成为注意力的中心。他们利用表面上的暴力来吸引注意力，夺走了乐队作为注意力中心的地位。正如我们在本书中所看到的，暴力是聚集人类注意力最有效的方式；无论人们是喜欢还是反对暴力，都无法对近在眼前的暴力视而不见。尽管狂舞只是一种"类暴力"，但却并未改变这一事实。更何况暴力通常来说都是一种戏剧性的表演，虚张声势是大部分暴力冲突的主要部分。狂舞区是一种格外聪明的策略性干预，它精心地计算了暴力的等级，以便最大可能地创造群体团结，并将其延伸至周边观众，利用暴力将注意力从乐队身上重新吸引过来。

在高中的地位阶层系统中，狂舞也是另外一种对地位的反叛（Milner 2004对此有所描述；第五章对霸凌的讨论中也曾涉及）。当流行乐手成为媒体明星，观众的注意力从舞者转移到乐手身上，音乐会也就成为一个远离学校运动员、舞会和派对的聚会场所。后者往往被传统的学校精英所把持，例如运动员、受欢迎的派对明星和约会市场上的抢手人士。当流行音乐消费成为青年文化中最关键的身份认同因素时，它同时也帮助建立起了更加多元的学生阶层系统；朋克和其他非主流文化群体获得了自己的空间，能够获得属于自己的群体兴奋，控制属于自己的情绪注意力空间。狂舞者成为朋克文化的带领者，在属于自己的文化仪式和聚会场地中获得了注意。并不令人惊讶的是，狂舞者与运动员群体之间有着强烈的敌意；后者在传统的年轻人文化中也会有节制地使用暴力[38]。

这是一个复杂的发展过程。我们也许可以将其视为明星时代来自观众的反击。在年轻人文化和更广泛的娱乐文化中，群体内部获得精英身份的过程发生了复杂的分化。在下一章中，我们将会在运动领域看到类似的发展。

第八章

运 动 暴 力

在1997年的一场NBA比赛中,丹尼斯·罗德曼(Dennis Rodman)在篮下争抢篮板球时故意踢了一脚一名摄影师的肚子。事情发生在比赛中最紧张的时刻,芝加哥公牛队作为卫冕冠军对决明尼苏达森林狼队,比分为71平;后者刚刚重整旗鼓,在主场夺回了落后的11分。摄影师受伤后被担架抬下场,比赛中断了七分钟。这次中断让森林狼队失去了气势;公牛队再次取得优势,最终以112∶102赢得比赛,获得了八连胜。罗德曼是公认的防守专家,暴力爆发时,他正在极力阻止对手得分。赛后,罗德曼的教练和队友都发表了支持他的言论。尽管袭击一名毫无还手之力的旁观者明显违反了体育精神,但队友们却指责摄影师是假装受伤。"当你离赛场太近的时候,就得注意别挡路,"公牛队的明星球员斯科蒂·皮蓬(Scottie Pippen)说,"这是我们的球场。"(*San Diego Union*, Jan. 16, 1997)某种意义上来说,打斗是发生在比赛之外的,因为比赛双方之间并没有发生冲突。但就像球员之间的暴力一样,这次事件发生在比赛最紧张的时刻,并成为比赛的转折点。

至少存在三种不同的运动暴力。第一，是什么导致运动员们在比赛中打起来？要想回答这个问题，就要首先知道在一场比赛的什么时候会发生打斗。我们会发现，在比赛中产生最多戏剧性的环节，也正是导致运动员暴力的环节。第二，是什么导致观众暴力？观众身处同一事件的时间流中，因此发生在观众与运动员之间的暴力与单纯的运动员暴力密切相关。第三种则是观众或球迷在场外发生的暴力：他们何时会互相冲突，或是破坏公物，或是与警察发生冲突？场外冲突的一个极端就是足球流氓暴力，它已完全脱离了比赛的节奏。然而就算如此，运动场上的戏剧性结构依然有助于解释场外的暴力。

本章我将尽可能对事件细节进行直接观察。重点并不是运动员或球迷的背景特点，而是实时实地沉浸在现场情绪中的事件流。我对比赛的观察大都来自电视，以及对特定运动资深球迷的采访。我的总结同时也基于对1997—2004年间发生的运动暴力的新闻视频剪辑，以及这些事件的照片。近年来的运动赛事在各个方面都得到了较好的记录，因此与其他形式的暴力相比，我们能够更清楚地看到冲突发生的时间序列。

运动是一种人为制造的戏剧冲突

运动是人为制造的竞争，用于生产兴奋和娱乐。比赛中自发产生的细节是无法预测的。但是，能够发生的事情是被预先规定的程序所设计好的。比赛是所有冲突中最具有舞台性的；之所以选择这种形式，是因为它能够产生戏剧性。人们制定并修改规则，用来将行动控制在特定的形式中；这些决定通常都是为了让比赛产生更多的戏剧性。在棒球比赛中，投手丘高度降低，好球区缩小，都是为了让打者更容易打中；足球比赛中引入了越位规则；篮球则加入了三分球，并缩小了防守方能够阻挡篮板的区域[1]。运动是真实的生活，这令其愈发引人入胜；但人们对这种真实的生活尽最大可能进行了人工组织与控制。它超越了真实的生活，其冲突形式更加纯粹，更加集中，因而也就比普通事件戏剧性更强，从而也令人更加满足。

运动的核心是唤起情绪。观众们的一切行为都是为了体验戏剧性的时刻：在比分上领先；击败对手的进攻；反败为胜；最后一刻的胜利等。当然，人们最喜欢的队伍并不一定总是会取得胜利；平均来说，一半比赛都会输掉。但就算是输掉比赛，只要其中产生了足够的戏剧性时刻，运动员在其中付出的努力也已足够戏剧化，足以令观众心满意足。戏剧的核心要素是简单的和重复的，但它们却可以千变万化。不同运动的戏剧化时间点是不同的；棒球要经历漫长的过程，运动员要先上垒，制造出紧张情绪，最后也许能够得分，也许不能；橄榄球的中期目标则是在四次进攻机会中推进十码，并抓住下一次机会得分。在一场比分接近的篮球比赛中，临近终场哨响时双方拼命试图得分、阻拦或是抢断，那一系列暂停都令人神经紧绷。

文学中的故事核心在于情节紧张：最典型的故事是主角遇到困难，然后寻找解决办法，途中会遇上各种障碍，会寻求帮助，经历挫败与欺骗，最后正面遭遇最大的困难（Propp 1928/1968；cf. Elias and Dunning 1986）。在冒险、浪漫、喜剧故事中，英雄最后会获得胜利。在更复杂的故事中，也许会发生悲剧性的失败：英雄未能实现外在的目标，但却因为精彩的打斗、英雄式的牺牲或是内心的启迪而获得道德上的胜利。运动一般不会有最复杂的戏剧情节，但却具有一种基本的戏剧叙事模式。

若想充分享受比赛，就需要实时经历那些扣人心弦的瞬间；仅仅是观看录像或是从新闻中得知赛果，则意味着错失了绝大部分情绪体验。离开了紧张感的累积，也就不会有胜利时的狂喜；失败时的失望也是人们为了体验这些时刻而愿意付出的代价。更有甚者，这是一种集体情绪体验：正是周边的回响与观众们互相浸润的姿态令支持其中一方的体验变得更加有趣，哪怕最后并未取胜；而最终胜利的时刻更是会成为铭记一生的记忆。这就是为何在一场众人翘首以盼的比赛发生时，观众们会挤满整个运动场。哪怕座位很糟糕，哪怕在电视上明明能看到更好的视角，他们依然会选择去现场观战。所谓球迷体验，并不是仅仅看到比赛而已，而是那种戏剧性的情绪被现场有着同样爱好的众人所放大的感受。

在比赛短暂的紧张感之外，还有其他制造兴奋的来源。期待与紧张可能来自一系列比赛，也可能来自队伍在联赛赛季或其他赛事中的排名。在有些运动中（主要是美国的运动），比赛的第二目标是保持纪录，因为每个运动员都有可能获得"打击王"或"得分王"的称号，并以不同的方式被记录在册，无论他们的队伍是赢是输[2]。一场比赛也可能会出现一些激动人心的展示技巧的时刻，像游击手精彩绝伦的接球和篮球运动员的灌篮，但这些都是不可预测的，并不会预先塑造起紧张感。对观众来说，这些场面是赏心悦目的，但却并不属于戏剧性冲突的一部分。对运动员个人的事业来说，也存在一些戏剧性的时刻：新人成为日渐成熟的老手；受伤与复出；运动员变换队伍，原来的老对手变成队友；与队友、教练和裁判之间发生争吵……消息灵通的球迷会参与这一系列不断演进的情节，就像是真实生活中的肥皂剧。这些材料形成了源源不断的新闻流，并为球迷之间创造了谈资。这也就是为什么如果你对一名运动员的历史如数家珍，观看运动赛事的感受和意义就会丰富得多，而在局外人眼里同样一场赛事则可能乏善可陈。出于这一原因，球迷们通常都会认为其他国家的运动赛事很是无聊。

观众参与赛事是为了获取集体兴奋感，这种戏剧性的情感流能将兴奋注入群体能量与团结之中。运动员则会用更复杂的方法来激发这种情绪上的冲动。在群体运动中，他们会与队友共享情感，而比赛成功与否则取决于整支队伍能否获得情感共鸣并积极配合；此二者被共同称为"势头"或"化学反应"（Adler 1984）。运动员同时也与他们的对手共陷入了情感互动，无论是个体竞技还是群体竞技。这种情形包含了技巧与努力的竞赛，但更重要的是看谁能获得情绪支配力。从互动仪式论的角度来看，这是一种对情感能量的争夺；获得情感能量的运动员或队伍，在对手丧失情感能量的那一刻就已经赢了。这就是一场比赛的情感转折点。

观众中由戏剧性紧张建构起来的集体兴奋；队伍中的情绪共鸣；对手之间的情感能量对抗——这三种情绪互动共同构成了运动暴力爆发的背景[3]。

比赛中的互动与运动员暴力

暴力何时会发生？下文中我将尝试找出比赛中最有可能发生暴力的时刻。首先让我们思考一个更宽泛的问题：运动中的哪些特点会令暴力更加频繁地发生，并会（虽然不一定总是有关）令暴力变得更加严重？

有些暴力是比赛本身的一部分。拳击手会互相殴打，橄榄球运动员会尽可能用暴力阻挠对手，冰球运动员会发生身体冲撞。在比赛规则允许的范围内也常会发生受伤事件。我们将规则范围内的暴力称为"运动暴力"，通常情况下它都会令比赛中止。这其中也有重合的部分，有些场上暴力似乎也在规则承认的范围之内；对犯规、不必要的冲撞和规则之外的打斗也都会有相应的惩罚。这一切构成了一个连续的光谱，从合法的运动员暴力，到犯规，到阻挠比赛继续进行的斗殴；沿着这一光谱上行，情绪也会逐渐升级。

运动可以分为三个主要类型，(1) 表演型竞技：既有进攻也有防守的情境；(2) 平行对抗：竞争对手努力在实现某一目标的过程中超越对方；(3) 技巧展示：运动员们通过给评委留下深刻印象而取胜。运动暴力在表演型竞技或其某些子类型中最为常见。如果深入思考其原因，我们就会发现，用双方互动的结构来理解运动暴力，比用个人脾气或背景等常见的解释要更合理。

人们经常用"男子气概"（masculinity）来解释运动暴力，它在社会文化中被理解为攻击性或支配性，在生理特征上则被理解为过量分泌的睾丸素或是结实的肌肉。然而，肌肉最发达、看上去最具有男子气概的运动员往往是铅球、铁饼和链球等田径项目的选手，但在这种比赛中却是几乎从未发生过打斗。同理，举重是最关注肌肉的运动，但举重运动员也很少发生斗殴事件。

这些都是平行竞争项目，运动员之间没有直接进攻和防守的冲突；双方的互动形式无论多么紧张和具有竞争性，都不会挑起戏剧性的暴力冲突[4]。技巧展示类运动项目也与冲突无涉，例如体操等；男子体操也十分关注肌肉，但其互动形式也不是冲突性的。这就是为什么参与类似展示类运动的男性（无论是竞争性比赛，例如花样溜冰，还是音乐表演，例如芭蕾）往往会被认为不够男子气，哪怕他们展示出了相当高水平的力量与身体协调能力。

包含进攻与防守情境的运动格外具有戏剧性，因为它们会通过一系列情境建立起紧张感，并允许发生突如其来的逆转。运动员既要实施进攻，又要阻挠对手。在应对威胁和破坏的过程中，充斥着紧张与戏剧性，最终在防守住对方进攻的同时也能获得精神上的胜利；如果个人技能或是团队节奏被打乱，就会让人产生难以接受的情绪。通过一系列此类情境，在进攻与防守的冲突过程中就会产生情绪的转折点。

采用表演型竞技形式的运动最常发生暴力，但这还不够。与真实的暴力最相近的运动是拳击与摔跤，但这些都很少会导致额外的暴力打斗；我们在第六章曾看到，在霍利菲尔德与泰森的"咬耳朵事件"中，暴力升级到违反规则的程度，最终彻底中断了比赛。不过，在这些运动中，打斗已经成为运动本身的一部分，以至于没有办法通过升级暴力来发出戏剧性的声明。在其他运动中，运动员之间的打斗表明原本比赛中的竞争已经升级为一场真正的打斗；然而，拳击的表现形式已经十分类似真实的打斗，因而没有留下什么空间来体现参与者超出常规的愤怒[5]。

摔跤这项运动更加有利于避免额外的暴力[6]。技艺高超的摔跤手们在比赛时彼此距离极近，因而拳脚都很难用上更多力量；标准的摔跤动作包括将对手摔倒在地使其陷入无法还手的境地等。即使相对技术不高的摔跤手，通常也都知道该如何限制对手的动作并陷入僵持。这种比赛通常最后会变成比试双方肌肉的耐久力。此处的表现形式非常简单；比起将紧张感积累到顶峰，这些运动更倾向于逐渐建立支配力或是制造僵局。技艺高超的摔跤手既能发动突然袭击，也能迅速躲开对手的攻击；但这些动作的结果往往是令对手的威胁性减弱。因此，摔跤作为一种最直接和持久的肌肉对抗项目，反而为其本身形式所限制，进而令打斗被局限在规则之内。①

尽管打斗多发生在个人之间，但运动员暴力在以团队为单位的进攻/防守型运动中则更为常见。这也符合通常的模式：暴力取决于团队支持。有两个特点可被用来预测暴力的发生与程度：(1) 与暴力相关的行为、努力及威胁在多大程度上成为比赛的一部分，(2) 运动员在多大程度上受到保护以免受伤。

关于运动员暴力的系统性数据相对较少[7]。由于缺少对比赛过程中发生的打斗的直接观察，根据我对新闻报道和电视转播的分析以及对资深球迷的采访，我发现平均每场冰球比赛会发生一起打斗（职业冰球比赛）；在橄榄球职业联赛赛季中，平均每个周末会发生1—2起球员之间的打斗（总共15场比赛），但通常都会集中发生在赛季尾声时较为紧张的比赛中[8]。棒球联赛平均在每周90场职业比赛中会发生一起打斗。篮球比赛中的打斗较为少见，低于1%[9]。足球运动员之间的打斗则非常罕见。

这一顺序该如何解释呢？

在有些比赛中，主要内容就是直接与对手进行身体对抗。在橄榄球比赛中，暴力是比赛的一部分，球员之间原本就会互相扭打、阻挠和冲撞。冰球也包括身体碰撞，以及球员高速撞上场边围板的情况；篮球则涉及一定程度的为争夺位置而进行的推搡，要么是冲向篮筐或球，要么就是阻挠对方进攻。棒球比赛中有些冲撞或阻挠行为是合理的，尤其是捕手在本垒试图对冲进来的跑者进行触杀时。很明显，正常的运动暴力也许会变成愤怒的打斗，进而导致比赛中止；也有可能在正常的比赛暴力中积攒的紧张与挫败感会在非正常的暴力中爆发出来。无论如何，尽管此类涉及身体接触的比赛是运动员暴力的主要发生场所，但这却并不足以解释不同运动中爆发暴力的频率为何不同，或是为何暴力会在特定时刻爆发。

---

① 图8.1：非暴力运动中具有"男子气概"的运动员：一位撑杆跳高冠军（2004, Reuters）。图8.2：拳击手在开战前互相瞪视（2001, AP）。

在比赛中如需阻挠对方得分，就更可能会发生暴力。在不需要这种努力的比赛中，几乎从不会发生暴力。但阻挠行为也有可能发生在通常不会发生的场合。高尔夫是一种平行竞赛，少数几名选手会同时在同一个洞附近进行比赛；虽然身处同一场合，但他们彼此之间是友好的。不过，高尔夫球场上偶尔也会发生打斗；我曾目睹、听说或读到过的此类事件，通常并不是发生在正在互相竞争的选手之间，而是发生在非竞争的情境中，主要是一些选手因为排在其前面的人动作太慢而发怒；他们有时会试图用球击打动作太慢的人，有时则会直接发生身体冲撞。这是一种阻挠行为，它虽然发生在比赛中，却与实际竞争无关。这就表明高尔夫选手之所以态度友好，并不是因为他们更加礼貌或更可能来自中上阶层，而是因为高尔夫比赛中产生紧张感的戏剧结构并不会在竞争对手之间引发冲突。

与其类似，网球运动员之间也不容易爆发打斗（女选手与男选手同样如此）。这一运动通常与礼节周全的上层阶级联系在一起，但这并不是原因所在。网球是一种进攻－防守型运动，运动员会直接阻挠对方的得分企图。但运动员之间有一道球网阻隔，而且比赛方式是让对手碰不到球，而不是用暴力打击对方。运动中逆转造成的紧张感和丢分造成的挫败感可能会导致情绪爆发，但这些情绪通常都会发泄到裁判而不是对手身上（Baltzell 1995）。愤怒本身并不足以造成打斗。

人们还修改了规则以防发生失控的暴力。橄榄球中对不必要的暴力会进行惩罚，例如：从身后攻击对手，或是攻击对方膝盖等脆弱的身体部位；攻击四分卫等特别脆弱或非暴力的选手；阻挠一名尚未接到球的接球手或传球防守队员等。惩罚措施程度不一，但都会降低犯规方获胜的机会；然而，由于双方都可能发生犯规（对暴力行为的犯规惩罚与越位等普通的犯规处罚并无不同），这些处罚有可能彼此平衡，所以球员并没有动力去避免暴力犯规。与其类似，冰球中也有一系列对规则之外暴力行为的处罚，包括举杆过肩，用球杆去钩对手，以及特别暴力的身体冲撞等。严重的打斗行为与正常的预料范围之内的犯规行为，其处罚方式是一样的。这些处罚（例如在禁闭区待上几分钟）会影响球队获胜的机会，故被纳入了进攻和防守策略中（在对方接受处罚而缺少人手时可以采用"高压攻势"，但也有策略能够应对"高压攻势"）[10]。在篮球比赛中，暴力犯规会导致罚球；虽然罚球得分率很高，在关键时刻也很重要，但通常却并不足以形成足够的优势来奠定胜局。双方被罚球的频率都很高，导致罚球成为常规比赛和策略的一部分；比赛中的一系列行为虽然违反规则，但却都在意料之中。在这个充满危机与竞争的舞台上，优秀的运动员与队伍都对犯规十分娴熟。在比赛的主要内容之外，时刻伴随着受控的暴力。犯规处罚等于容许了一种受到保护的暴力形式，所有参与者都心照不宣。正是处罚令暴力成为可能：通过将暴力限制在一定范围之内，它克服了冲突性紧张/恐惧。

要想看到犯规处罚的影响，我们可以比较那些有着严厉处罚措施的比赛。足球通常得分较少，因为存在守门员（相比之下，其他比赛大都有着公开的得分区域并禁止干扰入球）和越位等有利于防守的规则。有关身体冲撞的规则也十分严苛，如有犯规可能处罚点球，而这往往能决定一场比赛的胜负；更有甚者，由于被罚下场的队员不能由人替补，犯规一方就会陷入缺乏人手的不利境地。此类重度惩罚阻止了比赛中的边缘犯规行为；这也制造了一种气氛，使得规则之外的打斗十分罕见。

不管怎样，即使频繁的温和犯规行为已经被制度化，其本身也无法预测运动员暴力的严重程度。冰球、橄榄球和篮球都有将超出规则的暴力正当化的规则，但冰球经常发生打斗，橄榄球次之，篮球则不常发生运动员之间的打斗。除此之外，棒球并没有太多将暴力犯规正当化的规则[相比之下它对打斗有着相对严重的处罚（被罚下场，有时还附带罚款和禁赛），在这一点上与足球相似]，却也经常发生某种特定的打斗。这说明打斗还有一个条件。

那就是当打斗爆发的时候，运动员在多大程度上受到保护。

冰球运动员身穿层层护具，包括头盔和手套等；尽管他们携带了可以当作武器的球杆，但却几乎从来不会在打斗中使用——虽然钩人或举杆过肩都可能引发打斗。通常情况下，在冰球比赛中爆发的打斗中，球员会丢掉球杆，并戴着手套互相殴打。这些装备既能保护他们,也能限制他们对另一方造成伤害[11]。此外,打斗者往往很快就会被其他球员包围起来,这些人会彼此推搡,但通常都会限制打斗者的活动范围,令他们难以施展拳脚。穿着冰鞋的打斗者很难踢到对方,也没法像拳击比赛一样大打出手。

橄榄球运动员也有严密的防具,还戴有头盔和面罩。他们经常会动用拳头,但却很少造成伤害,因为拳头落到保护装备上并没有什么威胁力。因此,比起正常比赛中造成的受伤,打斗反而不会造成太大伤害[12]。橄榄球运动员最危险的武器就是头盔,可以在身体冲撞中用来袭击对手。但这只能在比赛进行中才做得到。在裁判和观众看不到的堆挤中,也会有人打、咬和挠对手[13]。尽管有些运动员有着背后搞小动作的恶名,但是这些小动作也往往会被限制在一定范围内,而不会发展到在众目睽睽之下进行,自然也就难以升级为真正的暴力。比起比赛中的常规暴力,这些都不算什么。

篮球运动员则没有防具。当球员之间爆发打斗时,他们通常会虚张声势,很少会真正打到对方。因此,两种防护最严密的比赛之一(冰球)中最容易发生打斗,防护最少的比赛项目(篮球)中则最少发生打斗。在其他无防护的比赛中(例如足球),暴力也很少见,不过我们已经看到了多种可能导致暴力少见的原因[14]。

根据我的计算,橄榄球比赛中的暴力要比冰球比赛中少见一些,不过其频率仍属中等。这两种运动在防具的保护程度上相类似,也都用犯规处罚将暴力行为常规化(尽管我们可以认为冰球的常规化更彻底)。但是,橄榄球运动员在比赛过程中有更多正当地发生打斗的机会;在冰球比赛中,身体冲撞只是其中一小部分,但在橄榄球比赛中,阻挠、擒抱和挣脱擒抱却几乎发生在每一场比赛的每一个运动员身上。在橄榄球比赛中,受伤大都发生在比赛过程中,而不是打斗中;如果一名球员愤怒到了想要让对手受伤的程度,那么最有效的方法就是让比赛继续进行。橄榄球为比赛进行中的合法暴力留出了足够的空间,尽管在很多比赛情境中暴力都可能会发生外溢,但最引人注目的方式还是在规则允许的范围内展开暴力。

总结模式如下：参与者愈是受到保护，就愈容易发生暴力。冰球运动员，与陷入扭打的橄榄球运动员一样，都像是在大人身旁打闹的孩子，随时可能被大人分开；他们身强体壮，但因为身上佩戴的护具和周围的环境，他们能造成的伤害却很低。这一模式与德国的学生决斗者一样，他们会测试彼此参与决斗的勇气，同时从手腕到脖子都佩戴着严密的护具，再加上护目镜和钝剑；另一方面，法国的决斗者虽然护具不多，但却会在剑术和手枪决斗中都保持较远的距离；德国的学生会精力充沛地长时间参与决斗，在身体上制造荣耀的伤疤；法国人则多是虚张声势，大多数情况下都会避免造成伤害。冰球和橄榄球与德国的学生很像，都是在长时间的比赛中制造一些温和的犯规；而大部分其他冲突性比赛项目则都与法国的决斗者相类似。

与棒球相比，我们会看到，保护也可能是在社会层面而非身体层面[15]。棒球并不是一种身体冲撞的运动（仅有少数例外），因此我们可能会认为在棒球场上很少会发生暴力。棒球运动员通常没有护具，他们会在防守时佩戴手套，但在打斗时往往会摘掉。打者会佩戴头盔，但通常不会保护面部；有时也会佩戴肘部和小腿护具，但这些与打斗并无关系。只有捕手会佩戴胸部、腿部和面部护具，受到严密保护（主要是防止受到己方投手的伤害）[16]。

几乎所有棒球比赛中的打斗都是由于投手投出了触身球；通常在接下来的一个回合中，对方投手也会报复性地投出触身球，而对方打者则会愤怒地辱骂或是攻击投手。双方其他队员包括候补队员都会冲上来。通常这并不会造成太多暴力；双方队员都会彼此抓住对方，并会将情绪最激动的队员按到地上。在这里，挥舞拳头并不会造成多大影响。①

与其他运动中的打斗相比，棒球中发生的打斗更像是大混战；篮球比赛中的打斗不太像是混战，而更像是个人冲突[17]；橄榄球和冰球中的打斗则通常都会局限在那些已经在场上并且接近打斗中心的队员之间。之所以会存

---

① 图8.3：使用护具来限制扭打（July 2004, Reuters）。

在这一差异，是因为棒球中的报复性投球所带来的打斗是一种不成文的规则（尽管为正式比赛规则所禁止；这就像法律与决斗之间的关系一样）；球队所有成员都需要参与其中来显示团结[18]。候补球员会冲上场去来展现这一点，因为所有其他人都在场上，他们感到自己也必须这么做；而一旦冲上场之后，他们的大部分动作都只是抓住对方球员（既是一种敌对动作，也是为了防止对方攻击己方），以及抓住己方球员，防止打斗进一步升级，从而避免因为打斗而带来处罚。

先不谈表面上的动机和正当性，棒球比赛打斗的微观社会学过程是一小群愤怒的挑事者实施了仪式性的报复和自卫；与他们密切相关的队友带着一定程度的愤怒参与进来，但也是为了控制前者；其他球员集体冲上前来，就像是一场身体碰撞的巨型仪式，混合了团结与敌意。在这些混战中，球员很少会受伤；最危险的武器（球棒）在打斗中几乎从来不会用到，而是在打斗开始前就被丢下了[19]。通常来说，棒球在危险性上处于一种比较奇怪的位置：被投球击中可能致死或致残，在跑垒中也存在一些较为暴力的情况（特别是捕手在本垒阻挡跑者时；也包括跑者在二垒撞倒野手来打破双杀时）；但身体冲撞的程度与橄榄球和冰球相比却更为少见。比起触身球，跑垒冲撞很少会引发打斗，也不会引发报复性投球。这部分是因为跑垒冲撞很少发生也很难预测，而投手在任何时候都能故意朝打者投出触身球，就像决斗可以根据双方意愿来安排时间一样。具有十足动机的暴力也必须是引人注目的暴力，引人注目的舞台能够令紧张感上升到满足期待的程度。

在这里，例外情况与历史上的变化能够帮助我们来确认这一规律。在1920年之前，跑垒更加暴力，当时人们的注意力都集中在全垒打上，因此打者与投手之间的冲突也就格外引人注目。在1897年一条规则改变之前，盗垒可以包括队友的安打带来的额外垒数。在接下来两年里，出现了一个赛季27次的新盗垒纪录。1909—1915年间，六名球员为打破纪录而展开了激烈的竞争，其中几人相继将纪录提高到了81次（埃迪·柯林斯），83次（泰·柯布），88次（克莱德·米兰），最终则提高到了96次（泰·柯布）（Thorn et al. 2001：543, 547）。正是在这段时间里，柯布获得了以暴力滑垒冲撞防守队员的名声。这部分是虚张声势，作为吓阻对方球员的策略；部分则是柯布也在完善自己的技巧，例如通过仔细观察对方投手的动作来获得更好的击球时机。与此同时盗垒者也发展出了类似的策略和技巧。在这段时间的竞争过后，纪录一直稳定存在到 1962 年；盗垒不再是引人注目的举动；柯布和其他竞争者的盗垒纪录也剧烈下滑，跑垒引发的打斗几乎绝迹[20]。①

我们可以用一个思想实验来阐释这一理论。作为一场以进攻与防守为主的直接冲突型运动，足球场上很少会发生规则之外的打斗。但是我们只需作出两个改动，就可以将足球改造成一种像冰球和橄榄球一样经常发生打斗的运动：(1) 球员穿戴更多护具（例如轻便的综合型身体护具），使得他们更不容易受伤；(2) 更改犯规惩罚规则，让暴力行为导致的惩罚不至于左右比赛输赢。后者可以通过采用橄榄球或冰球的惩罚规则，让暴力球员只会被短暂地罚下场（从而缩短了球队人手不足的时间），或是在球员被罚下场时允许替补上场。这一思想实验显示，球员暴力是由比赛结构而不是比赛的气质或本质所决定的。

通过支配情绪能量的实际技巧来赢得比赛

比起通常十分短暂的真实打斗，作为表演型竞技的运动是一种很罕见的长时间的面对面冲突。赢得比赛的技巧应用在每一场比赛中。关键在于对你面前的对手建立起支配权：短暂的身体上的支配，以及长时间的精神支配。在橄榄球比赛中，锋线队员向前冲，防守队员则向后缩；要想赢得比赛，就

---

① 图 8.4：一场仪式性的队伍之间的争吵。请注意，仅有少数球员（主要是投手）带有愤怒表情，以及被丢在一旁的球棒（2004, AP）。

要将自己的意志施加到对手身上。此处争夺的是对情绪能量（EE）的支配权，就像军事战斗的高潮一样，胜利一方会获得能量，发起狂热的进攻，对方则会陷入困惑与瘫痪；也像在持械抢劫中一样，劫匪会试图对受害者进行突然袭击。不同之处除了运动比赛会限制暴力之外，还在于在运动中，对支配权的争夺被充分展现在观众面前。劫匪能够突然掌握支配权，士兵在一段时间的紧张之后会爆发恐慌进攻；而运动员在长时间的努力之后则只能暂时获得一部分的支配权，偶尔则能获得精彩和决定性的转折。

情绪能量从多个层面而言都是集体性的。它充斥在整个队伍中，队员们作为一个整体会获得或高或低的情绪能量。更准确地说，队伍中的一部分成员可能会体会到更多的集体情绪；无论情绪能量是高还是低，队伍中都可能会有不同的体验，也可能会随时间而改变。每一场比赛中都会有情绪互动及程度的变化。集体情绪是一把双刃剑：集体既可以获得信心与动力，也可以共享沮丧与郁闷，最坏的情况下则可能会导致队友之间发生争吵[21]。

双方之间的互动是同时存在的，因此，一方获得情绪能量的同时，另一方也就失去了它。在这些关键时刻，我们常常会注意到防守一方陷入疲劳；人们往往认为这是因为他们在场上太久了。但这不可能仅仅是身体上的疲倦所致，因为对手也在场上待了同样长的时间。身体的疲倦反映了情绪能量的流失，防守一方丧失了情绪的积累。换句话说，他们在精神上被击败了。体育比赛并不是无所顾忌的暴力斗殴，而是有所限制；正因如此，精神上的失败才更为可怕。比赛策略的目的在于在精神上而非肉体上摧毁对方。

运动员们的技巧，包括阻挠和突破对手，撞倒对手，令对手错失接球，或是令其无法阻拦己方队员等在内，既是为了赢得整场比赛，也是为了赢得比赛中的每一个小环节。从两个方面来看，这些技巧正是暴力对抗中所用到的技巧：首先，它们能够用来控制对方的行动，令比赛顺利进行或是受到阻碍；其次，它们也能用来建立情绪支配，令己方情绪更加高涨，同时令敌方丧失情绪能量[22]。

这些冲突能够自然而然地从规则之内的暴力发展为规则之外的暴力或是

运动员之间的打斗。在橄榄球中，最有效的暴力发生在正常比赛中，因此打斗很大程度上是为了宣告业已建立起来的情绪支配。在其他运动中，特别是在棒球运动中，打斗本身就可以成为情绪的制高点和比赛的转折点。

在棒球比赛中，最主要的战斗发生在投手与打者之间。这一战斗的一部分在于猜测：打者试图猜测投手的球种、速度和位置，投手则通过变化球种来让打者猜错[23]。同时，打者在身体上受到严格控制：投手能够用惊人的高速球令打者来不及挥棒，或是让他作出滑稽的击球动作。球速的重要之处并不完全在于它能达到 90 迈以上多少，而常常在于一系列投球所形成的节奏。尤其是在三振出局的情况下，投手会令打者陷入自己的控制节奏中。

如果投手有效地利用一系列投球达到了三振出局的目的，或是连续使多人出局，运动评论员常会这样形容："投手有自己的节奏"。这就带来了一个问题：如果投手建立起了一种节奏，为什么打者不知道接下来会是什么球，并进而作出调整呢？无论如何，打者都处于被动的地位。其他领域也有类似情形。在游泳和其他比赛中，领先的一方会建立起一种节奏，其他人必须随之作出调整。如果我们用互动仪式论的技术细节来理解这些比赛，那么支配者正是那些处于注意力焦点的人——胜者关注目标，败者则关注胜者。钱布里斯（Chambliss 1989）格外重视胜者与败者的认知诠释。他也指出了情绪这一方面，并称之为"平凡的卓越"（mundanity of excellence）——胜者更加冷静、宠辱不惊，努力实践那些自己认为会带来胜利的微观技巧；败者则更加焦躁，认为优秀的运动员拥有自己所没有的神秘力量。胜者的技巧中最重要的也许是建立自己的节奏并迫使其他人适应的能力。

微观社会学的另一个领域提供了更多的证据：对话中的节奏细节。在一场高度团结的互动中，对话者会享有同样的节奏。在某些对话中则会存在对节奏设定权的争夺；录音资料显示了这种争夺的存在，以及其中一名对话者如何获得支配权，令对手放弃争夺并适应自己的节奏（Collins 2004）。这很类似于投手如何支配打者的节奏。

此外还有一些更加复杂的投球方式，例如用速度慢于目测的变化球和下落时更改方向的曲线球来扰乱打者挥棒等。投球一部分是欺骗，一部分是纯粹通过速度获得身体上的支配，一部分则是公然的阻吓。投手会向靠近打者一侧投球，一方面是为了能够投到内角（特别是当打者不擅长内角球的时候），另一方面也是为了迫使打者后退，令其更难打到下一个外角球。直接投向打者的近身球会迫使其跳起或俯身躲避，这也是为了达到同一目的而使用的标准技巧。除此之外，这些技巧也具有阻吓的作用，能够改变打者与投手之间的情绪能量支配地位[24]。

打者与投手之间是一场戈夫曼式的直接冲突，如果流露出恐惧之意，就等于将优势转交给了投手，而控制自己的情绪流露也意味着同时控制自己的内心情感。因近身球而躲避、跌倒或被击中的打者可能会生气，正是因为他感受到了自己无法控制的恐惧；对他来说，更好的方式是用愤怒来掩盖恐惧，反过来阻吓投手，从而在表面上维持住自己的情绪能量[25]。

富有攻击性的投球方式，在很大程度上都是虚张声势而不是真正的暴力，虽然打者偶尔也会真正受伤；它是一种暴力威胁而非实践；如果能够带来情绪能量的支配权和随之而来的身体支配，例如让打者接下来发挥失常，就意味着它获得了成功。棒球打斗几乎都是因为投手的虚张声势惹怒了打者而引发的。但在现实中，投手几乎与打者一样愤怒，有时甚至更加愤怒（参见图8.4 中的面部表情和手势），这说明愤怒的关键并不在于对受伤的恐惧。

暴力升级并不常发生。一如既往，我们对因变量进行了选择。大部分棒球打斗的确起源于投手与打者之间的冲突，但若我们数一数恶意投球的数量，就会发现它比打斗要常见得多。例如，根据《圣地亚哥联合论坛报》(*San Diego Union-Tribune*) 和《洛杉矶时报》(*Los Angels Times*) 的计算，在 2004 年 8 月 25 日到 9 月 3 日的 105 场比赛里发生了 64 次触身球，但只有两次打斗（42 场比赛中发生了至少一次触身球，22 场比赛中发生了不止一次）。也就是说，40% 的比赛中出现了触身球，但其中只有 3% 引发打斗。要想让触身球发展为打斗，还需要额外的戏剧因素。

在冰球比赛中，大部分动作都是传球和反传球，以及抢夺待争夺球。此类争夺往往要数在球门之后的角落里最为激烈，由于防守方认为那是自己的领地，所以进攻方也就需要格外有攻击性，这既是为了抢到球，也是为了赢得情绪冲突的胜利。一名冰球运动员解释道：

> 我知道很多时候对方球员都会冲到角落里来，这时你就得搞明白他是不是还会回来挑衅。你能搞明白他的忍耐程度。[采访者：也就是说角落很重要？]当然了，你得用胳膊肘使劲捅他一下，也许还得敲他的脑袋，这样下次他可能就不会惹麻烦了。也可能他还会到角落里来，但下次就不会像第一次一样气势汹汹了。他知道自己可能会被胳膊肘拐到脸上。也许你会因此被判犯规，但你也能让他下场，这犯规吃得值……我会用胳膊肘捅他们的，你懂的，就是不光彩地打人。现在，我不会用球杆打对方的头，但我可以使劲撞过去。这就是你的工作，你看着吧，下回他就不会这么快出现在角落里了。
>
> 你需要担心的是那些敢于回过头来反击的人，他们可能会打到你的鼻子；这种人会不停地回到角落里惹事。下一次遇上他你就得三思而行，这样他也就得逞了。你得尊重这种人，因为你知道的，他能受得了并会进行反击。他不会后退。(Faulkner 1976: 98—99)

正常比赛与犯规之间的界线，部分在于运动员对比赛的意识。运动员会分辨合理的犯规和愚蠢的犯规；合理犯规不仅服务于比赛本身，而且足够富有攻击性，能够恰当地传达出争夺支配权的信息。"小动作"则让人瞧不起，因为它们不够暴力。冰球运动员这样描述道：

> 要想吓唬一个人，你就得让他吃点苦头，小动作是不行的，钩人犯规、绊人、抱人这种事太廉价了。好的犯规是冲撞过去，前提是你能撞到对方，而他也知道你会撞到他。如果你绊倒他，他既不会受伤，甚至也不会烦心，那他根本就不会在意。绊人很愚蠢，唯一需要绊人

的时候就是他在你身后或是你错失了球而击中了他的脚。这也很愚蠢，因为在那些情况下你都没好好打球。这意味着对方已经击败了你，你得让他慢下来，才能钩到或抱住他。如果你一开始就能吓到他，他就根本不会出现在这一位置上。(Faulkner 1976: 99)

比赛结果和运动员长远的职业发展都取决于这些情绪支配争夺战的累积效应。"人人皆知，如果你能放倒某些队伍中的某些球员一两次，那么一旦你表现出想要冲撞的意思，他们就会学会尊重你。一旦他们会观察形势，你就能一举获胜。"(Faulkner 1976: 99)

这不仅仅是男子气概的问题；在冰球比赛中，测试对方的攻击性是比赛的关键部分。缺乏攻击性的一方会表现不佳，也会被对手在正常比赛中占便宜。这名冰球运动员继续说道：

> 我知道我们自己队里就有几个这种人，一看就知道他们会害怕。就是会害怕。你可以告诉他们别担心，就算发生什么也别担心，其他人会支持他们的。但他们就是会害怕。如果你传球给他，他可能会丢了球，可能会作出愚蠢的动作，只是想离麻烦远一点。上周我们把球越过蓝线传给他，对方防守队员过来抢球，他居然直接把球放走了。结果对方球员拿到了球，直接就去射门了。他妈的，这可不大好啊。我的防守搭档和我当时都坐在板凳上，他说："瞧瞧那个该死的懦夫！"只要看着这种情形，你就能气疯。这家伙最好改一改，要不然所有人会这么告诉他的。(Faulkner 1976: 101)

福克纳注意到，如果队友呼唤一名队员的名字，让他去保护他们，那么这名队员对自己技巧的自信就会上升。仪式性的打斗赋予了整场比赛以情绪能量。打斗并不仅仅是被当作一个额外的事件，或是在赢得比赛的过程之外额外展示男子气概：

如果对手知道你的队伍中只要有一个人陷入麻烦其他人都会鼎力相助，你们就都会信心满满。这也就是为什么有些队伍大家都会害怕，就像 S 队一样，所有人都在那儿。如果有人想要从后面袭击一名球员，就会有人用球杆来阻止他。作为一支队伍，他们更强，因为他们相互支持。你永远不会让自己的队友挨打，因为这可能会让整支队伍丧失优势。如果有人伤害了你的队友，那就会让对方整支队伍士气大振；如果我们不出面报复他，我们就死定了。(Faulkner 1976: 105)

冰球比赛中的暴力是一种高强度的互动仪式，集中了众人的注意力，并产生了情绪浸润。抱怨冰球中的打斗盖过了比赛本身，早已是老生常谈，也并不准确（得分与救球仍是比赛中的高潮所在）；不过，打斗往往是最成功地激起集体能量的时刻。这既可能是因为队友之间的相互情绪浸润，也可能是因为队员与球迷之间的情绪浸润。

另外一名球员报告称：

我想到的第一件事是每次有人撞上围板或是打起来，观众席上都会爆发出欢呼声；如果见到血，所有人都会站起来为这种事情喝彩。很多球迷之所以来看比赛，就是为了看到这种场景；如果没有这种程度的暴力发生，他们就会感到厌倦。我与他们私下聊过，加上观察他们的反应，足以让我明白他们想要看到的正是暴力，而这一点也促成了暴力的发生。我是说，当你把对手撞到围板上，而众人都在你身后欢呼喝彩，说实话，这确实让人热血沸腾，而且让你想继续把更多人撞过去。很多时候，如果这么做能令整支队伍士气大振，你也必须这么做。得到观众支持是很重要的，他们的确促进了暴力的发生。(Pappas, McHenry, and Catlett 2004: 302)

暴力技巧只是冰球技巧的一部分；有些球员擅长得分，他们（和守门员）

似乎很少会卷入打斗，甚至连较为强硬的动作都很少见[26]。其他运动员则被认为是"重型选手"，其下又有更多分类。有些被称为"警察"，他们会在对方表现出攻击性时阻吓对手，并在队友陷入打斗时施以援手。有些则承担了保护者的角色，保护那些快速滑行和善于控球的得分手。一名好的"警察"会注重比赛，避免在关键情形下造成犯规。其他人则可能会因太过莽撞而获得"坏小子"的名声。对手不喜欢他们，因为他们的动作超过了普通犯规的范畴；队友也不喜欢他们，因为他们会引发更多不必要的群体打斗。这种分工表明，冰球暴力并不只是一种对男子气概的彰显，甚至也不是为了实现观众对暴力的渴望，而是某种集中在特定时刻和场所的特殊比赛技巧（Pappas et al. 2004；Weinstein, Smith, and Wiesenthal 1995；Smith 1979）。每支队伍都需要一两名"警察"，但却并不需要所有人都去担任这一角色[27]。守门员比得分手更具有专业性，也更被认为不需要参与打斗。如果他们在球门前被进攻的对手打到，防守队员就会保护性地聚集起来，试图代表他们去攻击对方。只有在极少数情况下当两支队伍之间爆发大混战时，双方守门员才会在冰场中央互相挥拳。因此，就算是"全面开战"，队伍中的暴力分工也依然会得到维系。

运动员暴力的时机：败者的沮丧打斗与转折点打斗

现在我们不仅关注普通暴力或是用来威吓对方的比赛策略，而且同时也关注究竟在何时暴力会发展为真正的打斗。那么打斗到底会在一场比赛中的什么时刻发生呢？

一种运动员打斗是出于沮丧。沮丧型打斗发生在一场比赛临近结束的时刻。在橄榄球比赛中这一点很明显：当其中一方认为自己已经无望赢得比赛时，就容易发生打斗。打斗的目的在于拒绝承认自己被对方支配；这是最后一次抵抗——在这最后的时刻，球员们依然在拼命反抗。这种沮丧型打斗作为暴力通常并不有效（橄榄球打斗大都如此），也无法将形势逆转过来[28]。

第二种运动员暴力的类型能够剧烈地改变形势，甚至能决定比赛结果。转折点型打斗发生在双方之间的紧张关系已经持续一段时间之后，因此往往会发生在比赛中的最后三分之一或四分之一时间里。

2001年8月10日，在棒球比赛中发生了一次连替补队员都全部卷入的大乱斗。这次打斗之所以不同寻常，是因为挑起打斗的打者格外生气，乃至把自己的头盔扔向了投手，并将投手掀翻在地大打出手。双方替补队员全部冲上场去，其他队员也打成一团，而最初发起攻击的打者依然紧追投手不放；投手想要逃开，但打者在本垒附近追上了他，再次对他大打出手。投手这边的队伍经理称之为"我所见过的最恶毒的事情"。大乱斗持续了12分钟后才停止，挑起打斗的打者和双方的各一名教练被罚下场。这场打斗的不同寻常之处在于双方都真正出了不少拳，不过这其中也有常见的互相周旋、推搡和愤怒的叫嚷（*Los Angeles Times*, Aug. 11, 2001）。

直接挑起打斗的人是堪萨斯皇家队的一垒手和扫垒打者迈克·斯威尼（Mike Sweeney），他抗议称底特律老虎队的投手杰夫·韦弗（Jeff Weaver）将白色的松香袋放在了投手丘上，干扰了打者的视线。当他向裁判第二次抗议的时候，投手说了几句话，斯威尼后来在采访中称："他说：'你（脏话脏话），（脏话）你。'［例如：'你这个狗娘养的，操你妈。'］对我来说，我希望这一切都没有发生。但在那一刻，他骂了我。"韦弗身高1.93米，是个大块头。斯威尼作为扫垒打者也是身强体壮（身高1.82米，超过180斤）。据媒体报道，斯威尼有着脾气还不错的名声，因此这并不是性格问题。在这里，双方的矛盾通过几种互动仪式链累积了起来。

首先是长期的沮丧与期望。两支队伍之前都曾背负较高的期许，但在这个赛季却都表现不佳，到8月中旬，双方都很清楚自己只不过是在争取不要垫底罢了。堪萨斯当时处于美国联盟中区最后一名，胜率落后第一名19.5场；底特律则是倒数第二，胜率落后第一名15.5场。但是底特律一直在下滑，堪萨斯则在这次对抗中看到了迎头赶上的机会（这是双方的第一场比赛）。此外，堪萨斯是主场，身后有 2.2 万名观众支持。

其次是比赛中建立起来的紧张对抗。堪萨斯开局不利：底特律在第一局就领先了，前四名打者都打出了一垒安打并得了两分。堪萨斯在第一局下半场靠斯威尼的牺牲打得了一分，但随后底特律的投手就找到了状态，堪萨斯在接下来四又三分之二局里再也没能打出安打，也没能获得保送。堪萨斯的投手也表现不错，没让对手再次得分。因此，当斯威尼在第六局下半场出场时，比赛处于十分紧张的情形：他们已经连续五局落后一分（超过一个小时）。最后，在两人出局之后，堪萨斯终于靠二垒安打将一名跑者送上了垒。斯威尼感受到一种追平的压力，同时也期待自己能做到，因此具有情绪能量。这种情绪能量是长期的——他在队伍中的打点（82）与打率（0.311）都处于前列；同时他也建立起了短期互动仪式链——他第一次出场时用牺牲打为队伍赢得了一分。然而他仍然未能在比赛中获得安打。另一方面，韦弗则是底特律最好的投手（此时胜 10 场负 10 场）；他在第一局之后就一直没让对方击出安打，直到这次二垒打。对他来说这也是一个关键时刻：他显然是想要利用松香袋惹恼对方打者，并在斯威尼抱怨时故意激怒他。

接着发生了打斗。打者的愤怒持续了很长时间，他也花了不少时间去追赶和殴打投手（尽管当两人同时摔倒在地时，这种殴打并不是十分危险）。请注意，虽然是投手先惹怒了对方，而且投手的身材更加高大，据说脾气也更暴躁，但此时他却处于被动地位；试图逃跑，数次被按到地上殴打，而且并未还手。

再次是在情绪能量支配权上发生的转移。打斗结束后，斯威尼被罚下场，投手继续留在场上。但却是斯威尼赢得了打斗——他令投手落荒而逃，并在打斗中控制了对方的精神。更愤怒的一方具有更强的情绪能量并赢得了打斗。随后，投手的表现一落千丈：韦弗四坏保送了下一名打者（此前在这场比赛中他还没有保送过对手），接着被打出了一垒安打，让对方获得了扳平的一分（失去了潜在的胜利）；随后，他又对下一名打者投出了暴投，令对方上到了二垒和三垒；接着，他投出了触身球，导致满垒。

随后，整支队伍的情绪能量一泻千里。韦弗被一名继投投手换下了场；尽管这名投手让下一名打者打出了常规高飞球，但底特律的中外野手却因失误未能接到，导致对方连得三分。继投投手四坏保送了下一名打者；接下来的打者打出了二垒安打，又获得了两分。打斗之后，局势的改变为堪萨斯带来了六分（在此之前，他们只希望得到一分好扳平比分，但连续六名打者都未能做到，其中只有两名打出了安打）。打斗发生后，主场观众发出了怒吼（在斯威尼上场之前的二垒安打之后，他们就已经在累积情绪了）。等到观众冷静下来后，底特律在第七局上半场又获得了一分，但在接下来的比赛中并没有出现太多惊喜，最终堪萨斯以7∶3获得了胜利。在接下来两天里，堪萨斯乘胜追击，连续击败底特律两次，获得了这一系列比赛的胜利。

赢得转折点型打斗对于赢得比赛来说至关重要，两者的重点都是建立情绪支配。相反，比赛正常进行时也可能会爆发打斗，但如果打斗不分胜负，那么局势也就可能不会发生改变。

橄榄球中有这样一个例子：2003年1月5日电视转播的全国橄榄球联盟（NFL）第一轮季后赛的四场比赛中，只有一场发生了打斗。这一场是最激烈的比赛（另外两场都是大胜，第三场则发生了逆转）。

这场比赛发生在旧金山49人队与纽约巨人队之间。第一节比赛双方互相紧咬，分别获得两次触地得分，以14∶14结束。第二节和第三节的大部分时间里，巨人队都占据上风，以38∶14领先——连续四次进攻得分；相反，49人队既无法阻止对方，也无法组织起有效的进攻。巨人队控制了14分钟的比赛时间，但在现实中感觉更久，因为中间包括了半场休息。接下来局势再度转变：49人队发起两次进攻，获得了触地得分和两分的附加得分，巨人队则无法推进；比分追到了38∶30。接下来49人队继续进攻，但由于对方防守加固，只能获得3分；距离比赛结束还有8分钟，比分为38∶33。49人队连续11分钟占据上风；在这三次进攻中，巨人队的防守队员看起来非常疲倦、气喘吁吁，49人队则气势汹汹。当然，进攻方与防守方在场上的时间和付出的体力都相同，表面上的疲倦只是情绪能量流失的体现。

之后，巨人队终于阻止了49人队的攻势，发动了连续五分钟的推进，但却无法得分。49人队在距离比赛结束还有三分钟时重新拿到了球，发起了进攻。在这最后一次进攻里，只有一名巨人队球员：安全卫肖恩·威廉斯（Shaun Williams）忙着救场，并暂时阻拦了一次触地得分。接着，49人队传球得分，以39∶38领先；人高马大的明星接球手特雷尔·欧文斯（Terrell Owens）以触地得分之后的炫耀式庆祝著称，他嘲笑了巨人队的安全卫，后者则愤怒地攻击了他。两名球员都被判犯规；这对巨人队来说格外不合理性，因为他们会在开球后拿到球，如果对手获得15码的处罚，他们就能更加接近得分范围。然而双方的处罚互相抵消了，因此他们并没有获得好处。

49人队尝试了一次两分球，如果成功，他们会以三分领先；这样一来，巨人队的落地球最多也只能追平。但巨人队拦截住了传球，并试图将球回传（这是违反规则的，因为防守一方不能在对方尝试追加得分时进攻）。欧文斯上前在界外打了巨人队持球球员（一名后卫），这也是其第二次令人不齿的犯规。然而巨人队发起了报复，并且报复了两次——另外一名巨人队后卫打了欧文斯；之前那名巨人队安全卫（肖恩·威廉斯）则打了一名在第一次打斗中曾插手的人高马大的旧金山队前锋（比他自己重90斤）。这些球员无法控制地打成一团，再一次获得了互相抵消的犯规处罚——49人队给了对方又一次犯规暂停，对方却因报复行为而无法从中获利。巨人队随后迅速推进，接着又爆发了一次打斗；而后巨人队尝试得分，但是时间已经不够了。最终49人队获得了胜利。

我们看到的是一场格外激烈的比赛：先是巨人队占据了场上优势，而后是49人队；当49人队球员终于得分获得领先之后，面对他们的炫耀，巨人队在破坏对方攻势上最有效的防守队员挑起了打斗。随后，当49人队为了确保领先而发起的进攻未能得分时，他们的明星球员愤怒地攻击了对方，巨人队的后卫则发起了反击。具有最高情绪能量和支配能力的球员挑起了打斗，并以报复行为令打斗持续下去。斗殴者恰恰是那些最想扭转局势的人[29]。但在这些打斗中却无人获胜。打斗并没有扭转局势，反而强化了局势。情绪能量处于下风的队伍在最后一次得分尝试中也未能成功。

双方队伍之间的紧张对抗可以通过一系列比赛建立起来，其中可能涉及宿敌关系、淘汰赛的压力，以及比赛中积累的冲突[30]。最终引发的打斗可能会成为整场比赛的中心。这在棒球和篮球联赛的季后赛中表现得最为明显，球队及其球迷都在之前的比赛中积攒了情绪记忆，而且此时一场打斗的输赢就可能会直接决定接下来一系列比赛的场上表现[31]。

转折点也可能发生在无直接接触的运动中，其中可能并不会发生打斗，但却会涉及对支配权的情绪测试。在2004年的温布尔登网球锦标赛中，莎拉波娃（Maria Sharapova）与前冠军小威廉姆斯（Serena Williams）交手，在第二盘中（莎拉波娃已经赢了第一盘），莎拉波娃在她第一个发球局的破发点上与小威廉姆斯连续击球21次。最后，莎拉波娃正手将球击入角落，小威廉姆斯不慎跌倒。莎拉波娃狠狠地瞪了小威廉姆斯一眼，并攥紧了拳头。小威廉姆斯躺在地上，脸上露出痛苦的表情。莎拉波娃赢得了下一个发球，并轻而易举地赢得了整场比赛（*San Diego Union-Tribune*，July 4，2004）。在转折点上，负者在身体与精神上同时被打败，胜者则从此满怀信心。对支配权的争夺与性别无关，而是由比赛的戏剧结构所决定。从垒球比赛中女投手的照片中我们能够看到，她们在一次关键的好球之后会作出与男投手一样的姿态：下巴前突，拳头挥向空中。①

篮球打斗通常发生在沮丧感的高峰，即一支队伍被对方逆转并丧失领先局势之后。篮球暴力的形式也许只是特别粗暴的动作，而不是出格的暴力。在2004年NBA东部冠军赛的最后一场比赛中，印第安纳步行者队在上半场领先14分，但是底特律活塞队慢慢追上，并在距离比赛结束还有四分钟的时候追平了比分。接着，步行者队的最佳后卫罗恩·阿特斯特（Ron Artest）用小臂撞到了活塞队的最佳得分手理查德·汉密尔顿（Richard Hamilton）的

---

① 图8.5：男运动员与女运动员表现出同样的支配姿态（2004，AP）。

下巴，后者因此倒地（他的个头比前者要小得多）。汉密尔顿爬起来罚了两个球，在这之后他的队伍再也没有落后，赢得了整个系列的比赛（最终则获得 NBA 总冠军）。虽然步行者队在打斗中获胜，但这一胜利并不具有戏剧性；整支队伍早已在精神上被击败了（*Los Angeles Times*, June 2, 2004）。

考虑一下什么时候不会发生运动员之间的打斗，也有助于我们进一步理解这一现象。毕竟，只有一小部分比赛中会因为即将输掉比赛的沮丧而爆发暴力，或是发生转折点型暴力，尽管在大部分比赛中的某个时刻其中一支队伍总是会意识到自己即将输球。我曾指出，某一个戏剧事件或场地中只会发生一次打斗，因为情绪注意力空间是有限的。同样的模式也可以用来预测打斗何时不会发生。在戏剧高潮已经达成之后，接下来的打斗也就变得不必要了。根据这一原则，在 2004 年洋基队与红袜队之间戏剧性的美国联盟冠军赛中洋基队明星球员亚历克斯·罗德里格斯（Alex Rodriquez）与红袜队投手布朗森·阿洛尤（Bronson Arroyo）在第六场比赛中发生了冲突[32]之后，我成功地预测到了：在剩下的七场比赛中都不会再发生打斗。

取决于比赛的观众暴力

观众暴力有几种形式：(1) 观众冲到场内，或是从远处向运动员投掷物品；(2) 运动员跟观众打起来，尽管这很罕见；(3) 观众在比赛中互相打起来。

对于最后一种观众与观众之间的暴力，目前研究还不多[33]。有些运动场中的某些区域特别容易发生打斗，例如费城退伍军人运动场（2004 年拆除）的便宜高层区域中，常有粗鲁的年轻人投掷物品或是陷入冲突，特别是常会与闯入这一区域的敌对球迷发生打斗。此类打斗与比赛节奏之间有何关联，目前还不清楚。常常出现此类球迷暴力事件的运动场主要分布在东北部城市（主要是波士顿、纽约和费城，特别是在职业橄榄球和棒球比赛中）。在同样的比赛项目中,西海岸的球迷就不那么暴力,也不常出现粗鲁的喝彩与嘲讽。我的观察是,在以粗鲁著称的运动场上,球迷更多是年轻的男性观众,而在西海岸与中西部的观众中则有更高比例的女性与家庭观众。这一模式曾被用来解释北美冰球及橄榄球观众(主要是中产阶级、大学以上学历,差不多一半为女性)与欧洲足球观众(主要是17—20岁之间的蓝领阶级男性)中发生暴力频率的差异(Roberts and Benjamin 2000)。我们并不清楚究竟何时以及为何观众会卷入小规模的与队伍立场无关的冲突——如果队伍立场占据了暴力注意力空间的话,这种暴力就可能会非常少见。

关于观众暴力,我们了解最多的是大规模的观众骚乱。其中一项研究列出了多伦多报纸在一年里报道过的所有观众暴力事件,发现在27起事件中,74%都是由运动员暴力引起的(Smith 1978)。例如,在少年冰球联盟的一场比赛中,双方的冲撞引发了一场打斗,最终双方大部分队员都卷入其中,并波及数百名观众和20名警察。在水牛城与克利夫兰的一场职业冰球比赛中,运动员陷入打斗,结果引发了观众之间互相投掷椅子的骚乱,运动员则挥舞着球杆与观众打成一团。在南斯拉夫扎格布队与希腊全明星队在多伦多进行的一场足球比赛中,下半场18分钟之后,13000名观众中的许多人都冲进了球场。当时比分是1∶1。南斯拉夫的守门员在救球时绊倒了一名希腊球员。裁判判罚点球,守门员提出抗议。双方开始互相推搡,结果球迷们冲向了赛场,开始踢那些反抗的球员(请注意球迷们模仿了运动员的动作)。此次打斗涉及球员与球迷们之间的种族差异。但与此同时,它也发生在比赛的转折点,因为在双方势均力敌、平分且比赛已进行超过一半的时候,点球很可能会决定比赛胜负。运动员们与裁判的冲突打破了比赛的规则,恰在此时,观众也加入其中。这场骚乱最终在警察的大规模干预下才得以平息。

球迷们与运动员们面对着同样的戏剧节奏。事实上,正是因为能够体会到集体紧张感,能够充分表达自己的情绪并将其转化为集体兴奋和团结感,人们才会愿意去现场观看比赛。因此,观众与运动员在同一时刻陷入打斗也并不奇怪[34]。这一点在不同的体育项目中都成立:心理学测试表明,球迷们在观看橄榄球和冰球比赛后（主要是比赛中）其好战性会增强，但在观看健身或游泳比赛后却不会如此（Goldstein and Arms, 1971; Arms, Russell, and Sandilands 1979）。球迷们会跟随特定比赛中产生的情感波动。恰到好处的暴力就是对比赛的延伸；只有当暴力被认为是故意的时，球迷们才会变得富有攻击性（Zillman, Bryant, and Sapolsky 1979）。如果受伤被认为是一个意外，球迷就不会表现出攻击性，也许还会反过来为受伤的对方球员鼓掌。

当运动员与球迷互相直接打斗时，其中一定有一方侵入了对方的空间。有时一群球迷会冲上运动场，尽管大多数时候他们都只是想阻挠或中断比赛（无论是在胜利中还是在愤怒中），或是攻击裁判。若是只有一两名孤立的观众冲上球场，运动员就可能会对他们施加暴力（并且获得大部分球迷的支持，参见第六章注释 11）。

相比观众，运动员更擅长使用暴力，大部分运动员与观众之间的严重暴力事件都是由运动员发起的攻击，最常见的是运动员因为观众的嘲笑而冲上观众席。但是嘲笑是很常见的，也是比赛吸引观众的原因之一——能够不受惩罚地嘲笑对方，并且还能获得己方支持。因此，运动员在进行暴力还击时，一定是因为他们还体会到了其他张力。在第三章中，我们看到泰·柯布在试图打破安打率和盗垒率纪录的压力下冲进了观众席。在其他事例中，紧张感还来自于队伍之间的特殊冲突[35]。

有些队伍会因彼此之间发生过的冲突事件而"结怨"，这些孽缘也广为其球迷所知，甚至因此而使得接下来的比赛变得更加受人期待。球迷们渴望看到戏剧事件，这种戏剧是否暴力则取决于具体赛事。之前我们讨论了印第安纳步行者队与底特律活塞队在东部冠军赛上的暴力事件，这正是他们之间孽缘的一部分。在下一个赛季里，当两支队伍再次碰到时，步行者队一路领先，弥补了上次失败的遗憾。罗恩·阿泰斯特，即上次冠军赛中引发事件（且导致输掉比赛）的球员，在比赛临近结束时再次对活塞队最强壮的球员暴力犯规，从而再次引发冲突；这时距离比赛结束只有 45 秒，己方领先 15 分，所以他的犯规毫无意义，纯属报复。活塞队球员显然将此视为侮辱，并撞了阿泰斯特的头，结果双方球员再次打成一团。阿泰斯特似乎是为了嘲笑对手而躺在了记分员的桌子上，这等于闯入了裁判的领地；在被他激怒的对手被人阻拦的时候，他以此来炫耀自己身处安全地带。接下来，由于这场比赛是底特律主场，结果底特律的球迷们也加入了战局；这与运动员打斗引发观众打斗的模式一致。在喧嚣的嘲笑声中，一名球迷显然是被阿泰斯特躺在桌上看似被动的姿态所挑衅，结果朝他身上泼了一杯冰水。阿泰斯特随后跳进了观众席，在一名队友的帮助下与两名球迷大打出手；阿泰斯特攻击了一名穿着活塞队运动衫（从而表明了自己的身份认同）并向他喊话的观众，另一名观众回击了他，结果又被另一名运动员予以回击。混战的最后，运动员们从观众席上回到场内，观众则留在安全区里冲他们投掷物品。余下的比赛被取消了（*Philadelphia Inquirer*, Nov. 21, 2004）。

　　这场打斗在媒体上获得了广泛关注，并遭到一致谴责；几名步行者队的球员被禁赛处罚。但实际上，这场冲突中的每一个元素都符合体育暴力的通常模式。最嚣张的观众试图参与到戏剧冲突中，正是这一点引发了运动员的报复性暴力；在我所知的所有运动员－球迷暴力事件中都是如此。不管怎样，裁判与解说员的一致反应是指出运动戏剧中的一种基本结构：运动是一种表演，是为了令观众能够体验一种受到保护的幻想中的冲突。观众与运动员之间的边界是整个表演的框架；运动员暴力无论是否在比赛规则允许的范围内，都局限在运动员之间；观众们幻想中的暴力在一定程度上能够获得满足，但真正的暴力必须限制在赛场上而不能指向观众，因为运动员们在这一方面明显要比观众更加擅长。

　　运动员与观众的参与结构是不同的，因此他们的打斗方式也相当不同。运动员的打斗通常有着势均力敌的公平打斗形式；两名队员互相扭打，或是两支队伍在场上陷入混战。但在观众暴力中，通常有一方会占据绝对优势来碾压弱者，例如本地球迷殴打一小群外地球迷，或是攻击客队，再不就是攻击保安人员（如果后者人数较少的话）。

　　运动员之间的打斗非常类似表演型公平打斗，例如决斗。保证双方势均力敌正是精英文化的一部分。相反，观众并不是精英，他们就像骚乱中攻击弱者的乌合之众，只有在人数占据优势时才会嘲笑或攻击对方。观众与球员在精神层面与象征层面上都卷入了同一场冲突，然而他们却有着完全不同的地位：观众是无所顾忌、野蛮无耻的原始部落[36]；运动员则是在荣耀传统之下势均力敌的英雄。满怀热情的观众在运动员面前就像是原始宗教的狂热信仰者看到了自己的崇拜物。观众也会表现得像是闯入了一场广为人知的派对的狂欢者。当观众侵入运动员的领地时，后者会发起反击，就像精英会攻击闯入他们领地的平民一样。正如贵族会通过荣耀守则来解决自己的争端，但却会用手杖攻击一名胆敢以下犯上的平民百姓，运动员也会对入侵自己领地的外来者施加羞辱和惩罚。我们将会看到，运动员与观众在地位上的不平等，产生了更加复杂的观众暴力。

场外观众暴力：庆祝与失败骚乱

大部分发生在运动场上的暴力都与场上的冲突节奏相关。三种观众暴力会独立于比赛发生。最极端的形式是足球流氓暴力，我们最后会讨论这种类型。此外还有几种观众暴力可能始于运动场或与比赛相关，但最后却外溢为场外暴力，并发展出独立的路线。这包括政治暴力和庆祝与失败骚乱等。

与体育比赛有关的政治暴力，部分是由外在的冲突所引起，因为比赛提供了近在咫尺地对抗敌对民族或种族的机会。此外，围绕比赛而产生的冲突，也能令在政治上敌对的双方变得更加团结和强大。

例如，2002年在萨拉热窝举行了一场波斯尼亚与南斯拉夫之间的足球赛。这是双方在1992年的战争之后首次在赛场上遇到；那场战争因种族清洗暴行而臭名昭著。比赛在波斯尼亚首都举行，主场观众包括大约一万名波斯尼亚人，外加大约三百名南斯拉夫的支持者，其中绝大部分都是波斯尼亚本地的塞尔维亚人。波斯尼亚观众在奏南斯拉夫国歌时有节奏地跺脚；南斯拉夫支持者则在奏波斯尼亚国歌时露出屁股。几百名警察将两群人隔离开。接着是一场口号对抗，南斯拉夫支持者呼喊"这里是塞尔维亚"和"卡拉迪克，卡拉迪克"——他们最希望得到惩罚的战争罪嫌犯的名字。波斯尼亚观众则高喊传统的伊斯兰战争口号"真主至上"。南斯拉夫队以2∶0赢得了比赛。警察在南斯拉夫队的支持者离场时对他们进行保护；大约二百名波斯尼亚球迷在场外攻击了警察，六名球迷和19名警察受伤，八名球迷被捕（*San Diego Union-Tribune*, Aug. 23, 2002）。

在这里，虚构的比赛冲突唤醒了早先的政治冲突。带有政治和民族主题的运动骚乱可能取决于比赛本身。在2002年世界杯上，俄国球迷在莫斯科市中心广场的大屏幕上观看了俄国队与日本队的比赛，当日本队进球后，他们爆发了骚乱。俄国队赢得了之前的比赛，也一直被认为实力高于日本队，因此球迷的预期没能得到满足。大约八百名少年和青年球迷在大街上狂奔，高呼："前进吧，俄罗斯！"有些人还身披三色俄国国旗。他们在方圆一英里内打破商店橱窗，在汽车上跳上跳下，砸坏车窗，推翻了十几辆车，还烧毁了七辆车。五名学习日本传统音乐的学生正在附近参加一场音乐比赛，结果也遭到球迷的攻击。骚乱者还投掷酒瓶，并互相殴打，同时也攻击警察；最终一人被杀害，50人受伤住院，其中包括20名警察（*San Diego Union-Tribune*, June 10, 2002）。在这起事例中，对方球队的进球引发了暴力，骚乱随后蔓延开来，波及日本人和其他目标。

2002年的莫斯科骚乱既是一场政治骚乱，也是一场失败骚乱（胜利骚乱的反面）。我们将会看到，胜利骚乱可能与失败骚乱具有同样的破坏力，而且胜利骚乱要常见得多。输掉比赛在情绪上来说令人泄气，观众也缺乏勇气和传统（例如撕下得分公告），而胜利庆祝则具有引发破坏性骚乱的条件。失败骚乱需要额外的机制。其中一个线索是，失败骚乱在国际比赛中要更加常见，特别是当比赛被高度政治化的时候。失败骚乱取决于外在条件，因为比赛中的情绪涌动更容易令失败者丧失能量，而将能量赋予胜利者。

庆祝暴力是狂欢暴力的一种形式[37]。在精神上获得胜利之后，球迷的庆祝是运动员庆祝的延伸。运动员与球迷都会卷入团结的行动：一起高喊、互相拥抱、跳来跳去释放肾上腺素，这些反常规的仪式标志着当时当下的特殊性。在橄榄球比赛中，胜利一方会向教练泼水；这是一种娱乐性暴力，同时也反转了权威关系，教练对此都会一笑置之。美国职业联赛中的冠军队通常会在更衣室里开香槟，不是为了喝，而是为了浇到彼此身上。这与一场狂野派对相类似，但其破坏力则相对有限。

球迷则有不同的选择；他们很少能够接近运动员，用拥抱等形式来表现团结，因而他们就会冲上球场。传统的橄榄球胜利的庆祝仪式是在比赛结束后拆下得分板（始于20世纪初的大学比赛，当时得分板是木头做的；后来几十年里的金属板让这一行为变得更加困难，但有时也会有人尝试）。球迷会被互动仪式的中心所吸引，渴望与比赛中相关的物品接触，就像它们具有魔力一样；通过拆下围栏、篮球场地板甚至椅子并带回家作为纪念品，他们获得了一种圣物，并因此沾染了魔力。胜利庆祝暴力与夸富宴式的狂野派对相结合，其中包含了球迷试图占据比赛中心的渴望。

但球迷并不是比赛中心精英群体的一部分；他们通常都会被阻止，甚至无法碰触到那些符号性的物品。近年来，官方雇用了大量保安人员和警察来阻止球迷进入球场。胜利庆祝之所以会从传统的发生在运动场上且破坏力有限的狂欢形式发展为更大规模的场外骚乱，这也是原因之一。这也意味着场外骚乱会随着场内保安的升级而升级；这一假设可以用历史记录，以及具有不同安保级别的不同比赛来验证是否属实。

在接下来的事例中，胜利一方是客队，庆祝骚乱发生在他们自己的学校里。这一事例中体现的暴力和社会控制的具体过程对我们的分析格外有用。

2003年4月，明尼苏达大学橄榄球队在水牛城作为卫冕冠军出赛。在明尼阿波里斯，兄弟会门前的草坪上摆满了啤酒桶，好在比赛胜利后能在公共空间发起庆祝。晚上8:30，胜利的消息传来，人们开始从兄弟会、姐妹会和公寓中涌出，聚起了1000人。不到20分钟后，他们就在一个路口（远离建筑的安全地点）用床垫、公园长椅和垃圾燃起了篝火。消防员迅速扑灭了火情，也就是说，他们压制了庆祝。随后，球迷又在其他四个地方的垃圾桶和垃圾堆上点起了火——仍然只是在烧垃圾而已。在最初燃起篝火的路口，一个交通标志被折断，因为有人爬上了路口的横梁，试图把它拆下来。一名警官说，众人"为他们喝彩鼓劲，仿佛这是什么体育比赛"——也就是说，这是一种比赛体验的延续。

当时警察只有两人，人手远远比不上对方的1000人。众人向他们投掷啤酒瓶，他们则退回到警车里。最后，200名警察赶来支援，双方的行动都有所升级。堵在人群中的摩托车手被人砸了车；救火车也无法接近火情。

15名警官站成两派，肩并肩沿街走来对抗群众。一名警官用扩音器让众人散开。学生们并没有回应。"我们不常有机会大摇大摆地走在马路中间，"一名大二女生告诉记者，"可那又有什么错呢？"

众人依然毫无秩序，有人向警察投掷酒瓶，有人则投掷点燃的物品。警察开始用警棍攻击人群，人们向三个方向散开。警察花了15分钟清理路口，随后消防员才赶来灭火。警察留在路口维持秩序。

与此同时，分散的人群开始在其他路口纵火。更多警察赶来支援，依次清散路口。到了晚上10：30，警察开始驱散大约三四百人组成的人群。人群缩小了，但仍充满热情。"人们在高喊'U-S-A！ U-S-A！'"一名目击者称；有人喊道："这就像巴格达一样！"他们盗用了国际运动赛事中的口号，特别是1980年奥林匹克冰球比赛中美国队战胜苏联队的记忆，以及2003年3月美军在伊拉克取得的胜利。就像随后我将会解释的那样，所有在情绪上具有记忆价值的象征事件，都会在此类情形下派上用场。

一小群年轻人在停车场里欢呼着掀翻了一辆车。有人烧了一些报纸架，接着是垃圾桶，而后是被掀翻的汽车。许多人都在打电话，描述自己目睹的事情。一名目击者听到有人说："伙计，你得来瞧瞧，真是太让人难以置信了！"夸张的叙述与行动本身开始混为一谈。

另外一处停车场上也有人在纵火，还有人打开了消防栓，淹没了街道。

警察用发射器向人群喷射化学喷雾,许多人从这一区域躲开了。

晚上11:00,有些人开始尝试闯入大学体育馆。垃圾桶里燃起了火苗。有些球迷甚至想要点燃树丛。警察再次动用了警棍,人群被驱散了。

临近午夜,有人用瓶子砸碎了一辆消防车的挡风玻璃。最后一场火在凌晨1:00被扑灭,此时骚乱已经持续了五个小时。大学周边总共被纵火65次,许多汽车都被掀翻烧毁,一家商店被洗劫,若干交通标志被拆毁。为了保持庆祝的情绪,人们洗劫的是一家酒铺。等到警察赶来,酒铺的橱窗已被砸烂,洗劫者也已四散而去;有人拿起一辆自行车架砸了窗户。旁观者称,洗劫者手里都提着成箱的啤酒。"他们搬空了伏特加,"店主说,"不管是贱酒还是贵酒,他们根本不挑。"(*Minneapolis Star-Tribune*, April 20, 2003)

火被扑灭的时候,骚乱也就结束了。从一开始的少数纵火,到后来更广泛区域的一系列纵火行为,都是随着警察管制越来越强而发生的。骚乱行为除了众人兴高采烈的叫嚷(在一开始的两个小时里达到高潮),还包括寻找新的纵火地点。大部分纵火行为都有着相同的模式,如烧毁垃圾和垃圾桶等。没有人尝试烧毁建筑(尽管后来当警察把人群从开阔的路口驱散之后,开始有人威胁放火)。纵火是让"道德假期"得以持续的主要工具。在这里我们也能看到常见的模式:最活跃的只有一小群人。人群最多时达到1000人,而大学里总共则有3.9万学生;在这1000人中,许多人都是旁观者而非参与者。

很大程度上,庆祝骚乱之所以会发展到攻击权威,是因为人们缺乏传统的受到限制的庆祝方式,例如拆毁得分板和纵火等。缺乏制度化的场所来让人们温和地享受破坏性的"道德假期",正是导致暴力升级的原因之一。大众媒体格外关注运动员自己的庆祝,这也是原因之一。此类骚乱与派对上发生的边界排挤型打斗十分相似;如果兴奋的人们无法进入精英们的狂欢区域,他们就会燃起怒火;愤怒与兴奋相结合,这正是导致混战的公式。

作为复杂战术的场外暴力：足球流氓

英国与欧洲足球流氓的场外暴力是一种特殊类型，也是运动暴力中最复杂的[38]。我称之为"复杂"，是因为它是故意为之，目的是享受令人兴奋的群殴过程。足球流氓暴力通常都是围绕一场足球赛展开，尤其是当球迷前往另外一个城市（最好是另外一个国家）客场观战的时候。但暴力并不取决于比赛本身；它既可能发生在比赛前一天，也可能发生在球迷聚集之后的任何时刻。比赛只是让他们动员和聚集起来而已。一场比赛能够提供许多合理的暗示与象征性的共鸣，足球流氓会从中有意识地寻找情绪的触发点并挑起争斗；但与此同时，他们的行为却与队伍的表现并无关系。他们会避免输掉一场大比赛的沮丧，或是庆祝一场大胜利的不确定性。相反，他们会故意且有规律地组织自己能够控制的暴力，并通过一系列组织技巧来保证能够挑起令人满意的打斗。正如此前提到的，球迷与球员之间是不平等的。球员是精英，球迷会在精神上跟随他们；当运动员在比赛中表现出戏剧性冲突时，球迷就能从中获得集体兴奋。当运动员以令人尊重的方式参与赛事时，球迷会兴奋地围观，或是尝试用不那么令人尊重的方式（攻击弱者）来参与暴力。体育比赛是为了在球迷中产生情绪浸润和集体团结，足球流氓暴力则是为了在不需要运动员的条件下提供暴力所需的浸润与团结。这种暴力与比赛的对抗结构无关；足球流氓自己成为英雄，从而篡夺了运动员的地位。

在阶级分明的英国社会，足球流氓常被认为是阶级意识和冲突的体现。但足球流氓并不是工人阶级中最穷苦的那些人，而通常都是来自精英阶级[39]；有些人是被能量和兴奋所吸引的白领或小生意人（Buford 1993：31, 118, 216；Dunning et al. 1988）；对他们来说，在球迷世界里获得暂时性的精英地位要比无趣的中产阶级日常生活更具吸引力。足球流氓暴力无法用剥夺感来解释，但却可以用暴力的积极吸引力来解释；而这则进一步取决于人们是否掌握了积累先决条件的技巧。

这些技巧包括什么呢？首先是在街头和公共场所游荡的能力：要能避开警察，同时在有利的时间和地点遇到敌人。这就像是一支军队以连（200人）甚至营（1000人）或团（超过4000人）为机动单位行动一样。不过在这里，暴力组织大多是临时性的。既没有正式的命令，也没有集会、财务、选举或书写记录。有时会有非正式的基地，例如酒吧（酒吧店主可能是最活跃的足球流氓之一）；某些半合法的机构和票贩子可能会安排旅行和后勤所需；也会有一些领袖人物[40]。某支队伍的球迷核心团体中会有非正式的首领，他们众人皆知，常常西装革履，在足球流氓暴力的酝酿过程中坐镇其中。布福德（Buford 1993: 29—30, 81—93, 119—20）曾在1980年代参与观察曼联球迷和其他英国足球流氓的行动，他发现每个首领都有自己的跟随者，形成30—50人的小团体，成员大都是十五六岁以下的年轻人，他们都渴望证明自己。他们挑起了许多争斗，表现得像是首领的副官一样。这种首领会在意大利城市中游荡，为几百名追随者指明道路，躲避大批试图控制英国入侵者的意大利警察；他们身旁聚集着十几名年轻人，这些人会将命令传达下去，让众人分散或是重新聚集，直到最终发现合适的受害者——巴士上受到惊吓的意大利球迷（不是能打架的人，而是他们的家人），或是留在空荡荡街头上的一小群意大利年轻人。有时，首领会告诉追随者时机是否合适，甚至会"帮助警察指挥交通，驱散堵塞街道的追随者，谴责摔碎酒瓶或是不守秩序的家伙"（Buford 1993: 68）。

除了这些首领之外，经验丰富的足球流氓也会掌握不少广泛传播的技巧：当行动尚未开始但正在酝酿时，如何快速地小跑；何时该聚集起来集体行动，何时又该四下分散。如果遇到荷枪实弹的警察，他们就会摇身一变作出平民的姿态，躲过警察的防线。"不要走得太快，所有人都要装出一脸'不关我事'的模样。"（Buford 1993: 198; also 92—93）由于这很可能是在骚乱之后立刻发生，警察并不一定会上当，但是由于警察也会倾向于避免激起更多冲突，所以他们也会接受这种戈夫曼式的表演。对于面对警察时的冲突性紧张/恐惧，足球流氓有着深入的理解，并会有意识地利用这一点。他们知道：只要不是在骚乱中被发现，权威机构就不会对他们使用太多暴力；因此，他们会谨慎地开启和关闭暴力行动。

根据具体情况，也可能会出现临时的首领；他们也许是那些积极地传播消息的人——"晚上6：00会发生游行，请告诉更多人"；也许是那些面对警察防线最先走下人行道并期待其他人跟随的人（有时会有人跟上来，有时则不会；如果没人跟上，这些潜在的首领就会紧张地四处张望，然后退回人群中，努力让自己显得不那么可疑）(Buford 1993：282—89)。首领会帮助指挥人群，反过来人群的情绪也会赋予首领以力量，无论时间长短。

策略与技巧不仅被用来对付警察，也被用来对付敌人。人们得知曼联的对手西汉姆联队会乘火车抵达，因此便酝酿了一次行动，恰到好处地堵在了火车站入口，在西汉姆联队下车之际袭击了他们。

> 当时有1000人左右"随意地"聚集起来，双手插袋，眼望地面。他们是想让自己看起来不像是一个团伙，而只是无意间路过罢了；与此同时，另外1000人也是这么想的……又过了一分钟，球迷开始走上大街。他们仍是一副随意的姿态，但已很难伪装下去了。随着人们聚集到一起，人群已然成型，由于这是在主干道上，一切都显得格外可疑和具有侵入性。人群开始朝着火车站的方向移动。人们走得小心翼翼，看上去并不狂热，而是稳步前进。但我看得出来，所有人都怀有某种信心，相信自己最终能做到些什么。人们的步伐逐渐加快。有人开始喊："杀，杀，杀。"一开始是耳语，仿佛是被迫发出的声音。随后，其他人也开始重复这一口号。人们的脚步再次加快，先是变成小跑，跟着又变成快跑。一名老年妇女被撞倒，两袋食物洒在地上。没有警察出现。半路上，事情发展到了高潮，1000人大步奔跑着高喊："杀，杀，杀！"(Buford 1993：121—23)

在这起事件中，曼联球迷采取了曲线迂回的方法：警察和警犬都在车站里面，准备逮捕以团伙形式出现的足球流氓；西汉姆联队当时才下车，他们跟随警察满意地穿过气势汹汹的本地球迷。这被曼联一方当成可耻的挫败，认为警察允许敌人"占领了城市"。

有时其中一方会发动成功的迂回作战：一名首领与其少数追随者带领着曼联球迷在伦敦街道上游荡，切尔西队球迷紧随其后，但曼联球迷却绕到后方攻击了切尔西球迷（Buford 1993：201—3）。有时敌对双方的首领会通过手机来安排群架：双方会找到一个警察视线之外的地方（比利时足球流氓特别喜欢这么做，Van Limbergen et al. 1989）。足球流氓暴力的主要特征之一就是它是有所预谋的：不仅在意料之中，而且事先经过计划，尽管过程中可能有若干即兴发挥之处。一名研究者称之为"约定好的暴力"（Johnstone 2000）。

这一系列复杂的战术中还包括了解怎样的行为能逃脱惩罚。坐火车或巴士前往客场观战的球迷会损毁车辆、从窗户里抛掷酒瓶、嘲笑和威胁困在他们中间的受人尊重的中产阶级（Buford 1993：13—15，62—66）。警察通常只想驱散他们，因此不太干涉这种损毁公物和粗鲁的行为。球迷们也知道成群结队地出现有好处，他们会借此欺压检票员和食物摊点小商贩。曼联球迷用"吃霸王餐"来形容坐车和吃饭不给钱的行为；有些经验丰富的球迷则自称"跨城霸王餐专家"。数百名球迷可能会洗劫火车站的食物摊，往口袋里装满食物和饮料；在工作人员看来，他们利用了这一场景的混乱——将食物丢向空中，高喊着"食物大战，食物大战！"然后分头四散，消失在人群中（Buford 1993：64）。他们之所以不愿付钱，不是因为付不起（根据布福德的记录，大部分球迷都有工作和相当充裕的存款），而是因为吃霸王餐本身就是一种乐趣[41]。这是群体暴力的一种较为轻微的形式，也可以说是一种"道德假期"；但它被一个团体故意加以利用，将其发展为一种传统和战术。

埃利亚斯和邓宁（Elias and Dunning 1986）认为，最近几个世纪，经过开化的社会变得平静而无趣，足球暴力就是为了寻找刺激才会发生[42]。但这一解释未免也太过宽泛。几乎所有现代运动的目标都是提供表演型刺激，但刻意组织的场外暴力却将这种设计与刺激都提升到了一个新的高度。

群体首领既谋划策略，也领导兴奋感：

> 萨米转身向后跑去。他似乎在目测人群的数量。他说，能量仍然在后面涌动；但他并不是对某个特定的人这么说的。他很警醒，四处逡巡踱步。他伸出手，摊开手掌，说道：感受这能量吧……
>
> 所有人都涌上街头，不用多说什么，大家开始高呼："团结，团结，团结！"萨米上下挥手，仿佛在试图扑灭火焰，让人们安静下来。片刻之后，又有人开始呼喊口号，这一次是"英格兰"。他们无法控制自己。他们渴望像正常的球迷一样——想要唱歌，想要作出粗鲁的举动，就像这一整天以来他们一直在做的事情一样——必须有人提醒他们不能这么干……
>
> 一群警察一度冲我们走来，萨米发现了他们，低声发出新的命令，悄悄让我们解散，于是人们四散开来：有人穿过街道，有人继续沿街走下去，有人则落在后面；直到他们远离警察，萨米才转身再次跑到人群后面，命令大家重新集结。他手下的那些青年就像训练得当的狗一样帮忙把其他人再次聚集起来……
>
> 萨米一定从体育馆开始就在领导这一群人，他们试图在路上发现意大利队的支持者。当他转身走到队伍后面，他一定发现了自己带领的200个"怪物"身后已经跟上了一群意大利青年，后者好奇地跟在他们后面，也许是渴望爆发一场打斗，也许只是受到这群人的感染，禁不住想跟上去看会发生什么。而后，萨米判断时机合适之后突然停下脚步，抛却了所有伪装，大喊："停下！"所有人都停了下来。"转身！"所有人都转过身来。(Buford 1993：81—85)

随之而来的是一场大混战。正如群架中常见的，人们分散成了一小群一小群，布福德观察到一名年轻的意大利男孩落了单，结果被一群英国足球流氓揍翻在地拳打脚踢；一旦发现有容易欺负的目标，攻击者的人数就会快速从两个增加到六个，又增加到八个。

> 萨米兴奋不已，他掰着手指，跳上跳下，不停地说着：" 开始了，开始了。" 他身边所有人都兴奋得不得了……此处充斥着高强度的能量，人们很难忽视这种兴奋。我身旁有人说自己很开心，他说他想不起来自己以前曾经这么开心过。（Buford 1993：87—88）

片刻之后，这群人追上了一家意大利人：一个男人带着妻子和他们的两个儿子正准备躲进车里逃走。英国流氓们用一个沉重的金属棒打到了意大利男人的脸，把他击倒在地；其他人则踩到他身上，有时还会停下来踢他两脚。

这种高涨的情绪来自乌合之众的力量；众人创造了一个"道德假期"，从而控制了周围的空间。当人们组成一个清醒的群体时，这种力量感并不一定就是暴力的。

> 人群穿过一个主要路口，他们已经不再尝试伪装无辜；此刻，他们换上了傲慢和暴力的身份，大摇大摆地穿过堵在马路中间的车流，心知肚明自己不会停下。（Buford 1993：89）

在伦敦发生的另一起事件中，曼彻斯特球迷离开了他们的聚集地：

> 酒吧被清空了，啤酒瓶碎了一地，原本在酒吧里的人都涌上了狭窄的小路；人数不少，且人人都慌慌张张，不想被落在后面。人们冲上了尤斯顿路，四散开来，堵塞住了两个方向的交通；所有人都感受到了高涨的能量，以及身处群众之中所突然获得的权威力量。
>
> 他们躲开了尤斯顿路的地铁口（那里警察太多），向下一个地铁站尤斯顿广场前进，而后一拥而入；他们一路上都在破坏公告、海报

和标语牌，旋转门和路障也没能挡住他们。此时此刻，所有人都在呼喊口号，群体的能量水涨船高。没人买地铁票，也没人拦下他们。
(Buford 1993：194)

他们成功地到达了引爆点，感受到了群体的能量与欢腾。值得注意的是，他们所制造的暴力只有在身处乌合之众当中时才能引发；在其他情形下，他们可能会卷入个人争斗，但却不会有相同的派头。

克服障碍进入"道德假期"，并由足球流氓自己通过复杂的战术来进行操控，这种体验令人难忘。

乌合之众一旦成型，就仿佛赋予了某种东西以生命。我能看到更多人纷纷加入，他们被乌合之众带来的强大能量所吸引，但却并不像是外来的新人，而更像是从乌合之众中产生的。你能感受到人群的增长……我们是自由的，人们的脸上这么写着。我们需要穿过警察的防线，他们如此相信。没人能阻止我们……脚步加快了。我能感受到那种必须走得更快的压力，那是一种内在的动力，并非来自某一个人，而是来自所有人，满怀着炽热的力量，人们共同相信，队伍走得越快，就会越团结、越强大，情感也会越炽烈。一开始的漫步变成快步走，又变成小跑。所有人都在整齐而安静地跑步前进。

我很享受这一切 [令人尊重的中上阶层观察者如此报告]。我为此而兴奋。这里发生了某种事情：人群会产生欲望，这种欲望必须得到满足；他们渴望得到释放。人群一旦形成就无法轻易散去。它具有自己的动能，难以停止。(Buford 1993：199—200)

这就像是吸食毒品之后的体验，尤其是当毒品进入血液循环系统并影响大脑的时刻：

这正是瘾君子们所谈论的东西。他们谈论自己造成的破坏，谈论为何不得不这么做，谈论为何无法忘记所做的事情，以及为何永远不想忘记。他们谈论自己被这种情绪所浸染，不停地一遍又一遍地谈论那种感受。他们满怀骄傲地谈论着，仿佛亲身体验过这种事情之后，他们就具有了其他人所没有的特权。他们谈论这些事情的方式，就像之前一代人谈论毒品和酒精一样，只不过在这一过程中他们也会吸毒和饮酒。其中一个小伙子是个税务官，他谈论自己的体验时，仿佛其中有什么化学反应，或是喷洒了荷尔蒙，或是某种令人不清醒的气体——一旦这种化学物质进入空气，一旦暴力发生，其他行动就会不可避免。后来我意识到自己当时就像吸毒了一样，陷入了肾上腺素所导致的狂欢中。有生以来第一次，我理解了他们口中的形容。乌合之众的暴力就是他们的"毒品"。(Buford 1993: 204—05)

瘾君子经常会描述注射海洛因、吸食可卡因或大麻后的极乐体验(Becker 1953，1967；Weinberg 1997)。在这里，我想强调的是，足球流氓群体中最令人愉悦的时刻是当它跨过临界点并开启"道德假期"之时。他们会有意识地作出暴力行为，但在此之前需要首先建立起"道德假期"的领域。仔细研究之后就会发现，被赋予吸毒体验的暴力行为镶嵌在更广泛的社会过程中。暴力是集体注意力集中的波峰，但它很大程度上是一种象征，代表了一种不正常的集体兴奋，以及一种与众不同的团结感；除此之外，这一团体还掌握了制造"道德假期"的技巧。

他们一旦控制了公共空间，就会变得粗鲁而令人厌恶。这是一种刻意为之的对正常社会秩序的挑战，目的在于震慑旁观者；他们的行为包括酗酒，随地小便，大叫大嚷等(Buford 1993: 52)。比赛之前拎着酒瓶晃悠一整天也许并不是为了喝醉，醉酒是为了在暴力爆发之前维持一种粗鲁的姿态。

足球流氓们实际作出的暴力行为大部分都是攻击弱者[43]。布福德举出的例子都具有这一特点：一大群足球流氓长时间地暴揍一名落单的受害者；

有时受害者是对方球迷中强壮的男子，有时则可能是其家人。足球流氓组成的群体之所以会在街头迂回逡巡，就是为了寻找这样一个时机。① 当人数众多的敌对群体迎面撞上（主要发生在比赛中英国球迷互相侵入对方领地的时候），他们通常只是会象征性地吓唬吓唬对方，或是隔着一段距离扔几个酒瓶，而不会陷入大规模的混战。另外一名参与观察者注意到：

> 在足球流氓骚乱中，人多的一方几乎总是会获胜，另外一方则会落荒而逃；更重要的是，他们也会被默许逃走（因此受到的伤害也被最小化）。然而，尽管这一事实得到广泛认同，却也同时被封存为秘密，好让双方都能从每一次暴力事件中获得尽可能高的荣耀。人数较多的一方并不会谈及他们以多欺少，但人数较少的一方就会强调这种不平等，并将失败当作一种荣耀。因此，这些理想中的情况在现实中很少发生，因为势均力敌的双方如果卷入严肃的争斗，几乎必然会造成严重伤害。我并不是说这种打斗从未发生过，而是说多数情况下，占据人数优势的一方会把对方吓跑，因而打斗也就会不了了之。人们普遍承认人数的作用，但却又抹去其存在。当他们谈论起这一冲突时，几乎总是会将其形容为势均力敌的理想情况。（Anthony King，私人通信，Nov. 2000）[44]

在现实中，打斗只是足球流氓活动中的一小部分，尽管当他们在街上迂回逡巡等待时机或是事后讨论时，打斗都是注意力的中心。金总结道：

> 尽管打斗是足球流氓们情绪的制高点，但打斗本身持续的时间却可以忽略不计。在所有的暴力事件中，类似自行车赛场上发生的那种冲突（马赛体育馆中的一场短暂争斗）几乎总是结束得很快，而且并

---

① 图8.6：足球流氓围攻落单的对方球迷（Munich, 2001, AP）。

> 无绝对的胜者。相反，对暴力的描述却可以持续很长时间。这一时间分配上的不平衡说明，过去对足球流氓的分析也许应该反过来考虑。
> (King 2001: 570)

　　足球流氓的主要仪式就是聚集在酒吧里，他们会在那里建立起团结感，并在打斗结束后完善故事。团队的边缘成员并不一定会出现在打斗现场，但却能承载整个团队的集体记忆；对打斗的讲述也能强化他们自己的地位——介于故事中的人物（通常与故事的讲述者不做区分）与听众之间。发生在国外的打斗更加有价值，但其中必须发生过引人注目的事件才行；只要到过那里，就能成为明星（Buford 1993: 113—14）。暴力成为群体中价值不菲的商品，既是因为人们能够在这个群体中讲述它的故事，并且这个故事能够成为这一群体的制高点，也是因为在反复讲述的过程中，支持者们能够聚集起来，形成比核心参与者更加庞大的群体。对暴力的讲述成为群体之中流传的关键性的文化资本。正如金所指出的，群体存在于其成员的意识之中，作为不断构建的集体记忆而存在着。故事的讲述有一种神话的特质；只有那些制高点会流传下来，经过扭曲之后令自己这一方看起来更有英雄气概，从而掩盖了以多欺少、恃强凌弱的本质，也掩盖了从强者手下溜走的真相。就像杰克逊－雅各布斯（Jackson-Jacobs 2003）所描述的派对中的打斗者一样，这种打斗主要是为了之后能够讲述夸张的故事。

　　一点点暴力的影响就能持续很长时间。对英国球迷来说，发生在马赛的那起小事件让整个旅程都有了意义；作为戏剧的暴力是一种唾手可得的资源，由于它很容易生产，因此也就比胜利更加易得。

敌对身份的戏剧性本地建构

我一直在指出，足球流氓团体控制情境的技巧是他们行为的核心，也是其吸引力的来源。不过，更加广为流传的解释则是强调文化背景：一种建立在父权社会之上的具有攻击性男子气概的文化；民族主义；地方主义等（如Dunning et al. 2002）。我们可以找到足够的证据来支持这些解释。足球流氓本身是一个非常重视声音的群体，他们会用成语来表达对对方的挑衅与羞辱。他们高唱爱国歌曲，侮辱外国人；如果针对的是个人，他们最喜欢的羞辱方式就是称一个男人为"娘炮"（cunt）（Buford 1993: 281）。

但无论如何，这些羞辱都是取决于情境的。例如：在一辆为观看比赛而开往意大利的客车上，英国球迷一遍又一遍地高呼"英格兰"。

> 还有一首更加复杂的歌曲，曲调来自《共和国战歌》，歌词是：
>
> 光荣，光荣，团结一心
> 光荣，光荣，团结一心
> 光荣，光荣，团结一心
> 我们的军队前进！前进！进！
>
> 每一个"进"都更响亮一点，伴随着熟悉的胜利手势。还有一首更简单的歌："操翻教皇"——说简单，是因为整首歌都只有这一句歌词……
>
> 其中一个人坐在打开的窗户旁边，他突然在窗口露出了屁股——他的裤子此时挂在膝盖，双手抓住臀瓣用力掰开。他身后一个人正在冲窗外撒尿。人们站在椅子上挥舞拳头，冲意大利路人、警察和小孩骂着脏话。（Buford 1993: 43）

简而言之，由于当下的情境，爱国主义歌曲和口号升级成为一系列猥亵行为。

当英国球迷在国外旅行时，爱国主义歌曲和口号就会出现，当他们在国内挑战对手时则不会出现[45]。尽管1980年代的足球流氓也会用性别歧视的绰号去羞辱他们不喜欢的男人，但他们却是撒切尔夫人和女王的忠实崇拜者——想必是因为这样有助于强调英国人的团结与优越感，并可借此攻击受人尊敬的、教育水平较高的左翼和自由派人士。尽管在意大利他们会高歌"操翻教皇"，但在国内他们却会出于对英国国教制度的敌意而维护天主教教廷的尊严（Buford 1993：95）。这种模式很像卡茨（Katz 1999）对高速公路上路怒事件的研究：之所以会去咒骂对方，是因为这种反应符合他们当时正在对抗的目标；这些咒骂不需要基于深入的信仰，上演的剧目也可以不停地改变甚至前后矛盾。

咒骂与羞辱都有其更深远的文化根基，但赋予其生命的却是当时当下的情境。民族主义和大男子主义等印象是一种表演效果，而不是产生一切的根源；它们都是建立"道德假期"的群体技巧，可以令这些羞辱成为一种有用的表演，并将它们摆上前台。

我们可以说得更加具体一些。夸张叙事是一种关键体验，打斗固然必要，但却并不重要。夸张叙事也可能与上文所述的口头羞辱混为一谈（高歌"操翻教皇"的人事后也许会夸夸其谈自己如何"操翻意大利人"，这种叙事很大程度上都是只停留在口头上）。我们很容易认为，他们在当时所喊的口号就是其行为的动机。这是混淆了口号与内容。要想躲开这个陷阱（在日常谈话和日常政治论述中都很常见），我们就需要分析此类口头表达的微观互动情境。

人们只会在特定时间开始高歌，作为一种表现团结和攻击对方的仪式。布福德的观察细节揭示了人们究竟在什么时候会开始唱歌和喊口号，什么时候又不会这么做。这一切发生在球迷们卸下伪装、露出乌合之众的真面目之时，但又发生在暴力真正开启之前。当足球流氓们真正开始打斗时（六到八个人对着一名倒在地上的意大利男孩拳打脚踢），没人会再说话，现场只剩下拳脚的声响，具体则取决于拳脚落到身体的哪个部位上（Buford 1993：

84—86）。这种无言的情境意味着冲突性紧张的回归，这说明群体中的欢腾气氛并非来自打斗本身，而是来自发生在它前后的口头表达仪式。

金（King 2003；特别是第十一章"欧洲种族主义"）曾将种族主义区分为"有机种族主义"和"工具种族主义"，前者深植于社会之中，后者则常会从球迷的口号中流露出来。例如，意大利球迷会称敌队黑人球员为"非洲猴子"，并向他们扔香蕉来取笑。西班牙球迷也曾对来访英国球队中的黑人球员叫嚷种族主义绰号，根据金的记录，他们认为自己只不过是在开玩笑，同时通过口头语言技巧来挫败对方的精神。种族主义侮辱言辞甚至可以用在同一种族身上，只要他们支持的是敌方队伍。北部意大利球迷会羞辱南方的白人球迷，冲他们嚷嚷非洲起源于罗马；利物浦球迷则会叫嚷"我宁愿做巴基斯坦人，也不要做炖杂烩（敌方球迷的代称）！"这些口头羞辱都具有种族主义背景，人们在利用这些语言的同时，也无意识地强化了种族阶层。

我想提出一个更强的解释：作为球迷的体验和行为创造了（至少是扩展了社会中业已存在的）一种对抗性的种族身份。富有种族主义意味的羞辱不仅仅是一种贬低对方球员的技巧；球迷文化的核心是参与到比赛中去，并通过嘲讽对手来主动为之增添一层独立的戏剧意味。所有体育赛事的主要吸引力就在于能够在冲突中参与到集体情绪体验中去，而无需面对与真正的冲突相伴随的危险与代价。种族主义嘲讽就是这种技巧之一。

这一论点可以通过一个思想实验来证明：如果球队不存在了，那么种族主义表现就可能会减弱[46]。社会中有着业已存在的种族／民族对抗主义思想，但这些也许并不那么重要（考虑到近年来右翼运动业已式微）。足球在欧洲日益流行，基于比赛的球迷对抗强化了种族之间的对抗并外溢到整个社会。足球流氓及其模仿者将这些口头表达发展为场外的暴力事件，是想将比赛中体验到的团结及戏剧感与自己熟悉的日常生活中的其他方面联系起来。

关于运动的比较社会学未能解答这样一个问题：为什么英式足球的日益流行恶化了种族嘲讽，而在美国的大众体育赛事中却几乎不存在种族嘲讽？在美国，比赛前后观众完全可以互相嘲讽，有些体育场中还有球迷互殴的传统;但种族嘲讽却成为一大禁忌,对抗身份只能建立在球队之上(我无法想象一名美国球迷,哪怕是格外暴力的球迷,会喊出"我宁愿做黑鬼也不愿做洋基队球迷"这种话来)。其中一个解释是,从1940年代第一名黑人棒球球员出现在白人联赛中开始,到1960年代的民权运动,美国体育运动就一直致力于促进种族融合,并且至今仍然肩负着这一使命。在美国的橄榄球和篮球比赛中,从1960年代这些比赛占据了大众媒体视线以来,大部分球员就一直都是黑人。黑人进入棒球比赛后,只在最初几年里出现过种族主义的嘲讽,而那些声音一直都受到广泛谴责。在美国,种族主义嘲讽并不会被认为是在嘲讽对手,进而被视为一种玩笑性和工具性的种族主义;相反,这种言论会被直接视为与球迷忠诚无关的种族敌对主义。体育运动是否曾参与到更大层面的社会运动(例如民权运动)中,也许能够用来解释不同国家中的差异;不过,这些差异也可能与球迷的组织形式有关。美国球队缺少足球流氓团体;这些团体是关键的一环,如果没有,球迷们就很难通过嘲笑对手来联系到社会层面的冲突,并在体育场外有所行动。

娱乐至上时代的观众反叛

足球流氓的历史,就是塑造集体兴奋与欢腾的技术的发展史,而且这种兴奋可以与比赛本身无关。

足球比赛中的暴力可以追溯到20世纪早期甚至更早。世界各地都曾出现过这种暴力,其中一些最暴力的骚乱发生在英国足球流氓不曾涉足的区域。例如,1982年在苏联,69人在一场骚乱中死亡;1964年在秘鲁利马,在一场对阿根廷队的比赛中,300人死亡,500人受伤(Dunning 1999:132)。1969年爆发了一场战争,洪都拉斯驱逐了数十万名在过去几十年里移民而来的萨尔瓦多农民;导火索是两国之间的一场足球赛,比赛引发了骚乱,进而引发了一场长达五天的战争，2000 人死于其中 (Kapuscinski 1992)。不过，我们分析的重点并不仅仅是伤亡人数，因为这并不能告诉我们究竟产生了怎样的社会模式。洪都拉斯与萨尔瓦多之间的比赛并不是足球流氓暴力，而是我们在前一节讨论过的政治暴力；胜利与失败引发的骚乱是一种方便的动员机制，能够动员到比赛之外的社会冲突。这种骚乱（以及战争）也许在威权社会更容易发生，在那里，体育运动可能是唯一能够用来动员群众的舞台。反过来，我们在此处所讨论的则是民主社会中通过足球流氓团体等社会组织而动员起来的运动暴力；这些团体运用自己的技巧创造了"道德假期"，按照需求制造独立于游戏之外的骚乱。大部分早期暴力都是我们曾经研究过的自发性球迷行为：闯入球场，或是将比赛中的情绪延伸为场外的胜利或失败骚乱。

英国足球联赛开始于 1860 年代，像其他运动一样，足球是中上阶级的领地。到 1880 年代末期，足球已经职业化，并获得了一批工人阶级球迷。球迷人数得到了增长，球迷暴力也随之增长。大部分此类事件都发生在场内（如体育场）；由于观众区与球场之间并没有太多阻碍，所以也会发生许多闯入球场的行为[47]。

也许正是英国体育场一个偶然形成的特点，导致其对球迷暴力格外具有吸引力。在传统足球暴力的时代，观众（特别是那些粗鲁的球迷）会挤在体育场的上层看台上。早期看台都是土坡，后来变成混凝土制的长椅。然而没人会老老实实坐着，这既因为传统观看方式是站着，也因为随着足球流氓的发展，警察会尽可能地将更多球迷塞进看台，并用铁链和其他障碍物将他们堵在里面。这一策略是为了把足球流氓（特别是客队球迷）与其他观众隔离开来，并在特定时刻允许他们出入场地，好让他们无法与当地球迷发生冲突。这一策略导致若干意料之外的后果。由于限制了场内暴力，它反而促进了场外暴力策略的发展，而那些暴力则与比赛本身无关——这就是英国足球流氓按照自己的需求来制造"道德假期"的技术创新。

另外一个后果则是增强了看台上球迷的团结感和情绪浸润。那些隔离带

被称为"猪圈"或"地牢";里面的人们挤成一团,通过高度强化的互动仪式,按照同样的节奏摆动身体:

> 在任何运动中,观众都可能会作出在其他场合下不可能作出的表现:拥抱、呼喊、咒骂、亲吻、狂舞。最关键的是运动带来的兴奋;对这种兴奋的表达与目睹同样重要。但是,没有哪种运动能让观众体会到像在英国足球看台上一样的身体感受。你可以通过人群感受到比赛中的每一个关键时刻,而且无法拒绝这种感受……你能够体会到每一个进球。每一次进攻,观众都会屏住呼吸;每一次救球,观众都会同样夸张地松上一口气。每次我身旁的观众舒展身体,我都能看到他们的胸腔扩张,而我们则会被更紧密地推挤到一起。有时他们会紧张起来,手臂肌肉略略放松,身体则变得僵直;有时他们会向前伸长脖子,试图在夜晚古怪的无影灯光下看清楚球到底进了没有。你能够通过身体感受到双方球迷的期待。(Buford 1993:164—66)

并非所有高层看台上的球迷都是足球流氓。足球流氓是少数特别活跃的球迷,他们很可能人数并不多,特别是当他们前往客场(尤其是欧洲大陆客场)的时候。但是,正是高层看台的体验催生了群体团结感;与其他体育比赛的观看体验相比,这种体验不同寻常,并在1960年代发展成为场外一系列迂回而复杂的足球流氓技术。

我们几乎可以通过实验来证明这些独特的结构能够塑造观众的体验,只要观察这些结构发生改变时会发生什么就好了。1990年代,英国的体育馆改造成了美式座椅设计:只要经济条件允许,就会尽可能安装独立的带有扶手的座椅(扶手也能将球迷的身体分开)。之前警察可能会匆匆忙忙地将球迷赶入场内,球迷可以借此逃过检票,或是在门口付现金但却拿不到特定座位的票据;现在,新的规定要求所有观众提前买票并拿到纸质的带有特定座位号码的球票。比赛也开始面向地位较高的家庭观众展开宣传(Buford 1993:

250—52；Anthony King，2000 年 11 月私人通信）。不过，粗糙的长椅式体育馆依然存在；金（King 2001）曾描述过马赛一家相当传统的带有笼式看台的体育场，座椅虽有编号，球迷却毫不在意，只是随意站着罢了。

这也是谜的一部分。英国体育场早期的特点创造了一种与众不同的群体情绪，后来，这种情绪脱离了球场与比赛。1960 年代发生了过渡的一步：警察开始将敌对的粉丝隔离在不同的高层看台，希望能减少他们在场内的暴力冲突。结果这些措施却在无意间以多种方式增加了暴力。第一，由于最疯狂的球迷被锁在了同一个高层看台里面，反而产生了更强烈的团结感。第二，这种结构创造了一种目标，使得球迷们能在比赛前或比赛中占领敌对球迷的地盘。如果说场上球员是"A 队"，球迷们就成了辅助性的"B 队"；球迷们也有自己攻击的目标，不是进球，而是用众人的身体来侵入对方的地盘，或是向其中投掷物品。第三，在更严格的规矩之下，太激动的球迷会被逐出场外。英国社会学家和其他研究者（Dunning et al. 1988；Van Limbergen et al. 1989）已经注意到，警察与球迷之间不断升级的战术，转变成了组织性更强的足球流氓暴力团伙。这与我之前提到的情况相类似：美国的保安们试图阻止场内的胜利庆祝，最后却导致更加暴力的场外庆祝。

在足球流氓的复杂技术中，还有一种发展自交通方式。20 世纪初的早期足球暴力，大都涉及一起前去观看比赛的球迷，他们会集体租车，自称"刹车俱乐部"（Dunning et al. 1988：115, 140, 167—79）。类似现代足球流氓暴力的第一起事件，是 1950 年代球迷砸火车一事。球迷打架的主要地点一开始是火车站。从 1960 年代晚期到 1970 年代，球迷的技术发展很快：轮滑；旨在躲避警察的旅行安排；事先散布传单宣布在特定比赛中会发生打斗等。随着警察注意到他们，并开始在相应的时间和地点派出人手，足球流氓们也开始愈来愈倾向于深入敌方地盘制造麻烦。此时，"地盘"的概念已经有所扩展，不再仅仅是入侵球场的另一端，而是要占据敌人老巢，入侵整座城镇，并四处追赶对手，将他们逼入不利境地。

英国足球流氓是一种社会技术，是为了将球场中产生的兴奋与比赛本身剥离开来。这种技术传播到了欧洲大陆（主要是荷兰与德国）和其他地方。比利时的硬派足球流氓在1980年代刻意引进了英国足球流氓的技术，他们甚至专门前往英国去观察和学习英国足球流氓最复杂的行为模式，并借用了英国的歌曲和口号（Van Limbergen et al. 1989）。

这些技术有两个目的：首先，现代运动制造了一种集体团结感和戏剧性的紧张与放松体验，而通过这些技术，球迷们能够将这些体验与比赛相剥离，让它们成为按需生产的情绪。其次，它们将球迷的地位抬高到与球员相同，甚至高于球员——足球队可能会输掉比赛或者表现不佳，但足球流氓团体却能"深入敌方老巢"攻击对方，创造出比球赛更夸张的叙事，并取而代之成为注意力的中心。我们在前文中已经看到，如果客观来看，球迷们的某些表现可谓猥琐，然而在这些条件和体验的共谋之下，他们就无法从外人的角度来看待自己。他们面对运动员时卑躬屈膝，因为他们的情绪与注意力都取决于球员的表现；之前的照片显示，在球迷们最兴奋的时刻，他们全神贯注，毕恭毕敬，一心一意地崇拜着自己心目中神圣的对象。

足球流氓团体的社会技术解放了球迷。他们不仅重新获得了时间与空间中的自主权，更以一种深刻的方式获得了冲突中的荣耀感。沉浸在比赛体验中的球迷，其道德感已经退化到原始水平：他们毫无廉耻，以多欺少，在球场中以数万人的规模提高嗓门，摇摆身体，在虚拟的战争中对抗几十名客场球迷[48]。相反，球员们则是英雄，因为他们参与的比赛是势均力敌的。足球流氓们从"球迷－球员"的阶级关系中解放了自己，建立了"英雄－帮派"之间的平等关系。当然，这其中也有许多伪装与幻象；在现实中，他们只有在其人数占据绝对优势时才会挑起打斗，如果取胜机会各半，他们就会撤退或是拒绝对抗。然而，他们的叙事技巧隐藏了一切；在他们的主观视角中，他们自己就是英雄[49]。B队取代了A队。

当然，这并不一定在各个方面都正确。足球流氓将戏剧冲突从比赛本身的事件与人物中解放出来——至少解放了他们自己的主体与情感参与。然而从时间和空间来看，他们并没有把自己从球队中解放出来。他们仍然需要围绕比赛时间表来组织活动；只有在与对手的比赛前后，他们才能入侵敌方领域或是守卫己方地盘。他们寄生在球队身上。这是无法逃避的，因为足球流氓团体本身的组织十分松散；这种组织形式让他们能够实施自己的战术，能够在躲避警察时假扮成普通人群。他们既不需要正式架构，也不需要永久的总部、财务、管理人员等；虽然就连最松散的政治运动组织也会需要这些，但足球流氓却能靠比赛时间表来提供最基本的合作可能。比赛时间表很方便地就将人群聚集起来，让他们能够实施自己的战术。

制造暴力的社会技术深植于历史情境中，因此有起有落。这些技术背后还有更加广泛的一系列技术，都属于现代流行文化的一部分。它们的终极目的不是寻求纯粹的肉体暴力，而是寻求一种集体兴奋感。现代运动正是一种不断发展的仪式技术，目的在于将涂尔干式的团结与场上情境混为一谈，只保留足够的悬念来保持高涨的兴奋感。体育流氓们进一步操控了社会注意力，让自己成为故事中的英雄。

在这里，我们也许会注意到本章与第七章的结论有相似之处。我在第七章指出：流行音乐会中的狂舞区是从乐队手中抢回注意力的一种方式；处于被动地位的观众从身为明星的表演者手中抢回了情感注意力空间的中心位置。这正是英国足球流氓用其社会技术所做到的：将比赛中的观众体验扩展到看台之外，进入自己能够控制的空间，将比赛中的戏剧时刻转变成按需生产的骚乱[50]。

长期来看，狂舞者与足球流氓展示了同样的社会技术的发展。两者都是观众在大众商业娱乐时代的反抗。当然我并不是说它们就会以其目前形式一直持续下去。然而它们却与20世纪中叶的作家和导演们所描绘的未来"敌托邦"（dystopias）有所类似，例如《银翼杀手》（*Blade Runner*）《发条橙》（*Clockwork Orange*）《太空英雌芭芭丽娜》（*Barbarella*）中那些寻求刺激的暴力团伙；他们都与赫胥黎等人对未来世界的恐惧一脉相承。这些想象意味着物质条件的进步无法带来社会和平；娱乐消遣的技术进步带来了强大的娱乐经济，也令人们愈发重视如何制造属于自己的体验。

我们已经变得更加复杂，思考得也更多，故也更能辨认出：在人工制造的现实中，行为如何互相嵌套。注意力一直是一种社会分层的形式；在过去50年里，情境性的分层变得越来越重要，并脱离了其他形式的经济、政治和长久以来的社会地位分层而存在。纯粹的情境地位变得与阶级和权力无关。但它们仍然未能脱离自己的社会基础：微观互动的组织条件，以及控制当下注意力空间的方法。音乐（特别是那些格外吵闹和节奏感强烈的音乐）、戏剧与体育已经成为吸引社会注意力的主要组织技术。站在聚光灯下，娱乐明星们（也包括运动员）无论走到哪里都能成为注意力的中心，从而控制整个情境。令人惊讶的是，在这种崭新的地位分层出现之时，处于边缘的人们也发展出了新的社会技术；正是那些最狂热的粉丝发明了反击的方法，用来夺回注意力中心。这些表现可能是暂时的，但却指明了一个更加长远的趋势。

　　从在比赛中制造戏剧冲突发展为在场外制造戏剧冲突，就像从吵闹的节奏型音乐发展为狂舞区中半暴力的行为，最后可能比音乐本身还要吵闹。这意味着未来可能会产生更多制造兴奋的技术，虽然不一定会混合暴力。

　　这既是好消息也是坏消息。好消息是：人们所争夺的并不是什么基本的东西。它们不是那些持久存在、深植于对抗性之中的社会身份，这些身份的力量来自在情境中生产它们的仪式技术。坏消息是：我们能制造出新的暴力源泉，无论它们有多么短暂。也许此处的一线希望正是我们在本书中一再看到的事实：大部分暴力都是虚张声势，不具备多少实在内涵。这些制造表演型暴力事件的社会技术看似可怕，但却也许能够阻止我们作出更可怕的事情。

第三部分

暴力情境的动力与结构

第九章

打斗能否开始及如何开始

到目前为止,我已经讨论过了人们如何打斗,但却尚未回答他们为何打斗这个问题。我是有意避免强调这一问题,并避免先回答它。之前的研究者提供的答案通常都关乎基本动机,假设存在一些基本利益或至关重要的焦点:争夺名誉、物质利益、群体利益、权力,彰显男性气概与身份,散播基因,满足文化责任等。作为一种分析策略,我认为用这种思路去解释谁会陷入打斗、何时会发生打斗及打斗会如何进行是错误的。

首先,无论个体或群体挑起打斗的动机或利益是什么,最重要的事实是,大部分时间里他们都不会打斗。他们会假装彼此能融洽相处;他们会妥协,会营造和平共处的假象,并在背后虚与委蛇;他们会虚张声势,彼此羞辱和传播谣言,但大部分时候都是远观而非直接冲突。当他们真正陷入暴力时,决定一切的几乎总是短时间内的互动。动机理论解释不了太多,因为从动机存在到采用暴力之间还有很长的路要走。

其次,推测动机往往是不可靠的。弗洛伊德学派和马克思主义等流派都因选用适合自己理论的动机来解释现象而饱受诟病。让我们从情境过程开始反过来看一下。动机通常会在冲突升级的过程中产生；随着暴力情境升级，身处其中的人们可能会形成一种思路来解释自己为何而争斗。在具有高度浸润性的暴力中，施暴者往往并不十分明确自己为何而施暴。打斗与动机作为暴力过程的一部分被同时建构和表述出来。如果我们追踪打斗参与者，就会发现他们的表述往往会随时间而改变。参与者会用动机来向自己解释发生的事情，旁观者（如新闻记者、律师和官员）则会用动机来向公众解释暴力事件发生的原因；这是一个揭秘的过程，是对已发生现实的社会建构，目的是宣告它已经结束。关于冲突的原因，可能存在多种前后矛盾的解释；它们是暴力本身的一部分，而不是暴力背后的操控力量（Fuchs 2001）。

在之前的章节中，我重点观察的是冲突已经升级到濒临暴力的时刻，并研究暴力究竟会如何爆发出来。本章我将回溯冲突早期的情境，观察究竟是什么因素能让冲突停留在这一阶段，或是在极少数情况下走向暴力。

程度有限的恶言相对：牢骚、抱怨与争吵

让我们从受到规限的恶言相向场景开始讨论吧，那就是日常生活中常见的小规模抱怨与争吵。民间有一种理论认为，小规模的争吵会累积、恶化并最终爆发[1]。然而，这一理论并不能解释实际发生的情况。暴力爆发之后，我们往往会将其归罪于逐渐累积和恶化的紧张与压力，但大部分时候争吵都是普通的、有限的而且是有规律的。通常情况下，争吵会停留在一道看不见的墙边缘，那就是紧张/恐惧所造成的障碍，它们令暴力难以发生。民间理论认为暴力很容易发生，只需要累积足够的能量将盖子顶开就够了。但事实恰恰相反，暴力在社交层面是很难发生的，更常见的是利用社交仪式来假扮冲突，但却将其限制为一种姿态。

这种姿态有两种形式：其一是恶语相向，其二是虚张声势与自吹自擂。恶语相向是一种礼貌的中产阶级面对面冲突的形式；它可能只是冷静的语带讥讽（例如通过潜台词来传递敌意），也可能带有激动的情绪爆发。但哪怕是情绪爆发：互相吼叫、摔门离开、宣告断交，其本身也并不暴力。我们没有调查过不同种类的争吵，但以下估测大概不虚：首先，只有少数争吵会引发高度愤怒；其次，只有少数愤怒的争吵会引发暴力。我将会讨论哪些互动机制能够将大部分争吵正常化并将其限制在一定范围内，又在哪些特定情况下某些争吵会克服最终的障碍走向暴力[2]。

第二种代替暴力而存在的姿态是虚张声势。这与中产阶级彬彬有礼的争吵恰恰相反；其特点是男性化乃至雄性化，带有工人阶级和下层阶级青年的特质；从历史上来看，这是战士们（亦即打斗专家们）常做的事。虚张声势会走向暴力，这似乎很明显，因为虚张声势正是暴力文化的一部分。但如果这么想，就掩盖了暴力不为人知的小秘密：紧张与恐惧会降低人们使用暴力的效率并制造出大量虚张声势的姿态，但却不会导致真正的暴力。因此，比起将大男子主义文化定义为暴力文化，更准确和一针见血的理解是将其视为自吹自擂和自以为暴力的文化。大男子主义或曰动作片文化的关键是，制造暴力的印象而不是暴力本身。

这就是我们要解决的问题的背景。虚张声势的世界充斥着类似的场景：大部分时间里，双方都会保持平衡，待在自己的地盘里，但有时也会踏过界线。通常情况下，硬汉们会表演他们的仪式，而后自吹自擂地讲述关于暴力的故事，彼此在口头或身体上展现出攻击性。有时这些假想的暴力也会升级并外溢成为真正的暴力。在什么情况下这才会发生呢？中间一步是虚张声势：摆出威胁的姿态，尤其是表现咒骂和羞辱的词汇与动作。这可能看起来已经离暴力近在咫尺，事实上它也的确能作为暴力的伴生物。但虚张声势也往往能让人们停留在暴力边缘，甚至后退：许多人之所以在近在咫尺的暴力面前选择退缩，正是因为双方的虚张声势建立了平衡。

好战的表现是戈夫曼所谓的前台，其后台则是试图用这种表演来代替暴力。这一舞台将内部人士与外部人士区分开来，内部人士明白舞台的作用，外部人士则被舞台表演所欺骗；最简单的版本就是虚张声势的硬汉和被他们所恐吓的人。这一舞台就是伊莱贾·安德森（Elijah Anderson）所谓的"街头做派"（code of street，也译"街道法则"）。

戈夫曼（Goffman，1967）将日常互动中有限的恶言相对形容为"面子工程"（face-work），在这一仪式过程中，人们会有秩序地适应对方。人们试图保住自己的面子，为自己营造一种形象（至少在这一情境中），并帮助对方做同样的事情。对话互动及其他面对面互动是一种合作型游戏，双方都得允许对方维持自己为当下场合营造的理想假象。人们会营造出各种各样的形象：社会地位相对较高，道德高尚，熟知内情；他们与对方称兄道弟，故作幽默和轻松，或是极力展现自己社交能力高超。无论是怎样的形象，他们都会努力维持并同时帮助对方维持下去；他们允许对方语焉不详、半遮半掩，对漏洞视而不见，并婉转地作出回应，尽可能地掩盖太过明显的自相矛盾之处。当有人伪装失败并被广而告之时，会出现一个象征性的弥补过程，好让他们制造借口，而其他人也就此接受。人们不会一再提及那些尴尬的时刻，而是会尽快忘记，以恢复往日里平静的表象。

戈夫曼的分析基于20世纪中叶英国与美国礼貌的中上层阶级，我们并不清楚他的结论在多大程度上能够应用到不同历史时期、不同文化，以及不同年龄、阶层和种族的人们身上。但不管怎样，我们至少可以说，对西方社会（乃至其他地方）其他阶级和背景的人来说，这种行为也属于较好的表现[3]。我们也许可以将其作为基准来讨论这一问题：既然对恶言相向行为存在象征性的限制，那么在这些压力之下，冲突又是如何爆发的呢？戈夫曼提出了两种路径。

首先，人们可以利用"礼尚往来"的规则，赋予"面子工程"攻击性。只要知道对方乐意接受道歉，我们就能明白哪些行为可以避免承担后果；考虑到人们都不愿意伤害别人的感情，我们就可以有意识地假装自己受到了伤害，从而获得补偿（长期使用这一招可称为"构陷负罪感"）。人们可以狡猾地用暗指的手法批评他人，特别是揭穿其自吹自擂，同时还能保持面子上的礼貌与友好。"贬低他人的社会地位，有时会被称为'势利眼'；贬低他人的道德水平，则会被称为'狗仔队'；这两种情况下都可能被称为'贱人'。"[4]（Goffman 1967：25）这一游戏是一把双刃剑，被贬低的受害者可能会进行聪明的绝地反击；他们能揭露攻击者的外强中干，从而戳破其树立的自我形象。因此，受害者的反击不仅能让双方回到平等的位置，甚至还能有额外加分。正如戈夫曼所指出的，这种游戏在观众在场时效果最好，因为在礼尚往来的表面下，观众实际上扮演了裁判和记分员的角色。

通往冲突的第二条路径是在象征性弥补未能如愿实行或是未被接受时。这是一场合作型游戏，需要参与各方都愿为自己受到的冒犯接受补偿。人们通常会在表面上接受不痛不痒的道歉和借口，但如果受到冒犯的人不愿意接受道歉，那么剩下的唯一选择就是"把事情闹大"（make a scene）。这意味着坚称自己受到了冒犯，并要求对方给出更加具有羞辱性的补偿方案。然而这么做的话，受冒犯者就等于撕破了脸皮，表明自己并不是一个在社交领域游刃有余的人；因此，无论他们是否确实受到了自己所声称的冒犯，他们都站在了错误的情境立场上。此时天平会向冒犯者倾斜一点，冒犯者也许因此会认为自己有理由拒绝进一步作出丢脸的表态。受到冒犯者则丧失了选择，只能陷入愤怒乃至暴力，或是怒气冲冲地离开现场。在中产阶级成年人的礼尚往来中，因丢面子而升级为暴力是很严重的一件事，因此大部分人能承受的报复行为都只是愤怒地离开和断交罢了。对面子游戏游刃有余的人则懂得利用对方的情绪爆发点，令对方的声誉毁于一旦。

当戈夫曼式的象征性秩序受到冲击时，表达愤怒离真正的打斗仍有一段距离，有时两者甚至是对立的。在政治领域，任何情境下都要维持友好亲切的外表，尤其是在有潜在冲突的时候。律师与辩手常用的标准技巧就是激怒对手，借此来证明其论点是情绪化且非理性的，因此不值一听。面对这一策略，人们可能会被进一步激怒，因为他们自己深信不疑的论点被他人扭曲作为武器来攻击自己。律师的诡计就是令对方在情境中的自我形象崩溃，并借此转移听众的注意力，令众人忽视对方真正想表达的内容。当然，法庭或其他制度性的场合都是格外礼貌的前台情境，所有词句都受到正式规则的严格控制。一旦爆发暴力，就会招致严酷的惩罚，大部分时候也会因此输掉官司。注重礼貌和"恰当举止"的社会，往往会严格限制对暴力的使用。

社交的基础是互相适应。对话分析领域的研究者对自然情境中的对话录音进行了详细研究，发现对话往往倾向于达成一致（Heritage 1984；Boden 1990）；对观众来说，喝彩也比喝倒彩要容易（Clayman 1993）。既然如此，恶言相向的情况又是如何发生的呢？按照激烈程度排序，我们将会分析以下四种情况。

第一，牢骚（gripping）。这是一种关于不在场的第三方的负面对话。牢骚是抱怨的练习，主要内容是讲述其他人做过的讨厌的事情。在这种情况下，口头的攻击性并不一定会导致冲突，更不用说暴力了。

牢骚可以是一种娱乐形式，给我们提供具有戏剧性的谈资。我们在中产阶级的社交场合（例如晚宴）中常会听到此类话题。谈话的开始通常是友好地对在场的其他人表示兴趣，奠定愉快的互动基调；随后会转向行业内话题，但也有人会指出这样会将其他人排除在外，因此会穿插一些更加大众的话题，如食物、餐厅、旅行和娱乐等。通常谈话后期会转向政治（如果在场者具有相似的政治立场），很可能是带有偏见地抱怨持相反政治立场的政客们那些愚不可及和令人火大的行为。政治话题通常会主导接下来的谈话，因为它很容易参与，并且能够唤起人们共有的情绪；同时它也不需要经过太多思考，因为人们满足于重复老生常谈，习惯套用现有的模式去批评对立政客而不是去了解新闻细节。要想让象征性的对话持续下去，政治抱怨是最容易的方式，尤其是当对话各方并不太喜欢彼此或是没有太多共同谈资的时候。（一个可供测试的猜想是，一个派对越是开心，人们谈论政治或花在其他抱怨上的时间就越少。）这种泛泛而谈的牢骚并不能制造多少团结感，因为它停留在前台，无法激起强烈的共鸣。相反，流言却能具有高度浸润性，尤其是那些恶意的流言；因为它既能为传播者塑造"内部人士"的光环，又能让听者感到仿佛获得了特权。尤其是当流言发生在精英群体之内（例如上层社会或文人圈子）并与其相关的时候，更是如此（Capote 1986；Arthur 2002：1.59—85）。

如果牢骚是关于私人对象：自己的老板、雇员、单位、熟人或朋友，它就会被默认为是一种后台行为。抱怨是不应当被其目标听到的，这意味着对话各方之间有一种亲密关系。这是以下原则的变种：与外人的冲突能够激发内部团结。因此，人们可能会利用乃至假造冲突，从而加强内部团结；而这则也可能是制造恶意流言的情境动机之一。这里我们再次看到：动机并不是预先存在的，而是一种社会建构。

第二，埋怨（whining），亦即直接抱怨互动关系中的对方。这是一种低调的抱怨，其限度在于不会威胁到互动。它很容易发展为长期的、温和的冲突，而不是罕见的、剧烈的冲突。埋怨带有一种温和的、抽泣般的疼痛，它表现了（事实上是表演了）软弱。埋怨者并不会带来愤怒升级或是暴力攻击的威胁，但却将这种可能留给了其他对话者。事实上，埋怨很容易引发攻击，因为我们已经看到，攻击弱者是最常见的打斗机制。埋怨者往往唠唠叨叨，因此被埋怨的人很容易心烦意乱，这也是他们最后发动反击的原因之一。

这些反击通常都是温和的，结果也就形成了一个循环，让埋怨继续进行下去。埋怨者也许早就知道自己会被攻击，所以有意无意地，埋怨是为了打破现有情境，让自己成为众人注意力的中心。这是一种秘密的戈夫曼式策略，目的在于迫使对方打破互动表演中的正常流程：通过重复微不足道、貌似无害的小动作，刺激对方发怒，从而令其背上"煞风景"的责任。小孩子经常会这么对付他们的父母[5]。

第三，恶言相向的更高等级是辩论（arguing），即公开的口头冲突。它可能明确关乎某一话题，因此可能有着良好的本意：人们会"求同存异"。有些辩论是表演性质的，是一种标准的娱乐形式；在男性之间的非正式聚会或朋友聚会上，往往充斥着关于哪支球队或哪个球员更强之类的辩论。

第四，辩论可能升级为严肃的争吵（quarreling），即关乎争吵者关系的认真争辩。有一些经常出现的词句，如"你总是……"或"为什么你老是……"会将对方的行为常规化，从而明确剥夺了对方拿当下情境做借口的可能性。争吵一般会反复发生，它通常是一种受到保护的有限的冲突，双方对彼此能够使用的策略心照不宣。通常那些策略都是戈夫曼式的攻击性面子工程，但有时怒气也会累积到爆发出来的程度。只要这一循环不断重复，那么每次爆发都能得到戈夫曼式的补偿仪式（道歉、和解，或是双方同意既往不咎，恢复正常的互动表演）[6]。反复出现的争吵就像是冰球比赛，犯规与惩罚已经成为比赛的一部分。

通常来说，人们在对话中对陌生人总是比对家庭成员要更友好。伯彻勒、韦斯和文森特（Burchler, Weiss and Vincent 1975）通过比较诊所候诊室中的对话揭示了这一点。如果有良好的社交关系，或是关系有制度化保障，那么即使反复出现小冲突也没关系（Coser 1956）。争吵并不一定会建立仇恨；反复争吵也不一定会导致积怨，反而可能十分自然，因为争吵本身并不一定会带来严重后果。争吵并不一定是出于深刻的分歧或是嫉妒；争吵有时是意料之内的常见情况，目的是为了增加谈资，避免无聊[7]。如果两人之间有着平衡的权力关系，那么内部争吵就像是关于体育运动的辩论一样，只不过情绪上更激烈，"赌注"也更高，故也更令人兴奋。因此，争吵成为"爱/恨"关系中的中心，通常人们也都清楚争吵时自己会显得格外暴躁和引人注意。

通过分析婚姻咨询及其他场合下的夫妻对话，谢弗与雷特辛格（Scheff and Retzinger 1991；Retzinger 1991）详细地展示了夫妻之间反复出现的争吵中的各个环节，发现了破坏正常交流互动的微观过程。在谢弗（Scheff 1990）的描述中，这种紧张关系来自一种羞耻感，它是由于自我在互动中未能得到认可而产生的负面情绪。谢弗所谓的羞耻感在互动仪式论中可被视为和谐遭到破坏的情况，即一种失败的互动仪式。未被公开且未得到补偿的羞耻感被谢弗称为"一闪而过的羞耻"（bypassed shame），人们也许不会明确意识到它的存在，但在内心却能一再体会到这种羞耻感。然而从姿态与言辞的紧张程度中，我们仍能看到这种羞耻感的外在表现。因羞耻而紧张，又因紧张而羞耻；如此循环往复，最终就会转化为愤怒并在口头上爆发出来。羞耻的人们会继续用戈夫曼式的面子工程、以隐晦或公开的方式打破互动和谐。这会进一步激起对方的羞耻感。争吵陷入了报复性的循环，人们互相羞辱，自己则压抑着心中的羞耻感，直到它累积升级为愤怒。

尽管夫妻争吵和其他亲密关系（好朋友、父母或孩子）中的长期争执都会经过这种反复争吵的模式，时而爆发愤怒，但其程度往往较为稳定：爆发时可能彼此横眉冷对，但却很少会升级为暴力；经过一次爆发，双方情绪就会冷静下来，重新回到和谐与偶尔打破和谐的正常状态。我想强调的是，谢弗用来解释为何会发生反复争吵的理论，并不能解释暴力发生的原因；大部分时候暴力都不会发生，要想让它发生，需要有更特殊的情境。这就是我们在本章中要探索的答案。

争吵升级是抵达暴力边缘的一种方式。在这里，我会将环节一一拆开。我们必须回溯每一步，要考虑到另一条可能的路径。

自吹自擂与虚张声势

自吹自擂（boasting）通常不属于礼貌的中产阶级对话仪式。当然，并不是说这种事情就不会在私下里发生；而是说，礼貌的方式是让其他人来帮你吹嘘，好让你能优雅地展示自己的谦虚[8]。直截了当地吹嘘自己的成就，通常只会发生在私人的后台场景中；略带羞耻的自我中心主义只能展示在亲人面前；父母会扮演孩子的听众，接受他们骄傲的表达。但即使在那些场景中，也只能对实际的成就表达骄傲与喜悦，而不是声称自己无所不能，或是将对手贬得一无是处。这里我们再次看到，礼貌的戈夫曼式表演提供了一条基准，令自吹自擂所需的社会环境难以存在。

自吹自擂是一种年轻男性的特质，在当代社会更常见于底层而非中上层，在历史上则更常见于维京等崇武社会中。在那里，充斥着偏见的自吹自擂是一种节日娱乐，也是战前动员的一部分 (Bailey and Ivanova 1998; Einarsson 1934; Robinson 1912)。但即使在这些人群中，自吹自擂也要看情境；只有在恰当的场合才可以这么做。虽然自吹自擂有时也会升级为暴力，但中产阶级戈夫曼式的礼貌使得人们会有意识地避免任何可能导致打斗的行为——事实上，自吹自擂之所以会在文明社会中成为禁忌，很可能正是因为如此。

自吹自擂有两种形式：其一是抬高自己在世界上的位置，其二是在对手面前直接炫耀。后者显然是一种挑衅，但在对互动造成的影响上，二者可能并无区别。研究者需要解决的问题是：何者更易导致暴力。声称"老子天下第一"与声称"老子比你强"并无太大区别，因为前者暗示了后者，虽然前者并不那么直接，因而更容易被人忽略。更重要的是，两种自吹自擂的方式也很相似：都是强行令自己成为注意力的中心，从而控制其他人的注意力。第一种自吹自擂可能会被在场的人或直接或暗讽地反诘，但这只是因为自吹自擂者占据了对话中太多的注意力，而不是因为听者认为他说的是假话。

但是，大部分自吹自擂都具有一种炫耀式的幽默感。它经常发生在狂欢场合，例如男性们的节日聚会场合，尤其是当该场合与某种竞赛（如运动赛事）相关时。自吹自擂是娱乐的一部分。当听众在场时，夸张的描述与即兴编造的数字也许会被当作有趣的谈资。在这里，自吹自擂与戈夫曼式中产阶级礼貌对话中的面子工程具有相同的结构，略带攻击性的表现被视为一种谈话技巧。但是，如果吹牛比赛中的输家没能优雅地接受失败的话，就会产生区别：礼貌的对话者需要接受对方胜过自己的事实，或是至少在口头上不要有所抵触；然而，吹牛比赛中的输家却会将其当作对自己尊严的严重挑衅，并会以暴力还击。

吹牛比赛可能隐含着侮辱，但若表达巧妙，也可能会被视为一种娱乐和幽默[9]。一旦越过某一界线，侮辱与吹嘘就会变成虚张声势的威胁，而不再是没有特定对象的假设。于是，对注意力空间的口头争夺就会转变成暴力斗争。率先进行暴力升级的人至少会取得阶段性的胜利：他成功地吸引了注意力，并抹去了对话中的其他话题。这一胜利可能转瞬即逝，其代价（无论在身体层面还是社交层面）也可能十分高昂；但当眼看就要输掉的时候，许多人都有动机迈出这一步。

虚张声势 (blustering) 的恐吓是暴力前的最后一步。它是一种特定的威胁，是将愤怒指向一个近在咫尺的对手。它可能是打斗的第一步，用来吓唬对手，迫使对手动摇，从而获得优势和攻击的时机。但是，恐吓也可能会被用来防止和取代暴力。它既可以用来威吓敌人，令其退缩；也可以用来展现自己，令自己显得比实际中更加勇敢和强大。

这在军事战斗中表现得最为明显，因为战斗情境中的大部分时间都是在虚张声势 (Grossman 1995)；很多时候开火只是为了制造声响，而不是认真地瞄准敌人。马歇尔 (Marshall 1947) 曾强调，士兵会通过冲敌方吼叫来加强自己内部的团结与道德感；大声嘶吼也能恐吓敌人。传统社会中有许多传统的战斗口号，从部落战争中模仿动物的叫声，到阿拉伯妇女鼓励战士时的呼喊或是富有韵律的振动[10]。在二战里的丛林战事中，日本军队曾有效地实行过口头恐吓。在美国内战中，由于双方经常躲藏在树林中，南方邦联军也经常用叫喊声作为"反抗的号角"。格兰特 (Grant 1885/1990: 55—56) 描述了墨西哥战争中发生在德克萨斯的一起事件：他与几名骑兵一起穿过一片高高的草地，他听到了一群狼准备发动攻击的声音，因此惊惶不安；但其实那只是两头狼而已，当他们接近时，它们就不再出声，而是转身离去。虚张声势的核心是，隔着一段安全距离将威胁最大化。

我们已经看到，玻璃破碎的声响能给人留下深刻印象，但它主要是用来作为一种虚张声势的方式。英国的受害者调查显示，尽管约10%的酗酒攻击事件中都包括敲碎酒瓶或酒杯的情节，但却几乎从未有人真正使用这些物品发动攻击（Budd 2003：17）。

在阶级与种族冲突的互相恐吓中，有时会发生攻击性的虚张声势：我们能在费城等大城市的中产阶级白人区边缘的街道上观察到这一点，安德森（Anderson 1990）曾分析过类似的例子。接下来的案例来自我自己的观察：

在一家便利店门口的人行道上，一名衣衫不整的黑人男子不停地前后踱步，同时大声地喊叫咒骂，吓得大部分行人都绕着他走，或是干脆跑到马路对面。但这一情境是稳定的，因为它持续了好几分钟却并未升级为暴力。警察报告中，当天下午该区域并未发生任何事件。

在另一次观察中，冲突发生在阶级而非种族之间：

一名无家可归的白人站在里顿豪斯公园[也译里顿豪斯广场]对面的人行道上，挥动拳头冲着公园咒骂；但他并没有走到马路对面去。这个公园位于一片中上阶级住宅区中间，警察巡逻频繁，严禁小贩，因此小贩都聚集在附近的商业街道上。当乞丐进入这一禁区时，他们能感受到一种不安；这显然并不仅仅是因为害怕警察，而是类似于部落战争中勇敢的战士短暂地跨过界线进入敌人领地，随后立刻转身逃走，仿佛身上拴着橡皮筋一般。作为一种自发实验，我直接在最近的街角穿过马路，而后慢慢地走向那个不停地咒骂和挥舞拳头的无家可归者——我面无表情，没有流露出恐惧或威胁。（我们体格相仿，我高1.8米，重180斤；他约40岁，比我当时年轻10—15岁。）我靠近时（并未进行目光接触），他停止了咒骂和动作；那只是虚张声势，而不是实际的战斗宣言。

那名男性很可能精神有问题,但这并不影响我们的分析;就连精神疾病患者也会根据情境互动来调整自己的行为。

是什么将虚张声势的恐吓推向暴力,又是在什么情况下恐吓会被认为足以展现一个人的情境地位,因而不再需要暴力?我们可以通过研究城市黑人贫民区的"街头做派"来深入了解这一点。

"街头做派":制度化的恐吓与威胁

根据安德森(Anderson 1999)的研究,"街头做派"的出现是因为当地缺乏可靠的警察保护,以及人们认为警察歧视贫民窟中的所有居民,因此很可能会将报警一方当成嫌疑人抓起来。因而,每个人都试图通过声明自己愿意使用暴力来展现自我保护的能力。这种倾向被长期的贫困与种族歧视所加强,成为一种面对主流白人社会时的不信任感和被异化感。

但就像安德森指出的那样,在这些缺乏警察管理的区域,大部分人都仍想过普通的生活,有份普通的工作,承担家庭责任,获得社区认可。用当地的话来说,大部分人都是"正经人",只有一小部分是真正的"街头混混",他们被排除在主流价值之外,过着相反的人生。然而为了自我保护,最正经的人也会在一些情境下使用街头手段:"兔子急了也咬人"。用地道的话说,"懂得看时势"是一种转换身份的能力,即明白在何种情况下应该从"正经人"变为"街头混混"。真正的"街头混混"在适当的场合下也可能会变回"正经人",例如当他独自面对一群"正经人"时;而那些"正经人"之所以受人尊重,原因之一也是他们懂得何时该转变身份(Anderson 1978)。

街头身份是一种戈夫曼式的自我呈现,尽管这种方式颠倒了戈夫曼式面子工程中的一个方面——表面上的文明与和谐。大部分时候,街头身份都是前台,正经人模式则是后台。然而有些人却会全身心地投入街头身份,最终被困其中，以至于失去了其他自我。除了"街头混混"，社会生活的其他领域也有迷失在前台自我中的例子；例如，中上阶级与上层阶级的人们喜欢塑造自己的公共形象，因为他们能够从中获得权力与尊重；相反，工人阶级则更喜欢后台自我，因为他们能够摆脱自己作为下属的正式场合，获得更愉悦的情绪（Rubin 1976；Collins 2004：112—15）。从分析角度来看，沉浸于街头身份的人们类似于中上阶级的"工作狂"，或是沉迷于社交的"交际花"；这些人都太喜欢自己的前台形象，因为他们能够从中获得最多的尊重和情感能量。

这并不是说那些强烈认同前台自我和一刻不停地扮演街头自我的人就不需要在表演上花心思。对有些人来说，街头身份是一种虚伪的自我，他们只会在某些时刻扮演，而且其内心还会带着厌恶和不情愿；对其他人来说，街头自我具有如此强烈的吸引力，以至于屏蔽了其他身份，成为唯一的自我形象，因此需要精心投入地扮演（Anderson 1999：105）。无论如何，对以不同程度投入前台形象的个体来说，这依然是为观众而表演，因此也必须解决常见的戈夫曼式困境，并使用社会表演中的常用技巧。如果要表演出暴力的自我，那么困难之一就是如何克服暴力冲突中的紧张与恐惧；街头身份之所以格外具有威胁性和表演性，正是因为他们必须克服这一强大的阻碍。

下面我们就来研究街头身份的几个主要组成部分。

首先，街头身份意味着要通过衣着打扮和饰物来呈现出与众不同的外表。1990年代的男性街头打扮是低腰裤，或是把正常的裤子穿得特别低；鞋带散开，球帽反戴[11]。这些都是非主流的自我呈现，其意义在于有意识地与传统衣着对着干；通过蔑视传统衣着，他们表达出了对其价值观的反抗态度。这意味着他们成为一种反主流文化的成员，拒绝了白人主流社会；同时也意味着他们拒绝了那些被称为"漂白"的、附和白人文化的"正经"黑人社会。

不过，另外一种衣着方式倒并不反叛，而是一种对身份地位的展示：那就是身着昂贵的运动服、运动鞋和其他名牌饰物。此处也传递了一种隐含信息：在普遍贫困的区域，身着昂贵的衣服乃至首饰意味着你已经克服了街头的贫困；招摇的财富大都是来自毒品交易，而单件名牌服饰则可能是偷来的；"正经人"如果穿着这些衣物，很可能会为此遭受攻击。因此，身着此类衣物是一种视觉上的自吹自擂[12]。

街头身份的第二个组成部分是步态。这就像是一种特别的词汇或俗语，用来显示自己身处的团体与众不同。语言风格同等重要，内容则无关紧要。街头人讲话往往嗓门很大，伴有夸张的肢体动作。关键在于从声音上占据主动，从而控制整个情境。这可能会导致双方对骂，关键是要迅速作出反应，不能被对方在口头上盖过气焰。这其中可能包括口头上的攻击性：挑衅、嘲讽和自吹自擂等。从半开玩笑到直截了当且带有敌意的侮辱，这一切都是不同程度的挑衅。在这一光谱的中间位置，就是黑人运动员所说的"口水战"。

这些形式的口头冲突都是在不断尝试控制整个互动空间，或者至少也是在不断挑战对方，避免自己被控制。用戈夫曼的话来说，富于攻击性的讲话风格是一种前台自我呈现；在安德森的分析中，这种风格是通过吹嘘和恐吓来避免暴力，进而投射出一种自己擅长打斗的印象。

街头风格的口头表达还有一个额外效果。有些暴力并不是通过威吓避免，而是通过"自己人"的归属感。讲话的风格能够显示一个人属于某个团体——在这个例子中，就是街头帮派。这是团结的一种表现，有时也能阻止暴力。安德森给出了一个例子（来自2002年10月的私人通信）：

> 在位于贫民区边缘的一个混合种族的中产阶级社区中，当地居民正在举办一个街头派对，街道一端禁止汽车出入。有一辆车载着两名毒贩，看上去颇具有街头风格，他们冲过了路障，沿街缓慢前进，似乎在寻找某个地址；从他们的举止来看，他们在对自己侵入的中产阶级社区表达某种轻蔑与温和的敌意。大部分当地居民都退缩了，以免发生冲突。然而一名居住在这一街区的黑人男子却走向毒贩，用街头语言跟他们说起话来。他谴责他们不该开车闯入一个家庭为主的街道派对；毒贩们接受了批评，没有升级为打斗，反而道歉并离开了。

在安德森的分析中，这名当地居民通过街头语言与毒贩建立起了"自己人"关系；但他调整了自己表达的内容，避免升级为无法控制的侮辱与打斗，而是塑造出了一个不适合攻击性行为的情境。街头语言既包括"自己人"的信息，也包括关于支配与威胁的信息；前者能够降低暴力发生的机会，后者则会提高发生暴力的可能。

此外，对话中还有一种更加隐晦而含蓄的关于自己人的测试，那就是看对方是否能辨认出当下双方正在进行的游戏。自己人能够看得出何时是严肃的威胁，何时则是虚张声势的恐吓；何时双方是拿羞辱的话语开玩笑，何时又是在尝试控制对方。因此，如果在场双方都玩得好，他们就能确认彼此是自己人，从而避免暴力。如果测试未能通过，就会产生危险；玩笑式的羞辱话语可能产生严重后果，要么是其中一方未能对答如流，结果被当成好欺负的受害者和闯入者，从而成为暴力的目标；要么是因为游戏中的输家拒绝承认失败，结果引发暴力[13]。口头仪式能够建立平衡进而避免暴力，但是这种游戏是危险的，一旦失败就可能会诱发暴力。

街头身份的第三个方面是表现自己乐意使用暴力；如果这一点表现得很强烈，就会成为当时当下的威胁。这一点也许十分直接：只要一遭到挑衅，就立刻表现出攻击性。安德森（Anderson 1999：80—84）给出了一个15岁男孩泰利的例子。泰利刚刚搬到一个新的社区，作为外来者，他被当地少年喊话并揍了一顿（对方有20人，以多欺少）。为了赢回尊重，当他下一次看到对方其中一人落单时，就立刻攻击了对方。两场打斗都有所限制，很大程度上都是仪式性的；当地少年帮派第一次见到泰利时，他们将他视为自己社区的闯入者，因此给了他一个"下马威"，整个帮派中所有人都轮流上前，每人都可以揍他一拳。这与当真群殴一个人是不同的，后者会造成严重伤害，受害者可能会被送进医院。与其相似，泰利的复仇也只是打了落单者几拳，让对方鼻子流了点血而已。打斗的最后，落单的男孩作出了口头上的声明和吹嘘："你这次堵到了我，但是我会回来的！"泰利也吹嘘着回应道："来吧，带着你妈妈一块儿来吧！"（Anderson 1999：84）

人们展示出的使用暴力的意愿既可以强烈也可以温和。他们试图造成的伤害既可能更加严重，甚至可能使用武器；但也可能只是展示自己的强硬，例如通过锻炼肌肉来让自己看上去更强壮，或是采用威胁性的举止，或是展示武器，抑或是针对某人（或整个环境）作出恐吓与咒骂。其中很大一部分都是戈夫曼式的舞台表演，与其说是为了挑起争斗，不如说是为了争夺对情境的控制权，以及期望在相应的情境下无需打斗便能获得尊重。但若用来避免打斗的策略使用不当，就可能会引发暴力。

那么，究竟什么时候"街头做派"能够控制暴力，什么时候又会导致暴力呢？我们也许会认为表演"街头做派"能够限制暴力；用安德森的论点来说，人们通常都会假装暴力并展示自我保护的能力，目的在于阻止暴力。展示"街头做派"也意味着展示"自己人"的身份，好让对方知道并不需要跟外来者发生冲突。此外，对暴力的一般研究则提供了另一个思路：紧张与恐惧是人类在敌意冲突中常见的情绪，会令暴力很难发生。因此，"街头做派"作为一种制度化的展示攻击性的方式，也许有望将人们的行为稳定在当时当下，以免发生真正的暴力。但这也意味着，作为一个展示威胁性与攻击性的连续光谱，"街头做派"会允许温和暴力的发生。这也符合通常的模式：受到限制和控制的暴力能够持续更久，不受控制和保护的暴力反而一闪即逝。

接下来我们会研究城市贫民区中四种不同的打斗模式，从相对受到限制和控制的打斗，到严重的不受控制的打斗。

帮派冲突（gang fights）。尤其是在青少年中，这些打斗长期存在但也会在若干方面受到限制。帮派冲突会直接针对其他帮派成员，或是针对其中年龄相仿的年轻男性，将他们视为社区或领地的侵入者。青少年帮派通常不会袭击成人；安德森（Anderson 1999：83）指出，社区中的老年妇女也许会认为社区是安全的，因为年轻人对她们没有敌意，甚至会保护她们。出于同样的原因，比帮派成员年轻的孩童也不会遭到袭击，尽管他们有时会彼此冲突。因此，打斗会根据年龄分隔开来，通常也会根据性别分隔开来。

这部分是因为打斗具有一种仪式性的重要性，因为它能测试帮派边界及成员身份。进入帮派时通常要进行一场打斗来作为入门仪式。根据安德森的描述,泰利经历了一系列此类打斗:首先是被一整个帮派来了个"下马威",让每个人都意识到彼此的存在;而后是泰利挑起的一系列小型打斗,因为他试图赢得尊重;最后,他得到了一个作为正式入会仪式的机会——他提出与其中一名帮派成员对打,其他人都在旁观(Anderson 1999:85—87)。他被要求与一名年纪更大、体格更强壮的青年对打20分钟,对方比他高一头、重27斤。正如所有人预料的,他输掉了打斗,但却因其不屈不挠且伤到了对手而赢得了尊重。作为打斗的结果,他被吸纳入了帮派。

这种打斗在多个方面都受到了限制。除了给外来者的"下马威",在其他场景下,打斗都是一对一,其他人只能作壁上观。此外还有一些大略的规则,限制怎样的攻击是允许的,怎样的攻击则不被允许:打斗只能使用拳头,不能使用武器;也许可以抓和咬,但却不能伤害眼睛和下体。一旦进入帮派,如果遭到冒犯或未被尊重,他仍然可以参加打斗,包括与朋友或同盟打斗都可以。这些打斗也应当是公平的,包括"不许打脸""只能动手""不能帮忙"等规则(Anderson 1999:89—90)。安德森描述了一场持续了20分钟的此类打斗;这比激烈的、不受限制的打斗时间要久得多。之所以能够持续这么久,是因为打斗者受到诸多限制:"马利克和泰利周旋躲避,张牙舞爪,恶言相向。在旁观者看来,这就像是一场游戏,因为两人似乎不太可能真的打到对方。"如果有人不小心违反了事先同意的规则,例如不慎打到了脸,那么他会立刻道歉,以免引发严重暴力。安德森指出,如果能够成功地实现此类仪式,经历这一切的人们就会建立起更强的私人关系;他们展示了自己能够解决争端,表现了自己的强硬,同时也保证了打斗中仪式性的平衡。

此类限制伤害的仪式性打斗似乎最常见于制度化且长期存在的帮派中。但在特定情境下,有些临时盟友也会出面保护其中一名成员。亲人、邻居和朋友则可能会聚集在门廊或房屋前,保护自己人不受威胁(Anderson 1999:41—42)。这些临时出现的盟友一旦使用暴力,可能会比将暴力手段和场合都制度化的帮派更加危险和不受控制。2002年夏天,芝加哥南部就发生了这样一起事例：一名醉酒司机驾驶汽车闯进了一家人在自家门前举行的派对（*Los Angeles Times*, Aug. 2—5, 2002）。一名 26 岁的女性被撞倒并困在轮下，伤势严重；另有两名女性受伤。受困女性的三名亲戚（都是 40 岁左右的男性）与其他四名青少年男性将车内的两个人拖了出来，反复拳打脚踢，并用水泥块击打他们。两人都死了。这起案例吸引了相当高的媒体关注，部分是因为报道中提及约有 100 名旁观者目睹了整个袭击过程却无动于衷。旁观者的视角未能把握情境中的动态：在"街头做派"中，一辆汽车闯进家庭聚会应被视为一种袭击，因此才会发生群体性反击；几名女性被车子撞倒后，她们的亲朋好友自会出头为其复仇，在那一刻，他们无疑感觉到自己家庭的名声和家人的生命安全受到了威胁。这次反击也具有恐慌进攻的特点，因为突如其来的事故令其中一方获得了决定性的优势；很明显，反击者浸润在了自己不断重复的行为中，实施了不必要的杀戮。其中一人（受害者的一名 44 岁的兄长）形容，他们拳打脚踢两人，直到"他们没有了呼吸"。如果从外来者的视角来看，恐慌进攻这种不受控制的暴力是十分惊人的。然而此处的分析重点是，不受控制的暴力对缺乏常规暴力规则的群体来说要更加常见。这一比较告诉我们，帮派中的长期暴力由于具有完善的仪式性规则，因此通常能够得到更好的控制；相比之下，临时动员起来的群体，其暴力则难以控制，我们称其为"暴徒"。

名誉冲突（individual fights over reputation）。当街头的攻击性做派和对情境控制权的争夺未能带来平衡而是引发了暴力升级时，就会发生这种打斗。大部分时候，"街头做派"都只是虚张声势，但若这种姿态不被接受，就会带来危险。这是一种戈夫曼式表演中存在的问题：表演者可能无法从观众那里得到自己的表演被接受的信号。因此，各种各样被视为"不敬"的举止都可能导致打斗。在许多此类打斗中，赢得打斗并非必要；人们只需展示自己愿意参与打斗，如有必要甚至可以给对方造成伤害。这意味着他们是强大的一方。此类打斗通常都会受到限制，就像帮派打斗一样；这些限制能够帮助人们在属于"街头做派"的虚张声势的自我呈现中建起仪式性的平衡。

街头成员也可能会攻击那些不属于街头文化的人，或曰"正经人"。在这里，直接动机仍然是"不敬"：如果有人在学校中表现良好，且衣着传统，不遵守街头风格，这意味着他更认同中产阶级，这种人就很可能会遭到袭击，而袭击者则可能会认为自己的行为是正当的，因为"他以为他是谁"或"要想漂白自己就得吃点苦头"（Anderson 1999: 93—95, 100—103）。女孩也可能会因为类似原因而遭到其他女孩的攻击，例如在学校里表现出色，或是因为长得漂亮（在这种情况下，暴力的形式可能包括抓脸或是拔头发等破坏外表的行为）[14]。此类攻击表面上看起来是因为对方不尊重自己，但其实还有不为人知的一面。正如我们所看到的，打斗很难发生，而要想建立打斗的信心，方法之一就是选择容易欺负的受害者；那些举止传统、未表现出"街头做派"的人，往往会被当成软柿子捏。

正如我所指出的，对于贫民区发生的打斗，我们不能轻信其所谓"不敬"的理由[15]。不敬只是用来将打斗正当化的借口，是一种情境化的意识形态。有些人会主动制造对方不敬的借口；而同一个人在其他情境中就可能会表现得宽容大度，以戈夫曼式的作风来维持交流。区别往往在于现场是否有适合攻击的对象，亦即能够安全地攻击的弱者；或是当自己需要赢得威望时，是否能遇到合适的目标。重要的不是作为社会抽象概念的"尊重"，而是来自某些特定人群的尊重；进入一个帮派的过程，会令人对来自某些人的尊重格外敏感，对其他不重要的人则并不在意。因尊重而起的冲突实际上事关名誉，但前者听起来却要比后者更正当。

摆出"街头做派"的人，在遇到更硬派的"街头混混"时，就可能会遭遇危险。安德森给出了一个1970年代他在芝加哥做田野调查时遇到的事例（来自2002年11月的私人通信；文字部分见 Anderson 1978）。

> 两个男人在一家卖酒的商店门口玩骰子游戏；其中一个名叫TJ，他是个"正常人"（在安德森1999年出版的书中他被称为"正经人"）；另一个名叫斯蒂克，他是个小流氓（安德森后来的术语称其为"硬核

街头派")。两人就谁输谁赢展开了争吵。TJ虽然不是街头成员,但他与"街头混混"玩骰子的行为已经让他带上了些许"街头做派";他扇了斯蒂克一巴掌。接着,意识到自己做了什么之后,他转身就跑。斯蒂克因被"正经人"扇了巴掌而恼羞成怒。他冲众人喊道:"他偷了我的东西!"随后,斯蒂克追上TJ,用刀子划伤了TJ的脸;即便这样他依然怒不可遏,又抢了TJ的钱包,最后把它烧了,仿佛伤害和抢夺还不足以弥补他受到的侮辱。他的表现就像是自己作为"街头混混"的地位受到了挑战,因此必须通过夸张的破坏来抢回自己的地位。受害者恰好又是个"软柿子",遂令事态演变成为攻击弱者的情境。

不过,另一种类型的攻击则是拐弯抹角地希望在当地的阶层系统中赢得尊重。正如我们已经看到的,通过外表来表现身份,方法之一是身着昂贵和时尚的服饰。穷得买不起这些服饰的人不仅会感到自己不受尊重,也会真正被帮派成员所轻视,甚至可能因此遭到嘲讽。那些穿着名牌服饰和运动鞋的人如果在情境中属于弱者(因为他们并不是街头文化和帮派的一部分),就会成为主要目标,可能会遭到盗窃乃至抢劫("借走")。此处发生的是戈夫曼式的后台活动,是为了获得前台表演所需的道具。这种情况也会引发有限的暴力。

到目前为止,我讨论的都是为维持成员身份而进行的打斗。有些人的目标比这还要高;他们不仅想维持自己的地位,还想控制其他人,并希望被认可为强者。为什么某些人会采取这种暴力?这也许取决于情境而非性格,需要一系列机会和条件。如果通过言行举止成功地威吓到了对方,并在随之而起的冲突中占到上风,人们可能就会试图得寸进尺。用互动仪式论来说,他们发现在这种情境中自己的情绪能量能够获得很好的回报,因此就会倾向于制造这些能令情绪能量水涨船高的情境。这可能会导致他们无法回到"正经人"的世界:一开始也许只是临时采用"街头做派",后来却投入了更多个人精力。由于"街头做派"在互动中更容易取得成功,他们也就不再只是"扮演街头做派"，而是真正感到自己属于街头——他们希望所有情境都是街头情境，因为只有在这些情境中他们才会闪闪发光。

要想做到这一点，就需要建立威望，也就需要在阶层系统中往上爬；从普通或底层成员做起，一步一步建立更高的声誉。野心勃勃地试图建立盛名，就必须打更多架。当然，这并不意味着就要一直参与打斗。底层成员会挑选软弱的目标：街道帮派之外的人，或是刚刚来到当地被人给了"下马威"的新成员。不过，目标也不能太软弱。男性无法通过攻击女性来获得名声；跨性别的打斗优势也会发生，但大都是发生在家里的私人争斗，例如两人有性关系或是共住一室的情况。但是这些在街头阶层中毫不重要。与其类似，尽管女性并不能掌管街头帮派，但她们却也可以有一个平行的阶层系统；女孩会跟其他女孩发生打斗，成年女性则会与成年女性发生冲突；当发生抢劫时，黑人社区中的老年女性通常不会被男性攻击，但却可能被女孩组成的帮派攻击。因此，街头阶层系统在另一个方面控制了暴力：只有某一个特定阶层中的人才会成为特定袭击者的暴力目标。

要想在街头阶层中爬得更高，就需要对付那些格外强大的人：他们善于打斗，能够赢得打斗，也不排斥使用武器来升级暴力。在地位上升的过程中，人们需要打造出一个危险且不惜一切的名声，让人相信自己只要受到一点挑衅就会引发暴力。因此，人们也可以通过表现出疯狂的一面来建立这种名声——无论是清醒的策略，还是无意间的结果[16]。这会使得人们对他表示顺从，在日常街头互动中让他赢得自吹自擂的竞赛。被视为"疯子"的人并不需要经常表现出疯狂的一面，只要他建立起了疯狂的名声，大部分人，特别是那些并非"硬核街头帮派成员"的人，就都会对他敬而远之。

显然，街头世界的阶层系统推崇暴力；比起帮派底层成员，上层成员需要参与更多的暴力事件，也需要具备更大的破坏性，因为只有足够强大的人才会被接受。然而，即使在这一名誉系统内，"街头做派"也依然要根据情境来应用。如果表现巧妙，其实完全可以在避免暴力的同时赢得尊重，例如下面这个故事（Anderson 2001，私人通信）：

一个被视为杀手的男人跟一个性感的女人一起坐在桌前，两个人似乎有着很亲密的关系。杀手起身去上洗手间，这时，另一个有着杀手名声的男人走过来，坐在桌前跟那个女人聊起天来。第一个人回来后，威胁地询问发生了什么。第二个人站起来说："我不觉得她是适合你的女人。"第一个人掀开外套，好让所有人都能看到他的枪托；他说："我会让你活着——暂时而已。"紧跟着他抓起那个女人的胳膊，说道："婊子，咱们走吧。"然后便离开了。

这次相遇是一次有意的挑衅，两人都一步步地让事态升级。他们都表现了自己有多么强硬、勇敢和愿意参与打斗，同时也展示了自己擅长口头攻击。二号硬汉勇敢地上前挑衅一个有着危险名声的人，因此获得了加分；一号硬汉的回击则同时升级和平衡了态势。进一步的证据表明，在随后发生的事件中情形依然类似：几个月后，两个人仍然没有发生打斗。他们相遇的故事已经流传开来，两个人的表现都令他们名声大涨。他们并没有在伪装，过去的名声已经证明了他们能杀人。但他们也准确地判断了形势，懂得怎样表现才能令观众心满意足。在这种情况下，冲突本身的戏剧性已经足以让其成为一场精彩的大戏，以至于如果真的发生打斗反而会煞风景。为了保持名声，人们必须去挑衅其他高层人物；顶级硬汉需要互相挑衅来保持地位。在这种规则下，形成了一些经典戏码；在这种情况下，羞辱与威胁甚至比真正的暴力还要有效。

毒品暴力与抢劫（drug business violence and stickups）。与"街头做派"相关的还有另外两种暴力。它们往往十分严重甚至可以致命，不会被认为带有娱乐色彩。它们不会吸引热情的观众，通常都会尽可能私下进行。毒品暴力之所以会发生，是因为这种违法生意没有法律规管，因此无法通过法庭等官方系统来解决争端。暴力会通过集中的自我规管而发生：地盘战争，即争夺某一特定区域内的顾客；交易失败，即交易一方对货物或货款不满意；纪律整顿，例如团伙上层人员确认下层毒贩是否上缴了毒资，以及他们是否偷了货物等（Anderson 1999：114—19）。

毒品暴力在某种程度上也符合"街头做派"，即在缺乏国家权力规管的地区通过恐吓来解决争端。作为非法组织运作的一部分，毒品暴力的发生是意料之中的。相反，街头抢劫的威胁却是不可预测的。带有武器的劫匪往往会单独行动，最多也是两三人的小团伙（其中一人也许是女性，主要负责放风或开车）；抢劫比其他形式的暴力要更加隐蔽，通常需要一定的伪装和计划，参与者会分享战利品；这些都是团伙人数较少的原因。这也意味着抢劫者的社会支持更少；与成功的毒枭相比，即使在街头社区中，也没有人仰慕抢劫者。

这两种形式的非法活动可能会发生冲突；对抢劫者来说，贫困社区中最好的抢劫目标就是毒贩，因为他们最有钱。一旦抢劫了毒贩，尤其是在他们卖掉了毒品但还没有上缴货款的时候，就可能会沿着供应链出现问题。因被抢劫而无法上缴货款的毒贩会面临严厉惩罚，整个毒品供应环节中的每一环都是如此（不过，愈是高层，效果就会愈弱，因为相对来说被抢的钱占其财产的比例更低）。持械抢劫者在某种程度上会被认为是最强硬的，他们会追捕街头的其他精英：毒贩。但劫匪并不会因此建立名声；他们通常会被称为"抢劫小子"（Anderson 1999：130，81），这里面含有一种轻蔑的意味，因为"小子"一词在黑人社区中带有种族主义的贬低意味。

某种程度上，在街头社会中，毒品暴力与街头抢劫都受到了"街头做派"的鼓励，因为它将这些非正常的行为都给合理化了，并提供了在相应情境中恐吓和控制对方的技术。毒品暴力与抢劫能够利用"街头做派"来获得对方的服从；受害者只要了解"街头做派"，就能辨认出值得警惕的信号，从而乖乖交出值钱的东西，避免遭受进一步的暴力（Anderson 1999：126—28）。这些都是攻击者在利用"街头做派"，既越过了"正经人"所扮演的戈夫曼式的前台形象，也越过了青年帮派中仪式性的成员暴力[17]。毒品交易并不仅仅是帮派任务，它还涉及另外一种阶层系统；在所有的阶层中都是越往上爬空间就越少，因此人们也就需要更加频繁地利用街头暴力去开辟道路，或者仅仅是击退对手。然而，抢劫将"街头做派"推到了边缘，甚至超出了街头社区的边界。即使在这样一个与主流社会不相容的社会中,也有可能走得太远,从而被人排挤和丧失地位。

因此,通常来说,"街头做派"就是制度化的虚张声势,以及冲突程度较低的制度化自我吹嘘。按照戈夫曼式的中产阶级标准,它将互动稳定在暴力边缘。有时人们也会走得太远,但通常其程度都很有限,因为他们的目标就是投射潜在的暴力而已。"街头做派"很好地阐释了虚张声势如何能够取代暴力。与此同时,作为一种停留在暴力边缘的戈夫曼式表演,在有些情况下也会失败,或是表演得太过逼真,以至于假戏真做。

通往"暴力隧道"之路

现在让我们从"街头做派"的特殊情况回到更常见的情境冲突与升级模式。在前几章中,我使用了"暴力隧道"这一比喻,它通常出现在"恐慌进攻"的情境中:紧张与恐惧突然转变为单方的软弱,创造了一种情绪真空,胜者一方则头也不回地冲了进去。他们狂热地攻击、残杀,进行毫无意义的杀戮,就像是陷入了一条隧道,浸润在自己与败者的情绪与姿态之中,像是在弱者的怂恿下而无法停止一般。最后,当攻击者从隧道中出来,他们有时会不肯承认自己在隧道中曾做过的事。

我们来总结一下这一比喻的使用方式吧。所有充分展开的暴力情境都像是在隧道中一样;此时,人们已经陷入冲突,只能等待打斗自己平息下来。恐慌进攻是一种不平衡的情形,其中一方暂时占据上风,另一方则被动挨打;在"暴力隧道"的深处,这是最具观赏性的一种。但是,除了欺负弱者之外,隧道中还可能会发生其他事情;暴力可能发生得十分短暂和有限;如果有足够的社会支持,隧道中也可能发生公平打斗,在这种情况下,观众实际上是隧道的建造者。隧道也可能会在时间中延展,从一个情境到另一个情境,就像连续杀人事件一样；其中发生的事情已经不再是情绪的爆发，而更像是一个较为稀薄的情绪空间，虽然冷静，但却依然存在于日常体验之外。

在这里，我想关注的不是隧道中发生的事，而是进入与离开隧道的过程。我们在军队与警察暴力中看到的恐慌进攻是进入狂热暴力的一种方式。它的特点是通过对陷入弱势的对方发动突然袭击来建立和释放紧张。但是，还有其他方法也能抵达隧道入口，甚至越过它；人们也许不会在隧道中待很久，也许隧道中并不是单方面的暴力；隧道本身也许太吓人和令人厌恶，很快就会将里面的人推出来。

进入隧道的道路可长可短。我一直在强调，较短的道路是关键；就连较长的道路通常也需要穿过较短的道路才能抵达隧道。在这里，我们重点关注情境过程中的细节，较长的道路则留待稍后讨论[18]。冲突即将发生的时候，究竟何时会爆发暴力，何时会稳定乃至消退呢？在日常生活的恶语相向情境中，一般会形成两条道路：有些争吵会发展为激烈的辩论；有些则会发展为自吹自擂，而后引发羞辱和恐吓。下面我们将依次进行讨论。

随着争吵变得愈发激烈，有可能会破坏正常对话中轮流讲话的规则。人们轮流讲话时会产生一种团结感；谈话者会观察对方的讲话节奏（以及身体动作），好在对方讲完时插话进来；双方的交流就像二重唱一样和谐 (Sacks et al. 1974；更多证据与分析参见 Collins 2004)。高度团结的对话一般"无空档，无抢话"；人们会避免出现尴尬的空白，同时也会避免与当下的讲话者争夺注意力。而在激烈的争辩中，不仅内容相互冲突，微观互动情境也有所不同；讲话者会试图盖过对方的声音，拒绝给对方讲话的机会，或是试图抢话 [记录见 Schegloff (1992)，分析见 Grimshaw (19901)]。

在激烈的争辩中，双方会在身体上试图控制情境，这种矛盾会进一步加剧认知上的差异，甚至最终喧宾夺主。争辩声会愈来愈大，因为嗓门可以用来控制对话空间；双方都会试图盖过对方，因此声音会不断提高。讲话的语气会变得刻薄、断然、不再流畅，其重点是在听者身上能够起到什么作用。因此，争吵的实际内容慢慢就变成口号、偏见和咒骂——并不是因为这些是讲话者所真正相信或想要表达的东西，而是因为表达观点在有效性上已经让步于用更戏剧的方式来争夺注意力。在互动过程中会产生愤怒的话语，这并不是人们的本意；在气头上，人们的嗓门会提高，讲出的话也会难听得多，甚至可能会打破自己不想卷入争吵的本意。

在这些情境中，对表演的限制有所增加，因此有时可能会反败为胜。如果能用一种简洁而富有感染力的方法来巧妙地表达出自己的观点，就有可能大胜对手，特别是当现场有更多观众来支持的时候更是如此。因此，愤怒的争吵可以通过这种方式获得一个合适的结局，无需暴力就能达到高潮。

但更常见的情况是，争吵之所以结束，是因为其中一方或双方怒气冲冲地离开了；这是为了表达愤怒及对整个争吵不屑一顾。通常人们会心照不宣地接受这种结局，而不是死缠烂打地要求继续争辩下去。第三种可能是争吵停留在双方不断重复的阶段，最终变得无聊。之后我会深入讨论这种情况，因为它是口头冲突能否升级为暴力的关键时刻。第四种可能则是争吵升级为暴力，通常是在抢话的斗争中触发，因为双方都想压过对方。双方的嗓门愈来愈大，情绪愈来愈紧张，肌肉愈来愈紧绷；他们都试图强迫对方乖乖地听自己讲话，这种紧张关系最终会爆发为暴力。

虚张声势可以通过这四种路径进入或远离"暴力隧道"。面对巧妙表达的侮辱，有些人可能不会反击，胜利会由有欣赏力的观众决定。有些人则可能会中断互动，转身离开；这就像怒气冲冲地离开一场争吵一样，只不过在争吵中，打破正常的文明交流和社会关系的一方需要承担道德责任，而在恐吓的场景中，离开的一方正中恐吓者的下怀，这意味着他们获得了情境中的控制权，因而获得了胜利。第三种获得稳定的方法是通过重复，稍后我们会解释这一点。第四种则是进一步升级为暴力，其前提是前三种途径都失败了。

乍看上去，所有恐吓都很类似：粗糙、丑陋、粗野、吓人。如果想要了解恐吓如何稳定下来，最终避免打斗的发生，我们就需要更加谨慎地研究其微观分类。正如之前所注意到的，恐吓可能产生于娱乐或狂欢情境中，最初可能只是半开玩笑的自我吹嘘。然而在恐吓阶段，侮辱已经不再是一种玩笑。

风趣不再重要；侮辱的话语变得充满偏见，并被一再重复。这意味着，如果恐吓进行得足够久，就会非常无聊；人们会失去兴趣。观众会离开（第二章描述过的萨莫维尔街头斗殴中，我和其他旁观者的行为就是一例）。最后，打斗者自己也不再能从冲突中获得能量，于是情境就会降级至自言自语。

一名学生的报告中有这样一个例子：

> 两名少年站在一所高中外面平日里学生们等车的地方，互相冲对方吼叫。他们走近对方，彼此约有一臂之隔，而后互相推搡；其他学生则隔着安全的距离焦躁地围观。（也就是说，并没有一个高度团结的群体在催促他们开打，只有一群散乱的个体在谨慎地围观。）最后，两个男孩各自后退，朝着相反的方向离去了。

比起真正的打斗，此类冲突可能要多得多。另一个事例则来自南加州的警察报告：

> 在一个教学日，一群黑人少年闯进了一所高中（并不是他们自己的学校），让一名女孩进去叫一个他们正在寻找的男孩出来。男孩出来了，身后跟着他的支持者。两群人隔着一段距离，彼此打出帮派中常用的手势。一个女孩站在闯入者的后面，手中提着一个书包，里面放着枪，一些男孩时不时打开书包露出里面的枪。另一方面，闯入者们还掀起上衣露出腰带上的手枪。这些行为更多是在卖弄，在别人的地盘上炫耀自己的帮派成员身份，并作出威胁的姿态。打斗并没有发生。最后，学校的一名清洁工出面介入，叫来了一名保安。尽管帮派成员佩戴了武器，但他们却并没有与保安或清洁工打起来，而是逃走了。这是因为保安和清洁工是外来者，并不是这场大戏的一部分，因此并不是合适的攻击目标。

可以想象，势均力敌的冲突很容易稳定在虚张声势阶段。在微观层面，侮辱与推搡进行的时间越久，就越难发展为打斗［这一观察来自卢克·安德森（Luke Anderson）］。相反，当虚张声势快速升级时，就易发展为打斗。我们可以用情境中的情绪互动来描述这个场景；重要的并不是每一个个体的情绪，而是他们所沉浸的情绪互动模式。争吵或吹嘘都是在当下情境中争夺注意力控制权的方式。这些口头表达升级到了无法被人接受的程度；双方都需要投入更多精力，争夺话语掌控权，为自己的主张吸引更多注意力。在虚张声势阶段，这一切都变成公开的威胁，双方都试图喝退对方。一个小小的动作就可能达到"要么反抗，要么闭嘴"的局面，如果一方接受了挑衅，打斗就会发生[19]。挥出第一拳只不过是在已有的能量之上再度升级一小步而已；为了争夺情境的控制权，人们已经注入了太多的能量。然而在迈出这一步后，如果人们仍在虚张声势，那就意味着他们并不想真正打斗；他们会故意继续虚张声势，直到事情变得无聊，冲突也就无疾而终了。①

与情境互动相比，侮辱的内容并不重要。天真的旁观者如果看到有人侮辱对方的母亲，可能会认为这意味着在下层阶级黑人文化中母亲具有十分神圣的地位。但是在数不胜数的例子里，提及母亲的羞辱性词句都没有导致情形升级，因为情境不合适（Anderson 1999：84）。根据不同的情境，任何辱骂内容都有可能被作为借口升级为暴力，也都有可能被当作玩笑或是无聊的呓语一笑而过[20]。

在微观层面，争吵与恐吓的升级方式也有类似之处。激烈的争吵打破了轮流讲话的节奏，对话者试图盖过对方，结果嗓门愈来愈大，但其内容却是一再重复；一旦张力稳定下来，内容的无聊就会导致情绪下降，从而让人们远离暴力。侮辱也可以变得重复和无聊，从而会让人们降低兴致，但这同样取决于讲话方式是否有所升级。因此，互相羞辱也能达成平衡，只要双方轮

---

① 图 9.1：在不断重复的动作中，愤怒的冲突暂时稳定下来（Jerusalem, October 2000, Reuters）。

流发言，允许对方说出侮辱的话；如果双方都想在同一时间讲话、盖过对方的嗓门，就会导致争执转向暴力。

在文人的争吵中可以看到许多此类例子（Arthur 2002）。大部分时候，他们都会撰文诋毁对方的作品，有时也会批评对方的人品；这些文章有时会在作家及其追随者的私人社交网络内流传。大部分此类争吵都发生在同一文学领域内：例如，1945年杜鲁门·卡波特（Truman Capote）与戈尔·维达尔（Gore Vidal）在纽约文学圈同时声名鹊起时，卡波特曾对维达尔说，同一时间内只可能容纳一个天才（Arthur 2002：160）。如果其中一名作家曾经是另一个人的门生，向他学习写作，并由已功成名就的师傅介绍进入文学圈核心，但随后门生成长起来，赢得了自己的名气，甚至超越了师傅，两人之间的争吵就会格外激烈。在这些事例中，在师傅看来，在同一风格领域竞争而产生的嫉妒中混合了一种遭到背叛的感觉，而在门徒看来，则是迫切希望挣脱束缚、形成自己独立的文学风格。在这种竞争性的领域，关系破裂是不可避免的；这在微观层面会体现为争吵，有时是当面冲突，有时则是笔战，因为这关乎他们在文学界的声誉。

大部分此类争吵都是停留在口头层面，只有偶尔才会升级为暴力。这一过程可以在以下事例中观察到：西奥多·德莱塞（Theodore Dreiser）与辛克莱·刘易斯（Sinclair Lewis）曾发生过争吵，并在1931年达到高潮。1910年代，刘易斯曾是德莱塞的门徒。德莱塞写出了第一本伟大的美国自然主义小说《嘉莉妹妹》（*Sister Carrie*），却因道德审查而无法出版；德莱塞随后靠编辑传统女性杂志为生，与此同时，刘易斯也开始出版作品，两人互相熟识起来。德莱塞在精英文人圈里逐渐建立起了名声；由于他对普通美国生活的自然主义描写，刘易斯等年轻作家视他为榜样。1920年代，刘易斯出版了一系列畅销书；《大街》（*Main Street*，1920）描写了小镇生活，《巴比特》（*Babbit*，1922）则成为家喻户晓的词语，用来形容鼠目寸光的庸俗市民。最后，德莱塞终于出版了他的杰作《美国悲剧》（*An American Tragedy*，1925），然而这部作品虽然在文学圈评价甚高，却并不受大众欢迎。而此时刘易斯已经可以反过来赞助他之前的赞助人了：他帮忙推广德莱塞的新书，并资助其前往欧洲旅行。德莱塞心安理得地接受了这些，还试图引诱刘易斯的妻子（一家报纸的驻外记者），并在自己关于苏联旅行的书里无耻地抄袭了她的作品。

1930年，人们预测诺贝尔文学奖会颁给一个美国人；德莱塞当时呼声甚高，但最后获奖的却是刘易斯。表面上刘易斯仍然尊重德莱塞，视他为伟大的先驱，但在私下里他们之间的关系已经破裂了。1931年，在纽约文人的一场宴会上，他们之间的矛盾终于爆发了。德莱塞作为主角姗姗来迟，等待他的众人早已喝得烂醉。当演讲开始时，刘易斯简短地声明道，他不愿意跟一个抄袭了他妻子作品的家伙共处一室；他还告诉其他人，德莱塞不配获得诺贝尔奖。

晚餐过后，德莱塞将刘易斯叫到一个包房，谴责了他的发言，并要求他"要么再说一遍，要么收回"(Arthur 2002：68—69)。刘易斯又说了一遍，德莱塞则扇了他一耳光。"我又问他，是不是还想再说一遍；他又说了一遍。于是我又扇了他一耳光。然后我说：'你还想再说一遍吗？'这时，第三个人走了进来，听到刘易斯说：'西奥多，你是个骗子、小偷。'第三个人抓住刘易斯，建议德莱塞离开。刘易斯又说了一遍：'我还是要说你是个骗子和小偷。''你还想让我打你吗？'德莱塞说。'如果你想，我可以转过脸来让你打另一边。'德莱塞说：'噢，刘易斯，你这坨大粪！'第三个人推着德莱塞出了门，德莱塞转身吼道：'我还会见到你的，咱们这事儿没完！'刘易斯跟了上去，口中喃喃自语。德莱塞说：'刘易斯，你为什么不到其他地方去兜售你的破文章？'"

这一场景是戈夫曼式的。刘易斯表面上一直很尊重他的导师，但在后台他则一直都在抱怨德莱塞的所作所为。最终他在一次公共聚会上释放了自己的后台观点，这是一种令人震惊的、离经叛道的行为。然而这一行为的场合却非常合适：参与聚会者都对两人之间的冲突深感兴趣，且都是文学圈同仁；同时，这是一个节日般的狂欢场合，禁酒令期间的酒会本身就有着打破禁令的意味；而且，参与者对打破禁令都很在行，因为这一代美国作家正是靠着自然主义运动而声名鹊起，他们最擅长展现生活中肮脏的一面。刘易斯自己就有着打破旧习的名声，他的行动没有让人失望。

德莱塞想要挽回颜面，因此首先试图私下解决；但他公然要求道歉的行为本身也是一种升级，没有给对方台阶下。此刻，刘易斯要想保住脸面，就只能重复自己的指控，而德莱塞则以仪式性的耳光作为报复。如果这事发生在80年前，就可能会引发一场决斗；但这两人都是十分清醒的现代人。事实上，他们的冲突变成一场对峙，不断重复同样的话语和动作。最后，第三方前来干预，拦住了刘易斯；显然，刘易斯并不热衷于挑起打斗，而是"全身瘫软，毫不反抗"（Arthur 2002：69）。德莱塞在出门时仪式化地宣告了进一步的挑战，但打斗的情绪已经降低为普通的互相侮辱。在这起事件中，他们找到了避免进一步打斗的方法。这场冲突引起的注意令德莱塞心满意足；刘易斯早就因为他那些离经叛道的作品而引起公众争议，但在这起事件过后，他却当作没有发生一样，重新声明自己欣赏德莱塞的作品。

为什么冲突没有升级？当时德莱塞已经61岁，但却身高2.03米，体重超过180斤；他比身材高瘦的刘易斯（当时46岁）要高大强壮许多；这也就解释了为什么德莱塞愿意让事件升级到打耳光（尽管并不太严重）的地步，而刘易斯的回应却只是在口头上。常见的回避升级的策略都出现了：重复同样的话语和动作；让第三方干预；模糊地宣告未来的冲突。两个人都保全了脸面，并没有发生太多事情。尽管吸引了公众关注，但两人在戈夫曼前台和私下里的关系都没有发生太多改变。

我们已经看到了一系列通往"暴力隧道"边缘却就此折回的道路。究竟什么时候参与者才会走上第四条路，也就是通往暴力之路呢？本书提出的理论是，冲突会带来紧张与恐惧，从而能够阻止有效的暴力；只有当存在软弱的受害者，或是冲突得到足够的社会支持、能够在社会规则限制之内作为一种表演的时候，情绪张力才会释放出来，引发暴力攻击。因此，虚张声势会在两种情况下引起真正的打斗：首先，如果一方自我感觉比对手强大许多（至少在当下如此），强者就会发动攻击。恐吓本身能够测试谁是弱者；如果面对恐吓有所动摇或退缩，就有可能诱发攻击[21]。其次，如果存在高度关注的观众，目睹了整个自我吹嘘和恐吓的过程，那么整个场景就很适合发生打斗，参与者在众人的期待下往往难以后退。当观众非常熟悉冲突双方中某一方的时候，他们的作用就会变得更强大；参与者必须维护自己的脸面，因此不能以任何形式退缩，除非能令观众心满意足。因此，当没有观众，或观众匿名的时候，恐吓升级为暴力的可能性就会很低[22]。

大部分时候，这些条件都不存在。冲突双方要么势均力敌，要么实力相差不大，无法获得足够的信心来彻底撕破脸面。回想第二章的结论：在军事战斗中，士兵之所以普遍不愿参与战斗，不只是因为害怕受伤，更是因为在非社交的互动中产生了紧张关系。在情境对抗中，人们害怕成为输家，那是比身体疼痛更可怕的事。这不是打或不打的问题，而是过程中表现如何的问题。

这种敏感大部分时候都能让我们遵从微观互动中互相尊重的传统交流模式；这也是为什么我们会对他人吹毛求疵，由于一些小事就威胁使用暴力。人们之所以会来到暴力边缘，是因为微观互动中出现了断裂；这总体来说是戈夫曼式的，尽管如今究竟哪些情况算是互动失败，已经与戈夫曼最早描述的20世纪中叶的中产阶级传统相差甚远。带领人们走到暴力边缘的并不是争吵的内容或侮辱言辞的本质，而是当人们意识到冲突存在之后的微观互动过程。因此，有时（事实上是大部分时间里）冲突双方可能会改变和调整冲突的节奏和重点；他们采用的可能并不是戈夫曼式仪式性的挽回策略，而是在语言层面上回到情境平衡中。即使戈夫曼式的挑战、道歉或是一笑而过未能起效，也仍然可以通过重复无意义的话语来让愤怒降级为无聊。

另外一个通往暴力的条件是观众鼓励甚至强迫冲突双方进行打斗。但这一条件通常也并不存在；面对或接近暴力威胁（激烈的争吵和恐吓）时，观众往往会变得十分不安。他们通常不会有勇气去干预，而是会尽可能往后退缩；他们并不支持打斗，而是会害怕打斗发生。当然，虚张声势者有时正是为了吓退观众而行动，但这是一种共谋，双方都在使用有限的暴力而非全力投入。他们并未进入"暴力隧道"，而只是在观众面前假造一种暴力的印象。

我们习惯了关于暴力的奇观故事,在那些故事中,有许多都提及是围观者怂恿冲突双方开始打斗。但是,那些围观者有着特殊的条件:他们常见于大型社区和紧密的社交网络中,因此知道冲突双方的名字;冲突者因此更需要打造和维护自己的声誉。而这也正是城市中街道帮派聚集区的结构特点之一。此外在高中和监狱中也有类似模式:个人名誉就像是在鱼缸里,会在观众眼中变形放大;在这些全控机构中,人群分化为底层囚犯或学生,以及对他们具有官方控制权力的职员。在这里,底层之间的争斗不仅仅是出于私人利益,更是一种反抗权威的叛逆表现。这不仅仅是一个"名誉金鱼缸",更是一种反抗主流的阶层系统,哪怕是在打斗中失败,也能获得更高的名声。但这些都是复杂和特殊的环境,并非无所不在。总体来说,能将日常冲突催化为暴力的条件是非常罕见的。

大部分时候,人们都能控制暴力,从而远离暴力边缘。短期的微观情境条件可能会触发暴力,但通常并不存在箭在弦上的情况。更常见的情况都是微观情境触发走火。

第十章

少数暴力人士

当暴力发生时,几乎总是只有极少数人会积极参与暴力,真正有能力实施暴力的人则更少。他们身边通常都会有许多仅在情绪上参与暴力的人。有时这些人明显属于同一团体:同样的骚乱者,同一支军队或警察队伍,同一个帮派,同一群球迷或狂欢者;这些人我们可以称之为"正常暴力人士"(nominally violent)。有时,暴力场景中也会存在更多的旁观者,他们有些会对暴力表示支持,有些只是好奇,有些则只是偶然路过而已。此外还有不同层次的对手和受害者,而他们也都可能会有自己的支持者和后排观众等。这一切共同构成了一幅社会图景,冲突性情绪浸润其中;那些极少数暴力人士正是能够利用这一情绪场域的人。

积极参与暴力和有能力实施暴力的少数人士

让我们先来简短地回顾一下之前几章提到的数据吧。

第一个发现是在二战期间，只有15%—25%的前线士兵负责了战斗中全部或绝大部分开火；这与大部分发生在20世纪的战争的照片证据相吻合。在之前的某些历史时期，由于密集步兵编队有着更好的组织管理，开火率曾经更高，然而其命中率依然很低；在古代战争与部落战争中，积极作战的战士也非常少。朝鲜战争之后，西方军队改变了训练方式，以获得更高的开火率，但从弹药浪费的程度来看，命中率依然很低。越战数据显示，步兵可以分为三类：一小部分（10%）几乎从不开火；45%偶尔开火；另外45%几乎总是开火。志愿兵中高开火率的士兵比例较高，征召兵中这一比率则较低。在士气低落的部队中，只有25%经常开火——这与马歇尔的发现很类似。在训练方法改革之后，仍然只有一小部分人具有较高的攻击性，大部分普通士兵都只是滥竽充数。最积极的暴力者也并不一定就命中率高；有能力实施暴力的人始终只是很小的一部分。

在警察暴力中，我们能够分辨出几种不同的暴力：制伏嫌疑人的日常暴力；高强度（包括"过度"）的暴力；开枪。在全国范围内，一年有0.2%—0.3%的警察会枪击他人，其中约三分之一会导致死亡（Fyfe 1988；Geller 1986）[1]。开枪与其他警察暴力一样，在犯罪爆发和帮派活跃的大城市里都要更常见。在洛杉矶警局，7.8%的警官开过枪；0.2%开枪三次以上（Christopher 1991：36—40）。日常暴力则较为广泛：报告显示，70%的洛杉矶警局警员至少使用过一次武力，通常都是为了制伏嫌疑人。这都是"正常的"和"正当的"武力，但其数据仍然相对集中：排在最前面的5%警员卷入了20%的暴力行动；前10%警员卷入了33%的暴力行动。与其类似，关于过度或不当使用暴力的报告涉及21%的警员[2]。这些暴力精英中又可进一步分为几类：整个洛杉矶警局中，2.2%的警员有四次以上的此类暴力记录，0.5%的警员有六次以上。最后一组人可谓"牛仔警察",他们在日常暴力中表现也更活跃;他们平均每人有 13 份涉及暴力执法的报告,而所有曾经使用暴力的警员中,平均报告数目是 4.2 份。在所有使用暴力的警员中,大约每年有一次暴力报告,比所有警员的平均水平要低;"牛仔警察"则每年有 3—4 次此类报告。当暴力发生时,"牛仔们"也表现得更过火;在他们的报告中,58% 涉及过度暴力,而在所有使用暴力的警员中,过度暴力的使用率为 14%。

其他研究者也发现了同样的模式。托克(Toch 1980)指出,奥克兰警局中的一小部分警员制造了大部分警察暴力。巴斯·凡·斯托克姆(Bas van Stokkom)在阿姆斯特丹研究过荷兰警察后发现,一小部分警官的名字出现在大部分关于警察行为粗暴和过火的投诉中(2004 年 9 月的私人通信;亦见于 van Stokkom 2004;Geller and Toch 1996,第十四章)。

另一方面,暴力总是很集中。有学者通过世代研究追踪了一批年轻男性自出生以来的经历,发现其中 15% 的人制造了 84% 的暴力犯罪(Wolfgang et al. 1972;Collins 1977)。当然,并不是所有犯罪都是暴力的,但与其类似的是,6%—8% 的青少年男性制造了该年龄段 60%—70% 的犯罪[3]。

对囚犯的研究显示了同样的模式:所有罪犯中都存在一小群罪犯精英。布鲁姆斯坦等人(Blumstein et al. 1986)发现,在因持械抢劫和入室盗窃入狱的罪犯中存在一个金字塔[4]:底层的 50% 平均每年制造五起犯罪(每十周一次或更少);顶层的 10% 平均每周就会进行一次抢劫或入室盗窃;顶层的 5% 每年会进行 300 次以上犯罪活动,也就是几乎每天都在犯罪。位于最顶层的是一小群"暴力捕食者",他们平均每两天就会进行三次犯罪(Chaiken and Chaiken 1982)。另外一项监狱研究发现,有 25% 的囚犯是终身罪犯,他们制造了 60% 的抢劫、入室盗窃和汽车盗窃(Peterson et at. 1980)。还有一项研究追踪青少年罪犯至 30 岁,发现他们可以分为三类:(1) 3% 是职业型精英罪犯,他们从头到尾都保持着很高的犯罪率;(2) 26% 属于罪犯中的"中产阶级",犯罪率属于中等;(3) 大部分人(71%)后来都停止了犯罪(Laub et al. 1998)。在这些研究中,最投入和最活跃的罪犯恰恰也是最暴力的那些。罪犯群体中的精英会进行持续的暴力。

　　犯罪人口是总人口中的一小部分。将这两类研究放到一起，我们可以看到，25%—40% 的罪犯制造了（至少被控告了）绝大部分的严重罪行；将这些数字乘以男性中被捕者的 20%—40%（Farrington 2001; Blumstein et al. 1986; Wolfgang et al. 1972; Polk et al. 1981; Wikstrom 1985），我们可以推测所有男性中的 5%—15% 制造了大部分严重犯罪[5]。罪犯群体的外围（也就是绝大部分罪犯）是轻微违法者（我们仍然只考虑男性）。另一类研究基于自我报告而非警察记录；它们询问受访者的犯罪活动，无论其是否被抓获。结果发现，36% 的黑人少年与 25% 的白人少年声称他们进行过一次或多次暴力犯罪（Elliott 1994）。

　　从另一个角度来看，这一年龄段中的黑帮成员比例其实比大众印象中要低。2003 年，全国范围内约有 73 万名黑帮成员，大致占到 15—24 岁黑人和拉丁裔男性中的 11.5%；这是估算的最高比例，因为有些黑帮是由其他种族构成的[6]。从历史上来看，在 1920 年代的芝加哥，10—24 岁的男孩中有 10% 是黑帮成员；在移民人口中，这个数字是 13%[7]。这些数字在某些种族社区中格外高（21 世纪初在南加州黑人和拉丁裔中为 30%；在 1920 年代的芝加哥意大利裔中则为 40%），但即使在男性青年中也从未达到多数。早年间有些黑帮其实处于灰色地带；他们并不会全副武装，也很少使用暴力。当代黑帮确实进行了更多杀戮，但身为黑帮成员在大部分时候并不意味着就一定会卷入暴力。2003 年有 16.5 万起谋杀；如果其中有一半是黑帮干的，那么该年度每 88 个黑帮成员中只有一人曾参与谋杀（1.1%）。黑帮通常会将打斗作为一种成长路径，有时也会通过打斗来改变座次（Anderson 1999; Jankowski 1991）。并没有足够的数据显示黑帮成员打斗的频率，但这些打斗似乎只存在于黑帮内部的精英之中[8]。因此，即使在格外暴力的群体中，也只有一小部分是具有谋杀能力的精英。

　　即使在半暴力的组织中，暴力者也从来都不占多数，而只是在工人阶级社区或 20 世纪以来的美国黑人中比例稍高而已。暴力者有着不同程度的积极性和能力，他们周围则是60%—80%的仅仅轻微违法的男性。

要想查明暴力精英在总人口中所占的比例，我们可以使用囚犯中在暴力犯罪中格外活跃的10%，或是自青少年以来持续犯罪的3%这两个数据；这样一来，所有男性中也就最少有0.6%—1.2%、最多有2%—4%格外擅长并会持续制造暴力。较低的数字与官方部队中能力高超的杀手（狙击手或王牌飞行员等）比例相似。较高的数字则与警察暴力中的比例类似。

在本书提及的其他类型的暴力中，只有一部分能估测出嗜暴者的比例。在学校里，男孩中的霸凌比例是7%—17%，女孩中则是2%—5%（数据来自第五章）。英雄之间的表演型打斗必然只发生在精英之间。在贵族社会中，军队中的贵族通常可以通过佩剑等标志来加以识别，他们占总人数的2%—5%（Lenski 1966）。在17世纪初到19世纪的欧洲国家中，每年最多发生200—300起决斗，但通常只有不到20起；也就是说，成年男性中，每6万人里最多有一人会参与决斗，即使在格外重视荣誉的群体（如德国军官）里，每年发生的10—75起决斗中也最多涉及全部军官的0.8%[9]。在决斗者中有一小群属于精英的长期决斗者，其中有些人甚至决斗了数十次。

对于狂欢者，我们在第七章中看到，每年最多有10.3%的酗酒者会卷入袭击事件，3.3%会卷入严重袭击事件。很可能派对中打架最厉害的人是喝酒不多甚至滴酒不沾的人，但民族志记录证明这些人更加罕见。在运动员中，打斗参与率最高的是棒球运动员，因为一旦发生冲突，整支队伍都感到有义务冲上去帮忙，但却很少会有人积极参与打斗。从禁赛和罚款记录来看，在一支由25名球员和10名教练组成的队伍中，认真参与打斗的人最多有两三人，也就是不超过10%。在一场橄榄球比赛中，一支45人组成的队伍中最多有5%—10%的人参与打斗。篮球比赛中的这一比例更低，冰球比赛中则稍高，不过冰球比赛中会有1—2名"执法者"在场上，占全队的6%—12%。足球比赛的防守队员中有时也会有一名"执法者"（占场上人数的9%）。

这一规律也有例外，其中一个例外就是涉及儿童时。我们在第五章中看到，80%的儿童攻击过他们的兄弟姐妹；85%—95%的父母体罚过儿童，50%

体罚过青少年（这是从受害者比例来判断的）。另一方面，成人之间发生的家庭暴力则遵从这一规律：每年 16% 的夫妻之间会发生普通暴力，6% 会发生更严重的暴力。前者大约男女各半，后者则几乎全是男性施暴。

我们也需要注意到，儿童虽然经常会作出暴力行为，但却缺乏暴力能力，因此"少数定律"体现在后者上。另外一个例外也是如此：我在第七章中曾提到，成年人与年纪较长的青少年几乎总是会将暴力事件限制在每个场合下只发生一次，其他人则会扮演观众或是加入其中一方。但孩童之间却可能会同时发生多起打斗，或是在较短时间内连续发生多起打斗，例如在一间缺少秩序的教室里常会如此[10]；相比之下，成人之间的连续打斗通常是源自同一场争吵，而且中间需要有所间隔。总体来看，孩童暴力所受到的限制比成人暴力要少得多。有些研究者将其称为"原生暴力"(primal violence)；随着孩子长大，它最终会消失，只剩下未被社会化的极少部分人仍然保持这种暴力行为(Tremblay et al. 2004)。但是这种分析方法忽略了以下事实：实施暴力的能力是一种互动技巧，会随着时间而发展。孩童不可能一开始就是杀人不眨眼的狙击手、王牌飞行员、杀手或"牛仔警察"。我认为，随着孩子长大，他们对身边的人群也会变得愈发敏感。对大多数人来说，这一点会阻止暴力发生——更准确地说，它会令暴力失去能量；但对其他人来说，尤其是那些格外积极和能力较强的暴力实施者，这一点却提供了暴力滋生的空间。

冲突领导者与行动索求者：警察

要想解释为什么只有少数人会积极参与暴力、具有较强暴力能力的人则更少，我们首先需要理解暴力事件是很罕见的。这方面最好的数据来自警方。

跟随出警的研究者提供的观察报告让我们能够了解警察暴力可能发生的情境。在高犯罪率的大城市街区，警察在追捕嫌犯的过程中 5%—8% 会使用暴力。大部分时候，这种暴力都包括控制嫌犯的行动能力等；在不到2%的情况下，他们会使用过度暴力。在逮捕嫌犯时，22%的情况下警察会使用暴力。在犯罪率较低的市郊、小城镇和农村地区，这一数字更低（Friedrich 1980；Sherman 1980；Black 1980；Reiss 1971；Bayley and Garofalo 1989；Worden 1996；Garner et al. 1996；Alpert and Dunham 2004）。

这些是较低的数字。我们对暴力的印象往往是基于最戏剧化的事件；本书已经说明，暴力并不会自然发生，而是需要很多催化条件。在这一方面，警察暴力与其他暴力并无区别。如果我们观察各种各样的情境，并避免在因变量上作出选择，我们就会发现大部分时候大部分人都会避免暴力。

为什么警察暴力很少见？因为大多数时候人们都会敬畏和服从警察，包括被捕时。当嫌犯威胁、攻击警官（或警官如此认为）或尝试逃跑的时候，暴力最可能发生；如果人们辱骂警察或拒绝服从指令，也有可能诱发暴力（Friedrich 1980）。最可能引发警察暴力的是身体上的抵抗。如果控制住抵抗程度，那么嫌犯的举止态度（傲慢还是顺从）就会进一步影响暴力程度[11]。

警察参与暴力的程度与其背景和性格并无关系，这也体现了警察暴力的情境化本质。跟随出警的研究者提供的数据及行政报告都显示，警官的种族、教育程度、是否曾入伍及公务员考试成绩都与暴力程度没有关系；他们对警察这一职业的态度也与其暴力程度无关（Friedrich 1980；Croft 1985；Worden 1996；Gellen and Toch 1996）。克里斯托弗委员会（Christopher Commission）发现，高度暴力的警官往往也有着更好的评价。托克（Toch 1980）发现，有暴力倾向的警察，其主要性格特点是外向，精力充沛，甚至"乐观、聪明、富有魅力"。

这与军队中的模式相似。在马歇尔公布了其研究发现之后，一系列研究都试图辨认出最好的战士（例如 Robert Egbert 在韩国的研究，参见 Glenn 2000a：139）。最活跃的战士往往也最具有主导性，体格更强壮，性格更主动（"行动派"）；其他士兵则更倾向于围绕在他们身边，不仅在社交层面如此，在战场上也是如此。这也与以下场景一致：精英斗士会获得更多社会支持，成为群体注意力的中心；通过主导他人，他们也能获得情绪能量（有时暴力，有时不然）。研究也发现，积极的开火者更加聪明，具有更多军事知识；"行动派"警察也一样，他们会在工作中的学问上投入更多精力。表现最好的战士并不是不畏惧受伤，而是自信不会受伤；就像王牌飞行员一样，人们相信他们会在战斗中表现优异、压倒敌人（Clum and Mahan 1971；Stouffer et al. vol. 2, 1949）。这种自信是一种只有在战斗互动中才会产生的情绪能量。

从另一个角度来看，这一模式依然存在。最暴力的警察往往会获得最好的管理报告，在其他警察中也有较好的人缘。这不仅仅是因为他们往往精力充沛，性格外向（尽管确实如此），更是因为他们是警察中的非正式首领。这符合小组研究中的一个基本原则：小组中最受欢迎的成员往往是最符合小组价值且最擅长完成小组任务的人（Homans 1950）。关于警察日常行为的研究显示，当一名警官遭遇嫌犯或者普通市民时，他一定会尝试"控制局面"（Rubinstein 1973）。阿尔珀特和邓纳姆（Alpert and Dunham 2004）则称其为"维护权威的仪式"（authority maintenance ritual）。

在他们对互动的理解中，好警察意味着能控制局面；必要时宁可表现出过度的攻击性，也不能让对方占据情境主动。当警察面对挑战其权威的嫌犯时，更是如此。这些情境往往处于暴力冲突的边缘；因此，与我们在本书中分析过的情况相一致，警察也面临着冲突性紧张/恐惧。只有一小部分警察是暴力的，这并不令人吃惊，因为只有一小部分人能够克服冲突性紧张/恐惧。像优秀的士兵一样，优秀的警察也面临着类似战斗的冲突。不过，对警察来说，这些冲突比军事冲突的距离要近得多，双方人数也少得多。他们往往缺乏有组织的后援，也没有太多义务来表现优异。善于实施暴力的警察往往会被其他警察所敬畏，就像那些积极开火并带头冲锋的士兵会受到其他士兵的敬畏一样。

部分证据表明，年纪稍长（三四十岁而不是20岁）、等级较高且经验更多的警察往往更暴力（Alpert and Dunham 2004: 70, 81, 84）。可见这并不取决于年轻人的头脑发热，而是取决于谁对这一职业更加投入。阿尔珀特与邓纳姆（Alpert and Dunham 2004）提供了暴力报告中的数据，其中描述了警察与嫌犯之间的每一步互动。警察会认为只要自己在场和发出口头命令，就应当得到敬畏和服从；如果嫌犯投以敌意的目光、表情或言语，或是试图逃避搜身、手铐乃至试图逃走，警察就会报以更加具有攻击性的策略。他们会提高声音，抓住并猛扭嫌犯的胳膊；更暴力的策略则是锁喉或是拳打脚踢。嫌犯也可以升级对策，变得更富有攻击性，甚至可能挥舞枪支等武器，或是试图驾车撞向警方。警察行动也会进一步升级，可能会使用警棍、电棍、电击枪，乃至最终升级为致命暴力。阿尔珀特与邓纳姆的主要发现是，双方的暴力升级（他们称之为暴力元素）是礼尚往来且紧密联系的；警察与嫌犯的暴力程度相差不会超过一个等级。大部分暴力互动都会发生3—5次礼尚往来的升级（Alpert and Dunham 2004：94）；哪怕嫌犯一开始很冷静和合作，也并不能排除之后升级的可能；如果嫌犯使用了枪支等武器，那很有可能发生在第二轮或第三轮升级中。面对抵抗，年纪较长和经验较丰富的警察倾向于使用最低或最高程度的暴力，年轻警官则更常使用中等程度的暴力。年长的警察不是在口头警告和威胁上停留更久，就是会直接升级到更高等级的暴力，例如使用致命武器（Alpert and Dunham 2004：141，165）。他们的策略是不与嫌犯发生直接冲突，要么口头劝服他们，要么干脆使用不容反抗的武力。

　　警察的内部文化来自其工作中高强度的冲突。警察（至少是社会学家们频繁研究的大城市中的警察）不喜欢在休闲时间里与他人接触，并对同事及上级满怀疑虑（Westley 1970；Skolnick 1966）。我们可以这么理解：警察习惯于主导他们遇到的每一个人，因此会避免下班后无法主导对方的情境。这种警察的自我隔离，导致某种程度上的文化隔离与极化。

　　警察会努力在任何时刻都保持主导，这是因为在大部分情境中他们都是少数；他们就像一支小型巡逻军，身处众多潜在的敌人之中；因此，他们必须时刻保持情境控制权，因为一旦暴露弱点就可能被彻底打倒。这就是警察工作中独有的紧张感。

　　对警察来说，最理想的情况是能够在冲突的每一个阶段都占据主动。但事实上，只有少数警察会使用较高程度的暴力。最基本的警察暴力是为了维持权威，但这并不能解释为什么有些警察会比其他人更加极端。警察中那些暴力的少数，也就是"牛仔警察"，并不是当威胁出现时才会作出暴力反应的人。他们是积极的行动索求者；他们会志愿去做最危险和令人兴奋的任务，例如缉毒和突然袭击逮捕嫌犯等[12]。有些警官会不停地遭遇冲突；嫌犯会经常逃跑或是威胁他们，有时他们甚至可能会被嫌犯击中或开车撞倒。这些风险并不是完全随机的；在进入一栋房屋搜寻嫌疑人时，如果主动要求冲在前面，那么危险不仅是意料之中的，更可以说是找上门来的。

克林格（Klinger 2004）访问了警察的开枪经验，其结果说明了为什么开枪的情况很罕见，但却也总有一小部分警官会卷入此类事件。这些警官会主动要求执行危险的任务，或是尽可能地靠近行动场所。一名有着 20 年经验的警官曾经遭遇 24 起危险的冲突；他曾在缉毒队工作，并参与了数百次特警部队任务[13]。他评论道："我喜欢在对方逃跑的时候追上去。我总是有这种冲动，只是想看看自己能不能抓住他们。"（Klinger 2004：184）[14]

另一名警官描述了自己带头进入一间阁楼搜寻入室抢劫者的场景：

> 我知道[特警部队指挥]把我和保罗派上阁楼来的时候有点紧张。但我并不担心。当我一开始听说这家伙不打算投降、还打算拉上我们几个垫背的时候，我就知道这跟其他的堡垒战没什么不同。一模一样，一模一样。其实吧，我很期待冲进去把他揪出来。要么当猎人，要么当猎物。你得知道他在做什么，用他的方式去思考。仔细听，好好用你的鼻子。大部分时候，当我们进入嫌犯躲藏的屋子时，我都能嗅到他们的味道。他们的肾上腺素飙升，汗流浃背，所以只要集中注意力，就能嗅到他们……你得考虑到所有能躲藏的地方……所以我的脑子里根本就没有害怕。我的训练和直觉都告诉我，我只需要做好自己的工作，仔细考虑："那个狗娘养的在哪儿？他在哪儿？"（Klinger 2004：199—200）

这次搜查的最后，这名警官和他的两个搭档往藏在一卷绝缘线里的嫌犯身上射出了 21 发子弹。

最积极的警察并不一定会去索求暴力，但却会索求行动；他们对暴力的看法更加正面。他们很清楚自己是精英，在工作上的表现比其他警察要出色。另一名警官引用同事的话称："'我要告诉你的事可不能记下来，因为我不想让你因为工作而沮丧，但是，你对同事的期望可不能像对自己一样高。'……然后，当我进入警校后，我发现班里的同学根本不了解现实，他们根本不知道自己将会面临什么。也有人当警察只是为了挣钱……有几个人跟我想法类似，所以，只有我们几个格外认真和紧张。"（Klinger 2004：50）精英与非精英警察互相都知道对方是什么人。在洛杉矶警局的克里斯托弗委员会时期，特种部队里那些行动力最强的警察在整个警局里都声名显赫。警方的心理学家认为，警察可以分为两类："第一类被同事视为懒鬼，因为他们会有意避开危险的情形；第二类则被视为肾上腺素上瘾者，因为他们会抢着去执行危险任务。"（Artwohl and Christensen 1997：127）[15]

一名警察在下班时间接到特种小队呼叫，因为一名妇女报警称她的男友打了她（Klinger 2004：147—52）。他回忆道：

> 我已经听说他向警察开了枪。我有点困惑，既然如此，为什么他们还让这家伙拿着一把步枪到处乱跑？我在想："他们为什么不开枪？"……现场的气氛很诡异。到处都是警车，警灯都亮着；我不得不在距离现场 270 米的地方就停了车。到处都是警察，媒体已经到了，我停车的地方还有 50 多名围观者……

这名警察碰到了一名手握半自动步枪（M-16 的民用版本）的巡警，但后者却告诉他自己不知道怎么用这把枪。

> 他告诉我："我搞不明白怎么用这把枪的瞄准镜。"我说："上帝

啊!"然后我告诉他和其他警察,他们离得太近了,我们得扩大半径,让狙击手来控制局面。我抬头望去,那家伙就站在那儿,杰夫[另一名特种小队成员]告诉我瞄准条件已经万事俱备,我不明白为什么他还没开枪……

我还是没听到枪声,于是我决定放倒这家伙……在我扣动扳机之前,我开始再次对自己的决定有所动摇。我对自己说:"皮特,也许你搞错了什么,因为没人开枪。你刚刚告诉杰夫放倒那家伙,但他没有。也许我搞错了什么。别这么快开枪。"……我让那家伙投降,但他只是站在那儿,什么也没做。我瞄准他时心里想了很多事情……当我第一次阻止自己开枪时,我开始一项一项地检查脑子里的清单……"当50名其他警察都站在这儿却没有开枪的时候,我为什么必须开枪呢?"

接着这名警察的思路转向了技术问题,他开始比较自己与嫌犯的武器,试图决定应该保留全自动设定还是转为半自动。他计算了手中武器的瞄准距离,然后决定瞄准嫌犯的肚脐,因为他的子弹会击中瞄准点以上10—15厘米。

嫌犯开始咒骂警察,要求他们关掉聚光灯,否则他就要杀掉什么人。警察关掉了灯。显然,对这名特种部队警官来说,这是一个关键局面:嫌犯已经显示他掌控了局面并冒犯了警察。接着,嫌犯开始把步枪吊绳绕在手上,仿佛马上就要开枪:"当我看到他这么做的时候,我对自己说:'够了。'"

这名警察开枪了,他相信自己开了四到五枪;事实上,嫌犯身中九枪。随后他走上前去,尽管他本应更谨慎些:"他一倒下,我就开始向他走过去。也许我应该在警察的掩护下再等久一点,摸清形势再起身,但我没这么做……那时我已知道我杀死了他。我对自己说:'皮特,你又开了一次枪。'"
(Klinger 2004:147—52)

这名警官为警察中的少数暴力者提供了一幅极好的画像。他有意识地在具有潜在危险的情境中担任指挥。他对自己的武器和技术格外关注,他属于极少数人——他们会花很多时间去了解射程和武器,甚至会练习武术。与此同时,他在精神上也很适应潜在的暴力,他不停地回忆警察中弹的数据和故事,并相信这不会发生在自己身上,因为自己比对手更强[16]。他认为自己比其他人更了解面前的危险,而其他人则都准备不足。但他并不会通过逃避危险来解决它,而是会主动去索求危险[17]。这种警察的形象也符合其他场合中的暴力精英形象。

谁会赢?

现在,我们要开始讨论精英中的精英:他们并不是最积极的暴力分子,而是最有能力实施暴力的人。我要论证的是:他们的能力并不仅仅是视力好或反应快,而是一种掌控主导权的能力。这意味着,暴力精英首先要具有在微观情境中克服冲突性紧张与恐惧的技术。

军队中的狙击手:隐藏自我并专注于技术

狙击手主要是20世纪战争中的角色。19世纪中期之前,滑膛前装式步枪准头太差,装填子弹太麻烦,除了在大型编队中之外几乎没有任何用场。它们的准确射程为90米,而战斗经常发生在27米之内(Pegler 2001:5;Griffith 1989:146—50)。到1900年,工业进步为所有主要军队带来了带有后装式弹匣的螺旋槽步枪,能够瞄准900米甚至1800米外的敌人,但超过270米就需要使用望远镜。这样一来,军队也就分化成了瞄准能力较差因而近距离作战的大部队和一小群狙击手。

狙击手的比例一直都很低,在步兵队伍中不超过1%,最高也只是2%(Pegler 2001)。之所以数字这么低,可以从若干方面来解释。狙击手需要特殊的装备（瞄准镜、特殊的步枪及弹药），军队往往不会很热衷于提供这些，部分是因为复杂的后勤问题，部分是因为花费太高。不过也许更重要的是，军官（和普通部队）对狙击手有所怀疑，认为他们并不是真正的战士，尽管他们优异的效率众人皆知。无论在实际层面、组织层面和意识形态层面有什么原因，不同军队中的狙击手最终都会稳定在同样的比例。

效率最高的狙击手往往会被英雄化。最高的狙击纪录：超过 500 次和 400 次狙击成功，来自 1939—1940 年间苏联入侵芬兰时的两名芬兰狙击手。他们穿着白色的冬季迷彩装，几乎完全看不见；他们用滑雪板在苏军阵线内以东执行任务。一战中的纪录则来自一名加拿大狙击手，他在西线前线完成了 376 次成功的狙击。二战中，德国狙击手中的前两名各杀死了超过 300 人，都是在东部前线；成绩最好的苏联狙击手是一名女性，她杀死了 309 人。其他军队中的冠军狙击手纪录则要低一些：美国狙击手在越南的纪录是 113 人。通常来说，超过 40 人的狙击纪录就已经十分惊人了 (Pegler 2001: 31, 57; 2004: 139—40, 167, 176—78; Grossman 1995: 109)。

普通狙击手的命中率就要低得多。一战中，由 24 人（从著名猎人中招募而来）组成的南美狙击手小分队平均每人杀死 125 名德军；这发生在两年半里，也就是平均每个月杀死四人。其他部队中的狙击手小分队平均每月杀死一人到每三个月杀死一人。苏联女性狙击手小分队在二战中平均每人杀死八名敌人 (Pegler 2001: 24, 29; 2004: 140—42, 178; Keegan 1997: 162—63)。最高纪录保持者（杀死 300—500 人），在数百万人的部队里不过一两人而已；就连那些杀死 100 余人的狙击手也为数不多。他们的纪录与王牌飞行员差不多。这些纪录取决于许多条件：不仅仅是士兵本人的动机与能力，还需要一场较长时间的战斗，其中有较多能够瞄准的目标。

要想衡量这些精英的能力，更好的办法是看他们的命中率。据说一名狙击手平均每 1.3 发子弹就能杀死一名敌人，相比之下，一战中的普通士兵需要 7000 发子弹，越战中则需要 2.5 万发子弹 (Hay 1974)。近年来的军事狙击学校强调百发百中。这种理想来自于历史上装备的进化，特别是高精准度的瞄准镜的出现。这种叙事仍然强调的是成功的一面：在越战中，一名狙击手用 14 发子弹杀死了 14 名敌人；在新几内亚，一名澳大利亚士兵（曾是一名袋鼠猎人）在 15 分钟内用 12 发子弹击中了 12 名前进中的日军士兵——在这里，目标不同寻常地暴露在狙击手面前，而且距离相对较近。战斗叙事很少会讲述未击中的故事：一名美军士兵在二战太平洋战场上第一次执行狙击任务时，用五枪击中了两名敌人。一名美军狙击手在越战中报告称，他尝试击中 1300 米外的目标，前五次都失败了，第六次才成功。在北爱尔兰，两名英国狙击手向埋伏在 1100 米外的爱尔兰共和军开枪，开了 83 枪才击中 10 个人 (Pegler 2001：48；2004：28, 211, 224, 286)。

百发百中的理想只有在最优条件下才能达成：360 米内击中头部，540—720 米内击中身体。这一理想也随着装备的进化而进化。一战中，战壕中的准确射程通常不会超过 270—360 米，大部分命中都发生在 180 米内。二战中，经过改进的瞄准镜在理论上能够击中 720 米内的敌人，但大部分狙击手都是在 360 米内行动，就连顶级狙击手也很少会执行 540 米外的任务，尽管偶尔可能也会需要在 900 米外开枪 (Pegler 2001：22—31)。20 世纪末的高科技装备将偶然发生的命中纪录提升到了 1500 米，在 1991 年的海湾战争和 2002 年的阿富汗战争中甚至提得更远。但百发百中的标准仍然只有最精英的狙击手在合适的射程（600 米）内使用高倍瞄准镜才能达成。

数不胜数的限制与障碍都会阻碍这一理想的实现。有时武器会出问题，或是会因灰尘、潮湿、使用次数过多而准确度下降。瞄准镜会起雾。风会令子弹偏离。海市蜃楼（特别是在沙漠中）会令距离估测不准。极度严寒会改变弹道。丛林或密集树丛区域会阻挡视线。因此，高准确度与总歼灭数都取决于是否有最优的条件，尤其是开阔的平原、庄稼地或能提供掩蔽的损毁的建筑物，敌人的位置相对固定，同时狙击手能进入中等射程。因此，狙击手最大的机会就是战壕战和相对静止的城市战，例如在二战中的东部前线。

身为狙击手，成功不仅仅取决于准确率。狙击手通常要在无人之地或是敌方阵线内活动，这意味着要寻找或创建合适的躲藏地点并进行全身伪装，以免行动、呼吸、吸烟时和枪支装备中发出的闪光为人所见。就像大部分成功的暴力一样，狙击手杀死的是暂时无力抵抗或极其明显的目标，通常都是军官、炮兵或机关枪手。由于他们的攻击出其不意，因此也最令人恐惧和憎恨。一旦被抓获，他们几乎一定会被当场处决；尽管这违反了战争规则，但狙击本身也被认为违反了战争精神（Pegler 2004：17—20, 239）[18]。相反，炮兵部队尽管制造了最多的伤亡，但却并不被认为有违反战争精神之处。

就连战友们往往也不喜欢狙击手，或者至少是与他们相处时不太自在。一战中，一名英军狙击手军官注意到炮兵部队不愿与狙击手们混在一起，"因为有些东西让他们跟普通人不一样，也让士兵感到不舒服"（Pegler 2004：20—21）。二战中的士兵们有时候会嘲笑他们。越战中的美军狙击手曾面临这样的评论："杀人公司来了。"20世纪晚期的高科技狙击手们依然面临这种态度；1980年代末期的英军狙击手小分队被称为"麻风病人"（Pegler 2004：21—23）。这种不合一部分来自于狙击手的与众不同和他们享受的特权；通常情况下他们都不需要完成日常任务，也不容易疲惫；他们拥有不同寻常的自由，能够自己选择时间和地点随意行动；他们通常会穿着特殊的制服，为了达到最佳伪装效果而显得更加古怪。但更重要的是，他们在情感上拒人于千里之外，通常不擅社交，比其他士兵更内向；此外，他们能够冷静地执行自己的任务，这也让他们获得了"冷血杀手"的名声。

并非只有士兵们才对狙击手态度冷淡和抱有敌意。在世界大战中，古板的军官们一开始并不认为有必要设置狙击手，直到后来才不太情愿地设立了这一编制。军官们也认为狙击手不属于正常的策略，违背了战斗精神：士兵们在试图夺取敌人生命的时候，自己至少也应当面临一定程度的危险。事实上，狙击手的伤亡率也很高；但这种冲突模式：在极度隐蔽的地方开枪，避免与同样危险的敌人正面对抗，令人感到有违军人的荣耀。因此，狙击手的训练与武器供应在战争开始时会仓促建立，但在战争结束时也会迅速停止，并不令人惊讶。

狙击的确是一种需要冷静和计算的工作。成功的狙击手需要十分耐心，反复寻找合适的观测与隐蔽地点，通常每天只会开几枪而已。这部分是为了保证安全，避免泄露隐藏地点；但这种隐藏其实也是一种攻击，因为他们在等待合适的目标出现，以便尽可能准确地击中对方。这也是为什么狙击手很少能在一天之内击中大量敌人；大部分狙击手都需要等待一个月甚至更久才能完成任务。但的确有些狙击手能比其他人战绩更好，哪怕在同一前线也是如此。这些精英杀手不仅善于隐藏，还会主动出击寻找目标。另一方面，普通的狙击手很可能会错失目标，但表面看来却可能只是技术原因所致。

狙击手之所以会被选中，并不是因为他们是好枪手，虽然这可能是他们一开始被选中接受狙击训练的原因。据估算，最初选中的人中有25%会被淘汰。此外，远距离狙击手在战斗情境中也不一定总能击中活动的目标；在那些情境中，他们需要自己寻找目标并进入射击范围。从这一角度来看，他们就像王牌飞行员一样能够看到潜在目标，而其他人则未必具有这一能力。人们往往认为好枪手与好狙击手之间的区别在于脾性；冒失、莽撞、容易冲动的人做不了好狙击手（Pegler 2004：121，121，243，303）。

那么，狙击手究竟是怎样成为狙击手的呢？尽管与其他士兵关系淡漠，但他们却也并非没有社会支持。大部分人都会以2—3人小组为单位行动，不过也有人是"独行侠"。通常情况下，其中一个人会为主狙击手担任望远镜观察员，另一个人则可能会携带普通的自动武器并担任警卫。事实上，这让狙击成为一种靠小组运作的武器，就像马歇尔（Marshall 1947）在命中率最高的群体中发现的那样。

就像所有暴力一样，狙击同样必须克服冲突性紧张与恐惧。狙击手有着独特的优势，在所有小型武器中，其射程是最远的。通常情况下，目标都在270—360米外。在这一距离上，狙击手能够击中站立者的腿部，但头部就较难分辨出来。在135米外（对狙击手来说是非常近的距离），人的眼睛作为一条线能够看得清；在72米处，面部已经十分清晰，眼睛也成为清楚的两个点。如果在更远处，例如540米，衣服的颜色（除了白色）就很难辨认了；720—900米外，一队士兵看上去就像一条线[19]。这意味着对远距离狙击手来说，通常面对面冲突中常见的标志，包括对手的面部表情等，都是不可见的。

　　狙击手普遍会使用瞄准镜，其放大倍数在3—10之间，这通常能让他们分辨敌人的面部，但却不一定能看清眼睛。不过，就算有瞄准镜，互动心理仍与平时不同：双方并没有真正的交流，因为敌人无法看到狙击手的面部或眼睛，甚至完全看不到狙击手本人。社会互动的基本特点——双方倾向于将注意力集中在同样的焦点并共享情绪——是缺失的。就像控制实验一样，瞄准镜让我们了解了究竟是怎样的互动细节让冲突变得困难。并不只是看到对方的眼睛就可以达成互动沉浸——必须要双方都意识到对方能够看到自己的眼睛才行。

　　比枪法更重要的狙击技术核心是隐蔽能力。狙击手之所以要隐藏自己，并不仅仅是为了避免对方反击；实际上，这也是一种进攻策略，它可以让互动变得不对称。因此，狙击手社会身份的关键在于他能隐藏和伪装自己。在这一方面，他们与职业杀手和恐怖分子类似。正是由于强调隐藏自己，他们才会获得"懦夫"的恶名，或者至少是会在其他士兵眼中显得不那么光彩。

　　此外，狙击手的冲突方式与普通士兵是不同的。普通士兵之间的冲突是意志力、敌意、恐惧和进攻或逃跑等冲动之间的竞争；相比之下，狙击手则会设定自己的时间，缓慢而耐心地等待机会。他自己的紧张情绪被一系列技术细节所掩盖，包括合适的距离、风速、高度和其他可能会影响命中机会的因素；他们并不是将敌人视为人类或对手，而只是在专心调整自己的视野。狙击手描述自己的经历时，通常会回忆培训中的技术细节，并尽可能地将其应用到实战中去。这种对技术的沉迷抹去了杀戮的情绪，令他们进入了一个安静的领域，其中一切都被非个人化了。佩格勒（Pegler 2004：316）引用2003年伊拉克战争中一名英国狙击手的话："我知道我只能开一枪，这一枪的角度必须分毫不差。当时天很热，强风从左边吹向右边。我们计算出了一个偏离目标860米的点。我能准确地瞄准目标……他的脑袋和胸膛都暴露在视野中。我接受的训练接管了一切，我进入了完美的狙击姿势。我全神贯注，根本没有机会将他当成一个人来看待，或者思考我即将杀死他这一事实。他只不过是一个遥远的形状，在望远瞄准镜中被放大了十倍而已。"①

狙击手的思考模式与近距离面对面冲突中的思考模式恰恰相反。接下来的例子表明，当战士陷入突如其来的冲突，以至于双方都对杀戮毫无准备时，暴力是能够彻底中性化的：在1944年诺曼底浓密的波卡基灌木丛中，一名美国大兵与一名德国士兵狭路相逢。两人都十分震惊，以至于无法开枪，他们之间的距离近到可以互相碰触。美国大兵喊道："嘿！滚出去！"德国士兵就离开了（引自 Pegler 2004：253）。

一名警察描述了一个类似的场景，其中还涉及在激烈的暴力冲突中听力下降的情况：

> 我和我的搭档追赶一名银行劫匪到了一片覆盖着树和灌木的空地上。斯坦冲向一片篱笆的一端，我则冲向另一端，试图堵住嫌犯。当我跑过拐角时，我听到了一声枪响。声音并不是很响，好像有点距离。只是"啪"的一声。事实上，我记得当我推开一棵大树的树枝时，我还在想那不可能是枪声，一定是别的什么。然而接着我就与嫌犯面对面撞上了。他也在拼命推开树枝，向我跑过来，他的手枪指着我的脸。我们都僵住了。
>
> 尽管我们在那儿最多对峙了一秒钟，但是我对那一刻的记忆却是格外清晰。我们相距1.5米，我的表情估计像他一样惊讶。我记得他穿着一件T恤，身材高大，头发凌乱。接着，我们同时后退几步，树枝再次挡住了我的视线。（Artwohl and Christensen 1997：40—41）

事实上，这名警察的搭档的确被枪击中了；但是，劫匪太过震惊，以至于在突如其来的狭路相逢中无法再次扣动扳机。几分钟后，两人再次撞见，这次

---

① 图10.1：不同距离上目标的可见性（1942年的苏联狙击手册）。

彼此相隔 27 米；他们都掏出了枪，警察先击中了对方[20]。

狙击手学习的互动技术正是为了避开这种情境。他们擅长避免碰面，同时则会积极地寻找目标，这就是决定成败的因素。

王牌飞行员：强硬主导

有效暴力集中在一小部分精英身上，这一点在王牌飞行员身上体现得格外明显。一战发明了王牌飞行员这个类别，也就是击落五架以上敌机的飞行员。战斗飞行员的表现和纪录成为人们热烈讨论的话题。在美国战斗飞行员中，从一战到朝鲜战争，只有不到 1% 的飞行员成为王牌飞行员，但在空对空的战斗中，却有 37%—68% 的敌机都是他们击落的。大部分飞行员都没有杀死过任何人[21]。这是因为命中率太低（暴力能力不足的模式），或是根本没有开过火（马歇尔的低开火率模式）。在朝鲜战争中，一半美国飞行员"从未开过火；开过火的人中，只有 10% 曾击中过什么东西"（Bourke 1999：62）。顶尖的飞行员不仅是神枪手，还会最积极地寻找敌人的踪迹[22]。

其他国家的空军情形也是如此。在二战中的英国皇家空军里，60% 的空战胜利是由 5% 的飞行员夺得的；获得 10 次以上胜利的飞行员占总数的 0.2%。在二战中的日本飞行员里，击落 20 架敌机以上者占总数不到 0.5%。在苏联空军中，0.3% 的飞行员有过 20 次以上胜利。王牌飞行员的标准在各军中都会有所不同，具体取决于最高纪录达到了多少[23]。

二战中德军飞行员的情况则与此有所不同。保持最高纪录的两个人击落了超过 300 架敌机，另外 13 名飞行员则击落了超过 200 架（www.au.af.mil/au/awc/awcgate/aces/aces.htm）。这些奇高的数字是东部战线的特殊情况所致。

虽然在飞行员的命中率上并没有像狙击手那样的信息，但是我们可以知道每次任务中击落的敌机或是每个月内击落的敌机总数。最高纪录出自二战中的德军"王牌"之手。奥托·基特尔（Otto Kittel）执行了 583 次任务，击落 267 架敌机，占总任务的 36%。其他击落 200 架以上敌机的顶尖飞行员的成功率为22%—44%。埃利希·哈特曼（Erich Hatmann）是二战飞行员中最顶尖的"王牌"，他曾击落352架敌机；当然他执行的任务数量也是最高的，超过1400次，其成功率为25%[24]。一名顶尖的日本飞行员坂井三郎（Saburo Sakai）在200次任务中击落64架敌机，成功率为32%（Caidin et al. 2004）。即使在最有利的条件下，飞行员的击中率也很类似于棒球打者的安打率，能够超过0.400就已经很令人称奇了。

在其他战线上，最高成功率还要更低一些。理查德·邦格（Richard Bong）曾在二战中的太平洋战场服役，他打破了美军纪录，在142次任务中击落了28架敌机，平均每五次任务中击落一架，或曰20%的成功率（Gurney 1958: 113）。二战中英国皇家空军的最佳王牌飞行员约翰逊（J. E. Johnson），在44个月的战斗中击落了38架敌机，平均每个月大约击落一架（*Daily Telegraph*, Feb. 1, 2001）。一战中的最佳王牌飞行员是德军的曼弗雷德·冯·里希特霍芬（Manfred von Richthofen），他在20个月里击落了80架敌机（平均每周一架）；美军的最佳"王牌"埃迪·里肯巴克（Eddie Rickenbacker），在大约一年的时间里击落了24架敌机，平均每个月两架（Gilbert 1994: 290—91, 415; Gurney 1965）[25]。

作为普通飞行员的基准，二战中的美国海军飞行员执行了14.6万次任务，每次任务中有一架飞机坠毁的可能性是6.3%[26]。我们也可以反过来计算飞行员的准确率，因为一方的失败就是另一方的成功。在二战中的欧洲战场，英国皇家飞行员执行了169.5万次飞行任务，每次任务中飞机坠毁的可能性是0.6%；美军则是0.8%（Keegan 1997: 139）。考虑到有些损失是飞机在地面上起火，我们可以估算德军飞行员平均在每次空对空战斗任务中击落敌机的可能性在1%以下。这可以说是二战中最强的空军队伍。德国空军的胜利大都来自与较弱的苏联空军战斗时。这些共同证明了我的论点：优秀的飞行员互相作战时，会导致双方的命中率都很低。

与狙击手不同，王牌飞行员在新闻中广受瞩目，在军队中也受人尊重。在一战中，互为敌人的飞行员能够认出对方的"王牌"。德军最佳"王牌"

冯·里希特霍芬最终在1917年被击落，人们在英军阵地后方给其举行了隆重的军事葬礼；在德军阵地中为另一名著名德军"王牌"举办的葬礼上，英国飞行员也投下了花环（Gurney 1965: 65, 75）。二战中，日军与德军都知道美军"王牌"的名字，俘获他们后也会满怀尊敬地对待他们。相比之下，狙击手为所有士兵所憎恨，一旦被俘通常都会立刻被处决。

战斗机飞行员很快就被视为理想的英雄主义战士。在两次世界大战中，民间飞行员都十分积极地希望入伍；在美国正式宣战之前，他们就开始志愿加入法国和英国的空军。在普通军队中，飞行员并不喜欢行政管理层，有时还会违反规定偷偷驾驶飞机出去。他们入伍的动机并不是政治性或爱国主义的，而只是为了靠英雄主义行动成为焦点。一战到1930年代的飞行员通常都是特技飞行员或赛车选手，平日里就靠公开表演为生。一战中的空军常被称为"空中马戏团"，这不是没有理由的。战斗通常都在305米以下的高度进行，有时还会事先约定时间并公开消息，地面上也会有观众聚集起来。有些飞行员并不喜欢伪装，相反，他们会将自己的飞机涂上鲜艳的颜色；冯·里希特霍芬的飞机是鲜红色的（因此他的绰号是"红男爵"）。到了二战，美军飞行员已经发展出一套回到基地的仪式：击落几架敌机，降落前就会做几次桶滚动作。德军飞行员则是击落几架敌机就摇摆几次机翼（Gurney 1958；www.acepilots.com/index.html#top）。这是一种杂技式的炫耀，而这种杂技般的飞行技术则被视为获胜的关键。①

为什么王牌飞行员会因其战绩而受人尊重、狙击手却会因其战绩而遭人唾骂呢？两者命中目标的距离相差不大——在二战中通常都在270米内；一战中的小型飞机速度较慢，距离会更近一些。但是，当狙击手通过瞄准镜获得良好视野的时候，飞行员则主要是从后方或侧面包抄敌人；尽管他们有时也能瞥到敌军飞行员，但却几乎从来不会面对面冲突（因为两架飞机相向而行时会以非常高的速度擦身而过）。他们认为执行杀戮行为的是飞机，而不

---

① 图10.2：一战中头戴飞行大礼帽标记的美军飞行员。

是飞行员；敌军飞行员可以弹射出仓，在跳伞时是不能对他们射击的[27]。技巧高超的飞行员也许会鏖战数分钟；他们可能会互相绕圈子和俯冲，试图摆脱对方——因此空战又被称为"斗犬"(dogfight)。因而敌我双方之间也会产生强烈的、敌对的、有时也是愉悦的情绪沉浸。

这些互动结构将空战转变成了类似于高端精英成员之间的受限打斗。"王牌"这一名号很难获得，这是为了将不够精英的人排除在外；在二战中，轰炸机组中的机枪手有时也能杀死足够多的敌人，足以达到"王牌"的标准，但他们却很少能够获得这一称号。轰炸机组机枪手是普通士兵而不是军官，而几乎所有飞行员都有军士的军衔，其潜台词就是"绅士"[28]。反面例子则证明了普遍规律：日军飞行员中没有"王牌"系统(Mersky 1993)。飞行员通常是低阶士兵，他们不会有正式的战绩记录，也不会获得表彰；表现最好的飞行员最多被称为"击坠王"(*Gekitsuio*)，也许之后会被升职为军官。最棒的飞行员是海军士官，他们能在空中发现敌军并发出袭击信号，让更高等级的军官发动攻击。也许是军官们感到尴尬，从而在1943年下达了禁止保持个人纪录的军令；不过官方的理由是为了促进团队合作。不管怎样，日军飞行员依然会记录个人日志，他们的机尾和机身上也会画上"得分板"，用来在军队中吹嘘。排名前三位的日军飞行员分别击落了80、70、60架飞机。

社会对战绩纪录的长期建构显示了战场上令人尊重的、类似于体育精神的战斗精神。空军一开始是其他军事活动的附庸，但却很快就大放异彩。在一战中，小型飞机主要用于战场侦察（作为气球的补充；自从19世纪中期以来气球就被用在侦查中了）。飞行员最初的目标是敌人的气球，但即使命中也不会被当作通往"王牌"的纪录。气球受到地面防空炮火的保护，但它自己并没有攻击性，而且缺乏战斗能力。因此，敌军之间的侦察机发展出了所谓的"斗犬"行为，很大程度上并没有什么目标，但却比较易吸引关注。有些飞行员太过关注自己的战绩能否得到准确记录，他们会立刻降落在最近的气球观测站，递上空白表格让地面人员签名证实(Gurney 1958：34)。在二战中，美军飞机增设了枪炮照相机来记录事件。

二战中的飞行员习惯于执行更加具体的任务：在敌军领地上空为轰炸机枪手提供保护；攻击敌方轰炸机；在海上战斗中攻击敌舰特别是航空母舰；袭击港口；保卫空军基地；偶尔也会为地面战斗提供支援；阻挠敌军的战略布署和行动等。有些地点（例如在军事后勤中格外重要的港口）成为飞行员经常进行"斗犬"的老地方，因此拿到"王牌"称号的人也会增加。但大部分此类目标都不会计入"王牌"总数或是其他纪录；体面的方式应当是在势均力敌的情况下击落对方的飞机。在空中被击毁的敌军轰炸机通常会被计入总数，但其他目标则不会。击毁敌舰是不够体面之举，尽管在太平洋战争中，这是飞行员最大的贡献。至于地面上的飞机（例如在基地中）是否该被计入战绩，人们仍有争议；这一部分数据被单独记录下来（也占了击毁敌机总数中相当高的比例），但通常并不会算作可累计为"王牌"的总数。关键并不在于危险性；攻击地面上的飞机往往要面对猛烈的防空炮火，而在被击毁的飞机中，由防空炮火击落的比例也是最高的[29]。但是，这种行动缺乏决斗的戏剧结构，也不像是男人之间的战斗。

战斗机飞行员之所以受人尊重，官方给出的理由是他们拯救了其他士兵的生命，尤其是轰炸机组飞行员。但这种实用主义论调并不能解释赋予荣誉的过程和创造纪录的方式。随着二战中空军规模的增长，"王牌"的数量也随之增多，各种各样的纪录如雨后春笋般冒了出来。在美军和英军中，击落五架以上敌机的"王牌"称号仍是最重要的荣耀。飞行员也会因为在一个战区中击落最多敌机而获得表彰。一支中队会为最高击落数而竞争。在一个战区中，最先歼灭敌人、击落敌机和成为"王牌"的飞行员都会受人瞩目。在一次战斗中，飞行员们会建立纪录并不停地打破，直至提升到最高水平。不仅飞行员对待这些纪录很认真，军队组织也是如此，他们会建立"胜利纪录板"来确认和保留纪录。飞行员一旦建立了受人关注的纪录（例如打破战区中击毁敌机的纪录），通常就会被撤出战场，获得培训或是公关任务[30]。这是一种仪式，而不是一种实用主义的行动，因为这意味着将最好的飞行员撤出了战斗，而他们原本可以发挥更大作用。但最佳"王牌"已经成为人类瑰宝，太过重要，以至于不能拿普通的战斗去让他们冒险。一战中的德军飞行员有着遥遥领先的战绩，他们面临一个不同的问题：纪录的"通货膨胀"。他们在苏联前线击落了太多敌机，以至于标准大大提高。战争初期，25—50 场胜利就足以赢得国王十字奖章。到 1943 年末，埃利希·哈特曼靠 148 场胜利才获得了奖章。最后，他的胜利总数升得太高（352 次），以至于奖章摞着奖章，所以德军又为他和他同样表现出色的战友们设计了新的奖项[31]。①

"斗犬"为我们提供了丰富的信息，能够观察空军战斗中胜利的过程。不同的空军中队和整个空军队伍的表现都可能时好时坏，说明这并不仅仅是个人飞行员的能力问题。在一战中，所有军队中都有表现优异的飞行小队；在二战中，德国、美国和英国的空军表现格外出色。要想获得更多胜利，有五个主要因素：

  1. 有时某支军队会拥有比敌军更好的飞机。德军的飞机比苏联好得多，但却并不能胜过美军和英军。有些飞机可能会在速度、最高可达高度、距离基地的航程、俯冲能力和整体可操作性上更胜一筹；有些飞机制造工艺更好，能够在敌军的炮火下生存下来。但胜利并不直接取决于技术。飞机有时在某些特性上更好，但在其他特性上则不然。例如，日军飞机的操作性非常好，其飞行员通常也更善于作出惊险的战斗动作；然而他们面对美军飞行员却是负多胜少，因为日军强调高度协调的群体作战，而不鼓励个体临场发挥[32]。因而，飞行员及其指挥官要学会利用飞机的优势，制定战略来掩盖自己的弱点。

  2. 目标是否充裕、时间是否够久，这决定了不同空军中"王牌"纪录的上限[33]。德军中至少有 627 名飞行员击落了 20 架以上敌机；苏联则有 53 名，美军 31 名，英军 26 名，日军 25 名。这些数字反映

---

① 图 10.3："王牌"记分板：这名飞行员并不是一名纳粹；他是一名美军"王牌"，正在用被其击落飞机数目的标志来炫耀胜利（1945）。

了东部战线有大量飞机投入战场。德军飞行员不仅有更好的飞机和训练，其基地也离前线更近，因此他们每天可以执行两三次任务（Overy 1995：212—20）。苏联投入了大量飞机（在1944年的夏季攻势中投入了1.78万架），主要是在大规模坦克战中空袭作战。这令他们在面对德军先进的空对空能力时束手无策。我们需要注意的是，有些空军并没有将飞行员轮流撤出战斗的政策，除非他们受伤；德国、苏联和日本都有"一直飞到死"的政策，要求飞行员连续不断地服役。因此，日军飞行员中的最高纪录保持者（击落80架敌机）岩本彻三，从1938年开始在中日战争中服役，一直持续到1945年。他的纪录比美军在太平洋战场上的纪录（40架敌机）要高得多，因为美军有更多飞机让日军攻击，反之却不然（Mersky 1993；Sakaida 1985；Okumiya et al. 1973）。①

3. 王牌飞行员可能是那些飞行技术格外高超的人。一战中已充分展示了这一点：飞行员们在低高度和近距离上互相追逐，飞速转弯、翻滚和俯冲。有时若想击落敌机，飞行员可以引诱对方（特别是当对方处于危险位置时）跟随自己进行俯冲，然后在撞到地面前一刻拉升起来，让技术不济的对手坠毁；这就像是赛车手们常玩的"懦夫"游戏。但在许多技术高超的飞行员之间进行的"斗犬"比赛中却并无伤亡；他们持续不断地彼此周旋，直到一方耗尽弹药（因为大部分攻击都未能命中）或油量而不得不返航。整体来说，王牌飞行员在对抗水平较弱的对手时往往能击落更多敌机。因此，德军才能大胜苏军——苏军飞行员往往训练不足就被迫上场作战（Overy 1980）。

4. 与英雄主义的个人战斗相反，空军战斗的胜利通常是团队协作的结果。一战中发展出了"卢氏圆队形"等策略，即一组飞机组成圆圈，帮忙掩护前面一架飞机的弱点。二战中，保护空军基地或支持

---

① 图10.4：朝鲜战争中的飞行员炫耀其所在中队的集体记分板。

大规模空袭轰炸时常用的一种自卫模式被称为"茅草顶",即在空中组成纵横交错的队形,使得敌军找不到空隙。在小组队形中也十分强调集体合作:飞行员总是两人一组互为僚机,互相提供支持;另有一架或多架飞机负责在上方或后方观察和掩护其他人;飞行中队会指派领头和后援角色。一战中的德军第一"王牌"冯·里希特霍芬并不是被西方军队中的"王牌"所杀,而是被一名默默无闻的加拿大飞行员击落;当时他正在上方负责掩护,而冯·里希特霍芬则在追赶一架落单的英军飞机,结果远离了主战斗阵形,而且并未注意到上方的危险(Gurney 1965: 75)。与狙击手相对孤立的位置相反,飞行员在战场上有着充分的社会支持;战斗开始前后,他们在基地中也能获得强烈的支持。这种精神支持令击落敌机变成一件令人愉悦的事件,并让王牌飞行员成为受人欢迎的杀人精英,狙击手则因缺乏精神支持而不受欢迎。

飞行中队有着更加复杂的策略,例如派出一架飞机去引诱或欺骗敌军,主力则藏在云层中或是阳光照射的光晕里。这些策略让双方都陷入了猜谜游戏:虚张声势也许是为了掩盖弱点。这些复杂状况的总体效果是减弱飞行员的攻击力;信心或精力不足的飞行员可以通过这些策略来避免激烈的战斗。"王牌"和纪录保持者们有一个与众不同的特点,那就是他们愿意放弃这些相对安全的策略,并会利用对方对这些策略的心理依赖。

5. 最重要的取胜因素是空军冲突本身的结构特点:空中的气势情境。大部分"王牌"都会以迅雷不及掩耳之势击毁敌机,通常都能一次击落多架。有些"王牌"一天之内就能完成自己的大部分战绩。更有甚者,同一中队的几名飞行员会在同一天大获全胜;一支队伍可能会在战斗结束后毫发未伤,而敌人却是几乎全军覆没。这种一方占据压倒性优势的战斗类似于决定性的地面战斗,其中一方溃不成军、伤亡惨重,另一方则毫发无损。空军中的大胜很类似恐慌进攻,至少在这一情境中,一方占据了所有气势,另一方只能被动挨打。格尼

(Gurney 1958)曾深入研究飞行员纪录，发现王牌飞行员是最具有攻击性的；当敌人太过注重防守的时候，就容易被他们占据主动权。主动与被动是胜利与否的关键所在，就算进攻一方以少敌多也不例外。这之所以成为可能，是因为战斗机飞行员和轰炸机机枪手与其他战士一样命中率并不高；主动进攻的优势（同时也能恶化对方的劣势）在于从心理上击溃对方，令其无力抵抗，甚至连逃跑也做不到。

顶尖王牌飞行员对他们的胜利有着同样的解释：

> 进攻！绝不陷入防守。在他们能击落你之前就把他们击落。你比他强，但决不能给他机会。他也许会幸运地击中一两次，但你是不可战胜的。攻击空中每一个看上去像是飞机的点；时刻保持进攻，准备好视野和按钮。即使那不是飞机或友军，你也要做好准备，这样你那盛气凌人的运气才能持续更久。(Gurney 1958: 136)

另一名击落了27架飞机的"王牌"说：

> 如果让我挑出战斗机飞行员最有价值的个性，攻击性一定排在前头。我曾多次见证富有攻击性的行动如何彻底打垮强大的日本编队，哪怕处于劣势也不例外。相反，我也见过飞行员因为犹豫而错失良机。当然，攻击性发展到一定程度就是蛮勇。然而与绕来绕去寻找理想条件结果自己被击落相比，进攻还是要聪明得多。(Gurney 1958: 118)

另一名击落了22架敌机的"王牌"说：

> 年轻[日军]飞行员的另一个特点是他们不够警醒。在很多次战斗中，我们与敌方开始交火之后，他们并没有尝试躲开我们的第一轮

攻击，明显是因为他们没有看到我们……要想有效地攻击敌军，你就得先看到他们才行……你可不能等在一旁猜测他要做什么；你必须在开始行动之前就计划好进攻。如果你能发动突然攻击，敌人就会陷入劣势，无论他们的人数和位置如何。不要等待；立刻发动攻击，带着摧毁对方的信念来挑选目标。(Gurney 1958：119)

排名第二的美军"王牌"击落了38架敌机，他说："攻击性是成功的关键……敌人一旦疲于防守，就会将优势让给你，因为他必须尝试躲避你而不是击落你……靠近敌方，当你认为自己已经太近时，你还需要靠得更近。近距离作战能提高你的命中率，让你不容易错失目标。"(Gurney 1958：116)

靠近目标是为了克服冲突性紧张所导致的低命中率问题；最优秀的飞行员会靠近到不可能错失目标的程度。后面我们将会看到，职业杀手也会用到这一技巧。

德军"王牌"有着类似的策略。哈特曼在苏联反坦克轰炸机上发现了盲点，于是他先俯冲再拉升，依靠自己过人的速度抵达敌机下方；他喜欢靠得非常近（少于90米），然后在擦身而过之际持续开火1.5秒。尽管苏联飞机有装甲和后机枪手，但这一策略针对的是其下方脆弱的油箱散热器。他的方法总是等到"敌机充满屏幕"——而不是在一开始就匆匆忙忙地开火(www.acepilots.com/index.html#top；Toliver and Constable 1971；Sims 1972)。

这些技巧都是随着时间发展出来的，而不是单靠直觉或天赋。格哈德·巴克霍恩(Gerhard Barkhorn)是排名第二的王牌飞行员，曾击落301架敌机；他在自己的前120次任务中毫无斩获，包括在1940年9月的不列颠之战中。纪录保持者哈特曼在服役中的前五个月只击落了两架敌机，但最后却达到了每个月击落26架敌机的高峰[34]。

取胜的策略包括进入快速变化的情境流中。大部分空战为时都非常短暂；有些不到一分钟，有些则可能有7—15分钟。特殊情况下战斗可以长达一小时，例如七名美军飞行员曾追击40架日本轰炸机，后者采取了被动防守阵形；美军主动出击围歼，挑出那些掉队的敌机发动攻击。美军指挥官一个人就击落了九架敌机，创造了单次任务中的新纪录（Gurney 1958：77—78）。王牌飞行员就是这样通过一面倒的战斗来为自己建功立业。

不管怎样，空战中很少会有一方全军覆没。即使在大获全胜时，败者的损失也很有限。这是因为富有攻击性的飞行员很少；一小部分人不停地打破"王牌"纪录，追歼敌机；但胜方的大部分飞行员都没有任何斩获。败方可能早已在心理上溃不成军、无力自保、急于逃跑，但胜方的暴力精英并不多，因而也就放跑了不少敌机。这是"有效暴力少数定律"的另一面。大部分暴力都是无效的，因此许多人（甚至大部分人）都能从战斗中幸存下来。正是这一点让战争能够持续下去；事实上，也正是这一点让暴力行为能够持续存在。

所有证据都表明，王牌飞行员击落的敌机主要是对方较弱的飞行员：经验不足，操作水平较低，最重要的是缺乏情绪能量。我们再次看到，具有高情绪能量的战士会击败弱者。这也符合王牌飞行员在战斗前表现出的态度：他们并不会预想自己被杀的情况；他们不会给自己所爱的人留下最后一句话（自己战死后送回家的遗言），尽管在地面军队发动总攻或是轰炸机组对严密防守的目标发动袭击前，这些仪式都很常见（Gurney 1958：135—36）。顶尖的战斗机飞行员认为他们一定会赢得战斗，只有在发生意外时才可能死去。正如我们看到的，在军事飞行中事故相对频繁（9% 的王牌飞行员死于事故，有时是在战争结束后；Gurney 1958：259—69）；但普通的危险与神圣的危险之间有一种仪式性的区别：王牌飞行员相信自己身旁有一圈魔法般的光晕，能够保佑他们获得胜利。顶尖的飞行员会构建一块空间，令自己在其中信心满满，但这片空间也有边界，他们会谨慎地停留其中。

"巅峰状态"与"战斗之雾":主导互动的微观情境技巧

身处暴力冲突中时会出现度秒如年的现象,这是一种对正常意识的扭曲。对有些人来说,这种意识扭曲是有利的,能够帮助他们主导局势;对其他人来说,这种扭曲则会令其无力反抗。常见的扭曲包括视觉窄化和时间延缓。人们的注意力可能会高度集中在危险上,此外的一切都变得无关紧要。

在一起劫持人质事件中,劫匪从藏身之处走出来时,两名警察中的一名描述道:

> 当他向我们走来,就像慢动作一样,一切都聚焦在他身上……他的每一个动作都让我全身绷紧。我胸口以下毫无知觉。一切精力都集中在目标身上,时刻准备对他作出反应。这就是肾上腺素飙升的感觉!一切都绷紧了,所有感知都集中在这个持枪向我们跑来的男人身上。我的目光锁定在他的身体和枪上。我没法告诉你他的左手在做什么。我不知道。我在盯着那把枪。那把枪从他胸口处往下挪了一点,我立刻向那里开了枪。
>
> 我什么也没听见。阿兰[他的搭档]开了一枪,我则开了两枪,但我没听到他的枪声。他又开了两枪,我也第二次开枪了,但我还是没听到任何声音。他[嫌犯]摔倒在地,撞到了我;这时我们停止了开枪。然后我就踩在了他身上。我不记得自己是怎么爬起来的。我只知道我站起身来,俯视着他。我不知道我是怎么站起来的,是用手把自己撑起来的,还是先用膝盖撑起来的。我不知道,但我一站起来,就重新听到了声音,因为我能听到黄铜[弹壳]落到瓷砖地面的声响。时间也恢复了正常;在之前的射击过程中,时间好像放慢了。他一向我们冲过来,时间就变慢了。尽管我知道他正在跑过来,但看起来就像慢动作一样。这真是我见过的最操蛋的事。(Klinger 2004:155)

尽管近距离听到的枪声可谓震耳欲聋，但警察却经常会认为自己的枪声听起来像是遥远的闷响；通常他们根本不会听到身边其他人的枪声。这是听觉上的窄化效应。这种注意力高度集中的情况在战斗中究竟是否有利还有待证明。它将人们的注意力集中在最关键的地方，在不太复杂且危险不会移动的情境下是有利的。但在某些情况下，这种高度窄化的注意力也意味着一名警察会不知道身边其他人在做什么；在接下来的事例中，他们无意识间沉浸在彼此的炮火中，结果发生了过度攻击和击中错误目标的情况：

三名警察驾车追击逃跑的银行劫匪，最后，他们接近了匪徒：

> 托尼带着猎枪从车里爬出来。他花了一两秒抵达三米开外的嫌疑人的车门。嫌犯已经出来了，正慢慢走向后挡风板。他手中拿着一把贝瑞塔手枪。"那家伙正看着某个人，我看不见。"[后来查实那是托尼视野之外的另一名警官。]嫌犯不停地用命令的语气重复道："快做，快做。"接着他看着我，开始向车门退去。他把枪举到头部的高度。他又说了一遍："快做。"
>
> 托尼站在离嫌犯1.8—2.7米的地方。"我没有考虑掩护的问题。我知道在有人开枪之前，我们什么也做不了。我反复告诉嫌犯一切都结束了。"由于托尼的视野已经窄化，他并没有意识到格雷戈警官就在他左边，拿枪指着嫌犯，另一名警官在格雷戈左边，也端着枪。
>
> 就算嫌犯听到了托尼的命令，他也没有表现出来。目击者后来称，嫌犯冲托尼挥舞贝瑞塔手枪，但托尼只记得对方垂下胳膊肘弯曲手腕。托尼开枪了。
>
> "我看到子弹击中了，但击中的是他身体右侧。"托尼说，"由于我站在他正前方，我不明白为什么我击中了他的侧面。我低头看见弹壳没有掉出来，于是我就把它取出来，又塞进了一发子弹。"
>
> 托尼没有听到格雷戈和另一名警官开枪的声音。"我的视野中，一切都变小了。"托尼说，"就算你站在我身边，我也可能看不见你。"

击中嫌犯右侧身体的是格雷戈的子弹。托尼的子弹击中了嫌犯的腹部，但托尼只看到了格雷戈击中的位置。

开枪之后，托尼的肾上腺素迅速飙升。"我走向车载电话，拨打了家里的电话号码。我接通了电话留言，我知道我的儿子们在家里，而且很可能还在睡觉。我大喊大叫希望有人能接电话，直到吵醒了他们。他们接了电话，我大声告诉他们刚刚发生了什么，还说我想见他们。"（Artwohl and Christensen 1997：144—45）①

在这个例子中，警官并不知道自己的搭档们在做什么，甚至不知道他们在场，但他依然行使了自己的职责。幸运的是，当时的位置不会让他们击中彼此。这种窄化视野无疑会导致许多误伤友军事件。在另一起事例中，同样的情况导致一名人质中枪：

> 我冲上楼去，克兰西和汤普森在我右边。借着楼下走廊里幽暗的灯光，我们在狭窄而阴暗的走廊里移动，最后走进了杰瑞米 [12 岁的人质] 的房间。我们能看到诺斯 [劫匪] 坐在床边，把杰瑞米夹在两腿之间，一只胳膊锁住他的喉咙。男孩完全遮住了诺斯的身体；诺斯手中拿着刀子，看起来好像已经扎进了男孩的脖子。
>
> 他的胳膊环绕着男孩的脖子，像一只鸡翅；我发现我能够击中他。我决定这么干了。我的眼睛已经适应了幽暗的光线；我盯着他的绒布衬衫，好像拿着双筒望远镜一样。我冲着他的胸口连续两次两杆连发 [开了两枪，暂停，然后又开了两枪]。尽管听起来很奇怪，但我确实能够看到子弹击中身体的过程。我看到他的衬衫爆开，我看到子弹钻进他的胸口。然后当我后退时，我听到了其他人的枪声。这让我有些困惑，因为我以为自己是唯一开枪的人。但事实上，我的搭档

---

① 图 10.5：警方的近距离枪战（1997，AP）。

们也在一发接一发地开枪。

然后我看着床那边，诺斯已经浑身都是弹孔。可是杰瑞米也中枪了。(Artwohl and Christensen 1997：105—6)

劫匪当场死亡；数小时后，小男孩也在医院里死去。

在枪战中，大部分警察都会发生听力减弱(88%)和视觉窄化(82%)现象。稍低一些比例的人会有视觉提升(65%)和事件放缓(63%)的感受(Artwohl and Christensen 1997：49)。后者会导致更好的表现。事实上，枪战转瞬即逝，最多也就是几秒钟而已。当开枪者格外清晰地感受到诸多细节，时间看起来就像是放慢了一样。在真实生活中，暴力行动是迅雷不及掩耳的，之所以看起来慢，是因为人们感受到的东西太多。人们的大脑不一定运作得更快，但他们却更好地观察到了眼前的场景；一切都得到了理解，因为它们都是画面的一部分。在主观感受中，这一情境格外清晰。

在接下来的案例中，一名警察试图逮捕一名嫌犯，后者此前一直在向一名便衣警官兜售截短的猎枪：

我走进卧室时，注意力集中在左手边洗手间里的响动上，但我眼睛的余光却瞥到了右边的某种动静。当我将注意力转到右边时，我看到那家伙将一把猎枪从墙上拿下来，转到右边，正对着我。卧室只有6.5平方米，非常小，所以他离我只有1.8米。我第一次看到他的时候，枪管大约45度向上。当他转过身来之后，他放低了枪管，将枪架在肩上，这样枪口就直接对着我了。

我望着枪口转向自己，脑子无比清晰，就像我第一次开枪时一样。我知道我可能中弹。我知道这可能很疼，因为我离得非常近，而那把枪则能发射12发子弹。但我并不害怕。很奇怪——我只觉得脑子里正在清楚、冷静、飞速地计算着。我知道自己可能中枪死去，我知道我需要保护自己，但我却并不害怕。

我的注意力集中在枪上，我注意到的第一件事是枪管后端安装了可调式收束器。我对自己说，注意看枪机。于是我沿着枪管看向枪机；这时，我发现了那是一把雷明顿。事实上，我心想，那是把雷明顿1100。然后我告诉自己，看看他的手指是不是在扳机上。我望向他的手指，发现它确实放在了扳机上。于是我心想，这可真得疼死了，但你得继续下去。我想我得开枪，但我同时也在想，向旁边躲一下，给自己争取一点时间。于是我开始向旁边挪动，同时抬起枪口。然后我想，来吧，于是我透过MP-5的瞄准镜开了枪。

我开始扣动扳机时心想：我应该怎样击中这家伙？这很奇怪。我想要让子弹集中在胸口。我受过的训练是两杆连发，但这家伙的猎枪正近距离指着我的脑袋。我心想，我是一直开枪直到他倒下，还是两杆连发？我知道我无法完全控制全自动模式下的MP-5，尤其是在向一侧挪动的时候，我很担心自己会错失目标，因为还有其他警官在场。就这样，在我扣动扳机的一刻，这么多思绪都在脑海中涌动，我心想，不要全自动。每次两发。最后我用了两杆连发，对方倒在了地板上的一堆衣服上。他没有机会开枪……

队长比尔在我身后走了进来。他看着嫌犯和我。我告诉他："我后面还有人！"因为我正背对着洗手间的门，而我刚走进卧室时则曾听到那里传出声音。我还能听到他们在里面移动，我心想：天呐，他们也有枪吗？比尔站在那儿看着我，于是我就冲他大喊："我身后，我身后！"然后他转身走进洗手间，抓到了两个躲在里面的人。
(Klinger 2004: 164—65)

与之前引用的其他例子不同，这名警官完全清楚有什么人在场，包括他的同事（他希望保护他们不被不受控制的自动枪所伤），以及他背后洗手间里的嫌犯。他清楚地从时间和空间上看到了现场的一切；正如我们所看到的，他谨慎地检视了嫌犯的枪支和自己开枪前的步骤。

这种时间放缓的错觉，加上对现场的全面掌控，似乎常见于暴力精英中能力最强的人身上。职业杀手（Fisher 2002：61）与持械劫匪身上也有这种现象。例如，曾有持械劫匪说："当我走进去时，我感到十分冷静，就像是关上了什么开关。"另一个人则说："在抢劫过程中，我很冷静。我出现了窄化视野。我清楚地意识到周围的一切，注意力高度集中。"（Morrison and O'Donnell 1994：68）显然，王牌飞行员也是如此；此外，一小部分表现出色的战士也具有这种特点。

　　许多运动员都报告说在比赛的高潮阶段体验到了时间放缓的现象。这也是一种高速变化的对抗舞台。连续打出安打的棒球打者会说他们在球投出的一刹那看清了球的轨迹和旋转，有的说球看起来像是变大了。他们并不是匆忙对投手的动作作出反应，而是观察模式，耐心等待，并在合适的时刻挥棒。对一名优秀的四分卫来说，在他面前，对方的动作会放慢，他能看清接球员、防守后卫和传球跑阵队员的动作，并能辨认和摆布其模式[35]。

　　运动员将这种状态称为"巅峰状态"（in the zone）。暴力精英是那些在自己的行动中能够进入巅峰的人。在不同的暴力中，进入巅峰的条件也会有所不同。王牌飞行员在多维空间中飞速移动，其情境在某种程度上类似于橄榄球四分卫，但这些似乎并不能互相转化[36]。枪战中的警察具有不同的"巅峰状态"，狙击手的"巅峰状态"也有所不同。

　　在战斗中，"巅峰状态"只是最优秀的军事精英的体验，大部分士兵的情绪和感受都与此恰恰相反。克劳塞维茨提到了"战争迷雾"，其他人则写到过"战斗之翳"（glaze of combat）（Glenn 2000a）。特别是在暴力巅峰之时，以及需要从固定位置移动的时候，一切都变得令人困惑；人们移动的身影一片模糊；并不清楚敌人在哪里，有多少人，他们在向哪里移动，哪个方向最危险。这是一片信息的沼泽，缺少清晰的感触；普通士兵无法将这一切还原为清晰的图景。

　　"战斗之翳"是一种冲突性紧张的体验，它会在暴力真正发生的时刻达到高峰。我们在本书中反复看到，大部分人在冲突性紧张面前都会在某一方面丧失能力，只有少数人在有利的社会情境下能够克服这种紧张，从而实施暴力；能够真正有效地实施暴力的人就更少了。有些人会完全僵住；有些人只能被动地跟随身边积极行动的人；有些人进入了狂热的参与状态；只有很少人能够冷静而高效地行动。在暴力冲突的同一方，人们扮演着不同的角色。

在暴力冲突中获胜并不仅仅取决于能否进入"巅峰状态"，关键在于一方进入巅峰之时另一方却没有。换句话说就是，在其他人情绪混乱时保持冷静。这些混乱的情绪既包括愤怒在内，也包括恐惧、兴奋及愉悦等。斗争的中心在于互动过程。暴力精英们已经发展出了冷静的技巧，能够利用被卷入"战斗之翳"的目标。但他们并不只是攻击一直以来的弱者。暴力微观互动中的斗争在于将对手推入"战斗之翳"，同时令自己进入"巅峰状态"。

做到这一点的一个方法就是控制受害者的情绪。暴力精英掌握的技术能让他们在对方毫无防范时发起攻击。持械劫匪会在受害者无法预料的时刻突然跳出来，例如当他们刚刚锁上门时，或是从亮处走向暗处时，或是相反（见第五章）。暗杀者（政治杀手或职业杀手）通常会在受害者刚刚走进房间时发动袭击[37]。这不仅能将冲突及随之而来的紧张最小化，也能制造令受害者无法看清全局的心理局面，受害者就此陷入了攻击者制造的局势中。这就是技巧高超的棒球投手所做的事情：他能用无法预料的好球令打者僵在原地。

在更复杂的情境中，暴力精英需要有能力辨别对手一方的弱者与强者，并利用这一点让对方陷入困惑。最优秀的狙击手会在自己伪装失败、大批敌军迅速接近时利用这一技巧。一名苏军前线的德军狙击手会站起来瞄准后排而非前排士兵开枪。后排士兵最容易害怕，因此当他们中枪时常会发出尖叫，甚至可能会让其他人放弃攻击。在另一个例子中，"他等到三四波敌军开始前进，然后向着最后一波的中间位置倾泻枪林弹雨。伤者震惊的尖叫影响了士气，令前排士兵惶恐不安；攻击的脚步慢了下来。这时他又开始瞄准前排。50米内的敌人被击中头部或心脏，后排敌人则被击中身体，他在尽可能制造更多伤亡。"[38] 德军狙击手的技巧与著名美军战斗英雄在1918年的表现如出一辙：阿尔文·约克（Alvin York）军士在270米外成功地消灭了一群机关枪手。德军发现了他，一个小队的士兵向他扑来；约克冷静地击中了全部十人。他先是击中了后排一人，然后重新装填弹药，在队长距离他只有九米时杀死了后者（Pegler 2004：145）。进攻的德军在奔跑时无法射击；他们头脑发热，也许满心惶恐与愤怒，而对手则技术高超，从而有意识地催化了他们情绪上的弱点。

在激烈的冲突中，另外一种技巧是激怒对方，然后利用其怒气。这经常发生在蛮横的年轻人之间，他们可能会互相羞辱，而弱者则可能会被激怒去挑战更强壮和冷静的对手。剑术决斗者在闪躲与反攻时也会采用同样的技巧。军事上也会利用这种策略去引诱对方头脑发热地发动进攻，然后用埋伏的力量攻击其侧翼。在这里，暴力精英既要操控对手的情绪，又要在炽热的情绪中保持冷静，这意味着他们还要有控制自我意识的能力。橄榄球队会故意设计一些动作，刺激对手的肾上腺素分泌，好让其后卫因过度兴奋而暴露弱点，从而让己方队员能够从不同的方向突入其中。

要想获得冲突中的控制权，并不是只要反复练习这些技巧就够了；这与骑自行车不同，并非一旦学会就无法忘记。每一次冲突都是在争夺何者能够进入"巅峰状态"，何者会陷入"战斗之翳"。我们能够看到这种波动，哪怕只有几秒钟。即使能力出色的士兵也可能会在狂热的情绪下乱开枪，而后又冷静下来，或是在两种情绪间摇摆不定。1942年在瓜达康纳尔岛上，一名日军袭击者准备逃跑，而"一名美国海军中士则陷入了慌乱。他开了好几枪但都错失了目标。他更换了弹夹，又开了一枪，但日本兵已经躲了起来。这令人失望，但只持续了一小会儿。日本兵又站起身来……这时，安格斯中士已经冷静下来，他小心翼翼地瞄准，然后开了一枪。日本兵倒下了，仿佛地面猛地吞噬了他。这一枪非常漂亮——大约180米开外。"（Pegler 2004：217）请注意，在这支小分队中（可能有一个班的规模），只有一个人在开枪，其他人都只是在望着他们的队长开枪。这是战斗中常见的情绪能量的分层。这名队长一开始头脑发热，动作慌乱，随后才冷静下来，进行了有效进攻。关键似乎在于动作之间的简短间隔，也就是日本士兵隐藏起来的时候；这让中士重新掌握了全局——也许敌人正在害怕，自己才是局势的掌控者。

当对手被"战斗之翳"所束缚的时候，若想取胜就要保持冷静；这往往取决于当下情境中正在发生什么。这也解释了为什么进入决赛的队伍也可能输得很惨[39]。既然进入了决赛，这支队伍一定在整个赛季表现优异；也就是说，它已经多次展示出自己有能力进入"巅峰状态"，同时让对手被"战斗之翳"所束缚。但是，这种控制对手的能力并不持久；它是一种社会建构，可能转瞬即逝[40]。如果一支队伍总是靠让对手陷入情绪上的弱势而取胜（相较于辛苦打拼获得的险胜），就会变得格外脆弱；一旦丧失优势，就会自己陷入"战斗之翳"。

运动是一种社会建构，其思路在于让最优秀的运动员最终决胜。在日常生活的暴力中，这种势均力敌的情况通常是会被绕开的。即便如此，进入"巅峰状态"和让其他人进入"战斗之翳"的能力本质上是相对的。这也就是为什么同一时间只有一小部分人能成为暴力精英。

我们不应该在"热"与"冷"的暴力能力之间作出绝对区分，只要它们同样能够在冲突中助人获胜。没错，冷技术与高度有效的暴力之间可能有一定的关系——那些最善于击中目标的人能够大获全胜。卷入"热暴力"的人更可能是活跃的暴者，而不是能力高超的暴力者；他们往往排在中间而不是最前面，例如那些不断开枪但却击中不了敌人的士兵，或是骚乱者中吵吵闹闹的人。

但是，我们并不能声称"冷暴力"（cool violence）总是会胜过"热暴力"（hot violence）。有两点让事情变得更加复杂。首先，有些打斗的结果取决于意外情况：摔倒，人群或车辆造成的交通堵塞，幸运地击中，误伤友军等；如果许多小事件都累积起来，那么低能力的暴力也可能会变得不可预测。最惊人的情况就是恐慌进攻：敌人突然溃不成军、无力防守，胜者则狂热追击。很可能大部分战斗和大规模打斗都是在这种情况下获胜的，而不是通过冷静的作战技术。在较小规模的打斗中，个人或群体有时完全是靠身体能量上的优势获胜；在缺乏周旋空间的简单情境中，更强壮且更有能量（愤怒、兴奋或绝望)的一方，很可能会压倒冷静的对手。

我们并不知道这种打斗有多频繁。但我认为，"热暴力"取胜的情况最常出现在活跃暴力者攻击普通暴力者的时候。"热暴力"获得优势不是因为它攻击了"冷暴力"，而是因为它攻击了那些陷入冲突性紧张与恐惧的人。因此，调动愤怒、热情、兴奋与狂热的能力，能够让人在势均力敌的情况下压倒情绪上的弱者，后者因其炽热的情绪(主要是恐惧)而陷入被动。①

有些人主要是在情绪炽热的场景中行动，例如酒吧斗殴或是黑帮为争夺地盘的街角斗殴。这里的打斗发生在两名情绪炽热的斗士之间，我猜测，胜利一方是相对冷静的，因为他能够让主观时间放缓，从而掌握全局。胜利的关键可能仍然是抓住挥拳或是撞倒对方的时机，而不是周旋良久、寻找机会来准确瞄准。无论带有何种情绪，这种场合都是需要互动的。胜者会将败者推入"战斗之翳"。有时，情绪上的主导者不一定需要将对手推得那么远，因为他们已经深陷冲突性紧张与恐惧之中。有时，双方也许一开始都处于"巅峰状态"，因此需要将对手推出去——如果无法做到，就会导致僵局，这是打斗终结的一种方式。胜利意味着利用"战斗之翳"。胜者的"巅峰状态"不一定需要达到更高，只要比败者高一点就可以了。

"9·11"中的驾驶舱搏斗

作为附录，我们来分析一下2001年9月11日在联合航空93号航班驾驶舱里发生的搏斗。一段录音展示了当时的微观情境，其中包括四名基地组织劫机者的声音，他们试图让飞机撞向五角大楼；与此同时，33名乘客中的一部分则想撞开驾驶舱门。斜体字是劫机者用英文说的；黑斜体翻译自阿拉

---

① 图10.6：靠情绪支配获胜；篮板王的面部表情(2006)。

伯语。其他语句则应该是乘客说的（*Philadelphia Inquirer*, April 13, 2006, p.A10）。

9.58.50　叫喊声（第一次尝试打开舱门）

9.58.55　*在驾驶舱里。*

9.58.57　*在驾驶舱里。*

9.58.57　*他们想进来。顶住，从里面顶住，顶住。*

9.59.04　*把门顶住。*

9.59.09　*阻止他。*

9.59.11　*坐下。*

9.59.13　*坐下。*

9.59.15　*坐下。*

9.59.17　*什么？*

9.59.18　*有些人在。*

9.59.20　*抓住他们。*

9.59.25　*坐下……*

9.59.30　巨大的碰撞声（金属碰撞、玻璃破碎、塑料崩裂。乘客们显然在用服务手推车来撞驾驶舱门。第二次尝试。）。无法分辨的叫嚷声。

9.59.42　*相信真主，相信他。*

9.59.45　*坐下。*

10.00.06　*什么也没有。*

10.00.07　*就这样了吗？咱们是不是得了结它？*

10.00.08　*不，还没到时候。*

10.00.09　*等他们都过来的时候，我们再结束。*

10.00.11　*什么也没有。*

10.00.13　（无法分辨的叫嚷声）

10.00.14　*啊。*

10.00.15　*我受伤了。*

10.00.16　（无法分辨的叫嚷声）

10.00.21　*啊。*

10.00.22　*噢真主，噢真主，噢保佑我们。*

10.00.25　*得冲进驾驶舱去，要不然我们都会死。*

10.00.26　金属、玻璃、塑料剧烈碰撞的声音（又一次使用手推车撞门，第三次尝试）。

10.00.29　*上，下，上，下。*（劫机者前后推动操纵杆，试图让乘客摔倒在地。飞机的失速警报短暂地响起。）

10.00.29　*进驾驶舱。*

10.00.33　*驾驶舱。*

10.00.37　*上，下，赛义德，上，下。*

10.00.42　*撞起来。*

10.00.59　*真主至上，真主至上。*

10.01.01　（无法分辨）

10.01.08　*就这样了吗？我是说，我们就这样让它摔下去吗？*

10.01.09　*对，放进去，拉下来。*

10.01.10　杂音，新的声音喊叫着（无法分辨）。

10.01.11　*萨义德。*

10.01.12　*……引擎……*

10.01.13　（无法分辨）

10.01.16　*切断氧气。*

10.01.18　*切断氧气。切断氧气。切断氧气。*

10.00.41　*上，下。上，下。*

10.00.41　*什么？*

10.00.42　*上，下。*

10.01.59　*关上。*

10.02.03　*关上。*

10.02.14　*上啊。*

10.02.14　*上啊。*

10.02.15　*动起来。*

10.02.16　*动起来。*

10.02.17　*打开它。*

10.02.18　*下面，下面。*

10.02.23　*拉下来，拉下来。*

10.02.25　*下面，推，推，推，推。*

10.02.33　*嘿，嘿，给我，给我。*

10.02.35　*给我，给我，给我。*

10.02.37　*给我，给我，给我。*

10.02.40　*（无法分辨）*

10.03.02　*真主至上。*

10.03.03　*真主至上。*

10.03.04　*真主至上。*

10.03.06　*真主至上。*

10.03.06　*真主至上。*

10.03.07　*不。*

10.03.09　*真主至上。真主至上。*

10.03.09　*真主至上。真主至上。飞机翻滚，机腹向上，坠毁。*

在从第一次撞门到飞机坠毁的 4 分 22 秒内，出现了许多重复的语句。我们可以清楚地感受到当时的冲突性紧张与恐惧，特别是在劫机者这一方，因为他们的声音录得更清楚。这既是重复的来源之一，也是对付冲突性紧张与恐惧的方法之一。

从录音中很难听清撞舱门的乘客的声音，但他们重复了五次"驾驶舱"，其中两次发生在第一次撞门前的两秒钟里,当时他们正在积攒力量。从10.00.25开始的八秒里,他们重复了三次,当时他们在准备第三次也是最后一次撞门:"得冲进驾驶舱去,要不然我们都会死。"这些是节奏型重复,是为了集中群体力量。还有其他口号:"抓住他们。""撞起来。"这些口号也会在接下来一秒里重复出现:"上啊。""上啊。""动起来。""动起来。"

劫机者在防守驾驶舱的过程中说了三句话,这三句话都具有高度的重复性。首先,他们通过播音系统用英语让乘客"坐下"。他们30分钟前刚刚接管飞机时曾用过这一策略,试图让乘客冷静下来;他们假称将降落在某处,将乘客作为人质。但这一策略转变成了一种咒语,从9.59.11开始每两秒钟重复一次,最后一次是在9.59.45;那时已经发生了第二次撞门,乘客们用金属手推车撞出了惊人的声响,显然他们的策略已经不奏效了。

其次,劫机者互相叫嚷着指令,大都是阿拉伯语:顶住门,是否"了结它"(据猜测是让飞机坠毁的意思),让机尾上上下下好将乘客甩到地板上,以及切断氧气。但是这些指令也是高度重复的:"上,下"重复了八次;"切断氧气"在两秒内重复了四次。"给我"在四秒内重复了八次。实用的语句也成为一种精神上的咒语。

最终是仪式性的宗教词句。这些语句发生在非常紧张的时刻,随着危机加深而变得更加具有重复性。第二次撞门之后(手推车发出惊人的声响),他们说了"相信真主,相信它"。第三次撞门之后我们听到了"噢真主,噢真主,噢保佑我们。"坠机前的七秒钟里,"真主至上"被不同的声音重复了九遍。

冲突中的谈话通常是高度重复的。我们在第九章中已经看到,在激烈的争论中,人们不是想要与对方沟通,而是试图压倒对方,因此才会无视次序、不给对方开口的机会。在这种时候,内容已不重要;没有人会去听对手在说什么,大声重复才是最好的霸占注意力的方式。在真正的暴力中依然会出现重复的语句。它成为一种情绪技巧,目的并非针对对手,而是为了建立自己的能量与团结,它是一种自我沉浸的咒语。在"9·11"的驾驶舱搏斗中,双方都使用了这种粗糙的策略:这是一种相互对立的、自我沉浸的搏斗。

第十一章

情绪注意力空间中的暴力主导

　　行文至此，我们发现了一个悖论。如果说在被认为参与暴力的人中实际上只有一小部分人实施了全部暴力，那么我们为什么不能撇开其他人呢？为什么我们不能削减军队、黑帮和其他暴力团体，而只留下那些积极参与暴力的人呢？或者说更进一步，只留下那些极少数能够高效率地实施暴力的人呢？为什么我们不能组建一支只有王牌飞行员的空军，或是只有狙击手和精英部队的陆军呢？实际上，这种安排在结构上几乎是不可能的。因为暴力并不是由孤立的个体制造的，而是在整个情绪注意力空间中产生的。

其他人在做什么？

要想解答这个问题，最佳办法就是在骚乱中观察人群。通过视觉证据，我们既能够证实暴力者是很少的，也能够看到他们与人群的关系。

我的结论主要基于 1989—2005 年间收集的新闻照片剪报，以及已出版的照片集（Crespo 2002；Allen 2000），外加少量电视新闻录像。理论上，录像应该更好；但录像通常也只能记录 3—5 秒的连续动作。因此，录像与静止的照片之间的区别并不大。新闻导演会对原始录像资料进行大量剪辑，用来表现故事中的高潮部分。在现实中，一场示威游行中的行动是具有高度重复性的。当真正的打斗（如一场骚乱）发生时，人们的行动会迅速扩散开来。如果有人进行连续观察，那么他看到的大部分都是站在四周的人，跑来跑去的人，以及通常静止不动或者缓慢移动的保安队伍。骚乱中的暴力时刻散落在时间与空间中，大部分场景在旁观者眼里都十分无聊，但对参与者来说却是令人激动、恐惧或是沮丧。大部分在场的人都只是普通暴力者。当我们观看骚乱中的录像并对着摄影师讲述自己的经历时，才会发现这其中令人惊讶的平淡之处[1]。如果要为大规模暴力冲突制作一段始终充满戏剧性冲突的录像，就需要在多个地点放置多台摄像机，并在后期进行大量剪辑拼接。其结果就是扭曲现实：突出暴力时刻，忽略中间的空白。暴力在时间和空间上是分层的，在参与程度上也是分层的，这些特点是这一社会过程的组成部分。

这些视觉场景可以分为四类：对峙（即对立双方尚未开始使用暴力）；攻击；撤退；胜利（即一方至少在短时间内压倒了另一方）。这些类别在人群集结的密度上相差很大。在对峙阶段，人群相对密集；他们只有在这一阶段看上去才像一群暴徒，亦即情绪激动的人群采取一致行动的场景[2]。这是因为双方尚未采取暴力，因而能够保持较高的协调性。

当打斗实际爆发的时候，在进攻与撤退阶段，这一场景就被打破了。骚乱很像马歇尔描述中空荡荡的战场，只是敌人近在眼前，而不是藏在视线之外。之所以距离有所不同，是因为在这里他们使用的是石块、弹弓、棍棒，或是直接肉搏，大部分时候都不会用枪。催泪弹与烟雾弹制造了一种真实的战争迷雾。对立双方间的距离不会像在军事战斗中一样超过数百米；前排活跃参与者间的距离可能只有几米到几十米。普通参与者和旁观者则隔着一段安全距离，他们之间可能相距45—137米，此外还有一群位于中间的人。暴力精英与普通人通常在空间上有着明确的区隔，随着暴力等级上升，这一区隔也变得愈发明显。在一个典型的攻击场景中（图11.1[①]），我们看到三名十几岁的巴勒斯坦男孩在城市的街道上冲以色列士兵投掷石块；另外一人正在捡起石头，还有两个男孩从六米开外的后方向他们跑来。后方45米处，另外七个人正在谨慎地向前移动。再远一些，大约137米外，另外30人隔着一段安全距离在旁观，其中两个人明显在跑向远离冲突的方向。可见的暴力参与者在45人中只有四人，约占10%；人群中至少三分之二的人都是尽可能地保持了最远的距离（June 5, 2003, Agence France-Presse photo）。

另外一张照片显示了莫斯科发生的一起足球骚乱（图11.2[②]）。此前，在一场电视转播的足球赛上，俄国队输给了日本队。照片中有八名男性在踢一辆车子，另有一人在车顶上跳来跳去；广场另一侧是80名旁观者，大部分人都是站在73米外的人行道上，背对着一栋建筑。我们再次看到，积极参与暴力的攻击者只占人群的10%（June 10, 2002, AP）。

还有一张照片（未收录）显示，一名巴勒斯坦年轻男性在一片空地上将冒烟的催泪弹扔回到以色列士兵那里；他身旁有三个人，另外15名旁观者在背景中站在一片树丛前方，还有三个人正在从前景中撤离（路透社照片2003年12月28日）。这些人中约有四分之一位于前线，但却只有一个人在积极参与暴力。

[①] 图11.1：骚乱中的多个层次：前线，近处的支持者，中间，以及后排（Palestine, 2003, Getty）。

[②] 图11.2：俄国发生的足球骚乱（2002, AP）。

让我们将视线转到北爱尔兰：七名抵抗军少年正在与一名英军士兵作战；前排少年正在投掷石头，另外六人在他身后站成两排，有几个人手插口袋，或是望向其他方向。这是一种断断续续的暴力；他们的表情与其说是全神贯注，不如说是无聊。在许多此类场景中，我们都能看到类似的界线。例如，在另一张照片中，一个孤零零的带头人站在街上抛掷石头，其他人只是安全地站在人行道上的非冲突区；只有一名年轻人站在边缘，一脚踏在街上，一脚踏在人行道上（Sept. 10, 2001, Peter Morrison/AP photo，此处未收录）。与其类似，在加沙地带的难民营里，我们看到一名年轻人将一个燃烧的轮胎拖到马路中间；约有20人在137米外的街道另一端围观，附近的人行道上则站着四个支持者，其中一人正准备从人行道上走下来（Oct. 1, 2004, Adel Hana/AP photo，此处未收录）。所有人中约有20%在积极参与暴力，其中包括为真正动手的人提供支持和陪伴。

我们可能会怀疑，这些照片中会不会有方法论偏差。会不会人群中有些暴力参与者未被照片捕捉到？但毫无疑问，新闻编辑会去挑选那些最暴力的照片。真正的暴力与电影中表现的暴力有所不同；它平淡得令人失望，主要是因为暴力进行得断断续续，而且非常分散。也许静止的照片只显示了在特定时刻表现得暴力的个体，也许其他人在其他时刻也会表现得暴力。这在某种程度上无疑是正确的，但却并不重要。为时更久的录像并未显示人们会轮流担任前排制造暴力的角色。在激烈的暴力中，个人的参与程度也有着一定的身份标志。我已经指出了站在马路上和待在人行道上之间的区别[3]。

另一个标志是穿戴头巾、头罩、头套、面罩等来盖住头部或面部，这在2000年之后的欧洲和美国的示威中变得流行起来。一张美联社拍摄的照片（2001年7月21日，此处未收录）显示了意大利热那亚世界经济峰会期间的一场示威；我们看到两名年轻人站在马路中间扔石头；他们身后是一排燃烧的垃圾桶，附近蹲着三个人，也许正在休息。九米外的人行道和建筑之间站着30名围观者（照片外无疑还有更多人）。前景中的五个人都戴着面罩或头套，但背景中却没有几个人戴着这种东西。图11.3显示的是同一场示威尚处于对峙阶段时的场景。[①] 一个方阵的警察戴着头盔，手持塑料盾牌，与一群示威者对峙；照片中约能看到 150 人，他们排成十列，站在人行道上，背后是一面墙。大部分人都把脸转向一侧，只有前排的三个人直接盯着警察。其中一人站在前方九米的空地上，冲警察竖起中指。这里面有一个值得注意的细节是，尽管大部分人都戴着头盔（摩托头盔或建筑工人头盔），但前排那唯一一名挑衅者却是唯一戴着防毒面具的人（带有透明塑料覆面和呼吸过滤器）。他叉着腰的那只手上什么也没戴，但正在作出挑衅手势的另一只手上却戴着闪亮的金属手套。即使在对峙中，少数暴力分子与大部分人之间也始终存在一道界线；我们从空间位置、身体姿势和象征性装备上都可以看出这一点[4]。

在柏林一场示威的照片中（AP，1992 年 5 月 2 日），一名年轻男性正在扔石头；他全副武装，戴着头套和面具；几米之外，一个戴着面罩的男人看上去正准备向他走来。更远的地方，两名男性戴着兜帽和面罩，但面罩从脸上拉了下来，仿佛此刻并不在行动中。另外两人只戴着兜帽，当时只是旁观者；人群中还能看到其他六个戴兜帽的脑袋。照片中的 13 个人在骚乱参与度上分成了两个等级：一人正在积极进行暴力行动；其他人则通过装备表现出了不同程度的攻击性。图 11.1 通过空间位置表现了人群不同的参与程度，这张照片则通过装备表现了同样的区别[5]。

近距离照片只能显示场景中的一小部分。这些照片很可能经过了摄影师和编辑的挑选，只为凸显冲突的高潮。但是，即使在这一高潮时刻，也只有一个人表现得格外暴力，其他人则不然。在有些照片中，这个人正在抡起胳膊准备投掷石头；在有些照片中，他在打破店铺窗户；偶尔我们也能看到其他抗议者隔着一段距离站在他身旁，向警察举起石头，他身后则散乱地站着若干人[我们再次看到，扔石头的人站在马路中间，其他人则站在人行道上（《伦敦每日邮报》2001 年 5 月 2 日第 7 版，此处未收录）]。在西班牙的一次劳工冲突中，我们看到一个戴着滑雪头罩和面罩的人正在发射弹弓，背景

[①] 图 11.3：一名示威者与警方发生冲突，众人则并不在意（Genoa July 2001，AP）。

中还有七个人，或是靠在墙上，或是站在9—18米外，姿态放松（Sept. 22, 2004, Ramon Espinosa/AP，此处未收录）。

我们最多只能看到一小群活跃暴力分子：两名巴勒斯坦青年正在爬上一面墙来抗议以色列在约旦河西岸设置隔离墙；方圆243米的前景空空荡荡，只有一名青年正在挥舞旗帜（Dec. 28, 2003, Agence Presse-France photo，此处未收录）。此外，还有一张特写显示四名巴勒斯坦青年一齐发射弹弓（《泰晤士报》2000年10月14日第6版，此处未收录）。在照片中，我们很少能看到所有人同时进行暴力动作的场景，甚至连多数人都看不到。例如，在一张照片中，五个巴勒斯坦人蹲在墙头，三人正活跃地投掷石头或是握着石头准备投掷出去，另外两人在休息（路透社图片，2000年10月7日，此处未收录）。在另一张路透社图片中（2002年10月29日，此处未收录），以色列定居者向巴勒斯坦人的房子投掷石头，但事实上，在照片中显示的13人里，只有一个人在扔石头。其他人都在做什么？我的分析是，他们制造了一种气氛并提供支持；对少数真正暴力的人来说，他们假扮的暴力——只是身处冲突区域的前线而已——在情绪上是必要的。

在上海，三名中国青年正在向日本领事馆投掷石头，另外11人在背景中站成三排（April 17, 2005, China Photos/Getty Images，此处未收录）。在这里，我们能够看到他们的面部表情：扔石头的人显得很紧张，肌肉紧绷，或是咬紧牙关，或是抿着嘴唇；后援队伍中的两个人张着嘴，正在呐喊鼓励；但其他几个人的目光却是落在地上或是其他方向[6]。这里显示的是活跃暴力分子在冲突中的紧张情绪；其他人在附近支持他们，提供了一种喧嚣的气氛与情绪上的关注。

接下来，我们会看到一群示威者欢呼喝彩并鼓励其中一人向前挑衅，结果陷入极端危险之中。一系列图片（图11.4 A、B、C、D①）显示，在瑞典哥

---

① 图11.4：一名示威者得到一小群支持者的鼓励，他向前跑去挑衅警察，结果却不幸中弹（Gothenburg, Sweden, 2001）。

德堡欧盟峰会召开期间举行的一次抗议中，一名示威者被警察开枪击中（*The Independent*, June 17, 2001, p.1；ITN photos）。他穿着带有兜帽的外套，挥舞木棒，冲到距离警察 18 米的地方；六名戴着头盔的警察与大部队相隔一段距离。挑衅者看到一名警察正在举枪瞄准，于是转身逃跑。这一系列照片显示，当挑衅者中弹倒地时，路面上空空荡荡，只有几名警察站在宽阔的大道中央，另有一个孤零零的支持者站在 36 米外的地方。在这起事件之前，有数万人进行了一场大型和平游行，气氛像是节日庆祝一般。随后，一辆车上播放的电子音乐将音量提高到了震耳欲聋的程度。警察将数百名抗议者赶入公园；一小群戴着面罩的人出现在侧街上，将一群警察分割成两半，向他们投掷石头；一块石头砸在一名警察的脑袋上，他应声倒地。根据摄影师的报告，戴着面罩的示威者一开始在欢呼；但当警察向那名靠近到 18 米内的挑衅者连开八枪时，旁边的示威者尖叫起来。这起事件类似于第二章中描述的部落战争录像，更多是挑衅与偶尔的攻击，而不是持续不断的冲突；最活跃的暴力分子会短暂地冲击敌人的战线，随后就会转身逃开。但在这里我们看到了一个额外的细节：前线附近有一个中等规模的群体，他们欢呼喝彩，为少数近距离攻击敌人的暴力分子提供情感支持。

在撤退阶段，少数暴力分子与其他群众之间也有着同样的界线。当人群面对警察的催泪弹、手榴弹、枪和警棍而逃跑，或是单纯撤退时，照片经常显示，其中有一部分人并不恐慌；这是因为他们本来就在 237 米外的安全距离，或是背靠建筑物站在人行道上。位于中间的人们正转过身来慌乱逃跑；通常其中都会有几个胆子大的，虽说在撤退，却是面向追赶的警察。有时，100 人中可能会有三四人在 45 米处停下来，用石头进行还击（正如我们在图 11.5[①] 中所看到的）。当人们穿戴带有冲突象征的服饰时，我们会看到位于撤退者队尾的正是那些戴着头罩和面具的人。他们是最勇敢和最蛮横的。当然这并不是说他们就有绵绵不绝的勇气；在图 11.4 的一系列照片中我们看到，

---

① 图 11.5：示威者逃离警察，三名投石者仍在面对警察（Jerusalem, 2002, AP）。

当那名瑞典示威者发现有枪瞄准自己时,他的表情便从挑衅转变成惊恐。

接下来是胜利阶段。打斗通常会让一群人散开,而胜利则会让他们重新集结起来。最后能集结多少人,通常与庆祝和打斗之间相隔的时间成反比。如果胜利之后立刻发生庆祝,那就很容易演变成为恐慌进攻。我们在第三章中曾经见过此类照片:一群攻击者占了上风,将一名落单的受害者打倒在地。在罗德尼·金被殴打的录像中,大部分殴打都是由警察中的 20% 实施的,其他人只是为他们提供了情感和口头支持[7]。暴力参与者的情感能量会流向位于前排的攻击者;一名人类学家观察到,在一群非洲街头暴徒攻击一名市场小偷时,人们会轮番上前,不太积极地踢一脚已经倒下的小偷。不过,此时人群中的其他人至少都站在一起,借以体现团结感;而在攻击与撤退时刻,如果一切尚未尘埃落定,这种团结感是不存在的。

带头的暴力分子与普通人群之间互相支持的关系体现在巴勒斯坦暴动的照片中,当时发生了持续多轮的互相虐杀。四名以色列士兵与他们所在的小分队在拉马拉被征召,他们不知情地闯入了一场刚刚结束的葬礼,而这场葬礼又恰恰是为一名被以色列士兵杀害的 17 岁男孩而举办的(《泰晤士报》2000 年 10 月 13 日)。在整个过程中,年轻男性们不断地叫喊着"真主至上",撕扯着衣服,咒骂以色列人是杀害儿童的凶手;老年男性则咏唱着宗教圣歌。当他们发现了以色列士兵的车辆,立刻就用汽油弹将其点燃。巴勒斯坦警察把士兵们救了出来,并带到了警局。一群几百人的暴徒突破了重重障碍,打伤了十几名警察。几分钟后拍摄的一张照片(图 11.6①)显示,一名青年靠在警局二楼的窗户上,张着嘴高声呼喊,并举起带血的手掌给众人看。另外两人也透过窗户展示着带血的手掌。下方人群中显示出七名男性的剪影,显然还有更多人在场;他们都望着窗户的方向,或是在鼓掌,或是举着攥紧的拳头。几分钟后,两名以色列人的尸体被从窗户里丢了出来。第二张照片(未

---

① 图 11.6:前排暴力者与后排支持者之间表现仪式性团结的手势。巴勒斯坦青年在私刑杀死以色列士兵后展示手上的血迹(October 2000)。

收录）显示，大约 50 人挤在一起，最里面的一圈人踢着尸体；两排后的一个人冲尸体挥舞着一把小刀。大部分人都在拼命往前挤，试图攻击尸体，或是至少看一眼；然而有三个人已经转过身去，离开人群中心——显然他们已经踢够了也看够了。他们绷紧下巴，与尚未抵达中心的那些人脸上渴望与愤怒的表情大不相同。图片中有一名女性，她用披肩盖住头部，正转身离开尸体——显然，她是专门来看尸体的，也许是之前某位受害者的亲属。这里清楚地显示了整个群体与其中各个部分之间的情感联系——葬礼参加者，攻击车子和警局的人，以及杀害以色列士兵的人。少数暴力分子炫耀他们的杀戮行为并获得赞叹；他们进而把尸体抛出来，好与距离最近的一批参与者建立身体上的联系。血迹斑斑的双手与受害者的尸体是一种符号，在不同等级的暴徒中建立了关系。

有些胜利会产生暴力的庆祝仪式，包括攻击死去敌人的尸体等。我们可以在索马里摩加迪沙的一场战斗的录像中看到这一点。1992 年，美军正在执行联合国救援任务，他们与当地军阀的支持者之间发生了冲突。一架美军直升机被击落，其中一名飞行员死亡，他的尸体被剥光衣服拖着穿过街道，一大群旁观者中的几个人（主要是年轻男性和男孩）踢着尸体 (KR Video 1997)。在伊拉克费卢杰，四名受雇于私人保安公司的美国人遭遇伊拉克叛军伏击；众人点着了他们的车子，他们被活活烧死 (April 1, 2004 AP photos, 此处未收录）。另一张照片（图 11.7[①]）显示，烧焦的尸体被吊在绳子上，从幼发拉底河上的桥柱上垂下来。照片前景中能看到 12 个人，其中六人在空中狂喜地挥舞着手臂。另外一人爬上桥柱，手里拎着鞋子，试图砸向尸体，这在阿拉伯文化中是一种极度羞辱。早些时候，有人看到一名 10 岁男孩用鞋跟去碾尸体烧焦的脑袋。在这两起事件中，参与者都要比实际打斗中多得多。还有一些人我们可以称之为表现极端分子，他们在对已经倒下的敌人实

---

① 图 11.7：胜利庆祝中对敌人进行的仪式性侮辱。美国平民烧焦的尸体被吊在伊拉克费卢杰的一座桥上 (April 2004, AP)。

施象征性暴力上也比其他人走得更远。

在暴力冲突之后，更常见的胜利庆祝形式是攻击非人类目标。随着塞尔维亚民族主义领导人米洛舍维奇的倒台，闯入宫殿的示威者将电脑从窗户里扔到了广场上，外面则有一群人欢呼喝彩。一张照片（未收录）显示，国家电视台（米洛舍维奇政权的主要标志）被人纵火点燃。新闻称群众正在向这栋建筑投掷石块。我们实际看到的是三个人站在距离建筑 18—27 米处，其中两人向破损的窗户投掷石头，而火苗正在吞噬整栋建筑。照片全景约有 91 米长，却几乎没有人。再往外 91 米处，我们看到两名路人正望着其他方向，忙着自己的事情（[London] *Daily Mail*, Oct. 6, 2000, p.3; *The Guardian*, Oct. 6, 2000, pp.1—5; *Daily Telegraph*, Oct. 6, 2000, pp.1—3）。贝尔格莱德市内当天有 40 万名示威者，但很显然，其中只有一小部分人参与到了象征性的破坏行动中。

表现极端分子是否就是活跃暴力分子，亦即那些最主动的战士（在冲突高潮中实际动手打杀的人）呢？信息并不够，因为我们很难追踪一个个体从打斗环节到其之后的表现。但也有一些线索表明他们并不是同一批人。表现极端分子（那些踢打死尸、向尸体投掷鞋子的人）通常比实际参与打斗者要年轻；最常作出这些行为的似乎是孩童。很可能表现极端分子并不是能力较高的战士，因此他们直到暴力安全结束后才会出现在人群中。若说他们代表了众人的情绪，似乎也并不准确；更不要说他们能代表暴力分子了。除了那些明确表达出其自身情绪的人，若我们自以为了解众人的"真实"感受，恐怕是很危险的。认为众人在行动时带有一种情绪（例如正义的愤怒与复仇的渴望），这本身就存在误导性。但实际上，正如我自始至终试图证明的，暴力冲突会产生自己的情境情绪，其中最重要的就是紧张与恐惧；在这些事件中，我们能够从参与者的面部表情和身体语言上看到这一点。表现极端分子们想要表达的情感，我们基于证据很难推断；他们是另外一种专业化的少数群体（与少数活跃暴力分子不同），在众人之中发现了属于自己的情感。实际上，众人并不一定会跟随他们，就算现场并没有敌人而只有死尸和建筑也不例外；表现极端分子与其他人通常是分隔开的。

为了证明这一点，我们可以分析 1870—1935 年间记录美国南部和西部私刑的照片（Allen 2000）。大部分照片（也包括最能证明这一点的那些）都是在暴力发生后几个小时或第二天拍摄的。侮辱死尸的人与实际的暴力之间是安全隔开的。在一张照片中（Allen 2000: plate 93，此处未收录），我们看到两名白人男性站在一名被吊在树上的黑人男子身旁，其中一人用棍子戳着尸体，另一人则在殴打尸体。背景中有四名白人男子在旁观。在另一张照片中（Allen 2000: plate 25，此处未收录），一名男性漠然地靠在一根柱子上，闭着眼睛；一名被烧死的黑人男子的尸体就挂在这根柱子上。人群中能够看到其他 19 张阴郁的面孔。这是所有照片中统一的模式：只有少数几人是表现极端分子；大部分人在死亡面前都表现得严肃、阴郁、畏惧或是不安。

我们的第一反应也许会将表现极端分子的行为举止解释为群众（或整个社会）中存在的种族主义的表现。但这意味着忽视了我们真正目睹的场景：一小群个体（我从照片集中挑选了最可怕的例子）在行为举止上与众人不同[8]。

但是，暴力结束后的表现极端分子所表达的情绪，与私刑中表达的情绪则有所不同。在一系列罕见的照片中，我们看到了私刑进行的过程：一名黑人男性站在囚车中，露出背上的鞭痕；执行私刑的人正满怀敌意狠狠地盯着他的脸（Allen 2000: plates 42 and 43；此处未收录）。他们并没有流露出愉悦的神情；这些人是少数活跃暴力分子，正在盛气凌人、飞扬跋扈地瞪视对方。暴力冲突本身是紧张的：即使一方占了上风（成功的暴力中通常存在的元素），人们依然会专注于当下，无暇旁顾。

因此，在暴力结束后才安全活动的表现极端分子，表达出了不同的情绪：他们试图从人群中脱颖而出，不再是面目模糊的暴力支持者；他们试图与吸引众人注意的暴力现场发生更多联系，从而提高自己的地位。通过接近和羞辱尸体，他们也接近了注意力空间的中心[9]。在这些关于私刑的照片中（Allen 2000），最大胆地表现出愉悦的场景在第 97 版（此处未收录）：两名衣装整齐的年轻男性冲着照相机阴森森地咧嘴笑着，面前是一具燃烧的黑人尸体。但这并未发生在事件高潮之时，而是发生在暴力发生之后；受害者被控猥亵了一名白人女性，他已被挂在灯柱上，被子弹打成了筛子。这些表现极端分子也许很自豪自己能够如此接近这个黑人的尸体；照片中的其他人都站得远远的，在能辨别的 29 张面孔中，有些显得阴沉，有些显得畏惧。表现极端分子们正在炫耀；这是暴力注意力空间的惯例，他们试图获得更高的等级，尽管他们并不能加入那些活跃的暴力分子之列。

最后，我们来分析一下那些对峙阶段的照片。在这里，人群十分密集，通过数量来展示力量与决心 [就像蒂利（Tilly 2003）所强调的]；他们也在情绪上彼此支持。但即使在这些照片中，人们在表情与举止上也有所不同。在开罗、阿约提亚（印度）、马德里、基辅，前排示威者与警察直接发生冲突，他们挤在路障前伸手猛推，或是将手伸向空中；前排这些人最可能发出怒吼、挑衅，或是与敌人怒目而视（March 3, 2002, Agence-France Presse；Oct. 31, 1990, AP；March 10, 2001, European Pressphoto Agency）。在路障旁接近建筑物的地方，我们会看到一群熟悉的旁观者，他们背靠在墙上，闭着嘴巴，没有动作，无声地望着一切。在基辅拍摄的一张照片（未收录）中，骚乱者试图逼迫乌克兰总统出来；在可见的 30 张面孔中，只有一人有着明显的表情。他牙关紧闭，在前排挥舞棍棒，试图穿越警察队伍；警察则威胁性地在空中挥舞着警棍（*Daily Telegraph*, March 10, 2001, p.20）。最后，众人（总共 5000 人）与警察用棍棒打成一团；然而，在拍下照片的那一刻，我们看到：只有一小部分人在推动即将发生的冲突。

少数冲突在打斗阶段也能井井有条，它们主要发生在韩国。一张照片（未收录）显示了一排韩国抗议者，他们戴着防毒面具，手持长棍，攻击一排警察的盾牌。双方都排成了方阵（Nov. 14, 2004 Ahn Young-Joon/AP）。我们能看到十根长棍，差不多是同一角度；尚不清楚有多少示威者挤到了前排，因为他们看起来似乎只有一两排人，而之前的集会参与者则多达两万人。这些冲突似乎是仪式性的，可能造成的损失也很有限 [10]。

更常见的是，对峙局面下的群众也有区别；少数几个表现极端分子站在前排，其他人则相对比较克制。少数几个人前去挑衅敌人，他们在人群中获得了自信，进而获得能量；但他们却并不是首领，大部分时候都会为其他人嘲笑、谴责或厌恶，被视为"疯子"或"怪人"。当作出与众不同的举止时，他们未能带领他人效仿自己。他们缺乏一小群支持者来将其自身与群众联系到一起，事实上，正是这一小群支持者才能激起进攻的涟漪。

一张偶然拍到的照片让我们能够分析人群是如何变得富有攻击性的。在土耳其安卡拉举行的一次反政府游行中（April 12, 2001, EPA photo），我们在照片中能看到230个男人（之前的游行中有7万人参与）（见图11.8①）。前景中的八个人聚在一起，与其他人隔着一段距离。两人在扔石块，从下巴能看出肌肉紧绷。六个人站在后面表示支持；他们都紧张地盯着同一个方向，眉头紧锁，鼻子皱成一团，看上去十分愤怒（Ekman and Friesen 1975：95—97）；其中几个人紧咬牙关，其他人则张着嘴，似乎在叫嚷什么。这一部分暴力者与其他人形成鲜明对比：大部分人都望着其他方向，有些人则完全背对前排；只有六个人在大声叫喊[11]。

少数暴力者也可能正是那些在冲突中挑起暴力的人，至少当时他们就在附近。在我们能看到的人中，只有1%在实践暴力；即使加上支持者，也不过能占到可见群体的5%。在人群的注意力空间中，他们也恰恰能够看到彼此。暴乱者通常可以分为三层，而不是只有暴力诱发者与群众这两层。人群的冲突情绪并不仅仅取决于前排活跃暴力分子。关键的情绪爆发首先来自他们身边的支持者，后者的作用就像是一种情感放大器，将愤怒与能量用声音传达给人群中心那些投掷武器的暴力分子[12]。

就像大部分个人冲突一样，很可能大部分威胁要使用暴力的人都不会真这么做。我们的研究很大程度上是在选择因变量。我们偶然得到一份民族志观察报告，描述了未能成功开始的骚乱。2005年，一名社会学家在秘鲁高地

---

① 图11.8：游行中的暴力者。两人在投掷武器，附近其他人则为其提供情感支持（Ankara, Turkey, 2001）。

做发展研究（Rae Lesser Blumberg，私人通信，2005年7月）。一群抗议者围绕城镇广场进行游行，呼喊着愤怒的口号，抗议一名在土地争端中作出不利于他们判决的法官。两名打头的男子抬着一口棺材，上面画着死人的脑袋并写着法官的名字。他们身后是几十名男男女女，有些人举着口号牌。抬着棺材的男人试图带领众人走进政府办公室。但是，有一个女人则想继续绕着广场行进。于是人群便分裂了：抬着棺材的人失去了情绪能量与动力。有一个小小的细节阻碍了这些人成为暴力领袖：他们双手抬着空棺材，除非把棺材放下，否则他们无法自己开始攻击；这一象征性的举动让他们失去了暴力的空间。此外，人群的呼喊断断续续，缺乏统一节奏，因此无法产生仪式性的团结感。几个小时后，示威人群就散去了。

这符合表6.1（第六章）中的发现：旁观者对一场潜在打斗的态度，决定着打斗的严重程度以及它是否会发生。表6.2中记录了一个例外：如果想要挑起打斗的群体多于五人，他们就会无视旁观者的矛盾态度；事实上，只要人数够多，他们就能为自己提供旁观者的支持。因此，激进者若能达到中等人数，形成一个团体，就能克服旁观者对暴力的反感态度。人群会分化，以小团体为单位行动。这就是我们在记录攻击行动的照片中所看到的人群在空间上的分散；四五人的小团体会去寻找人数更少的敌人，从而以多欺少（我们在第三章的照片中看到了这一点）。

总的来看，群众能为暴力分子提供些什么呢？人群中的每一个暴力等级都能贡献一些东西。最活跃和能力最强的暴力分子会从距离他们最近的小团体中获得情绪支持。有些支持者也很暴力，但他们却似乎把所有实践都花在了制造响动和提供情绪支持上。他们会为直接对抗敌人的暴力分子提供情绪支持，即使在行动尚处于对峙阶段时也是如此。接下来是中间人群，他们有着同样的目标，但情绪能量较低，较不自信，无法主动采取行动。这些只在名义上暴力的大多数人为领头者制造了一种错觉，让他们认为自己能够得到其他人的支持：一旦行动开始，他们就能以多胜少。最后，就连后排那些只在安全距离外的人行道上旁观的人也能提供一些东西[13]。他们或许是大城市街道上的行人，或许是去听音乐会或观看体育比赛的人群；也有可能他们提供的仅仅是背景声音而已。就连人群中最胆小和摇摆不定的人也能提供某种东西，那就是注意力空间。尽管他们只是在看着，但他们却是望着同一个方向；他们的兴趣也许会摇摆不定，但一旦发生激动人心的事，他们的目光就会追随过去[14]。正是表现极端分子培育了这些后排群众；他们会在暴力结束后出现，但尚不明确在此之前他们从何而来。

有时，人们对激进者的支持十分明显，而且是有意识的。在一次抗议死刑的游行中，有些人计划采取公民不服从行动进而被逮捕——虽然行动是非暴力的，但他们却相当于那些活跃的暴力分子——其他人则强化了情绪支持。"人群窃窃私语：'喊出声来，这样可以帮他们集中注意力。'于是[在抗议者被逮捕时]人群的叫嚷声也就变得更加响亮了。"(Summers-Effler 2004)

事件的高潮是少数暴力分子的行动。他们情绪能量的基础：信心、热情、动力、主动性，来自身边的支持者、协助者和旁观者。人群的层次就像一个巨大的圆锥，从他们的空间分布就能看出这一点；同时，他们组成了一个巨大的扩音器，将声音放大后传向中央。这些不同层次的注意力产生了能量，令冲突成为注意焦点[15]。对峙阶段的人群制造了不断攀升的紧张感。如果情境允许将紧张释放为行动（通常出现在对方表现出弱势时），那么人群就会以小团体为单位获得暴力能量。如果没有人群的注意力，这些少数暴力分子是无法行动的。

缺乏观众的暴力：职业杀手和隐蔽暴力

我已经论证过，暴力的能量来源于挪用情绪活跃人群的注意力。因而，我必须解决一个明显的例外问题，那就是虽然缺乏观众但是暴力程度却很高的个体暴力。这方面最好的证据就是职业雇佣杀手[16]。

他们最典型的技术是隐蔽且快速地出手。杀手会在某个熟悉的地点等在车里，一般都是罕有人至的黑暗街道。等受害者下车或是上车时，杀手就会迅速接近，然后尽可能一枪毙命；或者是将受害者引诱到一个见面地点，在其进门时立刻将其干掉；又或者是在受害者开门时立刻开枪。职业杀手喜欢让受害者孤立起来，自己也喜欢单独行动。这是为了减少证人，降低信息通过路人传到警察耳中或是自己被同伙出卖的机会。更重要的是，这能保证每一个环节都掌握在杀手本人手中。这让他能够专注于自己的技术和对情感的操控，避免横生枝节进而影响到自己全神贯注的冷静态度，因为这种冷静是成功的关键所在。

此类杀人行动需要事先制定缜密的计划。杀手必须提前摸清受害者的路线，或是直接获得信息，或是自己通过跟踪得知这一点；通常他会花费许多精力从雇主那里证实信息。他也需要花几天时间去挑选合适的地点，筹划细节，并测试设备。他还需要花很长时间来隐蔽活动，法庭与媒体常常称此为"冷血的谋划"。正是技术细节让杀手能够抽离感情；他全神贯注于一系列小任务中，其中充斥着诸多一丝不苟的细节。在他的头脑中，既没有将受害者视为一个人，也没有注意即将到来的冲突可能会产生的那些情绪。有些杀手不希望得知受害者究竟犯了什么过错，以至于会有人雇杀手来杀他；对他们来说，这项工作只是一个技术问题，不需要卷入自己的情感[17]。

有些杀手的工作并没有经过周全的准备，这主要是因为受害者行踪不定或很难找到。有专业网络的杀手如果知道某人头上有悬赏，就可能突然得到机会，例如得知受害者出现在某一个特定地点（如餐厅），或者有人在某个赌场附近看到了他的车。但实际采取的技术通常都是一样的：等待受害者独自一人出来，尽可能不被发现地靠近，然后在进入射程后立刻开枪。如果受害者始终不曾一个人，那么杀手就可能会使用另一种策略。杀手先得知受害者在餐厅中坐在什么位置，然后突然接近并立刻开枪；或者杀手会先去洗手间（如果洗手间在受害者后方），然后在回来的路上冲受害者后脑开枪。一名杀手曾评论称，尽管通常他都会用消音器，好让枪声变成低沉的"噗"声，但在人满为患的大餐厅里,他通常却会使用较大的、声音较响的手枪。枪声会让潜在的证人趴下寻找掩护,也会制造混乱,好让他能轻易逃脱(Fisher 2002:57)。他还利用了一个心理学特点:当有多名证人在场时,通常会出现多种不同的描述,这让警方很难指认他。

职业杀手似乎很清楚命中率不高的问题,因此喜欢在非常近的距离开枪,通常都会少于一米。这种距离会让他们很难克服冲突性紧张,而这也是职业杀手倾向于尽可能在受害人背后开枪的原因之一。更重要的是,突然袭击能够降低任何互动浸润的可能。杀手突然攻击受害者,两人没有机会对话或沟通。突然袭击并不仅仅是为了让受害者措手不及,令他一时无法反抗,同时也是为了避免杀手因自己的情绪而可能产生的微观互动障碍[18]。总而言之,准备阶段的隐蔽和攻击阶段的突然,都是为了克服冲突性紧张与恐惧。

不过,有些职业杀手仍然会与受害者产生长期接触。受害者可能会被劫持到车里,带到偏僻的地方杀害;或是被引诱去往某个见面地点,而车里的人就是他的刽子手。为什么杀手在这些情况下能够克服冲突性紧张呢?他们的主要技术似乎是尝试让受害者保持冷静,让他相信他也许不会被杀害。这种诡计并不只是为了控制受害者,也是为了让杀手本人保持冷静,作出自己并不打算杀害任何人的假象。这是一种戈夫曼式的前台,但其目的既是为了欺骗受害者,也是为了欺骗表演者本人。当杀戮最终发生时,冲突依然是短促的;在一系列看似正常的伪装之后,随之而来的是一闪而逝的暴力,这一模式依然成立[19]。

这里还有第二个问题:在大部分长期接触的事例中,仔细观察互动细节,我们就会看到一群诱拐者和一个受害者。杀手会获得群体支持,因此这已经不再是此处讨论的单人暴力的问题。在杀手先折磨受害者再下杀手的例子里,这一点往往表现得更明显;这么做通常都是为了传达某种信息,例如复仇,或是为了恐吓对手。折磨会令冲突性紧张达到顶点,而杀手通常使用的技术则会将紧张尽可能缩短。此外,折磨几乎总是群体进行的,因此群体的情绪互动处于这一过程的核心[20]。

要想做一名成功的杀手,既要有心理技术,也要有互动技术。因此,职业杀手通常都是中等身材或更矮小,而并不需要很强壮[21]。这并不只是因为他们通常会用枪;他们一开始也都是搏斗高手。此类搏斗会发生在年轻从业人士之间,主要是为了保护自己在犯罪业界或者是在监狱里的地盘。在我的数据中,所有杀手都为自己从不怯于打斗而自豪,并会不惜一切代价获胜。有些人一开始会动用一些肮脏的小动作,或者使用心理上的小骗术,例如满面笑容、假意逢迎,而后发动突然袭击(Mujstain and Capeci 1993)。"乔伊"(Joey)从15岁开始进入这一地下市场,成为纽约街角一名跑腿小弟;他要向三名年纪稍长的青年汇报,后者会从他的收入中抽成。他的工作是拿着棒球棒走进附近一间商店,一言不发地突然打断某人的骨头(Fisher 2002:11)。"疯狗苏利文"(Mad Dog Sullivan)更善于进行突然袭击,他曾用拇指挖出一名敌人的眼珠(Hoffman and Headley 1992:276)。在一个由一群强壮的男性组成的社区中,人们在普通的打斗中发展出了心理与互动技巧,好让其他人被动防守。他们十分善于主动采取暴力,并会通过坚决而冷酷的突然袭击来压倒其他人。

杀手会让自己成为情绪管理专家:既管理自己的情绪,也管理其他人的情绪。这里有两个层面:短期与中长期。在微观情境互动中,杀手在行动中十分冷静。他很清楚受害者的情绪变化;如果必须发生面对面接触,他就会注意到受害者的恐惧:目光、汗、颤抖的双手等。全神贯注于这些技术细节,他就能避免让自己发生感情沉浸。"希腊人托尼"(Tony the Greek)曾观察过监狱里发生的帮派打斗,他发现那些强壮的男性身上会散发出紧张与恐惧的独特气味(Hoffman and Headley 1992:125,133)(非常类似于本书398页上那名特种部队警官的说法)[22]。

大部分时候,杀手都会试图发动突然袭击,完全避免正面接触;但这并不一定都能成功,因为有时目标十分棘手,甚至可能会是另外一名经验丰富的杀手。"乔伊"会仔细打量对手,观察对方是否在虚张声势,或是习惯了恃强凌弱;他不会将这种人视为对手,就算他们十分警惕且手中有枪也不例外。"我并不很担心。只要我动作快,他就不会有机会用枪。不常用枪的人一般根本就不会开枪。如果你从没杀过人,那么在扣动扳机前,你就得认真思考一下才会动手。我知道,无论斯奇兰特先生有多害怕,当他看到我接近车子时,仍会犹豫片刻……就在他思考的时候,我就可以杀了他。"因而,尽管受害者已经掏枪对着他,但其自身却陷入了恐慌。"乔伊"圆滑地让他冷静下来,说服他开车到另一个地方;等"乔伊"扣动扳机时,受害者已经完全僵住了(Fisher 2003:169—70, 193, 199)。①

杀手并非没有感情,只是他能够控制自身感情。当"乔伊"埋伏起来等待执行任务时,他感到一种兴奋和不断膨胀的力量:"肾上腺素涌向全身,让我进入一种十分敏感的状态。我能注意到一切……我能听到一般人听不到的声音,事实上搁在平时我也听不到。在这一刻,我停止了思考,只剩下行动。我一直在为这一刻做准备。"(Fisher 2003:179)在一次行动因为意外而被推迟之后,他评论道:"我丧失了杀戮的情绪,整个人都放松下来。现在,随着我们接近餐厅,我开始重新酝酿这种情绪。"他盯着受害人的头部,那将是他的目标;他检查了一遍自己的消音器,然后寻找一个黑暗的地方来停车。就在他开枪之前,"我说:'再见了,乔。'我的声音听起来格外响亮。"(Fisher 2003:199)他的听觉系统被加强,这与我们在第十章中所记录的现象很类似:警察在枪战中也能极其清晰地注意到冲突现场的每一个细节。

有些杀手会感觉到恐惧,尤其是当他需要暗杀另一名职业杀手时。这主要是害怕失败,以及害怕棘手的冲突。"希腊人托尼"解释道:"作为职业杀手,我已经抵达了事业的巅峰,在犯罪者的社会中获得了尊重。在我内心深处,我非常害怕失去这一切;只要我犹豫片刻,就可能一败涂地。每次接到工作,我都需要给自己打气,让自己从内心发狂起来。"他很熟悉人的情绪变化,并利用这一点将自己对敌人的恐惧转化为愤怒,从而获得行动的动力。

---

① 图11.9:职业杀手们。左图:"疯狗苏利文"戴着锁链,他面临多项谋杀指控(1982, AP)。右图:乔伊·加洛,谋杀黑手党老大阿纳斯塔西亚的执行人(1957, AP)。

在发动攻击前，他会在内心告诉自己："你有优势……你是进攻的一方。干掉他。冷静点，快动手。"(Hoffman and Headley 1992：9—10)

另外一个技巧则是根据情况让自己感受到一定的恐惧，而后利用恐惧来激发愤怒。"乔伊"回想起自己职业初期的一次任务：他告诉自己，如果交换位置，任务目标完全有能力杀死自己(Fisher 2002)。警察在陷入枪战时也常会这么做；在大部分我们了解细节的事例中(Artwohl and Christensen 1997；Klinger 2004)，警官都会告诉自己，目标曾威胁要杀死其他警察或平民。近些年的警方枪战几乎都包含这一要素，开枪的警察深信（无论消息源头是什么）对手曾发誓要"拉几个人垫背"。这可能是对自己情绪的管控，它并不仅仅是为自己在道德上正名，而更是要激起一种愤怒，好让自己能够毫不犹豫地动手。事实上，这是利用冷静的技术手段来让自己陷入控制范围内的炽热情绪。

有些杀手会将愤怒作为工具。乔伊·加洛(Joey Gallo)曾在黑手党中负责恐吓与杀人，他曾对着镜子练习露出狰狞的表情；每次打人时，他都会酝酿一种疯狂的恨意，好让殴打能够持续下去且足够凶狠。相反，"乔伊"则声称，身为杀手，他已经失去了恨的能力（也许是因为他太擅长于隐蔽、诱拐和突然袭击）。"疯狗苏利文"的绰号来自于他在袭击受害者时脸上会流露出极度的恨意；但通常情况下他都是彬彬有礼，能够冷静地操控其他人。在执行杀手任务时，他会有意回忆起自己童年时遭遇的羞辱。他技术精准，在开枪命中受害者后还会割开其喉咙来保证对方死亡，因为子弹有时并不能一击毙命；由于他强迫自己与受害者发生正面接触（其他冷血杀手都会尽量避免这么做），所以他也就需要更多的情绪能量来做到这一点(Fisher 2002：198；Hoffman and Headley 1992：97, 275)[23]。

杀戮之后的处理也能体现杀手在情绪上的冷静。由于将肾上腺素的分泌控制在了一定范围内，他并不需要通过狂暴的行为去消耗它（与第三章卡普托上尉的情况不同）。他也不会卷入其他犯罪行为；他可以回家好好睡上一觉[24]，或是娴熟地对妻子伪装一切安好，或者也可以盛装出席婚礼。这部分是因为他采用了心理学上的自我支持程序来处理杀人后的情绪问题。他完全沉浸于技术细节：拆卸枪支和消音器，将零件丢弃在无法找到的地方（Fisher 2003：206）；如果属于计划的一部分，他还可能负责丢弃尸体，这也会作为工作的一部分占据其注意力，帮助他将情绪调整回日常状态。

处理尸体的方式常会吸引公众专注，被视为职业杀手道德败坏和疯狂的证据之一。然而，如果从社会学分析的角度来看，杀手的态度只是出于技术考虑。杀手可以让尸体暴露在光天化日之下，特别是当他打算借此传递某种信息的时候，如威胁他人、惩罚某一组织，或是宣告某一帮派老大已经死亡。不过，为了降低被发现的可能，还是处理掉尸体比较理性。通过天长日久累积的经验，杀手们发现，如果把整具尸体埋在某个建筑工地，通常很快就会被发现，因为尸体腐烂后会散发出气味。如果将其丢进河里，肺部未破裂的尸体就会浮起来。他们处理尸体的手段之所以令人发指，部分也是因为这些复杂情况。1970—1980年代布鲁克林的迪米欧帮派杀死了75—200名受害者，他们发展出了一套技术，例如将尸体切成碎块并分别丢弃（Mustain and Capeci 1993：222—23）。此外杀手有时还会用毛巾包裹自己以免溅上鲜血；反复用刀捅心脏，阻止它不断喷出血液；等一个小时，待血凝固后才开始分尸，这样做都是为了便于打扫。在六个人组成的一个小团队中，恰好有两人做过屠夫，这让他们获得了入行的技术（另一个由屠夫转为杀手的例子参见Hoffman and Headley 1992：240）。这些技术令他们臭名昭著，即使在他们松散地依附着的黑手党家族中，这些人也令人侧目。但在这里我想指出的是，他们杀人后的行为中并不存在新鲜或特别的情绪；这一切工作都只是为了让他们保持冷静和周密，与其他功成名就的杀手一样。迪米欧杀手团伙之所以与众不同，是因为他们所有的工作都是以团体为单位去进行，而不是像其他杀手那样喜欢独来独往。很可能是组织内部提供的支持令他们能够在分尸这种可怕的工作上保持冷静的职业态度；相比之下，独来独往的杀手则喜欢将尸体留在原地，或者让其他人去处理掉。"乔伊"曾接了35项杀人工作，他说他不喜欢葬礼和尸体（Fisher 2003：8）。

杀手最重要的长期情绪是自豪感。有时这也会包括一定程度的喜悦感，不过那并不是许多种类的暴力中都存在的狂热庆祝（如军队的狂热进攻或运动暴力）。对有些杀手来说，那是一种温和可控的兴奋，来源于杀戮的冒险感和控制感。这个例子也表明，通过控制丧失情感能量的受害者，人们可以从中获得情感能量。"乔伊"强调："一旦你体会过［杀人］有多简单方便，你就会发现这没什么……你会开始从不同的角度看待自己。你会感到自己受到保护，不会出问题；你会觉得自己是一个很特别的人。如果你知道如何利用这一点，这种感觉还是很不错的。"（Fisher 2003：34）他继续解释道，在将这种自信应用到杀人上时，不应因此而忽视周密的筹备阶段。杀手之所以敬业，不仅仅是因为钱，也因为行动本身及其带来的地位。"乔伊"在我的数据中是自我控制能力最强的杀手，他说合法生意对他来说太过无聊，就连日常犯罪活动（主要是赌博、高利贷和催债等）也太循规蹈矩，因此需要时不时杀个人（Fisher 2002：48，106；Hoffman and Headley 1992：214）。

最重要的是，杀手对自己的技术满怀自豪，尤其是其隐蔽行事的技术。像"乔伊"（Fisher 2002：70）等杀手会滔滔不绝地谈及自己如何过着双重生活：表面上是一个正常的市民，有工作和家庭，暗地里却藏着大量非法所得的钱财。他会谈论杀手中的英雄人物，那些人能靠伪装突破任何安保措施，并在杀人之后沉着地瞒天过海从而安全脱身。我们可以将这称为伪装带来的兴奋[25]。与其类似，有些业内知名的持械劫匪也像职业杀手一样形容自己的日常生活："表面上我是个安静的人，一个好邻居……但我工作时的规矩是不同的。我从来没有在工作之外卷入过暴力，但在工作时，我却总是格外暴力。"另外一个人说："这［持械抢劫］没什么大不了。它就像白天出去工作，晚上回家陪老婆孩子一样。"（Morrison and O'Donnell 1994：68）

在被问到如何在餐厅中杀人时，我的线人告诉我，他会将带消音器的枪用餐巾盖住，起身去洗手间，绕过我的椅子，开枪击中我的后脑，然后正常地走出门去，头也不回。表面上要冷静、沉着、正常，这就是职业自豪感的主要来源。因此，杀手虽然性格各自不同，但却也有某些共同之处。他们努力工作、兢兢业业、一丝不苟，至少在工作上是如此。有些人安静而自制，像清教徒一样。其他人则将空闲时间都花在地下生活的享乐中，日日吃喝嫖赌。我所联系到的杀手都很聪明，口齿清楚[26]，在这一点上，他们与此前描述的警察中的暴力分子非常类似。他们很擅长自己的工作，在一个竞争激烈的职业中爬到了上层。

接下来让我们将所有论点整合起来。我已论证过暴力精英会从周边群体中获得情感支持。可要是暴力精英独来独往，这又是怎么做到的呢？部分是因为这些杀手掌握了以上技巧，能够在准备和事后阶段的工作中全神贯注，从而避免沉浸在冲突中。他们通常会搞突然袭击，以缩短冲突时间；这种微观互动技巧让他们获得了信心，即使与受害者长时间接触，也能保证冷静。

在这一背景中还存在更多社会条件。职业杀手在犯罪社群中有一种特殊的名声，包括高效、可靠，以及某种道德上的正面评价。从传统道德标准来看，这似乎很奇怪。"乔伊"和"希腊人托尼"都曾强调自己在履行合同时十分诚实。只要拿了钱，他们就一定会把人干掉。他们的目标经常是罪犯的雇员或顾客，也许是因为他们偷了老板的东西或是在躲避债务；因此，杀手本人必须严格遵守犯罪生意里的规矩。除此之外，他还必须有不会告密的品质。反过来，一旦被捕，他也期待会得到合法或非法的帮助。杀手如果有好的职业名声，不仅能获得更多工作，还能获得尊重。因此，他从多个方面来看都成了精英。他是最强硬的人，能够直接对抗警察和凶狠的对手。与此同时，在暴力阶层中他也位于顶端，不仅经常或积极参与暴力，还有很高的实践暴力的能力[27]。

尽管杀手通常都是隐秘行事，缺少直接的社会支持，但在罪犯的群体内，他们却是大名鼎鼎，令人敬重。尽管并不是人人皆知，但他们的名字对行家来说却是如雷贯耳。这产生了一种特殊的、可能只在这个以隐秘和声誉来区分阶层的群体中才有意义的职业自豪感。当犯罪高度组织化，成为一个地下政府时，杀手们也能获得最高的成就与技术[28]。尽管一名杀手在犯罪家族中并没有制度化的名声（例如排行和职位），但他也不需要承担义务（例如随叫随到，以及上缴一部分收入）。他比被称为"肌肉"的普通黑手党成员地位更高，尽管后者偶尔也会杀人。第一次杀人能让他获得一定名声，随着他获得更多更难的工作，他的表现会让他一步步向上爬。也就是说，他的地位反映了暴力能力及其相应的职业技术，却不需要承担其他罪犯角色需要承担的职责。

"我成了最令人妒忌的罪犯，一名冷血杀手；每天我都能从其他人敬畏的眼神中看到自己的地位。""希腊人托尼"将自己与较轻形式的暴力从事者相比较："我说的不是霸凌者，他们头脑不聪明，动作也不快，只是身强体壮，就可以去吓唬那些借了高利贷的受害者。我说的是那些在任何人面前都不会后退的人。恐慌会让人逃走。我说的是那些杀人之后能够顺利逃脱的人。"（Hoffman and Headley 1992：51，91；13，103。"乔伊"也描述了类似的经验和态度，参见 Fisher 2002：48—49。也可参见 Dietz 1983：77。）

他们也会鄙视那些"陷入歇斯底里的愤怒冲自己老婆开枪之类的"业余杀手和普通流氓（Fisher 2003：33）。职业杀手之间有更多阶层分别。为犯罪组织工作的人通常不会从"正经人"（与犯罪组织无关的平民，可能想要杀死配偶或是获得保险金）手里接活（Hoffman and Headley 1992：194；Fisher 2002：50—52）。"乔伊"和托尼解释了他们的理由：平民不可靠，很容易被警察吓到，从而出卖他们。这种工作会由低阶职业杀手去做，他们的酬金少得多，最少可能只有 5000 美元，最高则有 2 万美元，具体多少取决于目标的重要程度。相比之下，普通黑帮成员可能只能拿到普通月薪，或是每次任务拿到 250 美元。在这里，报酬反映了阶层，代表一分钱一分货。阶层的差异与社会结构密度有关。低端杀手通常是没有组织背景的罪犯，他们的社会关系是随机形成的，所谓"打一枪换一个地方"；对于受害者的行动，他们能够获得的信息更少；他们的主顾也可能成为警察的线人（Magida 2003）。犯罪组织的核心网络对其成员有着更强的监控，这让他们能够在需要的时候找到优秀的杀手，也让杀手能够更加容易地开展工作（因为他通常知道目标的具体行程）。在人人互相监控的地方，杀手是名声远扬的精英。尽管精英杀手独自工作，但是在他背后却有整个群体的支持。在他工作时，他也能意识到自己的精英身份[29]。

避免接触的恐怖分子策略

如果我们根据方法而非动机或意识形态来给暴力者分类，我们就会发现，很多恐怖分子都类似职业杀手。尤其是那些自杀式袭击者：直到发动攻击的前一刻，他们都会装作若无其事；他们会像杀手一样，作出日常伪装来突破防御、接近受害者，以保证攻击能够可靠地进行，不会错失目标。他们也会像杀手一样进行突然袭击，以尽可能减少与受害者进行正面接触。这种策略不仅保证了暴力的效果，也为杀手提供了心理支持。在欺骗别人的过程中，他们也欺骗了自己。杀手做好伪装后，看上去一点也不像要挑起争斗；他们的情绪不是愤怒与紧张，而是司空见惯的平淡无奇。职业杀手只是一个普通的路人，恐怖分子只是一个地铁乘客或是带着包的购物者——直到他们掏出枪、丢下炸弹或按下按钮的那一刻。通过伪装，通过将暴力尽可能缩短，都可以将冲突最小化。理想情况下，杀手从车里出来后应该立刻掏枪击中受害者的后脑；如果一切顺利，双方甚至不会有目光接触。自杀式袭击者将这一心理优势发挥到极致，因为在整个过程中他们完全不需要与其他人公开发生冲突。这是一种特殊的策略，用来克服所有暴力都必须克服的冲突性紧张与恐惧。对独自行动的杀手来说这格外有用，因为他们缺少观众的支持与压力，无法获得相应的情感能量。

当然，恐怖分子还包括很多其他种类；即使只局限在政治上的叛乱分子，而不考虑政府权威机构对平民作出的令人发指的行为，这一名目下依然包括许多人[30]。尽管大部分人都需要经过隐秘的准备阶段以接近目标，但在攻击发生时与受害者需要接触多久上他们则有所不同：这一光谱的一端是长时间接触，如劫机、绑架、挟持人质等，尤其是其中还涉及恐吓与折磨的时候。这些冲突策略通常都需要由一小群人共同执行，这不仅是因为他们需要人力，也是因为他们需要从团体中获得情绪团结来克服冲突性紧张。他们无法欺骗别人和自我欺骗这里不存在暴力。自杀式袭击者则位于光谱的另一端，他们最容易克服冲突性紧张，因为他们并不需要考虑事后逃跑时如何面对围观者。在光谱的这一端，还有遥控炸弹和诱杀装置 [例如 2004 年以来在伊拉克造成大量伤亡的路边装置（www：iCasualties.orgl）]；但是由于没有人在场保证武器对准目标，其效果也不是特别可靠 [31]。

同样致力于减少正面冲突的暴力类型还包括暗杀，即目标锁定在某一个人身上，而不是随机袭击目标群体中的平民；策划者通常会采用隐秘准备和突然袭击的手段来降低正面冲突的风险。这与杀手的策略几乎一样 [32]。

大部分关于恐怖分子的研究关注的都是他们的意识形态和动机，最近也有人开始关注他们的网络和招募、训练、支持等组织结构（Sageman 2004；Gambetta 2005；Pape 2005；Davis 2003；Stern 2003；Geifman 1993）。几乎没有人研究过恐怖分子与受害者之间的微观互动。然而，无论恐怖分子具有多么坚定的意识形态，也无论其支持网络能提供多少资源，如果他们无法克服冲突性紧张与恐惧，他们也就无法获得成功。

考虑一下这个问题：在攻击发生前，隐秘行事的恐怖分子的脑海中究竟在想什么？我们也许以为他们会这么想："真主至上！异教徒去死！我要报复那些犹太人，他们摧毁了我们的难民营，杀害了我们的兄弟！"但从微观互动角度来看，我认为这种内心对话会让人很难表现出正常的假象，进而也就很难成功地接近受害者。这种内心对话会让人内心起伏不定，从而在面部表情、姿势和动作中露出马脚。这不仅会让他们很难躲避侦查，也会让他们无法为手头任务做好准备。相反，基于我们从杀手的心理过程中获得的线索，我认为恐怖分子会集中精力来让自己像平日一样冷静。

某些自杀式袭击者的照片和证人证词为这一观点提供了一些微观证据。首先是巴勒斯坦两名反政府军女性自杀式袭击者的照片。一张照片来自攻击发生前的宣传视频（路透社，2002 年 4 月 22 日，此处未收录）；她面无表情，眉毛纹丝不动，眼皮没有颤动，目光中也未流露出愤怒；前额没有皱纹，眉毛没有挑起，嘴巴也没有张开，完全没有恐惧的神色，也不像之前我们看到的骚乱照片中那些暴力分子一样嘴角紧绷（Ekman and Friesen 1975：63，95—

96；例如图11.8）。她对暴力的决心完全靠服装来表现：头巾、格纹披肩，以及她手中的《古兰经》；但在发起攻击时，她却不是这副打扮。第二张照片（图11.10[①]）是一名身着西式服装的18岁少女，那是她在死前为家人留下的肖像；她同样面无表情，没有笑容，也没有愤怒、恐惧或坚决的神情；与另一名女性一样，两个人都是冰山一样的表情。

在生命的最后时刻，他们需要做好两重伪装：不仅要向敌方的权威机构隐瞒自己的意图，也要向亲朋好友隐瞒实情。那名18岁的女孩在袭击前一晚还在与她的未婚夫谈论高中毕业后和在夏天结婚的计划。第二天早晨，当她与司机见面准备前往以色列一家超市引爆炸弹时，她遇到了一名女同学，在简单问过一声好后她就继续往前走了。司机说他与女孩在车里聊了几句，她脚边放着装有炸弹的袋子，看上去却很平静。在她下车前五分钟，司机问她要不要退出；她拒绝了，说她并不害怕，她想杀人，也已准备好去死。五分钟后，炸弹杀死了她自己、一名年轻的以色列女性和一名保安（*Los Angeles Times*，June 12，2002）。

第三名女性自杀式袭击者在袭击前接受了记者采访，她说："你不会想到身上的炸弹，也不会想到自己会被炸成碎片。"（*USA Today*，April 22，2002，p. A1）记者说她在采访中看起来很紧张，但在走进房间时却与迎接她的两名巴勒斯坦女性愉快地交谈了几句。送她过来的则是一名面容冷峻的男性保镖。比起那些并不准备实行袭击的极端分子，这名女性自杀式袭击者看上去显得更冷静也更正常。恐怖组织挑选行动者时会考虑他们是否足够冷静和成熟，反政府军和基地组织训练营等组织都会拒绝许多申请者（Sageman 2004）。

并非所有隐秘行事的恐怖分子都能成功，其中某些人也会在最后关头退缩。据之前提到的那名巴勒斯坦司机透露，他曾将一名20岁的女性送到附

[①] 图11.10：自杀式袭击者在发起袭击前不久拍摄的照片。面无表情也是隐秘行事、避免冲突的策略之一（March 30，2002，AP）。

近一个拥挤的巴勒斯坦商场；但在 15 分钟后，她却用手持式无线电哀求司机来接她："我想回家，来接我吧。"（*Los Angeles Times*，June 12, 2002）她的内心究竟想了些什么导致她最后作出退出的决定？是否是当时飘过脑海的思绪让她想要回家，而不是继续走下去，假装自己是一名购物者[33]？

另外一系列恐怖分子的照片来自 2005 年 7 月伦敦地铁爆炸袭击前的监控摄像。一张照片（图 11.11①）显示，7 月 7 日，四名袭击者走进火车站准备前往伦敦，背包里装着炸弹（July 17, 2005, Scotland Yard）。四人互相间隔几尺，但他们却并没有表现出互相认识的意思。他们互相之间没有目光交流，注意力也没有集中在某一处，而是要么望着地面，要么挪开目光，好像只是在想自己的事情。看到对方会让他们想起自己的任务，从而在隐秘的行动上增添多余的沟通；他们并不是担心这会让旁人看出端倪（照片中没有其他人，袭击也还要一个小时后才会开始），而是因为他们需要集中精力伪装出正常的假象，用来自我欺骗和保持冷静。让一组人同时隐秘行事，会比让一个人这么去做更难，因为任何交流都可能会让他们想起背后的任务[34]。

他们分头行动后，其中三个人的特写都显示他们毫无表情，没有一个人表现出愤怒或坚定的神色。只有一个人抿着嘴笑了，但笑得并不自然，因为他的外眼角没有出现鱼尾纹。另一个人微微扬起眉毛，眉头稍稍皱起，表现出细微的恐惧；但脸的下半部分却毫无表情，目光也空洞无物；第三个人则彻底面无表情（July 20, 2005, Scotland Yard，此处未收录，转引自 Ekman and Friesen 1975: 112, 63）。另外六张照片则显示了另外四个袭击者，他们在两周后策划了一起类似的地铁与巴士炸弹袭击，但因炸弹没有爆炸而失败（July 23, 2005, Scotland Yard）。其中三人面无表情，眉头平整，闭着嘴巴，看上去仿佛有一点悲伤。他们不是望着火车或巴士里的乘客，而是望着地板

---

① 图 11.11：四名自杀式袭击者正在准备执行任务。他们彼此并不对视，看上去毫无联系，只是沉浸于自己的世界。照片拍摄于伦敦地铁袭击案发前 90 分钟（July 2005, AP）。

或是盯着墙壁上方（见图 11.12①）。第四个人背着背包，正回头望去，似乎十分警惕（眉毛与前额藏在帽子下面）。任务失败后，这个人被按倒，一名乘客跟他说了几句话；后来这名乘客形容道，他看上去显得很困惑、迷茫、动摇，但随后他就跳到轨道上逃跑了。随后一张照片显示，逃跑成功后，他登上了一辆空荡荡的巴士，依然面无表情，半闭着眼睛，前额微微皱起，似乎有些恐惧。另外三人中的一人则被拍到在任务失败后沿着地铁通道狂奔，他闭着嘴巴，同样面无表情。这些照片共同证实了他们的策略是沉浸于自己的世界，除了实际行动中所需要的反应什么也不想。悲伤与微微的恐惧——在即将赴死却又不愿多想的人身上看到这些情感并不奇怪。就连攻击失败后他们也没有流露出什么感情，依然遵从着隐秘行动中所需的面无表情原则，而不是借助强烈的感情来发动攻击。

在一起事例中，一名自杀式袭击者表现出了愤怒，但这只是一个例外，并且证明了常规的存在。一名青年在伊拉克军队招募站前大声演讲，愤怒地谴责失业和腐败问题，聚集了一群人；随后，他引爆了炸弹，杀死了自己与 22 名听众，另有 43 人受伤（*Los Angeles Times*，July 11, 2005）。在这里，这名袭击者只是将愤怒当作工具来隐藏自己真正的目标，将受害者吸引过来好更方便地杀害。他实际的动机也许同样是愤怒，但这却被另一层表演出来的愤怒所隐藏。后台的愤怒被前台的愤怒掩盖了[35]。

相反，大部分隐秘攻击中的后台愤怒都在很久之前就被封印了。随着袭击任务临近，这些恐怖分子会封闭自己的感情，令自己变得麻木，代之以一种恍惚的状态，作为自己的心理防御策略[36]。在袭击发生前看到袭击者的目击者们，常会形容他们有一种恍惚或晕眩的神情（Merari 1998；Gambetta 2005：275）。自我控制情绪的技术是在隐秘攻击中获得成功的关键[37]。

恐怖袭击从 1880 年代开始就仰赖于缩短正面冲突的技术[38]。这其中不

---

① 图 11.12：自杀式袭击者在袭击失败后逃跑。他的目光避免落在其他地铁乘客身上，而是空洞地望着墙壁上方（London, July 2005, AP）。

仅包括制造炸弹和引爆的技术，也包括微观互动技术。正是这种社会技术让受意识形态驱动的恐怖分子能够假扮成毫无犯罪背景的中产阶级男女。总的来看，暴力袭击越是隐秘和试图避免冲突，袭击者看上去就越像是行为良好的正经中产阶级[39]。因此，恐怖分子的爆炸袭击是一种温顺的暴力。

冲突性注意力空间中的狭小暴力空间

无论研究哪种暴力我们都会发现，是一小部分人制造了大部分暴力。我们可以将这理解为一系列私人过程。少数暴力分子正是那些获得了在某些情境下作出暴力行为的技术的人。我已经证实，成功的暴力更多取决于与他人在冲突中的互动，而不仅仅是武器本身。最重要的是处理自己的情绪，并利用他人（包括支持者与受害者）的情绪。为什么不是所有人都能学会这些技术进而成为暴力精英呢？这正是战斗心理学家们想弄清的（Grossman 2004），也是军队与警察等培训机构的目标：将非战士培养成为战士。同样的策略也可以应用到其他所有暴力中：如果人人熟知这些技术，那么人人都能成为杀手和恐怖分子。

我认为这是不可能的。这些互动技术无疑是存在的，也能被理解、传授和习得。它们并非天生的品性；哪怕带有易怒或攻击性基因，距离真正实施暴力也还有很远的路要走，更何况暴力互动有多种多样的形式。事实上在几乎所有种类的暴力中，活跃和有能力实施暴力的人都是少数；这一现象十分广泛，因此更可能是一种互动结构特点而非个体特征。作为社会学家，我们可以反过来看：之所以有些人获得了互动技巧而其他人没有，正是社交技巧所决定的。多数人的暴力都受到了限制，正是这一过程产生了少数人的暴力。冲突情境中的群体情绪会从一部分人流向另一部分人。双向浸润产生的集体兴奋会激发不同强度的情绪：有些人相对被动，感受到更多紧张与恐惧，因此更依赖群体中的其他人来采取行动；其他人则可能更加主动、自信和热情。后者人数相对较少，是因为整个群体中的情绪能量都体现在了他们身上。

这并不是一种比喻。当我们仔细分析暴力互动的微观互动特征（包括其附近的旁观者在内）时，就能直接看到这一点。

暴力是情绪情境中的一种互动成就。在暴力威胁情境中始终存在的情绪是冲突性紧张与恐惧。我们在本书中多次看到，暴力是很难发生的；无论背景条件如何：动机、怨气、冲动、物质刺激或是文化冲突，大部分暴力都会半途而废。这一过程中有威胁、恐吓与冲突，但大部分时候，参与者都会用象征性的姿态来中止暴力，顶多也就是使用简单的效果不高的暴力。要想让暴力发生，当时的情境必须让某些参与者能够克服冲突性紧张与恐惧。

主要有两种方法可以克服冲突性紧张与恐惧：炽热的情绪暴力和冷酷的技术暴力。通常情况下，"热暴力"来自注意力高度集中的一群人的情绪涌动，他们也许是同伴，也许是观众，也许是对手。最典型的热情绪是愤怒，但也存在其他情绪种类和混合情绪：也许是累积的紧张与恐惧突然转变为恐慌进攻；也许是狂欢、娱乐或体育赛事中的某种热情与愉悦。这些都是热情绪，附带着肾上腺素的分泌与涌动。值得强调的是，仅仅存在热情绪并不足以让暴力发生；热情绪必须能够帮助人们克服冲突性紧张与恐惧。

另外一类则是各种冷技术暴力。在这里，暴力分子会使用一系列技术来管理自己的情绪并利用对手的情绪弱点。由于这两类都是理想型，所以我们会在特定种类的暴力中发现"热暴力"与"冷暴力"的结合。

我们的问题是要解释：为什么暴力只会局限在一小部分活跃分子与能力较高的精英中；我们会先讨论"热暴力"，然后讨论"冷暴力"。前者很直接：群体热情绪暴力是一个巨大的互动仪式，人们将注意力集中在某一特定冲突上，从而统一了情绪；这带来了兴奋与团结感，并为一小部分打斗者提供了能量。当整个群体并没有直接参与打斗而只是作为观众支持打斗时，或者当观看体育赛事或参与庆祝活动的观众们将打斗视为娱乐时，暴力就更容易发生。英雄精英之间的表演型打斗也很类似：打斗者本人不一定有热情绪，但为了顺应观众的热情绪和维持自己的地位，他们不得不参与打斗。在这种情况下，观众通常会围成一圈，帮助打斗者克服冲突性紧张与恐惧；情绪支持则会从观众身上流向位于中心的少数暴力分子。

当群体本身参与到暴力中时，克服冲突性紧张与恐惧就会变得更加困难——即使他们只是名义上参与暴力、实际上并没有做什么，也需要与真正的对手发生直接冲突。有时，当存在一个缺乏权威监管的区域时，群体会比较容易参与到骚乱中去，用洗劫和纵火等方式来对抗无所作为的敌方。在这里，我们再次看到人群分化为三种：带头洗劫者，此前存在的帮派或团伙，以及随着时间发展出来的业余参与者——他们是被这里的情绪气氛吸引而来。然而，即使是最后一种，也只能达到整个群体（有能力参与者）的10%—15%。类似情境也发生在借羞辱敌人尸体来庆祝胜利的仪式上：这种情境远离真正的冲突，因而相对安全，但侮辱尸体的人仍然很少；而且即使在这种情境下，也只有很少人会成为表现极端分子，例如在费卢杰爬上桥柱用鞋子去砸挂在上面尸体的人。即使在活跃分子中，能量也有差异；大部分人都只是虚张声势。

参与度最高的情况是当精英群体陷入恐慌进攻的时候。此时的能量来自对峙或追逐阶段累积起来的紧张与恐惧，并在敌人突然示弱时找到了发泄的出口。我们曾在军事战斗、警察追逐及典型的族群/群体暴力中看到这一点。在这些例子中，相关群体获得了极高的能量，因为它们会利用冲突性紧张与恐惧来作为兴奋的源头；面对真正的对手，紧张与恐惧是比愤怒更容易唤起的情绪。因此，这条路线在应对暴力冲突上是最自然的。冲突中的紧张/恐惧阶段会随着对峙时间拉长而愈演愈烈，它可以帮助整个群体在情绪上团结起来，而不是分散到不同的方向。如果敌人突然放弃抵抗，富有情绪能量且团结一致的群体就会陷入无法控制的攻击，作出狂热的过度杀戮。

考虑到活跃及有能力摧毁敌人的暴力分子通常只占少数，恐慌进攻看起来就像是一个例外。然而，我们并没有详细的资料说明恐慌进攻中的参与度究竟有多少。不过我们有警察追捕的资料，在这其中，只有一小部分在场警官（通常不会超过20%，除非在场人数很少）会表现出恐慌进攻，仿佛他们代表了更多人。在军事恐慌进攻中，我们的资料则更少；显然，所有人都会向前跑，其中许多人可能都会屠杀倒下和退缩的敌人（就像在阿金库尔的战场上一样），或者是在平民居住区纵火（如在越南）。但是我们并不清楚其中有多少人进行了有效的杀戮和纵火，有多少人只是没头没脑地乱跑，偶尔叫嚷几声，提升自己的情绪支持。与其类似，在种族屠杀中，当骚乱者屠杀士气低落的受害者时也是一样。群体中活跃分子的炽热情绪似乎得到了广泛传播，但那些真正闯入别人家里大肆杀戮的人，与只是参与仪式性破坏的人可能是不同的；更多人都只是口头上表示支持罢了[40]。

如果说"热暴力"源于整个群体集中精神所作的互动仪式，那么"冷暴力"中的一系列举措就明显是个人行为。这其中包括：(1) 在其他人的热情绪中保持冷静；当敌人陷入战斗阴影时自己进入"巅峰状态"；(2) 注意力完全集中在武器与程序等技术细节上（如狙击手）；(3) 自我控制情绪的技巧（如通过回忆过去遭受的羞辱来让自己愤怒；(4) 控制受害者的情绪；(5) 隐秘行事，尽可能避免正面冲突；(6) 寻找受害者的技术，如抢劫者、连续杀人狂和连续强奸犯常采用的方法；(7) 驯服受害者的技术，包括霸凌者与其受害者之间的长期关系，以及被我称为"恐怖主义式的制度化虐待"的家暴案例。总的来看，这一系列技术都能让"冷暴力"专家们获得实施暴力的能力。但它们也都面临一个理论难题：为什么在所有类型的暴力中，这些技术的实践者总是暴力分子中的一小群？

在"热暴力"中，我们已经回答了这一问题：暴力精英通常仰赖于群体提供的情绪支持；此外，群体会将暴力能量分配给一小部分人来集中情绪注意力。然而，在"冷暴力"中，我们可能要问：为什么不能让每个人都学会这些技术呢？经过训练，人们能够习得某种呼吸技巧，将肾上腺素保持在中等水平；他们也能反复练习一定距离下的射击技术，好让自己在陷入冲突时能够依靠本能反应（Grossman 2004）。此外，他们还能学会通过全神贯注地调整准星、避免正面接触目标等技术来让自己忘记目标也是人，并能练习控制自己和受害者的情绪。作为一个思想实验,我们可以把这些想象成大学里的心理学课程或是长达数月的商业培训研讨会,只不过我们在这里学到的不是愤怒管理或情绪表达,而是研究如何成为一名出色的枪手和持械劫匪,如何隐秘且尽可能避免正面接触地杀人,以及如何找寻受害者。这一思想实验迫使我们提出这样一个问题:能够成为暴力专家的人数究竟有没有上限[41]?

我的答案是:有。即使有更多人有机会学习这些技术,最终学会的人数依然会在一个范围内波动:在普通程度的暴力分子中,最多不会超过10%。我会先给出一个理论类比,然后提出其具体机制。这一类比来自学者世界。纵观世界历史,在任何被认为有着重要学术成就的历史阶段中,同一世代的著名哲学家几乎总是介于3—6位之间(Collins 1998)。这一"少数定律"瓜分了学术界的注意力空间。如果有太多学者都声称自己是重要的哲学家,其中有些人就会很难找到合适的方向;他们吸引不到追随者,于是就会在历史上销声匿迹。

学术界与暴力界的注意力空间都由冲突建构而成。学术界的创造性意味着言人之所未言:不仅要否定过去的成果,还要否定那些同样试图获得认可的对手。创造性是由冲突驱动的;创造性会在该领域的不同部分同时发生。它从来都不是孤立的巨变,而是对占据支配地位的知识概念的重新整合。最具创造性的学者是善于发现谜题的人,但他们不仅能解决谜题,还能提出论点并为之辩护。明星学者就像暴力精英一样会通过搅局来建立名声。大部分人都想尽可能逃避冲突,但是他们却会主动寻找冲突,就像我们在职业罪犯、王牌飞行员和"牛仔警察"身上所看到的那样。

创造力能够从注意力空间中获得能量。这是对情绪能量的分层,而不仅仅是获得更多文化资本的问题。在学术界网络中,一个世代的著名学者通常会哺育出下一个世代的著名学者。但明星老师有很多学生,那些后来表现出最高创造力的人最初从老师和导师那里获得的文化资本与其他学生并无不同。然而,其中有些人却能更加积极主动地利用这些文化资本。他们成为我所谓的"能量明星"(energy stars),一旦在领域中找到一个值得深挖的领域,就会全神贯注投入其中。他们会发表大量著作，除了让自己建立名声的作品之外，还能完成大量其他工作。这些学术界领军人物通常更具有自制力，能够长时间独自工作并沉浸其中。但他们并没有与群体相隔离。他们的事业始于一个竞争激烈的社会网络的核心；他们与同世代中优秀的对手对抗；他们很清楚自己在读者们的注意力空间中所处的位置。

创造性学者从其先辈处获得的并不仅仅是文化资本，而是还包括思考的技术，以及如何有效地反驳对手，如何觅得创造新理论与新风格的机会等。这些技术正是他们的导师能够在争夺注意力空间的战斗中获胜的原因；他们能够将这些技术应用于新的场景，或是发明新的技术。创造性学者能够将周边的学术界以及其中的忠诚与冲突都内在化；他们能够比竞争者思考得更快，并能生产出吸引读者的思想。他们之所以会对自己的领域有着近乎直觉的感悟，是因为他们早已将不同学术派别的思想技术深深内化。他们的思考并不费力，因为思考本身会带来在学界的地位。他们并不只是与其他人或抽象的理念辩论，而是同时与这两者辩论；他们会在学界合纵连横。这些合作与冲突都将他们推向了学界中心。创造性精英对学界中的位置有一种无师自通的直觉，他们很清楚自己的支持者与对手是谁。

暴力精英与同等文化背景下的其他人有着同样的起点。我们并不应当将这种背景视为融入主流中产阶级价值观进而向上攀升的障碍，而应将其视为一种有助于建立暴力与犯罪事业的文化资本。但那些成为暴力精英的人并不仅仅是出身底层、贫民窟和破碎的家庭就够了。由于我们经常对因变量作出选择，将样本局限在暴力精英身上，因此也就没能看到：同样家庭背景下的许多人都未成为暴力精英。就像著名学者的事业始于能够提供丰富文化资本的网络中一样，暴力精英也继承了较高的文化资本。问题在于：为什么出身于同一文化传统的人里，只有一部分人最终成为精英？他们并不仅仅是继承了暴力，他们一定还在某些其他方面强过相同出身的人[42]。

这一比喻的第二个层面在于，暴力精英也需要情绪能量来建立文化资本，而不是被动接受这种资本。在枪手的自述中，我们能够看到当他们少年时期步入犯罪世界时，这种情绪能量是如何逐渐建立起来的[43]。如果有人想从他们的非法所得中分一杯羹，就可能被他们解决掉。我们曾看到，其中一人因为有人想要抢走他在赌场跑腿的生意而抡起球棒打人；另一个人则通过在送货的工作中给自己加码来锻炼肌肉（Fisher 2002；Mustain and Capeci 1993：30）。尽管暴力精英在某种意义上来说相对懒惰（他们希望一步登天，因此不屑于平凡的工作），但他们仍然对自己的工作十分努力。管理非法生意意味着要每天结算，悉心研究谁可能在欺骗自己，大摇大摆地晃来晃去以保证所有人都知道自己在场，并在必要的时候使用威胁或暴力手段。就连下班后的声色犬马生活也是一种义务；他们需要流连在这些场所附近，保证自己能分一杯羹。保持名声是一项全职工作[44]。因此，尽管这些非法生意里的"聪明人"可能会认为"只有那些怂货才会去工作"，但真正懒惰的人仍会输给能量充沛且愿意投入的人。与其将此视为个人性格，我们应当从中看到情绪能量的社会分布模式。

其他领域的暴力也是一样。犯罪世界也许是最残酷的，但其中的暴力精英却也有着与士兵、飞行员、警察等群体中的精英一样的特质。王牌飞行员痛恨办公桌工作，他们的履历中充斥着违背命令擅自起飞的记录。无论在哪里，最成功的暴力分子都是能量最充沛、最积极投入的人。

第三个相似之处是，学术明星足够自制，并愿意忍受长时间的独处；暴力精英同样如此。这在杀手身上体现得很明显，他们会长时间跟踪受害者，观察他们的行踪，等待合适的时机。军队狙击手在安静和耐心方面堪称典范。盗贼与持械劫匪经常独自行动，其中经验丰富者可能下手数百次；他们并不担心独自行动，似乎对此感到很自在，甚至将此视为力量的来源。这并不是说暴力精英总是游离于群体之外；他们也会出现在群体之中，让其他人知道自己的存在。这一点也与学者十分相似；他们会花费漫长的时间去写作，但同时也会与学术网络保持联系。善于利用"冷暴力"的精英最喜欢主动选择独处；在活跃的暴力分子中，实施暴力的能力越弱，自制力也就越弱。

第四个相似之处是其网络模式。优秀的学者产生于既有的学术网络之中，并会将其重新组合产生新的网络。对学者来说,对网络的依赖有纵向与横向两个方面:纵向来看,新世代中的明星通常都是上一世代中明星学者的徒弟;横向来看,新明星通常也都会建立起自己的圈子,共同开拓新的方向[45]。

举一个例子:年轻人组成小圈子共同建立事业的情况在黑帮中尤为常见;当其他人加入黑帮只为受到保护或寻求刺激时,精英们却会建立更加认真的犯罪团伙。他们经常会入狱待上一阵就会"毕业":监狱能够测试和筛选出那些真正擅长暴力并愿意投入其中的人。这一筛选过程主要是通过打斗来确立他们在监狱中的地位,其中一小群人会成为最上层;等这一部分人出狱,就可能继续从事更加危险的罪行,其能力也会变得更强。"希腊人托尼"描述了监狱中的网络如何分化成小团体:由于他认识纽约西区的爱尔兰帮派,因此在他20岁第一次入狱后就挤进了狱中的一个爱尔兰黑帮。他将监狱描述为一个"阶级系统":"'好家伙'不会告密,在打斗中也能自保;'坏家伙'不够暴力,也不认识什么人。'好家伙'可以随意对'坏家伙'拳打脚踢。"(Hoffman and Headley 1992:45) 此时的托尼已经做过毒贩和打手,出狱不久他就从事了第一次受雇杀人。他的第一个顾客是曾向他购买海洛因的妓女,他为她杀了一个皮条客。由于她受一个黑手党家族的庇护,托尼也因此被吉诺维斯家族所知,并获得了更多委托。他成功地完成了那些委托,就此奠定了事业的基础。与其类似,扬科夫斯基(Jankowski 1991)也描述了监狱中的拉丁裔与黑人帮派如何帮助其成员并建立其帮派身份;我们需要注意的是,这里有一个筛选过程,有些人会爬上网络顶端,有些人则会因其能力不足或不愿参与打斗而被边缘化。

新产生的网络也是一样。参与到非法生意中去,能让暴力更上一层楼。汽车盗窃是低级犯罪,通常也不暴力,但当它与地下拆车厂联合起来出售零件时,一名汽车盗窃犯就有可能认识持械的暴力罪犯,随后便可能联系到黑手党中的人物,最后则可能成为一名职业杀手(Mustain and Capeci 1993)。这种分析有许多实践与理论上的问题:并不仅仅是建立联系就够了,还要通过筛选才行;毕竟在与地下拆车厂有关系的人里,只有一小部分人才会成为杀手。对研究暴力网络的社会学来说，将这一筛选过程理论化才是关键。

擅长某种暴力冲突的专家并不一定擅长其他种类的暴力。这是因为暴力技巧是专业化的；并不是掌握了技术就等于掌握了整个领域，因为这意味着要将该领域中所有的网络关系都一起打包带走。某些杀手有过战斗经验，但他们会很谨慎地利用这一点（Fisher 2002：12）；黑手党成员瞧不起退役老兵，因为他们认为战场上的暴力是不同的（Mustain and Capeci 1993：22）。"希腊人托尼"与乔伊·加洛都是臭名昭著的打手和杀手，但当他们所在的监狱爆发骚乱时，他俩却都不是带头人物。在骚乱的热潮中，他们都表现得非常冷静：托尼成为囚犯与狱卒之间的协调者，乔伊则救了一名被犯人抓住的狱卒并将他护送出去，希望换得自己被释放（Hoffman and Headley 1992：150—56）。想要批判他们在这些情境中表现得懦弱，就等于将旁观者的价值观强加给了他们；他们两个人都在炽热的情境中保持冷静并从中获得了个人利益，这正是他们建立自己事业的关键。

学术圈的网络结构总是只能产生一小部分明星，这既是因为其网络中心只有很小的圈子与传承，也是因为那些位于中心的人会汲取其他人的能量并将他们排除在外。与其类似，暴力精英周围的网络结构也只能支持每种暴力中的一小部分人成为精英。

一小群人成为精英、其他人虽然有着相似的野心与机会但却半途而废，现在我们就来研究一下这其中的微观机制。创造性精英会在一个特定的学术领域建立起特殊的情绪能量，如哲学、数学、社会学、绘画等，这些领域都是自我限定的注意力空间。在这一空间中存在着对一小部分专业领域的竞争，人们都希望从中获得认可。情绪能量包括热情、信心与动力；对抽象语言学者来说，他们通过生产思想来感受成功。他们喜欢用自己的学术技术来获得新的能量，因为这些技术正是他们所处位置的一部分；通过利用这些技术，他们能够更好地与已被他们内化的读者获得互动。用我描述过的思维模型来说（Collins 2004），这些学者使用了个人互动仪式，通过自我沉浸来获得信心，并在竞争者与支持者面前进一步肯定自己的身份。

正如钱布里斯（Chambliss 1989）在游泳比赛中所发现的，胜者获得了一些技巧，他们相信自己能够通过这些技巧来领先他人；这让他们进入了一个良性循环，因为他们相信并不断利用这些技巧。这不仅令他们的技术日益精湛，还让他们进入了一个特殊的社会空间并成为精英，虽然他们看上去似乎孤身一人。他们仿佛披上了一层自信的茧，钱布利斯称之为"平凡的卓越"；这种冷静的态度让他们在对手眼中变得神秘化，对手也因此而可能表现欠佳。随着胜者进一步获得能量而败者进一步失去能量，微小的差异也可能被放大。与其类似，有些警察会在射击场上反复练习，并不停地假想自己陷入生死关头的情形（Klinger 2004：37—38, 42, 85；Artwohl and Christensen 1997：64, 150）；其他人则对准备与冲突都不太在意。虽然我们对其他种类暴力中的这一方面不太了解，但我们知道，有些士兵热爱武器训练，一有机会就会使用武器；其他人则迟早都会对此懈怠，具体取决于他们与敌人相遇的机会和战友的投入程度。与此类似，要想成为一名合格的贫民窟街头打斗者或持械劫匪，仅仅身处暴力之中是不够的。出身于这一背景的人里，有些人会抓住一切机会练习暴力技巧，有些人则满足于借助偶尔的冲突来维持自己的名声。抢劫与盗窃惯犯（例如一天多次犯罪的人）经常会不断地练习技术，那些对抢劫和盗窃不太在行的人则较少会去冒险，要不就是很快便金盆洗手。安德森指出，"街头做派"对有些人来说是一种技术的展示，对另一些人来说却只是可有可无的点缀；只有前者才会"用街头方式做事"，他们的身份与能量会被这种表演所吞噬，因为这是他们最擅长的东西。

学术精英的情绪能量会随着一个良性循环水涨船高。由于能量比其他人更充沛，他们会先人一步获得更高的地位，由此获得更多认可，从而进一步充实其自我形象与信心，而这种能量的流动也能帮助他们完成更多工作。同样的良性循环也体现在物质层面，他们会更容易获得发表机会，也会获得更好的设备、资金与工作，从而有足够的时间投身学术研究。

那些落后于学术精英的人则可能面临恶性循环。他们无法获得认可，发现自己起步太晚并因无法实现期望而失望。物质支持也远远不够；有些年轻学者发现他们很难靠自己的收入过活，就像一部分年轻罪犯发现非法活动只能给他们带来很少的收入一样。随着他们与学术精英在名声上的差距越来越大，这些年轻学者也需要作出抉择：是继续挣扎努力，以期获得认可、成为一流学者；还是放弃成为一流，满足于跟随他人。还有一些人则会彻底失去热情与身份，就此离开学术界。这一学术圈模型也解释了为什么暴力精英只能是一小部分人，这是因为年轻的精英与非精英之间存在着同样的过程。

这一过程不仅是明星冉冉升起的过程，它也是普通人被湮没的过程；这两者互为因果，因为这两种人共享同一个注意力空间。暴力精英的出现与其他人的半途而废也是同样道理。关键并不在于精英学会了某种特定的技巧来获得更好的表现。他们是在与其他人竞争的过程中获得的这些技巧；他们乐于使用这些技巧并不断练习打磨，这些热情来自于他们从周边群体中获得的认可。

群体的认可在学术界意味着对著名学者的赞美，在犯罪界也有类似的对应：一部分人获得成为杀手的荣耀，另一部分人则被视为怂货。在军队等合法的暴力空间里，王牌飞行员等精英能够获得数不胜数的制度性奖励；运动员也会时刻被曝光排名。在这些暴力情境中，处于顶层的人会获得能量（并会通过专注于自己的技术而更加清晰地认知到自己的地位）；无法在注意力空间中获得优势的人则会被边缘化，其技术也会不断退步[46]。

从最亲近的支持者中获得的认可也有类似作用。特种部队中的精英警察或是主动索求任务的警察，可能一开始全都是那些精力充沛、乐于参与冲突的人。不管怎样，在任何特定的接触中，都会有一小部分人负责进攻并承担主攻。他们会从这些接触中获得更多经验，其他人则习惯于依赖他们。与其类似，在军事战斗中，最开始落在后面的人也会愈来愈满足于让其他人冲在前面。对于犯罪团伙，我们并没有足够的证据，但似乎在帮派中也是那些正在寻求加入帮派或试图往上爬的人最容易参与打斗（Jankowski 1991）。一旦他们证明了自己，许多人就会满足于已经获得的名声。"少数定律"存在上限，这也就意味着要淘汰一部分已经建立了事业轨迹并以暴力精英为榜样的人。

暴力精英的情绪能量与技术在不断的试练中有涨有落。在任何暴力冲突中都会存在赢家和输家，否则就可能会形成对峙。在这三种选择中，唯一能让人作为暴力精英维持情绪能量良性循环的就是成为赢家。看上去似乎一旦学会了"冷暴力"的技术，就能将其作为一种个人所得物，但也有证据表明事情并非如此。在一起事例中，一位声名远扬的杀手受雇杀死另一位同样有名的杀手。"希腊人托尼"通过伪装在对方毫无警觉之时悄然接近，他将自己假扮成一名街头劫匪，用一把隐藏的武器打了对方一个措手不及。然后他使用了自己的惯用伎俩，开车将对方带到某个地方，轻而易举地解决掉，并处理了尸体（Hoffman and Headley 1992：9—14）。对手原本有着同样的技术，也能辨别托尼正在做什么，但却对此无能为力。他在情绪上放弃了抵抗，被对方制造的假象所欺骗而冷静下来，尽管身为一名杀手绝不该犯这种错。他表现出了恐惧，并哀求对方放自己一条生路；他甚至大小便失禁——就像炮火下许多警察与士兵的反应一样（Hoffman and Headley 1992：9—14；Grossman 2004）。就连帮助一名暴力精英成功的暴力技术，也有可能会失去能量并被忘记。

精英之间的对峙可能并不会让他们丧失能量与信心，但也不会给他们带来什么好处。一个可能的假设是：暴力精英如果无法取胜，就会失去优势。

在大部分暴力情境中，精英都会通过攻击弱者来建立自己的地位，他们善于发现和攻击对手的弱点并避开其长处。因此，暴力精英通常会避免彼此对抗。这与《伊利亚特》神话和长久以来的暴力文学传统都恰好相反。在真实世界的暴力中，如果拥有精英暴力技术的人增多，那么他们之间也会多少出现一些冲突。但我的观点和此前引用的事例都证明，此类冲突会让其中一部分精英失去他们的能量和技术。

运动是一种人造的社会领域，它会通过锦标赛来淘汰一部分人，让技术最好的选手彼此交手。运动也是一种受到限制的暴力，拥有足够的群众及队友支持来克服冲突性紧张。在运动员们激烈的竞争中，那些能够在热火朝天的冲突中保持冷静的人也会经历高峰与低谷。运动员和教练对技术精益求精，并会利用运动心理学，但却无法保证他们一直获胜。在进攻与防守型的运动中，我们能够看到此前的思想实验所描述的现象：每个人都学会了最强大的暴力精英的技术，但这却并不能提高"少数原则"的上限。

学术精英用来主导其对手的技术，正是将自己所在的领域内化的技术，它们与掌握了"冷暴力"要领的暴力精英们所使用的技术十分类似。这些技术之所以能够奏效，是因为它能够让人们了解自己在冲突中所处的位置：衡量对手，迅速判断谁正热血上涌，谁能保持冷静，谁在虚张声势，谁在当真威胁，谁会冲上前线，谁在背后支援，谁在最后跟随。与其类似，支配者的技术也能应用到己方身上，辨明支持者中谁强谁弱。王牌飞行员经常吹嘘自己从未丢下过一架僚机；尽管他们自己是明星，但他们也明白团队协作的重要性。他们就像是明星四分卫，清楚地知道场上双方每一名队员的位置。

这种技术已经内化，意味着它应用起来很快；它们可以通过潜意识进行，因此暴力精英不需要停下来思考（同样，学术精英也不需要停下来思考；他们不断向前，在其他人想到之前就已抢先一步）。由于缺乏微观社会学中的词汇，我们倾向于将这种行为形容为"直觉"或是"自然而然"，但它其实是从社会中获得的；我们已经看到，王牌飞行员在成为"王牌"之前，在很长时间里都可能表现平庸。枪战中的胜方，无论是警察、决斗者还是罪犯，都不仅仅是拔枪快（对武士来说则是拔剑快），他们还能在社交技术上令对方猝不及防，不经思考就作出决定，并能更快进入"巅峰状态"。这种速度总是相对他人而言：在暴力情境中，关键是要让自己的速度、直觉和反应始终能比对手快上一步。因此，这是一种永远都是摇摇欲坠、时刻都在经受考验的技术；它并不是属于某个个体的特质，也不是一种不可剥夺的财产，而是一种互动关系。一系列暴力接触能够起到过滤作用，将一部分人抬得更高，另一部分人则被抛在后面；这是一种特殊的互动仪式链，其中一部分人的情绪能量建立在有信心和动力比其他人行动得更快之上。正如在互动仪式链中一样，势均力敌的双方始终处于天平两端；暴力精英必须保持自己的主导权，否则就有可能被自己的技术反噬。

我一直试图展示：为什么"少数原则"不仅适用于依赖观众反应的"热暴力"技术，而且也适用于看起来更加个人化的"冷暴力"技术。在其中一种情境下，很容易解释为什么头脑发热的永远是少数暴力分子：他们可以通过其他人的支持来克服冲突性紧张，从而获得情绪能量。我们也目睹了冲突性注意力空间结构中的一种"少数原则"：当发生暴力时，每个场合下通常只会发生一次打斗。当狂欢者打起来时，其中一方会主导注意力空间，从而令其他冲突失去焦点和能量；观众的注意力被集中在同一场打斗上，占据了当时当下的所有情绪能量。这是"少数原则"的一个微观版本；纵观历史，在更大的层面上也有类似的模式；通过研究一段时间内主导暴力事件的"牛仔警察"、王牌飞行员、杀手、超级活跃的持械抢劫者等其他暴力形式，我们就能看到这一点。

对著名学者的分析告诉我们，"少数原则"能在长时间内限制精英的人数，有时甚至可能长达一个世代。在每个暴力舞台的每个世代中都存在类似的事情[47]。暴力精英通过一段时间的学习与磨炼建立起冷技术；在这一过程中，他们会或明或暗地与现有阶层中的暴力实施者进行竞争，直到他们能够控制所有对手。为什么在某一个时间段内始终只有一小部分人能做到这一点？实际上，他们的技术可以归结为让自己不受"战斗之雾"的影响，并利用对方的冲突性紧张。这些之所以是冷技术，正是因为它们是用来克服战斗中的炽热情绪。暴力分子会利用对手的情绪状态并从中汲取能量；那些情绪不仅是让大部分人无法行动的冲突性紧张和恐惧，还包括炽热的愤怒与勇气。

只有一小部分人能够获得这些冷技术。我是基于从古至今的暴力才总结出了这一实证规律。我们可以将其解释为一种冲突性注意力空间结构中的情绪互动。这种暴力控制的冷技术在每一个层面上都是社会性的：在当下的冲突中，它们让人能够下意识地迅速感知在场每个人的情绪与行动方向并为己所用。但是只有一小部分人能够做到这一点，因为使用这些技术会抽取对手的能量。在每一个暴力个体的生命中都会存在一系列冲突，成功者会变得越来越认同自己的技术；但这也会让他们对成功与失败变得格外敏感，一旦失败就可能会被取代——不仅是可能在打斗中丢掉性命，而且是只要失去主导权或是在冲突面前稍有退缩就可能丧失优势地位。更有甚者，如果暴力精英成为声誉网络的中心，那么他们的互动仪式链加上事后的叙述就会成为整个社区的谈资；精英对自己技术的自信来源于成功给其带来的声名，然而一旦群体的注意力发生转移（甚至不一定是失败使然），他们就会因此丧失信心。帮派中出现新的猛士，飞行员中出现新的"王牌"，特种部队中有其他警察被升职为指挥，都可能会抢走赋予精英能量的情绪优势。学术界的情形也是如此；这个群体高度仰赖于讨论学术发展和当今最流行的思想。如果这一类比成立，那么在创造力领域控制着著名学者分布的长期"少数原则"，就也能被用来解释为什么掌握"冷暴力"技术的精英始终只是少数。

第十二章

尾声：实用的结论

本书主要致力于从社会学视角去理解暴力，但是从中我们也能获得一些实用的启示。

暴力的种类之多令人称奇。本书从军队暴力与警察暴力开始，以职业杀手、王牌飞行员和秘密恐怖分子做结，中间则分析了霸凌、帮派冲突、群众狂舞等其他形式。我在本书中至少提及了30种不同的暴力。本卷中还有许多暴力未曾深入谈及，包括强奸（这又包括许多类型）、虐待、种族屠杀、连环杀手和校园枪击案等。这意味着并没有万灵药可以用来解决所有问题。

实用的建议并不应该只是向政府和立法机构提出。这种自上而下的方式在政策研究中很常见，但却并不能为社会创造最大的价值。本书重点关注的是微观层面的互动，是我们每天都会经历的日常生活。书中的洞见理应对人们在现实生活中遇到相应的事情时有所帮助，而不是像官方发言人在正式场合进行讲演那样只是说说而已。

作为一名严肃的社会学家，我的主要任务在于思考不能太过简单。这与选举期间的政客和意识形态运动中的发言人所采用的技巧刚好相反；他们通常都会转移公众的注意力，将问题简化为一种修辞上的口号。像"绝不容忍"(zero tolerance)或"要拥抱，不要吸毒"(hugs not drugs)这种口号是无法解决暴力问题的。对于善意的目标来说也是如此，例如消除贫困和种族歧视等。哪怕贫困不复存在（在目前的情况下似乎不太可能），许多种类的暴力依然会存在；贫困的背景条件并不一定会导致狂欢暴力、恐慌进攻、运动暴力或雇佣杀人等。近年来，种族歧视的情况大有改善，但这也未能消除许多形式的暴力。我们的思考需要不落窠臼，这意味着我们要跳出政治光谱的限制。最难承认的就是我们自己所说的都是陈腔滥调。

我提出以下这些不循规蹈矩的建议，是因为大部分行动方案都会产生难以预料的后果。这些副作用经常都会非常严重，尤其是当这些行动方案是由官僚组织（包括公共与私人）来实施的时候，因为大型机构往往有它们自己的目的。虽然我希望微观层面的建议比较不会误导他人，但是我们仍然需要对这种可能保持警惕。

1. 在与警察打交道时，要意识到他们可能会陷入恐慌进攻。你的任务是降低他们的冲突性紧张。如果你觉得这有失尊严，请提醒自己，是你正在控制局面并让对方冷静下来。当在场警察的数量增加时，请格外小心这一问题。

2. 对警察的建议与此相似：注意到在紧张的情境下执行任务时有可能会产生恐慌进攻，将会有助于抑制这一趋势。要注意，现场警察数量越多，恐慌进攻或其他警察暴力发生的可能性就越高，这与嫌疑人的行动无关。还要注意到，这种情境下的沟通可能会产生谣言，从而进一步提高暴力发生的可能。许多警官都已知道如何降低暴力冲突发生的可能，警察应当在内部进一步传播此类知识。

3. 军队中的士兵和军官也应明确认识到恐慌进攻的存在。公众和媒体也应试着去理解战斗区域中在冲突性紧张之下产生的情绪互动。

面对恐慌进攻产生的暴行，我们不应只是怀恨在心或为其开脱，而是更应认识到其中的互动过程，并设计出解决这一问题的方法。

4. 再一次向普通人提出的建议：学会如何处理虚张声势，也包括自己的虚张声势。注意如何让敌对双方的虚张声势成为一种势均力敌的仪式，而不是不断升级、试图压倒对方。当虚张声势反复进行下去就会变得无聊，潜在的冲突也会随之解决；这就是你应当努力的方向。

5. 对内城黑人区的"街头做派"要敏锐一些。试着通过姿势来区分对方是在自我防卫还是在虚张声势，以及当对方真想挑起争端时会发出怎样的挑战。根据伊莱贾·安德森的说法，大部分"街头做派"的表演者想表达的都是前者。如果能够获得这种敏锐的观察力，就将有助于缓和种族矛盾。

6. 一个推测性的提议：如果维护群体荣誉（或尊严）的行动能被一对一的公平打斗所取代，内城暴力的频率就会大大降低。就连用手枪决斗也比黑帮飞车枪战和街头斗殴要好，因为后两者都有可能误伤旁观者并可能会引发报复。也许可以将决斗转变为拳击比赛或者类似的设计；就连表面上看起来十分暴力的一对一打斗仪式，也比团体寻仇要好得多。请记住，决斗的历史就是寻求自我限制的历史。

7. 这并不能解决毒品交易暴力，因为这种暴力是出于维护自己领地的需要，并建立在警方无力干涉毒品交易链条的基础上。解决这个问题的答案直截了当：让毒品合法化。我并不期待在我们的政治氛围中这能发生。但对社会科学家来说，很清楚：如果法律无法管制非法商品市场，那么就会产生地下系统来管制它。事实上，我们中那些支持禁毒的人，也都间接对毒品交易中发生的谋杀负有责任。

8. 学会如何拒绝做一名受害者；辨认出霸凌者、家暴者和抢劫犯试图用在你身上的伎俩。这说起来比做起来要容易，但这与你的体型无关，而仅与你的情绪能量和互动方式有关。

举一个来自安德森的例子：一天晚上，他正在一个犯罪高发的贫民窟加油,一名年轻黑人男性突然走上前来,问他是否有时间。"我立刻直视他的眼睛,说:'怎么啦,伙计?'就像我期待他会回答似的。他没说话。然后我说:'我可不会傻看着你,哥们。'街头经验告诉我,街头抢劫者会询问他们看中的受害者一个问题,令其分散注意力并降低防备,然后实施抢劫。但我立马对他说'怎么啦,伙计?'这能让他暂停下来反省自己的动机。发生僵持或抢劫时,时机是很重要的。我的身体语言、语调和措辞在那一刻共同压制住了他,也许还制止了一起抢劫……街头规矩告诉我们,如果一个陌生的黑人男子在周六半夜靠近另一名黑人男子,那绝对不可能是为了问他有没有时间。"(*Streetwise*, 1990: 173) [1]

这是十分谨慎的微观分析。一个天真的旁观者可能会认为,只要抢劫者在力量上占优势,那么无论受害者做什么,他都会实施抢劫。但事实却并非如此;就连天生暴力的人也会挑选恰当的时间和情境;他们会尝试酝酿情绪能量,策划接近受害者的时机,好压倒对方的情绪,并在暴力发生时控制住互动节奏。学习"街头智慧",就是学习利用这种节奏来保护自己。

拒绝做受害者并不意味着就必须反击;有更加微妙的方式可以让整个局面维持稳定与平和。毕竟,大部分情境暴力都不会真正发生。我们的目标也正是如此。

9. 来自军事心理学家格罗斯曼(Grossman 2004)的一条建议:如果你身处的情境中紧张感正在提升,你就会通过自己的呼吸和心跳感觉到。肾上腺素飙升,可能会导致恐惧、愤怒或自我矛盾的感情。这些情绪对你自己和他人都是危险的。如果你能让自己的心跳平静下来,你就能更好地应对现场发生的情况。其中一个办法就是吸气后屏住呼吸四秒钟,然后呼气四秒钟,然后再吸气四秒钟,循环往复。关键并不是深呼吸,而是建立一个由四部分组成的节奏,来延缓呼吸中的所有环节。

10. 要注意，观众可能会影响到一场打斗是温和还是残酷，抑或是否会半途而废。作为观众，我们对自己目睹的打斗具有重要影响，至少在打斗一方少于五个人时会是这样。围观者能够提供情绪支持来让打斗者克服冲突性紧张；如果我们不提供这一资源，打斗往往就会中止。虽然这并不意味着所有人都会因此而开心，但却意味着我们有能力将暴力维持在相对较低的水平上。

在我的建议中有一个主题贯穿始终，那就是彻底根除暴力是不现实的。尝试让所有人都遵守良好的行为准则是不可能的，这更可能会让人们分化成守规矩的和不守规矩的两部分。考虑到年轻人流行文化中的叛逆倾向，可能许多人都会选择去破坏规矩。但是我们还是有可能做到将某些种类的暴力强度降低，用相对温和和仪式性的暴力形式来取代严重的暴力。

对于暴力这一痼疾，我们并没有什么万灵药。不同的暴力机制需要不同的应对方式。这听起来似乎有些让人沮丧，但在这一广阔的领域，也曾存在许多成功的例子。印尼有一种能够赢取社会尊重的自杀传统，那就是变身为杀人狂：一个人可能会突然发狂般地用砍刀攻击其身边所有人，直到自己被杀死（Blacker and Tupin 1977；Westermeyer 1973）。后来，当局不再在他们的杀戮行为进行到高潮之时杀死他们，而是将他们判处无期徒刑；这样一来，传统印尼社会中的杀人狂行为也就逐渐绝灭了。杀人狂行为原本是一种赢取尊敬的自杀方式，而这种处理则令其失去了本意，从而也就解决了这一问题。如果其他暴力问题也能如此简单地解决就好了。

注　释

第一章　暴力冲突的微观社会学

[1]　参见第四章和第十章的总结。

[2]　在这里，我主要关注的是个体与小团体之间的暴力。另外一种不同形式的暴力则是战争和屠杀，它们主要由大型团体实施，既能造成更高的伤亡数字，也能持续更长时间。但即使在战争和屠杀中，卷入其中的个体也并不是在所有情境和所有时间下都是暴力的。在其他时候，他们的表现与暴力情境中的所作所为有着令人惊讶的区别。

[3]　2004年有53—56名记者和媒体工作者被杀害，是继1994年的前南斯拉夫种族骚乱以来最多的一年（*San Diego Union Tribune*, Jan. 8, 2005）。其中很多人都是摄影师和摄像师。

[4]　我对暴力微观社会学的第一印象，是我在1960年代晚期询问一名越战老兵战争究竟是什么样的，而他则很不情愿回答。最后，当我一再坚持，他说战争跟你想象的完全不同。士兵会趴在地上，大小便失禁，像婴儿一样哭泣——一点也没有英雄气概。当然，他们也不会有反战运动（当时我正积极参与其中）中所展示的那种残忍的破坏力。

[5]　即使在打斗司空见惯的社区里大部分个体都有着硬汉的形象，但当其中两个人

[6] 一个例子见 2005 年 2 月 2 日的《费城询问者报》，题目是"费城人棒球队的未来一片黯淡。科尔·汉莫斯被认为是队里最优秀的年轻投手，却在佛罗里达一家酒吧打架时扭伤了手。"我的人类学资料中也包括无数这种例子。

[7] 儿童之间的打斗并不仅仅是受大男子主义文化的影响。在幼儿时期，当女孩与男孩强壮程度差不多时，小女孩之间互相踢打和撕咬的比例与男孩也不相上下——最多有 5% 的差别，有时甚至还会稍微高于男孩（Tremblay 2004）。通过有策略地挑选父母在场的情境，小女孩可以攻击哥哥或弟弟却不受报复，这是利用了"男孩不能欺负女孩"的社会认知；通常受到惩罚的也是男孩。在家庭情境中，我曾多次观察到儿童的这种行为。

[8] 我收藏了 22 张银行劫匪及其他抢劫犯在犯罪进行中的照片（大部分都来自监控摄像头），其中没有人在笑；他们的表情包括专注、紧张与恐惧。学生报告与我自己的观察中共有 89 起事例，只有三起中打斗者怀有一定的幽默感：其中一起是两名男孩欺负一个更年幼的男孩，往他身上丢沙滩球；另外两起则是比赛之后的球迷（年轻黑人男性）在一辆拥挤的巴士上骚扰中产阶级白人大学生。也就是说，冲突参与者如果怀着愉悦的心情，该冲突情境中的暴力程度就必然很低，大多是虚张声势，而且进攻一方占据了绝对优势。

[9] 参见布儒瓦（Bourgois 1995）和威利斯（Willis 1977）的研究；一部分学者也提出了关于这些观点的批判性争论（Wacquant 2002；Anderson 2002；Duneier 2002；Newman 2002）。抵抗理论提供了一些关于不同暴力形式的线索。抵抗型暴力只发生在阶级和种族矛盾之中，而性别与性取向上的弱势群体则并未采取过明显的暴力行动（女性偶尔会反抗和杀死那些殴打她们的人；同性恋者反抗的情况则更少）。女性与同性恋者主要是暴力的受害者，而阶级与种族上的弱势群体则会主动发起反抗暴力。显然，我们需要一种理论来理解压迫如何导致反抗，但是抵抗理论却并未能充分解释这一点。

[10] 在一次会议上，我介绍了这一理论，一名观众站起来问我为何只研究了身体暴力，

却不关注"象征性暴力"。他强调说他自己是"象征性暴力"的受害者,因为他在之前的环节中没有被点到问问题。在群体会议中,谁有权发言、以什么顺序发言都是微观社会学研究的问题(Gibson 2001, 2005);然而在这一层面用"象征性暴力"来解释,只是玩了一个文字游戏,并未提供任何有解释力的机制。事实上,许多优秀学者都相信"象征性暴力"与身体暴力是相似的,这说明大部分学者都不习惯用微观社会学的思维去看待问题,也说明我们对真正的暴力并不熟悉。

[11] 有学者指出(Tremblay, Nagin et al. 2004),家庭暴力是人类天性与社会互动之间的互动结果。天性会在互动中被压制,因为幼儿中的攻击性行为是最高的,此后就会逐渐降低,只有一小部分人会走上犯罪的道路。但是从微观情境细节中我们看到,幼儿之间的暴力会受到父母和其他儿童的限制,通常只是社会互动和获得注意力的一种方式。这与特伦布莱(Tremblay 2004)的发现是一致的:如果有兄弟姐妹在场,幼童之间就更容易发生暴力。儿童暴力是一种受到保护的表演型暴力,需要观众在场;我在第六章中会详细讨论这种暴力。与成年人一样,儿童互动的情境条件决定了暴力的种类与程度。特伦布莱的数据(Tremblay 2004)证实,儿童暴力在大约30个月时达到顶峰,而不是更糟;它是在3岁之前的社会化发展中建构起来的。这个时间段往往被称为"2岁小孩最可怕"(the terrible twos)。儿童通过内化社会想象和观众观点建立了独立的自我认知,用符号互动论来说,这是对"我"与"他人"的认知,而不仅仅是"我"而已(Collins 2004: 79—81, 204—5)。

[12] 在之后的章节和下一卷中,我会更详细地讨论战争中的动态;下一卷也会涉及暴力冲突的宏观维度。现代军队在面对面冲突中同样表现不佳,但它们在多个方面都提高了杀戮能力:通过改进组织结构,它们能让士兵停留在战场上;通过提高远距离杀伤技术,它们降低了面对敌人的可能,从而降低了冲突性紧张与恐惧;通过制造高杀伤力武器,它们让低效的暴力也能制造伤亡。我们在战争中更容易制造伤亡,不是因为更多士兵变得残忍,而是因为我们发明了社会与技术方法来绕过冲突性紧张/恐惧。参见格罗斯曼(Grossman 2004: 192—218)。

[13] 参见埃利亚斯(Elias 1939/1978)。事实上,埃利亚斯用历史观点分析了弗洛伊德,指出所有粗鲁行为(例如吐痰、擤鼻涕、用手拿食物等)都渐渐被驯化了。这始于16世纪欧洲王室的兴起,让独立的战士开始归属于集权国家。埃利亚斯认为,

粗鲁曾被视为一种娱乐；在这一方面，战争与虐待和杀害无助的受害者并无不同。但这并不意味着四分五裂的中世纪社会的微观情境条件就会允许暴力轻易发生。我们无法假定人类有一种曾经不受控制的原始攻击本能，只是后来被社会所压制，一旦控制稍有放松就可能卷土重来；弗洛伊德在死亡本能理论中曾有类似的观点。相反，我会尝试证明，暴力总是社会建构的。暴力的历史就是用社会技术建构特定种类暴力的历史。相应地，近代历史上的暴力之所以增多，并不是"去文明化"的结果，而恰恰是因为我们建构出了新的社会暴力技巧。例如，在第八章中我会论证，产生于1950—1970年代的足球流氓暴力是一种十分复杂的技术。

[14] 例如，我在加州时曾在家里楼上的书房工作，天气好时就打开窗户；每天下午，在六米外的篱笆后，邻居家的小孩会与保姆一起到后院来玩。他们总是会哭泣吵闹，这曾让我心烦意乱，直到我意识到这其中存在一种独特的规律，我可以用秒表和笔记本记录下来。这一部分数据在第九章中派上了用场。此外，采取研究者的模式也让我变得更加平心静气。

第二章 冲突性紧张和无能的暴力

[1] 基利（Keeley 1996）试图反驳部落战争中死亡率很低的说法。然而，他的证据恰恰说明死亡率在大规模战役中相对较低；只是由于这种战役十分频繁，在绵延数年的战争中，总体死亡数字才会显得更高。相比之下，大规模现代战争之所以死亡率显得低，是因为总体人口较高，且战争相对少见。基利弄混了微观与宏观社会学的界线；在微观角度，他的数据与我们发现的规律是一致的。

[2] 马歇尔的一手访问资料并没有询问每一位士兵"你是否开了枪？"马歇尔估算出的15%—25%的基数已经是战斗格外积极的士兵。他关注的是最顶端的分布情况，而不是低端。因此，他的报告并没有告诉我们剩下的75%—85%是不是全被吓得呆若木鸡。他也指出，这些人通常会去帮助那些积极主动开枪的士兵；根据马歇尔的标准，其中有些人可能偶尔也开了枪。之后，我会用越战中的数据（Glenn 2000b）和我自己对战争照片的分析来重构一个更加细致的图景。

[3] 1944年12月，在至关重要的"突出部之役"（Battle of the Bulge）中，马歇尔描

述了发生在阿登高地的一次战斗;他指出,某一个营里向敌人开火的士兵"介于25%—30%之间。这在我所知的其他部队的战斗效率里已经是最高的了"。马歇尔赞扬了这个营,因为它百战百胜:"我怀疑美国军队中是否有哪支队伍能比他们更善于战斗。"(Marshall 1947:73—74)

[4] 这些数字来自二战中旷日持久的战役,以及一战中的战壕战。在许多其他战争中,进行战斗的时间可能更加断断续续(Holmes 1985:75—76)。

[5] 格伦的数据包括两个样本:普通步兵(大部分是征募军),以及营长和连长等军官。访问回应率在普通士兵中为52%,在军官中为70%。在士兵样本中,约一半是非委任或委任的士官,只有30%是使用枪支或其他武器的士兵;其中约有一半是志愿入伍而非征召入伍(不过,越战中的美军士兵更多是征召入伍)。那些在越战中服役超过一年轮换时间的人(约占回应者的20%),几乎全都是志愿入伍(Glenn 2000b:7)。志愿兵自我报告的开火率比征兵要高。在志愿兵中,57%有较高的开火率;相比之下,征召入伍者中的开火率则只有41%(计算自Glenn 2000b:164)。

[6] 这并不是毫无问题的。战地照片所呈现的大部分并不是士兵对抗敌人的暴力时刻。在11套战地照片或绘画中,真正记录战斗场景的照片从5%到44%不等,中位数为22%。我们将这些照片称为A类。不过,更常见的战地照片包括:B)士兵正在等待作战或进入战斗区域,或是战斗之后受伤或死亡的场景;C)战场后方,包括路上行进的部队与车辆,以及医院和战俘营中的士兵;D)军队指挥官和政客正在招募和培训士兵的情景。A与B之间有着模糊的界线,例如巡逻中的士兵。有些战斗照片是从远方拍摄的,例如飞机投掷炸弹,或是炮兵开火。我的分析局限于A类照片中,并进一步局限在使用小型武器(包括机关枪和单兵火箭,有时也包括匕首、刺刀和石头)的士兵中;炮兵和后勤部队则没有计算在内。这些照片可以分为三大类:104张越战照片(所有战争中照片最多的;Daugherty and Mattson 2001);72张发生在20世纪的其他战争的照片(Arnold-Forster 2001;Beevor 1999;Bowden 2000;Gilbert 1994;Holmes 1985;Howe 2002;Keegan 1976, 1993;Marinovich and Silva 2000);17张2003年伊拉克战争进入城市游击战之前的照片(Murray and Scales 2003)。由于一名士兵究竟是否在开火有时并不十分明确,我会假定他们是在开火,并基此提供最高估算值。所有百

分比中,我会首先用全部照片作为分母,然后用至少一名士兵正在开火(或使用武器)的照片数量作为分母。后者保证了当时的情境是能够开火的,因此其他士兵也有最大的开火机会。

当然,照片拍摄时没在开火的士兵,也有可能在其他时候开了火。我在第11章中曾讨论到一个类似的问题,那就是骚乱照片中的积极参与者仅占少数,这一点不随时间而改变。2003年伊拉克战争中的随军记者和电视台摄影师展示给我们的大都是军队车辆穿过沙漠的场景,只是偶尔才会出现交火场景;这与马歇尔的估算并不矛盾。最后,我们也许可以用无人机上的录像设备来连续记录战斗中的士兵行为,就像如今装载在警车上的摄像设备一样。

[7] 参见:McNeill 1995;Speidel 2002。另一方面,当罗马军队被日耳曼人击败时,通常都是因为他们正在密林中行军,此时他们的阵形被破坏了——例如公元9年著名的"条顿堡森林之战"(battle of the Teutoburger Wald)。

[8] "大部分主动的开火者都用了多种武器;如果机关枪哑火了,他们就会拿起步枪;如果步枪子弹用完了,他们就会用手雷。"(Marshall 1947:56)

[9] 参见:Preston 2000:399;Chadwick 2006。祖鲁人缺少热兵器,他们的长矛只杀死了17名敌人。因此,尽管祖鲁人在发起进攻时高度团结,但其杀戮效率却依然很低,平均每175名攻击者才能杀死一个人。原因之一是对方采用了欧洲式的密集方阵,很适合用来对付毫无阵形的当地非洲战士。手持式武器的低效在历史上很常见;在公元前48年发生的罗马内战的一场战斗中,双方用了3万支箭,却只伤了1500人(平均每200支箭伤一个人),杀死了不到20人[Caesar 1998:105 (*Civil War*, Vol. 3:52)]。

[10] 英国军队曾用激光脉冲枪模拟了19世纪和20世纪初的战役,发现武器的实际致死率总是比其可能的命中率要低得多(Grossman 1995:16)。

[11] 曾有人指出,由于使用了精确瞄准的武器,21世纪以来的战争已经发生了改变。远距离武器被认为是不可能出错的;冲突中的情绪对结果毫无影响。我会在下一节中讨论这些武器。值得注意的是,这些主张只适用于大型军事冲突,而不适用于本书中讨论的其他暴力形式。2003年伊拉克战争中的照片证据也并没有显示士兵的开火率有所提高。

[12] 另外一种情况则是士兵对着已经落败甚至死亡的敌人打光最后一颗子弹。沙利特（Shalit 1988：141—42）给出了一个例子，显示 1973 年以色列军队在对埃及军队的一次突袭中如何大获全胜。此次进攻完全出乎敌人意料，以色列军队彻底占据上风；他们不停地开火，直到对方士兵的尸体被打成蜂窝。他评论道："开火是一种减轻紧张与恐惧很有效的方法，因此即使并无必要，人们也可能会这么做……与其说开火是为了击溃和战胜敌人，倒不如说是为了克服和控制自己的恐惧。"沙利特基于自己的观察总结道，100% 的士兵都开了火，克服了马歇尔指出的低开火率问题。这里的机制与第三章中描述的"恐慌进攻"是类似的。

[13] "开火命令下达之后，一开始也许会有两三人跟不上节奏，但随后就会出现乱射一气的情况——所有人都在换好弹匣之后一气呵成地打光全部子弹。此时，队形和军衔已经毫无作用，前排士兵无法跪下，就算他们想要这么做也办不到了。"（Holmes 1985：172—73）这是腓特烈大帝的军队，被认为是 18 世纪纪律最严明的队伍。

[14] 误伤友军的情况也会发生在大型示威抗议中。2000 年 10 月，在推翻南斯拉夫独裁者米洛舍维奇的抗议中，转折点发生在工人用推土机打破警察封锁线的时刻。人群中的一名女孩被推土机意外碾死了（*The Guardian*, Oct. 6, 2000, p.1）。

[15] 参见：Murray and Scales 2003：269—77。2001—2002 年间美国轰炸阿富汗时，曾不断出现误伤旁观者的情况。五角大楼的报告称，阿富汗空袭是有史以来最精确的，75%—80% 的炸弹都击中了目标。然而，仍然有些炸弹击中了友军，导致 35% 的友军伤亡。数千名阿富汗平民也死于轰炸（Burgess 2002）。1999 年北约对塞尔维亚的轰炸也是如此，其中影响最大的就是误炸了中国驻贝尔格莱德大使馆，原因是官僚系统使用了过期的地图。2006 年，在以色列对黎巴嫩真主党军事目标的轰炸中，一个联合国驻地遭到反复轰炸，甚至在联合国观察员致电以色列官方表明身份之后仍未停止；多名观察员都死于轰炸。这是因为新的信息没有来得及层层上传到以色列军队上层，而轰炸目标则都是在那里决定的（*Los Angeles Times*, July 28, 2006, A11, A13）。

[16] 在 2001 年 10 月到 2002 年 4 月 18 日的阿富汗战争中，美国、加拿大和欧洲军队的死亡数字如下：总共 41 人死亡；15 人死于敌方炮火，7 人死于友军炮火，19

人死于交通工具事故（主要是飞机）和其他非战斗事故（*USA Today*, April 19, 2002）。其中，敌方造成的死亡占 37%，非敌方造成的死亡占 63%。这比基根估算的世界大战中 15%—25% 的数字要高得多。在 2003 年 3 月到 2005 年 11 月中旬的伊拉克战争中，美军死亡 2083 人，其中 227 人（11%）是非战斗原因死亡（*USA Today*, Nov.21, 2005）。

［17］ 关于政治丑闻反复发生的特点，参见汤普森的研究（Thompson 2000）。关于误伤友军事件的结构，参见史努克的研究（Snook 2000）。这背后的解释是佩罗（Perrow 1984）关于正常事故的理论：在一个系统中（无论是技术系统还是人类系统），诸多组成部分之间复杂的非线性关系使得不可预见的小错误组合成为周期性发生的灾难，这在统计学上是可能的。这些事故是由互动性系统的结构导致的，尽管我们的文化传统总是会去寻找特定的个体来承担责任。

［18］ 这也包括犯罪现场或交通事故周围用写着"禁止入内"的黄色带子围起来的警戒带。这说明那些卷入冲突情境的人会显得更为重要，其他人则较易被忽视。例如，在洛杉矶的一条高速公路上，一名男子被枪击身亡，警察在调查时封锁了整条公路七个小时，导致严重的交通大拥堵（*Los Angeles Times*, Dec. 23, 2002）。

［19］ 在二战中的欧洲战场上，有超过 50% 的美军士兵都未曾面对敌军炮火，越战中的这一数据则是 70% 上下（Holmes 1985：76）。

［20］ 情绪的分类依据的是埃克曼和弗里森的方法（Ekman and Friesen 1975；Ekman 1985）。我拓展了所收集照片的范围，包括对囚犯的审问和处刑场景，以及战地中受伤的士兵和医护人员等。由于每个人都可能会有多种复杂情绪混合，因此百分比加起来会超过 100%。

［21］ 在我收集的新闻照片中，有一名男子表现出了与那名和平示威者（Daugherty and Mattson 2001）一模一样的愤怒表情：下巴前突，嘴巴大张，脖子和面部肌肉绷紧。在这起事例中，这名男性的女儿被杀害了，而他正在法庭上与嫌犯正面对质。嫌犯面无表情地坐着，观众们看上去则很不安（*San Diego Union Tribune*，March 7, 1992，Al）。总的来看，愤怒的表情在和平示威中比在暴力场景中更常见。

［22］ 拿破仑曾明确描述他在 1795 年的法国革命中如何驱散那些攻击革命政府的巴黎士兵："我让士兵先发射火弹，因为对那些不了解武器的暴徒来说，一开始发射

空弹是最糟糕的。他们听到巨响后可能会有所畏惧，但当他们环顾四周发现无人死伤，就会重新鼓起双倍的勇气，无所畏惧地冲上前来。这时，比起一开始就用火弹，你得杀死十倍的人才能达到同样的效果。"(Markham 1963：29—30) 印度一名前地区长官也描述了他在种族骚乱中的经历，当时警察接到的命令是除非万不得已不能向骚乱者开枪；结果，骚乱者表现出了极高的威胁性，警察因为惊慌而陷入了不受控制的开火。相反，当警察得到授权可以在必要的时候开枪时，他们的表现就会吓退骚乱者，实际发生的开火率也会很低(S. K. Menon, 2002 年 2 月的私人通信)。1980 年代晚期在比利时也发生了类似情况，当时负责控制球迷秩序的警察既可以选择穿上更休闲的制服(短袖)来营造一种友善的气氛，也可以选择穿上包括头盔和盾牌在内的全套制服。结果，穿着休闲服装的警察报告称，他们在足球流氓面前感到自己很脆弱；比起全副武装的同事，他们制造了更多暴力事件(Van Limbergen, Colaers, and Walgrave 1989)。这一事例的细节来自我与鲁汶天主教大学的洛德·沃尔格雷夫的私人通信(2004 年 9 月)。

[23] 开火率与命中率都比士兵或警察要高得多；不过，在 151 起事例中的 105 起中，都有超过一人有枪；在 107 起开枪事件中，79 起原本可能有更多人开枪。因此，开火率和命中率原本都可能更低。当回应者开枪时，51% 的情况下他们会声称自己打中了敌人；当敌人开枪时，回应者中则有 13% 被击中(计算自 Wilkinson 2003：129—30, 216)。根据受访者的回应，他们击中敌人与敌人击中他们的概率之比是 3.8∶1。他们自己的回忆当然可能会有所偏差，但这也显示，这些人是格外强硬的家伙，他们会挑选让自己占据优势的对手。我们将会在第六章中看到，黑帮团体与其成员都会避开那些无法从一开始就占上风的暴力情境。威尔金森(Wilkinson 2003：181) 报告称，先开枪的一方更可能伤到对方。

[24] 马歇尔(Marshall 1947：44—48) 强调了这一点："战争中最常见的情境就是空地：当你发现目力可及之处没有移动的物体时，也就说明你已经踏入了危险区域……在战场上，只有当僵局最终被打破时，我们才会看到电影中常见的整齐的行军队伍；其他时候，这只是一个外行常犯的错误罢了。"

[25] 在一项关于潜在暴力的调查中，80% 接受调查的 3—18 岁之间的美国儿童承认，他们在过去一年里曾试图伤害自己的兄弟姐妹；接近 50% 曾踢、打或咬了他们；40% 曾用坚硬的物体打了他们；16% 曾痛打他们(Gelles 1977)。但是，根据

急救室的报告，5—14 岁的儿童中却仅有 3.1% 因被打而受伤（0—4 岁儿童则是 2.7%）；就算我们将所有受伤的情况都归咎于兄弟姐妹，就算我们假定每名儿童每年只会发生一起暴力事件，兄弟姐妹之间的暴力行为能够真正有效导致伤害的可能性依然很低。计算基于全国伤害预防与控制中心的报告《2001 年非致命伤害人次与比例》（www.cdc.gov/ncipc/wisqars）。

[26] 举一个典型的例子：一名医护人员曾在密集的炮火中冲上前去治疗一名受伤的士兵，而那名士兵显然已经快要死了。这名医护人员后来给出的解释是："当有人呼唤医护人员时，如果你是医护人员，你就得冲上前去。"（Miller 2000: 42）

[27] 例如，监控摄像头记录了一起发生在自动取款机前的抢劫事件，劫匪用枪抵着受害者的后颈，受害者低着头，劫匪神色紧张。两人没有进行目光接触（Oct. 4, 1991, AP distribution of Maitland, Florida, police photo）。

[28] 来自对费城警察的采访。在另一个例子里，1995 年 7 月，联合国派驻南斯拉夫斯雷布雷尼察的维和部队，在情绪上被塞尔维亚的半军事力量压制住了，因此没能阻止后者屠杀 7000 名波斯尼亚囚犯。联合国维和部队的荷兰指挥官在与塞尔维亚指挥官的面对面冲突中败下阵来，随后因严重腹泻而连着数日失去行动能力（Klusemann 2006）。

[29] 与其类似，在政治演讲中，观众的掌声总是会比嘘声持续更久；嘘声很难产生，也很难持续，因为大部分人很快就会停下（Clayman 1993）。

第三章　恐慌进攻

[1] 另一个类似案例是，洛杉矶警察在步行追上一名偷车贼后殴打了他，整个过程被一架媒体直升机拍摄下来，其中截取的照片刊登在 2004 年 7 月 24 日的《洛杉矶时报》上。

[2] 但他显然并不是一个纯粹无辜和被动的人：他在语言上表现出了攻击性，至少在打斗开始前是这样；他在危险的劳工领域工作；他也在当地政治圈中有一定影响力，并获得了一名当地警长的保护（Stump 1994: 206）。此类个体在当时的棒

球观众中似乎较为典型。

[3] 连续两年获得0.400以上的打击率，只有罗杰·洪斯比（Roger Hornsby）在1924—1925年平了这项纪录。在所有的棒球纪录中，0.400的打击率大概是给人压力最大的，因为这意味着整个赛季的每一天都要获得两次以上安打（允许偶尔发生无安打的情况），这意味着每次打击都十分关键，不容有失。

[4] 这一观察来自于罗伯特·利恩（Robert Lien），这名社会学家研究的是具有高度挑战性的运动中的情绪。

[5] 接下来的一个案例显示了肾上腺素未能在打斗中释放的后果。1923年在洋基体育馆的一场比赛中，泰·柯布率领底特律老虎队对阵投手卡尔·梅斯（Carl Mays），后者曾用快球击中球员雷·查普曼（Ray Chapman）的头部并致其死亡。柯布让他的打者在对方投出第一次近身球后倒地并痛苦地滚动，随后自己走向投手丘。打者回忆道："我以为他想借此恐吓梅斯。但让我惊讶的是，他只是说：'梅斯先生，你以后投球时得小心一点。还记得查普曼吗？'柯布走回本垒，摇了摇头。梅斯已经浑身颤抖……他紧张万分，结果一个人也没有弄下场。我们从他手里拿到了五分，轻而易举地打败了纽约队。"（Stump 1994：351）柯布有着"棒球赛场上最暴力的人"的名声，因此，对方投手精神紧绷，准备好了要跟他大干一架；然而打斗并未发生，投手因其肾上腺素无处发泄而颤抖不已。这一事件也表明，像泰·柯布一样极端富有攻击性的人，也并非只是靠冲动行事；就像其他通过攻击性来建立事业的人一样（例如黑手党打手），他既能让自己进入暴力情绪的隧道，也能辨认出其他人对自己行动的预期，从而利用这些心理。

[6] 在胜利庆祝中，我们也能在运动员身上看到类似现象；这种情绪结合了兴奋与某种不完整的愤怒。例如打者在击出全垒打后绕着垒包边跑边挥舞拳头，或是投手在比赛关键时刻三振对方之后用拳击手式的动作来庆祝。我们可以比较第八章中的图8.1A和B，其中显示了投手挥舞的拳头和突出的下巴。

[7] 参见柯林斯（Collins 2004：205—11）和卡茨（Katz 1999，特别是第18—83、229—73页）对自我浸润韵律的分析；这里包括了私下里进行的咒骂和哭泣等类似咒语的形式。

[8] 我们倾向于将恐慌进攻中的这种狂笑视为攻击者道德败坏的证据。但这只是一

种民间心理学，它并不能体现真正的因果关系；歇斯底里的狂笑事实上体现了无法控制的自我浸润。

[9] 美国军队工作组在调查越战中的战争罪行时发现了一个类似案例：1969年9月，美军曾袭击岐山谷底（Que Son Valley）中的一些村庄，在搜索游击队的时候杀死了平民和牲畜，并烧毁了房屋。相关文件参见《洛杉矶时报》（Los Angeles Times, Aug. 6, 2006, p. A9）。

[10] 从现有证据中很难确定多少比例的人怀有多高的热情。正如马歇尔对战斗开火率的估算（在第十章中我们将会详细分析），在几乎所有的群体行动中，都是一小部分人实施了大部分暴力；然而当受害者陷于无助之时，却会有更多人跟随暴力领袖。

[11] 这一名词由威廉·詹姆斯（William James）所创造，而后被马丁（Martin 1920）引入社会学。

[12] 下面这个例子显示了残忍具有情境性特点：约翰·拉贝（John Rabe）是一名纳粹党员，他曾在南京试图阻止屠杀，甚至写信给德国的纳粹上级提出抗议，要求他们对日本进行政治干预（Chang 1997：109—21）。纳粹是残忍的，但他们并不一定在所有场景中都表现得残忍；当他们没有陷入杀戮的动能，可能就会采取旁观者立场，被这种暴力的残酷所震惊。

[13] 在这一方面，这与狂欢时较为温和的暴力场景有些类似，详见第七章。

[14] "上层责任"的一个版本是官方政策可能会无意间导致残暴行为。吉布森（Gibson 1983）简要地描述了，在越战中，由于美军将领是通过统计敌军尸体来计算消耗战的进程，结果导致对敌军士兵的定义有所松动，而这则很可能会进一步导致对平民的杀戮。这一解释也符合"有目的的行动可能导致无意识的后果"这一传统的组织理论，并且很有可能是对的。不管怎样，对平民的杀戮并不会发生在每一次交锋中，而是只发生在特定场景中；许多此类场景都具有恐慌进攻的情感动能，尽管这些能量很难建立起来。

[15] 因此，大规模强奸通常都会发生在恐慌进攻开启了"道德假期"之后。反过来，"道德假期"也可能与恐慌进攻无关，我们在第七章中将会看到这一点。

[16] 这种被动是情境性的，而不是恒定的。1938年，一名犹太武装分子在巴黎刺杀了一名德国外交官；1943年，华沙犹太人区发生了两次武装起义。只有在遭到流放和被送进集中营时，他们才是被动的；此时，整个互动氛围都十分冷酷，由纳粹制造出身体与精神上的支配感。

[17] 当火炮、机关枪和其他远距离致命武器被发明出来（例如在拿破仑战争、美国内战、世界大战等中）以后，战斗时间变得更长，双方会袭击战壕等防守位置，这带来了更高的伤亡。在美国内战中，主要战役中的死亡率最低为6%—12%，最高为25%—29%。在这些情况下，高伤亡率通常发生在攻击者一方，除非防守一方突然溃散，发生恐慌撤退——1963年，联邦军在奇克莫加河战役、邦联军在查塔努加战役中都曾经历过这种惨败（Griffith 1986：46；1989）。

[18] 恺撒（*Civil War*, 197）在征战非洲时，在一场漫长的行军战斗中曾故意选择类似目标："当敌人开始敷衍且漫不经心地投掷武器时，他突然发出信号，命令步兵和骑兵发动攻击。片刻之后，他们毫不费力地就将敌人赶跑了。"

[19] 即使在现代的机械战争中也依然存在此类事件：某个位置的骚动可能引发连锁反应，导致整支军队溃败。例如，1917年意大利军队在卡波雷托的惨败，1940年法军面对德军"闪电战"的反应。当其中一方通过施加情绪能量令对方陷入瘫痪，恐慌进攻的主要特征就会在宏观层面浮现出来。在1991年2月的海湾战争中，伊拉克军队陷入了恐慌撤退，车辆沿着公路从科威特一路撤回伊拉克。美军飞行员无情地轰炸了他们，在这次空军版本的恐慌进攻中，伊军死亡数千人；美军飞行员在汇报时兴高采烈，将其称为"火鸡射击比赛"（turkey shoot）。在2003年3月到4月伊拉克战争的常规进程中，伊方溃不成军，完全无法作出有效抵抗。就像小规模的恐慌进攻一样，在这些情况下，胜方与败方的损失有天壤之别：1940年，德军每150名士兵中会损失一人，而法军则几乎整支队伍都被俘虏；在海湾战争中，美军每3000名士兵中会损失一人，伊军则每1400人中损失一人；在每场战争中，伊拉克的损失都令数十万军队土崩瓦解（Biddle 2004；Lowry 2003；Murray and Scales 2003；www.icasualties.org/oif）。美军在占领伊拉克之后的游击战中的损失就要高得多，因为此时双方都不可能出现组织上的崩溃情形，这体现了伤亡比例的情境本质。

[20] 门廊宽约 1.5 米，高约 2.1 米。两名警官率先开枪，每人射出 16 发子弹；另外两名警官随即跟上，又射出九发子弹（*New York Post*, Feb. 9—13, 1999; *USA Today*, Feb.28, 2000; www.courttv.com/archive/national/diallo）。

[21] 接下来的分析很大程度上受到了霍罗威茨（Horowitz 2001）的启发。他研究了二战以来发生在亚洲、非洲和苏联的 150 起种族暴力事件，其中大部分都发生在印度的印度教徒与穆斯林之间。

[22] 参见霍罗威茨（Horowitz 2001：80）。这在南亚和非洲的种族骚乱中表现得格外明显，在美国种族骚乱中则不然。但是种族骚乱中的私刑通常伴随着类似的谣言，夸大地描述了仪式性的冒犯，并招致仪式性的虐杀作为报复（Senechal de la Roche 2001; Allen 2000）。由于最初的谣言通常是假造的，所以整个过程中流传的虐杀传说很大程度上只是为了制造一种画面，用来预言接下来的受害者将会面临怎样的遭遇。

[23] 一个类似的例子发生在 2002 年 2 月 27 日到 3 月 2 日之间的古吉拉特邦（位于印度西部）：当载满印度教抗议者的两节火车车厢穿过穆斯林居住区域，前往印度中部穆斯林与印度教徒争夺的圣地时，穆斯林向他们投掷了燃烧弹，杀死了 58 人。接下来，印度教徒向穆斯林村庄发起了连续三天的进攻，数千名村民被活活烧死，消防员则被堵在整个区域之外 [*Human Rights Watch* 14, no. 3 (April 2002); available at http://hrw.org/reports/2002/india/]。

[24] 霍罗威茨（Horowitz 2001：74）写道："当骚乱变得愈发激烈，遭到攻击的目标就会丧失反抗的动力。在相对较少的例子中也发生过一定的反抗，但受害者很快就陷入了病态的被动，让自己像鱼肉一样任人宰割。"

[25] 目标也并不是因为文化上的差别太大而成为目标的。攻击者更常将附近而不是远处的群体拿来比较，因此，附近的攻击目标通常在文化上与攻击者更加相似（Horowitz 2001：187—93）。

[26] 偶尔，一个较小的种族群体也可能会去袭击更大的群体。霍罗威茨（Horowitz 2001：393）将此类事件称为"绝望的人口学"（desperation demography）：其中一个群体因为敌对群体快速生育或移民而在数量上处于下风。但在这些案例中，也总是存在当地区域内的以多欺少：攻击者只会在力量占优的社区发动攻击，目

标是那些相对文明和厌恶暴力的中产阶级群体。那些"先进的"、教育水平较高的、都市中的中产阶级种族群体很少会对"不够先进的"群体发动攻击,尽管他们有时也会成为恐怖主义运动或游击队的招募对象 (Horowitz 2001：180)。

[27] 因此,霍罗威茨 (Horowitz 2001) 指出,发动骚乱的群体会非常小心地挑选对象,避免错误地攻击合适的受害目标之外的个体。这可以被视为是一种精心计算的理性:他们只攻击目标群体,是为了避免招来更多敌人,陷入以少敌多的战斗。

[28] 在彼得堡,第一次冲突过后,抗议者中的一小部分反抗者发动了反击,政府军最终撤退了;双方的死伤人数相差不大 (Trotsky 1930)。

[29] 布福德 (Buford 1990：303—8) 描述了在这些场景中成为警察攻击的受害者是怎样的感受。作为一名记者,他在撒丁区的世界杯比赛中跟随一群英国足球流氓行动;当意大利警察来阻止足球流氓占领城市时,他发现自己与警察正面相遇了。布福德决定将自己与人群撇清关系,他用双手护住脑袋,希望警察能够放过他,只去攻击大部队。他并不知道自己的姿势是最脆弱的受害者姿态;结果,三名警察对他进行了长时间殴打,他只能躺在地上护住身体的脆弱部位;这似乎在警察中激发了一场竞赛,三个人轮番试图扯开他的手臂,以更方便地殴打他。

[30] 本节与第十一章中的总结是基于我收藏的 400 张照片,其中涵盖了 1989—2005 年发生在美国、欧洲、中东、非洲和亚洲的多起群体暴力事件。读者能够通过日期在以下网站找到本书中引用的许多照片:APImages.com;pictures.Reuters.com;procorbis.com;GettyImages.com。

[31] 在金遭到长时间殴打这起事件中,我们还可以加入第四个因素:一开始加入汽车追逐并试图逮捕金的警官是一名女性。金最后离开车子时,动作并不是很具有威胁性,而是具有羞辱性。这名女性高速公路巡警作证称,金抓住自己的屁股冲她摇晃。金并没有很严肃地对待这次逮捕,甚至对女性警官表现出了性骚扰。至少在场的其他警官是这样理解的。女警官无法制伏金,于是就掏出了手枪;此时,在场的其他警察让她回去,他们接管了这场逮捕行动(见1992年法庭录像"罗德尼·金案件"中的证言)。金冲撞了试图给他戴上手铐的警官,将其撞翻在地;另一名警官则用警棍打了他的脸,殴打就此开始。这一切都符合打斗中常见的模式,尽管这些模式在狂欢、酒吧和俱乐部中要更为常见:男人在女人在场时更

容易打起来（Grazian 2003:21;私人通信,2004）。这并不意味着他们在争夺女人；我的学生提供的民族志报告显示，没有约会对象的男性会跟其他没有约会对象的男性打架。这可被视为一种特殊的旁观者效应：女性旁观者如果在场，就算没有什么反应，也会让男性更加具有攻击性，并更可能让冲突升级为暴力。从这一角度来看，金和接管逮捕行动的警察都是在向那名女警官炫耀。因此，在微观层面，即使在追逐结束之后，紧张感依然在升级。

[32] 1901年在西弗吉尼亚发生的一次类似的事件最终导致私刑。一开始，一个小镇的警长在追赶一名黑人男性，试图以扰乱治安罪逮捕他；在接下来的扭打中，黑人男子用自己的手枪击中了警长，然后从一扇窗户跳了出去；他身后聚集了约500人围观打斗，人群开始追赶他。经过3.2里的追赶，这名男子被众人殴打并被吊死在树上（Allen 2000:193）。

第四章　攻击弱者（一）：家庭暴力

[1] 参见：Maxfield and Widom 1996。这是一个关于受虐待者格外详细的调查，一直追踪他们到32岁，到那时大部分罪行都已犯下。与其类似，由于非暴力犯罪而被逮捕（除去交通违规）的比例也很接近：受到虐待和忽视的群体中约有49%的逮捕率，控制组则约有38%的逮捕率；比例约为1.3：1。未被发现的犯罪和暴力无疑会让这些数字更高，但两个群体之间的比例却似乎并不会改变。

[2] 考夫曼和齐格勒（Kaufman and Ziegler 1993）通过回溯研究指出，重度虐待的代际传递最高不超过30%。也就是说，在选择因变量之后，70%的虐待者都不曾被虐待过。伊格兰（Egeland 1993:203）在一项长期研究中选择了自变量，发现代际传递约为40%；然而，这项研究关注的是受虐待的后果，因此并没有将所有虐待者都包含在内。此外，这些家庭面临多种压力；在更普遍的人群中，风险因素会更低，代际传递比例也可能更低。不管怎样，这些数字都比人群中发生的儿童虐待率要高得多——约为2%-4%（Straus and Gelles 1986）。遭受虐待的经历可能会导致虐待行为；但若我们将遭受虐待的定义扩展为所有形式的体罚，这就会成为一个非常弱的预测变量，因为绝大多数人都曾经历过不太严

重的体罚（约90%），但却只有很少一些人会对下一代作出严重的虐待行为。约翰逊和菲拉罗（Johnson and Ferraro 2000）总结了1990年代相关学术研究中的变化，指出1980年代将"虐待循环"理论发扬光大的大部分研究都来自诊所资料，缺乏控制组，并且过度依赖回溯数据。

[3]　与其类似，配偶暴力的代际传递也是如此：约翰逊与菲拉罗（Johnson and Ferraro 2000：958）指出，"即使在父母的配偶暴力程度高于平均值两个标准差的人群中，也有80%的成年男性在过去12个月里都不曾对自己的配偶作出过任何严重的暴力行为。"

[4]　种族冲突中的维和行动通常都不太有效。当地的暴乱参与者很快就发现，联合国军队和其他中立团体都是利他主义的，因此他们的暴力威胁不可能实现；所以暴乱者不仅会继续袭击敌人，还会偷盗援助物资，并勒索维和人员，用合作来换取好处（Oberschall and Seidman 2005；Kaldor 1999）。

[5]　达利与威尔逊（Daly and Wilson 1988）认为，继父和其他非亲属更可能会伤害性伴侣的孩子，而生父伤害自己孩子的可能性则较低，因为人们会倾向于最大限度地扩散自己的基因。然而，任何基因理论都必须提供一种机制，来解释这种针对儿童的暴力差异是如何实现的。这种机制会导致人们对一个哭泣着想要吸引注意力的孩子产生不同的感受。一种纯粹的社会学解释是：对许多（也许是所有）生父来说，父母与孩子之间发生过多次成功的互动；孩子成为一种神圣的物体，象征着他们之间的家人关系。正是由于缺少这种象征性的联系（无论能否通过其他方式来弥补），非亲生父母才会对性伴侣的孩子采取更多暴力行为。我们也能测试一下这种理论：在养育孩子的过程中，未能与母亲和孩子产生仪式互动的生父，在虐待倾向上会与非生父类似。

[6]　出于同样的原因，育儿理念的确会影响父母对青少年的体罚多少；也许是因为对于青少年，父母的控制资源更丰富（Straus and Donnelly 2001：208）。在一年里，大约50%的青少年会被父母体罚（Dietz 2000；Straus 1994）。

[7]　参见达利和威尔逊（Daly and Wilson 1988：37—94）。进化心理学认为，母亲之所以会杀死孩子，是因为她们认为自己没有足够的机会将孩子养育成人。但我们并不确定作出杀婴行为的母亲能否作出这种理性的决定；通常情况下，她们

只是对一个计划之外或在社会看来不够正当的孩子作出反应（Kertzer 1993）。

[8] 传统天主教学校因体罚而臭名昭著，修女通常会用类似虐待的方法来维持纪律，例如让孩子坐在炽热的暖气上。有时，修女们会对新生实施格外残酷的惩罚。此类机构中的权威有着格外高贵和传统的来源，这也是修女比现代学校中的教师更可能使用暴力的原因之一。我的观点是：这与性别关系不大；当女性能够对他人实行绝对的控制权时，她们也会使用暴力。

[9] 有更多孩子的母亲也更可能实行体罚和虐待（Eamon and Zuehl 2001）。这是可以理解的，因为这种情况下的母亲更多地忙于养儿育女的活动，与社会相隔离，用于控制每个孩子的资源也更少；在当下情境中，暴力是最廉价也是最立竿见影的控制方式。但这也意味着那些表面上更"有母性"的母亲也正是更容易对孩子实施暴力的母亲。从结构上来看，这类似于纳粹大屠杀中的一个模式：在运送受害者到集中营的过程中，警卫与囚犯的比例越低（Browning 1992：95），或是与外界世界隔离程度越高（Haney, Banks, and Zimbardo 1983），他们的行为就越残忍，而囚犯被杀害的可能性也越高（可能达到四倍）。

[10] 或者是"她"，就像在虐待儿童的案例中那个将孩子的手放进热水中的保姆。

第五章　攻击弱者（二）：霸凌、拦路抢劫、持械抢劫

[1] 然而，奥维斯（Olweus 1993：14）在斯堪的纳维亚的数据中发现的重合度要低得多：17%的受害者也曾作出过霸凌行为；这些具有双重身份的霸凌者/受害者在全部儿童中仅占1.6%。

[2] 学生在小学里遭到霸凌的可能性，是在上学和放学路上的两倍；在高中则是三倍（Olweus 1993：21）。学校是霸凌发生的场合；高中的霸凌格外猖獗，不过这时霸凌也更多转向口头而非身体层面。奥维斯（Olweus 1993：15—16）发现，低年级中的受害者比霸凌者多得多；随着他们升入初中，霸凌者开始多于受害者。这意味着从个体霸凌转变成了群体霸凌。

[3] 监狱中发生的大部分攻击行为（与其他地方一样）都不是严格意义上的霸凌（一

种长期持续的剥削性支配关系；而不仅仅是在打斗中被暴揍一顿），因此，我们面临一个严肃的方法论问题：当我们需要衡量霸凌在监狱中的严重程度时，应当如何辨认霸凌行为并判断它是否稳定存在、不可转移或是会恶性循环？

[4] 在一项研究中，56%的年轻罪犯与26%的成年囚犯在过去一个月里曾被人叫过羞辱性的外号，但在那个月发生的严重袭击行为中，只有20%与羞辱有关。此外，70%的年轻囚犯与80%的成年囚犯在这个月里并未遭到过攻击，这意味着大部分羞辱事件都未升级为暴力（Edgar and O'Donnell 1998：640）。与其类似，爱尔兰（Ireland 2002）发现，羞辱比打斗要频繁得多。

[5] 受欢迎的学生群体常会用恐同言论来贬低乐队或戏剧团体的成员；这些人位于中层，属于美国高中里的"另类"文化群体（Milner 2004：chap. 4 and n. 62）。米尔纳认为，大部分学生都不会真的相信这些流言，而只是在利用它们来贬低某些个体在学校阶层系统中的地位。基梅尔和马勒（Kimmel and Mahler 2003）指出，在1990年代发生的校园枪击案中，大部分枪手都曾被人称为同性恋者，但事实上他们并非真的是同性恋者。这些枪手都是群体霸凌中软弱的受害者：身量瘦小或是过度肥胖而有疾病，与学校中的理想形象——运动员和性吸引力市场上的明星们——有着天壤之别。正是因为他们处于学校阶层中的较低位置，才让其他人认为可以宣传他们是同性恋。

[6] 高根、西里欧和迈尔斯（Gaughan, Cerio and Myers 2001）在一项全国调查中发现，与白人相比，黑人认为霸凌并不是太严重的问题。

[7] 弗兰佐等人（Franzoi et al. 1994）用了五个类别：受欢迎的，有争议的，平庸的，被忽略的，被拒绝的。最后一类是最明显地遭受霸凌的学生，至少会遭受嘲笑和故意的排挤。

[8] 影响杀戮发生的关键因素在于受害者是否戴了兜帽，而不是杀手（Grossman 1995：128）。在不太致命的层次上，这与2004年阿布格莱布监狱中发生的事情类似：美军狱卒会对戴兜帽的犯人进行羞辱（Mestrovic 2006）。

[9] 拦路抢劫者也许是帮派成员，但帮派只是一个保护伞，庇护着多种犯罪行为；拦路抢劫通常都是由一个小团体所实施，他们暂时与帮派无关（Jankowski 1991）。大部分拦路抢劫者（98%）都是男性，大约20%的受害者是女性；女性抢劫者的

受害者几乎全部是女性（Pratt 1980）。

[10] 戈夫曼在《策略互动》（*Strategic Interaction*, 1969）一书中正式将这一结构视为一种关于欺骗与揭发的秘密行动。德拉克洛（de Laclos）的小说《危险关系》（*Liaisons Dangereuses*）就是一个例子：主人公之一为了诱惑一位天真无邪的少女，第一步是提出帮她瞒着母亲转交情人的信件；她同意了，并给了他自己卧室的钥匙；当他出现在她床前，他通过询问她该如何向她母亲解释自己有她的钥匙，从而阻止她呼救。

[11] 在20世纪晚期和21世纪初期充满同情的社会氛围中，少数族裔有时会在街头利用这一点，但并不是为了索取金钱。丹尼尔（Duneier 1999：188—216）通过对话录音和照片仔细描述了这些场景：一名富有攻击性的贫穷黑人男性能够占据曼哈顿中上阶层的人行道，持续对年轻白人女性进行性骚扰；受害者在躲避和防卫时显得手足无措。在这里，少数族裔获得的回报只是通过掌握面对面的冲突技巧来获得情境支配权而已。这种礼貌的中产阶级做派正是戈夫曼所称的"文明的无视"（civil disattention），黑人男性利用它作为软弱的来源，将对方的行为赋予种族主义的意味。由此，他控制了情境，并借此获得了情绪能量；与此同时，对方则失去了情绪能量。

[12] 参见卡茨（Katz 1988）。一名年轻的墨西哥裔男性在卖酒的商店里工作时曾遭遇抢劫，他向我讲述了一个类似的事件。

[13] 这种抢劫者在抢劫之前格外紧张，他们会试图鼓起勇气："我在想：我要做吗？我能做吗？"另一个人说："最开始……是最难的。一旦克服了，一切就都变得简单了。"（Morrison and O'Donnell 1994：74）

[14] 黑人民族主义者克里夫（Cleaver 1968：33）在一段著名的描述中形容了自己是如何成为强奸犯的："为了锻炼自己的技术和犯罪手法，我先在贫民窟里的黑人女孩身上做了练习……当我觉得自己已经足够熟练之后，我就跨过铁轨，开始寻找白人猎物。"虽然克里夫并没有说自己练习的技术究竟是什么，但他是一个大块头，所以他所练习的并不仅仅是纯粹的暴力。我的学生之一曾与克里夫有过接触（在他写下以上文字大约十年之后），他说克里夫讲述了如何观察都市场景中的日常细节，就像猎手在搜寻猎物，以及如何观察美女的日常习惯，并想办

法在她们放松警惕时抓住机会。

[15] 一个例子：一名同性恋中士经常为一名战友口交（后者并不是同性恋者，也从来没有为前者做过同样的事情）。他们的关系变得令人上瘾，后来他们会故意挑有可能被附近其他士兵发现的时候去做这件事；两个人都明确表示，快感的很大一部分来源于风险（Scott 2001）。

第六章　公平搏斗表演

[1] 这些打斗都是高度理想化的，这在我的分析中至关重要：几乎所有打斗都被描述成英雄一出手就一击毙命；当双方都是著名英雄时，打斗会略微延长，通常是对方成功地躲避了一开始的攻击。除此之外，几乎不会有人失手；每个英雄都能准确地命中敌人。唯一的例外发生在单挑中：对方英雄有时会错失目标，或是一名英雄的盔甲（恰恰是仪式性注意力的中心，也是胜利者重要的战利品）恰好挡住了致命一击。荷马栩栩如生地描述了战士们的伤亡与痛苦，营造了一种残酷的真实感；但是战争传说中却是恰恰充斥着这种血肉横飞的真实感，将英雄们的勇气与能力都给理想化了。

[2] 他们站出来时有些战战兢兢，因为赫克托被认为比他们都强得多。只有希腊最强的英雄阿基里斯被认为比赫克托更强大，但他之前与希腊国王就处置女俘虏的问题发生了争吵，此刻正在营地里生气，因此拒绝参与打斗。英雄中有着明确的地位排序。之前公开决斗的墨涅拉俄斯与帕里斯在英雄之中排在末位，墨涅拉俄斯也因此未能获得代表希腊挑战赫克托的资格。在这一社交舞台上，敌我双方对英雄们的名声都了如指掌，但这一排名是严格基于英勇程度的。《伊利亚特》中描述的一系列单打独斗就像是一场重量级拳王争霸赛：从低级英雄开始，到最顶尖的两名英雄结束。

[3] 这被明确地描述为希腊人的好运气，因为埃阿斯和狄俄墨得斯被视为当时最强的三名英雄之一；也就是说，在希腊最强的十名英雄里，他们仅次于阿基里斯，排在第二和第三位。

[4] 从两个方面来看，这种组织都比个人英雄更强大：首先，在赢得战斗、杀死敌人上，

组织比个人更强；其次，在控制情境中的情绪焦点上，组织也更胜一筹。罗马人并没有荣耀准则来推动决斗或复仇，因为他们的军队组织形式有着明显的不同；而在内部政治上，统治阶级也通过运用政治联盟和组织暴力聚集起了巨大的财富和权力（MacMullen 1974）。没有罗马人会在决斗中冒险，因为他可以用金钱和权力来买到选票，或是私下安排杀手去刺杀敌人；如果敌对双方都很强大，他们就会召集起大军（通过金钱、亲属关系和庇护关系，同时也通过宣传胜利的可能）。罗马人的荣耀主要集中在死亡方面，尤其是在战斗或政治上成为输家时应当体面地自杀。面对敌人的胜利，个人勇气是最后的庇护所，用来避免受到羞辱。决斗虽然存在，但只是角斗士们的表演和训练；角斗士并不是罗马市民，而是专门提供娱乐的低下阶层。罗马人不会决斗，而是会直接发起内战。决斗和血仇都不能简单地用"古地中海传统"来解释，因为它们并不存在于最著名的古地中海文明中。

[5] 在荷马笔下，英雄们对敌方军队造成的破坏并不如他们之间的单挑重要。不过，这种破坏也可能被认为体现了他们的"狂战士"潜力——即在狂怒中大肆破坏的能力，从而能够在叙事中成为名声塑造的一部分，并进而为最后的大战奠定足够的分量。

[6] 以小组进行的实验发现，观众的存在能够促进骂战升级；如果观众唯恐天下不乱，这种升级就会变得更严重；如果观众希望平息事端，升级就会较弱（Felson 1994：33—34）。这些实验都是一对一的争吵，最多也不过是虚张声势的恐吓；在真实生活中的暴力面前，如果存在多名观众，这一效应就会更为可观。

[7] 攻击行为会在周五与周六的夜晚和狂欢场合中达到高峰（Budd 2003：table 6）。不过，在这些场所，打斗在人群中发生的比例是否更高，我们还没有衡量过。

[8] 事实上，福泽（Fukuzawa）平时是很有勇气的。在日本开国过程中，作为一名西化派领袖，他曾多次冒着风险刺杀敌人。在这起事件发生前五六年，那时他还在大阪上学，他就常与同学在夏日夜晚的人群中假装打斗，只为吓唬那些底层商人组成的旁观者（Fukuzawa 1981：66）。在这些事例中，是互动情境推动、控制或阻止了暴力。

[9] 我所收集的暴力冲突事例几乎都没有涉及枪支；只有一个例子里出现了枪，但它

并没有被拔出来；观众表现中立，打斗也半途而废。有可能当参与者属于下层阶级并持有更多武器时，观众效应就不那么重要了。威尔金森（Wilkinson 2003）对黑人和拉美裔青年男性暴力的研究并没有直接关注观众的不同效应。但她的数据显示，在没有武器的打斗中，26% 在升级前就已平息，只有 14% 给人留下了可能会卷土重来的印象。如果打斗中用了枪，那么只有 8.5% 会半途而废，40% 会发展为持续打斗；如果排除掉持枪抢劫，这些数字会上升到 10% 和 48%（计算自 Wilkinson 2003：205）。因此，涉及枪支的打斗（即使枪支并没有被使用或者无人中枪）相对较难中止，也更可能推动打斗持续下去。我们还不清楚这在多大程度上会被东海岸城市中的街头打斗模式所影响。在西海岸黑帮中，飞车枪战是最常见的枪支使用方法，这些情境通常转瞬即逝，也很可能会半途而废（Sanders 1994）。在无数事例中，敌对帮派在学校前庭或操场上互相挑衅；他们会掀起衣服，露出插在腰带上的枪，但却并不会真正开枪（来自法庭文件）。在威尔金森的数据中，帮派争斗中有 78% 出现了枪支（76 起事件中有 59 起），其中 36% 使用了枪支（59 起事件中有 21 起）（计算自 Wilkinson 2003：130, 188）。我们即将看到，在决斗事例中，枪的存在并不能改变强大的观众效应。

[10] 旁观者通常都不会参与到表演型公平打斗中，在大部分其他打斗中也一样，除非他们与其中一方有密切关联，同时对其敌手代表的组织怀有敌意（例如足球队或某一族裔）。研究者（例如 Tilly 2003）十分强调帮派打斗中的集体身份，以至于忽视了这一更加常见的模式。哪怕已经存在集体身份，但要想让观众克服冲突性紧张／恐惧并参与到打斗中去，我们还需要一些特殊条件。

[11] 我们可以比较一下 2002 年 9 月和 2003 年 4 月在芝加哥发生的两起事件。在这两起事件中，都有一两名莽撞的球迷闯进了棒球球场，并分别攻击了一名 54 岁的教练和一名裁判。看上去，这些球迷是喝醉了；他们希望自己能上电视获得注意。我想指出的是社会反应：在这两起事件中，两支队伍的成员都冲向了入侵者，并在他们被警察带走之前就暴揍了他们一顿。观众则对入侵者发出嘘声，并在球员对他们拳打脚踢之时欢呼喝彩。入侵者篡夺了比赛中的注意力，正是这种破坏规矩的行为激起了人们的不满和对道德惩罚的呼吁。

[12] 古希腊的早期学校会教授上层阶级年轻人各种比赛与体操技巧，让他们为不同类型的竞赛做好准备。这种学校早于传授文化和演讲技巧的学校几个世纪

(Marrou 1964; Collins 2000)。

[13] 当然还有其他仪式，例如面对想象中的敌人作出一系列打斗动作（"方"），这可以被解释为重演大师们过去的著名打斗场景。这些段落中提及的事例来自德雷格（Draeger 1974）的研究和我自己在三所不同武术学校长达五年的观察，以及我对自己孩子所在的学校进行的观察。

[14] 这些学校中普遍存在的表演技巧，让其教授的技术看上去比实际上更加致命和有效；在真实生活中，受过训练的武术家几乎不可能达到学校中教授的理想形象。我曾问过我的空手道老师，如果有人拿着枪出现该怎么办，他说："夹着尾巴跑掉。"仿佛为了阐释这一点，泰拳世界冠军艾利克斯·龚（Alex Gong）正是在旧金山街头被人枪杀，当时他因一名司机撞了自己停好的车而前去追赶（*San Diego Union*, August 5, 2003）。

[15] 因此，市中心黑人贫民区里的拳击学校提供了一个逃避"街头做派"的场所，而不是提供了一种街头生存的武器（Wacquant 2004）。

[16] 我在空手道学校中度过了数百个小时，目睹了数百起对战，我从未见过一起打斗在该停止的时候没能停止；也许参与者在对战中会生气，会试图打得更狠，但当师父宣布回合结束时，他们绝不会继续攻击，也不会忘记向对手鞠躬。空手道学校的学生也有可能彼此憎恨，但他们会通过礼仪而非打斗来表现这一点。当低级别学生打败高级别学生时（例如绿带打败了红带），这一点可以看得更加明显：高级别学生的报复方式是命令低级别学生去擦地板或是干其他杂活。

[17] 拳击运动兴起于18—19世纪的英格兰，当时上层阶级会赞助并参与农村下层阶级的比赛，作为一种赌博和娱乐。这些贵族制定了规则，包括必须戴上手套等。到1880年代，赤手空拳打到其中一方倒地不起为止的比赛已经大部分被取代了。1920年代的情况在海明威的作品中有所描述，他本人曾长期参与拳击运动，但却从未参与过公开比赛（Dunning 1999：55—60；Callaghan 1963）。

[18] 一份学生报告描述了2000年代初期发生的一起事件：一群韩裔美国学生因无法决定谁有权利追求一名女生而卷入了一场打斗。尽管其中一名学生曾在武术学校接受过训练，但他却没有用上任何武术技巧。这一观察符合空间的仪式区隔：学校中存在理想化的打斗，学校外存在低级的野蛮打斗。

[19] 哈姆雷特的决斗事实上是一种学院式的击剑比赛,包含若干回合,并出现了许多仪式性的行为。一开始是一名侍臣作为中间人传递了挑战的信息;在这一事例中,国王支持了这次决斗。双方使用了新式的法国决斗用剑,而不是更传统的战争用剑。莎士比亚并未描写因私人恩怨而决斗致死的情形。

[20] 在这一方面,决斗与中世纪的决斗审判大不相同。决斗审判是一种官方行为,由国王许可,并有权威机构在场。决斗审判大多与财产或世仇有关,而决斗则往往是纯粹的私人恩怨,相比之下显得鸡毛蒜皮。决斗通常都会秘密进行,不会让官方知道。任何自由人都可能得到许可参与决斗审判,而决斗则被贵族们垄断,成为一种地位的象征。

[21] 参见麦卡利尔(McAleer 1994:75, 93—94, 114, 224)与奈(Nye 1993:185)的研究。在德国,只有当决斗中出现死亡时,才会遭到权威机构惩罚,其中包括特殊的军事法庭。因此,这一估算中较高的数值仅包括未导致死亡的决斗。

[22] 在1880年代的法国,约有三分之一的决斗在发生之前就已经和解了(Nye 1993:186)。

[23] 即使现今,0.45口径的军事手枪的有效射程也只有25米(U.S. Air Force 2006:50),也就是27步。大部分警察射击都发生在10步之内;我们已经看到,错失目标是很常见的。

[24] 我们可以对比一下托尔斯泰《战争与和平》的前几章:书中描述了军官们狂欢、滥饮和赌博的场面;他们互相打赌能不能喝完一整瓶朗姆酒,同时自杀式地坐在高楼的窗台上。这本小说出版于1867年,是基于托尔斯泰自己在1845—1855年间克里米亚战争中的经历写就的。

[25] 事实上,在决斗从上层阶级蔓延到下层之前,南部贫穷的白人农民与劳工中存在一种明显不同的"蛮荒风格"(Corn 1985)。这种下层阶级的打斗可谓没有规矩,挖眼、抓头发、致残等无所不用其极;这种狂欢风格与上流社会决斗者自制和礼貌的风格截然不同。在18世纪和19世纪初期,上流社会认为下层白人没有资格与他们决斗。随着民主化进程的发展,这两种风格开始彼此接近。

[26] 并不是说19世纪的精英中就没有彼此羞辱的争吵,但正是在礼仪发展的过程中,

出现了惩罚方式，例如破坏规矩的人在公开场合无法获得礼貌的认可，像私人俱乐部等上流社会场合则会拒绝这些人入内 (Baltzell 1958；Cannadine 1990)。

[27] 1870 年代末期最著名的枪手"比利小子"在新墨西哥境内所谓的"林肯县战争"期间曾为相互敌对的地主联盟中的其中一方工作。由于媒体广泛报道了这次冲突，他变得广为人知；敌对一方当时在这片土地上的偏远地区组织了警察力量，并与更高等级的政治派别有联系 (Kooistra 1989)。枪手通常是雇佣兵，也包括劫匪和职业赌徒，因此成了类似都市犯罪团伙的"乌合之众"。他们类似于 18 世纪英国拦路抢劫的强盗，专门攻击当时新出现的马车长途运输服务。流行文化的兴起将挥舞手枪的强盗形象理想化了，这也发生在上流社会手枪决斗开始向下层社会蔓延的过程中。到 1920 年代，这些现象就在英国社会中消失了。

[28] 从部落到早期现代国家，我们已经习惯了用进化的眼光来看待这一发展；但在这其中也存在一种不属于二者的组织形态 (Weber 1922/1968：365—66；Borkenau 1981；Collins 1986：267—97；Grinin 2003)。当它出现时，不仅部落开始解体，战士们也放弃了自己的部落身份，开始加入暴力组织。这其中包括维京海盗；在罗马帝国之外形成的许多日耳曼联盟；希腊的例子则体现在阿尔戈等神话故事中：一群英雄踏上征程寻找财宝；此外还包括特洛伊围城战中的军队。

[29] 我们应当将此类英雄战士与臭名昭著的恶徒区分开来。后者可能同样拥有勇敢和不可战胜的理想化名声。这些人物出现的结构条件是国家分崩离析（例如中国朝代式微之时），或是国家权力渗入部落和当地权威机构并足以激起一群抵抗者（因此成为"暴徒"）。国家缺乏足够的行政结构来统治，暴徒则缺乏足够的组织能力来取代国家 (Eberhard 1977；Hobsbawm 2000)。关键在于，贵族英雄是在荣耀准则之下进行一对一打斗，恶徒对抗的则是自上而下的权力。这赋予了暴徒英雄们浪漫主义的名声，他们英勇无畏地对抗权威和侵入者。相比之下，贵族英雄就没有做到这些。

[30] 现代社会中存在另外一种刻意建构的类似部落的结构，那就是体育队伍。队伍会参与复仇形式的暴力（例如棒球比赛中的近身球战争），其球迷则会互相陷入群体报复。具体情况我们会在第八章中详细讨论。

[31] 还有一种中间形式，那就是挑衅者建议对方"出去聊聊"。这也是指定时间和地

点的一种方式，只不过比起决斗，中间没有留出冷静的时间。这种形式几乎总是赤手空拳的打斗；事实上，如果人们答应了"出去聊聊"，也就相当于默认了打斗不会涉及其他武器。因此，20世纪以来（在英国和美国则是19世纪中期以来）的表演型公平打斗，几乎全都是赤手空拳的打斗。

[32] 此处有一个明显的例外：在福克斯（Fox 1977）之前描述的打斗中，双方都是社区中的谈资，也都被当作名人看待。相比之下，在匿名性更强的都市情境中发生的打斗就与此有着明显的不同：西海岸的爱尔兰社区有着庞大的网络，几乎覆盖了所有成员，因此每个人的名声都为人所知；这一网络是工具性的，既能保证打斗的公平性，又能防止其升级。

[33] 我收集的学生报告中包括以下案例：2001年11月下旬，纽约宾州车站人群拥挤。一名黑人女性戴着耳机步履匆匆时，一名白人女性不小心将她的CD机撞掉了。黑人女性喊了出来："噢他妈的！你长眼睛了吗！"白人女性叹了口气，停了几秒然后又继续快步走去。黑人女性由于对方不理不睬而怒发冲冠，她怒吼道："嘿！给我捡起来！把我的CD捡起来，婊子！"白人女性回头瞟了一眼，脚下步履未停。黑人女性喊道："你这个白婊子！"然后冲上去踢了她的背。此时，其他行人纷纷躲避，两人周围出现了一小片空地。一名白人男性旁观者捡起了她的CD机，交还给了她。黑人女性抓过来怒气冲冲地离开了。这起冲突并没有升级，是因为其中一方（白人女性）拒绝参与冲突。这并非因为她自己不够体面，而是因为她认为这一场景本身并不体面。

[34] 桑德斯（Sanders 1994：148）指出，在墨西哥裔美国黑帮里，"当人们认为局势不利于自己时，可以声称自己会在合适的时机进行报复，从而不失体面地抽身。"威尔金森（Wilkinson 2003：137，141，144，151，154—155，169）给出了无数这样的例子：冲突以其中一方在枪口下逃走而结束。在其中一个案例中，一群帮派成员带着武器入侵了另一个帮派的地盘，因为自己兄弟之一的女朋友被对方抢劫了；但他们只是匆匆开了几枪，没有打中任何人就离开了，之后再也没有回来（Wilkinson 2003：156—57）。

[35] 第十章中我给出的证据显示，在一个社区里，年轻男性中的帮派成员比例最多不会超过10%。爱丽丝·戈夫曼（2005年10月私人通信）证实，她研究的暴力

毒贩只占相应人口中的很少一部分。正是因为大部分人都无法跻身犯罪精英行列，他们才会承担那些低收入的合法工作。

[36] 在本章注 [11] 里描述的案例中，两名入侵者之一攻击了一名教练，当被问及为何这么做时，他回答道："他冲我们竖中指了。"如果这是真的，那么这名教练可能也是在报复球迷的嘘声。此外，两人中年纪较长的一位事前给朋友打了电话，让他们赶紧打开电视，因为自己马上就会出现在里面。桑德斯 (Sanders 1994: 147) 指出，尽管帮派成员通常会用报复来解释打斗开始的原因，但"帮派暴力事件实在是太多了，这种解释不可能总是真实的"。

[37] 这些与中产阶级白人帮派成员挑选的称呼形成鲜明对比；后者喜欢用讽刺性的非主流文化称呼，将自己视为流放者（"输家"）。在非主流的青少年团体里也有类似的情况 (Milner 2004)：他们寻求的不是尊重，而恰恰是不尊重；他们对"受尊重"和"受欢迎"的标准心怀嘲讽。

[38] 圣地亚哥警局黑帮组的一名成员告诉我，2004 年夏天，墨西哥裔黑手党成员间达成了一项协定：不同帮派都同意赋予曾经入狱的墨西哥裔帮派成员特殊的荣耀。在一起飞车射击案中，一名儿童不幸遇害，而他则是一名黑手党成员的亲戚。这名成员召集了帮派首脑，让他们达成协议，此后当黑手党成员开枪时，必须有一只脚踏在地上（而不是两只脚都缩在车子里）。这一规矩是为了让开枪更谨慎。墨西哥帮派大都遵守了这一规则，但黑人帮派对此却是视而不见。白人与亚洲帮派则根本不会进行飞车射击。摩托车手组成的帮派大都是白人，他们的暴力几乎总是局限于彼此之间的仇恨。每一个族裔都会被不同的暴力技术与目标区隔开来，拥有自己的观众和名誉领域。

[39] 这是基于我收集的案例作出的观察。在决斗中，观众并不会喝彩，但他们会格外积极地组织决斗，并决定了决斗是否会真正举行。

[40] 在我收集的案例中，26 起严重打斗里只有 5 起是在没有计划的情况下发生的，其他所有事例 (81%) 都安排或宣布了打斗、示威或冲突 (8 起) 的时间，或是发生在安排好的狂欢情境中（例如街头节日、派对或比赛；共 11 起），或是发生在拥挤的学校集会中 (2 起)。相比之下，在 40 起温和简短的打斗中，22 起 (55%) 是在计划之下发生的；而在 23 起半途而废的打斗中，有 7 起 (30%) 是在计划好

的情境下发生的。

反过来看，在 50 起计划好的冲突中，有 21 起（42%）发展为严重冲突；在 39 个未经计划的场景中，有 5 起发展为严重冲突（13%）；在计划好的情境中，只有 14% 的打斗未能真正发生（7 起），而在未经计划的情境中，41% 的打斗都半途而废（16 起），剩下的则有 46%（18 起）都是温和的打斗。

[41] 在我的数据中，在 17 起案例中观众为打斗喝彩，其中 8 起是一对一的打斗，其他则是攻击弱者的形式。所有的都是计划好的情境。

[42] 例如，哈姆雷特无法决定该如何复仇，并拒绝了在不公平的情境下杀死国王的机会——当时他发现国王孤身一人、毫无防备。最后，他参与了一次仪式性的决斗，因为对手作弊而遭到了致命的伤害。最后，他杀死了所有践踏决斗规则的人，以此作为自己的复仇。在几乎每一个环节里，哈姆雷特都通过遵守公平比赛的规则显示了自己在道德上的优越。唯一的例外是他在刺穿幕帘时误杀了偷听者，但这是一种对欺骗的惩罚，对方的地位也较低。

[43] 扬科夫斯基（Jankowski 1991）强调了这一阐释：我视为低效的暴力，他则视为一种故意营造出的暴力分子形象。如果有人试图兜售保护，或是垄断非法生意，那么这么做是有好处的。这两种解释并非互斥；我只想指出，这种低效广泛地存在于暴力的本质中，哪怕黑帮将这一点为己所用也无法改变。

[44] 威尔金森的数据（Wilkinson 2003，从 182、188 页重新计算而来）显示，一对一的打斗最可能不使用武器（51%，118 起案例中有 60 起），其中只有 28% 会涉及枪支（118 起案例中有 33 起）；在所有其他种类的打斗中（例如以多欺少或帮派冲突），只有 20%（162 起案例中有 33 起）没有使用武器，68%（162 起案例中有 110 起）涉及枪支。枪最不可能出现在朋友（32%，34 起案例中有 11 起）或熟人（52%，130 起案例中有 67 起）之间的冲突中，最可能出现在敌人（66%，63 起案例中有 35 起）间的冲突中，在陌生人之间的冲突中（52%，130 起案例中有 67 起）则介于中间。威尔金森的采访显示，公平打斗的概念存在于这些群体与事例之中，但却并没有具体数据显示其比例。

[45] 这一讨论主要指的是黑手党团体内部和彼此之间的暴力，这也是最常发生杀戮的情境。当帮派暴力用在外部受害者（例如拒绝缴纳保护费的人）身上试图恐吓

对方时，其发生往往会更公开；在很大程度上，这是一种杀鸡儆猴的表演。但其目的是有生意考量的，主要是为了保证可以得到稳定的收入。

[46] 黑手党之所以有着相对强大和稳固的组织结构，原因之一是它是从真正的家族成员中进行招募。相比之下，下层阶级的帮派成员常常是孤儿，因此无法用家庭关系来作为组织基础。这一点在黑人帮派中比在拉美裔帮派中要更常见(Horowitz 1983)。

[47] 黑手党形象被浪漫化的另一个原因来自其历史时期：《教父》(The Godfather)等关于黑手党家族的著名电影兴起于1970年代。这正是黑手党开始被犯罪集团取代的时代。牙买加和拉美裔犯罪集团接管了毒品批发生意；1990年代，俄罗斯及其他前苏联犯罪团伙控制了敲诈和卖淫集团。赌博被广泛地合法化，也打破了传统的犯罪保护领域。20世纪末和21世纪初被浪漫化的黑手党，其在现实生活中的原形已经变得更加本地化，威胁性也已大大降低。

第七章　作为娱乐的暴力

[1] 最后一种感受并非完全准确。在大型的持续较久的骚乱中，大部分被逮捕的人都是因为趁乱洗劫。在1992年的洛杉矶骚乱（罗德尼·金事件）中，警察总共逮捕了9500人；在1977年的纽约市大停电中，有3000多人被捕；在1965年的瓦茨骚乱（洛杉矶）中，有3900多人被捕(Halle and Rafter 2003：341—42)。但在"道德假期"的情绪中，很少会有人想到这一点，事实上，他们被抓到的几率是很低的。在这里，压倒一切的感受是对某个群体的归属感，而这个群体则暂时摆脱了外部权威的控制。

[2] 打碎玻璃这种行为有一种富有戏剧性和象征性的特质，因此在多种情境中都会发生；它看起来最受那些"半暴力人士"的欢迎，这些人会摆出暴力的样子，但却并不会卷入真正的打斗。在第二章中，我们看到了一场冲突，其中有人从垃圾里拣出酒瓶来丢到街上，但这场冲突很快就平息了。在第八章中，我们会看到英国足球流氓的行为，他们在离开酒吧时会直接将啤酒杯摔在地上。东欧的庆祝骚乱（例如布拉格的新年夜派对）主要包括在公共广场乱扔瓶子，留下一地

玻璃残渣。2004年，英国开始实验将酒吧里的玻璃啤酒杯换成塑料的；结果显示，这在很大程度上降低了暴力发生的可能（Meredith Rossner，2004年9月的私人通信）。

[3] 相比之下，烧掉敌人的财产是一种区别很大的策略。很早之前就有人用纵火作为武器，例如在反对地主的起义中纵火，或是用纵火来惩罚逃税者（通常发生在组织结构比较松散的州里）；在对付游击队时也会使用字面意义上的"焦土政策"(scorched earth)；当军队胜利攻克敌方城池时，也会用纵火来强迫其居民服从（Goudsblom 1992：118，160，184）。

[4] 汉内斯（Hannerz 1969：173）指出，在1958年发生的华盛顿骚乱中，骚乱者曾侵入主要是白人的市中心购物区，洗劫了若干家服装店，但却并没有在那里纵火；纵火几乎全部发生在贫民区的购物街上，也就是骚乱者自己的聚集地。

[5] 2005年10月27日到11月中旬，在法国发生的北非移民骚乱（持续了约20天）也有类似的情况，尤其是半夜焚烧车辆和建筑，并朝路上的车辆和警察投掷石块等；这些行为始于巴黎的一个郊区，随后4—6天里蔓延到其他工人阶级移民居住的郊区，并在第七天和第八天蔓延到了远处的城市，而巴黎内部的暴力则渐渐平息。第10—12天，骚乱的破坏力达到顶峰，不再向更多地方蔓延，随后开始衰落。在大部分城市里，暴力最多持续5—7天。随着暴力事件达到时间上的极限，法国境内的骚乱也开始平息下来，不再出现新的骚乱地点（时间线与数据基于en.wikipedia.org/wiki/ 2005_Paris_suburb_riots）。

[6] 斯皮勒曼（Spilerman 1976）研究了1961—1968年间在170个美国城市中发生的种族骚乱，发现极少会有城市发生多次骚乱事件；大部分骚乱的破坏力都很小，持续时间也很短。大部分骚乱都集中在1961—1968年间的后半部分，尤其是在1968年4月马丁·路德·金遇刺之后。这一事件得到了广泛的关注和报道；在随后发生的骚乱中，那些首次发生骚乱事件的城市比曾经发生过此类事件的城市遭到了更多的暴力破坏（例如出现了更多的洗劫与纵火事件）。同年之后的几个月里，经历过骚乱的城市面临的骚乱程度也有所下降。迈尔斯（Myers 2000）发现，小地方的骚乱（例如黑人人口较少和居住区域较小的城市）从各个方面来看时间都较短，程度也较轻微。

[7] 蒂利（Tilly 2003）总结了一系列证据，证明洗劫（他认为这是一种投机主义）发生在几乎所有群体暴力行为的边缘；也就是说，洗劫行为远离注意力的中心和下达命令的组织结构。在我看来，这是因为暴力摧毁了大部分权威形式，但不包括其自身；当反抗本身缺乏一种军事命令结构时，就会转变为"道德假期"。

[8] 与自然灾害（例如飓风和洪水）之后的洗劫行为相比，我们会看到，权威的缺席并不是一个充分条件。在权威崩溃之后，群众还必须自认为具有反叛精神才行。在自然灾害中，洗劫者只占很少一部分；相比之下，在骚乱中，参与洗劫者可能高达总人口的 20%。自然灾害后的洗劫者大多是单枪匹马的个体，他们在陌生的地方独自行动，并且无法得到别人的认可；相比之下，骚乱中的洗劫者则多是当地居民，他们成群结队地公开行动，并能获得一种社会支持的氛围（Quarantelli and Dynes 1970）。

[9] 然而，就在 13 年前，同一个黑人与拉美裔贫民区中也曾发生过种族抗议骚乱。

[10] 在第一个小时里被逮捕的人中，82% 都有案底；在第二波洗劫者中，这一数字降到 67%；在第二天白天参与洗劫并被逮捕的人中，有案底者只有 55%。

[11] 在 1992 年洛杉矶骚乱的新闻照片中，16% 的洗劫者是女性（计算自 *Los Angeles Times*, May 1—2, May 12, 1992）。在纽约大停电中被捕的人里，女性占 7%（Curvin and Porter 1979：86）。

[12] 对此最详细的描述是康普顿·麦肯齐的自传《罪街》第三部（1913）。这一场景在麦克斯·毕尔邦的《朱莱卡·多卜生》（1912）和伊夫林·沃的《衰落与瓦解》（1928）中有讽刺性的描写，在沃的另一部作品《旧地重游》中则有严肃的描写。

[13] 众人皆知的狂野派对会因其令人震惊的破坏程度而被记录下来。在普林斯顿大学一场橄榄球比赛的周末庆祝里（1960 年代早期仍然流传着这一传说；事件可能发生在 1930 年代），学生们推翻了附近铁轨上的列车。喝多了的达特茅斯学生则因坐在童车里进行跳台滑雪而为人所知。

[14] 这通常发生在人们的居住环境具有暂时性的情况下。因此，人们破坏的并不是核心的、与身份息息相关的财产，而是暂时寄居之地。这种破坏行为中最糟糕的可能会成为中产阶级父母们的噩梦：将他们的房子留给了一群年轻人，后者在

里面开了一场派对，将整栋房子搞得一片狼藉。派对的消息会迅速扩展到熟人的熟人网络中，让众人知道这里出现了一个自由区域。最后，大部分派对参与者都与房屋主人没有关系，也完全不想负责任。随着一些无心的破坏行为的出现（例如饮料泼洒并留下污迹），人们会认为就是有更多的破坏行为也能被接受，甚至可能会受到期许。如果父母不在家的时间太久，屋子就可能会遭到严重破坏。从结构上来看，相似的机会也可能导致相似的结果：1920 年代，一群年轻黑帮成员受到娱乐室的吸引（以及工作人员的纵容）而进入了社会服务所，他们破坏了台球桌和游戏设备，用扑克牌点起一堆火，把所有房间都搞得一塌糊涂（Thrasher 1927/1960：78）。

[15]　1967 年 7 月的底特律骚乱导致严重伤亡。一开始，警察试图突然搜查黑人区中心的一家深夜酒吧和赌博俱乐部。这个时间点选得实在是不能再糟了：周六夜晚的高峰，狂欢周末的顶点。警察在晚上 10：00 没能进入俱乐部，反而让里面的人有了准备。凌晨 4：00 他们带着更多人前来，终于成功地让俱乐部关了门，但当他们将逮捕的嫌犯推进警车时，众人聚集在附近一起发出嘘声。面对这一反向升级，警察撤退了，结果制造了"道德假期"所需的条件，众人开始洗劫和纵火（Kerner Commission 1968：84—87）。

[16]　古尔德（Gould 2003）认为，暴力并不仅仅由不平等引发，也与地位阶层系统中相邻和同一层级的关系不够稳固有关。

[17]　事实上，从字面意义来看，"狂欢"的意思就是"喧闹的酒会"（《牛津简明词典》）。不过，我将"狂欢"一词用在更广泛的场合中，包含了社会建构的"道德假期"中的情绪沸腾。狂野派对的原型就是北美印第安部落冬季赠礼节上的夸富宴。但夸富宴上通常并没有酒精（至少在印第安历史中直到很晚才改变，参见之前讨论中引用的资料）。"醉酒"既可能是肉体上的，也可能是精神上的。我的论点是：群体情境中的情绪互动才是决定暴力发生与否的关键。

[18]　研究者们已经指出了其他心理学和文化上的机制能够将酒精与暴力联系起来（MacAndrew and Edgerton 1969；Lithman 1979；Bogg and Ray 1990；Lang 1983；Gantner and Taylor 1992；Pihl, Peterson, and Lau 1993；Taylor 1983；Room 2001；Room and Makela 1996）。

[19] 我们并不清楚骚乱中有多少洗劫行为是酒精引起的。本章中的描述显示,"道德假期"本身是一种情绪上的醉酒状态;其中并没有什么令人印象深刻的醉酒故事。酒类专卖店会遭到洗劫,但洗劫最猖狂的人却似乎并不会喝多少酒,因为酒精会阻碍他们带走更多战利品的能力。根据警方报告,在 2002 年俄亥俄州立大学赢得橄榄球比赛后的庆祝骚乱中,被捕者(通常都是在破坏行动中或在对抗警方时表现最积极的人)中没有一个人喝醉(Vider 2004: 146)。这也符合之前的论点:在暴力中最高效和最积极的人恰恰是最清醒的人,尽管在支持他们的群众里(他们只是其中很小一部分)可能很多人都喝醉了。

[20] 他们更容易喝醉,因此也更容易卷入打斗。重度酗酒者的人数约是偶尔酗酒者的 25%,但他们酗酒的频率却高达五倍。普通的美国酗酒者每年大约喝醉 12 次,重度酗酒者每年大约喝醉 60 次,总计就是 7.2 亿次醉酒事件。尽管这个数字看上去很惊人,但他们每次醉酒导致暴力的几率却比偶尔酗酒者还要低。

[21] 第六章提供了一些证据,说明观众的态度有重要作用:在以上描述的兄弟会外发生的事件中,观众们期待发生打斗,但打斗者真正的朋友却似乎并不热衷于此。

[22] 奥运会跆拳道比赛的一名美国队队员在接受采访时被问到自己在街头是否用过武术技巧,他说他用过一次。"你知道,有时会有人跟着你,他们可能喝醉了什么的。这种事是会发生的。"但打斗结束得很快。"我想那是最不应该尝试挑起打斗的时候:他们都喝得醉醺醺的,站都站不稳了。那根本算不上打架。"(*San Diego Union-Tribune*, Aug. 28, 2004)警察也认为,在破坏秩序者里,醉汉是最容易制伏的;比起清醒的嫌犯,他们受到暴力对待的可能性更小,往往也不会暴力反抗警察,最多只是口头骂骂咧咧或是被动抵抗罢了(Alpert and Dunham 2004: 67, 81, 164)。

[23] 喝醉的嫌犯最不可能因财产犯罪被调查(12%),最可能因家庭暴力被调查(48%)(Alpert and Dunham 2004: 73)。这也符合之前指出的模式:家庭暴力很大程度上都是攻击弱者,酒精则常与容易实施的暴力有关。在英国的犯罪调查中,抢劫受害者们有 17% 认为抢劫犯喝醉了(Budd 2003: Table 1.1)。

[24] 整个事件显示,要想成功实施暴力是很困难的。在之前的一次冲突中,这名攻击者带了一把枪,但他抽了大麻,没法瞄准对手;接下来,他们用拳头打了一场,

随后其中一方带着刀子又打了一场（叙述者在所有冲突中都是攻击者），最后两人拿着枪又打了一场，但谁也没能命中对方（Wilkinson 2003：212—13）。直到他占据了天时地利人和时：以多欺少、伪装自己、从敌人身后突然出声、清醒而不是醉酒，他才最终成功地实施了暴力。

[25] 因此，人类学家们（如 Marshall 1983）称为"伪醉酒"的情况（假装醉酒）可能是一种理想的策略，用来在打斗中获得优势。但在这种情况下发生的并不一定是暴力，也可能只是虚张声势的挑衅与恫吓。这些研究中的"伪醉酒"者也只是在占清醒者而不是醉汉的便宜。

[26] 根据我的一些受访者的说法，单刃族通常会将打斗限制在朋克场合下。他们会在前臂纹上 XXX 的符号，穿全黑的衣服，而不是用铁链、莫霍克发型和五彩发色来突出自己的身份（至少过去 25 年朋克文化流行时是这样）；后者被视为"主流朋克"风格。另外一些受访者则称，单刃族会跟运动员和光头族打架；后者是他们特定的敌人，因为光头族也会在朋克音乐会上晃悠，但其政治立场却截然相反（右翼 v. 左翼）。也有受访者称，单刃族并不会打架，而只是参与狂舞（我简单地讨论了这一情况）；他们认为这是对抗社会系统和抒发愤怒的合理方式。我的单刃族访谈对象包括一名女性朋克音乐人，一个 1980 年代前期的前单刃族，以及若干大学生年纪的成员。"地下"朋克杂志中也描述过单刃族。关于单刃族在高中阶层系统中的地位，可以参见米尔纳的研究（Milner 2004：42, 248）。

单刃族与其他亚文化群体的关系说明，年轻人的亚文化中也在形成内部阶层。这与我在下一章中对英国足球流氓的分析有相似之处：足球流氓也是打斗的一种复杂发展（发展成为一种群体参与的演习，而不是清醒地压制对手）；相似之处在于，足球流氓中也会产生内部层级。在 1980 年代晚期的比利时足球流氓中，最核心的打斗者会避免使用酒精和毒品，以期在冲突中保持清醒、占据优势；在其他方面,他们会有意识地模仿英国足球流氓（Van Limbergen et al. 1989）。此外，还有一种对醉汉进行抢劫或"浑水摸鱼"的传统（Shaw 1930/1966），但这并不是狂欢场合中的人所为，也不会给人带来更高的地位。在 20 世纪，娱乐性打斗发展出了复杂的技术，随着不同地域声誉标准的发展而变化。

[27] 在 89 个事例中，有 78 个是单独事件（包括发生和未发生的打斗）；在六个事例

中发生了连续冲突，其中第二起冲突涉及第一起冲突中的全部或部分人物（第二起冲突中有四起未能发生暴力）；在五个事例中，同一次聚会上发生了两起以上毫不相关的冲突（总数的6%）。总共有38起事件发生在狂欢或娱乐场所，其中30起是单独事件，四起是连续事件，四起涉及不相关的打斗（总数的11%）。

[28] 这包括一名观察者在"忏悔星期二"狂欢节后的骚乱中观察到的两起独立的打斗；另一名观察者在另一年的"忏悔星期二"中观察到的多起打斗和骚乱事件；在NBA全明星赛后发生的两起持续较久的骚扰事件，发生在不同的巴士上；在狂舞区边缘发生的一起单独的打斗事件，随后两群光头族占据了狂舞区发生了另一起不相关的冲突（狂舞本身并不算打斗）。一起事件发生在非娱乐情境中：那是一个大型的政治抗议游行，其中涉及2300名抗议者和700名警察；暴力以典型的群体暴力形式进行，双方都分散成了人数不一的小团体，纷纷以多欺少地痛殴对方阵营中落单的参与者。

[29] 加州法庭案例中记录了一些此类事件，其中酒吧被告上法庭，要求对打斗中产生的伤害负责；该酒吧中可能发生了若干场打斗。在其中一个案例中，酒吧关门时，人群在门外卷入了数起打斗（拒绝结束型暴力的一个版本）。

[30] 在这个方面，他们类似于高中里（中产阶级的白人学校）支配餐厅情境、嘲讽侵入者、卷入"食物大战"等投掷行为并以之为乐的那些精英群体。参见米尔纳（Milner 2004）的研究和我们在第五章中的讨论。只有升级的程度不同而已。

[31] 在第一章中我们注意到，在群体打水仗、打雪仗或"食物大战"等娱乐情境下，就可能在同一场合同时发生多起打斗事件；但只有在这些行为被当作开玩笑时，多起打斗才能同时存在。在接下来的一节中，我们分析了狂舞区。在这些明显的例外中，规律依然不变：被视为真正暴力的打斗会让情境高度两极化，制造出一个简单的两极分化的结构，这对观众和参与者来说皆是如此。

[32] 杰克逊-雅各布斯认为，赢得一场打斗的参与者之所以欢欣鼓舞，是因为他们终于成功地挑起了打斗。"就连我被暴打时，我也很开心能打起来。因为你过一阵子就得打一架，否则就会忘了打架是什么滋味。"（Jackson-Jacobs 2003）我们可以将这与战斗后的士兵进行对比。士兵挨打后几乎从来不会欢欣鼓舞。事实上，就算打了胜仗，士兵也很少会欢欣鼓舞，尤其是当战役旷日持久时更是如

此。当然，军事战斗中有足够的仪式型叙事，但那些故事主要流传于后方大本营，前线士兵则对此满心蔑视（我们在第二章中曾看到这一点）。为什么战斗叙事会与实际战斗体验如此脱节？原因之一是战斗被大大地神话化了。尽管战斗中有着高度的恐惧与无能，但人们仍然拒绝明确承认这一点。此外，在武装到牙齿的现代军队中，许多士兵会在距离前线较远的后方获得一批观众。戈夫曼式的虚张声势和夸大其词似乎是专门为最天真的观众所准备的，在更了解真实战斗情况的前线士兵中，这些故事不可能流行起来。前线士兵不会编造故事来自夸勇敢，如果有人夸夸其谈，他们就会认为此人并没有真正参与过战斗。派对中的打斗者对故事的强调，说明了这种舞台化的体验与真实战斗相差甚远。

[33] 接下来的事例来自五份学生报告，以及对一名朋克乐队成员的访问。

[34] 显然，每次音乐会上只能出现一个狂舞区。在大部分音乐会上，主舞区旁边可能会出现小舞区，但很快就会消失。这可能是因为狂舞区需要得到群众的积极支持，但人们每次只能维持一个暴力注意力中心。这一模式也符合之前提出的观点：每个注意力空间每次只能发生一起打斗事件。

[35] 各种小团体中都存在类似的"实际领袖"，他们与表面上的领袖不同（Bales 1950）。这里值得注意的是，大块头男性并没有利用自己的身材优势来表现得更加暴力；过多的暴力会影响到这一群体的存续，因此领导这一群体的方法就是利用自己的身材优势来充当保护者和规则践行者。

[36] 在这一方面，狂舞者与黑帮成员明显不同。后者互相熟识，常常属于同一族裔。在这里，狂舞者背弃了他们的中产阶级出身，比下层阶级的黑帮更加具有个人主义和世界主义。几名参与式观察者评论道：狂舞区是一个真正的大熔炉，用自己创造出的团结感将人们聚集在一起。

[37] 来自我的个人经验：1960 年，我在普林斯顿参加了一场舞会，当时正是哈佛与普林斯顿举行橄榄球比赛的周末。在校园里，三个乐队同时在进行演奏：贝西伯爵乐队（Count Basie）、杰瑞·李·刘易斯（Jerry Lee Lewis），以及旁边房间里的"贸易船组合"（The Coasters）。他们都是摇摆乐和摇滚乐时代的顶级乐队。他们需要互相竞争来吸引注意力，而且观众们大部分时间都是在自己跳舞，而不是聚集在舞台前。

[38] 之前我们曾提到过直刃族,他们是狂舞的积极参与者。

第八章　运动暴力

[1] 体育运动在其早期历史上经常发生规则改变,这些改变有时会彻底重塑该项运动(Thorn, Palmer, and Gershman 2002:79—103)。近年来也发生了许多改变,例如职业橄榄球比赛更改了犯规处罚规则,以保护四分卫和接球员,从而鼓励更精彩的传球动作。

[2] 这些竞赛让人们能够在输赢之外对比赛保持更多兴趣,但关于纪录的竞赛似乎并不会导致运动暴力。美国的比赛有着格外复杂的模式。也许我们可以称之为一种美国传统:不断发明新的社会技术用于体育娱乐。较古老的体育竞赛(如田径项目)也更强调纪录的保持与打破;但这并不会改变比赛本身的戏剧结构:在100米短跑比赛中创下世界纪录,意味着一定要赢得比赛,因此这并不是一项副产品。

[3] 社会科学家在研究体育暴力时,曾试图解释为何观众会喜欢观看暴力。戈尔茨坦(Goldstein 1998)总结了相关理论,指出并没有一种自洽的理论来解释暴力娱乐的吸引力。麦考利(McCauley 1988)则指出,现有的心理学理论无法解释为什么观看虚构或人造的暴力有时会令人愉悦,但观看真正的暴力(如播放关于屠杀或暴力伤害的格外真实的影片)却不然。当然,此处的区别就在于戏剧情节中的张力。

[4] 在现实生活中,有些平行竞赛也会存在进攻与防守。例如在赛跑中,选手可能会互相阻挡,偶尔还会互相绊倒;速度很快的跑者也可能被挡在后面无法突破,结果输掉比赛。这些模式通常发生在中长跑中,因为跑者的跑道不是分开的,也没有足够的时间拉开距离。这种情况可能会让失败变得格外苦涩,也许会导致长时间的痛苦。最著名的例子发生在1984年奥运会上的1500米女子长跑比赛中,当时美国选手斯拉尼(Mary Slaney)被南非选手巴德(Zola Budd)绊倒了,两人都被迫退出了比赛。斯拉尼此后多年都对巴德怀恨在心。但是,比赛中的互相阻挡似乎从来不会导致打斗。这种比赛的竞争性是可以非常强的;非洲马

拉松选手通常很贫穷，因此比赛奖金对他们来说也就格外重要；他们有时会将自己的水瓶放在对手的补给桌上，试图让对手因此放慢速度。但是这种行为也不会导致打斗。比赛结构本身决定了这一点：花时间打架就等于输掉比赛。

不过，赛车选手的后勤维护人员之间有时却会发生打斗。在芝加哥举办的全美汽车协会大赛中，凯西·卡纳（Kasey Kahne）原本领先，却被托尼·斯图尔特（Tony Stewart）撞了一下，结果冲到了围墙上（但卡纳并没有受重伤）；斯图尔特继续比赛并最终获胜（*Los Angeles Times*, July 14, 2004）。卡纳的后勤人员走到了斯图尔特的后勤区，两群人大吵一架并开始互相推搡，最后则被工作人员拉开。这起打斗并不是发生在车手之间，而是发生在他们的助手之间；这些助手并不是真正参与比赛的人。挑起打斗的人，恰恰是没能完成比赛的一组。因此，对他们来说，打架并不会浪费比赛中的时间。

[5] 拳击在所有的体育运动中显得格外特殊，包括最具冲突性的体育运动在内，因为赛前经常会发生打斗。其他体育运动中的打斗经常发生在比赛后期，当紧张感已经建立起来之后。然而在职业拳击比赛中，双方选手会在赛前举办新闻发布会，并会面对面摆姿势拍照（参见图8.2）。这种场合里可能会发生仪式性的目露凶光或恶言相向，有时则会升级为短促的打斗；但这种打斗几乎总是局限在互相推搡上，有时会有人踢一脚家具，有时双方的随从会扭打在一起。这种模式是仪式性的虚张声势，双方很少会真正动用拳头。有些甚至可能是炒作，是为了让即将发生的商业比赛吸引更多人。这一切都符合规律：打斗是一种为观众举行的娱乐。就算打斗双方真的心怀敌意，打斗前的暴力也是受到限制的，双方都将注意力留给正式的比赛。在其他种类的比赛中，尽管有时个人或队伍会在赛前互相恫吓，但教练和队员本人都会及时制止，以免激怒对手。我们将会看到，橄榄球比赛的赛前冲突是最严重的（除了拳击之外）；教练并不反对这种行为，因为这也是在当下情境中建立起攻击性支配力的方法之一。如果在比赛前的日子里只动口不动手，就会被认为是在帮对手做好情绪准备。

[6] 这里指的是学校中或业余联赛中的摔跤比赛。相反，职业摔跤比赛与体育摔跤比赛的规则和技巧都很不同，它会营造出一种极端暴力的印象，有时选手会将对手摔出场外，甚至会用违反规则的武器和技术来攻击对方。这些都是经过彩排的表演；在我看来，业余摔跤手能轻而易举地将职业摔跤表演者压制住，令

其动弹不得。相扑选手似乎在比赛之外从未参与过打斗。他们会在赛前花很多时间做样子，试图扰乱对手的注意力；尤其是站起身来走到场外几秒钟，作出轻蔑的姿态等。高级相扑选手会获得更多时间来进行这些赛前仪式，这也表明这些动作具有象征性的含义。观众会为这些动作喝彩，因为它们看起来就像一场大戏（基于我自己的观察和东京相扑场的小册子；2005年5月）。

[7]　一项研究询问北卡罗来纳州的高中运动员指导员，让他们估算三种体育运动中口头及身体恐吓发生的频率，以及暴力真正爆发的频率（Shields 1999）。他们认为，暴力在橄榄球中是最高的（这些学校并没有冰球队）；足球的口头恐吓比橄榄球稍高一点（这看起来令人意外，但这也许是因为对足球选手来说真正的暴力很难实施，因此虚张声势成为唯一的武器）。篮球在口头及身体恐吓上处于中等程度，在暴力上则与足球差不多低。恐吓具有递进性：口头恐吓能解释45%的身体恐吓（例如推搡和抓挠），身体恐吓能解释42%的身体暴力。我们必须考虑到这些数字的来源；它们并非基于比赛中实际发生的冲突，而是基于指导员的报告，因此是根据他们对不同种类的恐吓与暴力的印象而计算得出的。

[8]　高中运动员的指导员也指出，恐吓与暴力在季后赛中比在常规赛中更常见（Shields 1999）。

[9]　在1987—1997年间的11个NBA赛季里，共有六次季后赛发生了严重的打斗事件，最后导致禁赛处罚。其中三场比赛中，有一名选手因主动挥拳（并非报复）而被禁赛；三场比赛中发生了打斗，但每场比赛中只有两名选手真正参与了打斗，其他人则因为在打斗中冲上场而遭到处罚（*San Diego Union-Tribune*, May 16, 1997）。每个赛季约有80场季后赛，其中0.7%发生了打斗。我推测常规赛中的打斗比例更低。研究业余和学校篮球队的社会学家证实，打斗是很少见的（Reuben A. Buford，2005年8月的私人通信）。斯科特·布鲁克斯（Scott Brooks，2003年的私人通信）报告称，城市贫民区的篮球球员不需要通过打斗来获得名声，而其他年轻黑人男性则需要这么做。威尔金森（Wilkinson 2003）收集了黑人与拉丁裔帮派成员之间发生的打斗，尽管他们会参与各种娱乐性运动，其中也包括篮球，但他们提及的唯一引发暴力的运动却是足球。

[10]　因此，冰球的处罚方式包括：普通犯规会被罚下场两分钟，格外粗鲁的动作则会

[11] 冰球暴力中最严重的伤害并非来自打斗（比赛会暂停），而是来自比赛本身造成的碰撞；例如选手可能会狠狠地撞上对手，作为对之前冲突的报复。

[12] 在 1980—1988 年间的全国橄榄球联盟比赛中，平均每年每支队伍会发生 65 次严重伤害，也就是平均每场比赛每支队伍发生三次严重伤害（*Los Angeles Times*, Jan. 24, 1997）。平均每周每支队伍的名单上约有 10% 的队员受伤。在 20 世纪初，橄榄球是一项格外暴力的运动；1905 年，共有 18 名选手死于大学橄榄球比赛（当时还不存在橄榄球职业联赛）（Rudolph 1962: 373—93）。历史上橄榄球球员的受伤率很高，部分是因为当时的护具还不是很有效，只是相对较薄的皮制头盔和垫子；直到 1950 年之后才发展出沉重的塑料和泡沫填充式护具，20 世纪晚期才开始使用军队防弹衣和面部护具。在 1940 年代末期开始使用硬质头盔前，阻断和擒抱是用肩膀进行的，就像拳击手用滑拳而非直拳一样（Underwood 1979: 93—109）。因此，尽管橄榄球球员比过去更强壮，现在的死亡案例却变少了。通过改善训练技术（如举重、服用类固醇和其他塑造体型的方式），当代橄榄球运动员无疑比早年间碰撞得更加凶狠，这说明护具允许人们使用更高限度的受控暴力。现在，橄榄球球员的死亡几乎全部发生在严酷的训练过程中。

[13] 球员会试图从对手那里抢到被压在最下面的球，因此他们咬、抓、挠无所不用其极，并可以攻击身体格外脆弱的部分，如扣眼睛和抓睾丸等（基于对球员的采访，见 *Sport Illustrated*, Jan. 31, 2005: 38—39）。一名球员称："球一般只会被抢走一次。在人堆中，你根本无法呼吸，更不用说留出空间来让球移动了。只有一个人能将球从别人那里偷走。然后一切就结束了。"这是规则之外的小动作，裁判既看不见，也无法控制；只有当人群散开，裁判才能看到谁拿到了球。但是这些隐藏的打斗是自我规范的，一旦球员们站起身来，并不会引发进一步的打斗。

[14] 足球比赛中的受伤概率一般如下：男足每场比赛中（22 名球员）有 2—3 人受伤，女足则是这个数字的一半；无论是职业联赛还是青年联赛都是如此。伤情一般都是腿部的挫伤、拉伤和扭伤，骨折和骨裂很少见。在职业联赛中，导致无法

出席下一场比赛的伤情大约每场比赛中会发生一次（Junge et al. 2004）。这比美式橄榄球中的受伤情况要轻得多；在橄榄球比赛中，只有当球员伤到无法参与下一周的比赛时，才会获得报道。

[15] 第二章最后，在"恐惧什么"一节中，我指出士兵和其他严肃的打斗者对自己身体受伤的可能性并不那么关心；他们更关注的是在面对面的冲突中威胁另一个人时产生的冲突性紧张。冲突性紧张/恐惧主要是因打破了人类互动的基本浸润而产生的，它是一种象征性的、情绪上的伤害。在运动员的案例中，最特殊的紧张感是在处于公众注意力的中心时无法保持沉着冷静。

[16] 这些保护有时在棒球打斗中也会起用。在若干张照片中，我们能够看到捕手与对方球员发生冲突（例如红袜队捕手杰森·瓦瑞泰克试图干涉纽约洋基队强打者亚历克斯·罗德里格斯与波士顿投手之间的冲突，后者刚刚用一个触身球砸到了罗德里格斯；见图8.3）。在这些情境中，打斗都是常见的推推搡搡；我们可以看到捕手仍然穿着胸甲与面部护具，他伸开胳膊拉扯对手的下巴和面部。捕手的护具并不仅仅是保护他不受报复伤害；由于他仍然戴着手套，他也无法对敌人造成太大伤害（此外可见 *Los Angeles Times*, July 29, 2002）。

[17] 平日里的练习比赛似乎也是如此。一名学生在民族志记录中描述了两名球员经过数日时间建立起了紧张关系，而后当打斗终于爆发时，其他人只是站在旁边围观。

[18] 一名球员回忆起自己进入大联盟后的第一天："我们发生了两次倾巢出动的冲突。我只是跟着所有人一起冲了出去。我不知道该做什么。那是我第一次上场。我已经够紧张了。"（*San Diego Union-Tribune*, Aug. 13, 2001；亦见 Adler 1984）

[19] 不过，棒球打者有时会在街头打斗或抢劫中用球棒作为武器（e.g., Felson 1994: 32; Morrison and O'Donnell 1994; Fisher 2002）。

[20] 尽管柯布后来被视为"疯子"，但用比赛中的历史情境来解释他的行为要比简单归因于其个人精神状态更合理。棒球塑造了他的性格。

[21] 被殴打的队伍不仅丧失了情绪主导，而且丧失了凝聚力。一名访问者曾询问埃里克·迪克森（Eric Dickson，赛季中的冲球码数纪录保持者）："你怎么知道对

方的防守正在崩溃呢？"他回答道："你会看到他们开始争吵，这时你就知道你已经搞定他们了。'你们这些家伙为什么不在场上大吵一架呢！'然后，'你们这些家伙为什么不在场下大吵一架呢！'"（*Los Angeles Times*, Dec. 27, 2003）

[22]   在这里，很重要的一点是区分短期和长期的情绪能量流动。在我之前的互动仪式链理论中（Collins 2004），我注意到情绪能量是累积性的，既有积极的一面，也有消极的一面。随着个体从一次接触转移到另一次接触，那些具有高情绪能量的人会主导具有低情绪能量的人，这一模式会在仪式链条中不断重复。在运动比赛中，这种模式会导致比赛显得沉闷无聊、可以预测，因此缺乏戏剧张力。就算队伍之前的胜率不相上下，那些先发制人的队伍也能主导整场比赛。比赛规则就是为了防止这一点。必须要让选手有找回自己丢失的情绪能量的机会（又称"势头"）。因此，比赛为运气留出了机会（例如幸运球），并允许表现中的小小差异导致结果中的巨大差异：投球偏差几分之一英尺，就可能造成好球、坏球或全垒打的区别。比赛是人为制造的，这也是表现之一。日常生活远没有体育比赛公平，霸凌者会不断欺负受害者，受害者很难反败为胜。在体育中则产生了生产戏剧张力的机制，从而可以制造出更加令人满意的场景。

[23]   值得注意的是，打者和投手很少直视对方的眼睛乃至面部。他们似乎试图通过面无表情来提高这种猜测的难度。这一情境的另一个方面是，球员会将"直视"视为敌意的表现；目光相交可能会被视为口头羞辱而引发一场打斗。在一起事例中，在一场美国棒球大联盟比赛开始前的击球练习里爆发了一场打斗，因为一名球员走向对方的另一名球员，试图为之前比赛中发生的事情道歉。但对方却将目光交流视为挑衅，结果引发了四分钟的争吵（*San Diego Union-Tribune*, July 28, 2004）。我曾在机场安检前的队伍中观察到类似事例（in August 2006）：一名男子警告一个插队的人："你瞅啥?!"对方避开了目光接触，打斗未能发生。

[24]   有些投手，例如罗杰·克莱门斯（Roger Clemens）或历史上的鲍勃·吉布森（Bob Gibson），以其恐吓式的姿态而著称。这些投手能获得好球率或防御率纪录，但其他同样能打破纪录的投手却未必有这种冲突性的姿态。恐吓是诸多技巧之一。

[25]   有些打者会选择相反的策略，尽可能靠近垒包，甚至冒着触身球的危险来争取上垒的机会并打乱投手的节奏。因此，这些球员常会被触身球击中。与我观察

相符的一个假设是,这种打者即使被打中也不会生气,也不会挑起打斗。有些投手喜欢欺骗,有些则喜欢争夺公开的支配力,打者也一样,有些打者依赖于冷静的技术,有些则依赖于能量的涌动。(最近的球员中,前一类包括巴利·邦兹和托尼·格温,后一类包括曼尼·拉米瑞兹)。我们的推测是后者会挑起更多争斗。与其相似,我们推测那些倾向于获得公开支配力的投手比依赖欺骗技巧与精准投球的投手更容易卷入打斗。因此,打斗更容易在强投手面对依靠肌肉或精神支配力的强打者时发生。

[26] 韦恩·格莱特斯基(Wayne Gretsky)在橄榄球职业联赛中得分纪录上名列前茅,他在对手中有着"狡猾"的名声,因为他会敏捷而令人不易察觉地接近目标,而不是采用冲突性的方式。

[27] 一支队伍需要多少球员是有上限的。在有关费城飞行者队的一则新闻中,题目与导语是这么写的:"费多鲁克正在争夺执法者的位置,但飞行者可能无法容纳两个硬汉。"(*Philadelphia Inquirer*, Sept. 28, 2001)

[28] 我曾访问过一些知识渊博的球迷,他们表示,在冰球比赛中,当一支队伍显然即将输掉比赛时,最容易爆发打斗。即将输掉比赛的队员会挑起打斗,仿佛是为了宣告自己就算输掉比赛也仍然在冰上有一席之地。

[29] 我曾在第七章中指出,由于情绪注意力空间的限制,存在"每个场地只能发生一次打斗"的原则。在一场比赛中可能会发生多次打斗,正如之前的例子所显示的一样。但是,这些都是两支敌对队伍之间的相同戏码;就像狂欢场地中发生的某些打斗一样,这些是一系列相关的打斗,主角与配角都是同一批人。

[30] 我已经总结过,转折点暴力通常发生在一场比赛临近尾声时。但当宿敌之间举行一系列比赛时,赛前热身中发生的冲突有时也能奠定比赛的基调。在2002年橄榄球常规赛季的最后一场比赛里,匹兹堡钢人队正在冲刺北部赛区冠军,他们在客场对阵坦帕湾海盗队,对手已经获得了自己赛区的冠军。坦帕湾的防守明星沃伦·萨普(Warren Sapp)一向以口出恶言著称,他在赛前热身中开始动员主场观众;匹兹堡队强壮的跑卫杰罗姆·贝蒂斯(Jerome Bettis)因其体型而被称为"大巴士",他被激怒而打了萨普。"去年他们就在热身时对我们蹬鼻子上脸,"贝蒂斯说,"我们想让他们知道,我们会在他们的主场把他们打个落花流

水。"双方都各有数名球员开始彼此推搡。比赛开始后,钢人队在前四分钟就以14∶0领先,最后以17∶7大获全胜。匹兹堡队主导了整场比赛;萨普最后被匹兹堡的防线彻底阻拦,完全没能作出拦截、擒抱和助攻动作(*San Diego Union-Tribune* and *Los Angeles Times*, Dec. 24, 2002)。

[31] 一个例子是2003年纽约洋基队与波士顿红袜队之间的美国联盟冠军赛(*Los Angeles Times*, Oct. 10—13, 2003)。红袜队在85年里未曾赢得过世界大赛冠军,当时被认为面临多年来最大的机会。他们在洋基体育馆的前两场比赛一胜一负,双方都投出了多个触身球。红袜队回到主场后,双方都派出了最好的投手:佩德罗·马丁内兹(Pedro Martinez)和罗杰·克莱门斯。第四局上半场,洋基队逆转了红袜队,以4∶2领先;马丁内兹愤怒地威胁要打中洋基队打者的脑袋,洋基队则冲他大叫大嚷。

这一局下半场,克莱门斯代表洋基队站上了投手丘;裁判已经警告过他,一旦有任何报复行为,他就会被逐出赛场;队友说,由于他试图控制自己的情绪,结果脖子上青筋毕露。下一个打者是红袜队的明星强打者拉米瑞兹,他在第一局曾夺得一分。克莱门斯投出了一个高球,但并不是内角球;尽管这个球并没有贴近拉米瑞兹的脑袋,但他还是作出了这样的反应,走向投手丘,手中挥舞球棒——打者在打斗中几乎从来不会使用这一危险的武器。(挥舞球棒只是虚张声势,他并没有使用球棒。)两支队伍都冲上场去,陷入了15分钟的大混战。比赛重新开始后,拉米瑞兹试图去击打克莱门斯投出的第一个球,尽管它显然不在好球区。拉米瑞兹整个过程中情绪都不受控制,之后在整场比赛中都没能打出安打。红袜队在打斗过后表现平庸,最后以3∶4输掉了比赛。洋基队在比赛临近尾声时挑起了另外一场打斗,对一名支持主队的球场工作人员拳打脚踢。在这次情绪高潮之后,接下来的比赛里再也没有发生打斗。双方你追我赶,红袜队最后仍然没能获得世界大赛的冠军。

[32] 同样的两个人在前一年7月两支队伍比赛时也曾爆发争斗(见图8.3;本章注释16中讨论了这起事例)。7月的打斗被认为代表了两支队伍之间戏剧性的敌对关系;他们争相在美国联赛中创下新的纪录,并重演过去赛季中的打斗。在7月的打斗之后,整支红袜队一路凯歌高奏,最终进入季后赛,并与自己痛恨的对手最后一决胜负。

[33] 关于球场骚乱的警方报告通常并不会区分攻击行为、公开场合酗酒和其他不当行为；而单靠逮捕和逐出球场的数据，我们也并不知道当时究竟发生了什么。新闻报纸有时会整理一些数据，但却并未显示出任何明确的模式或趋势(*San Diego Union-Tribune*, Oct. 31, 2004)。

[34] 在史密斯(Smith 1978)的数据中，在68起严重运动暴力事件中，只有10%的观众暴力与场上的运动员打斗(或接近打斗的行为)无关。

[35] 2004年9月在奥克兰，当两支队伍因为争夺季后赛席位而进行着激烈的比赛时，客队德克萨斯流浪者队的一名球员向观众席上扔了一把椅子，因为一名捣乱的观众多次试图坐在牛棚(准备区和替补区)附近。结果一名旁观者被击中：坐在这名观众旁边的一名妇女被打破了鼻子。整支流浪者队都聚集在牛棚附近支持他们的队友，展示了队伍在打斗中常见的团结(*USA Today*, Sept. 15, 2004)。

[36] 让我们分析一下观众争抢出界球(或是全垒打)的仪式。球迷通常认为这很重要，接到球的人会在那一瞬间被视为英雄。棒球被视为一种圣物，是作为边缘地带的观众席与作为注意力中心的球员之间的一种联系。我们完全可以有其他方法来得到一个棒球，比如捡起滚地球，或是从球场工作人员那里接过来；但接住出界球仿佛是一种特权。在这一时刻，球迷通过模仿球员的动作而短暂地爬到了更高的地位上。这总是能赢得其他球迷的掌声。这一现象与收集签名类似，后者也是努力与偶像建立联系的方式。功利主义者会说，比赛中用过的棒球有时在体育运动纪念品市场上能卖到不菲的价格。但这并不能解释为什么除了打破纪录的球(因此能卖上高价)之外，普通的球仍然会被球迷赋予仪式性的敬意。最著名的棒球是对普通棒球的仪式性价值进行了强化。

[37] 关于庆祝骚乱的细节分析，参见刘易斯(Jerry M. Lewis)即将出版的著作。

[38] 在这一节中我用"足球"来代表欧洲足球。暴力球迷(或"支持者")组成的俱乐部也被英国人称为"公司"。这一词汇来源于伦敦地下犯罪市场，"黑手党帮派开始以公司的形式运营犯罪生意。到1970年代，暴力球迷团伙挪用了这一称号。"(Buford 1993：316)因此，一家"公司"也许指的是聚集在一起积极参与打斗的球迷(美国人现在称他们为"小团伙")，也许只是泛指实施隐秘打斗策略的球队的所有支持者。"球迷"比"足球流氓"或"公司"的范围都更广。

[39] 这与劳工运动中动员工人阶级时的模式相同。动员程度并不取决于经济压迫的严重程度,而是取决于动员本身的资源。1980年代的足球流氓暴力时期,其实是经济相对繁荣的时期。

[40] 布福德(Buford 1993: 29, 213)描述,大部分足球流氓头领都有昂贵且闪闪发亮的衣服、汽车和珠宝。其中有些人是职业罪犯,例如窃贼或造假币者(Anthony King 亦证实了这一点,见2000年11月的私人通信)。然而,足球流氓暴力对他们来说并不是普通的犯罪行为,因为它并不能盈利,反而会亏损。在布福德的描述下,这些头领仿佛乐在其中。另有更多学者也提供了这方面的分析(Dunning et al. 1988, 2002; Dunning 1999; King 2001; Johnston 2000; Marsh, Rosser and Harre 1978; Van Limbergen et al.1989)。

[41] 上流社会中也存在非常类似的行为,主要是存在于儿童中,但其规模通常较小。菲茨杰拉德(Scott Fitzgerald)在《人间天堂》(*This Side of Paradise*)一书中描述了一小群普林斯顿本科生在一战前一年身无分文地跑去大西洋城狂欢的情形;他们兴高采烈地在餐厅里点餐,而后利用戈夫曼式的经验,假扮出一副正常的模样,不结账就离开了。

[42] 埃利亚斯和邓宁(Elias and Dunning 1986)在他们的一次开拓性研究中发现:从18世纪开始,体育运动的组织方式开始允许人们享受现代生活中缺乏的愉悦的紧张感。社会的文明化进程会导致对自然本性的压制——事实上,弗洛伊德认为自制是文明的代价。体育运动创造出了一个安全的平行宇宙,让人们能够进行幻想中的冲突;体育运动中释放的紧张感,过去可能会导致真正的暴力。除了释放紧张之外,体育运动还创造了愉悦的张力与兴奋,打破了观众们平庸的日常生活。

  这一论点有两个弱点。其一是前现代社会并不会轻而易举、无所限制地发生暴力;纵观历史,冲突性紧张/恐惧始终存在。我们在本书中始终看到,暴力并不是令人愉悦的自然冲动,而是可耻的攻击弱者,或是光荣的表演型舞台暴力。体育运动所表现出来的,并不是受到自我压制的暴力,在任何其他地方也未曾见过。其次,前现代的体育运动也能创造出愉悦的紧张感:从部落中的竞赛,到古代奥林匹克,到拜占庭时期的战车赛,再到中世纪的比武和其他流行的比赛等。

正如埃利亚斯和邓宁（Elias and Dunning 1986）记录的中世纪英国民间足球比赛一样，前现代与现代体育运动的主要区别是下层阶级的体育比赛缺少正式组织。没有裁判或成文的规则；参与者来自整个社区，而不是那些技术最强的少数专业选手。因此，不管什么年龄和体型的选手，不管是骑马还是徒步，不管是使用棍棒、赤手空拳还是用脚，都能参与其中；正因如此，严重的伤亡也很常见。发生改变的是正式和专业化的组织，它们开始控制某些方面的暴力，但却又鼓励另一些暴力，目的在于创造最富有戏剧张力的浸润体验，制造持久而复杂的情境悬念。上流社会的体育运动从古代到中世纪都具有更多此类组织结构，因为他们有足够的资源来控制冲突性紧张／恐惧，同时通过势均力敌且遵守规则的表演型打斗来突出上流社会的地位。历史上发生的主要转变，是所有社会阶级的财富与休闲时间的增长，以及待在学校里的时间不断延长。这创造了更多时间和机会：过去的人们需要终日努力工作来填饱肚子，如今却有时间来参与和观看体育运动。我们并不知道历史上日常生活的无聊程度是否发生过改变。体育运动通过现代性取代的东西，并不是所谓的不受控制的前现代暴力，而是时时刻刻都在进行的工作。运动暴力并不是一种文明的代替品，而是文明的创造物。

[43] 路透社的照片中也显示了这一点（1995年2月16日），"都柏林球场外，英国球迷攻击爱尔兰球迷"。照片显示了一场三对一的打斗（参见 pictures.Reuters.com）。

[44] 2000—2001年间，英国田野研究者安东尼·金和埃里克·邓宁提供的一系列此类事例引起了我的兴趣。布福德（Buford 1993：93—95）也给出了一个例子：英国球迷在一场球赛之后占领了一个意大利城市；夜晚时分，他们聚集在酒吧里，谈论的并不是比赛（曼联输掉了比赛），而是自己的胜利，是"意大利人吓得尿了裤子"。那天晚上，他们享受着"一天的工作结束了"的气氛。外面的广场上聚集了数千名意大利人，想要对酒吧里的200名英国人复仇。英国人并没有出来，而是等警察来把敌人赶跑。值得注意的是，外面的意大利人虽然在数量上占据压倒性优势，但却并未尝试入侵酒吧。就像在其他地方一样，足球流氓及其敌人之间存在着虚张声势和冲突性紧张／恐惧。关于足球流氓的早期文献强调的是他们如何发展出特定的技术和组织形式来避免与警察正面冲突；我们还需要研究他们如何克服通向打斗的障碍，亦即冲突性紧张／恐惧。可能的技术包括暂时

按兵不动，等待对手露出弱点的一刻。

[45] 参见金（King 2001）。在德国，一名英国队球迷四处乱跑，高喊着"希特勒万岁！"因为这样可以让对方球迷感到不爽（Buford 1993：228）。也有研究者（Van Limbergen et al. 1989：11）总结了比利时足球流氓对意识形态的自我呈现："他们假装自己是种族主义者、性别歧视者和地区歧视者。他们的想法简单且反民主。这种意识形态发展得很快并且未经思考。他们只是在重复某些特定的口号来激怒对方而已。"

[46] 人们经常声称体育比赛取代了国际争端，有化敌为友之用。但实际上，体育比赛也能激化甚至制造民族冲突。赛普斯（Sipes 1973）对比研究了前现代社会，发现那些有着类似战争游戏的部落也经常会对其他部落发起攻击。当然，这并不能直接用来解释国际竞争（或者在这一例子中是跨部落竞争）；还有许多其他可能，因为国际体育赛事势必需要一定程度的和平与接触才能举行。考虑到这一点之后，体育赛事还有什么其他作用？古希腊奥运会是在有着地方性冲突的城市之间举办，在比赛中赢得荣耀被赋予了一种沙文主义的意涵。

[47] 参见邓宁（Dunning et al. 1988）。美国棒球比赛的历史在某些方面也很相似；1900年代早期，外场观众与球场之间只有一道绳索隔开。1908年，在纽约举行的一场著名的比赛中，当主队在第九局得到精彩而制胜的一分时，观众们兴奋地冲上了球场。然而，当时的跑者默克尔尚未触垒（从此之后这被称为"默克尔的错误"），客队芝加哥小熊队在人群中追上了球并触杀了跑者，导致巨人队三人出局、跑垒无效。赛季最后，这一幕再次上演，观众席上挤满了球迷；比赛多次被球迷冲上球场而打断。巨人队最终输掉比赛后，球场上发生了骚乱。

[48] 在2004年10月举行的美国联盟冠军赛中，波士顿与纽约队狭路相逢。洋基队球迷对红袜队投手佩德罗·马丁内兹发出了孩子般的嘘声。他之前曾对媒体表示，在多次输给洋基队之后，他觉得洋基队就像他爸爸一样。于是，球迷们就像唱歌一样重复这句话："谁是你爸爸？谁是你爸爸？"他们用了一个小三度，就像学前班儿童排挤其他孩子时唱的歌谣一样。

[49] "他们认为自己是俱乐部的核心，大部分球员都只是雇佣兵而已。"（Anthony King，2004年11月的私人通信）"真正的比赛并不是发生在球场上，而是发生

在街头。在这里,你会找到人群、媒体、电视台摄像机和观众。"(Buford 1993:215)

[50] 当然也有显著的不同:狂舞者采用的是"类暴力",与足球流氓对暴力的追逐截然相反(与"光头帮"也相反,尽管那是与他们最接近的美国群体)。

第九章　打斗能否开始及如何开始

[1] 莱考夫(Lakoff 1987)分析了关于暴力的谚语,声称这些民间理论正是对现实的准确描述,暴力正是如此产生的。但是除了这些谚语本身之外,他并没有提供任何证据。

[2] 正因如此,我们才需要区分真正的身体暴力与其他形式的攻击行为。处理各种暴力及虐待行为的社会活动家和官方控制机构会试图扩展暴力的定义与范围,将口头攻击和情绪崩溃也形容为某种"虐待""骚扰"或"霸凌",并将"愤怒管理"项目作为所有暴力和非暴力攻击行为的治疗方案。但这么做会模糊真正的因果关系:用制度化的官方语言来解释真正的暴力是行不通的。在许多关键点上,暴力的因果关系与之恰恰相反。据安德森(Anderson 1999:97)描述,一群黑人贫民窟年轻人观看关于解决冲突的录像教育片时认为它是不切实际的;当他们感受到暴力威胁时,唯一的解决方法就是用"街头做派"来假装出愤怒。

[3] 非西方社会通常会更注重自己与他人的面子问题。戈夫曼(Goffman 1967:15—17)比较了传统的中国习俗;邦德(Bond 1991)研究了当代中国情境,池上(Ikegami 2005)则研究了日本习俗。在这些文化习俗上,不同国家的情况似乎都十分符合戈夫曼的理论。

[4] 例如,在一次关于政治话题的争论中,一名教授挥拳打了另一名教授,结果被告上法庭。尽管他在自己的学术领域成果累累,但却无法在美国大学中获得职位。最后,大学干脆把这个系给废弃了。(这些事件发生在1970年前后。)

[5] 两个观察事例可以支持这一点:(1)一天傍晚,我在家里(当时我正在家里写作)与两个孩子待在一起;男孩4岁,女孩8岁。我们都在等待他们的妈妈下班回家。

我们正在愉快地聊天，妈妈进来了；孩子们尖叫着扑进她怀里。她也热情地回应他们。过了几分钟，她坐下来告诉我这一天发生了什么。这时，孩子们开始嘀嘀咕咕，时不时还会争吵起来。最后，妈妈爆发了，开始抱怨自己辛苦一天回到家还要面对这样的烂摊子；她躲到了家里另一个角落。我们可以从注意力的角度来解释这一情境：孩子们在之前半小时内一直处于大人注意力的中心，同时他们很期待见到自己的母亲。在兴奋点的高潮过去之后，他们被赶进了背景，大人们开始进行谈话。孩子们的抱怨最后短暂地抢回了注意力，只是效果却是负面的；但不管怎样，大人之间的谈话也同时停止了。这似乎为孩子们争回了一种平衡感，因为在那之后他们就停止了抱怨，恢复到了平日里的情绪。

(2) 在几个月的时间里，每天下午我都会听到附近邻居家的两个小孩跑出来在后院玩耍。他们一个大约两三岁，另一个大约四五岁；他们的后院距离我的书房大约六七米远，由一道篱笆相隔。我开着窗户，享受温暖的南加州空气。孩子们身旁有一名保姆看管。较小的孩子在进入后院几分钟后就会开始哭。她的声音会逐渐加强，从令人烦躁的抽泣发展为大喊大叫。这通常是因为她跟较年长的孩子发生了争吵（也许是为了争夺玩具），但也可能是因为几分钟内没有听到保姆的声音——这说明保姆的注意力在其他地方。最后，保姆的声音总会出现，孩子的哭声也会随之减弱，有时立刻就停止了。而当保姆的声音消失，这一戏码又会重新上演，直到最后保姆不得不放弃，将孩子带回房子里去。这一戏码几乎每天都会上映。小孩之所以会哭，并不只是因为疼痛和压力，而是有可能利用哭泣来作为对社会情境的回应。小孩的权力资源很少，但哭泣是他们掌握的一种资源，因此有时他们会像暴君一样疯狂地利用这一资源 (cf. Katz 1999：229—73)。

[6] 来自学生报告的一个例子：一家人在餐厅聚会，临近尾声时，他们就谁该付账产生了争执。一名已婚的女儿试图给所有人付钱，而身为寡妇的母亲则认为这是对她的羞辱，好像她没办法给自己的孩子付钱一样。其他兄弟姐妹纷纷站队；他们的配偶则尴尬地沉默着，仿佛是在利用自己不属于这家人的身份来躲避争吵。最后，这家人在停车场里开始大喊大叫，两伙人分别使劲甩上车门，然后绝尘而去。这就是一场戈夫曼式的面子争吵，双方都没有后退。不过，尽管发生了争吵，这家人仍会定期相聚。他们之后再也没有提及这次争吵，仿佛一切

都未曾发生过一样。布莱克（Black 1998）基于人类学观察证据总结道，有着亲密和平等关系的群体，更容易选择掩盖而非解决冲突。

[7] 在男性熟人中，挑起争吵往往是为了改善无聊的局面。这很类似于第七章中描述过的受阻狂欢转化为暴力的情形，只不过较为温和。通过观察此类争吵爆发的过程，我们可以验证这一假设。这通常会发生在社交情境中，尤其是狂欢情境，因为人们会有意识地期待更多不同于平日的兴奋点。中产阶级男性通常会将这种冲突限制在口头上，工人阶级男性（特别是年轻人）则更可能会威胁使用暴力，但并不一定总是会实施暴力。夫妻也可能会在这种情境中爆发争吵；调查证据表明，夫妻争吵的原因中，排在首位的是金钱，其次则是为了找点乐子（Blood and Wolfe 1960：241）。

[8] 一种制度化的形式就是庆功宴或颁奖礼。若干人会先后发表讲话，获得众人的注意力，并告诉获奖者他/她有多么出色；获奖者则会感谢所有人，称他们才是最出色的。由此，上层阶级避免了自我吹嘘。这就像是莫斯（Mauss 1925）所描述的交换礼物的仪式一样。

[9] 参见拉波夫（Labov 1972）的研究。某些中产阶级职业领域中有着类似的被称为"烤肉"（roast）的习俗，即大家轮流取笑某位尊贵的客人。"烤肉"是一种严格限定在中产阶级的男性冲突仪式。这一习俗产生于1970年代，也许是仿效当时下层阶级的习俗。它并不是中上层阶级的利益传统，也不存在于学术圈或上流社会中。女性也可能会参与这些情境，但主要实施者仍然是男性。

[10] 在电影《死鸟》中（第二章），我们可以从新几内亚的部落战争中听到女性模仿鸟叫的录音；后者则见于1958年的城市骚乱中，参见纪录片《阿尔及尔之战》（The Battle of Algiers）。关于嚎叫的分析，参见雅各布斯的研究（Jacobs 2004）。

[11] 参见安德森的研究（Anderson 1999：112）。"街头做派"在男性的衣着打扮和身体姿态上比女性体现得更为明显。"街头做派"标志着帮派中的男性核心成员，女性则往往作为追随者或附庸存在。格林（Green 2001）研究了工人阶级黑人少女的性生活，发现她们的生活总是围绕男友的活动进行。如果她们想要专注于学业或追求自己的兴趣，就必须跟男友分手。

[12] 这一冲突有助于解释黑人男性为何喜欢穿穆斯林或非洲式样的衣服：它们代表了

对白人主流文化的排斥，与此同时却又代表着一种受到规训的中产阶级生活方式。这是黑人贫民区中"正经人"文化的一个变体。白人常会误解非洲与穆斯林服饰的含义，他们认为这是一种怀有敌意的逆向种族歧视。他们没有注意到的是，同样的衣着打扮其实表现了对传统中产阶级文化的顺从。这些服装并不是街头文化的同盟，而是另外一种生活方式。关于这种风格的兴起，参见林肯的分析（Lincoln 1994）。

[13]　不过，在无价值的交谈中被人压倒，并不一定会导致暴力。通常都会有观众在场，双方在进行口头互动仪式时也很清楚观众的存在。在这种情境中被人在口头上压倒的人，也许会作出观众的姿态，对此一笑置之。这是一种情境置换：让自己扮演其他群体的角色。由于这些群体通常属于街头帮派的一部分，因此这种策略能够暂时避免暴力。

[14]　参见琼斯（Jones 2004）。1990年代末期，穿戴穆斯林式样罩袍和头巾的黑人少女在费城高中常会被人攻击，攻击者声称穆斯林公开指责她们的性行为与吸毒行为，因此激怒了她们。穆斯林衣着是对街头风格衣着的极端拒斥，尤其是女性服装：长及脚踝的罩袍、头巾和面纱。这种服装似乎是在公开指责街头文化道德败坏。这些打斗类似于"街头做派"的男性攻击那些明显出身于"正经人"家庭的学生，因为他们"自认为比我们强"。

[15]　还有一种证据可以证明"不敬"并不是暴力的动机：街头风格在白人青少年中其实十分流行，包括富有家庭的孩子也会采纳这种风格（Anderson 1999：124）。这并不是对"不敬"的反应。这些白人青少年是在借此表明自己在青少年文化中同样有着较高的地位。这是一种情境选择：在周末的狂欢派对上，他们会穿上黑帮式样的衣服并表现出"街头做派"；一旦回到正常的学校与工作中，他们就会将这种风格抛诸脑后。

[16]　参见安德森的研究（Anderson 1999：73）。这一模式在黑手党等犯罪组织中很常见，尤其是在那些担当打手的成员中。他们中的许多人都会获得"疯子乔"之类的绰号。他们能够通过狂热嗜血的名声爬到相当高的位置；为了塑造这种名声，他们可能会作出极端残忍的行为来恐吓对方（例如在追讨高利贷、勒索或是与敌对帮派打斗的时候）。有证据表明，这些都是刻意为之，因为这些格外暴力的行

为通常只会发生在黑帮事业的早期。等这些人爬到较高的位置，他们可能就会很少作出暴力行为，或是干脆不再进行任何个人暴力，而是把脏活丢给手下去做。因此，山姆·"疯子"·詹卡纳（Sam "Mooney" Giancana，Mooney 在 1930 年代的黑帮用语中指"疯子"）和托尼·"球棒乔"·阿卡多（Tony "Joe Batters" Accardo，他经常拿着球棒猛敲受害者的脑袋）都成为芝加哥黑帮中的成功头领，在 1950—1966 年间先后坐上老大的位置（*Chicago Sun Times*，August 18，2002）。

[17] 另一方面，"正经人"之所以假扮出"街头做派"，很大程度上是为了避免被视为"软柿子"，成为街头抢劫的受害者（Anderson 1999：131）。

[18] 我会在下一卷中分析暴力的时间动态，并会在那时详细讨论"暴力隧道"，也包括其长期的宏观维度。

[19] 决斗提供了另外一种解决方案。发出和接受决斗挑战，会终结当时当下的冲突；实际上暴力被推迟了。虚张声势与互相羞辱的舞台在确定决斗的那一刻就落幕了。发出决斗挑战解决了"把事情闹太大"的问题，因为这是一种礼貌的行为，保住了所有人的脸面，但其代价却是之后需要冒着身体受伤或死亡的风险。

[20] 在一个不同的历史情境中，培根（Bacon 1225/1963，*Essays*，Chap. 62）提出，在争吵中可以使用普通的羞辱言辞，而无需结下深仇大恨；但这种羞辱不能戳中对方伤疤，否则就不可原谅。我们也许可以研究一下，泛泛的羞辱（"混蛋""白痴"等）与针对性的羞辱相比，是否引发暴力的可能性较低。

[21] 安德森描述的"他偷了我东西"的事件（本章前一节有所讨论）就是一例。

[22] 德雷塞与刘易斯的打斗之所以能轻易结束，原因之一是它是私下进行的。此外，唯一的一名非匿名观众进行了干预，试图阻止而不是鼓励打斗发生。

第十章 少数暴力人士

[1] 关于警察中的暴力倾向如何分布，这方面的信息很难拿到。警察公会保证了此类记录是保密的，警局也担心会因此引发诉讼。最好的数据来自罗德尼·金事件之后成立的负责调查洛杉矶警局的克里斯托弗委员会；它提供了 1986 年到

1991年初的数据。

[2] "不当的策略"通常意味着在对待嫌犯时过于粗鲁，攻击性太强，使用了过度的暴力，甚至可能达到触犯法律的程度。不过在警局的内部记录中，"过度"和"不当"通常并不意味着该警员因此就会被控告；他们甚至可能不会获得行政处罚。

[3] 参见：Tracy, Wolfgang, and Figlio 1990; Shannon et al. 1988; Piquero, Farrington, and Blumstein 2003; Piquero 2000; Piquero and Buka 2002; Polk et al. 1981; Nevares, Wolfgang and Tracy 1990; Moffitt and Caspi 2001; Farrington 2001; Wikstrom 1985; Pulkinnen 1988; Guttridge et al. 1983；这些研究覆盖了大量美国城市及世界上的其他地方。

[4] 入室抢劫有时并不暴力，但却是最冒险和最令人紧张的犯罪行为，有时可能会与受害者产生正面冲突，进而导致伤害和强奸。

[5] 这些计算证实了世代研究中的发现。女性囚犯中的罪行分布与男性相似（English and Mande 1992）。不过，她们的罪行通常比男性的暴力程度要低一些。

[6] 计算基于司法部的全国青少年黑帮中心、联邦调查局的统一犯罪报告、美国人口调查，以及圣地亚哥警局黑帮部门提供的信息。

[7] 计算基于思拉舍（Thrasher 1927/1963：130—32，282—83）。

[8] 我们知道，18岁以下青少年实施的谋杀仅占全部谋杀案的5.2%；在黑人群体中，13—19岁的受害者仅占所有黑人谋杀案受害者中的12.9%，且大部分在17—19岁之间。（能够获得的信息表明，所有黑人谋杀受害者中，92%是被其他黑人杀死的。）相比之下，53.2%的黑人谋杀受害者处于20—34岁之间。总体来看，这意味着黑帮成员中20岁以下（特别是18岁以下）的大量成员哪怕是在黑帮社区中犯下的谋杀罪行也是很少的（计算基于2003年联邦调查局的统一调查报告，暴力犯罪一章，表格2.4、2.6、2.7）。

[9] 计算基于 McEvedy and Jones 1978; Gilbert 1970：11; *Cambridge Modern History* 11：409, 579; Klusemann 2002。普鲁士军队（后来的德意志军队）从1870年的50万人增长到1913年的79万人，其中军官只有2%。

[10] 多名教师都曾报告称，同一节课上有时会在不同儿童中发生多起打斗；这发生在

城市贫民区学校中的六到八年级学生身上（Mollie Rubin，2004 年 11 月的私人通信；Patricia Maloney，2005 年 10 月的私人通信）。米尔纳的研究（Milner 2004：105）描述了一所混合种族（但主要是中产阶级白人）的大型高中里，在某日午餐时间的短短十分钟里发生了两起打斗的情形。第一起打斗发生在白人学生之间，第二起打斗发生在黑人学生之间。午餐区有数百名学生，大部分人都无视了打斗，尤其是发生在其他族裔学生中的打斗。这些都说明学校中存在隔离的注意力空间。成年人在同一个空间里同时发生多起打斗的情况，我只在纽约的瑞克岛监狱里见到过。当时，一名囚犯向我描述，当他走过牢房时，有三起打斗同时发生，周围分别围绕着一群旁观者，"他们可以尽情挑选观看自己喜欢的打斗"（Hoffman and Headley 1992：45）。然而，观察者本人作为一名职业杀手都认为这一切很不常见，也证明了监狱中的囚犯都是些极端强硬的家伙。关键因素也许在于这些打斗（事实上都是一对一的）其实是囚犯共同反抗看守的一种方式，就像教室里发生的多起打斗是反抗教师的一种方式。在这些注意力空间中，反抗权威才是关键所在。

[11] 参见沃登（Worden 1996）。

[12] 皮特·莫斯科斯（Peter Moskos，2005 年 4 月的私人通信）告诉我，他在大城市的警局进行参与式观察时，那些卷入大量暴力事件的警官通常是在特殊分队里，例如缉毒或反黑小队。与其类似，警官也会自我选择进入经常介入暴力冲突的特警队（特殊武器与战略部队）。

[13] 他在三次接触中都开了枪，说明即使在最危险的情境中，警察也只在一小部分时间里会开枪。一项研究分析了四个大城市的警局后发现，警察只会在法律和政策允许的情境下开枪（Scharf and Binder 1983）。克林格（Klinger 2004：58）认为这是合理的规限。然而，微观情境细节证明，那些开枪的警察是在这些冲突中最富有能量的。未能开枪的原因可能是冲突性紧张／恐惧，这也符合暴力分子的"少数原则"。

[14] 2004 年我随车出警时，一名警官告诉我他很享受这种"猫捉老鼠"的游戏；当时他的小分队正与缉毒小分队配合，追赶一群毒贩的车子。这名警官是一个精英特种小分队（反黑小分队）的成员。不过，这次逮捕行动中几乎毫无暴力发生；

嫌犯被拦下后就老老实实地投降了。

[15] 皮特·莫斯科斯在研究中关注的那些警察，通常喜欢执行轻松的、能获得额外收入的任务；对他们来说，卷入需要开枪的事件往往意味着要跟行政部门惹麻烦（2005年4月的私人通信）。因此，喜欢轻松任务的警察会争取在午夜执勤，因为凌晨3:00之后就不会发生太多事情了。

[16] 一名警官曾卷入三起导致死亡的开枪事件。据他描述，开枪后的感受是这样的："我感觉到了极端的兴奋。这是一种真正的热血上涌；我从来没有过类似的感受。嘿，他想要杀了我，但我要先杀了他。操他妈的。然后当医护人员开始救治他时，我记得自己当时心想，我才不想让他们救活他。"（Artwohl and Christensen 1997: 164）这名警官自愿在特种部队的搜寻任务中冲在前头，他的妻子曾经劝说他放弃带头的位置，但他很快就又冲到了前头。

[17] 1990年代，平均每年有65名警察死于执行任务的过程中，其中大都是枪伤致死。在这十年里，数千人被枪击中后活了下来；另有数万人遭受过攻击（《2000年遭杀害和攻击的执法人员》，来自联邦调查局统一犯罪报告；Geller and Scott 1992）。这些数字表明，事实上，警察在大部分冲突中都是获胜一方；比起警察被杀的可能性，他们杀死嫌犯的可能性是其10—15倍，击中嫌犯的可能性则是其10倍。暴力程度较高的警察会认为自己面临更多危险，但其实他们总是能够获得情境的控制权。

[18] 因此，狙击手一旦位置暴露，就会吸引来炮兵部队或轰炸机密集的炮火。更有效的方法是用狙击手来对付狙击手；他们能够利用自我隐藏技术来找到对手，并会用计划周密的一枪来令对方失去反抗能力。如果双方前线都存在经验丰富、技术高超的狙击手，就会形成狙击手之间的竞赛；这对双方来说都会损失惨重。狙击手竞赛是精英之间的竞赛。在犯罪世界，最强硬的家伙通常不会与其他强硬的家伙正面对抗。狙击手竞赛中的高死亡率（在世界大战中达到90%—100%）告诉我们，如果最强硬的人互相对抗会发生什么。

[19] 1942年苏联狙击手的表格（参见图10.1）显示了在不同距离上人体、建筑与其他自然物体的可见度。在1865年的美军手册中也有类似说明（Kautz 1865/2001: 241—43）。考茨指出，在22—27米的距离上，人们能够看到对方的眼白。因此

在19世纪的战争中，当枪的命中率还不太可靠时，一个著名的命令就是"等到你能看到他们的眼白为止"。

[20] 另外一个例子来自克里米亚战争（Ardant du Picq 1903/1999：8）。两小队士兵突然相遇，军官并不在场；他们之间相距大约十步。双方都忘记了自己手里有枪，而是开始边后退边扔石头。最后，当另外一支军队映入视野，其中一方落荒而逃，另一方则恢复了冷静，开始向着逃跑的敌人开枪。迪比克用这一事例来解释在成功的暴力中出其不意有多么重要；也就是说，关键在于对敌人发起突然袭击，并用自己的情绪动能来控制对方。遭受突然袭击的一方会无力自卫。当双方都未曾预料到冲突的发生时，也就都无法实施严重的暴力。

[21] 在第一次世界大战中，约有1050名美军飞行员，他们击落了780—850架敌机，平均每人不到一架。王牌飞行员占所有飞行员的8%（这一比例已经高得不同寻常），他们击落了68%的敌机。二战中美军约有1200名"王牌"，飞行员总数则是12.5万—13.5万；"王牌"比例不到1%。击落10架以上飞机的超级"王牌"占0.1%（计算基于Gurncy 1958：83, 158—63, 187—207, 226—27, 254, 256—65, 270—72；Keegan 1997：139；Dyer 1985）。

[22] 在第二次世界大战中，据估算，最好的飞行员在三次任务中也只有一次开火（Toliver and Constable 1997：348）。

[23] 计算基于www.au.af.mil/au/awc/awcgate/aces/aces.html；Shore and Williams 1994：10；Overy 1980：143—44；Mersky 1993；Boyd 1977。

[24] www.acepilots.com/german/ger_aces.html；Toliver and Constable 1997：348—49。哈特曼进行了超过800次空战，他的胜率是44%；不过，我们不太可能知道他究竟遭遇了多少架敌机。任务数量总是比实际发生的战斗数量更高，但是后者的信息很难获得。因此，我们只能大致计算每次任务击落的敌机。

[25] 这种纪录有着高度的爱国主义意味，也很容易扭曲真实的图景。最强的法国和英国王牌飞行员分别击落了75架和73架敌机。总的来说，8名法军"王牌"、15名英军"王牌"和超过20名德军"王牌"的纪录都打破了里肯巴克的美军纪录（Gurney 1965：173—75）。出现这种差异的部分原因是，这些国家参战的时间是美军飞行员的两倍；空战始于1915年7月，在1916年变得司空见惯起来。

[26] 计算基于 Gurney 1958：270—71。6.3% 这一平均值是最高的估算；皇家飞行员中被轰炸机击落的比例是未知的。此外，海军"王牌"在皇家飞行员中占了 40%，剩下的飞行员的胜率只有 4%。

[27] 然而，为了表现勇气，一战中的美军飞行员一般都不带降落伞；相反，非英雄主义的气球操纵人员则会带上降落伞 (Gurney 1958：23)。

[28] 因此，单次战斗中的最高纪录是保罗·利普斯科姆 (Paul Lipscomb) 中尉创下的，他在 1945 年 1 月 11 日的战斗中击落了 7 架日机。阿瑟·本克 (Arthur Benko) 中士在 1943 年 10 月 2 日也击落了 7 架日机，但因他是一名轰炸机机枪手，所以他的纪录未被承认 (Gurney 1958：121, 140)。

[29] 在二战中，68% 的美国海军飞机被防空炮火击落。在朝鲜战争中，盟军飞机中有 86% 被防空炮火击落 (Gurney 1958：273)。

[30] 例如，当理查德·邦格在 1943 年打破里肯巴克在一战中击落 26 架飞机的纪录后，他被撤下战场，调回美国。最后他争取到了在太平洋战场上担任非战斗射击教员的任务。通过利用规则漏洞，他与学生一同上了战场，并将自己的纪录提升到击落 40 架飞机；这在美军飞行员中仍然是最高的。战争结束后七个月，最高指挥官再次将邦格撤下战场，让他回到美国 (Gurney 1958：113)。由于邦格击落 28 架飞机的纪录先后被若干飞行员打破并提高到了 38 架，所以他迫切地渴望返回战场。

[31] www.acepilots.com/index.html#top。狙击手的纪录能够保持很久。二战中，苏联最注重狙击手的作用；他们最好的狙击手也会从战场上撤下并衣锦还乡。这在女性狙击手中表现得格外明显，她们会被视为偶像，用来激起人们的参战热情 (Pegler 2004：177)。

[32] 美国海军飞行员在二战中击落日机和美军飞机被击落的比例是 10.2∶1。这一比例在战争中有所增长：1941—1942 年间是 3.1∶1，到 1945 年已经增长到 21.6∶1，因为日军飞机与飞行员的质量都有所下降 (Gurney 1958：82)。故在太平洋战场最后阶段，美军的击落纪录有所攀升，但却并未达到欧洲战场的高度。

[33] 正因如此，"王牌"总数在二战后开始下降。美国在朝鲜战争中击落十架以上敌

机的"双重王牌"人数很少。中国在鸭绿江北部驻军,越过了"三八线";美军飞机则从前线向北飞行数百里,试图挑衅中国的米格战斗机出来应战。这些战斗在一条 25 里长的空中走廊发生,那里被称为"米格走廊"(MIG alley,这是美军飞行员的称呼,我们并不清楚中国飞行员如何称呼它)。美军飞机有着压倒性的胜率,大约是 14∶1(Gurney 1958: 210)。不管怎样,中国飞机还是会出来应战,这对双方来说应该都是一种荣耀。飞行员之间的"斗犬"行为与战争中的其他部分都毫无关系,如同一战中一样成为一个隔离的空间。越战中,美军只出现了两名"王牌",每人击落了五架飞机,刚好达到标准。北越空军虽然规模较小,但也有至少两名"王牌",最高纪录保持者击落了 13 架美军飞机,这是因为美国提供了足够的目标 (Toliver and Constable 1997: 322—32)。

[34]　www.acepilots.com/german/ger_aces.html。另外一个起步较慢的例子是奥托·基特尔 (Otto Kittel),他最后击落了 267 架敌机(排名 14 位)。他在苏军前线服役的前六个月击落了 17 架飞机,平均每个月三架;在接下来 14 个月里又击落了 22 架(平均每个月不到两架)。从那之后,他的成绩一路攀升,在接下来两年里平均每个月击落 9—10 架飞机。哈特曼在服役后第二个月才击落第一架飞机(1942 年 11 月),击落第二架则又花了三个月时间。在接下来的时间里,他的战术开始发挥作用。到第九个月,他已经击落了 23 架敌机(平均每个月五架)。随后,他的纪录开始一路攀升,并在服役一年后达到最高水准——平均每个月 26 架。

[35]　泰格·伍兹 (Tiger Woods) 曾这样解释自己在关键时刻挥杆击球的能力:"在那一瞬间,我的注意力高度集中……我能更清晰地看到一切,就像施了魔法一样。"(*Philadelphia Inquirer*, March 1, 2006 E2)

[36]　参见第 11 章注释 46。

[37]　例如,在 1588 年的宗教战争中,法国天主教领袖德吉斯公爵遭到刺杀。当时,刺杀者邀请他去见清教国王;在他踏入宫殿前厅的一刻,卫兵立刻出手攻击了他。他和随从根本没有机会拔剑反抗 (*Cambridge Modern History* 3: 45)。

[38]　参见佩格勒 (Pegler 2004: 195, 199)。在这种情境中,精英狙击手可能会在数分钟内击中 20 人以上,但他并不会将此计入自己的纪录。他不会认为这是真正的狙击行动,这说明他能够清晰地区分自己的不同技术。

[39] 两个著名的例子：奥克兰突袭者队在2003年的超级碗比赛中以21∶48输给了坦帕湾海盗队。从比赛一开始，奥克兰队在进攻与防守上都被对方全面压制，一度以3∶34落后。在1940年职业橄榄球冠军联赛中，华盛顿红皮队虽有著名四分卫鲍（Sammy Baugh）带领，但却仍被芝加哥熊队打了个73∶0。

[40] 众人皆知的是，大学球队中的明星四分卫通常无法成为优秀的职业球员，那些一开始表现平平的人却可能在联赛中通过训练成长为优秀球员。联赛中的速度、复杂性和欺骗策略都与大学比赛不在一个水平上，因此需要不同的心理准备。

第十一章　情绪注意力空间中的暴力主导

[1] 在2000年洛杉矶民主党全国代表大会期间的示威中，我曾这么做过。参与者的描述与我在1964—1968年参与校园示威和骚乱时的回忆一致。我也研究了2002年"忏悔星期二"时费城南街四个街区的狂欢区域里的原始录像。在十起事件中，我们都能看到警察与群众之间的暴力冲突或是群众内部的打斗，每次事件持续5—8秒。在4小时长的录像里，所有暴力行为总计时4分20秒。

[2] 示威游行，例如那些并不发生直接对抗的游行，也有着相对团结和紧密的团体（McPhail 1991）。我在分析中暂时忽略示威，除非有照片显示其中爆发了暴力。

[3] 一张关于布宜诺斯艾利斯抗议示威的照片（未收录）显示，一群失业的工人在七名警察面前步步后退；人行道上的17名抗议者背靠墙蜷成一团，面露恐惧（只有两名摄影师试图保持冷静）；警察的攻击集中在站在马路中央的九名抗议者身上。距离警察最近的五个人有的正在虚张声势，有的不小心把用作武器的棍棒掉到了地上；两人跌倒在地，一人仍在与站在最前排的警察搏斗。从字面意义来看，与权威机构的冲突总是发生在"街头"（June 28, 2002 AP photo）。布福德（Buford 1993；283—85）描述称，足球流氓骚乱的开端取决于第一个走下人行道的人会不会有人跟随；一旦跨过这道分水岭，人群就会因某种成就感而信心十足且兴高采烈；他们在权威面前"占领了街头"，权威机构也会将此视为分水岭。

[4] 图3.7显示了同一次大规模游行中的另一个位置；这里我们再次看到，只有一小部分人站在群众前排投掷石头（在这个例子里只有两人）。

［5］　也许有人会争论说，佩戴面具有着纯粹理性的考量，主要是作出暴力行为后避免被警察认出。然而这并不成立：同一群人经常会把面具拉上拉下，具体取决于他们是否正在行动中；如果持续观察，就很容易辨认出他们。也有一些装备并不能遮住面部，例如兜帽；在某些打斗场景中，标志性的装备是把上衣脱下。一张类似的照片（Crespo 2002：8）显示了在 2000 年费城召开的共和党大会上，一个孤零零的抗议者正在扔炸弹。与照片中可见的其他群众不同，他包着大头巾，遮住了面部，并且没有穿上衣——结合了上述所有暴力行为的象征。我们也许可以说，面具是对抗催泪弹的实用主义策略；然而，在每次事件中，似乎只有少数参与者才会有此考虑。

［6］　在图 2.4（第二章）中，我们看到巴勒斯坦男孩冲以色列坦克投掷石头。可见的 12 人中，八人背对行动现场，什么也没做；另一名男孩的脸上流露出恐惧。其中一人正抡起胳膊准备投掷石头，他身旁的两个人蹲着，手中握着石头；另外五人蹲在他们身后（其中一人蜷在墙角），四人背靠着前面的墙壁，背对敌人。

［7］　在图 3.4 中，12 人中有两人正在痛殴市场里的窃贼；在一张 EPA 照片中（Oct. 1, 2000, *Daily Telegraph*, p. 2；未收录），四人正在殴打一名塞尔维亚骚乱中的警察，六人站在背景中，目光投向不同的方向。在一张路透社的照片中（May 1, 1992, Reuters，此处未收录），三名黑人在亚特兰大的罗德尼·金骚乱中猛踢一名白人男子，背景中有另外七名黑人相隔不同的距离。图 3.5 是唯一一张与众不同的照片：它显示了胜利一方的所有人（总共 13 人）都在殴打倒在地上的摩托车手，或是正在奔跑前来准备加入殴打，或者至少试图靠近殴打现场。在最后一个案例中，受害者最后被殴打致死。

［8］　在 50 张能够看到群众的照片中，有五张显示了其中某些人流露出愉悦感；如果考虑到照片中拍到的所有人的面部表情，这一比例远低于 10%。

［9］　当然，所有旁观者也是这么想的，只是所站的距离更远。在有些事例中，旁观者会扯下受害者所穿的衣物，撕成碎片在人群中分发（Allen 2000：plate 32 and pp. 176, 194）。我们为许多照片中体现出的种族主义而震惊（尽管在艾伦收藏的照片中，87 名私刑受害者中有 23 名是白人；通常这些私刑都是发生在西部的谋杀之后或牛仔战争中），结果忽视了参与私刑的群众中体现出的社会学特点：他们

像其他暴力事件中的群众一样，认为自己在道德上是正确的，或是正在纠正某种社会不公——例如私刑之前发生的谋杀和强奸。因此，仪式性地靠近受害者的尸体，是为了表现一种群体团结。我们之前讨论过的巴勒斯坦暴动及摩加迪沙和伊拉克的照片也显示了同样的情况（此外还见于 Senechal de la Roche 2001）。

[10] 曼（Mann 1993：635，674）注意到，在一战前德国的劳工与警察的仪式性冲突中（很少造成受伤）有着类似的模式；但是我们并不清楚不同阶层的示威者在微观层面如何表现。

[11] 有些人会带着标语或旗帜，但他们大都是站在人群中十排之后。这是一种不同的抗议形式，与暴力相距甚远。请注意，在图 3.7 中，挥舞旗帜的人面对的是示威者而不是敌人。一个假设是：在运动赛事的观众中挥舞旗帜和标语的人，并不是带领众人冲进赛场或是进行其他观众暴力的人。

[12] 暴力核心分子身边的人并不一定个个都支持他们；就在投掷石块的人们背后，有一人正蹲在地上，双手护住脑袋。我在人群中看到的唯一流露出恐惧的人，是一名正在高声呼喊的带头人身后两排处的一名男子。就在此刻人群达到了某个分水岭：大部分人一头扎向通往暴力之路，或是以行动表达，或是以情绪支持；小部分人却流露出恐惧和退缩之意。他们显然恐惧的是身边的人，而不是敌人；这并不是对身体危险的恐惧，而是对攀向顶峰的暴力冲突的恐惧。我们可以预测，当暴力最终爆发时，这些人会撤退，将这片空间留给那一小群暴力分子。

[13] 在印度的公共暴力中，一般是男性执行杀戮和焚烧，但一些位于后排的女性则可能会采取非暴力抵抗，例如躺在路中央阻止消防车进来，从而造成更多伤亡和破坏（Horowitz 2001；*Human Rights Watch* 2002）。这是一种暧昧的积极暴力，在主动性上仅次于主要的暴力行为，但在空间上离得足够远，因此这些"非暴力"的女性不会看到她们的敌对族裔被活活烧死。这种参与行为同样可能会分层；我们并不知道多高比例的女性和其他旁观者参与了阻挡消防车的行为。

[14] 让我们回忆一下第三章中提供的证据：人群越是庞大，就越容易制造私刑和其他暴力；在逮捕现场，警察和旁观者人数越多，发生警察暴力的可能性也越高——尽管这些群体中只有一小部分人会真正实施暴力。

[15] 多起骚乱资料让我们了解了这个圆锥的不同层次。1965 年在洛杉矶发生的瓦茨

骚乱中，贫民区中 5%—10% 的成年黑人男性称自己参与了骚乱，另外 33%—40% 表示支持骚乱 (Ransford 1968)。另外一项居民调查显示：15% 的受访者积极参与了骚乱，另外 31% 则是"近距离的旁观者"(Inbert and Sprague 1980：2—3)。在 1967 年的底特律骚乱中，11% 的受访者称自己是参与者，20%—25% 是旁观者 (Kerner Commission 1968：73)。这些都是 1960 年代发生的最严重、最暴力的种族骚乱。在狂欢和庆祝骚乱中，校园比赛的庆祝骚乱只会涉及三万名学生中的 3%，其中许多都是旁观者；真正参与破坏行为的只有 300 人，即 1%（见第八章的描述）。在 2002 年发生在俄亥俄州立大学的另外一起校园橄榄球胜利骚乱中，有 4000—6000 名学生参与其中（学生总数的 8%—12%）；其中大部分人都只是站在一旁观看，只有一小群人推翻汽车、在垃圾桶和沙发上纵火，最后有 70 人被捕（人群总数的 1.2%—1.8%）(Vider 2004)。在 1999 年伍德斯托克音乐节临近尾声时的骚乱中，15.5 万人里有 200—500 人 (0.1%—0.3%) 积极参与了洗劫与破坏行为；数千人（人群总数的 1%—3%）在一旁欢呼喝彩。最后有 40 人被捕，占到核心骚乱者的 10%—20% (Vider 2004)。旁观者中有 97% 的人都只是在观看而已，他们显得困惑、恐慌和畏缩。

[16] 接下来的分析基于若干学者提供的微观情境细节 (Fisher 2002, 2003；Hoffman and Headley 1992；Mustain and Capeci 1993；Dietz 1983；Anastasia 2004)。它们主要来自职业杀手或相关人员的自传性描述。我还与一名业内知名的杀手进行了四个小时的访谈；他主要为犯罪集团工作，而不会从"正经人"那里接收低收入的低端活计。我们讨论的并不是特定的杀戮事件，而是暴力程序与互动中的技术。在这里，大部分信息都是关于 1950—1990 年间的美国高端杀手的工作。女性杀手也是存在的，但我听说过的都是低端杀手。在接下来的例子中，我会将杀手和受害者都指称为男性，因为除非特殊注明，所有事例都的确如此。

[17] 一名底特律的雇佣杀手说 (Diez 1983：79)："我们不是他的法官，而是死刑执行人。""乔伊"(Fisher 2002, 2003 中提及的杀手的化名) 和"希腊人托尼"(Hoffman and Headley 1992) 都曾声称其受害人十恶不赦，借以让自己的行为合理化；由于这些受害者通常都在犯罪组织中，杀手们的说法也许属实。我的受访者也自行作出了同样的声明。他还说，他是一名爱国的美国人，如果可能他会为"9·11"复仇；然而纯就技术层面而言，他很欣赏劫机者细心的阴谋。

[18]　职业杀手开枪通常不会超过三枪。这些职业杀戮行为不同于军队、警察和民间的恐慌进攻事例中的过度杀戮。

[19]　有一个较为罕见的事例,因为受害者是女性:德米欧家族中的两名年轻人被指派去杀害一名帮派成员的 19 岁美丽女友。两名受害者都被认为向组织隐瞒了活动,并被怀疑向警方告密。女孩的男友在黑帮的俱乐部里被带有消音器的枪杀死;同时,一名杀手隔着车窗与那名女孩调情,另一人则从另一侧的车窗中探出身来,突然开枪击中了她 (Mustain and Capeci 1993:152—53)。

[20]　例参 Hoffman and Headley 1992:105—7。我研究了虐待行为的社会结构 (Collins 1974),并在此书第二卷中做了更详细的分析(亦见于 Einolf 2005)。在这里,我的论点中主要的例外是连环杀人狂。他们通常都是独自行动,有时也会在杀人前折磨对方。这种暴力是最罕见的。连环杀人狂在隐秘的计划阶段与技术的发展上与职业杀手类似,但他们只为自己工作,与受害者之间会发生更多情绪互动,而职业杀手则会尽可能避免这种互动。连环杀人狂有几种不同类型,在寻找受害者和暴力技术上各有专长。不过,那些受害者人数最多的连环杀人狂,往往会使用非冲突性的技术,例如毒杀病人或是停止生命维持系统的运转 (Hickey 2002)。这再次证明非冲突性暴力是最容易实施的。

[21]　"希腊人托尼"身材中等,体重 145 斤;"乔伊"身高略低于平均水平,但体格强壮;哈维·罗森伯格(又名"克里斯·德米欧")身高 1.65 米,体格中等;罗伊·德米欧略微矮胖,不过也很强壮。乔伊·加洛身高 1.7 米,偏瘦;他于 1957 年在理发椅上杀死了黑手党老大阿纳斯塔西亚,后来还对另一个帮派挑起了战争。乔伊·"疯狗"·苏利文(曾杀死超过 100 人,被"希腊人托尼"称为业内最优秀的杀手)身高 1.8 米,体重 162 斤 (Hoffman and Headley 1992:xxii, 92, 96, 133, 154, 236; Fisher 2002:vii-viii, 198; Mustain and Capeci 1993:28—37)。托尼也会帮高利贷者催债,身边一般会跟着一个体重 272 斤的壮汉,帮忙恐吓和殴打受害者;他还提到了其他几名打手,体重从 222 斤到 272 斤不等。不过,这种雇佣打手与职业杀手明显不同:他们擅长中等程度的身体恐吓,因为高利贷者希望得到能够持续还款的顾客和员工,而不是死人。"这一行里,差不多每个人都能当打手,""乔伊"说,"力气并不重要,虽然看上去越强壮,就越不需要证明自己的强壮;但差不多所有人都能挥动球棒或是铁棍。" (Fisher 2002:82)

[22] 与其类似,"乔伊"也如此描述一次复仇杀人事件中的受害者:"我能嗅到恐惧。如果你想知道为什么动物会攻击害怕它的人,那是因为恐惧会流露出来并产生一种气味。我看到了恐惧。我嗅到了恐惧。"(Fisher 2002:68)

[23] 这也是通过酝酿怒气来刺激自己的一个例子。拳击手等运动员和队伍的教练会寻找对手言行中的一切细节,将其建构成对己方的羞辱或轻视,用来为接下来的比赛酝酿怒气。因此,暴力专家会将此前遭遇的羞辱储存起来,或故意滋养怨恨。这种怨恨并不仅仅是之前受到压抑的羞耻随着愤怒爆发出来。无可否认,谢夫(Scheff 1994)的模型更加直接明了,但在情绪的自我管控方面也有更复杂的情况;人们可能会故意将过去的情绪作为资源,用来在当下的冲突中占据优势。

[24] 这看起来似乎在道德上显得十分冷酷,但却与德国王牌飞行员埃利希·哈特曼的反应一样:后者在一次凌晨3:00的任务中击落了若干苏联战机,而后回来打了个盹儿,接着又在6:00的任务中击落了更多飞机(www.acepilots.com;cf. Fisher 2002:56,63)。

[25] 与其类似,大部分人都不是好的说谎者,因为他们不知道如何控制自己的表情,结果很容易就暴露了自己在说谎。然而那些真正出色的说谎者也很容易因为微小的面部表情而暴露——埃克曼(Ekman 1985:76—79)称之为"欺骗快感"(duping delight),亦即因未被发觉所产生的愉悦。

[26] 参见:Fisher 2002:x;Hoffman xxv—xxvii。我发现我的线人思维深入,口齿清晰,比那些四肢发达的酒吧常客显得更加严肃和沉稳。

[27] "希腊人托尼"最好的朋友是"疯狗苏利文",他们是纽约地下世界最顶尖的两名职业杀手(Hoffman and Headley 1992:263—64);这是职业阶层中的"人以群分"现象。

[28] 为了避免一种常见的误解,我们需要强调的是犯罪组织并不是一个统一的科层机构,而是若干松散组织形式的结合。主体结构是多个武装团体之间的联盟或公约组织,用来垄断地盘和减少管辖权方面的争吵。另一个层次上则是有组织的犯罪生意,它们稳定地提供非法商品和服务,例如毒品、赌博、高利贷和拆车厂;这些并不是犯罪家族自己的生意,而是由受他们保护的个体经营。严格来讲,美国黑手党家族就像一个非法政府,由韦伯所称的家长式专制制度统治,

旗下存在一系列非法生意。

[29] 与此相关，低端杀手被认为能力不足；他们并未身处紧密的声誉网络中，因此获得的情绪支持较少。

[30] 古德温（Goodwin 2006）将恐怖主义定义为对共谋平民的袭击，目的在于降低他们对军队或政治权威机构的支持，或是团结己方、刺激起义；为了达到第二个目的，他们需要在当地获得一场盛大的胜利来鼓舞己方士气。游击队战争在某些方面类似恐怖主义：准备阶段要足够隐秘；袭击过后要重新隐藏到平民中。但是游击队攻击的是军事目标，恐怖分子却是直接袭击平民；此外，游击队一旦与敌人爆发冲突，常会持续数分钟乃至数小时，而恐怖分子的攻击则往往只有数秒；游击队也能从正常的军事小分队中获得情绪支持。他们有着不同的克服冲突性紧张/恐惧的方法，这意味着在运行层面，他们的招募方式和组织结构可能有所不同。

[31] 我们并不知道与自杀式袭击相比，远距离遥控炸弹失败的几率有多高。一个举世皆知的失败案例是1944年7月刺杀希特勒的行动；如果当时带来炸弹的德国军官使用了自杀式袭击，而不是将炸弹丢下并在它引爆之前离开，这次行动很可能已经成功了。据估算，自杀式袭击的效率大概是其他恐怖主义袭击的10—15倍；1980—2001年间，自杀式袭击占全世界所有恐怖主义袭击的3%，但却造成了其中48%的死亡（Pape 2005；Ricolfi 2005）。

[32] 法国宗教战争中的一个早期现代案例展示了人们逃避冲突时的细节：1589年7月28日，法国的新教徒国王即将袭击巴黎（反新教大本营）。一名天主教修道士假装要向国王呈上一封信件，于是来到国王的乡间行宫。国王读信时，修道士按照宗教的习惯跪在他面前，而后上前刺中他的腹部。两人之间有一纸之隔；攻击发生时，他们实际上没有发生面对面的冲突（*Cambridge Modern History* 3：5, 47）。

[33] 据估算，巴勒斯坦人的自杀式袭击中有5%—10%都失败了（Ricolfi 2005：79）。

[34] 我们之前曾看到的相似案例，是职业杀手喜欢独来独往，避免同谋在自己全神贯注之时造成干扰。

[35] 职业杀手中也有类似的复杂的情绪控制手段。其中一人曾在（犯罪世界的）公共场合假装愤怒和无法自我控制，欺骗其目标以为他不够冷静，因而不会构成真

正的威胁（本章注释16提到的访谈中描述了这一场景）。此外，在借恐吓敲诈勒索和为高利贷收债时，职业"打手"也可能会假装愤怒，或有意酝酿怒意，好逼迫受害者乖乖付账。

[36] 一名19岁的黎巴嫩少女隶属于某地下抵抗组织，后来成为一名自杀式袭击者；她的母亲回忆道："我们曾经与邻居一起看电视，上面提到[以色列]占领[黎巴嫩]的事情时，我会跟邻居激烈地讨论。但罗拉什么也没说过。她只是望着我们微笑。现在我们知道了，她当时正在计划更大的行动。"（Davis 2003：79）为了进行暴力阴谋而让自己冷静下来，这需要长期的情绪控制技术。"9·11"袭击的领导者之一穆罕默德·阿塔（Mohammad Atta）在遗书中给自己的话并没有流露太多悲伤，而是着重让自己冷静下来，避免流露紧张，并不断重复真主之名（Davis 2003：87）；最后这一点不仅具有宗教上的重要性，同时也是一种集中注意力的方法。

[37] 关于巴勒斯坦起义中的自杀式袭击者留下的录像，另外一种解释是：这些是一种表忠心的机制，用来让参与者就自己的动机留下公开记录，从而使其无法退出（Gambetta 2005：276，引自Merari 2005）。但这并不能解释为何他们的表情是冷静而不是炽热的；事实上，自杀式袭击者在行动时留下的影像与这些宣传影像中流露出的表情是一样的。

[38] 有学者（Ricolfi 2005）指出，1950—1970年代最常见的恐怖主义行动是劫机，这在1980年代被广泛传播的自杀式袭击所取代。二者都是高度引人注目的行动，有助于宣传政治动机；但劫机只是一种勒索，自杀式袭击则带有殉难的意味，至少对某些观众来说是如此。我还想补充一点：一旦自杀式袭击的技术变得广为人知，其潜在招募对象就会更加广泛，因为这是一种将冲突最低化的技术。劫机则位于光谱的另一端，需要经过长时间的冲突。

[39] 佩普（Pape 2005）发现，并没有证据支持自杀式袭击者有犯罪背景（亦见于Sageman 2004）。事实上，习惯于虚张声势的冲突型犯罪风格并不适用于需要伪装的自杀式袭击任务。一名典型的自杀式袭击者（在2001年8月耶路撒冷的一家披萨店中引爆，令16名以色列人死亡，130人受伤，其中包括儿童）被描述为一个害羞、"性格温和的年轻人，从来没有参与过打斗，甚至连跟他的兄弟都

没有打斗过"（Davis 2003：106）。

[40] 1819年在曼彻斯特附近发生的彼得卢大屠杀中，一支骑兵队（约有200人）闯入了一群选举改革的支持者中，用佩剑一通乱砍；尽管场景十分恐怖，但在5万人中只有12人死亡，40人受伤（包括被踩踏受伤），这说明并不是所有士兵都能有效实施暴力（*Cambridge Modern History* 10：581）。一名目击者指出，骑兵队中的许多人都只是砍向演讲者旁边的标语，因此只是在进行象征性的暴力（Lewis 2001：358—60）。袭击之所以会发生，是因为地方行政长官被法国和其他地方此前发生的暴力事件吓坏了；此外，当时群众正在高呼"不自由毋宁死"等极端口号，因此部队得到了攻击的命令。

[41] 我想强调可能会令读者不安的一点：我不是在问为什么大部分人都没成为职业杀手或"牛仔警察"等。简单的答案是：大部分人都不想这么做，因为他们在道德上接受不了。但实际上，在法律或道德的任何一侧，我们都能找到暴力的机会；许多暴力都有自己的道德准则，令实施者深信不疑自己的行为是光荣的。我想问的是：为什么大部分身处特殊冲突情境中的人，如士兵、警察、已被动员起来并深信自己对敌人占有道德优势的群众，都未能成为那极参与暴力的少数人，以及真正有能力实施暴力的更少数人？我想说的是，这并不仅仅是动机的问题；即使所有人中的大部分都不想成为暴力精英中的一员，然而，那些想这么做的人无疑要比真正成功做到的人多很多。关键因素并不是人们是否具有暴力的背景动机，而是在获得和实践暴力技术上存在社会限制。

[42] 扬科夫斯基（Jankowski 1991）称黑帮成员为叛逆的个人主义者，而不是顺从的集体主义者。因此，他们并不是简单地想要归属于某种群体文化，而是想在其中脱颖而出。这就像在学术界中，有些人乐于阅读他人的著作，或是模仿他人来写书，有些人则喜欢写原创性作品。他们所有人都在学术亚文化圈中，其中顺从这一文化的人活得更容易，但却不太可能为它带来重要的发现。

[43] 重复一点：在互动仪式论中，情绪能量被定义为在某种互动实践中的动机、信心和热情。

[44] 扬科夫斯基（Jankowski 1991）指出，黑帮成员睡得很少；他推断称，这导致他们暴躁易怒。但这同样表明他们工作很努力，而休息则是很危险的。

[45] 这一类比能在多大程度上应用于暴力精英,正是我们在研究暴力这个问题时最需要回答的问题之一。本书中提及了许多种暴力,其中有些暴力也许更深地嵌入在与成功暴力者的网络联结中。曾有人指出,在黑手党类犯罪组织及恐怖组织中,网络关系对事业发展至关重要;这对王牌飞行员、"牛仔警察"和持械抢劫者是否同等重要?由于有两种网络类型需要研究,这需要一个十分详尽的研究项目才行。(跨世代的)网络出身和(水平方向的)网络起源对不同暴力可能有着不同的重要性。之前的暴力精英是否会成为下一代暴力精英的导师或偶像,并使其从中获益?新一代暴力精英是否会借着彼此的能量与决心形成一个野心勃勃的团体,并共同攀上暴力精英的顶峰?

[46] 泰德·威廉斯(Ted Williams)是所有棒球选手中最冷静和技术派的打者,他曾作为战斗机飞行员执行了39次战斗任务,但却没有击落一架敌机。威廉斯在训练时曾创下射击纪录,但这却并未让他在实际的战斗条件下大放异彩。在朝鲜战争中,他在战斗机飞行员中的地位一落千丈(在他执行了前十次任务中的八次之后),跟着就开始生病,患上长期不愈的感冒——这很可能是一种对压力的心理反应。但当复员回家,他很快就恢复了健康,并重新在棒球场上有着出色的表现(www.tedwilliams.com;Thorn et al. 2001)。

[47] 暴力者的一个活跃世代比学者要短;不过这在不同种类的暴力中似乎也有差异:对青少年黑帮来说不到十年,对王牌飞行员来说可能只有三四年。曾经开过枪的警察可能会出现"燃料耗尽"问题,这也许可以说明:在这一特定的暴力精英群体中,世代传承可能有其限制。不过这一问题仍有待进一步研究。

第十二章 尾声:实用的结论

[1] 安德森在2006年与我的私人通信中曾强调,在这次接触中,他一只手一直插在口袋里,好让对方以为他可能有枪。

参考文献

Abbott, Andrew, and Emanuel Gaziano. 1995. "Transition and Tradition: Departmental Faculty in the Era of the Second Chicago School." In *A Second Chicago School?*, edited by Gary Alan Fine. Chicago: University of Chicago Press.

Abbott, Andrew. 2001. *Chaos of Disciplines.* Chicago: University of Chicago Press.

Adler, Peter. 1984. *Momentum.* Beverly Hills: Sage.

Allen, James. 2000. *Without Sanctuary. Lynching Photography in America.* Twin Palms, Fla.: Twin Palms.

Alpert, Geoffrey P., and Roger G. Dunham. 1990. *Police Pursuit Driving.* New York: Greenwood.

——. 2004. *Understanding Police Use of Force.* New York: Cambridge University Press.

Anastasia, George. 2004. *Blood and Honor. Inside the Scarfo Mob — The Mafia's Most Violent Family.* Philadelphia: Camino.

Anderson, David C. 1998. "Curriculum, Culture and Community: The Challenge of School Violence." *Youth Violence*, edited by Michael Tonry and Mark H. Moore. Chicago: University of Chicago Press.

Anderson, David L. 1998. *Facing My Lai: Moving beyond the Massacre.* Lawrence, Kans.: University of Kansas Press.

Anderson, Elijah. 1978. *A Place on the Corner.* Chicago: University of Chicago Press.

——. 1990. *Streetwise. Race, Class and Change in an Urban Community.* Chicago: University of Chicago Press.

———. 1999. *Code of the Street. Decency, Violence, and the Moral Life of the Inner City.* New York: Norton.

———. 2002. "The Ideologically Driven Critique." *American Journal of Sociology* 107: 1533–50.

Archer, Dane, and Rosemary Gartner. 1984. *Violence and Crime in Crossnational Perspective.* New Haven, Conn.: Yale University Press.

Ardant du Picq, Charles. 1903/1999. *Études sur le combat.* Paris: Éditions Ivrea, translated edition. *Battle Studies: Ancient and Modern Battles.* New York: Macmillan, 1921.

Arms, Robert L., Gordon W. Russell, and Mark Sandilands. 1979. "Effects on the Hostility of Spectators of Viewing Aggressive Sports." *Social Psychology Quarterly* 43: 275–79.

Arnold-Forster, Mark. 2001. *The World at War.* London: Random House.

Arthur, Anthony. 2002. *Literary Feuds.* New York: St. Martin's.

Artwohl, Alexis, and Loren W. Christensen. 1997. *Deadly Force Encounters.* Boulder, Colo.: Paladin.

Asbury, Herbert. 1928. *The Gangs of New York: An Informal History of the Underworld.* New York: Knopf.

Athens, Lonnie H. 1980. *Violent Criminal Acts and Actors: A Symbolic Interactionist Study.* Boston: Routledge.

———. 1989. *The Creation of Dangerous Violent Criminals.* Boston: Routledge.

Baca, Lee, and William J. Bratton. 2004. "Gang Capital's Police Needs Reinforcements." *Los Angeles Times,* October 29.

Bachman, R., and L. Saltzman, 1995. *Violence against Women.* Washington, D.C.: U.S. Dept, of Justice.

Bailey, James, and Tatyana Ivanova. 1998. *An Anthology of Russian Folk Epics.* Armonk, N.Y.: M. E. Sharpe.

Baldassare, Mark, ed. 1994. *The Los Angeles Riots.* Boulder, Colo.: Westview.

Bales, Robert Freed. 1950. *Interaction Process Analysis.* Cambridge, Mass.: Addison-Wesley.

Baltzell, E. Digby. 1958. *An American Business Aristocracy.* New York: Macmillan.

———. 1995. *Sporting Gentlemen.* New York: Free Press.

Barnett, Arnold, Alfred Blumstein, and David P. Farrington. 1987. "Probabilistic Models of Youthful Careers." *Criminology* 25:83–107.

———. 1989. "A Prospective Test of a Criminal Career Model." *Criminology* 27:373–88.

Bartov, Omer. 1991. *Hitler's Army.* New York: Oxford University Press.

Bayley, David H., and James Garofalo. 1989. "The Management of Violence by Police Patrol

Officers." *Criminology* 27:1–27.

Becker, Howard S. 1953. "Becoming a Marijuana User." *American Journal of Sociology* 59: 235–52.

———. 1967. "History, Culture, and Subjective Experience: An Explanation on the Social Bases of Drug-induced Experience." *Journal of Health and Social Behavior* 8: 163–76.

Beevor, Anthony. 1999. *The Spanish Civil War.* London: Cassell.

Berkowitz, L. 1989. "Frustration-Aggression Hypothesis: Examination and Reformulation." *Psychological Bulletin* 106: 59–73.

Berndt, Thomas J., and Thomas N. Bulleit. 1985. "Effects of Sibling Relationships on Preschoolers' Behavior at Home and at School." *Developmental Psychology* 21: 761–67.

Berscheid, Ellen. 1985. "Interpersonal Attraction." In *Handbook of Social Psychology,* edited by Gardner Lindzey and Elliot Aronson. New York: Random House.

Besag, Valerie E. 1989. *Bullies and Victims in Schools.* Philadelphia: Open University Press.

Biddle, Stephen. 2004. *Military Power: Explaining Victory and Defeat in Modern Battle.* Princeton: Princeton University Press.

Bilton, Michael, and Kevin Sim. 1992. *Four Hours in My Lai.* New York: Viking.

Bishop, S. J., and B. J. Leadbeater. 1999. "Maternal Social Support Patterns and Child Maltreatment: Comparison of Maltreating and Nonmaltreating Mothers." *American Journal of Orthopsychiatry,* no. 2:69, 172–81.

Black, Donald. 1980. *The Manners and Customs of the Police.* San Diego: Academic Press.

———. 1998. *The Social Structure of Right and Wrong.* San Diego: Academic Press.

Blacker, Kay, and Joe Tupin. 1977. "Hysteria and Hysterical Structures: Developmental and Social Theories." In *The Hysterical Personality,* edited by Mardi J. Horowitz. New York: J. Aronson.

Blau, Peter M. 1964. *Exchange and Power in Social Life.* New York: Wiley.

Bloch, Marc. 1961. *Feudal Society.* Chicago: University of Chicago Press.

Block, R. 1977. *Violent Crime.* Lexington, Mass.: Lexington.

Blood, Robert O., and Donald M. Wolfe. 1960. *Husbands and Wives.* New York: Free Press.

Blumstein, Alfred, Jacqueline Cohen, Jeffrey A. Roth, and Christy A. Visher. 1986. *Criminal Careers and "Career Criminals."* Vol. 2. Washington, D.C.: National Academy Press.

Boden, Deidre. 1990. "The World as It Happens: Ethnomethodology and Conversation Analysis." In *Frontiers of Social Theory,* edited by George Ritzer. New York: Columbia University Press.

Bogg, Richard A., and Janet M. Ray. 1990. "Male Drinking and Drunkenness in Middletown." *Advances in Alcohol and Substance Abuse* 9: 13–29.

Bond, Michael Harris. 1991. *Beyond the Chinese Face: Insights from Psychology.* New York:

Oxford University Press.

Borkenau, Franz. 1981. *End and Beginning: On the Generations of Cultures and the Origins of the West.* New York: Columbia University Press.

Boulton, Michael J., and Peter K. Smith. 1994. "Bully/Victim Problems in Middle-School Children: Stability, Self-Perceived Competence, Peer Perceptions, and Peer Acceptance." *British Journal of Developmental Psychology* 12: 315–29.

Bourdieu, Pierre. 1972/1977. *Outline of the Theory of Practice.* New York: Cambridge University Press.

Bourgois, Philippe. 1995. *In Search of Respect: Selling Crack in El Barrio.* New York: Cambridge University Press.

Bourke, Joanna. 1999. *An Intimate History of Killing: Face-to-Face Killing in Twentieth-Century Warfare.* New York: Basic Books.

Bourque, Linda B., Judith M. Siegel, Megumi Kano, and Michele M. Wood. 2006. "Morbidity and Mortality Associated with Disasters." In *Handbook of Disaster Research,* edited by Havidan Rodriquez, E. L. Quarentelli, and Russell R. Dynes. New York: Springer.

Bowden, Mark. 2000. *Black Hawk Down: A Story of Modern War.* New York: Penguin.

Boyd, Alexander. 1977. *The Soviet Air Force since 1918.* New York: Stein and Day.

Brondsted, Johannes. 1965. *The Vikings.* Baltimore, Md.: Penguin.

Browning, Christopher R. 1992. *Ordinary Men: Reserve Police Battalion 101 and the Final Solution in Poland.* New York: HarperCollins.

Budd, Tracey. 2003. "Alcohol-related Assault: Findings from the British Crime Survey." Home Office Report 35/03. Available at www.homeoffice.gov.uk/rds/bcsl/html.

Buford, Bill. 1993. *Among the Thugs.* New York: Random House.

Burchler, Gary, Robert Weiss, and John Vincent. 1975. "Multidimensional Analysis of Social Reinforcement Exchanged between Mutually Distressed and Nondistressed Spouse and Stranger Dyads." *Journal of Personality and Social Psychology* 31: 348–60.

Burgess, Mark. 2002. "The Afghan Campaign One Year On." *The Defense Monitor* 21, No. 8 (September 2002): 1–3. Washington, D.C.: Center for Defense Information.

Caesar, Julius, ca. 48–44 B.C./1998. *The Civil War. With the Anonymous Alexandrian, African, and Spanish Wars.* Oxford: Oxford University Press.

Caidin, Martin, Saburo Sakai, and Fred Saito. 2004. *Samurai!* New York: I Books.

Callaghan, Morley. 1963. *That Summer in Paris: Memories of Tangled Friendships with Hemingway, Fitzgerald, and Some Others.* New York: Coward-McCann.

Cambridge Modern History. 1907–1909. Cambridge: New York: Cambridge University Press.

Cameron, Euan. 1991. *The European Reformation.* Oxford: Oxford University Press.

Cannadine, David. 1990. *The Decline and Fall of the British Aristocracy.* New Haven, Conn.: Yale University Press.

Capote, Truman. 1986. *Answered Prayers.* London: Penguin.

Caputo, Philip. 1977. *A Rumor of War.* New York: Ballantine.

Carter, Hugh, and Paul C. Glick. 1976. *Marriage and Divorce: A Social and Economic Study.* Cambridge, Mass.: Harvard University Press.

Cazenave, N. and M. A. Straus. 1979. "Race, Class, Network Embeddedness, and Family Violence: A Search for Potent Support Systems." *Journal of Comparative Family Studies* 10: 280–99.

Chadwick, G. W. 2006. "The Anglo-Zulu War of 1879: Isandlwana and Rorke's Drift." *South African Military History Society Military History Journal.* Vol. 4.

Chagnon, Napoleon. 1968. *Yanomano: The Fierce People.* New York: Holt.

Chaiken, Jan M., and Marcia R. Chaiken. 1982. *Varieties of Criminal Behavior.* Santa Monica, Calif.: Rand Corporation.

Chambers Biographical Dictionary. 1984. Edinburgh: Chambers.

Chambliss, Daniel F. 1989. "The Mundanity of Excellence." *Sociological Theory* 7: 70–86.

Chang, Iris. 1997. *The Rape of Nanking.* New York: Basic Books.

Cherlin, Andrew. 1992. *Marriage, Divorce, Remarriage.* Cambridge, Mass.: Harvard University Press.

Christopher, Warren, ed. 1991. *Report of the Independent Commission on the Los Angeles Police Department.* Los Angeles: Diane Publishing.

Clayman, Stephen E. 1993. "Booing: The Anatomy of a Disaffiliative Response." *American Sociological Review* 58: 110–30.

Cleaver, Eldridge. 1968. *Soul on Ice.* New York: Random House.

Clum, George A., and Jack L. Mahan. 1971. "Attitudes Predictive of Marine Combat Effectiveness." *Journal of Social Psychology* 83: 53–62.

Cohen, Lawrence E., and Marcus Felson. 1979. "Social Change and Crime Rate Trends: A Routine Activities Approach." *American Sociological Review* 44: 588–605.

Collins, James J. 1977. *Offender Careers and Restraint: Probabilities and Policy Implications.* Washington, D.C.: Law Enforcement Assistance Administration, U.S. Department of Justice.

Collins, Randall. 1974. "Three Faces of Cruelty: Towards a Comparative Sociology of Violence." *Theory and Society* 1: 415–40.

——. 1986. *Weberian Sociological Theory.* New York: Cambridge University Press.

——. 1998. *The Sociology of Philosophies. A Global Theory of Intellectual Change.* Cambridge, Mass.: Harvard University Press.

———. 2000. "Comparative and Historical Patterns of Education." Pp. 213–39 in *Handbook of the Sociology of Education,* edited by Maureen T. Hallinan. New York: Kluwer Academic/Plenum Publishers, 213–39.

———. 2004. *Interaction Ritual Chains.* Princeton: Princeton University Press.

———. 2004a. 2004. "Rituals of Solidarity and Security in the Wake of Terrorist Attack." *Sociological* Theory 22: 53–87.

Conley, Carolyn. 1999. "The Agreeable Recreation of Fighting." *Journal of Social History* 33: 57–72.

Connolly, Irene, and Mona O'Moore. 2003. "Personality and Family Relations of Children Who Bully." *Personality and Individual Differences* 35: 559–67.

Coser, Lewis. 1956. *The Functions of Social Conflict.* New York: Free Press.

Coward, Martin. 2004. "Urbicide in Bosnia." In *Cities, War and Terrorism: Towards an Urban Geopolitics,* edited by Stephen Graham. Oxford: Blackwell.

Crespo, Al. 2002. *Protest in the Land of Plenty.* New York: Center Lane Press.

Croft, Elizabeth Benz. 1985. "Police Use of Force: An Empirical Analysis." Ph.D. diss., State University of New York, Albany. *Dissertation Abstracts International* 46:2449A.

Curvin, Robert, and Bruce Porter. 1979. *Blackout Looting! New York City, July 13, 1977.* New York: Gardner.

Daly, Martin, and Margo Wilson. 1988. *Homicide.* New York: Aldine de Gruyter.

Daugherty, Leo J., and Gregory Louis Mattson. 2001. *Nam: A Photographic History.* New York: Barnes and Noble.

Davis, Allison, B. B. Gardner, and M. R. Gardner. 1941/1965. *Deep South.* Chicago: University of Chicago Press.

Davis, Joyce M. 2003. *Martyrs: Innocence, Vengeance and Despair.* New York: Palgrave Macmillan.

DeKeseredy, W. S. and L. MacLeod. 1997. *Woman Abuse: A Sociological Story.* San Diego: Harcourt Brace.

DeVoe, Jill, Katherine Peter, Phillip Kaufman, Amanda Miller, Margaret Noonan, Thomas Snyder, and Katrina Baum. 2004. "Indicators of School Crime and Safety: 2004." NCES Report: 2005002. U.S. Department of Education, National Center for Education Statistics and Bureau of Justice Statistics.

Dietz, Mary Lorenz. 1983. *Killing for Profit: The Social Organization of Felony Homicide.* Chicago: Nelson Hall.

Dietz, Tracy L. 2000. "Disciplining Children: Characteristics Associated with the Use of

Corporal Punishment." *Child Abuse and Neglect* 24: 1529–42.

Divale, William. 1973. *War in Primitive Societies*. Santa Barbara, Calif.: ABC-Clio.

Dobash, R. E., and R. P. Dobash. 1998. "Violent Men and Violent Contexts." Pp. 141–68 in *Rethinking Violence against Women*, edited by R. E. Dobash and R. P. Dobash. Thousand Oaks, Calif.: Sage.

Dobash, R. E., R. P Dobash, K. Cavanagh, and R. Lewis. 1998. "Separate and Intersecting Realities: A Comparison of Men's and Women's Accounts of Violence against Women." *Violence against Women* 4: 382–414.

Dollard, John. 1944. *Fear in Battle*. Washington, D.C.: Arms Press.

Dollard, J., L. Doob, N. Miller, O. Mowrer, and R. Sears. 1939. *Frustration and Aggression*. New Haven, Conn.: Yale University Press.

Dostoevski, Fyodor. 1846/2003. *The Double*. New York: Barnes and Noble Classics.

Draeger, Donn F. 1974. *The Martial Arts and Ways of Japan*. 3 vols. New York and Tokyo: Weatherhill.

Duffell, Nick. 2000. *The Making of Them: The British Attitude to Children and the Boarding School System*. London: Lone Arrow.

Duncan, Renae D. 1999a. "Peer and Sibling Aggression: An Investigation of Intra- and Extra-Familial Bullying." *Journal of Interpersonal Violence* 14, no. 8 (August): 871–86.

———. 1999b. "Maltreatment by Parents and Peers: The Relationship between Child Abuse, Bully Victimization, and Psychological Distress." *Child Maltreatment: Journal of the American Professional Society on the Abuse of Children* 4, no. 1, 45–55.

Duneier, Mitchell. 1999. *Sidewalk*. New York: Farrar, Straus, and Giroux.

———. 2002. "What Kind of Combat Sport Is Sociology?" *American Journal of Sociology* 107: 1551–76.

Dunning, Eric. 1996. "Problems of the Emotions in Sport and Leisure." *Leisure Studies* 15: 185–207.

———. 1999. *Sport Matters*. London: Routledge.

Dunning, Eric, Paul Murphy, and J. Waddington. 1988. *The Roots of Football Hooliganism*. London: Routledge.

Dunning, Eric, Patrick Murphy, Ivan Waddington, and Antonios Astrinakis. 2002. *Fighting Fans: Football Hooliganism as a World Phenomenon*. Dublin: University College Dublin Press.

Durkheim, Emile. 1912/1964. *The Elementary Forms of Religious Life*. New York: Free Press.

Dyer, Gwynne. 1985. *War*. London: Guild.

Dynes, Russell R., and E. L. Quarantelli. 1968. "What Looting in Civil Disturbances Really

Means." *Trans-Action* (May): 9–14.

Eamon, M. K., and R. M. Zuehl. 2001. "Maternal Depression and Physical Punishment as Mediators of the Effect of Poverty on Socioemotional Problems of Children in Single-Mother Families." *American Journal of Orthopsychiatry* 71, no. 2: 218–26.

Eberhard, Wolfram. 1977. *A History of China.* Berkeley: University of California Press.

Eder, Donna, Catherine Colleen Evans, and Stephan Parker. 1995. *School Talk: Gender and Adolescent Culture.* New Brunswick, N.J.: Rutgers University Press.

Edgar, Kimmet, and Ian O'Donnell. 1998. "Assault in Prison: The 'Victim's Contribution.'" *British Journal of Criminology* 38: 635–50.

Egeland, B. 1988. "Intergenerational Continuity of Parental Maltreatment of Children." Pp. 87–102 in *Early Prediction and Prevention of Child Abuse*, edited by K. D. Browne, C. Davies, and P. Stratton. New York: John Wiley.

——. 1993. "A History of Abuse Is a Major Risk Factor for Abusing the Next Generation." Pp. 197–208 in *Current Controversies on Family Violence,* edited by R. J. Gelles and D. R. Loseke. Newbury Park, Calif.: Sage.

Einarsson, Stefan. 1934. *Old English Beot and Old Icelandic Heitstrenging.* New York: Modern Language Association of America.

Einolf, Christopher J. 2005. "The Fall and Rise of Torture: A Comparative and Historical Analysis." Paper delivered at Eastern Sociological Society meeting, Washington, D.C.

Ekman, Paul, and Wallace V. Friesen. 1975. *Unmasking the Face.* Englewood Cliffs, N.J.: Prentice Hall.

——. 1978. *The Facial Action Coding System (FACS).* Palo Alto, Calif.: Consulting Psychologists Press.

Ekman, Paul. 1985. *Telling Lies: Clues to Deceit in the Marketplace, Politics, and Marriage.* New York: Norton.

Elias, Norbert. 1939/1978. *The Civilizing Process.* New York: Pantheon.

Elias, Norbert, and Eric Dunning. 1986. *Quest for Excitement: Sport and Leisure in the Civilizing Process.* Oxford: Blackwell.

Elkin, A. P. 1979. *The Australian Aborigines.* London: Angus and Robertson.

Elliott, Delbert S. 1994. "Serious Violent Offenders: Onset, Developmental Course, and Termination." *Criminology* 32: 1–22.

English, Kim, and Mary J. Mande. 1992. *Measuring Crime Rates of Prisoners.* Washington, D.C.: National Institute of Justice.

Erikson, Kai T. 1976. *Everything in Its Path.* New York: Simon and Schuster.

Espelage, Dorothy L., and Melissa K. Holt. 2001. "Bullying and Victimization during Early

Adolescence: Peer Influences and Psychosocial Correlates." *Journal of Emotional Abuse* 2, nos. 2–3: 123–42.

Etzioni, Amitai. 1975. *A Comparative Analysis of Complex Organizations.* New York: Free Press.

Farrell, Michael P. 2001. *Collaborative Circles: Friendship Dynamics and Creative Work.* Chicago: University of Chicago Press.

Farrington, David P. 1993. "Understanding and Preventing Bullying." Pp. 381–458 in *Crime and Justice: A Review of Research,* edited by M. Tonry. Chicago: University of Chicago Press.

———. 2001. "Key Results from the First Forty Years of the Cambridge Study in Delinquent Development." In *Taking Stock of Delinquency: An Overview of Findings from Contemporary Longitudinal Studies,* edited by Terrence P. Thornberry and Marvin D. Krohn. New York: Kluwer/Plenum.

Faulkner, Robert F. 1976. "Making Violence by Doing Work: Selves, Situations, and the World of Professional Hockey." In *Social Problems in Athletics: Essays in the Sociology of Sport,* edited by Daniel M. Landers. Urbana, Ill.: University of Illinois Press.

Fein, Helen. 1979. *Accounting for Genocide.* New York: Free Press.

Felson, Marcus. 1994. *Crime and Everyday Life.* Thousand Oaks, Calif.: Pine Forge.

Finley, M. I. 1973. *The Ancient Economy.* Berkeley: University of California Press.

Fisher, David. 2002. *Joey the Hitman: The Autobiography of a Mafia Killer.* New York: Avalon.

———. 2003. *Hit 29: Based on the Killer's Own Account.* New York: Avalon Publishing.

Fitzgerald, F. Scott. 1934/1951. *Tender Is the Night.* New York: Scribner's.

Fox, Robin. 1977. "The Inherent Rules of Violence." In *Social Rules and Social Behavior,* edited by P. Collett. Oxford: Blackwell.

Franzoi, Stephen I., Mark Davis, and Kristin A. Vasquez-Suson. 1994. "Two Social Worlds: Social Correlates and Stability of Adolescent Status Groups." *Journal of Personality and Social Psychology* 67: 462–73.

Freud, Sigmund. 1920/1953. *Beyond the Pleasure Principle.* London: Hogarth.

Friedrich, Robert J. 1980. "Police Use of Force: Individuals, Situations, and Organizations." *Annals of the American Academy of Political and Social Science* 452 (November): 82–97.

Frijda, Nico H. 1986. *The Emotions.* Cambridge and New York: Cambridge University Press.

Fritzsche, Peter. 1998. *Germans into Nazis.* Cambridge: Harvard University Press.

Fuchs, Stephan. 2001. *Against Essentialism: A Theory of Culture and Society.* Cambridge:

Harvard University Press.

Fukuzawa Yukichi. 1981. *The Autobiography of Fukuzawa Yukichi.* Tokyo: Hokoseido.

Fuller, J.F.C. 1970. *The Decisive Battles of the Western World.* Volume 1. London: Paladin.

Fulmer, T., and J. Ashley. 1989. "Clinical Indicators Which Signal Elder Neglect." *Applied Nursing Research Journal* 2: 161–67.

Fulmer, T., and T. O'Malley. 1987. *Inadequate Care of the Elderly: A Healthcare Perspective on Abuse and Neglect.* New York: Springer.

Fyfe, James J. 1988. "Police Use of Deadly Force: Research and Reform." *Justice Quarterly* 5: 165–205.

Gabriel, Richard A. 1986. *Military Psychiatry: A Comparative Perspective.* New York: Greenport.

———. 1987. *No More Heroes: Madness and Psychiatry in War.* New York: Hill and Wang.

Gabriel, Richard, and Karen Metz. 1991. *From Sumer to Rome.* New York: Greenwood.

Gambetta, Diego. 1993. *The Sicilian Mafia.* Cambridge, Mass.: Harvard University Press.

———. 2005. "Can We Make Sense of Suicide Missions?" In *Making Sense of Suicide Missions,* edited by Diego Gambetta. New York: Oxford University Press.

Gantner, A. B., and S. P. Taylor. 1992. "Human Physical Aggression as a Function of Alcohol and Threat of Harm." *Aggressive Behavior* 18: 29–36.

Garbarino, James, and Gwen Gilliam. 1980. *Understanding Abusive Families.* Lexington, Mass.: D. C. Heath.

Garner, Joel, James Buchanan, Tom Schade, and John Hepburn. 1996. "Understanding the Use of Force by and against the Police." In *Research in Brief.* Washington, D.C.: National Institute of Justice.

Garner, Robert, director. 1962. *Dead Birds.* Film of Peabody Museum of Cambridge: Harvard University expedition to Baliem Valley, New Guinea. Carlsbad, Calif.: CRM Films.

Gaughan, E., J. Cerio, and R. Myers. 2001. *Lethal Violence in Schools: A National Survey.* Alfred, N. Y.: Alfred University.

Geifman, Anna. 1993. *Thou Shalt Kill: Revolutionary Terrorism in Russia, 1894–1917.* Princeton: Princeton University Press.

Geller, William A. 1986. *Crime File Deadly Force.* Washington, D.C.: National Institute of Justice.

Geller, William A., and Michael S. Scott. 1992. *Deadly Force: What We Know.* Washington, D.C.: Police Executive Research Forum.

Geller, William A., and Hans Toch, eds. 1996. *Police Violence: Understanding and Controlling Police Abuse of Force.* New Haven, Conn.: Yale University Press.

Gelles, Richard. 1977. "Violence in the American Family." In *Violence and the Family,* edited by J. P. Martin. New York: Wiley.

Gelles, R. J. 1993a. "Through a Sociological Lens: Social Structure and Family Violence." Pp. 31–46 in *Current Controversies on Family Violence,* edited by R. J. Gelles and D. L. Loseke. Newbury Park, Calif.: Sage.

——. 1993b. "Alcohol and Other Drugs Are Not the Cause of Violence." Pp. 182–96 in *Current Controversies on Family Violence,* edited by R. J. Gelles and D. L. Loseke. Newbury Park, Calif.: Sage.

Gelles, R. J., and J. R. Conte. 1990. "Domestic Violence and Sexual Abuse of Children: A Review of Research in the Eighties." *Journal of Marriage and the Family* 52: 1045–58.

Gelles, Richard, and Claire Cornell. 1990. *Intimate Violence in Families.* Beverly Hills, Calif.: Sage.

Gelles, R. J., and M. Straus. 1988. *Intimate Violence: The Causes and Consequences of Abuse in the American Family.* New York: Simon and Schuster.

Gernet, Jacques. 1982. *A History of Chinese Civilization.* Cambridge and New York: Cambridge University Press.

Gibson, David. 2001. "Seizing the Moment: The Problem of Conversational Agency." *Sociological Theory* 19: 250–70.

——. 2005. "Taking Turns and Talking Ties: Network Structure and Conversational Sequences." *American Journal of Sociology* 110: 1561–97.

Gibson, James William. 1986. *The Perfect War: Technowar in Vietnam.* Boston: Atlantic Monthly Press.

Gilbert, Martin. 1970. *Atlas of the First World War.* London: Weidenfeld and Nicolson.

——. 1994. *First World War.* London: HarperCollins.

——. 2000. *A History of the Twentieth Century. Vol. Three: 1952–1999.* New York: HarperCollins.

Giles-Sim, Jean. 1983. *Wife-battering: A Systems Theory Approach.* New York: Guilford.

Gitlin, Todd. 1980. *The Whole World Is Watching: Mass Media in the Making and Unmaking of the New Left.* Berkeley: University of California Press.

Glenn, Russell W. 2000a. "Introduction." In *Men against Fire: The Problem of Battle Comand* by S.L.A. Marshall. Norman, Okla.: University of Oklahoma Press.

——. 2000b. *Reading Athen's Dance Card: Men against Fire in Vietnam.* Annapolis, Md.: Naval Institute Press.

Goffman, Erving. 1961. *Asylums.* New York: Doubleday.

——. 1967. *Interaction Ritual.* New York: Doubleday.

——. 1969. *Strategic Interaction.* Philadelphia: University of Pennsylvania Press.

Goldstein, Jeffrey, ed. 1998. *Why We Watch: The Attractions of Violent Entertainment.* New York: Oxford University Press.

Goldstein, Jeffrey, and Robert L. Arms. 1971. "Effects of Observing Athletic Contests on Hostility." *Sociometry* 34: 83–90.

Goode, William J. 1971. "Force and Violence in the Family." *Journal of Marriage and the Family* 33: 624–36.

Goodwin, Jeff. 2006. "A Theory of Categorical Terrorism." *Social Forces* 84: 2027–46.

Gorn, Elliot. 1985. "Gouge and Bite, Pull Hair and Scratch: The Social Significance of Fighting in the Southern Backcountry." *American Historical Review* 90: 18–43.

Goudsblom, Johan. 1992. *Fire and Civilization.* London: Penguin.

Gould, Roger V. 2003. *Collision of Wills: How Ambiguity about Rank Breeds Conflict.* Chicago: University of Chicago Press.

Grant, Ulysses S. 1885/1990. *Personal Memoirs of U.S. Grant.* New York: Literary Classics of the United States.

Grazian, David. 2003. *Blue Chicago: The Search for Authenticity in Urban Blues Clubs.* Chicago: University of Chicago Press.

Green, Lynn. 2001. "Beyond Risk: Sex, Power and the Urban Girl." Ph.D. diss., University of Pennsylvania.

Griffin, Sean Patrick. 2003. *Philadelphia's "Black Mafia": A Social and Political History.* Boston: Kluwer.

Griffith, Patrick. 1986. *Battle in the Civil War: Generalship and Tactics in America 1861–1865.* New York: Fieldbooks.

———. 1989. *Battle Tactics of the Civil War.* New Haven, Conn.: Yale University Press.

Grimshaw, Allen D., ed. 1990. *Conflict Talk.* New York: Cambridge University Press.

Grinin, Leonid E. 2003. "The Early State and Its Analogues." *Social Evolution and History* 2: 131–76.

Grossman, Dave. 1995. *On Killing: The Psychological Cost of Learning to Kill in War and Society.* Boston: Little, Brown.

———. 2004. *On Combat: The Psychology and Physiology of Deadly Combat in War and Peace.* Belleville, Ill.: PPTC Research Publications.

Gurney, Gene. 1958. *Five Down and Glory.* New York: Random House.

———. 1965. *Flying Aces of World War I.* New York: Random House.

Guttridge, Patricia, William F. Gabrielli, Jr., Sarnoff A. Mednick, and Katherine T. Van Dusen. 1983. "Criminal Violence in a Birth Cohort." In *Prospective Studies of Crime and Delinquency,* edited by Katherine T. Van Dusen, and Sarnoff A. Mednick. Boston: Kluwer-Nijhoff.

Halle, David, and Kevin Rafter. 2003. "Riots in New York and Los Angeles." In *New York and Los Angeles: Politics, Society, and Culture, A Comparative View,* edited by David Halle. Chicago: University of Chicago Press.

Haney, Craig, Curtis Banks, and Philip Zimbardo. 1983. "Interpersonal Dynamics in a Simulated Prison." *International Journal of Criminology and Penology* 1: 69–97.

Hannerz, Ulf. 1969. *Soulside: Inquiries into Ghetto Culture and Community.* New York: Columbia University Press.

Hapgood, Fred. 1979. *Why Males Exist: An Inquiry into the Evolution of Sex.* New York: William Morrow.

Harris, Marvin. 1974. "Primitive War." In *Cows, Pigs, Wars, and Witches: The Riddles of Cultures.* New York: Random House.

Hay, J. H. 1974. *Vietnam Studies: Tactical and Material Innovation.* Washington, D.C.: Department of the Army.

Haynie, Denise L., Tonia Nansel, Patricia Eitel, Aria Davis Crump, Keith Saylor, and Kai Yu. 2001. "Bullies, Victims, and Bully/Victims: Distinct Groups of At-Risk Youth." *Journal of Early Adolescence* 21: 29–49.

Hensley, Thomas R., and Jerry M. Lewis. 1978. *Kent State and May 4th: A Social Science Perspective.* Dubuque, Iowa: Kendall/Hunt.

Henton, J. R., J. Cate, S. Lloyd Koval, and S. Christopher. 1983. "Romance and Violence in Dating Relationships." *Journal of Family Issues* 4: 467–82.

Heritage, John. 1984. *Garfinkel and Ethnomethodology.* Cambridge: Polity.

Hickey, Eric. W. 2002. *Serial Murderers and Their Victims.* Belmont, Calif.: Wadsworth.

Hobsbawm, Eric. 2000. *Bandits.* New York: New Press.

Hoffman, William, and Lake Headley. 1992. *Contract Killer.* New York: Avalon.

Holden, G. W., S. M. Coleman, and K. L. Schmidt. 1995. "Why 3–Year-old Children Get Spanked." *Merrill Palmer Quarterly* 41: 432–52.

Hollon, W. Eugene. 1974. *Frontier Violence.* New York: Oxford University Press.

Holmes, Richard. 1985. *Acts of War: The Behavior of Men in Battle.* New York: Free Press.

Homans, George C. 1950. *The Human Group.* New York: Harcourt, Brace.

Horowitz, Donald L. 2001. *The Deadly Ethnic Riot.* Berkeley: University of California Press.

Horowitz, Helen L. 1987. *Campus Life: Undergraduate Culture from the End of the Eighteenth Century to the Present.* New York: Knopf.

Horowitz, Ruth. 1983. *Honor and the American Dream: Culture and Identity in a Chicano Community.* New Brunswick, N.J.: Rutgers University Press.

Howe, Peter. 2002. *Shooting under Fire: The World of the War Photographers.* New York: Workman.

Hughes, Thomas. 1857/1994. *Tom Brown's School Days.* New York: Penguin.

Human Rights Watch. 1999. *Leave None to Tell the Story: Genocide in Rwanda.* HRW# 1711. Available at http://hrw.org/doc/?t=africa_pub&c=rwanda.

———. 2002. "We Have No Orders to Save You: State Participation and Complicity in Communal Violence in Gujarat." Available at http://hrw.org/reports/2002/india/.

Hutchings, Nancy. 1988. *The Violent Family.* New York: Human Sciences Press.

Ikegami, Eiko. 1995. *The Taming of the Samurai: Honorific Individualism and the Making of Modern Japan.* Cambridge, Mass.: Harvard University Press.

———. 2005. *Bonds of Civility: Aesthetic Networks and the Political Origins of Japanese Culture.* Cambridge and New York: Cambridge University Press.

Inbert, Barbara, and John Sprague. 1980. *The Dynamics of Riots.* Ann Arbor, Mich.: Interuniversity Consortius for Political and Social Research.

Ireland, Jane. 2002. "Official Records of Bullying Incidents among Young Offenders: What Can They Tell Us and How Useful Are They?" *Journal of Adolescence* 25: 669–79.

Jackson-Jacobs, Curtis. 2003. "Narrative Gratifications and Risks: How Street Combatants Construct Appealing Defeats in Physical Fights." Paper presented at Annual Meeting of American Sociological Association.

———. 2004. "Taking a Beating: The Narrative Gratifications of Fighting as an Underdog." In *Cultural Criminology,* edited by Jeff Ferrell, Keith J. Hayward, Wayne Morrison, and Mike Presdee. Unleashed. London: Glasshouse.

Jackson-Jacobs, Curtis, and Robert Garot. 2003. "'Whatchu Lookin' At?' and 'Where You From?' Provoking Fights in a Suburb and an Inner-city." Paper presented at Annual Meeting of American Sociological Association.

Jacobs, Jennifer E. 2004. "Ululation in Levantine Societies: Vocalization as Aesthetic, Affective and Corporeal Practice." *American School of Oriental Research Newsletter* 54 (winter): 19.

Jankowski, Martín Sánchez. 1991. *Islands in the Street: Gangs and American Society.* Berkeley: University of California Press.

Johnson, M. P. 1995. "Patriarchal Terrorism and Common Couple Violence: Two Forms of Violence against Women." *Journal of Marriage and the Family* 57: 283–94.

Johnson, M. P., and K. J. Ferraro. 2000. "Research on Domestic Violence in the 1990s: Making Distinctions." *Journal of Marriage and the Family* 62: 948–53.

Johnston, Lynne. 2000. "Riot by Appointment: An Examination of the Nature and Structure of Seven Hard-Core Football Hooligan Groups." In *The Social Psychology of Crime:*

Groups, Teams and Networks, edited by David Canter and Laurence Alison. Aldershot, England: Ashgate.

Jones, Nikki. 2004. "'It's Not Where You Live, It's How You Live.' How Young Women Negotiate Conflict and Violence in the Inner City." *Annals of the American Academy of Political and Social Science* 595: 49–62.

Jouriles, E. N., and W. D. Norwood. 1995. "Physical Aggression toward Boys and Girls in Families Characterized by the Battering of Women." *Journal of Family Psychology* 9: 69–78.

Junge, Astrid, Jiri Dvorak, Jiri Graf-Baumann, and Lars Peterson. 2004. "Football Injuries during FIFA Tournaments and the Olympic Games, 1998–2001." *American Journal of Sports Medicine* (Jan.-Feb.).

Kaldor, Mary. 1999. *New and Old Wars: Organized Violence in a Global Era.* Cambridge: Polity.

Kaltiala-Heino, Riittakerttu, Matti Rimplela, Paivi Rantanen, and Arja Rimpela. 2000. "Bullying at School—An Indicator of Adolescents at Risk for Mental Disorders." *Journal of Adolescence* 23: 661–74.

Kammer, Reinhard. 1969. *Die Kunst der Bergdämonen: Zen-Lehre und Konfuzianismus in der japanischen Schwertkunst.* Weilheim, Germany: O. W. Barth.

Kan, Sergei. 1986. "The 19th-Century Tlingit Potlatch." *American Ethnologist* 13: 191–12.

Kania, Richard R. E., and Wade C. Mackey. 1977. "Police Violence as a Function of Community Characteristics." *Criminology* 15: 27–48.

Kanter, Rosabeth M. 1977. *Men and Women of the Corporation.* New York: Basic Books.

Kapardis, A. 1988. "One Hundred Convicted Armed Robbers in Melbourne." In *Armed Robbery,* edited by D. Challenger. Canberra: Australian Institute of Criminology.

Kapuscinski, Ryszard. 1992. *The Soccer War.* New York: Vintage.

Katz, Jack. 1988. *Seductions of Crime: Moral and Sensual Attractions of Doing Evil.* New York: Basic Books.

——. 1999. *How Emotions Work.* Chicago: University of Chicago Press.

Kaufman, J., and E. Zigler. 1993. "The Intergenerational Transmission of Abuse Is Overstated." Pp. 209–21 in *Current Controversies on Family Violence,* edited by R. J. Gelles and D. R. Loseke. Newbury Park, Calif.: Sage.

Kautz, August V. 1865/2001. *Customs of Service for Non-commissioned Officers and Soldiers.* Mechanicsburg, Pa.: Stockpole.

Keegan, John. 1976. *The Face of Battle: A Study of Agincourt, Waterloo, and the Somme.* New York: Random House.

———. 1987. *The Mask of Command.* New York: Viking Penguin.

———. 1993. *A History of Warfare.* London: Hutchinson.

———, ed. 1997. *Atlas of the Second World War.* London: HarperCollins.

Keegan, John, and Richard Holmes. 1985. *Soldiers: A History of Men in Battle.* London: Guild.

Keeley, Lawrence H. 1996. *War before Civilization.* Oxford: Oxford University Press.

Kelly, James. 1995. *"That Damn'd Thing Called Fionour": Duelling in Ireland 1570–1860.* Cork, Ireland: Cork University Press.

Kelly, John E. 1946. "Shoot, Soldier, Shoot." *Infantry Journal* 58 (January): 47.

Kerner Commission. 1968. *Report of the National Advisory Commission on Civil Disorder.* New York: Bantam.

Kertzer, David I. 1993. *Sacrificed for Honor: Italian Infant Abandonment and the Politics of Reproductive Control.* Boston: Beacon.

Keuls, Eva C. 1985. *The Reign of the Phallus: Sexual Politics in Ancient Athens.* Berkeley: University of California Press.

Kiernan, V. G. 1988. *The Duel in European History: Honour and the Reign of Aristocracy.* Oxford: Oxford University Press.

Kimmel, Michael S. 2002. "'Gender Symmetry' in Domestic Violence." *Violence against Women* 8: 1332–63.

Kimmel, Michael S., and Mathew Mahler. 2003. "Adolescent Masculinity, Homophobia, and Violence: Random School Shootings, 1982–2000." *American Behavioral Scientist*, no. 21.

King, Anthony. 1995. "Outline of a Practical Theory of Football Violence." *Sociology* 29: 635–51.

———. 2001. "Violent Pasts: Collective Memory and Football Hooliganism." *The Sociological Review* 49: 568–85.

———. 2003. *The European Ritual. Football in the New Europe.* Aldershot: Ashgate.

———. 2005. "The Word of Command: Communication and Cohesion in the Military." *Armed Forces and Society* 32: 1–20.

Kiser, Edgar, and Yong Cai. 2003. "War and Bureaucratization in Qin China." *American Sociological Review* 68: 511–39.

Kissel, Hans. 1956. "Panic in Battle." *Military Review* 36: 96–107.

Klewin, Gabriele, Klaus-Jürgen Tillmann, and Gail Weingart. 2003. "Violence in School." In *International Handbook of Violence Research,* edited by Wilhelm Heitmeyer and John Hagan. London: Kluwer.

Klinger, David. 2004. *Into the Kill Zone: A Cop's Eye View of Deadly Force.* San Francisco:

Jossey-Bass.

Klusemann, Stefan. 2002. "The German Revolution of 1918 and Contemporary Theories of State Breakdown." M.A. thesis, University of Pennsylvania.

——. 2006. "Micro-situational Antecedants of Violent Atrocity: The Case of Srebrenica." Paper presented at American Sociological Association, Montreal.

Kooistra, Paul. 1989. *Criminals as Heroes.* Bowling Green, Ohio: Bowling Green State University Press.

Kopel, David B., and Paul H. Blackman. 1997. *No More Wacos: What's Wrong with Federal Law Enforcement and How to Fix It.* New York: Prometheus.

KR Video. 1997. "Somalia: Good Intentions, Deadly Results."

Kreps, Gary. 1984. "Sociological Inquiry and Disaster Research." *Annual Review of Sociology* 10: 309–30.

Labov, William. 1972. "Rules for Ritual Insults." In *Studies in Social Interaction,* edited by David Sudnow. New York: Free Press.

Lakoff, George. 1987. *Women, Fire, and Dangerous Things: What Categories Reveal about the Mind.* Chicago: University of Chicago Press.

Lang, A. R. 1983. "Drinking and Disinhibition: Contributions from Psychological Research." In *Alcohol and Disinhibition: Nature and Meaning of the Link,* edited by R. Room, and G. Collins. NIAAA Research Monograph No. 12. Rockville, Md.: U.S. Department of Health and Human Services.

Langtry, J. O. 1958. "Tactical Implications of the Human Factors in Warfare." *Australian Army Journal* 107: 5–24.

Lau, E. E., and J. Kosberg. 1979. "Abuse of the Elderly by Informal Care Providers." *Aging* 299: 10–15.

Laub, John H., Daniel S. Nagin, and Robert J. Sampson. 1998. "Trajectories of Change in Criminal Offending: Good Marriages and the Desistance Process." *American Sociological Review* 63: 225–38.

Leddy, Joanne, and Michael O'Connell. 2002. "The Prevalence, Nature and Psychological Correlates of Bullying in Irish Prisons." *Legal & Criminological Psychology* 7: 131–40.

Lejeune, Robert. 1977. "The Management of a Mugging." *Urban Life* 6, no. 2: 259–87.

Lejeune, R., and N. Alex. 1973. "On Being Mugged: The Event and Its After-math." *Life and Culture* 2: 259–87.

Lenski, Gerhard E. 1966. *Power and Privilege: A Theory of Stratification.* New York: McGraw-Hill.

Levine, H. G. 1983. "The Good Creature of God and Demon Rum: Colonial American and

19th-Century Ideas about Alcohol, Crime, and Accidents." In *Alcohol and Disinhibition: Nature and Meaning of the Link*, edited by R. Room and G. Collins. NIAAA Research Monograph No. 12. Rockville, Md.: U.S. Department of Health and Human Services.

Lewis, Jon E. 2001. *Eyewitness Britain*. London: Carroll and Graf.

Lincoln, C. Eric. 1994. *The Black Muslims in America*. 3rd ed. Grand Rapids, Mich.: Eerdmans.

Lithman, Yngve Georg. 1979. "Feeling Good and Getting Smashed: On the Symbolism of Alcohol and Drunkenness among Canadian Indians." *Ethnos* 44: 119–33.

Little, Roger W. 1955. "A Study of the Relationship between Collective Solidarity and Combat Performance." Ph.D. diss., Michigan State University.

Lloyd-Smith, Mel, and John Dwyfor Davies, eds. 1995. *On the Margins: The Educational Experience of "Problem" Pupils*. Staffordshire, England: Trentham Books.

Lowry, Richard S. 2003. *The Gulf War Chronicles: A Military History of the First Iraq War*. New York: iUniverse.

Luckenbill, David F. 1977. "Criminal Homicide as a Situated Transaction." *Social Problems* 25: 176–86.

———. 1981. "Generating Compliance: The Case of Robbery." *Urban Life* 10: 25–46.

MacAndrew, Craig, and Robert B. Edgerton. 1969. *Drunken Comportment: A Social Explanation*. Chicago: Aldine.

Mackenzie, Compton. 1913/1960. *Sinister Street*. Baltimore, Md.: Penguin.

MacMullen, Ramsay. 1974. *Roman Social Relations, 50 B.C. to A.D. 284*. New Haven: Yale University Press.

Magida, Arthur J. 2003. *The Rabbi and the Hit Man*. New York: HarperCollins.

Mann, Leon. 1981. "The Baiting Crowd in Episodes of Threatened Suicide." *Journal of Personality and Social Psychology* 41: 703–9.

Mann, Michael. 1986. *The Sources of Social Power*. Vol. 1. *A History of Power from the Beginning to A.D. 1760*. Cambridge: Cambridge University Press.

———. 1993. *The Sources of Social Power*. Vol II. *The Rise of Classes and Nation-States, 1760–1914*. Cambridge: Cambridge University Press.

———. 2005. *The Dark Side of Democracy: Explaining Ethnic Cleansing*. Cambridge: Cambridge University Press.

Marinovich, Greg, and Joao Silva. 2000. *The Bang-Bang Club: Snapshots from a Hidden War*. New York: Basic Books.

Markham, Felix. 1963. *Napoleon*. New York: New American Library.

Marrou, H. I. 1964. *A History of Education in Antiquity*. New York: New American Library.

Marsh, P., E. Rosser, and R. Harré. 1978. *The Rules of Disorder*. London: Routledge.

Marshall, M. 1983. "Four Hundred Rabbits: An Anthropological View of Ethanol as a Disinhibitor." In *Alcohol and Disinhibition: Nature and Meaning of the Link,* edited by R. Room and G. Collins. NIAAA Research Monograph No. 12. Rockville, Md.: U.S. Department of Health and Human Services.

Marshall, S.L.A. 1947. *Men against Fire: The Problem of Battle Comand*. Norman, Okla.: University of Oklahoma Press. Originally published by William Morrow, New York.

———. 1982. *Island Victory: The Battle of Kwajalein.* Washington, D.C.: Zenger.

Martin, Everett Dean. 1920. *The Behavior of Crowds: A Psychological Study.* New York: Harper.

Mason, Philip. 1976. *A Matter of Honor: An Account of the Indian Army, Its Officers and Men.* Baltimore, Md.: Penguin.

Mastrofski, Steven, Jeffrey Snipes, and Suzanne Supina. 1996. "Compliance on Demand: The Public's Response to Specific Requests." *Journal of Research in Crime and Delinquency* 33: 269–305.

Mauss, Marcel. 1925/1967. *The Gift.* New York: Norton.

Maxfield, Michael G., and Cathy Spatz Widom. 1996. "The Cycle of Violence Revisted Six Years Later." *Archives of Pediatric and Adolescent Medicine* 150: 390–95.

Mazur, Alan, E. Rosa, M. Faupel, J. Heller, R. Leen, and B. Thurman. 1980. "Physiological Aspects of Communication via Mutual Gaze." *American Journal of Sociology* 86: 50–74.

McAleer, Kevin. 1994. *Duelling: The Cult of Honor in Fin-de-Siècle Germany.* Princeton: Princeton University Press.

McCauley, Clark. 1998. "When Screen Violence Is Not Attractive." In *Why We Watch: The Attractions of Violent Entertainment*, edited by Jeffrey Goldstein. New York: Oxford University Press.

McEvedy, Colin, and Richard Jones. 1978. *Atlas of World Population History.* New York: Penguin.

McNeill, William H. 1982. *The Pursuit of Power: Technology, Armed Force, and Society since A.D. 1000.* Chicago: University of Chicago Press.

———. 1995. *Keeping Together in Time: Dance and Drill in Human History.* Cambridge, Mass.: Harvard University Press.

McPhail, Clark. 1991. *The Myth of the Madding Crowd.* New York: Aldine de Gruyter.

Meier, Robert F., and Terance D. Miethe. 1993. "Understanding Theories of Criminal Victimization." Pp. 459–99 in *Crime and Justice: A Review of Research,* edited by M. Tonry. Chicago: University of Chicago Press.

Merari, Ariel. 1998. "The Readiness to Kill and Die: Suicidal Terrorism in the Middle East."

In *Origins of Terrorism: Psychologies, Ideologies, Theologies, States of Mind,* edited by Walter Reich. Baltimore, Md.: Johns Hopkins University Press.

———. 2005. "Social Organizational and Psychological Factors in Suicide Terrorism." In *The Root Causes of Terrorism,* edited by T. Bjorgo. London: Routledge.

Mersky, Peter B. 1993. *Time of the Aces: Marine Pilots in the Solomons, 1942–1944.* Washington, D.C.: Marine Corps Historical Center.

Merten, Don E. 1997. "The Meaning of Meanness: Popularity, Competition and Conflict among Junior High School Girls." *Sociology of Education* 70: 175–91.

Mestrovic, Stiepen G. 2006. *The Trials of Abu Ghraib.* Boulder, Colo.: Paradigm.

Meyer, Marshall. 1980. "Police Shootings at Minorities ..." In *The Police and Violence,* edited by Lawrence W. Sherman. Philadelphia: American Academy of Political and Social Science.

Midgley, Graham. 1996. *University Life in Eighteenth-Century Oxford.* New Haven, Conn.: Yale University Press.

Miller, William Ian. 2000. *The Mystery of Courage.* Cambridge, Mass.: Harvard University Press.

Milner, Murray, Jr. 2004. *Freaks, Geeks and Cool Kids: American Teenagers, Schools and the Culture of Consumption.* New York: Routledge.

Miron, Murray S. 1978. *Hostage.* Upper Saddle River, N.J.: Allyn and Bacon.

Moffitt, Terrie E., and Avshalom Caspi. 2001. "Childhood Predictors Differentiate Life-Course Persistent and Adolescence-Limited Antisocial Pathways, among Males and Females." *Development and Psychopathology* 13: 355–75.

Montagner, Hubert, A. Restoin, D. Rodriguez, V. Ullman, M. Viala, D. Laurent, and D. Godard. 1988. "Social Interactions among Children with Peers and Their Modifications in Relation to Environmental Factors." In *Social Fabrics of the Mind,* edited by Michael R. A. Chance. London: Lawrence Erlbaum.

Moore, Roy E. 1945. "Shoot, Soldier." *Infantry Journal* 56 (December): 21.

Morgan, P. 1983. "Alcohol, Disinhibition, and Domination: A Conceptual Analysis." In *Alcohol and Disinhibition: Nature and Meaning of the Link,* edited by R. Room and G. Collins. NIAAA Research Monograph No. 12. Rockville, Md.: U.S. Department of Health and Human Services.

Morison, Samuel Eliot. 1936. *Three Centuries of Harvard.* Cambridge, Mass.: Harvard University Press.

Morrison, Shona, and Ian O'Donnell. 1994. *Armed Robbery: A Study in London.* University of Oxford Centre for Criminological Research, Occasional Paper No. 15. Oxford: Oxford University Press.

Mullen, Brian. 1986. "Atrocity as a Function of Mob Composition." *Personality and Social Psychology Bulletin* 12: 187–97.

Murphy, Robert F. 1957. "Intergroup Hostility and Social Cohesion." *American Anthropologist* 59: 1018–35.

———. 1959. "Social Structure and Sex Antagonism." *Southwestern Journal of Anthropology* 15: 89–98.

Murray, Williamson, and Robert H. Scales. 2003. *The Iraq War: A Military History.* Cambridge: Belknap.

Mustain, Gene, and Jerry Capeci. 1993. *Murder Machine.* New York: Penguin.

Myers, Daniel J. 1997. "Racial Rioting in the 1960s: An Event History Analysis of Local Conditions." *American Sociological Review* 62: 94–112.

———. 2000. "The Diffusion of Collective Violence: Infectiousness, Susceptibility, and Mass Media Networks." *American Journal of Sociology* 106: 173–208.

Nakane, Chie. 1970. *Japanese Society.* Berkeley: University of California Press.

Nansel, Tonja R., Mary Overpeck, Ramani S. Pilla, W. June Ruan, Bruce Simons-Morton, and Peter Scheidt. 2001. "Bullying Behaviors among U.S. Youth: Prevalence and Association with Psychosocial Adjustment." *Journal of the American Medical Association.* 285, no. 16: 2094–2100.

National Center for Education Statistics. 1995. *The Condition of Education,* 1995. Washington, D.C.: U.S. Dept, of Education.

Ness, Cindy D. 2004. "Why Girls Fight: Female Youth Violence in the Inner City." *Annals of the American Academy of Political and Social Science* 595: 32–48.

Nevares, Dora, Marvin E. Wolfgang, and Paul E. Tracy. 1990. *Delinquency in Puerto Rico: The 1970 Birth Cohort Study.* New York: Greenwood.

Newman, Katherine S. 2002. "No Shame: The View from the Left Bank." *American Journal of Sociology* 107: 1577–99.

Newman, Katherine S., Cybelle Fox, David Harding, Jal Mehta, and Wendy Roth. 2004. *Rampage: The Social Roots of School Shootings.* New York: Basic Books.

Nye, Robert A. 1993. *Masculinity and Male Honor Codes in Modern France.* Oxford: Oxford University Press.

Oberschall, Anthony, and Michael Seidman. 2005. "Food Coercion in Revolution and Civil War." *Comparative Studies in Society and History,* 47: 372–402.

O'Donnell, Ian, and Kimmet Edgar. 1998a. "Routine Vicitimisation in Prisons." *The Howard Journal* 37: 266–79.

———. 1998b. *Bullying in Prisons.* University of Oxford, Centre for Criminological Research. Occasional paper no. 18.

———. 1999. "Fear in Prisons." *The Prison Journal* 79: 90–99.

Okumiya, Masatake, Jiro Horikoshi, and Martin Caidin. 1973. *Zero! The Story of Japan's Air War in the Pacific, 1941–45.* New York: Ballantine.

O'Leary, K. D. 2000. "Are Women Really More Aggressive than Men in Intimate Relationships?" *Psychological Bulletin* 126: 685–89.

Olweus, Dan. 1993. *Bullying at School: What We Know and What We Can Do.* Oxford: Blackwell.

Osgood, D. Wayne, Janet K. Wilson, Patrick M. O'Malley, J. Wilson, Jerald G. Bachman, and Lloyd D. Johnston. 1996. "Routine Activities and Individual Deviant Behavior." *American Sociological Review* 61: 635–55.

Ostvik, Kristina, and Floyed Rudmin. 2001. "Bullying and Hazing among Norwegian Army Soldiers: Two Studies of Prevalence, Context, and Cognition." *Military Psychology* 13: 17–39.

Overy, Richard J. 1980. *The Air War 1939–1945.* New York: Stein and Day.

———. 1995. *Why the Allies Won.* New York: Norton.

Pape, Robert A. 1996. *Bombing to Win: Air Power and Coercion in War.* Ithaca, N.Y.: Cornell University Press.

———. 2005. *Dying to Win: Strategic Logic of Suicide Terrorism.* New York: Random House.

Pappas, Nick T., Patrick C. Mckenry, and Beth Skilken Catlett. 2004. "Athlete Aggression on the Rink and off the Ice: Athlete Violence and Aggression in Hockey and Interpersonal Relationships." *Men and Masculinities* 6, no. 3: 291–312.

Parker, R. N. 1993. "Alcohol and Theories of Homicide." Pp. 113–42 in *Advances in Criminological Theory,* vol. 4, edited by F. Adler, W. Laufer. New Brunswick, N.J.: Transaction.

Parker, R. N., and L. A. Rebhun. 1995. *Alcohol and Homicide: A Deadly Combination of Two American Traditions.* Albany, N.Y.: State University of New York Press.

Parker, Robert Nash. 1993. "Alcohol and Theories of Homicide." Pp. 113–42 in *Advances in Criminological Theory,* vol. 4, edited by F. Adler and W. Laufer. New Brunswick, N.J.: Transaction.

Parker, Robert Nash, and Kathleen Auerhahn. 1998. "Alcohol, Drugs, and Violence." *Annual Review of Sociology* 24: 291–311.

Pegler, Martin. 2001. *The Military Sniper since 1914.* Oxford: Osprey.

———. 2004. *Out of Nowhere: A History of the Military Sniper.* Oxford: Osprey.

Pellegrini, A. D., and Jeffrey D. Long. 2002. "A Longitudinal Study of Bullying, Dominance, and Victimization during the Transition from Primary School through Secondary School." *British Journal of Developmental Psychology* 20: 259–80.

Peltonen, Markku. 2003. *The Duel in Early Modern England.* Cambridge: Cambridge University Press.

Perrow, Charles. 1984. *Normal Accidents.* New York: Basic Books.

Peterson, Mark, Harriet Braiker, and Sue Polich. 1980. *Doing Crime: A Survey of California Inmates.* Santa Monica, Calif.: Rand.

Phillips, David, and Lundie L. Carstensen. 1986. "The Effect of Suicide Stories of Various Demographic Groups, 1968–1985." *Suicide and Life-threatening Behavior* 18: 100–14.

Phillips, L. R. 1983. "Abuse and Neglect of the Frail Elderly at Home: An Exploration of Theoretical Relationships." *Journal of Advanced Nursing* 8: 379–92.

Phillips, Will. 2002. "A High School Fight." Unpublished ms. Department of Sociology, University of Pennsylvania.

Pihl, R. O., J. B. Peterson, and M. A. Lau. 1993. "A Biosocial Model of the Alcohol-Aggression Relationship." *Journal of Studies in Alcohol* (Supplement) 11: 128–39.

Pillemer, Karl. 1993. "The Abused Offspring Are Dependent: Abuse Is Caused by the Deviance and Dependence of Abusive Caregivers." Pp. 237–49 in *Current Controversies on Family Violence,* edited by R. J. Gelles and D. R. Loseke. Newbury Park, Calif.: Sage.

Pillemer, Karl, and David Finkelhor. 1988. "The Prevalence of Elder Abuse." *Gerontologist* 28: 51–57.

Pillemer, K., and J. J. Suitor. 1992. "Violence and Violent Feelings: What Causes Them among Family Caregivers." *Journal of Gerontology* 47, S165–S172.

Pinderhughes, Ellen E., Kenneth A. Dodge, John E. Bates, Gregory S. Pettit, and Arnaldo Zelli. 2000. "Discipline Responses: Influences of Parents' Socioeconomic Status, Ethnicity, Beliefs about Parenting, Stress, and Cognitive Emotional Processes." *Journal of Family Psychology* 14: 380–400.

Piquero, Alex R. 2000. "Assessing the Relationships between Gender, Chronicity, Seriousness, and Offense Skewness in Criminal Offending." *Journal of Criminal Justice* 28: 103–16.

Piquero, Alex R., and Stephen L. Buka. 2002. "Linking Juvenile and Adult Patterns of Criminal Activity in the Providence Cohort of the National Collaborative Perinatal Project." *Journal of Criminal Justice* 30:1–14.

Piquero, Alex R., David P. Farrington, and Alfred Blumstein. 2003. "The Criminal Career Paradigm: Background and Recent Developments." In *Crime and Justice: A Review of Research,* vol. 30, edited by Michael Tonry. Chicago: University of Chicago Press.

Polk, Kenneth, Christine Alder, Gordon Basemore, G. Blake, S. Cordray, G. Coventry, J.

Galvin, and M. Temple. 1981. *Becoming Adult: An Analysis of Maturational Development from Age 16 to 30.* Center for Studies of Crime and Delinquency, National Institute of Mental Health. Washington, D.C.: U.S. Department of Health and Human Services.

Pratt, Michael. 1980. *Mugging as a Social Problem.* Boston: Routledge and Kegan Paul.

Preston, Diana. 2000. *The Boxer Rebellion.* New York: Penguin Putnam.

Priest, John M. 1989. *Antietam: The Soldiers' Battle.* Shippensburg, Pa.: White Man.

Prinstein, Mitchell J., and Antonius H. N. Cillessen. 2003. "Forms and Functions of Adolescent Peer Aggression Associated with High Levels of Peer Status." *Merrill-Palmer Quarterly* (Special Issue: Aggression and Adaptive Functioning) 49: 310–42.

Propp, Vladimir. 1928/1968. *Morphology of the Folk Tale.* Austin, Tex.: University of Texas Press.

Pulkkinen, Lea. 1988. "Delinquent Development: Theoretical and Empirical Considerations." In *Studies of Psychosocial Risk: The Power of Longitudinal Data,* edited by Michael Rutter. Cambridge: Cambridge University Press.

Quarantelli, E. L. 1954. "The Nature and Conditions of Panic." *American Journal of Sociology* 60: 267–75.

———. 1980. *Evacuation Behavior and Problems.* Columbus, Ohio: Disaster Research Center, Ohio State University.

Quarantelli, E. L., and Russell Dynes. 1968. "Looting in Civil Disorders: An Index of Social Change." *The American Behavioral Scientist* (April): 7–10.

Quarantelli, E. L., and Russell Dynes. 1970. "Property Norms and Looting: Their Patterns in Community Crises." *Phylon* 31: 168–82.

Radcliffe-Brown, Arthur. 1952. *Structure and Function in Primitive Society.* New York: Free Press.

Ransford, H. Edward. 1968. "Isolation, Powerlessness, and Violence: A Study of Attitudes and Participation in the Watts Riot." *American Journal of Sociology* 73: 581–91.

Reicher, S. 1987. "Crowd Behavior as Social Action." In *Rediscovering the Social Group: A Self-Categorization Theory,* edited by J. C. Turner. Oxford: Basil Blackwell.

Reiss, Albert. 1971. *The Police and Public.* New Haven: Yale University Press.

Retzinger, Suzanne M. 1991. *Violent Emotions: Shame and Rage in Marital Quarrels.* Newbury Park, Calif.: Sage.

Rican, Pavel. 1995. "Sociometric Status of the School Bullies and Their Victims." *Studia Psychologica* 37: 357–64.

Richardson, Anna, Tracey Budd, Renuka Engineer, Annabelle Phillips, Julian Thompson, and Jonathan Nicholls. 2003. "Drinking, Crime and Disorder." Home Office Report 185. Available at www.homeoffice.gov.uk/rds/bcsl.html.

Ricolfi, Luca. 2005. "Palestinians, 1981–2003." In *Making Sense of Suicide Missions,* edited by Diego Gambetta. New York: Oxford University Press.

Ringel, Gail. 1979. "The Kwakiutl Potlatch: History, Economics, and Symbols." *Ethnohistory* 26: 347–62.

Roberts, Julian V., and Cynthia J. Benjamin. 2000. "Spectator Violence in Sports: A North American Perspective." *European Journal on Criminal Policy and Research* 8:163–81.

Robinson, Fred Norris. 1912. "Satirists and Enchanters in Early Irish Literature." In *Studies in the History of Religions,* D. G. Moore Lyons. New York: Macmillan.

Room, R., and K. Mäkelä. 1996. "Typologies of the Cultural Position of Drinking." *Journal of Studies on Alcohol* 61: 475–83.

Room, Robin. 2001. "Intoxication and Bad Behaviour: Understanding Cultural Differences in the Link." *Social Science and Medicine* 53: 189–98.

Ross, Anne. 1970. *Everyday Life of the Pagan Celts.* London: Batsford.

Rowland, David. 1986. "Assessments of Combat Degradation." *Journal of the United Service Institution* 131 (June): 33–43.

Roy, Donald. 1952. "Quota Restriction and Goldbricking in a Machine Shop." *American Journal of Sociology* 57: 427–42.

Rubin, Lillian. 1976. *Worlds of Pain: Life in the Working-Class Family.* New York: Basic Books.

Rubinstein, Jonathan. 1973. *City Police.* New York: Farrar, Straus and Giroux.

Rudolph, Frederick. 1962. *The American College and University.* New York: Knopf.

Sacks, Harvey, Emanuel A. Schegloff, and Gail Jefferson. 1974. "A Simplest Systematics for the Organization of Turn-taking for Conversation." *Language* 50: 696–735.

Sageman, Marc. 2004. *Understanding Terror Networks.* Philadelphia: University of Pennsylvania Press.

Sakaida, Henry. 1985. *Winged Samurai: Saburo Sakai and the Zero Fighter Pilots.* Mesa, Ariz.: Champlin Fighter Museum Publications.

Salmivalli, Christina. 1998. "Intelligent, Attractive, Well-Behaving, Unhappy: The Structure of Adolescents' Self-Concept and Its Relations to Their Social Behavior." *Journal of Research on Adolescence* 8: 333–52.

Salmivalli, Christina, Arja Huttunen, Kirsti M. J. Lagerspetz. 1997. "Peer Networks and Bullying in Schools." *Scandinavian Journal of Psychology* 38: 305–12.

Sanders, William B. 1994. *Gangbangs and Drive-Bys: Grounded Culture and Juvenile Gang*

Violence. New York: Aldine de Gruyter.

Scharf, Peter, and Arnold Binder. 1983. *The Badge and the Bullet.* New York: Praeger.

Scheff, Thomas J. 1990. *Micro-sociology: Discourse, Emotion and Social Structure.* Chicago: University of Chicago Press.

———. 1994. *Bloody Revenge: Emotions, Nationalism and War.* Boulder, Colo.: Westview Press.

———. 2006. *Goffman Unbound: A New Paradigm for the Social Sciences.* Boulder, Colo.: Paradigm Publishers.

Scheff, Thomas J., and Suzanne Retzinger. 1991. *Emotions and Violence: Shame and Rage in Destructive Conflicts.* Lexington, Mass.: Lexington Books.

Schegloff, Emanuel. 1992. "Repair after Last Turn: The Last Structurally Provided Defense of Intersubjectivity in Conversation." *American Journal of Sociology* 97.

Schwartz, Michael. 2005. "Terrorism and Guerrilla War in Iraq." Paper delivered at annual meeting of the American Sociological Association.

Scott. 2001. "Semen in a Bullet." In *A Night in the Barracks,* edited by Alex Buchman. New York: Haworth.

Scott, Marvin B., and Stanford Lyman. 1968. "Accounts." *American Sociological Review* 33: 46–62.

Searle, Eleanor. 1988. *Predatory Kinship and the Creation of Norman Power, 840–1066.* Berkeley: University of California Press.

Senechal de la Roche, Roberta. 2001. "Why Is Collective Violence Collective? *Sociological Theory* 19: 126–44.

Shalit, Ben. 1988. *The Psychology of Conflict and Combat.* New York: Praeger.

Shannon, Lyle W., with Judith L. McKim, James P. Curry, and Lawrence J. Haffner. 1988. *Criminal Career Continuity: Its Social Context.* New York: Human Sciences.

Shaw, Clifford R. 1930/1966. *The Jack-roller.* Chicago: University of Chicago Press.

Sherman, Lawrence W., ed. 1980. *The Police and Violence.* Philadelphia: American Academy of Political and Social Science.

Shi Nai'an, and Luo Guanzhong. 1988. *Outlaws of the Marsh.* Beijing: Foreign Languages Press.

Shields, Jr., Edgar W. 1999. "Intimidation and Violence by Males in High School Athletics." *Adolescence,* 34, no. 135: 503–21.

Shils, Edward, and Morris Janowitz. 1948. "Cohersion and Disintegration in the Wehrmacht in World War II." *Public Opinion Quarterly* 12: 280–315.

Shore, Christopher, and Clive Williams. 1994. *Aces High: A Tribute to the Highest Scoring Fighter Pilots of the British and Commonwealth Air Forces in World War II.* London:

Grub Street.

Shrum, Wesley M., and John Kilburn. 1996. "Ritual Disrobement at Mardi Gras: Ceremonial Exchange and Moral Order." *Social Forces* 75: 423–58.

Shu Ching (Book of History). 1971. Translated by Clae Waltham. Chicago: Henry Regnery.

Simpson, Anthony. 1988. "Dandelions on the Field of Honor: Dueling, the Middle Classes, and the Law in Nineteenth-Century England." *Criminal Justice History* 9: 137–62.

Sims, Edward. 1972. *The Aces Talk: Fighter Tactics and Strategy, 1914–1970.* New York: Ballantine.

Sipes, Richard G. 1973. "War, Sports, and Aggression: An Empirical Test of Two Rival Theories." *American Anthropologist* 75: 64–86.

Skocpol, Theda. 1979. *States and Social Revolutions.* Cambridge: Cambridge University Press.

Skolnick, Jerome. 1966. *Justice without Trial.* New York: Wiley.

Smallman. Tom. 1995. *Ireland Lonely Planet Guide.* London: Lonely Planet Publications.

Smith, Michael D. 1978. "Precipitants of Crowd Violence." *Sociological Inquiry.* 48: 121–31.

——. 1979. "Towards an Explanation of Hockey Violence: A Reference Other Approach." *Canadian Journal of Sociology*, 4: 105–24.

Smith, Peter K., and Paul Brain. 2000. "Bullying in Schools: Lessons from Two Decades of Research." *Aggressive Behavior* 26: 1–9.

Smoler, Fredric. 1989 "The Secret of the Soldiers Who Wouldn't Shoot." *American Heritage* 40 (March): 36–45.

Snook, Scott. A. 2000. *Friendly Fire: The Accidental Shootdown of U.S. Blackhawks over Northern Iraq.* Princeton: Princeton University Press.

Sommers-Effler, Erika. 2004. "Humble Saints and Moral Heroes: Ritual, Emotion, and Commitment in High-risk Social Movements." Ph.D. diss., University of Pennsylvania.

Speidel, Michael P. 2002. "Berserks: A History of Indo-European 'Mad Warriors.' " *Journal of World History* 13: 253–90.

Spierenburg, Pieter. 1994. "Faces of Violence: Homicide Trends and Cultural Meanings; Amsterdam, 1431–1816." *Journal of Social History* 27: 701–16.

Spilerman, Seymour. 1976. "Structural Characteristics of Cities and Severity of Racial Disorders." *American Sociological Review* 41: 771–93.

Spiller, Roger J. 1988. "S.L.A. Marshall and the Ratio of Fire." *Journal of the United Service Institution* 133 (December): 63–71.

Sprey, Jetse, and Sarah Mathews. 1989. "The Perils of Drawing Policy Implications from Research." In *Elder Abuse: Practice and Policy,* edited by Rachel Filinson and Stanley

Ingman. New York: Human Sciences Press.

Stack, Stephen. 2000. "Media Impacts on Suicide: A Quantitative Review of 293 Findings." *Social Science Quarterly* 81: 957–71.

Stark, Rodney. 1996. *The Rise of Christianity.* Princeton: Princeton University Press.

Starr, R. H. Jr. 1988. "Physical Abuse of Children." In *Handbook of Family Violence,* edited by V. B. Van Hasselt, R. L. Morrison, A. S. Bellack, and M. Hersen. New York: Plenum.

Steinmetz, Susan. 1993. "The Abused Elderly Are Dependent." Pp. 222–36 in *Current Controversies on Family Violence,* edited by R. J. Gelles, and D. R. Loseke. Newbury Park, Calif.: Sage.

Stern, Jessica. 2003. *Terror in the Name of God: Why Religious Militants Kill.* New York: HarperCollins.

Stets, Jan E. 1988. *Domestic Violence and Control.* New York: Springer-Verlag.

Stets, J. E. 1992. "Interactive Processes in Dating Aggression: A National Study." *Journal of Marriage and the Family* 54: 165–77.

Stets, J. E., and M. A. Pirog-Good. 1990. "Interpersonal Control and Courtship Aggression." *Journal of Social and Personal Relationships* 7: 371–94.

Stets, J. E., and M. Straus. 1990. "Gender Differences in Reporting Marital Violence." In *Physical Violence in American Families,* edited by Murray Straus and Richard Gelles. New Brunswick, N.J.: Transaction.

Stith, S. M., M. B. Williams, and K. Rosen. 1990. *Violence Hits Home.* New York: Springer.

Stone, Lawrence. 1967. *The Crisis of the Aristocracy, 1558–1641.* New York: Oxford University Press.

Stouffer, Samuel A., Arthur A. Lumsdaine, Marian Harper Lumsdaine, Robin M. Williams Jr., M. Brewster Smith, Irving L. Janis, Shirley A. Star, and Leonard S. Cottrell, Jr. 1949. *The American Soldier.* Vol. 2: *Combat and Its Aftermath.* Princeton: Princeton University Press.

Straus, M. A. 1990. "Social Stress and Marital Violence in a National Sample of American Families." Pp. 181–201 in *Physical Violence in American Families: Risk Factors and Adaptations to Violence in 8,145 Families,* edited by M. A. Straus and R. J. Gelles. New Brunswick, N.J.: Transaction.

Straus, M. A., and Denise Donnelly. 1994. *Beating the Devil out of Them: Corporal Punishment in American Families.* New York: Lexington.

Straus, M. A., and R. J. Gelles. 1986. "Societal Change and Change in Family Violence from 1975 to 1985 as Revealed in Two National Surveys." *Journal of Marriage and the Family* 48: 465–79.

Straus, M. A., R. J. Gelles, and S. K. Steinmetz. 1988. *Behind Closed Doors: Violence in the*

American Family. Newbury Park, Calif.: Sage.

Stump, Al. 1994. *Cobb: A Biography.* New York: Workman.

Sugarman, D. B., and G. T. Hotaling. 1989. "Dating Violence: Prevalence, Context, and Risk Markers." In *Violence in Dating Relationships,* edited by M. A. Pirog-Good and J. F. Stets. New York: Praeger.

Summers, Harry G. 1995. *Historical Atlas of the Vietnam War.* Boston: Houghton Mifflin.

Summers-Effler, Erika. 2004. *Humble Saints and Moral Heroes: Ritual and Emotional Commitment in High-risk Social Movements.* Ph.D. diss., University of Pennsylvania.

Sun Tzu. ca. 400–300 B.C./1963. *The Art of War,* translated and edited by Samuel A. Griffith. New York: Oxford University Press.

Swank, R. L., and W. E. Marchand. 1946. "Combat Neuroses: Development of Combat Exhaustion." *Archives of Neurology and Psychology* 55: 236–47.

Taylor, A.J.P. 1971. *The Struggle for Mastery in Europe, 1848–1918.* Oxford: Oxford University Press.

Taylor, S. P. 1983. "Alcohol and Human Physical Aggression." In *Alcohol, Drug Abuse, Aggression,* ed. E. Gottheil, K. A. Druley, T. E. Skoloda, H. M. Waxman. Springfield, Ill.: Thomas.

Terrill, William, and Michael D. Reisig. 2003. "Neighborhood Context and Police Use of Force." *Journal of Research in Crime and Delinquency* 40: 291–321.

Thompson, John B. 2000. *Political Scandal.* Oxford: Blackwell.

Thorman, George. 1980. *Family Violence.* Springfield, Ill.: Charles C. Thomas.

Thorn, John, Pete Palmer, and Michael Gershman. 2001. *Total Baseball: The Official Encyclopedia of Major League Baseball.* Kingston, N.Y.: Total Sports.

Thornhill, Randy, and Craig T. Palmer. 2000. *A Natural History of Rape: Biological Bases of Sexual Coercion.* Cambridge: M.I.T. Press.

Thrasher, Frederick M. 1927/1963. *The Gang: A Study of 1313 Gangs in Chicago.* Chicago: University of Chicago Press.

Thucydides. 400 B.C./1954. *The Peloponnesian War.* London, Penguin.

Tilly. Charles. 2003. *The Politics of Collective Violence.* Cambridge: Cambridge University Press.

Tjaden, P., and N. Thoennes. 2000. *Extent, Nature and Consequences of Intimate Partner Violence.* Washington, D.C.: National Institute of Justice.

Toch, Hans. 1980. "Mobilizing Police Expertise." In *The Police and Violence,* edited by Lawrence W. Sherman. Philadelphia: American Academy of Political and Social Science.

Toliver, Raymond F., and Trevor J. Constable. 1971. *The Blond Knight of Germany.* New

York: Ballantine.

Toliver, Raymond F., and Trevor J. Constable. 1997. *Fighter Aces of the U.S.A.* Atglen, Pa.: Schiffer.

Tombstone Epitaph. October 1881. Reprint 1981. Tombstone, Ariz.: The National Tombstone Epitaph.

Tracy, Paul E., Marvin E. Wolfgang, and Robert M. Figlio. 1990. *Delinquency Careers in Two Birth Cohorts.* New York: Plenum.

Tremblay, Richard E. 2004. "The Development of Human Physical Aggression: How Important Is Early Childhood?" Pp. 221–38 in *Social and Moral Development: Emerging Evidence on the Toddler Years,* edited by L. A. Leavitt and D.M.B. Hall. New Brunswick, N.J.: Johnson and Johnson Pediatric Institute.

Tremblay, Richard E., Daniel S. Nagin, Jean R. Séguin, Mark Zocolillo, Philip D. Zelazo, Daniel Pérusse, and Christa Japel. 2004. "Physical Aggression during Early Childhood: Trajectories and Predictors." *Pediatrics* 114: 43–50.

Trotsky, Leon. 1930. *History of the Russian Revolution.* Reprint. New York: Pathfinder.

Turner, J. C. 1999. "Some Current Issues in Research on Social Identity and Selfcategorization Theories." In *Social Identity,* edited by N. Ellemers, R. Spears, and B. Doosje. Oxford: Blackwell.

Turse, Nick, and Debora Nelson. 2006. "Civilian Killings Went Unpunished." *Los Angeles Times,* August 6, 2006, pp. Al, A8–9.

Twain, Mark. 1880/1977. *A Tramp Abroad.* New York: Harper and Row.

Umberson, D., K. L. Anderson, K. Williams, and M. D. Chen. 2003. "Relationship Dynamics, Emotion State, and Domestic Violence: A Stress and Masculinities Perspective." *Journal of Marriage and the Family* 65: 233–47.

Umberson, D., K. Williams, and K. Anderson. 2002. "Violent Behavior: A Measure of Emotional Upset?" *Journal of Health and Social Behavior* 43:189–206.

Underwood, John. 1979. *The Death of an American Game.* Boston: Little, Brown.

United States Congress, Office of Technology Assessment. 1979. *The Effects of Nuclear War.* Washington, D.C.: U.S. Government Printing Office.

U.S. Air Force. 2006. *Airman: The Book.* San Antonio, Tex.: Air Force News Agency.

Van Creveld, Martin. 1977. *Supplying War: Logistics from Wallenstein to Patton.* Cambridge and New York: Cambridge University Press.

Van Limbergen, Kris, Carine Colaers, and Lode Walgrave. 1989. "The Societal and Psychosociological Background of Football Hooliganism." *Current Psychology: Research and*

Reviews. 1: 4–14.

Venkatesh, Sudhir. 2006. *Off the Books: The Underground Economy of the Urban Poor*. Cambridge: Harvard University Press.

Vider, Stephen. 2004. "Rethinking Crowd Violence: Self-Categorization Theory and the Woodstock 1999 Riot." *Journal for the Theory of Social Behaviour* 34: 141–66.

Wacquant, Loïc. 2002. "Scrutinizing the Street: Poverty, Morality and the Pitfalls of Urban Ethnography." *American Journal of Sociology* 107: 1468–532.

——. 2004. *Body and Soul: Notes of an Apprentice Boxer*. New York: Oxford University Press.

Wagner-Pacifici, Robin. 2000. *Theorizing the Standoff*. Cambridge: Cambridge University Press.

——. 2005. *The Art of Surrender. Decomposing Sovereignty at Conflict's End*. Chicago: University of Chicago Press.

Weber, Max. 1922/1968. *Economy and Society*. New York: Bedminster.

Weinberg, Darin. 1997. "Lindesmith on Addiction: A Critical History of a Classic Theory." *Sociological Theory* 15: 150–61.

Weinstein, Marc D., Michael D. Smith, and David L. Wiesenthal. 1995. "Masculinity and Hockey Violence." *Sex Roles* 33, nos. 11–12: 831–47.

Westermeyer, Joseph. 1973. "On the Epidemicity of Amok Violence." *Archives of General Psychiatry* 28: 873–76.

Westley, William A. 1970. *Violence and the Police: A Sociological Study of Law, Custom and Morality*. Cambridge, Mass.: MIT Press.

Whitcomb, Christopher 2001. *Cold Zero: Inside the FBI Hostage Rescue Team*. New York: Warner Books.

Whiting, Robert. 1999. *Tokyo Underworld*. New York: Random House.

Wikstrom, Per-Olof H. 1985. *Everyday Violence in Contemporary Sweden: Situational and Ecological Aspects*. Stockholm: National Council for Crime Prevention, Sweden, Research Division.

Wilkinson, Deanna L. 2003. *Guns, Violence and Identity among African American and Latino Youth*. New York: LFB Scholarly Publishing.

Willis, Paul. 1977. *Learning to Labor*. New York: Columbia University Press.

Wilson, Edmund. 1952. *The Shores of Light: A Literary Chronicle of the Twenties and Thirties*. New York: Random House.

Wolfgang, Marvin E., Robert M. Figlio, and Thorsten Sellin. 1972. *Delinquency in a Birth Cohort*. Chicago: University of Chicago Press.

Worden, Robert E. 1996. "The Causes of Police Brutality: Theory and Evidence on Police Use of Force." In *Police Violence: Understanding and Controlling Police Abuse of Force,* edited by William A. Geller and Hans Toch. New Haven, Conn.: Yale University Press.

Wyatt-Brown, Bertram. 1982. *Southern Honor: Ethics and Behavior in the Old South.* Oxford: Oxford University Press.

Yoneyama, Shoko, and Asao Naito. 2003. "Problems with the Paradigm: The School as a Factor in Understanding Bullying (with Special Reference to Japan)." *British Journal of Sociology of Education* 24: 315–30.

Zillman, D., J. Bryant, and B. S. Sapolsky. 1979. "The Enjoyment of Watching Sports Contests." In *Sports, Games, and Play,* edited by Jeffrey H. Goldstein. New York: Wiley.

译后记

三年前,当我第一次坐在兰德尔·柯林斯的"当代社会理论"课堂上时,曾经难抑激动的心情:柯林斯是当代最伟大的社会理论学家之一,对宏观与微观社会学都有深入的研究与建树。他所提出的互动仪式链理论,结合了涂尔干的仪式理论、韦伯的冲突理论和戈夫曼的微观研究方法之精髓,被视为微观社会学中最重要的理论之一。

在柯林斯的课上,我们从戈夫曼、米德、福柯、布迪厄等重要学者的理论视角出发,既讨论了现当代社会运动、国家转型、种族冲突等宏观命题,也探讨了社交网站、智能手机乃至自拍等社会与文化现象。而也正是在这门课上,我第一次读到了柯林斯出版于2009年的《暴力:一种微观社会学理论》一书,并很快便被它独特的理论取向所吸引。

互动仪式链理论是柯林斯最重要的学术贡献之一,本书亦可视为该理论在暴力研究领域的一种应用与延伸。它虽然基于微观分析,却有能力对社会冲突和分层等宏观现象作出有力的解释,可以说代表着当代社会学界重要的理论发展方向。基于互动理论而建立起的暴力解释框架,也有着崭新的视角和极具说服力的普适性。

本书最独特之处在于将暴力情境而非个体背景作为分析的核心。每当谈及暴力，我们最关心的往往是施暴者与受害者究竟是什么人，而常常忽略了暴力发生的具体过程。正因如此，过去的暴力理论虽然能够通过宏观数据与背景分析给出暴力的大体趋势，却也总是在微观层面遭遇难以解释的悖论：究竟是否存在某种特定类型的"暴力个体"（例如贫穷的年轻男性和宗教极端分子等）？为什么某些看起来与暴力无缘的人，却会在特定情形下作出暴力行为？为什么绝大部分人即使满足"暴力个体"的条件也并不会行使暴力？在穷尽一切关于背景因素的分析之后，我们对暴力的理解仍然深受局限。即使相对更为关注暴力发生过程的机会与控制理论、法律行为理论、抵抗理论、暴力的文化解释等，也仍然失之宏观，对微观层面的悖论无能为力。而这也正是柯林斯写作本书的初衷所在。

对于围绕在暴力周围的诸多谜题，柯林斯在本书中给出了明确的答案：我们应当将分析重点从个体背景转移到暴力的微观情境之上——"没有暴力的个体，只有暴力的情境"。因此，暴力情境能够适用于不同个体，"暴力个体"却并不适用于不同情境。

这一结论可能有些出人意料。最重要的是，它直接挑战了人们对于暴力的一种迷思：暴力是人类的野蛮本性，很容易发生，所以人类文明建立了一系列社会制度来阻止那些暴力的个体。柯林斯建构了一个完全相反的模型：人类的本性并不是触发暴力，而是在互动中逃避和弱化真正的暴力；因此，与其说社会制度的主要功能在于阻止暴力，倒不如说其中相当一部分是为了鼓励暴力乃至将其制度化。这其中最明显的莫过于警察与军队中的种种纪律；此外，个体表演型暴力（如拳击、跆拳道与击剑比赛等）和其他团体竞技体育（如冰球和橄榄球等）的规则，也有着保障暴力顺利发生的意味。

长期以来，我们之所以忽略了这种可能，很大程度上是因为人们对暴力的认知存在一个分类误区：暴力一定是坏的、不利于社会的、违反规则的；反之，如果暴力符合社会运转的需要与规则（尤其是由官方行使的暴力），或是以娱乐形式呈现出来，那么大部分时候都不会被认为是暴力，或是会被认为是"好"的暴力。这种一刀切的分类模糊了暴力的本质，更令我们对暴力和"暴力个体"形成了一种偏见。然而，当我们跨越暴力类型，试着用宏观数据与个体背景去解释不同情境下的暴力，这种偏见的局限性就暴露无遗：所谓统计学上的"暴力个体"，往往并不能用来解释官方暴力或娱乐暴力的发生。

因此，正是传统的暴力分类阻碍了我们对暴力的分析。这也是质性研究中常常出现的一个问题：选择因变量。而当我们跨越暴力种类，将目光聚焦于暴力发生的具体过程上时，就会发现互动情境比互动者具有更多共性。因此，若想塑造一个关于暴力的普适理论，那它必然是关乎情境而非个体的。这正是本书的精髓所在。

柯林斯指出，不同形式的暴力有着共同的特点：暴力实施者必须克服情境中的紧张与恐惧，才能顺利实施暴力。暴力的不同表现，事实上是克服这种紧张与恐惧的不同路径：有些暴力会去寻找软弱的受害者，有些暴力会通过制度化的规则与纪律来压倒紧张与恐惧，有些暴力会从围观者身上汲取情感支持，有些暴力则会通过双方的心照不宣来让暴力成为一种表演。这一系列对策形成一道连续光谱，进而也就产生了形形色色的暴力。

哪怕是顺利实施的暴力，也往往不像电影中那样"精彩"：大部分暴力都是苍白无力、转瞬即逝的，因为它违背人类的互动本性，导致紧张与恐惧贯穿始终。更重要的是，暴力情境的互动结构，决定了情感能量最终只能流向少数群体。因此，无论是集体斗殴、校园霸凌、街头骚乱还是现代战争，能够冷静而高效地实施暴力的"精英分子"，始终只占全部参与者中的一小部分。

本书综合采用了民族志观察及文本、影像与图片分析等方法，其中许多证据都仰赖于摄影与摄像技术的发展。此外，书中也包含柯林斯本人多年以来的个人观察及谈话记录，甚至还有他对雇佣杀手的直接访问。也许正因如此，作为一部社会学理论著作，本书可谓浅显易懂，既没有佶屈聱牙的学术词汇，也没有高深莫测的公式与模型，所有论点都由明白晓畅乃至略显活泼的文字表述出来，辅以对日常事件的观察记录及令人过目难忘的珍贵历史图像。即使对社会学并无太多了解的普通读者，相信读起来也不会费力。而这也正是柯林斯老师一直以来的写作与教书风格——深入浅出、因材施教，力求将理论准确而清晰地传达给学生与读者。

作为柯林斯老师的学生之一，我十分有幸能够翻译本书，更是从中获益匪浅。希望本书的中国读者也能借此一窥微观互动理论的精妙之处并打破对暴力的迷思及固有认知。在恐怖主义暴力成为全球关注焦点与难题的当下，本书的理论价值更是有着不可忽视的现实意义。